高速铁路管理人员和专业技术人员培训教材

专业关键技术教材

高速铁路通信技术
——通信电源与防雷

中国铁路总公司

中国铁道出版社有限公司
CHINA RAILWAY PUBLISHING HOUSE CO., LTD.

内容简介

本书为中国铁路总公司组织编写的高速铁路管理人员和专业技术人员培训教材之一，是通信专业关键技术教材。全书共九章，主要内容包括：通信用 UPS 系统与逆变器、通信用直流供电系统、油机发电机组、蓄电池、新能源新技术简介、通信电源工程设计案例、通信电源及机房环境监控系统、通信防雷与接地等。

本书适用于高速铁路通信专业技术人员培训，也可供通信电源与防雷设备运用管理人员学习，对各类职业院校相关师生学习也有重要的参考价值。

图书在版编目(CIP)数据

高速铁路通信技术．通信电源与防雷/中国铁路总公司编著．—北京：中国铁道出版社，2014.3（2025.4 重印）

高速铁路管理人员和专业技术人员培训教材

ISBN 978-7-113-17192-6

Ⅰ.①高… Ⅱ.①中… Ⅲ.①高速铁路—铁路通信—电源—技术培训—教材②高速铁路—通信设备—防雷—技术培训—教材 Ⅳ.①U238

中国版本图书馆 CIP 数据核字(2013)第 228974 号

书　　名：高速铁路通信技术——通信电源与防雷
作　　者：中国铁路总公司

责任编辑：崔忠文　　**编辑部电话：**（010）51873134　　**电子邮箱：**dianwu@ vip. sina. com
编辑助理：亢嘉豪
封面设计：崔丽芳
责任校对：马　丽
责任印制：陆　宁

出版发行：中国铁道出版社有限公司（100054，北京市西城区右安门西街 8 号）
网　　址：https://www. tdpress. com
印　　刷：北京盛通印刷股份有限公司
版　　次：2014 年 3 月第 1 版　2025 年 4 月第 3 次印刷
开　　本：787 mm×1 092 mm　1/16　**印张：**30　**字数：**707 千
书　　号：ISBN 978-7-113-17192-6
定　　价：150.00 元

Preface　前言

党的十六大以来，在党中央、国务院的正确领导下，我国铁路事业得到了快速发展，目前，中国高速铁路运营里程已经位居世界第一。在建设和运营实践中，我国高速铁路积累了丰富经验，取得了大量创新成果。将这些经验和成果进行系统总结，编写形成规范的培训教材，对于提高培训质量、确保高速铁路安全有着十分重要的意义。为此，中国铁路总公司组织相关专业的技术力量，统一编写了这套高速铁路管理人员和专业技术人员培训系列教材。

本套培训教材共分高速铁路行车组织、机务、动车组、供电、工务、通信、信号、客运8个专业，每个专业分为科普教材、专业关键技术教材和案例教材三大系列。科普教材定位为高速铁路管理人员普及型读物，对本专业及相关专业知识进行概论性介绍，学习后能够基本掌握本专业所需的基本知识、管理重点、安全关键；专业关键技术教材定位为高速铁路专业技术人员使用的学习用书，对本专业关键技术进行系统介绍，学习后能够初步掌握本专业新技术和新设备的运用维护关键技术；案例教材定位为高速铁路岗位人员学习用书，对近年来中国高速铁路运营实践中发生的典型案例及同类问题的处理方法进行总结归纳，学习后能为处理同类问题提供借鉴。

本书为通信专业关键技术教材《高速铁路通信技术——通信电源与防雷》，对通信电源与通信防雷技术进行了深入浅出的讲解和分析。

通信电源是通信系统的重要组成部分。通信的可靠性和通信质量，与电源系统的供电可靠性和供电质量密切相关。通信电源系统稳定、可靠、安全供电是保持通信畅通的前提与基础，这一点在高速铁路通信系统中尤为重要。为了保证通信网络的安全可靠运行，还必须提高设备防御雷电袭击的能力，并广泛采用通信电源及机房环境监控系统，以提高运用维护质量和劳动生产率。

全书共九章，主要内容包括：通信用UPS系统与逆变器、通信用直流供电系统、油机发电机组、蓄电池、新能源新技术简介、通信电源工程设计案例、通信电源及机房环境监控系统、通信防雷与接地。本书内容融入了中国通信运营企业普遍采用的先进电源技术和运用维护经验,反映了我国相关通信行业标准的要求,并力求概念准确、易懂、实用。期望本书能为提高铁路通信电源系统的运行和维护水平做出贡献。

本书有幸邀请到“中国通信标准化协会——通信电源与通信局站工作环境技术工作委员会”的熊兰英、侯福平、王殿魁、王平、高健五位专家参与书中重点章节的撰写。本书由王铨主编,王平副主编,张乐军主审。参加编写人员有:熊兰英(第一章第一节、第六章),王平(第一章第二节,第二、五、七章的部分内容),王铨(第一章第三节、第四节,第三章的部分内容),侯福平(第二章、第三章),高健(第四章、第五章、第九章)、王殿魁(第七章、第八章),姜秋妍(第九章)。参加审定人员有:王国雨、焦汇海、覃阳、张金宝。

由于近年来高速铁路技术发展较快,同时编者的水平及精力所限,本书内容不全面、不恰当甚至错误的地方在所难免,热忱欢迎使用本书的广大读者以及行业内专家学者对本书提出批评、指正意见,以便编者对本书内容不断地改进和完善。

编　者

二〇一三年六月

Contents 目 录

第一章 绪 论

电源技术是一种应用功率半导体器件，综合电力变换技术、现代电子技术、自动控制技术等多学科的边缘交叉技术。随着科学技术的发展，电源技术又与现代控制理论、材料科学、电机工程、微电子技术等许多领域密切相关。电源技术已逐步发展成为一门多学科互相渗透的综合性技术学科。例如：当前许多高新技术均与市电的电压、电流、频率、相位和波形等基本参数的变换和控制相关，电源技术能够实现对这些参数的精确控制和高效率的处理，特别是能够实现大功率电能的频率变换，从而为多项高新技术的发展提供有力的支持。因此，电源技术不但本身是一项高新技术，而且还是其他多项高新技术的发展基础。它对现代通信、铁路、计算机、工业自动化、电力工程、电子仪器、国防及某些高新技术提供高质量、高效率、高可靠性的电源起着关键作用。

第一节 通信电源的发展现状及趋势

一、通信电源与防雷在通信网络中的重要性

在整个通信网络中通信电源系统虽然属于基础设施，但它起到“动脉”和“心脏”的作用。随着电信技术的飞速发展，电信网络结构日益复杂，作为通信系统的动力组成部分，通信电源系统的重要性日益体现出来。这几年来，通信网与通信业务处理、传输以及移动、卫星、数据通信等设备的技术发展很快，我国通信网的整体水平已进入世界先进行列，更加需要有一个与此相适应的通信电源供电系统来支撑这个大网的安全可靠运行。因此，通信电源供电系统也正在应用新技术、立足高起点迅速向前发展。

通信设备在使用过程中易遭到雷电的袭击而损坏，雷害已经成为影响通信设备可靠运行的一个重要因素，但往往人们对通信设备防雷问题的认识不足，经常处于无从下手或者多次治理而没有明显改善的状况。为了确保通信网络的安全可靠运行，除了通信设备和通信网络自身的可靠性提高外，还必须提高电源系统以及通信设备防御雷电袭击的能力。国家标准 GB 50689—2011《通信局（站）防雷与接地工程设计规范》以及《铁路通信设备雷电综合防护实施指导意见》（铁运〔2011〕144 号）为规范通信及电源设备雷电防护工作，提高通信设备抗御雷电能力，明确了通信设备雷电综合防护的原则、雷电内外部防护的方法、主要防雷器件的技术指标等。执行相关标准和规范，提高通信设备抗雷击能力、保证通信电源系统安全可靠运行已成为确保通信系统正常运行的重要条件。

二、通信电源供电技术发展趋势及应用

电信业的迅猛发展，给电源市场带来了巨大的市场机会和挑战，同时对电源提出了新的

需求。例如:多种物理设备放在一起,有电磁兼容的需求和机房面积与承重的要求;网络设备种类繁多使电源的负载变大,负载种类变多,对电源效率和种类有要求;机房和基站数目增多,对电源的可靠性和易维护性提出更高的要求,以满足无人值守需求。电源工作环境的差异对电源的应用环境也提出了新的需求,如更强的电网适应能力、环境适应能力等,户外电源就是这一需求的典型代表。电源是整个通信网络的“心脏”,通信网络需要更可靠的电源。

(一)全球通信电源技术的发展趋势

1. 高效率、高功率密度,宽范围的使用环境温度

运营商设备的不断增多、用电量加剧、机房面积紧张等客观因素的存在,对电源产品提出了高效率、高功率密度、宽的使用环境温度的要求。

新型高性能器件的不断研发、涌现与应用,例如:绝缘栅双极型晶体管(IGBT)、功率场效应晶体管(MOSFET)、智能 IGBT 功率模块(IPM)、MOS 栅控晶闸管(MCT)、静电感应晶体管(SIT)、超快恢复二极管、无感电容器、无感电阻器、新型磁材料和变压器、EMI 滤波器等,可以提高通信电源的开关频率,减少电源外形尺寸,提高电源的功率密度。

在通信电源中,开关技术是提高电源效率的一个重要的技术。软开关技术、准谐振技术中具有代表性的是谐振变换、移相谐振、零开关 PWM、零过渡 PWM 等电路拓扑。随着软开关拓扑理论研究的深入以及应用的普及,大大减少了硬开关模式下电源的功率器件在开通、关断过程中电压下降和上升以及电流上升和下降波形交叠产生的损耗和噪声,实现了零电压以及零电流开关,降低损耗,提高电源系统的效率。为了更好适应环境,提高产品可靠性,AC 220 V 的通信电源一般能够工作在 AC 120 ~ 290 V,环境温度适应能力也由传统的 45 ℃提高到 60 ℃,甚至 75 ℃。

2. 网络化智能化的监控管理

随着网络的日益发展,大量的网络设备需要大量人力、物力投在设备管理和维护工作上。如:通信设施所处环境越来越复杂,人烟稀少、交通不便都增大了维护的难度,这对电源设备的监控管理又提出了新的要求。通信电源系统的集中分散式监控系统需要对系统中的状态量和控制量进行监控,还可以对电池进行全自动管理;也可以直接利用通信网络上传控制数据,使维护人员通过通信网络进行数据查询、控制等维护工作;利用友好的人机界面,使维护人员能够方便地得到需要的信息(如各种保护、告警和数据信息;维护计划、资产管理等)。

3. 全数字化控制

数字化技术的发展逐步表现出了传统模拟技术无法实现的优势。如:采用全数字化控制技术,有效缩小电源体积降低成本,大大提高了设备的可靠性和对用户的适应性,整个电源的信号采样、处理、控制(包括电压电流环等)、通信等均采用 DSP 技术,可以获得优化的、一致的、稳定的控制参数。还可以采用更加灵活的控制方式,在各种电压、温度下优化电源的输出,如降额保护、PFC 数字控制谐波。利用 DSP 技术可以减少器件数量、提高模块指标与功率密度,消除模拟控制技术的期间离散性和温度漂移性,实现更简单稳定的通信和均流,同时也可以获得良好的 EMC 指标。采用数字化技术后使电源设备智能化的程度更高,也便于使用维护。

4. 供电模式由集中供电单一体制走向多元化

随着通信技术的飞速发展,维护体制的不断变革,各种通信设备的日益集成化、小型化。电源技术发展的特点是电源电路的模块化、集成化,单片电源和模块电源取代整机电源,功率集成技术简化了电源的结构。所以,通信电源也正逐步向集中监控、少人值守或无人值守的方向发展。为满足通信网的技术需求,提高供电系统的可靠性和扩容能力,同时为了减少维护压力、控制维护成本,降低维护风险,通信电源的供电方式也应逐步采取由集中供电方式向分散供电方式或分布式供电方式(即多元化)发展。

(二) 新型能源及新技术设备的应用

根据通信电源设备技术发展动向,结合各大通信运营单位的节能降耗试点工作经验和需求以及国外、国内生产企业研发、生产实际情况, 以下新能源、新技术及新设备将会在通信电源供电系统中应用:高频开关电源系统休眠技术;通信用高压直流供电技术;太阳能供电技术;风力发电技术;风、光互补发电技术;燃料电池发电技术;高频模块化 UPS 供电技术;磁悬浮飞轮储能技术等,以及新型节能产品,通信用磷酸铁锂电池或耐高温型铅酸蓄电池也将会有其一定的适用领域,从而得到发展。

这些新技术和新设备的应用将促进我国自然环境的保护和改善,为国民经济的长远的可持续发展奠定基础。

第二节 铁路通信电源系统的组成及供电结构

一、铁路通信电源系统的组成

(一)铁路通信电源系统的基本概况

1. 铁路通信电源系统概述

铁路通信电源系统是为铁路通信服务的基础设施之一,是为铁路通信中传输、数据、电报、电话、移动通信、调度通信等系统提供能源的综合保障体系。

2. 铁路通信电源系统的组成

铁路通信电源系统由交流供电系统、直流供电系统、接地系统、防雷系统、监控系统等部分组成。

(1)交流供电系统

交流供电系统包括变配电系统、备用电源系统(发电机系统)、交流不间断电源系统(UPS)以及相应的交流配电部分。变配电系统包括变压器、高低压配电设备、操作电源。交流不间断电源系统(UPS)包括 UPS 设备、输入输出配电柜、蓄电池组。

(2)直流供电系统

直流供电系统由交流配电屏、整流器、蓄电池组、直流配电屏、直流—直流变换设备组成,直流供电系统的电压等级有 -48 V、24 V、240 V、336 V 等。

(3)接地系统

接地系统由接地体、汇集排、楼层接地排、工作及保护引接线组成。

(4)防雷系统

防雷系统由避雷针、接地引下线、接地体、等电位连接、各级浪涌保护器(Surge Protective Device,SPD)等组成。

(5)监控系统

监控系统由各种采集设备、网络传输设备、监控终端设备、监控专用软件等组成。

在综合通信楼或大型互联网数据中心(简称 IDC 中心),电源系统基本包含上述所有内容,而在一些模块局或某些基站,其电源系统一般只包含一个低压交流配电箱,一套 -48 V 直流供电系统以及简单的动环监控单元。因此,为全面理解通信电源系统的基本概况,更多以综合通信楼的电源系统为例进行阐述。

3. 铁路通信电源系统供电种类概述

铁路通信电源系统通常包括为负载提供 -48 V 的直流电源和 220 V 或 380 V 交流不间断电源两种。由于目前通信设备很少使用 24 V 直流电源,因此,直流 24 V 的电源系统将逐渐淡出通信电源行列。随着互联网以及数据业务在通信领域的快速发展,通信电源系统中交流不间断供电系统(简称 UPS 系统)的应用会不断增加,出于供电系统安全、节能和更易于维护等方面的考虑,240 V 或 336 V 等高压直流供电系统正越来越多地应用于通信领域,这种高压直流供电系统应用于通信领域的发展趋势,随着人们认识的提高而不断扩大。

通信电源系统为负载供电的种类非直流即交流,通过用户在长期的应用实践过程中,不断比较两者在供电安全可靠性、节能环保、易于维护等方面的优劣,来修正二者的应用规模与应用领域。但无论如何,任何种类的通信电源系统都必须在确保自身安全可靠的基础上来满足通信负载的供电需求。

(二)通信电源系统的组成方式

通信电源系统的组成方式因通信负载的规模以及物理布局的不同而有所变化,一般分为三种方式:集中供电方式,分散供电方式,混合供电方式。

1. 集中供电方式

所谓集中供电方式是指组成通信电源系统的直流供电系统、UPS 供电系统集中布放于某一物理位置(比如通信楼首层),所有通信负载均由位于这一物理位置的电源系统提供能源供应的一种方式,如图 1—1 所示。

这种供电方式的优点是可以有效利用通信楼首层地板承重较大的优势,集中布放较重的电源设备以及大容量蓄电池组;由于供电系统与通信设备分别放置在不同物理位置,无需考虑电磁兼容等电磁干扰问题;集中供电方式的电源系统通常容量较大,便于集中维护管理。

缺点是供电线路相对较长、线损较大,尤其是 -48 V 直流供电系统,为了减少能源损耗,确保末端设备正常用电,必须加大输电线路的线径,从而增加了系统初期投资。由于每套供电系统容量相对较大,为了方便各个楼层的电源分配必须加装楼层配电系统,增加了各级保护的层级数量,也由于供电系统容量相对较大,如果出现故障,影响的范围广、恢复时间长，系统扩容较困难。

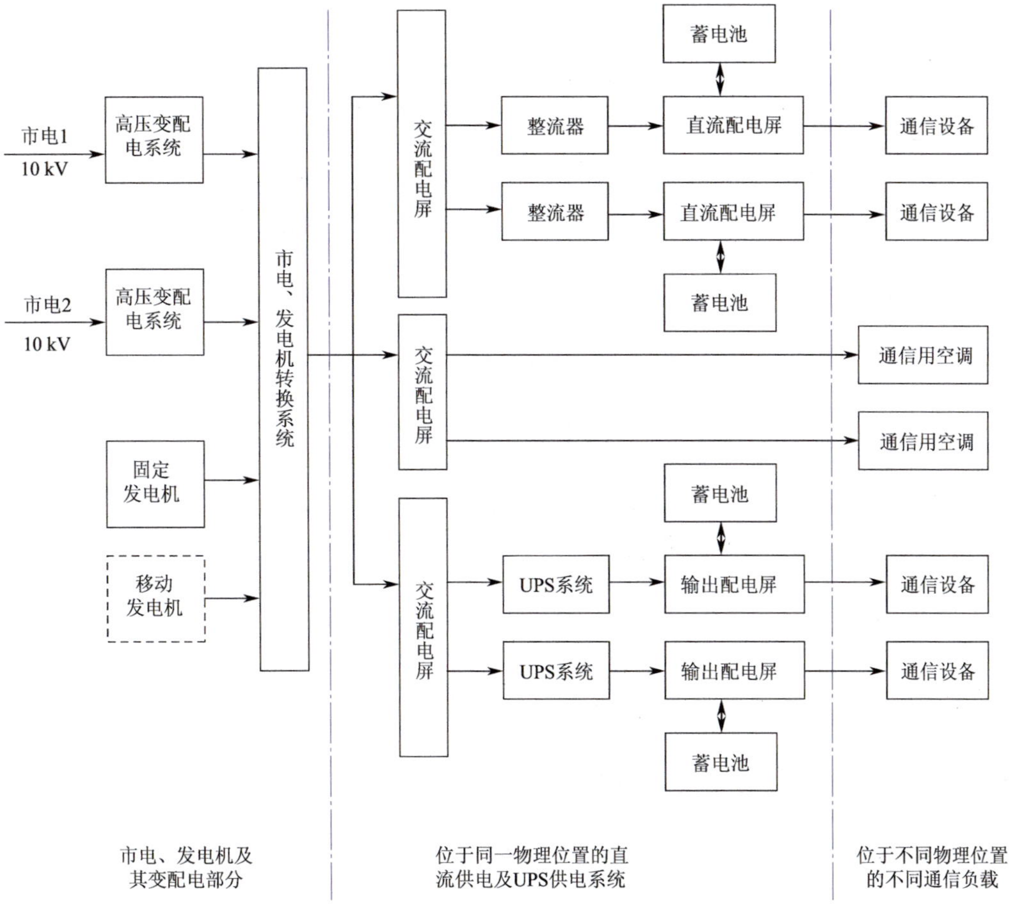

图 1—1　集中供电方式结构示意图

2. 分散供电方式

所谓分散供电方式是指组成通信电源系统的直流供电系统、UPS 供电系统与通信设备一起分散布放于同一物理位置（如同一楼层）或同一列、同一排，每套直流供电系统或 UPS 供电系统只对本物理位置的通信负载提供能源供应的一种方式，如图 1—2 所示。

这种供电方式的优点是每套电源系统与通信设备共同放置在同一物理位置，配电简单、配电保护层级少，供电线路较短，线路损耗较小，节约初期投资；由于每套供电系统只为同一物理位置的通信设备供电，其系统容量一般较小，如果出现故障影响范围小、恢复时间短，供电系统的更新或扩容改造相对容易。

缺点是每套供电系统配备蓄电池组等设备对地板承重要求较高，随着通信设备规模的增加，一个通信综合大楼内会有十几或二十几套电源系统分布于各个楼层，如果没有完善可靠的动环监控系统把各套电源系统集中监控起来，是很难做好每套电源系统的维护与管理工作的。

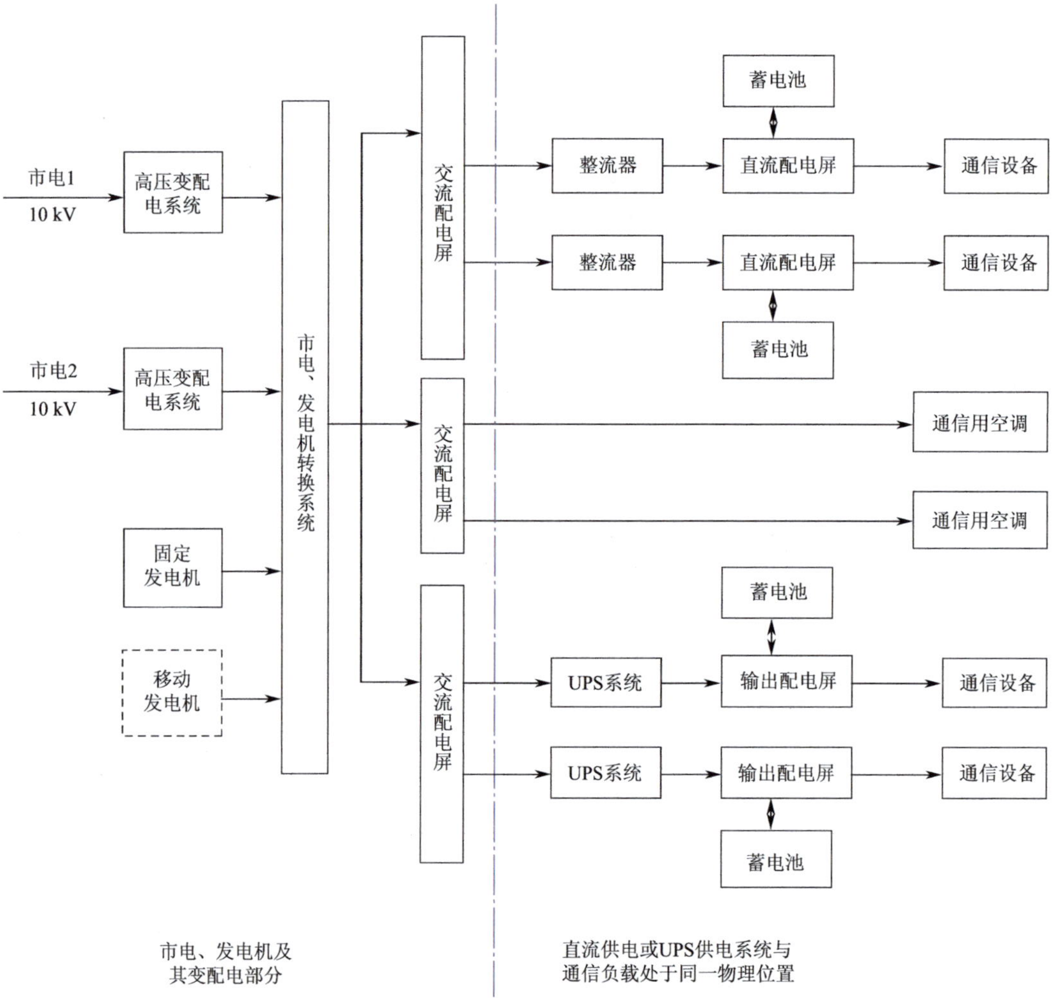

图 1—2　分散供电方式结构示意图

3. 混合供电方式

所谓混合供电方式有两种理解，第一是介于上述两种供电方式之间的一种形式，指组成通信电源系统的直流供电系统、UPS 供电系统有些集中布放于同一物理位置，为与之距离较近的通信设备供电，有些直接与通信设备一起分散布放于同一物理位置（如同一楼层或同一列、同一排），这些直流供电系统或 UPS 供电系统只对本物理位置的通信负载供电。实际使用中这种混合供电方式应用更普遍也更广泛，它将集中供电与分散供电方式的优点集中于一身，既避免了集中供电方式供电线路长、配电保护层级多的缺点，也避免了分散式供电方式由于通信大楼规模较大时要建立多套电源系统难于统一维护管理的弊端。因此，对于通信大楼建议采用这种混合供电方式。

另外，还有一种理解是由于通信电源系统的组成增加了太阳能光伏系统或风光互补等系统而称为混合供电方式，这种方式目前还只是一些基站或某些端局在使用。

其供电系统结构如图 1—3 所示。

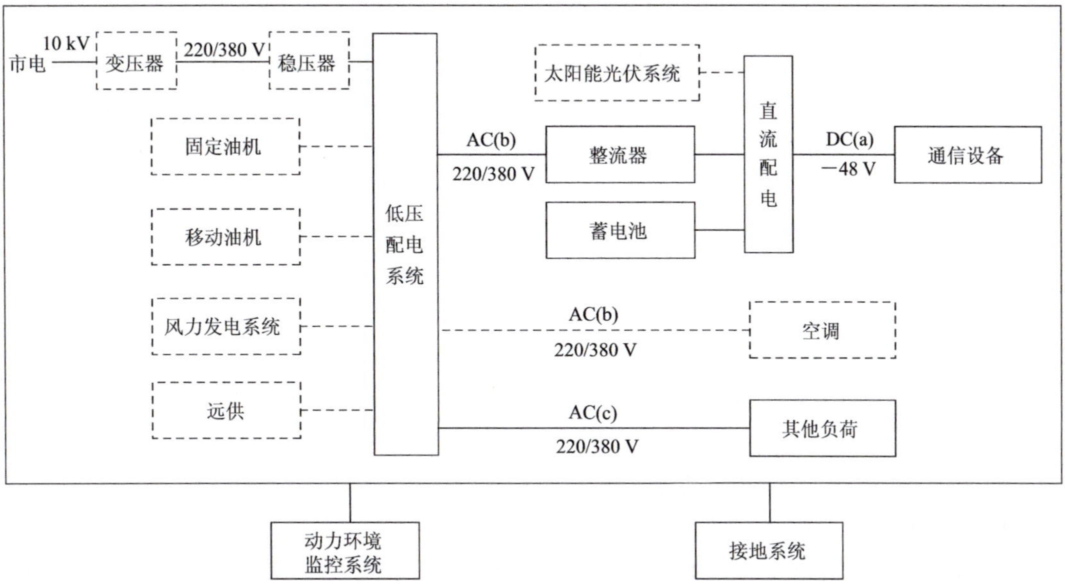

图 1—3 混合供电方式的结构示意图

(a)—不间断；(b)—可短时间中断；(c)—允许中断

二、通信电源系统的供电结构

(一)通信电源系统的基本供电结构

1. 直流 -48 V 电源系统的基本供电结构

通信电源最基本的供电种类之一就是直流 -48 V 电源系统。近年来业界普遍使用的是由高频开关整流模块、系统控制模块组成的 -48 V 高频开关电源系统，其基本供电结构由交流市电输入部分、整流模块部分、监控模块部分、蓄电池组部分、直流配电屏馈出部分组成。

2. 交流 UPS 电源系统的基本供电结构

通信电源另一个最基本的供电种类之一就是交流 220 V 或 380 V UPS 电源系统。虽然 UPS 系统有许多组成方式，如 $N+1$ 并联冗余系统、双总线冗余配置系统、模块化 UPS 系统等，但其基本供电结构大致相同，即由交流市电输入部分、UPS 主机设备部分、监控与并机部分、接地部分、后备蓄电池组部分、静态旁路部分以及交流配电屏馈出部分组成。

3. 高压直流电源系统的基本供电结构

近年来通信电源又发展出了一种供电种类就是直流 240 V 或 336 V 等的高压直流电源系统。它的出现是基于通信行业数据业务的不断增加，UPS 供电系统越来越多、容量越来越大时暴露出其系统组成越来越复杂，在线增容及日常维护存在许多不便，在人们对传统 -48 V电源系统与 UPS 供电系统进行比较后经大量实验逐渐产生的一种新的供电种类。以输出电压为 240 V 和 336 V 的高压直流系统应用最多。高压直流电源系统与传统 -48 V 电源系统的供电结构基本相同，由交流市电输入部分、整流模块部分、监控模块部分、蓄电池组部分、绝缘监察部分、接地部分、直流配电屏馈出部分组成。

（二）通信电源低压配电系统基本供电方式

通信电源的低压配电系统在本节中是指交流市电输入经变压器输出后的三相交流配电系统，三相交流低压配电系统基本供电方式已由国际电工委员会（IEC）作了统一规定，按照保护接地的形式不同分为：IT 系统、TT 系统和 TN 系统，其中 TN 系统又分为 TN-C、TN-S 和 TN-C-S 系统。

国际电工委员会（IEC）对系统接地的文字符号的定义规定为：

第一个字母表示电力系统的对地关系：I 表示所有带电部分与地绝缘，或一点经高阻抗接地。T 表示系统中性点直接接地。

第二个字母表示装置的外露可导电部分的对地关系：T 表示外露可导电部分对地直接连接，与电力系统如何接地无关。N 表示外露可导电部分与电力系统的接地点直接电气连接。

后面还有字母时，这些字母表示中性线与保护线的组合方式：C 表示中性线与保护线是合一的，S 表示中性线与保护线是分开的。

1. IT 系统

IT 系统的电源中性点是对地绝缘的或经过高阻抗接地，用电设备的金属外壳直接接地，即传统上所称的三相三线制供电系统的保护接地，如图 1—4 所示。

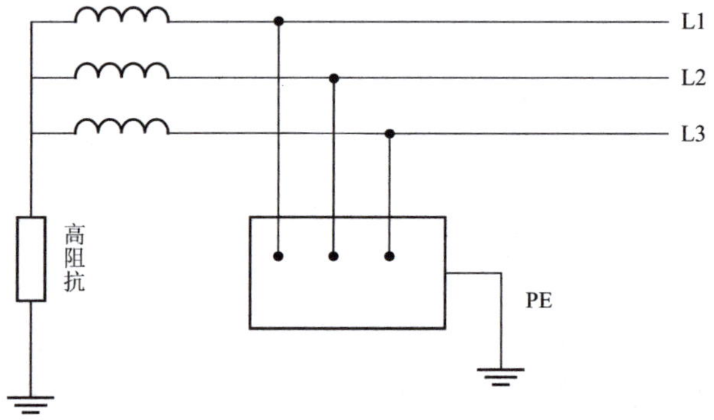

图 1—4　IT 系统示意图

IT 系统在通信领域较少应用，适用于环境条件不良，易发生相线接地故障以及易燃易爆的场所。其简要工作原理为：若设备外壳不接地，当发生相线碰壳故障时，设备外壳就带有单相电压，此时人若接触设备外壳，就会发生触电事故；而设备的金属外壳采取了接地保护后，由于人体电阻远比接地装置的接地电阻大，当发生单相碰壳时，绝大部分接地电流被接地保护装置分流，流经人体的电流很小，从而保护了人的生命安全。

2. TT 系统

TT 系统的电源中性点直接接地，用电设备的金属外壳直接接地且与电源中性点的接地无关，即传统上称为三相四线制供电系统中的保护接地，如图 1—5 所示。

TT 系统简要工作原理为：当发生相线碰壳故障时，接地电流经保护接地装置和电源系统的工作接地装置所构成的回路流通，如果此时有人接触带电的外壳，由于人体电阻远大于接地装置的接地电阻，绝大部分接地电流被接地保护装置分流，流经人体的电流很小，从而对人体起到了保护作用。

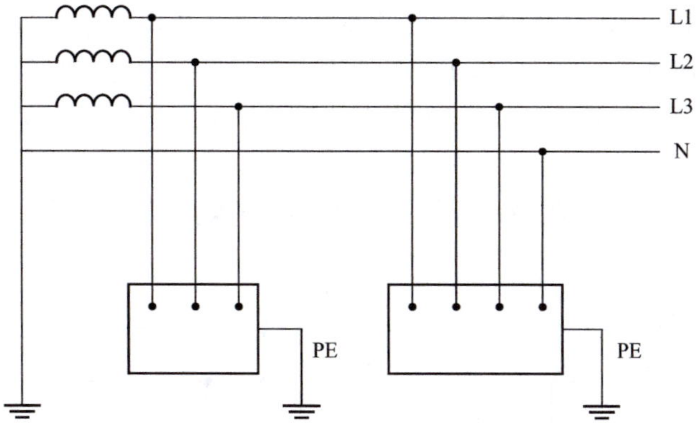

图 1—5　TT 系统示意图

但 TT 系统在确保安全用电方面也存在不足之处。首先当设备发生绝缘不良等引起漏电或发生相线碰壳故障时，由于有接地保护，漏电流或故障电流较小不可能使线路的保护装置动作，导致漏电或碰壳设备的外壳长期带有高于安全电压的危险电压，增加了人体触电的危险，因此，TT 系统必须加装剩余电流漏电保护装置。目前这种 TT 系统主要应用于城镇、农村居民区、工业企业和由公用变压器供电的民用建筑中。

3. TN 系统

TN 系统是指在变压器或发电机中性点直接接地的三相四线低压系统中，将正常运行时不带电的设备外壳经保护中性线与电源的中性点直接电气连接，也即传统上所称的三相四线制供电系统中的保护接零系统。

其简要工作原理为：当设备发生相线碰壳故障时，故障电流经设备外壳、保护中性线与电源中性点构成单相短路回路，使得线路保护装置立即动作，将故障部分迅速切除，从而保障人体安全以及其他设备或线路的正常运行。

(1) TN-C 系统

TN-C 系统是指三相四线制中系统的中性线（N）与保护线（PE）合一的一种供电形式，该线也称为保护中性线（PEN）。如图 1—6 所示。

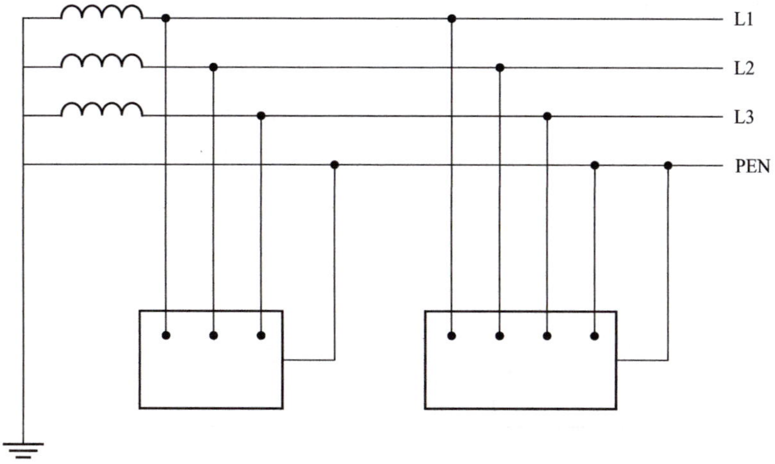

图 1—6　TN-C 系统示意图

这种 TN-C 系统的优点是节省了一条导线，但在三相负载不平衡或保护中性线断开时会使所有设备的金属外壳都带上危险电压，如果电源的相线碰地，则设备的外壳电位升高，致使中性线上的危险电位蔓延，因此，TN-C 系统只适用于三相负载基本平衡的情况。

(2)TN-S 系统

TN-S 系统是指三相五线制中系统的中性线(N)与保护线(PE)完全分开的一种供电形式。如图 1—7 所示。

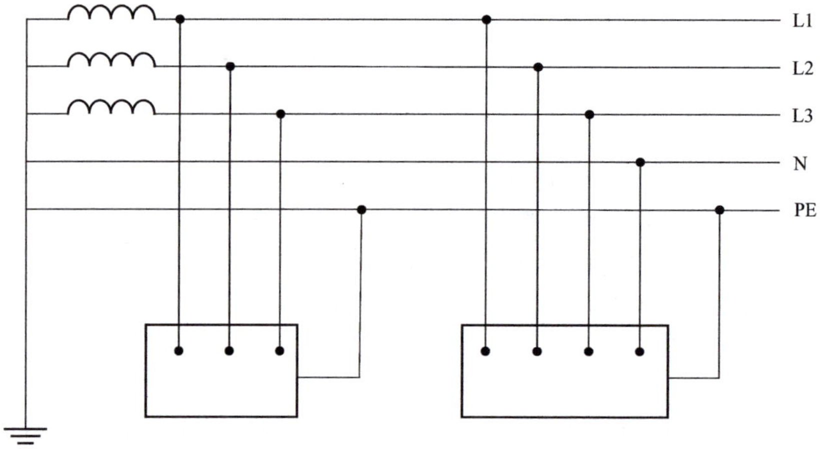

图 1—7　TN-S 系统示意图

这种 TN-S 系统在正常运行情况下 PE 线没有电流通过，也不会对接在 PE 线上的其他设备产生电磁干扰，但 N 线上会有三相不平衡电流流过，N 线断开也不会影响 PE 线正常的保护功能，所以电气设备的金属外壳接在专业的 PE 保护线上安全可靠。因此，TN-S 系统多用于对安全可靠性要求较高，设备对电磁干扰要求较严或电磁环境条件较差的场所。

(3)TN-C-S 系统

TN-C-S 系统是指供电系统中一部分中性线与保护线是合一的(三相四线制)，另一部分则是在现场总配电处分出单独的 PE 保护线，使得中性线(N)与保护线(PE)是分开的(三相五线制)，如图 1—8 所示。

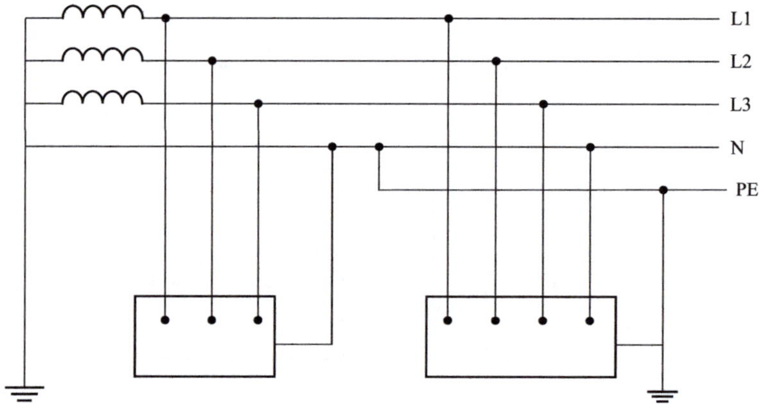

图 1—8　TN-C-S 系统示意图

这种 TN-C-S 系统兼有 TN-C 和 TN-S 系统的特点，在正常运行情况下 PE 线没有电流通过，也不会对接在 PE 线上的其他设备产生电磁干扰，但 N 线上会有三相不平衡电流流过。由于 TN-C-S 系统中的 PE 线是从下级总配电屏中 N 线排处分离出来，因此必须在本地做重复接地处理，且 PE 线上不得安装断路器和熔断器等保护器件，当三相电力变压器接地状况良好、三相负载比较平衡时采用这种系统是可行的，但当三相不平衡或自身具有单独的变压器时，最好采用 TN-S 系统。

三、低压交流供电系统的功率因数补偿

（一）基本概念

1. 无功功率

在日常使用的公共电网中，电源供给负载的功率一个为有功功率，另一个为无功功率。有功功率是保持用电设备正常工作所需的电功率，也就是将电能转换为其他形式能量（机械能、光能、热能等）的电功率。而无功功率是用于电路内电场与磁场的交变，在电气设备中建立与维持电场或磁场交变所需的电功率。由于这种功率不对外做功，因此称为无功功率。

无功功率并不是无用功率，许多设备是依据电磁感应原理进行工作的，电动机转子磁场就是依靠电源提供的无功功率建立的，变压器初级线圈的磁场也是靠无功功率建立的，这样才能在二次线圈上感应出电压来，没有无功功率电动机就不会转动，变压器就无法变压。

当交流电流通过电感线圈时，由于电感线圈是储存磁场能量的器件，其相应的磁场能量也会随着电压电流的交变而变化，当电压增大时，电流及磁场的能量也就相应加强，此时电感线圈的磁场能量将外电源供给的能量以磁场能量的形式存储起来，当流过电感线圈的电流减少和磁场能量减弱时，电感线圈就把磁场能量释放出来输送回外面的电路中，这种电源能量与磁场能量之间的往复转换能量，从物理概念上讲为感性无功功率，如变压器、电动机等设备通过交变电流时产生感性无功功率。

当交流电流通过电容器时，由于电容器是储存电场能量的器件，其相应的电场能量也会随着电压电流的交变而变化，当电压增大时，电流及电场的能量也就相应加强，此时电容器的电场能量就将外电源供给的能量以电场能量的形式存储起来；当电流减小和电场能量减弱时，电容器就把电场能量释放出来输送回外面的电路中，这种电源能量与电场能量之间的往复转换能量，从物理概念上讲为容性无功功率，电容器、电缆输电线路等设备通过交变电流时产生容性无功功率。

2. 功率因数

在交流电路中，电源供给负载的视在功率中包含有功功率和无功功率，有功功率是电阻性负载消耗的功率也即实际消耗的电功率，无功功率并非实际消耗的功率，而是由电感性负载或电容性负载引起的电源与负载间能量转换所占用的电功率。

功率因数是指由于在实际用电系统中存在感性或容性负载，使得负载电压与电流之间存在着一定的相位差，其相位角的余弦 $\cos\varphi$ 称为功率因数。它也是有功功率与视在功率之比。

$$\cos\varphi = \frac{P}{S} = \frac{P}{\sqrt{P^2 + Q^2}} \tag{1—1}$$

式中 P——有功功率(kW);

Q——无功功率(kVar);

S——视在功率(kVA)。

交流电路中的有功功率、无功功率与视在功率之间的向量关系如图 1—9 所示。

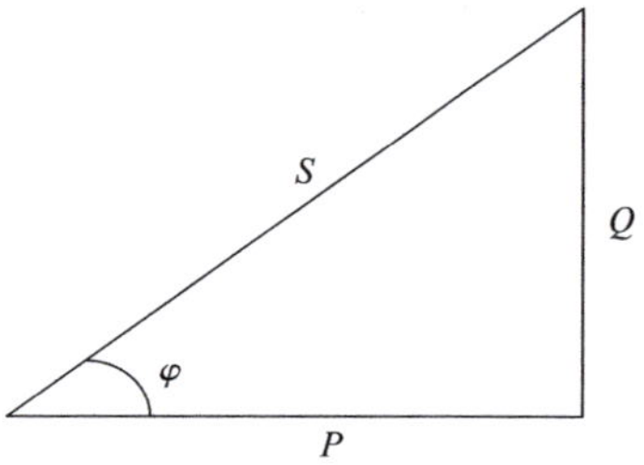

图 1—9　功率三角形示意图

(二)无功补偿

1. 为何要进行无功功率补偿

在交流供电系统中,正常情况下,用电设备不但要从电源取得有功功率,还要取得无功功率。如果电网中无功功率不足,用电设备就无法取得足够的无功功率来建立正常工作的电磁场,用电设备就无法正常工作,因此,必须进行无功功率补偿。也就是说不但有功功率要平衡,无功功率也要达到平衡。

2. 无功功率补偿的作用

为了更好地理解无功功率补偿的作用,首先介绍电能损耗包含的内容。电能损耗包括可变损耗和不变损耗,可变损耗是指当电流通过导体和变压器时所产生的损耗,包括变压器的铜损和电力线路上的铜损,它与负载电流、电网电压等因素有关,这部分损耗约占电网总损耗的 80% 左右。不变损耗是指只要接通交流电能就存在的损耗,包括变压器的铁损、电容器、其他电器上的介质损耗以及计量仪表、互感线圈上的铁损,它与电网电压、频率有关,这部分损耗约占电网总损耗的 20% 左右。而线路损耗又与电力用户的功率因数的平方成反比。另外无功功率还会对供、用电产生如下不良影响:第一会降低输、变电设备的供电能力;第二会降低发电机有功功率的输出;第三会造成线路压降增加和电能损耗的加大;第四会造成功率因素的降低和电压的下降,使电气设备容量得不到充分的发挥。因此必须进行无功功率补偿提高功率因数。

3. 无功功率补偿基本原理

无功功率补偿的基本原理就是把具有容性功率负载的装置与具有感性功率负载的装置并联接在同一个电路中,能量在这两种负载之间相互交换,从而使感性负载所需的无功功率由容性负载输出的无功功率来补偿。

4. 无功功率补偿的方式

无功功率补偿方式有集中补偿、分散补偿、就地补偿等几种方式。集中补偿是指无功补偿装置装设在企业或地方总变电所的 10 ~ 35 kV 母线上,以减少高压线路的无功损耗,提高本变电所的供电电压质量。分散补偿是指无功补偿装置装设在功率因数较低的终端变、配电所的高压或低压母线上,这种补偿效果较好。就地补偿是指无功补偿装置装设在异步电动机或电感性用电设备附近,以提高用电设备供电回路的功率因数和改善用电设备的电压质量。这种就地补偿的节能效果要比集中补偿好。

第三节 铁路通信电源供电标准

铁路通信设备对通信电源系统的要求是必须能够稳定、可靠和安全的供电，供电不中断，供电质量达到规定指标的要求，电磁兼容性符合相关标准的规定；同时，通信电源设备还应效率高、节约能源、小型轻量、便于安装维护和扩容，并可以进行集中监控、实现少人或无人值守。

对通信电源供电的具体要求，主要有以下几方面。

一、基础电源的供电质量指标

通信电源包括基础电源和机架电源（又称为模块电源，即通信设备内的插件电源），本书主要讨论基础电源。我国通信行业标准 YD/T 1051—2018 规定，通信局（站）的基础电源分为交流基础电源和直流基础电源。

（一）交流基础电源技术指标

由市电或备用发电机组（含移动发电机）提供的低压交流电源，称为通信局（站）的交流基础电源。

低压交流电的额定电压为 220/380 V（三相五线制），即相电压 220 V，线电压 380 V；额定频率为 50 Hz。

1. 通信机房外部引入交流电源的供电质量要求

《铁路电力设计规范》对交流供电电压的允许偏差要求是：正常情况下，在用电设备的电源输入端子处测量，电压允许变动范围为额定电压值的 ±5%，即相电压 231 ~ 209 V，线电压 399 ~ 361 V。

《铁路技术管理规程》（以下简称《技规》）规定，铁路供电系统在用户受电端的供电电压允许偏差应满足如下要求：10 kV 及以下三相供电线路为额定值的 ±7%，对应额定电压为 380 V 的线电压为 407 ~ 353 V；220 V 单相供电的，为额定值的 +7% ~ −10%，即相电压 235 ~ 198 V。

在电力系统非正常情况下，用户受电端的电压值允许偏差为额定值的 ±10%，即相电压 242 ~ 198 V，线电压 418 ~ 342 V。

《铁路通信维护规则》对通信用外部交流电源的供电要求见表 1—1。

表 1—1 通信用外部交流电源的供电要求

标称电压（V）	设备受电端子 电压变动范围（V）	频率标称值（Hz）	频率变动范围（Hz）
220	187 ~ 242	50	52 ~ 48
380	323 ~ 418	50	52 ~ 48

2. 交流发电机组供电质量要求

《铁路通信维护规则》规定，通信用交流发电机组供电标准应满足表 1—2 要求。

表 1—2　通信用交流发电机组的供电要求

标称电压(V)	受电端子电压变动范围(V)	频率标称值(Hz)	频率变动范围(Hz)	功率因数
220	209 ~ 231	50	51 ~ 49	≥0.8
380	361 ~ 399	50	51 ~ 49	≥0.8

3. UPS 供电质量要求

《铁路通信维护规则》规定，UPS 供电质量标准应满足表 1—3 的要求。

表 1—3　通信用 UPS 的供电质量要求

标称电压(V)	受电端子电压变动范围(V)	频率标称值(Hz)	频率变动范围(Hz)	三相供电电压不平衡度
220	209 ~ 231	50	51 ~ 49	≤4%
380	361 ~ 399	50	51 ~ 49	

当市电供电电压不能满足上述规定时，应采用调压或稳压设备来满足电压允许变动范围的要求。

交流电的电压波形正弦畸变率应不大于 5% 。电压波形正弦畸变率是电压的谐波分量有效值与总有效值之比。

大、中型通信站应根据《全国供用电规则》的要求安装无功功率补偿装置，使之采用 100 kVA 以下变压器时，功率因数不小于 0.85；采用 100 kVA 以上变压器时，功率因数不小于 0.9。

此外，三相供电电压不平衡度应不大于 4% 。

(二)直流基础电源技术指标

向各种通信设备和二次变换电源设备或装置提供直流电压的电源，称为通信局(站)的直流基础电源。

直流基础电源电压首选 48 V，过渡时期暂留 ±24 V。

直流电源电压允许变动范围，杂音电压和全程最大允许压降应符合表 1—4 要求。

表 1—4　直流基础电源技术指标

额定电压(V)	通信设备受电端子上电压允许变动范围(V)	杂音电压①、②(mV)			供电回路全程最大允许压降③(V)
		衡重杂音	峰—峰值	宽频杂音(有效值)	
-48	-40 ~ -57	≤2	≤400 mV (0 ~ 300 Hz)	≤100 mV(3.4 ~ 150 kHz) ≤30 mV(150 kHz ~ 30 MHz)	3.2
-24	-19 ~ -29	≤2	≤400 mV		2.6
+24	+19 ~ +29	≤2			2.6

注：①杂音电压：是指在直流配电屏输出端子处的杂音电压测量值。进网开关电源要求峰—峰值杂音电压不大于 200 mV。

② -48 V 电压的离散频率杂音电压允许值(有效值)：

3.4 ~ 150 kHz，≤5 mV 有效值；

150 ~ 200 kHz，≤3 mV 有效值；

200 ~ 500 kHz，≤2 mV 有效值；

500 kHz ~ 30 MHz，≤1 mV 有效值。

③直流供电回路全程最大允许压降：指从蓄电池电压输出端子至通信设备输入端子处的全程直流供电回路的最大允许压降。

通信局(站)的直流供电方式应采用全浮充方式,在交流电源正常时经由整流器与蓄电池组并联浮充工作,对通信设备供电。当交流电源停电时,由蓄电池组放电供电,在交流电恢复后,应实行带负荷恒压限流充电的供电方式。

蓄电池作为保障通信局(站)直流电源不间断供电的核心后备电源,目前铁路通信行业广泛采用的是通信用阀控式密封铅酸蓄电池。

YD/T 799—2010 规定:在25℃环境温度下,通信用阀控式密封铅酸蓄电池以不同的放电率放电至能再反复充电使用的最低电压,即放电终止电压应符合表1—5要求。

表1—5 通信用阀控式密封铅酸蓄电池的放电率与放电终止电压

放 电 率	蓄电池放电终止电压(单体)(V)
10小时率	1.80
3小时率	1.80
1小时率	1.75

蓄电池在使用前一般应进行补充充电,在环境温度为25 ℃时,蓄电池单体浮充充电电压为2.20~2.27 V,蓄电池均衡充电单体电压为2.30~2.40 V,蓄电池单体最大补充充电电压不大于2.40 V。

YD/T 799—2010 规定:蓄电池组进入浮充状态24 h后各蓄电池之间的端电压差应不大于90 mV(蓄电池组由不多于24只2 V蓄电池组成时)、200 mV(蓄电池组由多于24只2 V蓄电池组成时)、240 mV(6 V)、480 mV(12 V)。

蓄电池组放电时,各蓄电池之间的端电压差应不大于0.20 V(2 V)、0.35 V(6 V)、0.6 V(12 V)。

二、供电可靠性

通信电源系统的可靠性用"不可用度"指标来衡量。电源系统的不可用度是指电源系统故障时间与故障时间和正常供电时间之和的比,即:

$$\text{电源系统不可用度} = \frac{\text{故障时间}}{(\text{故障时间} + \text{正常供电时间})}$$

例如:直流配电设备,在15年使用时间内,平均失效间隔时间(MTBF)应不小于10^6 h,不可用度应不大于1.0×10^{-6};高频开关整流器,在15年使用时间内,MTBF应不小于5×10^4 h,不可用度应不大于6.6×10^{-6};阀控式密封铅酸蓄电池组,全浮充工作方式在8年使用时间内。MTBF应不小于3.5×10^5 h,不可用度应不大于3.43×10^{-5}。

为了提高通信电源系统的供电可靠性,《铁路电力设计规范》对通信负荷等级及相应的供电标准做了划分和规定:

一级负荷应有两个独立电源,保证不间断供电。一级负荷包括:高速铁路与客运专线通信设备、通信站设备以及非客运专线非通信站设备中的自动闭塞区段通信设备。

二级负荷宜由两回路(困难地区一回路)可靠的专用电源供电,包括为通信设备配置的空调设备,以及非客运专线非通信站设备中的非自动闭塞区段的通信设备。

三、安全供电

为了保证人身、设备和供电的安全,铁路通信电源系统应满足以下要求。

首先,通信站电源系统应有完善的接地与防雷设施,具备可靠的过压和雷击防护功能,电源设备的金属壳体应可靠地实施保护接地;其次,通信电源设备及电源线应具有良好的电气绝缘性能,包括有足够大的绝缘电阻和绝缘强度;最后,通信电源设备应具有保护与告警功能。

对不同设备有不同的具体要求,例如高频开关电源系统在安全性方面的要求如下。

防雷:高频开关电源系统应具有防雷装置,在进行进网检验时,应能承受模拟雷击电压波形为 10/700 μs、幅值为 5 kV 的冲击 5 次,承受雷击电流波形为 8/20 μs、幅值为 20 kA 的冲击 5 次,每次冲击间隔时间不小于 1 min。在承受以上雷电冲击后,设备应能正常工作。

电气绝缘:根据我国通信行业标准 YD/T 1058—2015《通信用高频开关电源系统》的规定,对绝缘电阻的要求是:在环境温度为 15 ℃ ~35 ℃、相对湿度不大于 90%、试验电压为直流 500 V 时,交流电路和直流电路对地、交流部分对直流部分的绝缘电阻均不低于 2 MΩ。对绝缘强度则要求:交流电路对地、对直流电路应能承受 50 Hz、有效值为 2 500 V 的正弦交流电压或等效其峰值 3 535 V 的直流电压 1 min,无击穿或飞弧现象;直流输出对机壳应能承受 50 Hz、有效值为 1 000 V 的正弦交流电压或等效其峰值 1 414 V 的直流电压 1 min,无击穿或飞弧现象。

保护与告警功能:根据 YD/T 1058—2015 的规定,高频开关电源系统应具有交流输入过电压、欠电压及缺相保护,直流输出过电压、欠电压保护,直流输出限流保护及过流与短路保护,交流输入回路断路器保护,直流输出分路熔断器或断路器保护,温度过高保护等保护功能;在各种保护功能动作的同时,应能自动发出相应的可闻可见告警信号,并能通过通信接口将告警信号传送到监控设备上。

第四节　铁路通信电源设备的电磁兼容性

随着铁路电气化的发展及电子设备的使用日益广泛,电磁环境愈来愈复杂,通信电源设备只有具备良好的电磁兼容性,才能在复杂的电磁环境中确保自身正常工作,而且不干扰别的设备正常运行。

一、基本概念

电磁兼容性(Electromagnetic Compatibility,EMC)是指设备或系统在其所处的电磁环境中能正常工作,并且不对该环境中任何事物构成不能承受的电磁骚扰的能力。它有两方面的含义,一方面任何设备不应骚扰别的设备正常工作,另一方面对外来的骚扰有抵御能力,即电磁兼容性包含电磁骚扰(Electromagnetic Disturbance)和对电磁骚扰的抗扰度(Immunity to a Disturbance)两个方面。

电磁骚扰的定义是:任何可能引起装置、设备或系统性能降低或者对生物或非生物产生损害作用的电磁现象。这种电磁现象对外界形成干扰,就铁路通信而言,可能造成通信质量降低甚至通信失效等不良后果,因此电磁骚扰的产生必须受到限制,使通信设备与系统以及其他电子电气设备能够正常运行。

对电磁骚扰的抗扰度简称抗扰度(Immunity),定义为:装置、设备或系统面临电磁骚扰不降低性能的能力。抗扰度又称为抗扰性。任何通信设备与电子电气设备都要有适当的抗扰度,才能在愈来愈复杂的电磁环境中正常工作。

电磁骚扰根据能量传输方式不同,分为传导骚扰(Conducted Disturbance)和辐射骚扰(Radiated Disturbance)。前者是通过端子和导线向外传递能量的电磁骚扰,后者是以电磁波的形式通过空间传播能量的电磁骚扰。

在电磁兼容性文献中还常见另外两个名词,即电磁干扰(Electromagnetic Interference,EMI)和电磁敏感性(Electromagnetic Susceptibility,EMS)。

电磁干扰的定义是:电磁骚扰引起的设备、传输通道或系统性能的下降。"电磁骚扰"和"电磁干扰"的定义是不同的,骚扰(Disturbance)是起因,干扰(Interference)是后果。电磁骚扰仅仅是电磁现象,它可能引起降级或损害,但不一定已经形成后果。系统或设备的降级有时不一定会被使用者觉察,但也应视为性能降低。

抗扰度与敏感性(Susceptibility)是相反的关系,敏感性愈高,则抗扰度愈低;反之,敏感性愈低,则抗扰度愈高。

综上可知,电磁兼容性的三要素为骚扰源、传播途径和受扰体。只要消除骚扰源或切断传播途径或提高受扰体的抗扰能力,都能避免电磁干扰现象的发生,达到电磁兼容。

二、我国通信电源设备的电磁兼容性标准

我国对通信电源设备 EMC 标准研究的主要办法是引进、消化、吸收,然后制订适合我国的标准,同时也要考虑与国际接轨。1998 年,信息产业部根据 IEC 下属的电磁兼容标准化组织国际无线电干扰特别委员会(CISPR)的 CISPR-22、IEC 的 IEC 61000 系列标准及国际电信联盟的 ITU-T 0. 4(10/94)标准,制订了 YD/T 983—1998《通信电源设备电磁兼容性限值及测量方法》,详尽规定了通信电源设备的电磁兼容性的具体测试项目、要求及测试方法,为通信电源电磁兼容性的检验、达标、入网检测明确了目标。

国家的 EMC 标准也采用了相应的国际标准。如 GB/T 17626. 1 和 GB/T 17626. 12 系列标准等同采用了 IEC 61000 系列标准;GB 9254 和 2008《信息技术设备的无线电骚扰限值和测量方法》等同采用 CISPR-22,2006;GB/T 17618 和 1998《信息技术设备抗度限值和测量方法》等同采用 CISPR-24,1997。

YD/T 983—2018《通信电源设备电磁兼容性限值及测量方法》规定了通信电源设备(TPE)(不包括发电机和电池)产品的电磁骚扰的限值和其对抗扰性的要求,同时规定了电磁骚扰及抗扰性的测量方法。该标准适用于电信交换设备、电信传输设备、电信终端设备及无线电通信设备的电源设备,可作为通信电源设备产品设计、制造、使用及质量检验的依据。

三、电磁骚扰限值及抗扰性测试等级

电磁兼容性标准在电磁骚扰限值要求中,有 A、B 两个等级。其中 B 级要求较高,适用

于居住区和商业区等生活环境；A 级要求较低，适用于生活环境以外的场所。电磁骚扰限值通常用准峰值和平均值来表达，准峰值是指骚扰包络经具有规定时间常数的检波器检波后的值，与施加的脉冲重复率有关，脉冲重复率增加则检波后的量值增大（趋向于峰值但小于峰值），它用准峰值检波测试仪测量；平均值是指骚扰包络的平均值，用平均值检波测试仪测量。

电磁骚扰用电平来度量，以分贝（dB）为单位来表示。传导骚扰一般用电压（以 μV 为单位）作参量，辐射骚扰用离骚扰源一定距离（如 10 m 或 3 m）的电场强度（以 μV/m 为单位）或磁场强度（以 μA/m 为单位）作参量，通常以 1 μV 或 1 μV/m 为 0 dB，表达为 0 dB（μV）或 0 dB（μV/m）。传导骚扰电平 $D = 20\lg U$，单位为 dBμV。辐射骚扰用电场强度 E 作参量时，其骚扰电平 $D = 20\lg E$，单位为 dB（μV/m）。

（一）传导骚扰限值

通信电源设备（TPE）通过电源线的传导骚扰，应满足表 1—6 或表 1—7 的限值要求，准峰值与平均值限值应同时满足。当采用准峰值检波测试仪所测试的骚扰值不大于平均值限值时，则认为受试单元满足了两种极限值，就不必再用平均值检波测试仪进行测试。

表 1—6　A 级通信电源设备的电源端口传导骚扰限值

频率范围（MHz）	限值（dBμV）	
	准 峰 值	平 均 值
0.15～0.50	79	66
0.50～30	73	60

注：在衔接频率点（0.5 MHz）处应采用较低的限值。

表 1—7　B 级通信电源设备的电源端口传导骚扰限值

频率范围（MHz）	限值（dBμV）	
	准 峰 值	平 均 值
0.15～0.50	66～56	56～46
0.5～5	56	46
5～30	60	50

注：1. 在衔接频率（0.5 MHz 和 5 MHz）处应采用较低的限值。
2. 在 0.15～0.50 MHz 频率范围内，限值随频率的对数呈线性减少。

（二）辐射骚扰限值

通信电源设备通过空间的辐射骚扰应满足规定的限值见表 1—8 和表 1—9。

表 1—8　A 级通信电源设备在 10 m 测试距离的辐射骚扰限值

频率范围（MHz）	准峰值限值（dB（μV/m））
30～230	40
230～1 000	47

注：1. 在衔接频率点应采用较低的限值。
2. 当出现外界骚扰时，可能需要采取附加措施，见 YD/T 983—2018。

表 1—9　B 级通信电源设备在 10 m 测试距离的辐射骚扰限值

频率范围(MHz)	准峰值限值(dB(μV/m))
30～230	30
230～1 000	37

注:1. 在衔接频率点应采用较低的限值。

2. 当出现外界骚扰时,可能需要采取附加措施,见 YD/T 983—2018。

在传导骚扰和辐射骚扰测试中,如果测试仪上所示读数在极限值附近波动,则读数的观察时间应不少于 15 s,记录最高读数,孤立的瞬间高值读数忽略不计。

(三)谐波电流、电压起伏和闪烁的限值

对于谐波电流发射限值的通信电源设备分为 A 类设备、B 类设备、D 类设备(注:设备每相输入电流≤16 A;其中 C 类设备是指照明设备,与通信电源设备无关)。

A 类:平衡三相通信电源设备和不属于 B 类、D 类的其他通信电源设备。

B 类:便携式通信电源设备。其谐波电流值为 A 类设备谐波电流限值的 1.5 倍。

D 类:具有特殊输入电流波形的通信电源设备。其输入有效功率 75 W $< P \leq$ 600 W。

通信电源设备的谐波电流限值见表 1—10、1—11,电压起伏和闪烁限值见表 1—12。

表 1—10　A 类通信电源设备的谐波电流限值

谐波 n		最大允许谐波电流(A)
奇次谐波	3	2.30
	5	1.14
	7	0.77
	9	0.40
	11	0.33
	13	0.21
	$15 \leq n \leq 39$	$0.15 \times 15/n$
偶次谐波	2	1.08
	4	0.43
	6	0.30
	$8 \leq n \leq 40$	$0.23 \times 8/n$

表 1—11　D 类通信电源设备的谐波电流限值

谐波 n	每瓦最大允许谐波电流(mA/W)	最大允许谐波电流(A)
3	3.40	2.30
5	1.90	1.14
7	1.00	0.77
9	0.50	0.40
11	0.35	0.33
$13 \leq n \leq 39$ (仅定义奇次谐波)波)	$0.85/n$	与表 1—10 相同

表 1—12　电压起伏和闪烁限值

项　　目	限　　值
短期闪烁(P_{st})	≤0.1
长期闪烁(P_{lt})	≤0.65
相对稳态电压变化(d_c)	≤3%
最大相对电压变化(d_{max})	≤4%
相对电压变化[$d(t)$]	在电压变化持续时间大于 200 ms 时,≤3%

(四)抗扰性测试等级

抗扰性最低测试等级和判定准则见表 1—13。

表 1—13　抗扰性最低测试等级和判定准则

适用环境		测试等级	单位	判定准则	备　　注
外壳端口	辐射电磁场	1	V/m	A	80～1 000 MHz(注 1)
	静电放电	4(接触和空气放电)	kV	B	接触和空气放电
室外通信端口	射频场感应的传导骚扰	1	V	A	0.15～80 MHz(注 2,注 3)
	浪涌(冲击)	0.5(线对线) 1.0(线对地)	kV	B	10/700 μs(注 4)
	电快速瞬变脉冲群	0.25	kV	B	使用容性耦合钳
		0.5		C	
室内通信端口	射频场感应的传导骚扰	1	V	A	0.15～80 MHz(注 2,注 3)
	浪涌(冲击)	0.5(线对线) 1.0(线对地)	kV	B	1.2/50(8/20) μs(注 4)
	电快速瞬变脉冲群	0.25	kV	B	使用容性耦合钳
		0.5		C	
直流电源端口	射频场感应的传导骚扰	1	V	A	0.15～80 MHz(注 2,注 3)
	电快速瞬变脉冲群	0.25	kV	B	使用容性耦合钳
		0.5		C	
交流电源端口	射频场感应的传导骚扰	1	V	A	0.15～80 MHz(注 2,注 3)
	浪涌(冲击)	0.5(线对线) 1.0(线对地)	kV	B	1.2/50 (8/20) μs(注 4)
	电快速瞬变脉冲群	0.5	kV	B	使用容性耦合钳
		1		C	
	电压暂降	>95% 0.5	下降周期	B	
		30% 25	下降周期	C	
	电压短时中断	95% 250	下降周期	C	

注:1. 测试起始频率可低于 80 MHz,但是不能低于 27 MHz。
2. 测试频率大于 10 MHz 时,可使用较低的测试级别,这种特殊测试级别正在研究中。
3. 测试级别可定义为 150 Ω 的等效电流。
4. 当有合适的耦合/去耦合网络时,进行这项测试。

四、通信电源设备的电磁兼容性及抑制干扰的措施

(一)通信电源设备与通信设备同室安装的电磁兼容性

随着通信技术的发展,通信电源设备与通信设备同室安装的分散供电系统已广泛采用。通信电源设备中的高频开关整流器会产生传导骚扰和辐射骚扰,会对同室安装的通信网络及设备构成潜在干扰。国内与此相关的研究结果表明:

高频开关电源的负载越大,传导骚扰和辐射骚扰的量级就越大,对环境的电磁污染越严重。

高频开关电源设备与通信设备同室安装时,高频开关整流器输出直流电源线上的传导干扰限值和整流器产生的辐射干扰限值应执行我国通信行业标准 YD/T 983—2018《通信电源设备电磁兼容性限值及测量方法》。测试表明:凡符合这种标准的通信电源设备,与通信设备同置一室,不会造成干扰。

目前高频开关电源生产厂家众多,产品质量良莠不齐,只有通过权威的电源产品质量监督检验部门检测合格,才能避免高频开关电源对通信设备的干扰。

(二)抑制高频开关电源对外干扰的措施

抑制高频开关电源设备所产生的干扰要从设备的屏蔽、滤波、接地、导线选择及改进电路设计和制造工艺等措施来综合考虑。

1. 屏蔽

屏蔽是减小电磁辐射和干扰影响的有效措施之一,可分为电屏蔽、磁屏蔽和电磁屏蔽三种。屏蔽效果以屏蔽后与屏蔽前分别测得的场强比的分贝数来衡量。

相关测试表明,高频开关电源干扰频谱集中在低频段(30 MHz 以下),主要是近场性质的电磁场。对低频(100 kHz 以下)磁场的屏蔽,常采用高磁导率的铁磁材料(例如铁、硅铜片坡莫合金等),其屏蔽原理是利用铁磁材料的高磁导率对干扰磁场进行分路。对高频磁场的屏蔽,采用低电阻率的良导体材料,其原理是利用电磁感应现象,在屏蔽体表面所产生的涡流的反磁场来达到屏蔽的目的。也就是说,利用涡流反磁场对原骚扰磁场的排斥作用,来抑制或抵消屏蔽体外的磁场。可采用铁壳导磁屏蔽、短路铜环等。

要取得良好的屏蔽效果屏蔽体应良好接地,接地电阻应符合相关标准要求。屏蔽体的接地点应靠近被屏蔽的低电平接地点。采用盒形屏蔽体,尽量做到无孔无缝隙。屏蔽材料选用良导体,如铜、铝等。

除了对整个电源的电磁屏蔽外,还要考虑对开关电源内部产生的电磁干扰的器件,如变压器、电感器、功率器件等,采取屏蔽措施,并合理布局和走线。这样,可以减少整个电源的辐射,也可以减少由感应引起的传导骚扰。

要充分注意辐射泄漏的影响。泄漏的通道有接缝、门、盖板、通风口、孔洞、非均匀表面等。

2. 滤波

在电源输入线和输出线上设置合适的滤波器是抑制传导发射和改善传导敏感度的有效措施。开关电源中应设置低通滤波器,设计低通滤波器时应注意:滤波器的输入、输出线不能交叉,应采用屏蔽线或相互间设置屏蔽层。滤波器内部元件自身要进行良好的电磁屏蔽

和接地处理。避免流过滤波器接地导线的电流造成有害的电磁辐射。滤波器的电感铁芯最好采用罐形或环形，若用其他形状可加短路环或磁屏蔽。滤波器的安装质量对衰减特性影响很大，只有正确安装才能获得满意效果。

3. 接地

开关电源接地对于供电质量和安全均非常必要。对于不能直接接地的电路，应采用通过高频电容器接地的方法。同时，还要通过低阻接地，以便给高频电流和静电提供通路。这里所谓的接地，并非是接电网中线，而是指接大地。由于电网中线线路较长，对高频电流阻抗很大。接地导线应短而粗，地电流较大的回路应就近连接，信号地与电源地要分开，以免引起串扰。

4. 导线的选择

当导体通过 100 kHz 高频电流时，由于集肤效应，电流集中在导体表面 0. 45 mm 的表层通过，因而一段导体的交流阻抗会远大于其直流电阻值。为了有效地利用导体和减小导体本身引起的信号干扰，最好选用扁平导线或多股小直径漆包线并联绞绕的导线。对于易引起信号串扰的公共线，采用一点接法或采用大面积铜导体作为公共线效果最佳。另外，对于引线较长的信号线，应尽可能采用双线绞绕导线。

第二章　通信用 UPS 系统与逆变器

现代通信系统有大量的数据、图像、文字和声音信息需要传送、处理和储存，如果正在工作的设备突遇停电或供电质量太差，将导致信息丢失或出错，甚至造成损失。因此，能为设备提供连续电能的 UPS 系统及逆变器设备获得了广泛的应用。

第一节　概　　述

UPS(Uninterruptible Power Supply，不间断电源)通常是指一种交流不间断供电电源系统，是一种含有储能装置，以整流器、蓄电池、逆变器为主要组成部分的不间断交流供电电源。同时，在一定程度上可以起到稳定电压、相位漂移和净化续电的调节作用，改善了电网对终端负载的供电质量。UPS 是一种能为负载提供不间断、不受外部干扰连续的交流电的供电电源系统。

这里需要强调 UPS 系统是指包括 UPS 主设备和为其配套的配电设备在内的系统，而不是指单一的设备。

一、UPS 的用途和应用特点

早期 UPS 是作为计算机设备供电一种应急措施，停电时只要求有一段缓冲时间(一般为 5～10 min 左右)给计算机设备进行数据备份和关机操作，是一种设备级的不间断电源。主要用于给单台计算机、计算机网络系统或其他电子设备提供不间断的电力供应。当市电输入正常时，UPS 将市电稳压后供应给负载使用，此时的 UPS 就是一台交流市电稳压器，同时它还向机内蓄电池充电；当市电中断(停电)时，UPS 立即将机内蓄电池的电能通过逆变转换的 方法向负载继续供应交流电，使负载维持正常工作并保护负载软硬件不受损坏。

UPS 是专门为计算机设计的一种不间断电源，UPS 离不开计算机，计算机也离不开 UPS。随着计算机的广泛应用，使得 UPS 也得到了广泛的应用。

对于计算机设备来说，显示器和主机工作都需要正常的电力供应。尤其是内存，对电源的要求更高。它是一种依赖电能的存储设备，需要不断地刷新动作来保持存储内容。一旦断电，所保存的内容立即消失。如果非正常断电，导致内存中的信息来不及保存到硬盘等存储设备上，就会造成信息因完全丢失或变得不完整而失去价值，从而浪费大量的工作精力、时间，甚至造成巨大的经济损失。而 UNIX 这样的操作系统，如果不正常关机，内存中的系统信息没有回写到硬盘上，还可能造成系统瘫痪，无法再次启动。此外，计算机中的硬盘虽然应用的是磁存储介质，不会因为断电而损失信息，但突然的电力故障会使正在进行读写工作的硬盘物理磁头损坏，或者系统文件在维护文件系统时，造成文件分配表错误，从而造成整个硬盘的报废。另外，现在的操作系统大都能设置虚拟内存，由于突然断电，使系统来不及取消虚拟内存，从而造成硬盘中产生“信息碎片”,不仅浪费了硬盘存储空间,还会导致机器运行缓慢。因此,必须在交流供电系统中,能够保证瞬间停电时的供电。在这种背景下,UPS 供电应运而生。

UPS 系统设计的初衷,首先是保证停电时为计算机设备提供一个缓冲时间,以保存数据,完成关机流程。因此,对 UPS 的要求是后备使用,作为不停电保护,对后备时间的要求并不高。同时,由于使用 UPS 后产生的电气隔离作用,使其在消除市电不稳定所存在的很多电能质量问题,例如电压浪涌、高压尖脉冲、暂态过电压、电压下陷、线路噪声、频率偏移、持续低电压、供电中断等,能起到很好的作用。所以,UPS 不但直接用于计算机上,而且凡配有计算机的设备(如医学上的 CT、工业自动控制设备、计量仪表等)、雷达站、通信系统、数据中心机房(IDC)等,均使用 UPS 作为后备供电使用。

在通信网络上使用 UPS 的目的和侧重点与工业生产用途有很大差别。在工业生产过程中 UPS 最主要是作为清洁电源使用,其应用目的首先是减少甚至消除各种电源缺陷和电磁干扰,其次才是保证不中断供电。而在通信网络中,UPS 首先是作为一种应急后备电源,确保在需要时维持通信网络的不中断。所以,在不同的应用场合,对 UPS 需求的重点是不同的。对 UPS 的期望,已经发展到“在线不中断的连续供电”的高要求。

早期的 UPS 技术仅仅是作为计算机设备供电的一种应急措施,停电时只要求有一段缓冲时间(一般为 5 ~ 10 min 左右)给计算机设备进行数据备份和关机操作,是一种设备级的不间断电源。随着技术的发展,目前的 UPS 已经是作为一种网络级的不间断电源使用,它要求 UPS 系统提供的是长延时的不间断供电。许多使用交流供电的重要的用电设备,如计算机服务器、网络通信设备等对供电质量的要求很高,不仅要求不停电,还要求电压和频率稳定且波形完好。因此,交流不间断电源(UPS)供电技术得到迅速发展的迫切需求。

二、UPS 的分类

UPS 品牌和种类繁多,但可从电路主结构、用途、输入/输出方式、输出波形和输出容量等五个方面对其进行分类,其中按电路主结构进行分类是目前最常用的分类方法。

(一)电路主结构

1. 后备式 UPS

后备式 UPS(Passive stand-by UPS)在市电供电正常时,市电直接通过交流旁路和转换开关向负载供电,交流旁路相当于一条供电回路,逆变器不工作,此时供电效率高但质量较差。在交流旁路上配置了交流稳压电路和滤波电路加以改善。当市电异常时,后备式 UPS 通过转换开关切换到由蓄电池提供电能的状态,逆变器进入工作状态,此时输出波形为交流正弦波或方波。后备式 UPS 存在切换时间,一般为 4 ~ 10 ms。

2. 在线式 UPS

在线式 UPS(On line UPS)一般采用双变换模式。当市电正常时,在线式 UPS 输入交流电压,通过充电电路不断对蓄电池进行充电,同时 AC/DC 电路将交流电压转换为直流电压,然后通过脉冲宽度调制技术,由逆变器再将直流电压逆变成交流正弦波电压并供给负载,起到无级稳压的作用。而当市电中断时,后备蓄电池开始工作,此时蓄电池储存的电能通过逆变器变换成交流正弦波或方波并供给负载,因此无论是在市电供电正常时还是在市电中断、由蓄电池逆变供电期间,逆变器始终处于工作状态,为负载提供所需能量,并监测、调整 UPS

的输出参数。这就从根本上消除了来自电网的电压波动和干扰对负载的影响,真正实现了对负载的无干扰、稳压、稳频以及零转换时间。

3. 双逆变电压补偿在线式 UPS

双逆变电压补偿技术也称为 Delta 技术,是目前国际上比较先进的技术,它成功地将交流稳压技术中的电压补偿原理运用到 UPS 的主电路中。当市电正常时,两组逆变器只对输入电压与输出电压的差值进行调整和补偿,逆变器承担的最大功率仅为输出功率的 20% 。

4. 在线互动式 UPS

在线互动式 UPS(Line interactive UPS)是介于后备式 UPS 和在线式 UPS 工作方式之间的 UPS 设备,它集中了后备式 UPS 效率高和在线式 UPS 供电质量高的优点。在线互动式 UPS 的逆变器一直处于工作状态,具有双向功能:交流输入正常时, UPS 通过稳压装置对负载供电,逆变器处于反向工作状态,只给蓄电池组充电,起充电器的作用;交流输入异常时,逆变器立刻转入逆变工作状态,将蓄电池组的直流电压转换为交流正弦波并输出。在线互动式 UPS 也有转换时间,但比后备式 UPS 短,保护功能较强。另外,它还采用了铁磁谐振变压器,在市电供电时具有较好的稳压功能。

(二)工作频率

根据 UPS 设计电路的工作频率,可分为工频 UPS 和高频 UPS。

1. 工频机

工频机型 UPS 是以传统的模拟电路原理设计,由晶闸管、IGBT 逆变器、旁路和工频升压隔离变压器组成。其整流器和变压器工作频率均为工频 50 Hz。工频机常用的有三相晶闸管全桥整流(6 脉冲)和六相晶闸管全桥整流(12 脉冲)两种。

2. 高频机

高频机型 UPS 通常由 IGBT 高频整流器、电池变换器、逆变器和旁路组成。IGBT 可以通过控制加在门极的驱动来控制其开通和关断,IGBT 整流器开关频率通常在几千赫到几十千赫,甚至高达上百千赫,远高于工频机。

(三)结　构

根据 UPS 的结构设计,可划分为整机式 UPS 和模块化 UPS。

模块化 UPS 由输入配电部分、输出配电部分、功率模块、监控模块等组成。模块具有以下属性:

(1)机械上具有独立的框架结构;

(2)具有完整独立的功能;

(3)模块之间应能协同工作。

(四)输入/输出方式

根据 UPS 输入/输出方式,可分为单相输入/单相输出 UPS、三相输入/单相输出 UPS 和三相输入/三相输出 UPS。小功率 UPS 都采用单相输入/单相输出方式,而中、大功率 UPS 多采用三相输入/单相输出和三相输入/三相输出方式。对于用户来说,采用三相供电时市电配电和负载配电比较容易,每一相都承载一部分负载电流。

(五)输出波形

按输出波形,可分为输出波形为正弦波的 UPS 和输出波形为方波的 UPS。输出波形为方波的 UPS 不适合带感性负载,因为感性负载会使方波产生瞬态尖波,从而给 UPS 和负载设备造成破坏。大多数后备式 UPS 的输出波形为方波。

通信网络中,不应采用输出波形为方波的 UPS 设备。

(六)用　途

根据 UPS 的用途,可划分为工业用 UPS 和后备用 UPS。

1. 工业用 UPS 系统

工业用途的 UPS 系统用于工业生产线或流水线。工业用 UPS 系统对后备时间的要求不高,主要用作提高供电质量和消除电网的缺陷,例如:电压浪涌、高压尖脉冲、暂态过电压、电压下陷、线路噪声、频率偏移、持续低电压、供电中断等。

2. 后备用 UPS 系统

后备用 UPS 系统主要用于计算机类的 IT 设备。其目的是要延长或保障市电停电时计算机设备的连续工作。其倒换能力后备保障时长特别是供电的可靠性是主要的指标和要求。

(七)输出容量

按输出容量划分,在通信行业中可以把 UPS 系统分为小容量 UPS(输出功率小于或等于 30 kVA)、中容量 UPS 系统(输出功率大于 30 kVA 且小于或等于 200 kVA)以及大容量 UPS 系统(输出功率大于 200 kVA)。

小容量 UPS 一般为单机使用,常分散用在营业厅、室外接入网络或无线网络设备上。许多场合下都会选择后备式或在线互动式 UPS。

目前,中容量 UPS 系统比较适合选择采用模块化的 UPS 系统。

三、UPS 在通信领域发展趋势和特点

随着通信技术的快速发展,UPS 在通信领域的应用已经从单纯的数据备份缓冲后备电源向着对整个网络中的硬件设备、运行程序和数据的传播途径进行全面保护的网络不间断电源发展。目前,UPS 在通信领域应用的发展趋势有以下方面:

随着通信业的迅速发展,数据通信网络的不断扩大,智能网业务、增值业务、网络管理系统等多种业务网络的相继建设,对 UPS 的需求量也在日益增加。通信业已经超过金融业成为 UPS 市场的主要消费群。

UPS 的需求已经向着大型化、集中化、智能化的方向发展。2000 年以前,在网使用的 UPS 基本是分散式使用,容量在 80 kVA 以下。随着 UPS 技术的发展和成熟,目前通信网络上应用的 UPS 逐步向集中供电模式发展,功率已经普遍超过 100 kVA,甚至 400 kVA 以上的 UPS 系统也已经在许多地方投入使用。

UPS 供电具有使用方便、传送距离远的优点。而且可以消除电网“污染”,改善电源质量,对电源系统中的浪涌、噪声、电压波动等现象给予改进。但是,因为 -48 V 电源所带负荷一般是话音设备,瞬间中断影响并不明显;而 UPS 所带负荷往往是数据设备,即使是微秒级的瞬断也会造成巨大损失。因此,就通信网络而言,UPS 所带负荷的重要性远大于 -48 V 电源,技术要求远高于 -48 V 电源,如何选择、使用和维护好 UPS 系统,减少发生故障的概率,是一个业界普遍关注的问题。

通信用户对 UPS 产品的要求比其他行业要高。在选择 UPS 时的重点放在产品的性能

质量和厂家的售后服务能力上,对性能指标的关注首先是输出能力和可靠性,其次是输出常规性能指标、对电网的适应能力和 UPS 的管理、通信能力。

第二节　UPS 的工作原理、组成及结构特点

一、UPS 的工作原理

典型的 UPS 工作原理如图 2—1 所示。

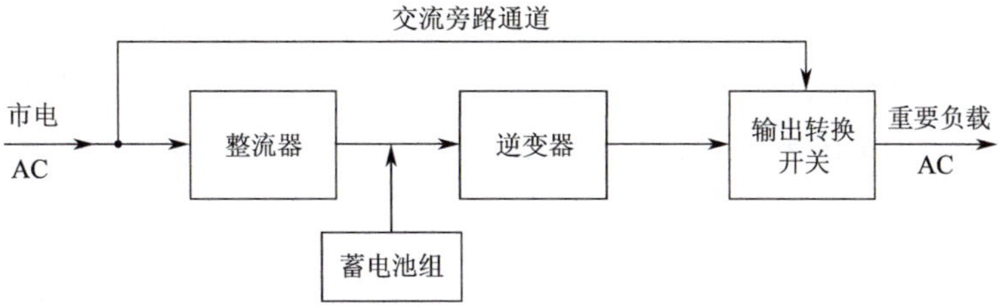

图 2—1　UPS 工作原理

二、UPS 主要组成部分

UPS 通常由输入整流滤波电路、功率因数校正电路、蓄电池组、充电电路、逆变电路、静态开关电路、控制监测显示及保护电路七个部分组成。

(一) 输入整流滤波电路

UPS 中常用的整流电路有单相不可控和可控整流电路、三相不可控和可控整流电路。滤波器可分为电容输入或电感输入两种。电容输入滤波器输出电压较高,但要求变压器输出的峰值电流较大,且负载调整较差。电感输入滤波器输出特性较好,但需要较大的扼流圈且成本较高。目前 UPS 中通常采用电容和电感组成的 LC 滤波器。

(二) 功率因数校正电路

交流市电经整流后都采用大容量电容器进行滤波,而且整流电路输出端还并联有蓄电池。在电容器或蓄电池充电期间将形成脉冲电流。该电流峰值很高,产生高次谐波电流并导致功率因数下降,功率因数校正电路可使电网输入电流变为与输入电压同相位的正弦波。

(三) 蓄电池组

蓄电池组是 UPS 的心脏。市电正常时,蓄电池充电,将电能转化为化学能并储藏起来,市电中断时,UPS 蓄电池中电量维持逆变器工作。目前中小型 UPS 中广泛使用阀控铅酸蓄电池。长延时(4 h 或 8 h) UPS 中,蓄电池的成本甚至超过主机的成本,正确使用维护蓄电池组,对延长蓄电池使用寿命关系极大,使用正确,阀控铅酸蓄电池的寿命可超过 8 年。

(四) 充电电路

UPS 中,一般充电电路都是独立工作的,也就是说,即使不用逆变器,只要将交流电源接通,充电电路就开始工作。充电过程中,首先采用恒流充电,当蓄电池的电压达到浮充电压后,即转为恒压充电,直到电池被充足。因此,充电电路一般有两个反馈回路,一个作电流反馈,另一个作电压反馈。主电路一般采用开关型整流电路,为了缩短充电时间,各种快速充

电电路在 UPS 中也得到了应用。

(五)逆变电路

逆变器的作用是将市电整流后的直流电压或蓄电池电压变换成交流电压。在后备式 UPS 中,逆变器输出电压波形一般为准方波,在线式 UPS 中,逆变器输出电压波形多为正弦脉宽调制波(SPWM),该波形经 LC 滤波器滤波后,可得到标准正弦波。

(六)静态开关电路

静态开关的作用是保护 UPS 和负载,并实现市电旁路供电和逆变器供电的转换。当市电正常,UPS 过载时,为了保护逆变器, UPS 通过静态开关将输出由逆变器转换到市电;逆变器出现故障时,为了保证负载不断电,也通过静态开关将输出切换到市电。由于 UPS 内部一般都有同步锁相电路,同时静态开关转换时间较短,因此在转换过程中不会出现供电间断。小型 UPS 一般采用快速继电器作为静态开关,大中型 UPS 则采用反向并联的快速晶闸管作静态开关。

(七)监控、监测、显示保护电路

UPS 输出电压的精度、波形失真度以及工作可靠性均与控制电路密切相关。控制电路主要有 SPWM 产生电路、闭环调压电路、同步锁相电路等。为了使 UPS 可靠工作,还应具有较完善的保护电路。一般的 UPS 中都有电池电压过低自动保护电路、逆变器输出过载或短路自动保护电路、逆变器过压自动保护电路、市电电压过高自动和 UPS 延迟启动自动保护电路等。为了随时掌握和了解工作状态和运行情况,UPS 中还设有监测电路、显示电路及报警电路。

第三节　在线式 UPS 的工作原理及功能特点

一、在线式 UPS 的工作原理

(一)在线式 UPS 的定义

所谓在线式 UPS,是指无论电网电压是否正常,负载所用的交流电压都要经过逆变电路,即逆变电路始终处于工作状态,为负载提供所需能量,并监测、调整 UPS 的输出参数。如图 2—2 所示。

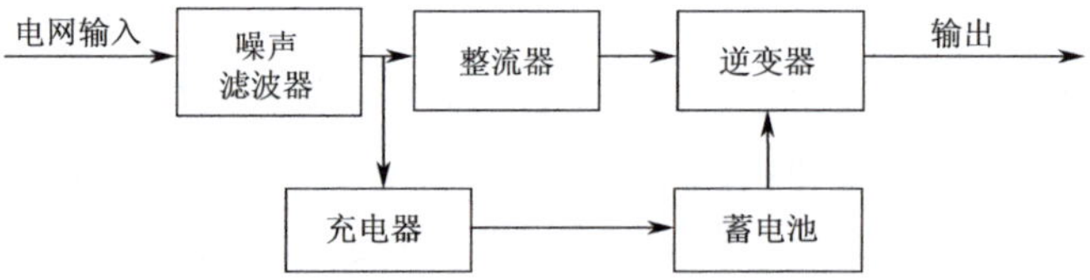

图 2—2　在线式 UPS 的原理框图

(二)在线式 UPS 的工作原理

在线式 UPS 的工作原理是:当电网供电正常时,电网输入的电压经过噪声滤波器去除电网中的高频干扰,以得到纯净的电压,一路进入充电器对蓄电池充电;另一路进行整流和滤波,将交流电转换为平滑直流电供给逆变器,而逆变器又将直流电转换成 220 V、50 Hz 的交流电供负载使用。当发生断电时,充电器不再工作,但这时蓄电池放电,把能量输送到逆变器,再由逆变器把直流电变成交流电供给负载使用。因此,对负载来说,尽管市电已不复存在,但此时负载并未因市电断电而停电,仍可以正常运行。

在线式 UPS 一般为双变换结构。所谓双变换是指 UPS 正常工作时,电能经过了 AC/DC 、DC/AC 两次变换后再供给负载。

(三)在线式 UPS 的主要特点

在线式 UPS 主要具有以下特点:

1. 在线式 UPS 无论是在市电正常时还是在市电中断期间,它对负载的供电均是由 UPS 的逆变器提供的。因此,从根本上消除了来自市电电网的任何电压波动和干扰对负载工作的影响,真正实现了对负载的无干扰稳压供电。这显然不是任何一种抗干扰交流稳压电源所能解决的。

2. 在线式 UPS 输出正弦波的波形失真系数最小,一般小于 3% 。

3. 市电中断时在线式 UPS 能真正实现对负载的不间断供电。只要机内蓄电池能向 UPS 逆变器提供能量,无论市电是否中断,在线式 UPS 都是由逆变器向负载供电的。因此,从市电供电到市电中断的过程中,在线式 UPS 内部并没有产生任何转换动作,其对负载供电的转换时间为零。

4. 在线式 UPS 同后备式 UPS 相比,具有优良的输出电压瞬变特性。一般在 100% 负载加载或 100% 负载减载时,它的输出电压变化范围为 1% 左右,这种变化的持续时间一般为 1 ~3 周波。

5. 在线式 UPS 一般采用 20 kHz 以上的 PWM 技术,其噪声较小,约为 50 dB。

6. 在线式 UPS 的控制电路中,采用了输入变压器、输出变压器及光电耦合器件等,将“强电”驱动部分与“弱电”控制线路部分从电的角度隔离开来,因而电路的可靠性得到了极大的提高。这种 UPS 的故障率一般都很低。

二、双变换在线式 UPS

(一)工作原理

当前,绝大多数在线式 UPS 都采用双变换电路结构,如图 2—3 所示为双变换在线式 UPS 结构图。

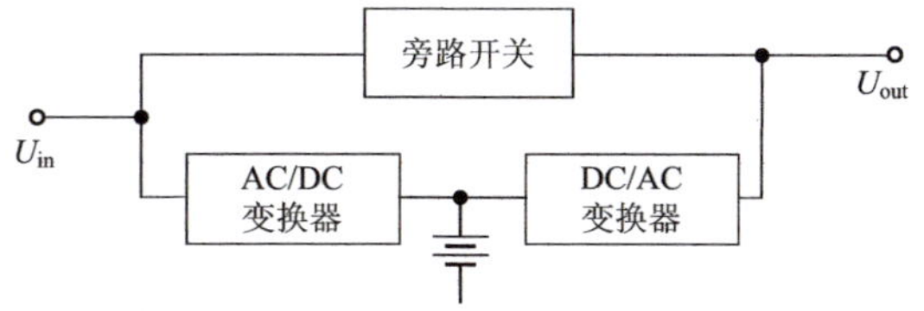

图 2—3 双变换在线式 UPS 结构

图中电路各环节功能如下:

1. AC/DC 变换器(整流器):该变换器为 AC/DC 单向变换。当市电存在时,它完成对蓄电池的充电,并通过 DC/AC 变换器向负载供电。该变换器多为不可控整流或可控整流电路。

2. DC/AC 变换器(逆变器):该变换器为 DC/AC 单向逆变。当市电存在时,它由 AC/DC 变换器获得直流电能后再转换为交流输出至输出端,向负载提供高质量的交流电源;当市电中断时,由蓄电池通过 DC/AC 变换器向负载供电。

3. 旁路开关:平时处在断开状态,当变换电路发生故障,负载有冲击性故障(例如启动负载时)或发生过载故障时,变换器停止输出,旁路开关接通,由电网直接向负载供电。旁路开关多为智能型的功率容量很强的无触点开关。

(二)传统双变换在线式 UPS

这是一种应用历史较长,成熟且性能较好的 UPS。它的结构特点是除了具有整流器和逆变器外,还有输出隔离变压器。增加隔离变压器的主要原因是:由于过去电力电子器件的限制,缺少高耐压、大电流的功率器件作逆变器,整流器变换出的直流电压不能很高,所以逆变器输出的交流电电压也比较低,需要输出隔离变压器再进行一次升压。因其配有输出隔离变压器,可以将负载与市电中线进行有效的隔离和缓冲。其拓扑结构如图 2—4 所示。

它的工作特点是交流市电经整流器变为稳压直流,经过电容滤波后由逆变器变换为纯净的交流电,再经输出隔离变压器输出稳定适用的交流电压供给负载。由于负载功率完全通过两个变换器,因此属于串联调整范畴。由于这种 UPS 的正常工作状态就是逆变器工作状态,通信行业大都采用了此类结构的产品。

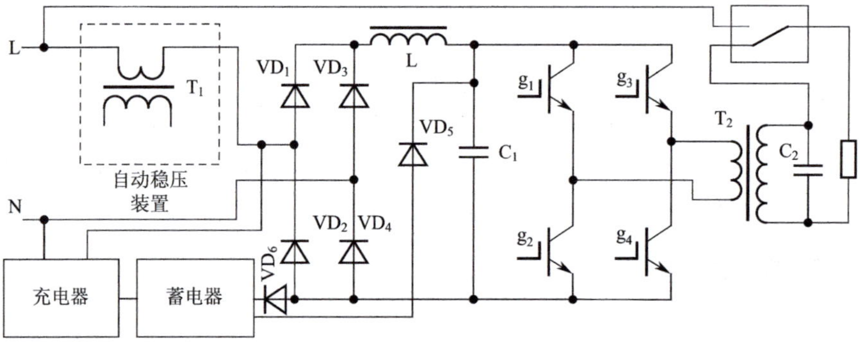

图 2—4　传统双变换在线式 UPS 的拓扑结构

在拓扑结构图中,AC/DC 采用全波整流滤波电路,整流器可为 SCR 全控整流、半控整流及不控整流。晶闸管(SCR)整流一般用在中、大功率 UPS 中,技术相当成熟。SCR 工作在低频,控制简单,运行稳定可靠,效率高,整流器造价低。而对于小功率 UPS 来说,则将 220 V 交流电压直接整流滤波更简单、更可靠,成本更低。UPS 的稳压功能是由逆变器 DC/AC 来完成。

这种拓扑结构的 UPS 输入功率因数较低(一般为 0.7 左右),输入电流谐波大(最大达 30%),改用 12 相整流(三相输入)或加输入滤波电感,输入功率因数可提高到 0.9 左右,谐波电流降到 10% 以下。

UPS 输入功率因数低,意味着输入无功功率大,输入谐波电流污染市电电网,以脉动断续方式向电网索取电流。这种脉动电流在市电电网沿线路阻抗上形成脉动电压并叠加在电网电压的正弦波上，造成电压失真，使得同一电网供电的变压器、电动机等产生附加谐波损耗、过热、加速绝缘老化，高次谐波对通信线路、测量仪器产生辐射干扰并影响电表计算精度。

图 2—4 中蓄电池组通过二极管或可控管与市电整流滤波输出端并联。当整流后的电压低于蓄电池电压时，则由蓄电池向逆变器提供电能。逆变器的逆变桥一般由 IGBT 构成，IGBT 一般工作在 20 kHz 左右的 SPWM 状态。变压器 T_2 具有电气隔离、升压以及采用其漏感达到滤波的作用。也有在 T_2 的初级侧串接隔直电容的，以防变压器饱和电流大而损害功率器件。

为了提高系统的可靠性，双变换在线式 UPS 一般增加了自动旁路电路。小功率采用继电器转换便能满足要求，而大功率一般为采用晶闸管（SCR）方式的静态开关。在过载或双变换电路部分故障时负载由旁路供电，这是非正常工作状态，这种情况出现的概率比电网不正常概率要小得多。功率较大的 UPS 在此基础上还增加了手动旁路（维修开关），用于维修时保证负载继续运行。

这类 UPS 具有以下特点：

（1）作单机运行外，还可并联增容和冗余，UPS 在多机并联时可共用一套蓄电池组或具有各自的蓄电池组；

（2）输出电压无三次谐波，对两个方向上的电压变化都有缓冲作用；

（3）负载电压上无直流电流分量，容量可达 500 kVA 以上。

（三）带有源功率因数校正电路的双变换式 UPS

采用电感等无源功率因数校正电路的 UPS 体积大，抑制高次谐波效果差。在 UPS 输入端增加有源功率因数校正电路，能有效地抑制高次谐波。比较典型的电路拓扑是采用 UC3854 控制升压式变换器的拓扑，它采用平均电流控制模式，具有较好的校正效果，功率因数值能达到 0.99，输入电流谐波（THD）小于 5%。同时，一般在输入 160 ~ 270 V 电压均有较好的稳压效果，也很容易做到输入 120 ~ 160 V 电压时 UPS 也能工作，但必须降载使用（33% ~50% 负载）。带 APFC 的双变换式 UPS 拓扑结构如图 2—5 所示。

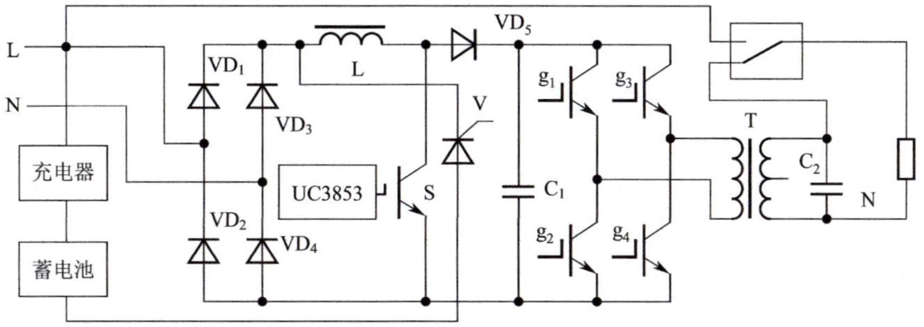

图 2—5　带 APFC 的双变换式 UPS 拓扑结构

如图 2—5 所示电路中蓄电池组一般采用 20 ~ 24 节 12 V 蓄电池，蓄电池 Boost 升压与交流 PFC 的输出电压一般为直流 380 V，供给逆变桥。图中，开关管 S 和二极管 VD_5 处于硬开关状态。当 S 开通时，电流上升和电压下降同时进行；S 关断时，电流下降和电压上升同时进行，于是存在开关损耗。当开关管硬关断时，感性元件感应出较高的尖峰电压，易造成开关管高压击穿；二极管由导通变为截止时，存在反向恢复时间，易造成直流电源瞬间短路。为了解决上述问题，特别在大功率应用中，采用 UC3855 控制的 ZVT（零电压）-PFC 拓扑结构。

（四）双隔离的双变换式 UPS

在图 2—4 和图 2—5 所示电路拓扑中，当系统处于旁路状态时，输入电压的干扰直接传输给了输出。图 2—6 所示的电路拓扑采用双隔离变压器，可以彻底隔离逆变和旁路输入干扰对输出的影响，同时可以使输出的零地（N、G）电压低于 1 V，在计算机网络中可以减小传输误码率和提高传输速度。但双隔离变压器的增加会导致 UPS 重量的增加和成本的提高。

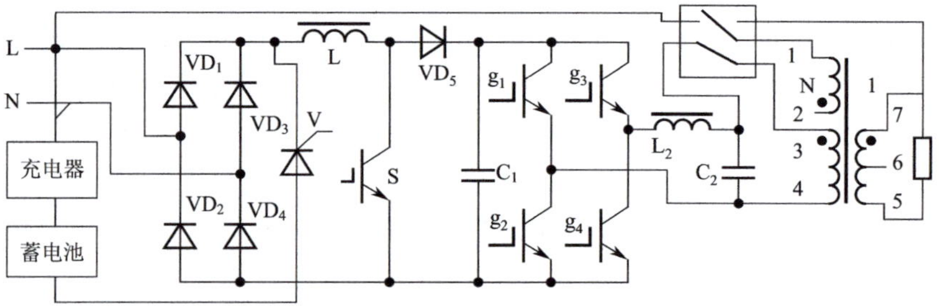

图 2—6　双隔离的双变换式 UPS 拓扑结构

（五）全高频、单 PFC 半桥式 UPS

这种 UPS 的出现解决了传统双变换 UPS 体积大、效率低和造价高的问题。和前者的不同之处在于没有输出隔离变压器，由于没有输出隔离变压器，因此也就没有隔离和缓冲的余地，对直流电压的要求也比前者严格。它必须用两组蓄电池，其输出电压直接受负载变化的影响，逆变器功率管在接近满载时比传统式容易损坏，输出电压零线上有不易限制的谐波电流，因而零线电位不为零，输出电压中的直流分量以及负载上的直流分量也不易消除，容量也不易做大，一般为 30 kVA 左右，目前业界中超过 30 kVA 的技术和可靠性还不太成熟。

这种结构的 UPS 基于高耐压、大电流的功率器件的成功应用，没有输出变压器，用 PFC 功率因数校正电路，直流电压高，逆变器输出电压经滤波后可直接达到标准的市电电压。而且逆变器的脉宽调制频率也比前者高，前者一般在 10 kHz 以下，而这种逆变器一般在 20 kHz以上。它的瞬态响应速度快。和传统式双变换结构（带输出隔离变压器）的串联调整式 UPS 相比，这种结构的 UPS 输入功率因数普遍较高（10 kVA 以下可以达到 0.99，10 ~ 20 kVA可达 0.95 以上），效率也高（20 kVA 以下效率可以提高 20% ~30%），体积较小，重量较轻，在功率为 20 kVA 以下的产品中已成为市场的标准产品。

如前所述，由于双变换电路即使在市电很稳定时，也要对其进行两次变换后才将电能输送给负载，无形中白白浪费了不该浪费的那部分能量，不能充分利用市电。如果当市电稳定在某一指定范围时，不进行上述的两次变换，只进行必要的滤波，而后将这个经过净化的电压直接输送给负载，这样就可以节约能源，提高效率，降低工作温度，从而提高可靠性。根据上述思想，双变换 UPS 推出了经济运行模式。

如图 2—7 所示是小功率(1 ~ 3 kVA)高频在线式 UPS 常见的一个电路，S_1 的控制芯片一般是 UC3854。

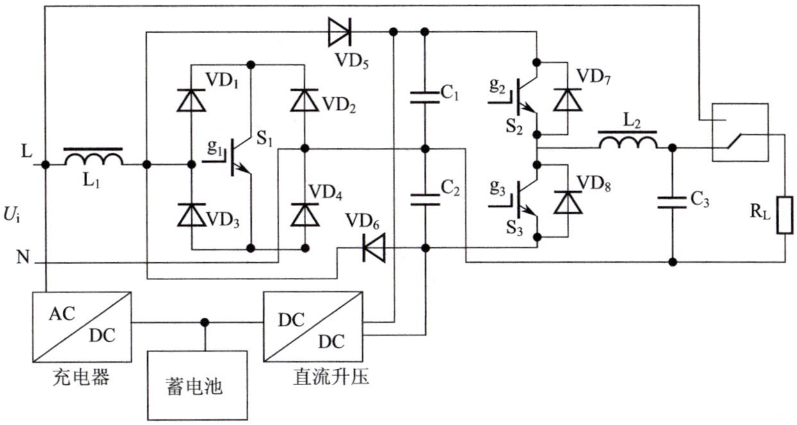

图 2—7　采样半桥小功率 UPS

输入正半周：

$U_i(L)\to L_1\to VD_1\to S_1\to VD_4\to U_i(N)$，电感储能；

$U_i(L)\to L_1\to VD_5\to C_1\to U_i(N)$，电感储能，电容 C_1 充电。

输入负半周：

$U_i(N)\to VD_2\to S_1\to VD_3\to L_1\to U_i(L)$，电感释能；

$U_i(N)\to C_2\to VD_6\to L_1\to U_i(L)$，电感释能，电容 C_2 充电。

C_1、C_2、S_2、S_3 组成逆变半桥，L_2、C_3 组成高频滤波电路。

当输入市电在规定范围内时，经 PFC-Boost 升压得到 ±380 V 左右的直流母线电压(因输出 220 V 正弦波的峰值为 311 V，同时考虑调制比及死区)。

出于经济方面考虑，小功率(1 ~ 3 kVA)高频在线式 UPS 的蓄电池电压从 36 ~ 120 V(直流)不等，蓄电池低压经 DC/DC 升压变换至 ±375 V(直流)并送到直流母线上。当市电输入超过规定范围时，退出 PFC 工作。一旦电容 C_1、C_2 上直流母线电压由 ±380 V 降到 ±375 V时，蓄电池开始供电，对输出电压来说不存在转换时间。

AC/DC 变换部分高频化提高了 UPS 的输入功率因数(0. 98 以上)及输入电压范围(±20% 以上)，DC/AC 逆变部分高频化减小了输出滤波电感的体积，功率密度大。

由于无输出隔离变压器，零地(L、N)电压受到供电电网及负载的影响而较高，影响计算机网络的传输速度。

一旦逆变上桥臂的 IGBT 被击穿短路，直流母线高电压将加到负载上，将危及负载的安全。因此，高频机如果能加上输出隔离变压器，性能将高于传统的双变换机。

(六)带双功率因数校正环节的全高频 UPS

在 5 ~ 10 kVA 高频 UPS 中，一般采用双功率因数校正(Boost PFC)方式，如图 2—8 所示。

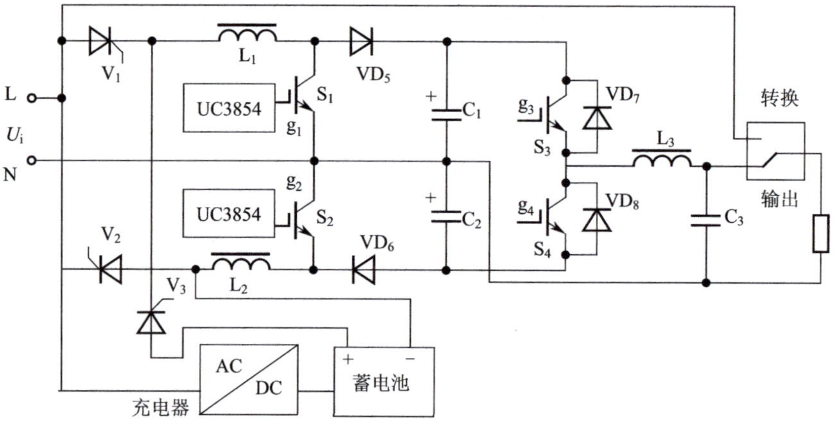

图 2—8　双 PFC 半桥式全高频 UPS 拓扑结构

输入正半周：

$U_i(L)\to V_1\to L_1\to S_1\to U_i(N)$，电感储能；

$U_i(L)\to V_1\to L_1\to VD_5\to C_1\to U_i(N)$，电感续流，电容 C_1 充电。

输入负半周：

$U_i(N)\to S_2\to L_2\to V_2\to U_i(L)$，电感储能；

$U_i(N)\to C_2\to VD_6\to L_2\to V_2\to U_i(L)$，电感续流，电容 C_2 充电。

蓄电池工作：

蓄电池(BAT+)$\to V_3\to L_1\to S_1\to S_2\to L_2\to$蓄电池(BAT-)，$S_1$、$S_2$ 均导通，电感储能；

蓄电池(BAT+)$\to V_3\to L_1\to S_1\to C_2\to VD_6\to L_2\to$蓄电池(BAT-)，$S_1$ 导通，S_2 截止，电感 L_1 储能，电容 C_2 充电；

蓄电池(BAT+)$\to V_3\to L_1\to VD_5\to C_1\to C_2\to VD_6\to L_2\to$蓄电池(BAT-)，$S_1$、$S_2$ 均截止，电容 C_1 充电，电容 C_2 充电；

蓄电池(BAT+)$\to V_3\to L_1\to VD_5\to C_1\to S_2\to L_2\to$蓄电池(BAT-)，$S_1$ 截止，S_2 导通，电容 C_1 充电，电感 L_2 储能。

双功率因数校正技术与单功率因数校正技术相差不多，但是可把功率做得更大。

三、Delta 变换型 UPS

(一)Delta 变换型 UPS 的工作原理

如图 2—9 所示是 Delta 变换型 UPS 的结构图。为了简便，仅画出一相的电路，实际上三相电路是相同的，并且具有公共的直流母线。Delta 变换器是一个正弦波电流源，串接在主电路中，它的功能是提供正弦波电流，监控蓄电池组的充电电平，调整输入功率因数，以及补偿市电电压与输出电压之间的差值 ΔU。从电路结构上讲，它是一个双向变换器，逆变时输出功率，在主电路中对输入电压进行正补偿；整流时吸收功率，对输入电压进行负补偿。

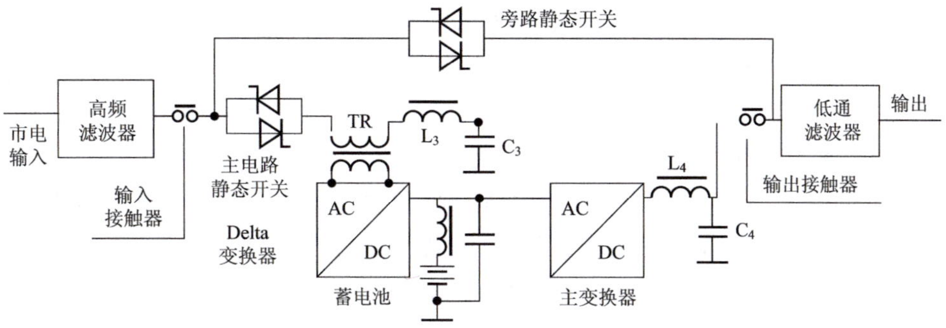

图 2—9　Delta 变换型 UPS 的结构

该拓扑一般应用在三相大功率 UPS 中，这种双变换电路拓扑把交流稳压技术中的电压补偿原理应用到 UPS 的主电路拓扑中。在主调压的基础上，再叠加一个可大可小、可正可负的电压，来弥补 UPS 输出电压与输入市电的差异，使 UPS 拓宽了市电输入范围，提高了输出稳压精度。

1. 主变换器

它是一组 DC/AC 和 AC/DC 双向变换器，它的输出变压器的副边串联在 UPS 主电路中，其作用有三个：

（1）对 UPS 输入端进行输入功率因数补偿，使输入功率因数等于 1，输入谐波电流降到 3% 以下。

（2）当市电存在时，与主变换器一起完成对输入电压的补偿：当输入电压高于输出电压额定值时，Delta 变换器吸收功率，反极性补偿输入、输出电压的差值；当输入电压低于输出电压额定值时，Delta 变换器输出功率，正极性补偿输入、输出电压的差值，是串联补偿。变换器承担的最大功率（当输入电压处于上限和下限时）仅为输出功率的 20%（相当于输入电压变化范围），所以功率强度很小（最大有功功率仅为输出功率的 1/5 左右），功率余量大，这就大大增强了 UPS 的输出能力。与双变换在线式 UPS 相比，过载能力得到了增强（200%，1 min），不再对负载电流波峰系数予以限制，可从容地对付冲击性负载，也不再对负载功率因数进行限制，输出有功功率可以等于标定的 kVA 值。

（3）与主变换器一起完成对蓄电池的充电和浮充功能。

2. Delta 变换器

该变换器同样是 DC/AC 和 AC/DC 双向变换器，它的功能有 4 个：

（1）同 Delta 变换器一起完成对输入、输出电压差值的补偿；

（2）同 Delta 变换器一起完成对蓄电池的充电和电压浮充功能；

（3）随时检测输出电压，保证输出电压的稳定（是个电压源），并对负载电流谐波成分进行补偿，使其不对电网产生影响（属于并联补偿）；

（4）当市电中断时，全部输出功率由主变换器给出，并且保证输出电压不间断，转换时间为零。当负载电流发生畸变时，也由主变换器调整补偿掉。在市电存在时，由于两个逆变器承担的最大有功功率仅为输出功率的 1/5 左右，所以元器件乃至整机的寿命和可靠性必然大幅度提高。整机效率在很大的功率范围内都可达到96%。

3. 串并联调整结构 UPS 的缺陷

(1)在市电存在时,Delta 变换器承担的最大有功功率为额定功率的 20% 左右,但两个变换器承担的无功功率可能为输出功率的一倍。

(2)效率是个可变量,只有市电输入为额定值,负载为线性负载时,效率才达到最高值。

(3)尽管输入由两只晶闸管隔离,当输入停电甚至出现短路时,相当于 Delta 变换器的负载出现过载或短路,将会断电,Delta 变换器将进入保护状态。若保护失效,则故障将是毁灭性的。事实上,电网停电或短路时有发生,相比之下双变换式 UPS 却不会出现此现象。

Delta 变换型 UPS 虽然也是一种双变换电路,但不同于传统双变换型 UPS。传统型 UPS 中两个变换器的工作是不可逆的,即第一个变换器只管整流,第二个变换器只管逆变。而图 2—7 中两个变换器都是可逆工作的,两个变换器随时交替工作在整流和逆变状态下,在 PWM 控制下经 LC 滤波后取平均值。整流宽度大于逆变宽度时,平均值效果是给出功率,反之是吸收功率。上述的工作过程又可用如图 2—10 所示的 Delta 变换型 UPS 简化电路图来进一步说明。

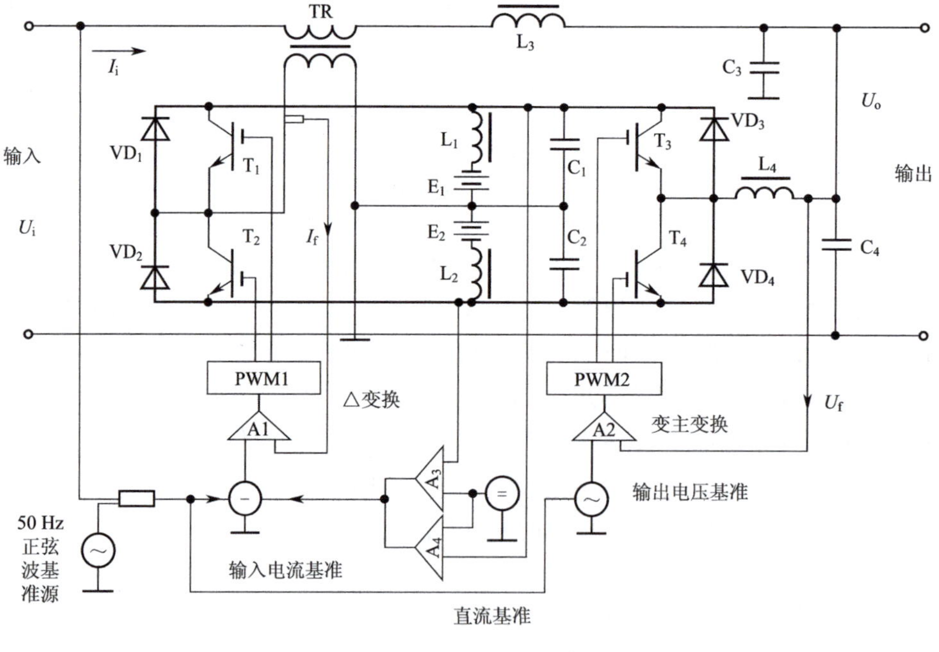

图 2—10　Delta 变换型 UPS 的简化电路

图中采用半桥式电压型逆变器,由功率器件 T_3、T_4、VD_3、VD_4 构成主变换器,经 L_4、C_4 滤波后与输出端负载并联;由 T_1、T_2、VD_1、VD_2 构成 Delta 变换器,其输出端经变压器 TR 耦合串联在市电输入端(再经 L_3、C_3 滤波)与负载之间。主变换器受输出电压基准和反馈信号 U_f 经比较器 A2 及 PWM2 的控制,形成电压环,通过直流环节反馈到主变换器,以保持输出电压的稳定。Delta 变换器受输入电流基准和反馈信号 I_f 经比较器 A1 及 PWM1 的控制,形成电流环，其控制量是交流输入电流 I_i。当交流输入电源中断或不可用时，Delta 变换器停止工作，使市电输入回路断开，负载由主变换器利用蓄电池组的能量来支持。这时 Delta 变换型 UPS 的工作状态与传统双变换型 UPS 是一样的。

根据上述分析，当输入电压在额定范围内时，Delta 变换器在主变换器的配合下，使输入电流成为与交流输入电压同频同相的受控电流源，与主变换器并联后共同支持负载。当输入交流电压在 UPS 的设计输入电压范围内时，Delta 变换器可以在主变换器的配合下，使 UPS 的交流输入电流满足 $I_i = I_m \sin\omega t$（ω 为输入电流的角频率，t 为时间），其中 I_m 为输入电流最大值。可以认为，UPS 的输入回路中含有一个与交流输入电压同频同相的受控电流源 $I_i = I_m \sin\omega t$，它与主变换器并联后共同支持负载，于是便可得到如图 2—11 所示的等效电路。

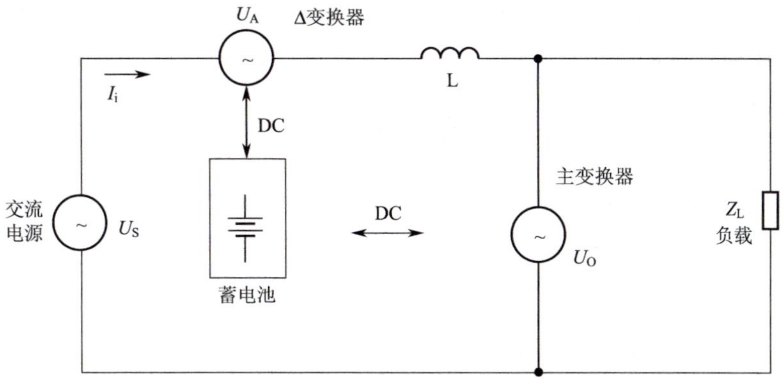

图 2—11　Delta 变换型 UPS 等效电路

（二）Delta 变换型 UPS 工作特征分析

通过图 2—11，就容易分析 Delta 变换型 UPS 的工作特性了。

（1）无论有无交流输入，UPS 的输出电压质量都是由与负载并联的主变换器决定的，因而 Delta 变换型 UPS 可以像传统双变换型 UPS 一样，始终向负载提供高质量的电力供应。

（2）输入交流能量在 Delta 变换器的控制下，以与输入交流电压同频同相的正弦波电流形式注入主变换器与负载的并联电路，直接向负载提供所需的有功电流，并在蓄电池需要充电或 Delta 变换器需要从直流母线吸入能量时，通过主变换器的 PWM 整流作用向直流母线注入所需能量。

（3）由于交流输入电流 I_i 是与电压同频同相的正弦波，因此 Delta 变换型 UPS 的输入功率因数接近 1，且输入电流中谐波含量极低。

（4）Delta 变换器对负载电流中的谐波分量和无功分量呈现高阻抗，迫使这部分电流流经主变换器，主变换器起到负载谐波电流与无功电流的并联补偿器作用。

（5）输入交流电压的幅值偏差和波形畸变被 Delta 变换器自动补偿，不会对 UPS 的输出电压造成影响。Delta 变换器工作于升压补偿状态下时，需从直流母线吸入能量，此能量由主变换器取自输入交流（通过 Delta 变换器）注入的正弦电流；Delta 变换器工作于降压补偿状态下时，会向直流母线输出能量，此能量由主变换器逆变后供给负载。这两种情况下，流经直流环节的功率与电压幅值补偿量成正比，一般不会超过负载总功率的20%。

(6)UPS输入正弦波电流I_i的幅值受直流母线电压的控制，达到稳定值时，负载所需能量和UPS自身的消耗将全部由输入交流电源提供，不需要蓄电池提供能量。此时，直流母线电压稳定在设定值，蓄电池处于浮充状态。当某种原因(譬如输入交流电压变化、负载变化、蓄电池亏电等)导致直流母线电压偏离设定值时，控制电路将改变输入的正弦波电流I_i的幅值，经主变换器将能量注入或吸出直流母线，使直流母线电压恢复设定值。

(7)当交流输入突然中断时，负载将由主变换器继续供电，主变换器与负载间的连接没有任何切换，主变换器的工作方式也没有改变，因而Delta变换型UPS与传统双变换型UPS一样可以向负载提供真正不间断的供电。市电中断时，主变换器的输出电流发生阶跃性变化，可能会造成输出电压的轻微波动。但由于高频PWM逆变器具有快速的动态响应特性，这种扰动是很小的。

(8)Delta变换型UPS工作于交流状态下时，其输出电压的频率和相位始终是与交流输入电压锁定的，交流运行时不会出现传统双变换型UPS可能出现的自由运行状态。

(9)由于三相变换电路采用公共的直流母线，由主变换器控制实现三相电路之间的能量交换，从而可以对负载的不平衡进行补偿。

(三)Delta变换器特点

(1)因为主变换器随时监视、控制输出电压，并通过Delta变换器参与主回路电压的调整。所以不管市电有无，都可以向负载提供高质量的电源。该电路输出电压稳定度、输出电压动态响应、波形失真等指标都是比较高的。

(2)市电中断时，输出电压不受影响，没有转换时间，并且当负载电流发生畸变时，也由Delta变换器调整补偿掉，所以是典型的在线工作方式。

(3)当市电存在时，主变换器和Delta变换器只对输入电压与输出电压的差值进行调整和补偿，逆变器承担的最大功率(当输入电压处于上限和下限时)仅为输出功率的20%(相当于输入电压变化范围)，所以功率强度很小(最大有功功率仅为输出功率的1/5左右)，功率余量大，这就大大增强了UPS的输出能力。与双变换在线式UPS相比，过载能力增强(200%，1 min)，电流波峰系数大，可从容地对付冲击性负载，输出有功功率可以等于标定的kVA值。

(4)主变换器同时完成了对输入端的功率因数校正功能，使输入功率因数等于1，输入谐波电流降到3%以下。

(5)在市电存在时，由于两个逆变器承担的最大功率仅为输出功率的1/5，所以整机效率在很大的功率范围内都可达到96%。

(6)在市电存在的情况下(UPS连续运行时间的99%是有市电的)，变换器功率强度仅为主变换器设计值的1/5，所以元器件乃至整机的寿命和可靠性都得到大幅度提高。

第四节　UPS 系统的冗余工作模式

一、串联备份模式

当单台 UPS 不能满足用户提出的供电可靠性要求时，就可以再串联接入一台同规格的单机来提高可靠性。任何具有旁路环节的 UPS 都可以进行串联连接。UPS 系统的串联备份如图 2—12 所示。

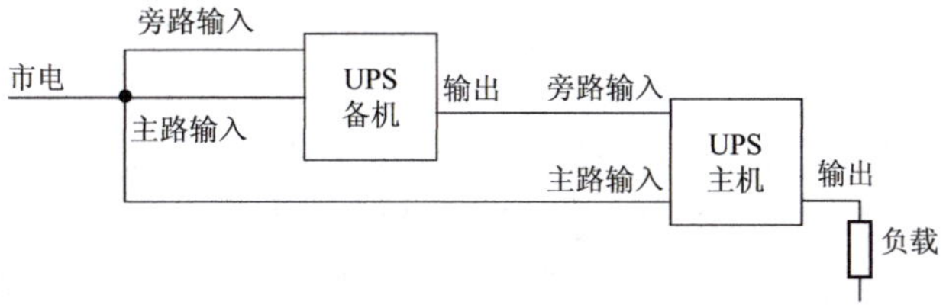

图 2—12　串联冗余 UPS 模式

(一)工作原理

这种串联方式将处于热备份的 UPS 输出电压连接到主机 UPS 电源的旁路输入端。UPS 主机正常工作时负担全部负载功率，当 UPS 主机发生故障时便自动切换到旁路状态，由 UPS 备机的输出电压通过 UPS 主机的旁路输出继续为负载供电。当市电中断时，备机与主机都处于电池工作状态，由于 UPS 主机承担全部负载所以其备用电池先放电到终止电压，而后自动切换到旁路工作状态由备用 UPS 的电池为负载供电。两台串联连接的 UPS 系统可靠性比单台 UPS 的可靠性提高了两个数量级，并且这种系统的连接方式简单易行，即使是不同品牌的机器，只要规格、容量相同，就可连接，不需再增加另外的设备。若两台不同容量的 UPS 相连，其容量只能按最小的那一台计算。用于双机串联使用中的两台 UPS 电源的交流输入应必须来自同一相交流市电，这样才能使主机正常工作，而且确保 UPS 主机在频率、同相位条件下进行旁路切换。UPS 主机逆变器的静态开关是影响串联热备份供电系统可靠性的重要部分，此静态开关一旦发生故障，则主、备用 UPS 电源均无法为负载供电。

(二)特　　点

串联备份模式特点包括：

(1)这种模式比较经济合理。

(2)当主 UPS 转旁路时，辅助 UPS 需要对空载到满载的负载跳变，因为辅助 UPS 大部分时间里空载运行。辅助 UPS 如果功率容量不够，就不能承受超出主 UPS 逆变器输出能力的负载电流。

(3)开关设备和相关控制电路的复杂性使这种模式的可靠性打折扣。

(4)正常运行时，辅助 UPS 空载运行，效率比较低。

二、$N+1$ 并联冗余工作模式

增加 UPS 供电系统可靠性的另一个方法就是并联连接，并联冗余是最常见的一种 UPS

系统冗余模式。

(一)工作原理

从一般原理上讲,普通在线式 UPS 都可直接并联。但是 UPS 的并联连接并不像串联连接那么容易。因为所有 UPS 的输出阻抗不可能一样,加之各逆变器的输出电压和市电电压锁相都具有正负误差,各个 UPS 的电压既有相位差又有幅值差,因此用普通 UPS 直接并联是危险的,只有具备并联功能的 UPS 才能并联。但应说明的一点是,这些 UPS 必须由同一路电网供电。在这种情况下,UPS 的逆变器永远在跟踪旁路市电,由于这些 UPS 都在跟踪同一路市电,也就相当于互相在相位上跟踪。这些 UPS 在频率和相位上都是一致的,因此可以并联,但这种并联是不保险的,主要原因如下。虽然它们都在频率和相位上跟踪旁路,但在相位上有超前和落后之分。一般大容量 UPS 的相位跟踪误差为 $\pm 3°$,如果这两台并联的 UPS 一个是 $+3°$,另一个是 $-3°$,那么它们两个并联后就有可能在相位上差了 6°,这就有可能使输出电压相差 30 V,将会在 UPS 输出端造成很大的环流,使逆变器因过载而烧毁。另外,虽然是同型号、同规格的 UPS 逆变器,但逆变参数和变压器参数的微小差异会导致输出电压不一样,比如一个为 218 V,而另一个为 220 V,也将会在 UPS 输出端造成很大的环流,使逆变器因过载而烧毁。以上两方面的差异都会导致输出电压不一致,一方面形成环流,另一方面各台 UPS 向负载输送的电流也不一样,很可能出现一台过载的情况。以上两项指标虽然可以通过一次调整而达到基本一致,但随着 UPS 的工作温度和时间的变化,这种平衡很快就会失去。可以这样说,不加任何措施的几台 UPS 并联系统,其可靠性不一定比单台 UPS 高,甚至还要低。

UPS 并联连接的优点在于它不但可以提高可靠性,而且过载、动态性能比串联方式好得多,并且可以增容。

(二)并联连接控制方式

并联连接的方式有下述几种:

(1)主从式并联系统:这种方式指并联系统中有一台 UPS 为主机,其他均为从机。

(2)无主从并联系统:系统中任一台 UPS 既是主机又是从机,哪一台 UPS 先开机,它就是主机。

(3)限流并联系统:把系统中所有 UPS 的输出并联连接,但每台 UPS 必须有可靠的限流功能,即不论在任何情况下都可保证把该 UPS 的输出功率限制在其额定值内,它仅限于单相电源。

(三)特　　点

UPS 并联连接的目的是提高 UPS 供电系统的可靠性,增加 UPS 系统的容量。而并联连接要解决的关键问题是处于并机状态的各台 UPS 的逆变器,应在同时同步跟踪交流旁路电源的条件下,满足同幅度、同频率和同相位的要求,以达到均分负载和环流为零的目的。如果将可靠性进行量化的话,串联连接的 UPS 系统比单机系统高出两个数量级,而并联系统又比串联连接的 UPS 系统高出两个数量级。并联连接的 UPS 供电系统不但可靠性提高了,而且带载的能力也加强了。因为并联方式连接的两台 UPS 系统具有两倍的负载能力,所以在冗余的情况下系统的过载和耐冲击能力比串联连接的 UPS 系统强得多,在非冗余的情况下它的并联可以增容,这也是串联连接技术所不能实现的。随着并联台数的增加,其可靠性也相应增加,但是并联台数也不是无限的,因并联台数超过一定时系统的可靠性反而会下降。当并联 UPS 系统中任何一台的逆变器出现故障(包括过载、短路和蓄电池过放电而停止工作等)时,均不能将本身的负载单独转到旁路上,而是将负载分配到与其并联的其他 UPS 上去。只有并联系统中所有 UPS 的逆变器都停止工作时,才集体转到旁路上。

并联 UPS 系统虽然比串联连接的 UPS 系统有很多优越性,但其控制技术要比串联连接的 UPS 系统复杂得多。因为在多台 UPS 并联时,其中最重要的指标就是电流均分,也就是说如果 N 台 UPS 并联,必须保证每台 UPS 的输出电流是总输出电流的 $1/N$,至少其相互之间的最大不平衡度要在要求范围内(一般是小于 2%)。这个指标就限制了并联台数的增加,一般来说,功率在 400 kVA 以下时,并联台数被限制在 4 台以内的居多。

并联不一定是冗余的,并不是所有并联 UPS 系统都具有冗余的功能。并联的概念是增容,而冗余的概念则是可靠性。比如两台 50 kVA UPS 并联给 80 kVA 负载供电,只能说这两台 UPS 实现了并联,但若其中任一台因故障而关机,则余下的另一台也会因过载而转入旁路供电。然而若负载为 40 kVA ,那么一台 50 kVA UPS 因故障而关机后,负载并没有被切换到这台 UPS 的旁路上去,而是由另一台 UPS 继续供电,这就实现了冗余。也就是说,当一个 UPS 并联系统中的一台或者几台 UPS 故障时,余下的 UPS 仍能向负载正常供电,那么这个系统就是冗余系统。因此,并联是实现冗余的必要手段而并不一定就是冗余。下面了解一下什么是 UPS 系统的冗余度。

系统冗余度的表达式为 $N+X$,其中 N 的含义是并联系统中 UPS 单机的总台数,X 的含义是并联系统中允许出现故障的 UPS 单机台数。例如,在 5 台 UPS 并联系统中,允许其中两台同时出现故障,那么这个系统的冗余度就是 5+2 。UPS 的全冗余并联系统是近年才提出来的概念,它是相对不全冗余的并联 UPS 系统而言的。所谓 UPS 全冗余并联系统,是说在 UPS 并联系统中的所有 UPS 单机既是组合后的有机整体,分开后又各自独立,在并联系统中任一部分故障都不会影响整个系统的正常运行,而且也不会留下任何隐患,而不全冗余的并联 UPS 系统就存在这些问题。最初的 UPS 并联仅限于增容和可靠性的提高,随着技术的发展和要求的提高,并联系统的功能也在不断增加,甚至涉及到电能的节约等问题。比如 Silcon UPS 的软件可以在轻载的情况下“关掉”并联系统中的一台或几台 UPS ,从而节约能量,等负载功率增加到一定值时,被“关掉”的 UPS 又及时自动启动供电。此外,有些 UPS 还可以将多台并联的 UPS 系统编组运行,比如 9 台机器并联,在容量允许的情况下编成三组分时运行,比如第一周由第一组供电,第二周由第二组供电,第三周由第三组供电,第四周又由第一组供电……这样循环供电的好处在于,不但机器得到了轮休,蓄电池也得到轮流充放电,提高了蓄电池的可靠性,而且也得到了轮流检修和保养的机会,有效地提高了系统的可靠性。

(四)并联冗余的并机控制技术

由于采用 UPS 特性和应用环境不同,不同制造厂家的并联冗余并机控制技术也各有不同。目前采取的并联技术主要有以下三种。

1. 利用数字电压信号通信

在并联系统的各 UPS 之间利用高速通信线连接,每台 UPS 都对其负载电流进行实时测量,然后将其本身的输出电流调整到总负载电流的 $1/N$。目前这种方法应用最为普遍。

2. 光纤通信

为了提高传输信号的抗干扰能力和实现较远距离的并联系统,采用光缆传输是一种最可靠的办法，在远距离并机中更有明显优越性。

3. 无线并机

这是一种采取自我调整的方法来达到电流均分目的的技术。无线并机又分为“下垂法”（如图 2—13 所示）和“T”形连接法（如图 2—14 所示）。

图 2—13　“下垂法”无线并机调整原理

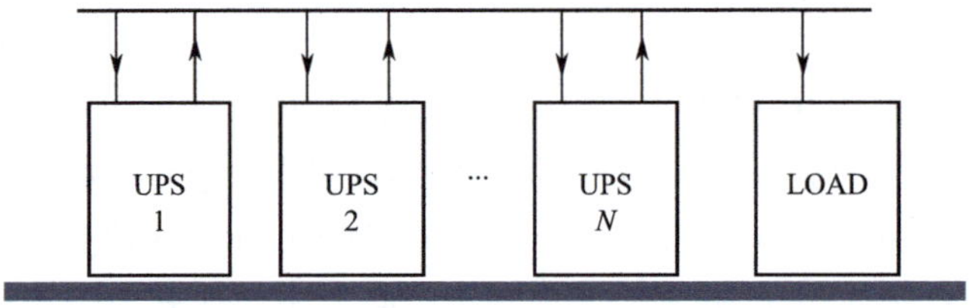

图 2—14　“T”形并联结构的 UPS 系统

利用数字电压信号通信和光纤通信两种方法可使并联数目达到 4 ~ 9 台。图 2—15 所示为并联 UPS 控制信号连接方式。多台 UPS 并联时，通常的做法是将并联控制信号线从一台 UPS 接到另一台 UPS，一直连到最后一台 UPS，如图 2—15（a）所示。这种连接方式有一个不足之处，即万一控制信号线中有一条断开或接触不良，就会影响整个并联系统的正常运行。为了提高其运行的可靠性，有的机器就又加了一条冗余电缆，图 2—15（a）中虚线所示。

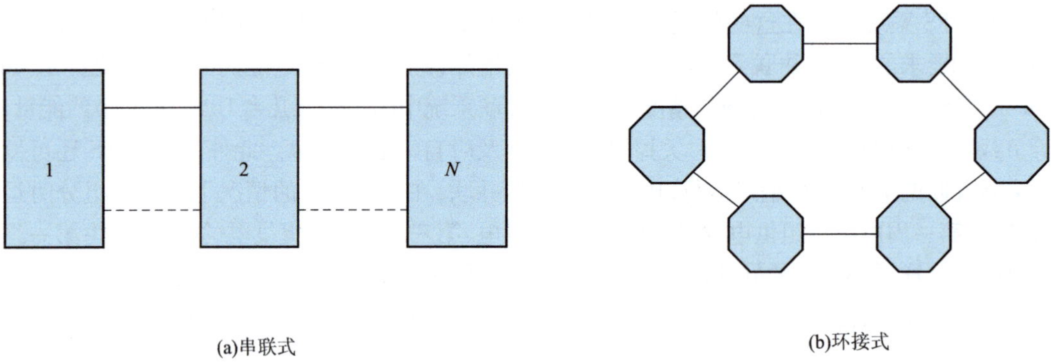

图 2—15　并联 UPS 控制信号线连接方式

（五）并联控制的实现方式

由于在并机的实现过程中，不同产品在不同应用环境中有不同的实现方式，下面介绍两种并联方式。

1. 初级并联方式

由于一般 UPS 控制系统多为模拟反馈电路，其输出参数及特性随温度、元件参数及器件的老化而漂移，同时由于各 UPS 一致性较差，故这种类型的 UPS 无法直接并联。为了提高供电系统的可靠性，要将 UPS 并联使用时，需要增加一个并联柜，即在原基础上增加一些检测环节，以确保各并联 UPS 之间输出参数的一致性，达到同步运行的目的。同时为达到并联 UPS 切换的一致性，必须将原有的各静态旁路开关拆除，共用一组静态开关。如图 2—16所示。

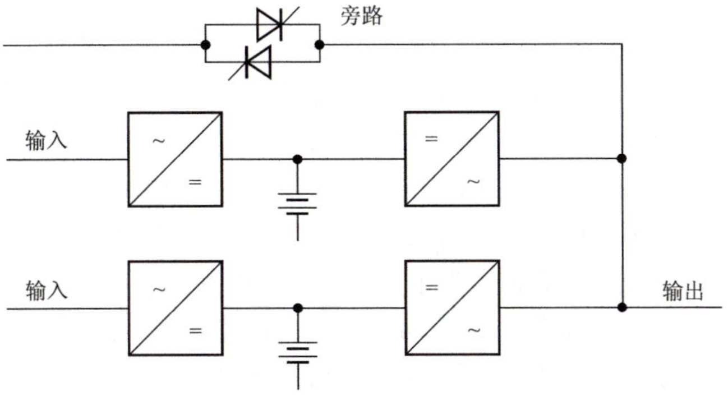

图 2—16 初级并联方式

这种方式存在以下弱点：

(1)由于这种方式仅有一组静态开关，没有冗余备份，当静态开关本身出现问题时，整个供电系统就不能够正常输出，造成输出中断；

(2)当平衡检测环节(即并联柜)出现故障时，各 UPS 之间有可能产生环流而造成逆变器烧毁；

(3)当负载为非线性负载，尤其是波峰因数较差的计算机或电机等负载时，因为各 UPS 内部反馈系统参量瞬间调整，彼此互相没有关联而造成 UPS 动态一致性较差，所以会短时出现很大的环流，有可能造成逆变器的烧毁。

2. 高级并联方式

UPS 高级并联方式如图 2—17 所示。

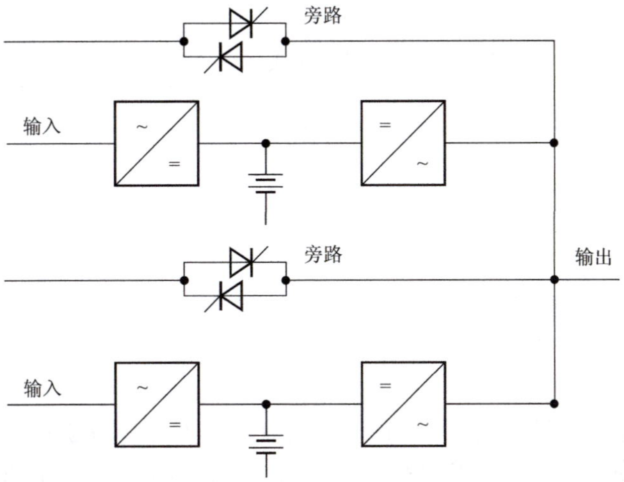

图 2—17 高级并联方式

这种方法无任何独立部件,全部并联冗余,实现了真正并联冗余,且在此系统中无需任何额外附加并联柜,可靠性极高,是目前并联技术的发展趋势。由于采用冗余式并联,负载分配均匀,设备利用率很高。高级并联工作方式是由并联通信板实现的,工作方式相当于计算机的并行工作。其中一台主机为主控 UPS,假设为 1 号机,其他 UPS 依次为 2 号机、3 号机等。整个并联系统由主控 UPS 发出脉冲,控制所有并联的 UPS 工作(最多可并联 6 台),这时各 UPS 相应器件相当于并联工作,UPS 单机的逆变器输出端直接并联起来运行,共同向负载供电而不必附加并机控制柜。与初级并联所不同的是 UPS 的逆变器的同步跟踪方式不同,产品在出厂时将其中的一台 UPS 单机指定为具有优先跟踪市电电源功能的主控 UPS,然后让处于并机系统中的其他 UPS 的逆变器跟踪主控 UPS 的逆变器电源而不是去直接跟踪市电电源。当主控 UPS 出现故障或未开机时,2 号机自动升为主控机,控制其他 UPS,在主控 UPS 恢复正常后,又由其进行控制。而当其他 UPS 出现故障时,故障机便自动退出。这种连接方式的优点是所有 UPS 均由一台 UPS 控制信号所控制,这样既可保证各 UPS 之间输出参量及动态特性完全一致,又彻底解决了初级并联方式不可避免的内部环流问题以及静态旁路开通和跟踪一致性的问题。由于这种并联通信工作方式具有连接简单、可靠性高、动态性能好等优点,已开始被广泛采用。但此并联方式对 UPS 自身技术要求较高,有些 UPS 很难采用这种技术。

(六)并联冗余的台数

UPS 的并联数目并不是越多越可靠,在实际应用的 UPS 并联系统中,单输出均流这一项指标就带来好多问题。在三相 UPS 中,若要实现均流,就必须保证并联的各 UPS 的对应相电压和相位保持一个最小的误差值。并联台数越多,越不易达到一致,即使当时达到了一致,随着时间的推移,温度的变化、尘埃的侵入、器件的老化、冷却系统造成的振动以及湿度和腐蚀性气体的破坏等因素都时刻在破坏着这种平衡,尽管有测量和调整系统,但测量环节的参数也在遭受着上述因素的侵扰,因此这些因素限制了并联 UPS 台数的增多,当并联台数达到一定数量后,可靠性开始降低。单从理论推导出来的结论是在一定的理想条件下做出的,它和一直在变化着的实际情况是有距离的。UPS 的并联数目的负载率和可靠性见表 2—1。

表 2—1　并联方式的负载率和可靠性

并机方式	单机输出功率占总负载的百分数	并机系统占总负载的百分数	并机与单机的可靠性之比
1+1	50%	200%	9
2+1	33.3%	150%	25
3+1	25%	133.3%	33
4+1	20%	125%	12.05
5+1	16.7%	120%	1.35

从上表可以得出下列结论:

(1)UPS 并机系统能显著提高单机的平均无故障时间,也就是提高其可靠性。

(2)当并机台数增加时,虽然提高了 UPS 系统的利用率,但也降低了并机系统的可靠性。

(3)并机台数应根据对冗余系统的可靠性要求及输出功率的利用率来考虑。

综合 UPS 系统的冗余能力以及负载的供电保障要求,根据目前 UPS 本身的技术发展以及系统并机技术水平,对于整机式的 UPS 系统,一般 UPS 设备的单机容量不超过 400 kVA,并联冗余的并机数量不超过 2 +1。

三、独立双总线 UPS 系统冗余备份模式

UPS 冗余并机系统仅仅提高了 UPS 本身的 MTBF ,即降低 UPS 供电系统由于 UPS 自身原因而导致的故障率,但并没有解决 UPS 冗余并机系统的输入、输出配置发生的问题,如配电柜故障、断路开关跳闸、熔丝烧毁、蓄电池早期失效和电力传输电缆故障等,也不能解决整个 UPS 供电系统的可维护性和高可用性问题。UPS 冗余供电系统的可用性与年均故障时间的关系见表 2—2。

表 2—2　UPS 冗余供电系统的可用性与年均故障时间的关系

可用性	年均故障时间
99. 99%	53 min
99. 999%	5. 3 min
99. 999 9%	31. 8 s
99. 999 99%	3. 18 s

通信网络系统设备以及互联网数据中心(IDC)和多媒体数据中心等非常重要的负载,要求 UPS 冗余系统的可用性需要达到“6 个 9”,即 99. 999 9% 。这些重要用户一年内所能承受的停电时间不能大于 31 s,即平均每天的停电不得多于 0. 09 s,否则将给这些重要负载带来不可估量的损失。为此,需要采用双总线冗余供电方式,此方式除了确保高可用性外,还使系统在线扩容成为可能,并且可以升级。

(一)系统总体要求

双总线 UPS 冗余系统的总体要求是:

(1)具有高可靠性。保证每年 365 天、每天 24 h 持续提供高质量电源的供电能力,在任何情况下绝对不允许 UPS 出现任何瞬间中断或转由普通市电经交流旁路供电的情况。

(2)具有高抗干扰性。保证无论来自市电或 UPS 供电本身的电源干扰尽可能地被消除,包括传导干扰与辐射干扰,特别强调的是应具有计算机级的优质地线。在设计、施工、安装、调试、运行、操作及维护等过程中消除干扰的潜在隐患。

(3)具有高容错能力。没有瓶颈故障点,即在整个 UPS 供电系统中任何节点均不存在瓶颈故障隐患。

(4)具有高可用性。双总线 UPS 冗余系统能完善地解决 UPS 系统的可维护性问题。

(二)UPS 冗余供电系统的总体设计

UPS 冗余供电系统的总体设计如图 2—18 所示。

1. 基本硬件配置

(1)双总线输入冗余式供电系统:主要包括两路以上冗余式市电电源,冗余式自备发电机组,自动转换开关(ATS),防雷击、抗瞬态浪涌抑制器(TVSS)以及具有超压、过载、短路保护功能的输入配电柜(PPC),确保 UPS 系统输入端消除单点瓶颈故障。

(2)UPS 主机及其“$N+1$”型功率均分、冗余并机系统:包括带负载同步控制器的功率均分、冗余并机 UPS 系统,高质量阀控蓄电池组以及单体蓄电池容量自动监测系统,确保消除 UPS 主机及蓄电池组的单点瓶颈故障。

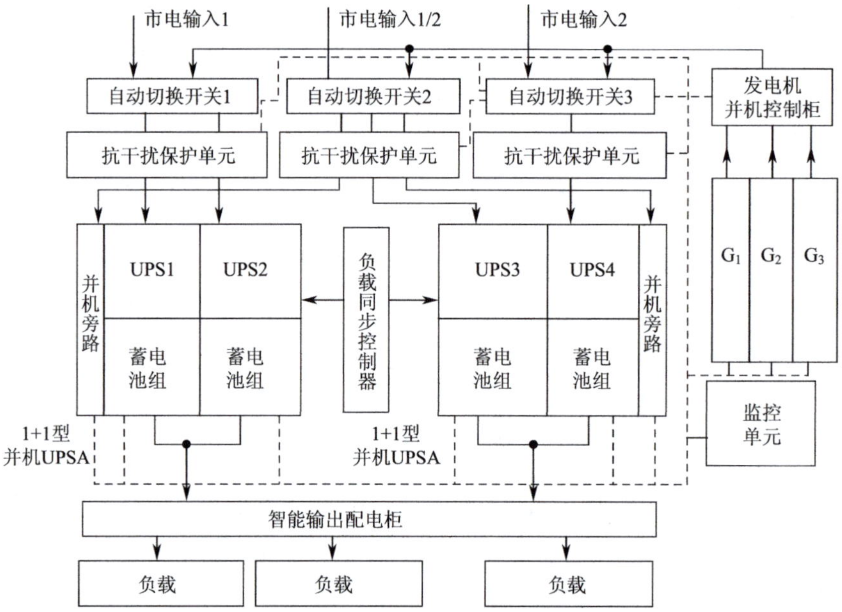

图 2—18　UPS 冗余供电系统的总体设计图

(3)双总线输出冗余式输出配电系统:包括双总线冗余式长距离电力传输线路、带静态开关的配电柜以及科学、合理的配电开关,确保消除 UPS 逆变器输出端到最终重要负载之间可能出现的单点瓶颈故障隐患。

2. 优质的监测功能

(1)单体蓄电池容量在线自动监测;

(2)UPS 参数的集中监控及远程监控;

(3)系统的自诊断功能。

第五节　模块化 UPS

模块化 UPS 的工作原理图如图 2—19 所示。

一、模块化 UPS 特性分析

模块化 UPS 不仅在性能指标上可以有较大的改善,更重要的是其可维护性的优势是传统整机式 UPS 不可比拟的。与传统 UPS 相比,模块化 UPS 主要特性如下。

1. 模块化结构,减少了单点故障点

在真正意义上的模块化 UPS 中,功率模块部分是模块化结构的。即功率部分是由许多模块并联在一起,它们不分主从,互不依赖,并且均分负载。并且和独立的监测、报警、通信模块以及系统保护用旁路模块组成一个完整的交流不间断供电系统。系统不存在集中控制单元,没有故障瓶颈。

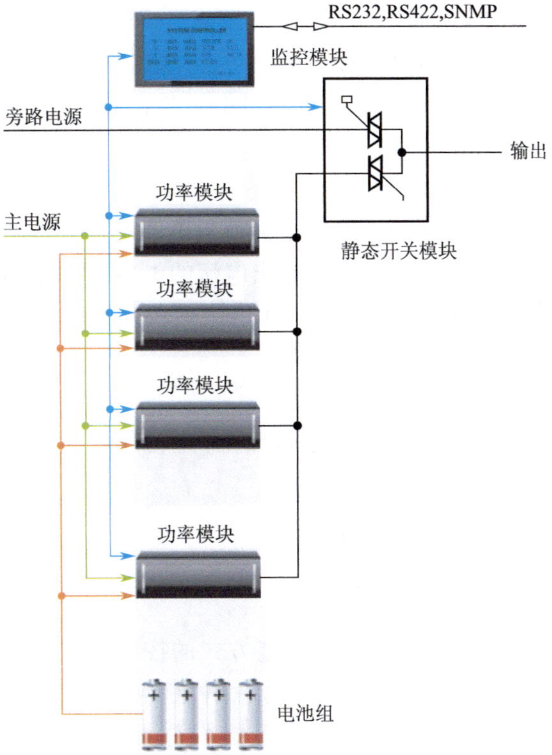

图 2—19　模块化 UPS 的工作原理

2. 可维护性好，可用性高

在线热插拔是模块 UPS 的显著特点。因为各模块单元的规格统一，具体的实施很简单，更换时间极短，几分钟内完成。相比之下，传统机型是“修机器，换板子”，从判断故障现象到更换完成、排除故障、设备正常运行，需依技术人员的水平而定，几小时至几天不等。模块化 UPS 提高了系统可用性，使维护更为便利，同时提升了使用人员对系统的维护能力，降低了设备的故障隐患，确保负载得到最佳的保护。

3. 模块级的 $N+X$ 并联冗余

模块化 UPS 技术将传统 UPS 的系统级冗余改变为模块级冗余。在确保供电安全且系统容量较小情况下，应用模块化 UPS 可有效降低整个不间断供电系统的造价和运行成本，同时系统也能通过新增模块在线扩容，而其模块利用率较高也可以使能效提高，只需要相应地增加功率模块，即可实现“$N+X$”的模块级冗余，最大限度地提高了系统的并联冗余程度。

二、通信行业对模块化 UPS 的技术要求

根据通信网络使用 UPS 供电保障要求和充分发挥模块化 UPS 的优势，模块化 UPS 入网应用应满足如下要求。

1. 完全独立的模块化结构

在模块化 UPS 系统中，每个模块单元均为一个独立个体。任何一个模块出现故障不会影响其他模块的正常工作，能够自动、独立地退出系统，但不影响整个系统工作。

2. 尽可能地减少单点故障点

模块化 UPS 系统的设计必须尽可能地消除系统方案的公共故障点，使系统运行无瓶颈。例如在并联模块的环流问题上可采用先进的分散控制技术，使 UPS 系统不受集中控制的可靠性限制，避免瓶颈故障的发生。

3. 各模块单元应能够统一协调地运作

在多台功率模块并联时，其中最重要的指标就是电流均分。也就是说如果 N 个功率模块并联，必须保证每个模块的输出电流是总输出电流的 $1/N$，至少其相互之间的最大不平衡度要在要求范围内（根据 YD/T 2165—2017《通信用模块化不间断电源》的要求，输出电流不均衡度要求小于 5%）。

4. 蓄电池组和旁路模块可以共享

系统中各功率模块可以共享（包括充电和放电）电池组。使用一组电池或并联多组电池来增加系统备用时间。

三、模块化 UPS 技术应用的几个问题

（一）功率模块控制方式

模块化 UPS 系统中各功率模块之间需一定方式的控制来实现统一协调工作。目前功率模块的控制方式主要分为两种控制逻辑模式：一种是集中控制逻辑模式；另一种为分散控制逻辑模式。

1. 集中控制逻辑模式

集中控制逻辑需要一个独立的集中检测控制模块单元（称控制模块），检测市电的频率和相位，向每个 UPS 模块发出同步脉冲，无市电时可由晶振产生同步脉冲通过各个 UPS 模块的锁相环控制来保证各单元输出电压同步。控制模块还要检测负载的总电流，然后除以并联 UPS 模块数作为各个 UPS 模块的电流参考并与本模块电流比较求出偏差并控制使其最小。

集中控制逻辑模式采用一个集中的控制模块单元，如果该控制模块出现故障时，整个 UPS 并联系统就会瘫痪，存在单点故障，不能真正达到高可靠性和真正冗余的目的。通信网络上使用的模块化 UPS 系统不应采用这种逻辑控制方式。

2. 分散控制逻辑模式

分散控制逻辑模式不需要独立的控制模块，故不存在这方面的单点故障点。分散控制逻辑模式可以分为三种控制技术。

（1）主从控制

主从控制方式是将并联控制单元做到每个模块上，通过一定的选择工作方式来选择一个 UPS 功率模块作主控模块，其他模块作为从控模块。当 UPS 系统中的一个功率模块出现故障时其余模块仍可以工作，当主控模块出现问题时可通过切换来使得另外一个功率模块作为主控模块，使系统继续正常运行。

（2）非主从控制（分散逻辑控制）

非主从控制是将控制权分散，在逆变电源并联运行时，各个功率模块检测出自身的有功和无功功率，通过均流母线传送到其他并联模块中，与此同时功率模块本身也接收来自其他

模块的有功无功信号进行综合判断确定本模块的有功无功基准，从而确定各个模块的电压和同步信号（频率和相位）的参考值。

分散逻辑控制技术为一种独立并联控制方式，它采用了在各逆变电源中把每个功率模块中的电流及频率信号进行综合，得出各自频率及电压的补偿信号的控制策略。这种方式可实现真正的冗余并联，有一个模块故障退出时，并不影响其他模块的并联运行。它以可靠性高、危险性分散、功能扩展容易等良好的特性已在众多领域中得到了广泛的应用，并且成为计算机控制系统发展的主要方向之一，是一种比较完善的分布式智能控制技术。但当多个模块并联时互连线数目较多，信息量大，实现较复杂。

(3)环形控制

环形控制的思想是减少互连线的数目和信号的传递，以减少对其他模块的依赖程度。它是将第一台逆变器的输出电流反馈信号加到第二台逆变器的控制回路中，第二台的输出电流反馈信号加到第三台，依次连接。最后一台的输出电流反馈信号返回到第一台逆变器的控制回路，使并联系统在信号上形成一个环形结构，在功率输出方面形成并联关系。

环形控制在控制回路中引入其他模块信号，加强了模块之间的影响，使得常规方案难以控制，因此一般采用 H∞ 理论设计控制器以解决稳定性问题。文献中每个逆变器都由 PI 控制来得到快速的动态响应，用鲁棒控制来得到多个模块逆变器的鲁棒性，以减少逆变器间的相互影响。与前面的方案相比，环形控制方案仅引入一个模块的电流信号，无需模拟信号平均电路，也无需知道并联模块数。但是控制器复杂，设计难度大，多采用数字控制系统来实现，成本较高，而且采用 H∞ 方法设计控制器，控制器阶数过高，实现较困难。

(二)系统并机技术情况

综合目前各厂家的模块化 UPS 系统的技术情况，其系统机柜并机主要有两种方式。

(1)集中一体化控制方式

集中式一体化控制方式是系统内仅有一套监控系统和一套旁路控制系统，所有工况及状态集中监视，集中管理。

(2)机架独立分控方式

机架独立分控方式是系统内每一个机架均配置有各自独立的一套监控系统和旁路控制系统，系统的工况及状态，受到每个独立机架的监控系统和旁路控制系统状态的影响。系统参数系统的调整，只能够在每个机架各自进行人工同步调整，再通过并机通信线组成大系统，控制逻辑复杂。

从上述两种并机方式的技术原理和逻辑上分析，结合安全可靠性等综合考虑，模块化 UPS 系统并机使用时，应采用集中式一体化控制方式，以便集中化监视管理，参数调整一步到位。不应采用机架独立分控方式。

(三)系统旁路控制方式

目前大容量的模块化 UPS 系统的旁路控制技术主要有三种模式：一种是集中旁路控制模式，一种是机架独立分散旁路控制模式，还有一种是功率模块独立分散旁路控制模式。从旁路控制所采取的器件，分为纯功率器件和综合器件（功率器件加交流接触器）两种。

集中旁路控制系统具有过载能力强，可靠性高的优点，分散旁路具有可扩容性高，成本低的优点，在工频 UPS 时代，主流的旁路控制系统就有集中旁路控制系统和分散旁路控制系统两种技术,并且均大量存在于各种运用场合。

由于模块化 UPS 的技术引入,基于模块化 UPS 的可维护性,局部影响性的技术特点,一般情况下系统容量的冗余容量大大减小,系统实际负载率理论上将使用到 70% 额定容量以上,这会使得模块化 UPS 相对原有传统工频、高频 UPS 的系统旁路容量实际上更加接近系统额定容量。这也使得机架独立分散旁路控制系统,单机架的旁路系统未必能满足系统的全部需求。基于这种考虑,在早期进行远期合理规划后的集中旁路控制系统显得会更加适合在模块化 UPS 系统中运用。

(四)蓄电池组参数设置

目前主流的模块化 UPS 系统均采用了 IGBT 高频整流技术,一般都采用高电压的蓄电池组,并采用了对称的中心抽头模式。在蓄电池只数的配置方面,一般选择 30 ~ 64 节/12 V 蓄电池居多。

一般说来,蓄电池组配置的电压高一点,会对实际运行更为有利。但一些模块化 UPS 系统受器件的耐压等级限制,蓄电池组均充电压无法提高,故蓄电池组的只数不能配置过多。否则,将无法满足对蓄电池组的补充电的需求。

当采用较低电压的蓄电池组配置时,由于系统直流母排电压低,在大系统满容量输出的情况下,蓄电池组输出电流远大于较高电压的 UPS 系统。无论是配电缆线,还是保护器件,均需要更大容量、更高一个等级的配置,而且对于蓄电池内部、汇流排等的过流能力也是一种考验。例如,150 kVA 的单机系统,采用 40 节/12 V 中心抽头蓄电池组一组,流过电池单体内部的最大电流高达 400 A,远比采用 64 节/12 V 的电流大得多。因此使用低电压蓄电池组配置的 UPS 系统,系统容量不宜太大。

第六节 UPS 的电气性能指标及技术要求

一、UPS 系统的主要技术要求和指标

UPS 系统的技术参数是表征 UPS 系统质量高低的重要指标,也是用户选购 UPS 产品的主要依据。UPS 系统质量的高低不仅取决于产品的设计方案,而且还密切地依赖于生产商的产品质量保障体系。因此,能否正确辩证地理解 UPS 的各项技术参数的正确含义及其相互制约关系是能否防止片面性,并选出最适合于自己的负载特性需求的机器,系统配置和具有最高性能价格产品的关键因素。通常可把 UPS 系统的主要技术参数分成如下几类。

(一)UPS 的标称(额定)运行参数

1. 额定输出功率:(kVA 值)。

2. 标称输入电压:单进/单出 UPS 系统的典型标称输入电压为 220 V;三进/单出或三进/三出 UPS 系统的典型标称输入电压 380 V。

3. 标称输出电压:对单进/单出和三进/单出的 UPS 系统的标称输出电压为 220 V;三进/三出 UPS 系统的标称输出电压为 380 V。

4. 标称输入和输出频率:典型值为 50 Hz。

（二）UPS 的输入特性

该特性反映 UPS 系统对输入电源的适应能力和 UPS 对输入电源的谐波“污染”程度。

1. 主输入电源允许的输入电压变化范围：在此电压变化范围内，UPS 系统整流器应能够满载工作且不允许出现任何形式的电池放电现象。

2. 交流旁路允许的电压变化范围：在此电压变化范围内，应能够确保 UPS 系统能执行安全的逆变器电源供电？交流旁路市电切换操作。否则，将大大增加 UPS 系统输出的故障率。

3. 主输入电源允许的频率变化范围：在此频率变化范围内，UPS 系统应能够正常工作。

4. 交流旁路允许的频率变化范围：在此频率变化范围内，应确保 UPS 能执行安全的逆变器电源供电？交流旁路市电切换操作。

5. 输入功率因数：采用晶闸管整流器设计的 UPS 为 0.9，滞后（满载）；0.95，滞后（加输入滤波器）；采用带输入功率因数校正功能的 UPS 为 0.96，滞后（满载）；0.99 滞后（带输入滤波器）。采用交流升压型输入功率因数校正功能的 UPS 为 0.99（满载）。晶闸管整流器的可靠性最高，交流升压整流器的可靠性最低。

6. 输入电流谐波分量：2 ~ 39 次谐波。

（三）UPS 的输出特性

该特性反映 UPS 的带载能力，它是判断 UPS 对非线性负载供电质量的高低和可靠性的最关键的指标。

1. 标称输出电压值：单进/单出和三进/单出 UPS 为 220 V；三进/三出 UPS 为 380 V，三相四线或三相五线制输出方式。

2. 输出电压静态稳定度：对于中、大型 UPS，典型值为 ±1% 。对于中、小型 UPS，典型值为 ±2% 或 ±3% 。

3. 输出电压可调范围：对大、中型 UPS，从它们的额定值起最小可调 ±5% 。对小型单相 UPS，其输出电压的典型可调范围为 208/220/230/240 V。

4. 输出过载能力：对于大、中型 UPS，其典型值为 125% 负载、10 min，150% 负载、30 ~ 60 s；对于小型 UPS（不带输出变压器的高频机），其典型值为 110% 负载、10 min，130% 负载、10 s；对于小型 UPS（带输出变压器的工频机），其典型值为 125% 负载、10 min，150% 负载、10 ~ 30 s。

5. 带三相不平衡负载能力：

（1）三相相电压差：±1%（带三相平衡非线性负载）；±3%（带 100% 的三相不平衡非线性负载）；

（2）三相相位移差：±1°（带三相平衡非线性负载）；±2.5°（带 100% 的三相不平衡非线性负载）。

6. 输出频率特性：

（1）允许的市电同步跟踪范围：50 Hz ±（0.5 ~ 2 Hz）（可调，大、中型 UPS）；50 Hz ±（0.5 ~ 3）Hz（可调，小型 UPS）。

（2）允许的市电同步跟踪速率：（0.1 ~ 1 Hz）/s（大型 UPS）；（0.1 ~ 3 Hz）/s（中、小型 UPS）；

(3)频率稳定度(当市电中断或市电频率波动范围超过 UPS 所允许的同步跟踪范围时):(50 ±0.1) Hz(小型 UPS);50Hz ±(0.5 ~0.005) Hz(大、中型 UPS)。

7. 输出功率因数:UPS 的输出功率因数反映 UPS 的输出电压波动和输出电流波动之间的相位以及输入电流谐波分量大小之间的关系。鉴于 UPS 的多数负载是微电容性的计算机型的整流滤波型的负载,所以,它的输出功率是微电感性(滞后)的,典型的 UPS 的输出功率因数为 0.7(小型 UPS)和 0.8(大、中型 UPS)。对于非在线式 UPS 来说,有的厂家所给出的输出功率因数值是在带电阻性负载时所获得的值(例如:$P_F=0.99$),容易误导。

带非线性负载能力:带 100% 的峰值比为 3:1 的非线性负载(计算机负载的峰值比约为 2.7:1)。

8. 输出电压的谐波失真度:

(1)线性负载时:对大、中型 UPS,总电压谐波失真度小于 1% ~2%;对于小型 UPS,谐波失真度小于 3%;

(2)带 100% 的峰值比为 3:1 的非线性负载时,对大、中型 UPS,总电压谐波失真度小于 5%,最大的单次谐波失真度小于 2.5%;对于小型 UPS,其总电压谐波失真度小于 7% 以下。

9. 输出电缆线压降自动补偿调节范围:±5%(高档大、中型 UPS 才要求此指标)。

10. 最小故障清除电流能力:300% 额定满载输出电流(有效值,高档大、中型 UPS 要求此指标)。

11. 交流旁路市电供电↔逆变器供电的切换时间:对于采用"快速继电器"作切换装置的小型 UPS(额定输出功率小于 5 kVA 左右)的交流旁路市电供电↔逆变器供电的切换时间的典型值为 4 ms,其波动范围为 2 ~6 ms。对于采用"静态开关"的大、中型 UPS 的交流旁路市电供电→逆变器供电的切换时间几乎为零,逆变器供电→交流旁路的切换时间一般小于 2 ms。

12. 预期的平均无故障工作时间(MTBF);根据大量的运行统计资料可知:UPS 的额定输出功率愈大,其 MTBF 值则愈大(可靠性愈高)。

(1)小型 UPS(0.7 ~10 kVA)的 MTBF 值:4 ~14 万 h("工频机"UPS 的 MTBF 值高于"高频机"UPS 的 MTBF 值);

(2)中型 UPS(10 ~50 kVA)的 MTBF 值:13 ~22 万 h;

(3)大型 UPS(40 ~1 000 kVA)的 MTBF 值:20 ~40 万 h。

13. 峰值因数(Crest ratio):为 UPS 逆变器电源的交流输出电流的峰值与输出电流的有效值(RMS)的比值。当 UPS 电源的后接负载为线性负载(电阻性负载)时,它的输出电流的峰值比为 1.41:1 左右。当 UPS 的后接负载为整流滤波型非线性负载时,出现在其输出交流电的电流峰值同其有效值的比将有所增大。由于当今 UPS 电源的主要负载为计算机(其峰值因数为 2.4 ~2.7 左右)。对于 UPS 电源来说,其典型的峰值比为 3:1。实践表明,3:1 已能充分满足计算机型负载的要求。UPS 的输出电流的峰值比与用户开启某些负载时所形成的瞬态浪涌峰值电流毫无关系(UPS 的开机负载浪涌电流是代表 UPS 的过载能力的参数),两者不可混为一谈。有鉴于此,任何不适当地以开机时所出现的瞬态"大峰值电流"为依据来要求增大 UPS 的峰值比的企求,均是弊多利少,甚至是有害无益的。

14. 系统效率:指 UPS 的总输出功率与总输入功率之比。一般来说,UPS 的标称输出功率愈大，其系统效率也愈高。小型在线式（1 ~ 10 kVA）UPS 的效率为 85% ~ 89%，中型在线式 UPS（10 ~ 50 kVA）的效率为 89% ~ 92% 左右，大型 UPS（50 ~ 800 kVA）的效率为 91% ~ 94.5% 左右。非在线式 UPS（后备式，在线互动式和 Delta 变换型 UPS）在市电供电正常时，虽然其效率可达 95% ~ 96%，然而，此时它们送向用户负载的电源是供电质量较低的市电交流稳压电源。

15. UPS 的并机能力：为增强整个 UPS 供电系统的容错冗余性能，提高它的供电"可利用率"，要求 UPS 应具备直接并机输出能力。衡量 UPS 直接并机系统的质量高低指标包括：

（1）位于并机系统中的各台 UPS 输出电流的均流不平衡度，其典型值为 2% ~ 5%。此值愈小，则说明从并机系统中的每台 UPS 所输出的负载电流的均衡度愈好。

（2）出现在各台 UPS 单机之间的环流：理想情况下，环流应该为零，当环流过大时，轻者会造成 UPS 产生选择性脱机跳闸误动作；严重时，会烧毁 UPS 的逆变器。判断环流大小的重要标准是：

①各台 UPS 所输出电流的总和与从 UPS 的并机输出总线上的输出电流的差值。

②各台 UPS 单机的输出功率因数应该是稳态值，而不应是可变值。

16. "选择脱机跳闸"功能：当并机系统中某台 UPS 出故障时，并机调控逻辑电路能快速、准确地发现它，并将有故障的 UPS 单机从并机系统中脱离出去。在此期间，可能出现的并机输出瞬态电压波动值在 +9% ~ −7%，而且不应该造成整个 UPS 并机系统转交流旁路。

17. "在线维修"功能：UPS 并机系统，因故发生"选择脱机跳闸"切换操作后，能在继续用 UPS 逆变器供电的条件下，对有故障的那台 UPS 执行安全、可靠的停电检修操作。

（四）集中监控和网管功能

为满足计算机网，通信网和数据通信网等所需要的无人或少人值守需求，当今的 UPS 电源应具有如下的调控功能。

1. 配置必要的通信接口：小型 UPS 应配置 RS232 接口/SNMP 适配器通信接口；大中型 UPS 应配置 RS232、RS485、SNMP 适配器通信接口，2 组继电器干接点通信端口。利用 RS232、RS485 和 SNMP 适配器通信接口，可在 UPS 与计算机/计算机网络之间实现数据通信。这样，网管人员就可在网管平台上执行各种网管操作。与此同时，还可利用一组继电器干接点端口实现远程声、光报警和监视 UPS 运行状态，利用另一组用户自定义继电器干接点端口将各种环境监测信号（温度和湿度超差、火警、门禁）输入到 UPS 的监测显示屏管理系统，从而实现同时监视 UPS 和 UPS 的环境工作条件的双控型管理功能。一般要求通过上述输出和输入通信接口能提供的遥测，遥信和遥控信息量包括：

（1）遥测信号

输入电压、电流、频率、有功功率和功率因数；输出电压、电流、频率、有功功率、视在功能和功率因数；交流旁路电流、电压和频率；电池的充电/放电的电压和电流等。对三进/三出 UPS 来说，还应包括中线电流和三相输出电流的不平衡度。

（2）遥信信号

输入电源故障、整流器故障、逆变器故障、交流旁路电源过压/欠压、直流总线电源过压/欠压、逆变器电源与市电同步/不同步、整流器/逆变器/变压器温升过高和各种继电器开关的工作状态信号等。

(3)遥控信号

可编程的定时“自测试”电池管理、紧急停机、定时开机/关机、自动拨号/传呼/发E-mail等。

2. 提供配套的UPS电源管理软件：当用户在相应的PC机/网管平台上装上具有上述跨平台操作功能的电源管理软件后，就可组成功能强大的网管智能化UPS系统。在此条件下，用户就能在网管平台上或工作站的终端上执行下述操作(大量的网管运行实践表明，宜优先选用用户的IT设备原有的功能强大的系统管理软件)：

(1)调阅在UPS的监控显示屏观察到的所有信息；

(2)万一UPS本身发生故障时，自动执行网络广播报警、电话拨号、自动传呼或发E-mail等操作，以便通知值班人员到现场维修；

(3)当遇到市电长时间供电中断时，按用户所预定的时序对位于同一网管系统下的PC机/服务器分批地执行有序的数据自动存盘和安全地关闭操作系统；

(4)对UPS供电系统中的几十种运行参数(例如：电压、电流或频率等)，提供实时变化趋势曲线图、参数变化趋势的统计分析和故障预测图，自动预报UPS供电系统的潜在故障；

(5)UPS生产厂或公司指派的专业人员，可重新调节、设置、校正UPS的运行参数；

(6)将“用户自定义”报警信号(例如：温度过高、湿度偏高、火警及门禁信号)经本UPS的通信接口传送到用户的远程集中监控系统。

(五)对工作环境的适应性

UPS在下述条件下运行时，不应发生额定输出功率的降额使用问题：

1. 运行温度：0~40 ℃，考虑到电池的最佳运行条件，推荐的机房温度为15~25 ℃；

2. 储存温度：(不带电池) -20~+65 ℃(典型值)；

3. 相对湿度：10%~95%(无结露)，推荐的湿度范围：典型值为50%；波动范围：±20%；

4. 允许的海拔高度(UPS满载)：1 000 m(典型值)，1 500 m(高档UPS)；

5. 音响噪声：小型UPS为45~50 dB，大型UPS为55~70 dB；

6. EMI电磁兼容性：符合Fcc，Part15，Subpart，J，forclassA，EN50091-2(A)，CISPR2，IEC801-3；

7. 抗静电放电性能：符合IEC 801-2(15 kV或25 kV，高档UPS)；

8. 抗浪涌抑制：符合ANSIC 62.41　A和B类测试标准；

9. 安全标准：符合UL 1788，EN 50091-1，CUL，CAN/SCAC 22.2，EN 60950标准等。

(六)铁路标准对UPS工作环境适应性的要求

《铁路通信电源设备标准　第1部分：通信用不间断电源》对UPS的环境适应性要求规定：

1. 室内型UPS

(1)温度：工作温度5~40 ℃；储存温度 -25~55 ℃。(不含蓄电池)

(2)湿度：工作相对湿度不大于93%(40±2)℃；储存相对湿度不大于93%(40±2)℃。

(3)大气压力：设备应保证在90~106 kPa(近似海拔0~1 000 m)能正常工作，若超过

1 000 m时应按 GB/T 3859.2—1993 的规定降容使用。

(4)振动与冲击

① 振动:振幅 0.35 mm ,频率 10 ~ 55 Hz;

② 冲击:峰值加速度 150 m/s^2,持续时间 11 ms。

2. 室外型 UPS

(1)温度:工作温度 -40 ~ 55 ℃;储存温度 -40 ~ 70 ℃。(不含蓄电池)。

(2)湿度:工作相对湿度不大于 95% (不结露);储存相对湿度不大于 95% (不结露)。

(3)大气压力:设备应保证在 70 ~ 106 kPa(近似海拔 0 ~ 3 000 m)能正常工作。

(4)振动与冲击

①振动:振幅为 0.75 mm ,频率 10 ~ 30 Hz;振幅为 0.35 mm ,频率 30 ~ 55 Hz;

②冲击:峰值加速度 150 m/s^2,持续时间 11 ms。

(5)低温适应保护

当低温环境造成蓄电池不能放出相应规定的容量或电路工作受到影响时,系统可以采取加热措施,以确保蓄电池的输出或设备正常运行。

(6)防晒保护

机柜外表面应具有防晒隔热措施,机柜经受 GB/T 4797.4 中描述的 1 120 W/m^2 等级太阳辐射后,机柜内蓄电池的温度应保证不大于 45 ℃。

(7)防水保护

设备安装电路部分的机柜外壳应符合 GB 4208—2008 中 IP5X 级别,安装蓄电池部分的机柜外壳应符合 GB 4208 中 IP4X 级别。

(8)防尘保护

设备安装电路部分的机柜外壳应符合 GB 4208—2008 中 IP5X 级别,安装蓄电池部分的机柜外壳应符合 GB 4208 中 IP4X 级别。

(9)三防(防潮湿、防霉变、防盐雾)保护

设备内印刷线路板、接插件等电路应具有防潮湿、防霉变、防盐雾处理,其中防盐雾腐蚀能力满足 GB/T 4797.6—1995 中表 9 的要求,使设备能在室外潮湿、含盐雾的环境下正常运行。

(10)防锈(防氧化)保护

设备铁质外壳和暴露在外的铁质支架、零件应具有双层防锈措施,非铁质的金属外壳也应具有防氧化保护膜或防氧化处理。

(11)防异物入侵保护

在机柜外壳的通风口应有过滤网,过滤网要避免灰尘的堵塞,过滤网应方便清洁。

(12)防风保护

安装在平台上的设备以及暴露在外的部件能承受 GB/T 4797.5—1992 中表 9 规定的不同地区、不同高度处相对风速的侵袭。

(13)防拆卸保护

设备外壳应安装防盗锁,固定设备的螺栓应是在打开设备外壳的门后才能安装或拆卸。

(14)防雷保护性能

按照应用场所的年雷暴日分为 H、M、L 三个等级：

①H 型（高同流容量）防雷设备应符合下列技术要求：

a. 交流电源接口线对地应承受 20 kA（8/20 μs）的标称放电电流的冲击试验；

b. 直流电源接口线对地应承受 10 kA（8/20 μs）的标称放电电流的冲击试验；

c. 通信接口线对地应承受 5 kA（8/20 μs）的标称放电电流的冲击试验。

②M 型防雷设备应符合下列技术要求：

a. 交流电源接口线对地应承受 15 kA（8/20 μs）的标称放电电流的冲击试验；

b. 直流电源接口线对地应承受 5 kA（8/20 μs）的标称放电电流的冲击试验；

c. 通信接口线对地应承受 3 kA（8/20 μs）的标称放电电流的冲击试验。

③L 型防雷设备应符合下列技术要求：

a. 交流电源接口线对地应承受 5 kA（8/20 μs）的标称放电电流的冲击试验；

b. 直流电源接口线对地应承受 1 kA（8/20 μs）的标称放电电流的冲击试验；

c. 通信接口线对地应承受 300 A（8/20 μs）的标称放电电流的冲击试验。

二、整机式 UPS 的电气性能指标

（一）在线式 UPS 电气性能

在线式 UPS 的电气性能见表 2—3。

表 2—3　在线式 UPS 电气性能

序号	指标项目	技术要求			备　注
		Ⅰ	Ⅱ	Ⅲ	
1	输入电压可变范围	165～275 V	176～264 V	187～242 V	相电压
		285～475 V	304～456 V	323～418 V	线电压
2	输入功率因数	≥0.95	≥0.90	——	
3	输入电流谐波成分	<5%	<15%	——	2～39 次谐波
4	输入频率变化范围	(50±2)Hz			
5	频率跟踪范围	(50±2)Hz 可调			
6	频率跟踪速率	0.5～2 Hz/s			
7	输出电压稳压精度	±1%	±2%	±3%	
8	输出频率	(50±0.5) Hz			电池逆变方式
9	输出波形失真度	≤2%	≤3%	≤5%	阻性负载
		≤4%	≤6%	≤8%	非线性负载
10	输出电压不平衡度	≤5%			
11	动态电压瞬变范围	±5%			
12	电压瞬变恢复时间	≤20 ms	≤40 ms	≤60 ms	
13	输出电压相位偏差	≤2°			
14	市电与电池转换时间	0 ms			

续上表

序号	指标项目	技术要求			备　注
		Ⅰ	Ⅱ	Ⅲ	
15	旁路逆变转换时间	<1 ms	<2 ms	<4 ms	>3 kVA
		<1 ms	<4 ms	<8 ms	≤3 kVA
16	效率	≥82%（≤10 kVA）	≥90%（>10 kVA）		额定输出功率
		≥88%（≥60 kVA）			50% 额定输出功率
17	输出有功功率	≥额定容量 ×0.7 kW/kVA			
18	输出电流峰值系数	≥3			
19	过载能力（125%）	≥10 min	≥1 min	≥30 s	
20	音频噪声	<55 dB(A)	<65 dB(A)	<70 dB(A)	400 kVA 及以上除外
21	并机负载电流不均衡度	≤5%			对有并机功能的 UPS

（二）互动式 UPS 电气性能

互动式 UPS 的电气性能见表 2—4。

表 2—4　互动式 UPS 电气性能

序号	指标项目	技术要求	备　注
1	输入电压可变范围	176～264 V	
2	输入频率变化范围	(50±2) Hz	
3	输出电压	198～242 V	正常工作方式
		213～227 V	电池逆变方式
4	输出频率	(50±0.5) Hz	
5	输出波形失真度	≤5%	阻性负载
		≤8%	非线性负载
6	动态电压瞬变范围	≤±5%	
7	电压瞬变恢复时间	≤60 ms	
8	输出电压相位偏差	≤2°	
9	市电与电池转换时间	≤10 ms	
10	效率	≥80%	电池组电压≥48 V
		≥75%	电池组电压<48 V
11	输出有功功率	≥额定容量 ×0.7 kW/kVA	
12	输出电流峰值系数	≥3	
13	过载能力	≥1 min，过载 125%	电池逆变方式
		≥10 min，过载 125%	正常工作方式
14	音频噪声	<55 dB(A)	

（三）后备式 UPS 电气性能

后备式 UPS 的电气性能见表 2—5。

表 2—5　后备式 UPS 电气性能

序号	指标项目	技术要求	备　注
1	输入电压可变范围	176～264 V	
2	输入频率变化范围	(50±2) Hz	
3	输出电压	198～242 V	正常工作方式
		213～227 V	电池逆变方式
4	输出频率	(50±0.5) Hz	
5	输出波形失真度	≤5%	阻性负载
		≤8%	非线性负载
6	市电与电池转换时间	≤10 ms	
7	动态电压瞬变范围	≤±5%	
8	电压瞬变恢复时间	≤60 ms	
9	输出有功功率	≥额定容量×0.7 kW/kVA	
10	效 率	≥80%	电池组电压≥48 V
		≥75%	电池组电压<48 V
11	输出电流峰值系数	≥3	
12	过载能力	≥1 min,过载 125%	电池逆变方式
		≥10 min,过载 125%	正常工作方式
13	音频噪声	<55 dB(A)	

(四)模块化 UPS 的电气性能指标

模块化 UPS 系统的电气性能见表 2—6。

表 2—6　模块化 UPS 系统电气性能

序号	项　目	技术要求		备　注
		Ⅰ	Ⅱ	
1	输入电压范围	176～264 V	187～242 V	相电压
		304～456 V	323～418 V	线电压
2	输入频率范围	(50±5)Hz		
3	频率跟踪范围	(50±3)Hz		±1 Hz、±2 Hz、±3 Hz 可设
4	输入功率因数	≥0.95(50% 负载)		
		≥0.99(100% 负载)		
5	输入电流谐波成分	≤10%(50% 负载)		2～39 次谐波
		≤5%(100% 负载)		
6	输出稳压精度	≤±1%	≤±2%	
7	输出频率	(50±0.5) Hz		电池逆变时
8	频率跟踪速率	0.2～2 Hz/s		

续上表

序号	项　　目		技术要求		备　　注
			I	Ⅱ	
9	电压波形失真度	线性负载	≤2%	≤3%	
		非线性负载	≤4%	≤6%	
10	三相电压不平衡度		≤3%		
11	电压动态瞬变范围		≤5%		
12	电压瞬变恢复时间		60 ms		
13	三相电压相位偏差		2°		
14	输出有功功率		≥额定容量×0.7 kW/kVA		
15	市电电池转换时间		0 ms		
16	逆变旁路转换时间		<2 ms		
17	输出电流峰值系数		≥3		
18	系统效率	模块输出容量<10 kVA	≥83%(50% 负载) ≥87%(100% 负载)		
		模块输出容量≥10 kVA	≥90%(50% 负载) ≥92%(100% 负载)		
19	功率模块过载能力		≥10 min	≥1 min	125% 额定负载
20	输出电流不均衡度	模块每相额定输出<4 kVA	≤10%		
		模块每相额定输出≥4 kVA	≤5%		
21	旁路电流不均衡度		≤10%		对于分散旁路拓扑
22	空载环流度	模块每相额定输出<4 kVA	≤10%		
		模块每相额定输出≥4 kVA	≤5%		
23	音频噪声	系统输出容量≤20 kVA	≤55 dB(A)		
		20 kVA<系统输出容量<200 kVA	≤65 dB(A)		
		系统输出容量≥200kVA	≤70 dB(A)		

(五)铁路标准对在线式 UPS 整机电气性能指标要求

在线式 UPS 较互动式 UPS、后备式 UPS 性能优越,铁路系统使用的 UPS 通常为在线式 UPS。《铁路通信电源设备标准　第 1 部分:通信用不间断电源》对在线式 UPS 的电气性能指标要求见表 2—7、表 2—8。

表 2—7　铁路通信系统用在线式 UPS 系统电气性能（室内型）

序号	指标项目	技术要求	备　注
1	输入电压可变范围	176～264 V	相电压
		304～456 V	线电压
2	输入功率因数	≥0.90	
3	输入电流谐波成分	<15%	2～39 次谐波
4	输入频率变化范围	(50±5) Hz	
5	频率跟踪范围	(50±2) Hz 可调	
6	频率跟踪速率	0.5～1 Hz/s	
7	输出电压稳压精度	±2%	
8	输出频率	(50±0.1) Hz	电池逆变方式
9	输出波形失真度	≤3%	阻性负载
		≤5%	非线性负载
10	输出电压不平衡度	≤3%	阻性负载
		≤5%	非线性负载
11	动态电压瞬变范围	≤±5%	
12	电压瞬变恢复时间	≤40 ms	
13	输出电压相位偏差	≤2°	
14	市电与电池转换时间	0 ms	
15	旁路逆变转换时间	<2 ms	>3 kVA
		<4 ms	≤3 kVA
16	效率	≤10 kVA　≥85%	额定输出功率
		>10 kVA　≥90%	
		≥60 kVA　≥90%	50% 额定输出功率
17	输出有功功率	≥额定功率×0.7 kW/kVA	
18	输出电流峰值系数	≥3	
19	过载能力（125%）	≥1 min	
20	音频噪声	<65 dB(A)	400 kVA 及以上除外

表 2—8　铁路通信系统用在线式 UPS 系统电气性能（室外型）

序号	指标项目	技术要求	备　注
1	输入电压可变范围	154～286 V	相电压
2	输入功率因数	≥0.90	
3	输入电流谐波成分	<15%	2～39 次谐波
4	输入频率变化范围	(50±5) Hz	
5	频率跟踪范围	(50±2) Hz 可调	
6	频率跟踪速率	0.5～1 Hz/s	

续上表

序号	指标项目	技术要求	备　　注
7	输出电压稳压精度	±3%	
8	输出频率	(50±0.5) Hz	电池逆变方式
9	输出波形失真度	≤3%	阻性负载
		≤6%	非线性负载
10	动态电压瞬变范围	≤±5%	
11	电压瞬变恢复时间	≤60 ms	
12	输出电压相位偏差	≤3°	
13	市电与电池转换时间	0 ms	
14	旁路逆变转换时间	<8 ms	
15	效率	≤2 kVA　≥80%	额定输出功率
		>2 kVA　≥85%	
16	输出有功功率	≥额定功率×0.7 kW/kVA	
17	输出电流峰值系数	≥3	
18	过载能力(125%)	≥200 ms	
19	音频噪声	<65 dB(A)	
20	防护等级	IP55	

第七节　常用 UPS 供电系统及维护

一、艾默生公司 UL33 系列 UPS

UL33 系列 UPS 系统主要包括由整流模块(REC)和逆变模块(INV)组成的 AC－DC－AC 变换主回路、由两组反向并联的晶闸管组成的旁路静态开关、维修旁路空开 Q3BP、输出隔离变压器和静态开关、蓄电池组以及输入/输出空开 Q1/Q5 等,如图 2—20 所示。

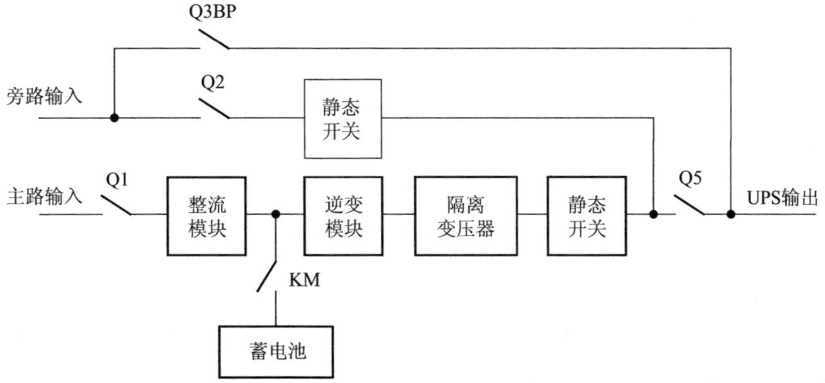

图 2—20　UL33 系列 UPS 系统方框图

UL33 系列 UPS 系统基本工作方式是主路交流电源从空气断路器 Q1 输入，经过整流模块将交流电源变成直流电源，完成 AC/DC 变换，一方面给并接在直流母线上的蓄电池组进行浮充充电，另一方面向逆变模块提供可靠的输入直流电。逆变器进行 DC/AC 变换，将整流模块和蓄电池提供的直流电源变换成交流电源，经过隔离变压器输出。UPS 系统应用实时处理和全数字控制技术，从主回路静态开关输出稳定、洁净、不间断的交流电源。输入电源也可以从包含有静态开关的旁路回路向负载供电。另外，在要求负载电源不停电而对 UPS 内部进行维修时，可使用维修旁路开关 Q3BP。

（一）工作原理

如图 2—21 为 UL33 系列 UPS 单机主电路原理图，主路输入电源从空气断路器 Q1 输入，通过熔断器保护系统，经自耦变压器降压，通过输入电感进入高频六管整流单元，高频整流/充电器将三相交流电变换为稳定的直流电源，同时实现功率因素校正；该部分电路采用分布式多重软启动功率回路和 DSP 实时处理的全数字控制技术，提高了系统的抗冲击能力和直流母线电压的稳定性，可减小蓄电池充电纹波，延长蓄电池的寿命。

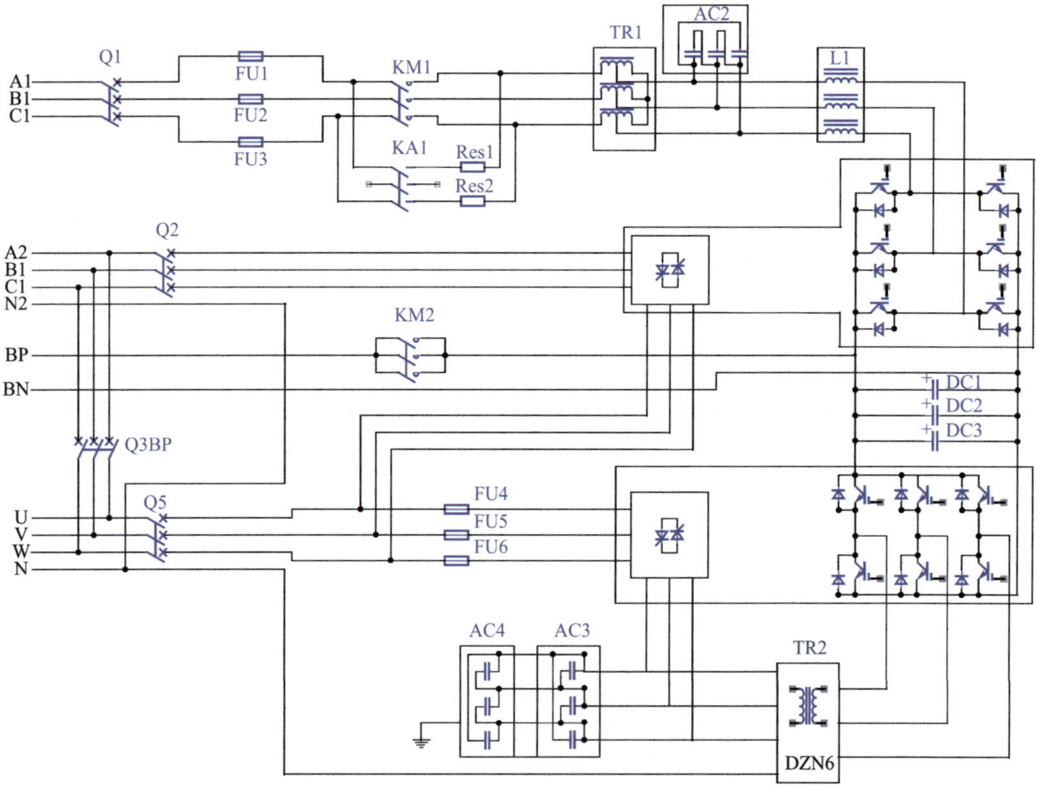

图 2—21　UL33 系列 UPS 单机主电路原理

蓄电池通过接触器接入，只有在直流母线电压达到一定阀值时接触器才能将蓄电池组与直流母线并联接通，蓄电池通过直流滤波电路向逆变器提供直流电源。

逆变器采用 DSP 实时处理的全数字矢量控制技术，通过 SVPWM 调制六只 IGBT 功率开关器件，把直流母线电源变换成三相交流。输出经过△/Z0 变压器、静态开关、快速熔断器、空气断路器等功能单元，实现负载端与输入侧的隔离。

旁路输入电源从空气断路器 Q2 输入，通过旁路静态开关的控制后输出。

双 DSP 和单片 MCU 组成全数字控制系统，为本机强大的功能提供了可靠保证。通过控制旁路静态开关和逆变器输出静态开关的通断状态可实现多种工作模式的切换，先进的电池管理可延长电池寿命，多种通信接口和管理软件为管理个性化提供了可能。

UL33 系列 UPS 并机系统采用全数字、分散式在线并联。各台 UPS 由并机板引入并机逻辑信号和环流检测信号，可实现多台同型号 UPS 的直接并联。

UL33 系列 UPS 电源能够实现 $N+X$ 冗余并联、扩容并联及串联热备份等多种工作模式。

（二）工作模式

1. 正常工作模式

在主路市电正常时，UPS 一方面通过整流器、逆变器给负载在线提供高品质交流电源；另一方面通过整流器为电池充电，将能量储存在电池中。原理框图如图 2—22 所示。

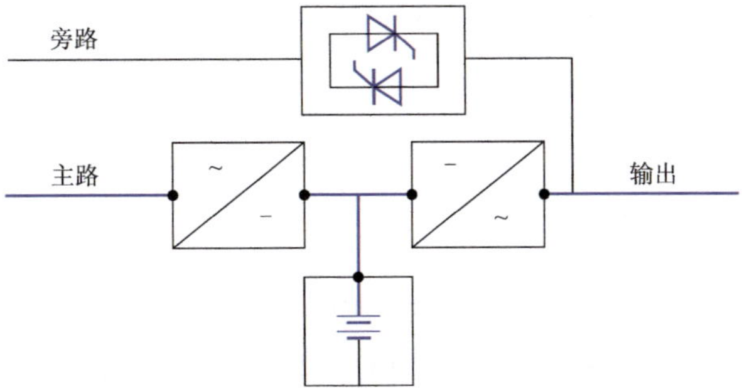

图 2—22　正常工作模式

2. 电池工作模式

当主路市电异常时，系统自动无间断地切换到电池工作模式，由电池逆变出用户所需的三相四线交流电源向负载供电。市电恢复后系统自动无间断地恢复到正常工作模式。原理框图如图 2—23 所示。

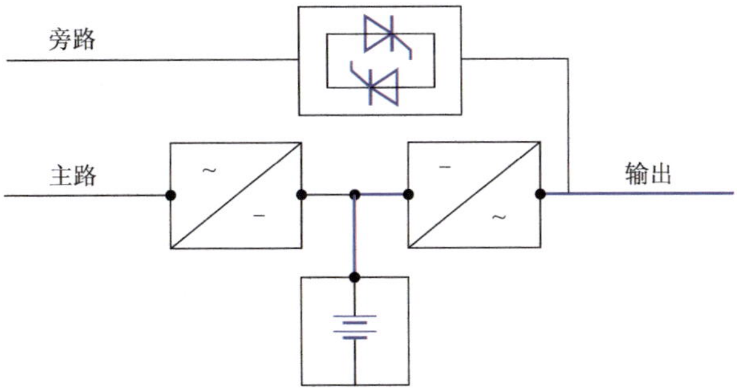

图 2—23　电池工作模式

3. 旁路工作模式

旁路工作方式有两种，一种能自动恢复到正常工作模式；另一种需人工干预才能回到正常工作模式。

在逆变器过载延时时间到、逆变器受大负载冲击等情况下，系统自动无间断切换到静态旁路电源向负载供电。在 UPS 恢复正常后，系统自动恢复正常供电方式。

当用户关机，或主路市电异常且电池储能耗尽，或发生严重故障等情况下，逆变器关闭，系统会停留在旁路工作模式。此后若需恢复到正常工作模式，则需要用户重新开机。原理框图如图 2—24 所示。

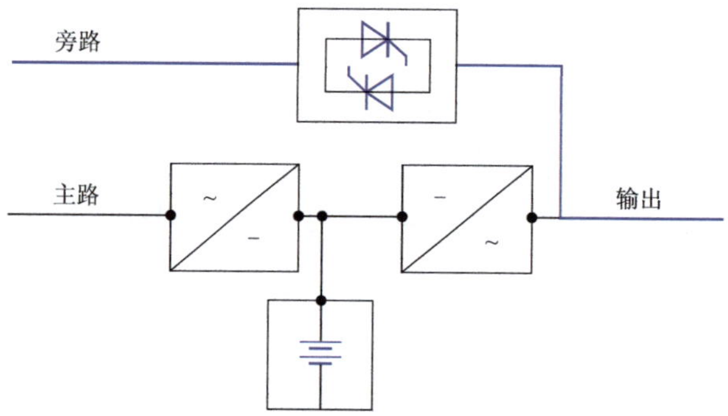

图 2—24　旁路工作模式

4. ECO 工作模式

如果负载对电源的质量要求不是很高（如用户设备允许断电达 20 ms），而对系统的效率要求较高时，可通过设置让系统工作在“ECO 工作方式”。这种方式下，旁路电源正常时系统通过静态旁路给负载供电，主路通过整流器给电池充电；当旁路电源断电或超出允许范围时，UPS 会自动将负载切换到由主路或电池逆变器供电（间断时间 <15 ms）。当旁路电源恢复正常后（在允许范围内），系统会自动地恢复到 ECO 工作模式，从而大大提高了系统的效率。原理框图如图 2—25 所示。

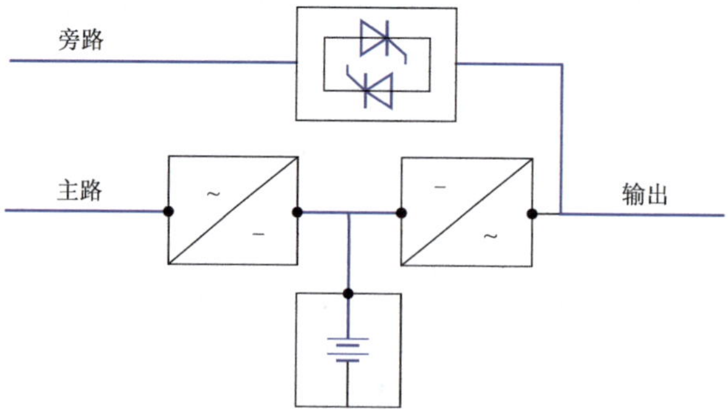

图 2—25　ECO 工作模式

5. 维修工作模式

需要对 UPS 系统及电池等进行全面检修或设备故障需维修时，可以通过闭合维护开关

Q3BP，将负载转向维修旁路直接供电，以实现对 UPS 不停电维护。维修时需要断开 UPS 内部的主路输入、旁路输入电源和电池输入开关以及输出开关，实现 UPS 内部不带电而对负载仍然维持供电的维修工作模式。原理框图如图 2—26 所示。

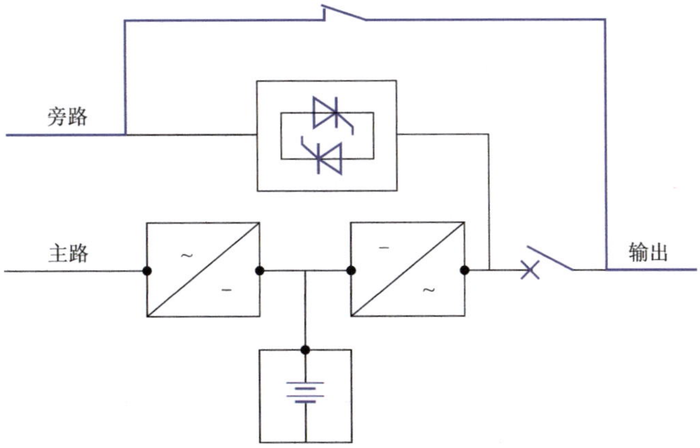

图 2—26　维修工作模式

6. 联合供电工作模式

当市电无法供电，柴油发电机组输出功率又不满足负荷需求时，蓄电池会自动辅助供电，实现联合供电模式。联合供电时间应当服从电池管理系统的设置。原理框图如图 2—27 所示。

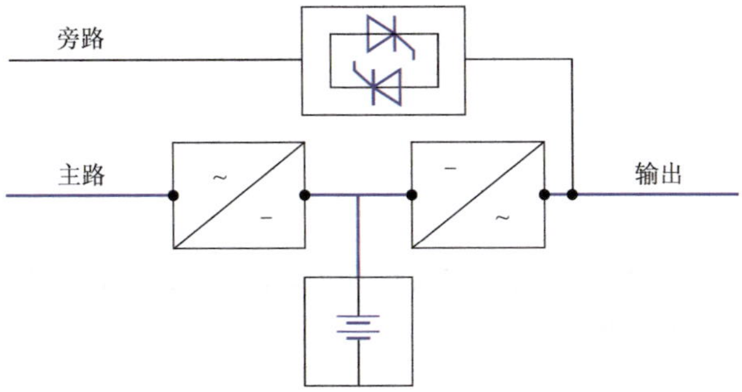

图 2—27　联合供电工作模式

7. 并机工作模式

多台 UPS（最多 8 台）在冗余并机或增容并联的工作方式时，各台 UPS 之间自动均分负载，如果其中一台 UPS 出现故障，该台 UPS 自动退出运行，剩余 UPS 均分负载；如果系统过载，则整个 UPS 系统转旁路运行。并机工作有正常工作模式、电池工作模式、旁路供电模式、维修工作模式和联合供电模式等多种工作模式。

8. 多种电源输入方式

UPS 系统主路输入和旁路输入可以是同一路电源也可以是两路不同的电源。输入连接方式如图 2—28 和图 2—29 所示。

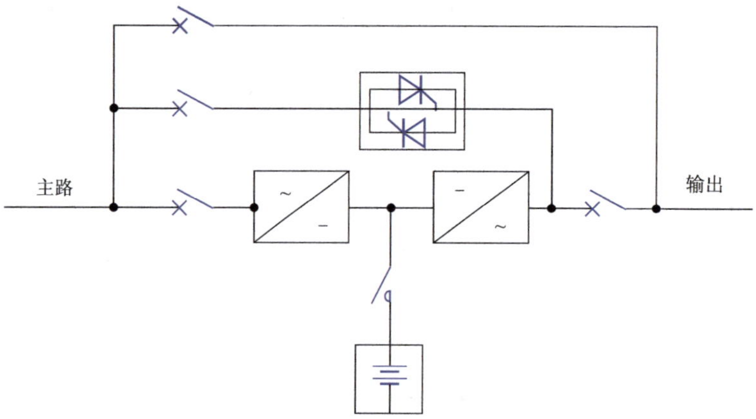

图 2—28　一路电源输入方式

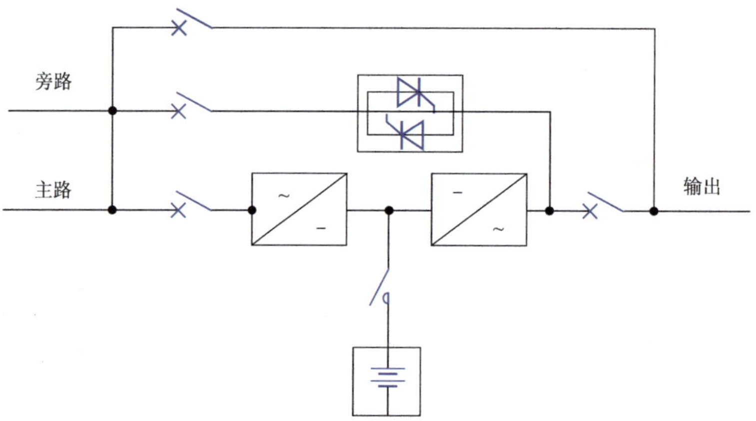

图 2—29　两路电源输入方式

(三)电池管理

UL33 系列 UPS 系统具有先进的电池管理功能,主要包括电池故障检测、电池放电后备时间预测及其他多种常规功能。

1. 常规电池管理功能

电池管理系统可以实现多种常规电池管理功能,主要有自动均浮充转换控制、电池预告警关机、定期自动维护、手动电池自检等功能。

2. 电池故障检测

电池故障检测是通过放电法来实现在线检测的,控制电池在某些确定的功率下放电,并测试停止放电时电池端电压,用所得端电压值与该种型号新电池同样放电情况下的端电压相比较,以确定其容量衰减比率,容量衰减超过某一设定比率时提示更换电池。

3. 预测电池放电后备时间

预测电池放电后备时间,以新电池恒功率放电曲线以及电池检测所得电池容量衰减比率为依据,通过实时计算和监测电池的容量,实现电池在任何状态下对当时负载放电的后备时间预测和显示。

(四)启动和告警保护

1. 延时软启动

系统有完备的软启动功能,能大大减小系统启动过程中出现的冲击。当系统上电,辅助电源软启动完毕,确认市电在正常工作范围内以后,t_1 时刻,辅助接触器 KM2 闭合,通过软启动电阻和 IGBT 的并联二极管给母线电容预充电;t_2 时刻,主接触器闭合;t_3 时刻,辅助接触器断开,软启动电阻切除,同时启动整流器 IGBT,母线电压继续缓缓升高;t_4 时刻,电池接触器闭合,最后,母线电压稳定在充电电压目标值。图 2—30、图 2—31 中 V_1 表示电池电压,V_2 表示充电电压目标值;若电池在上电时接入,母线电压曲线为实线所示;反之,母线电压如虚线所示。逆变器开启过程中,逆变器输出电压同样呈现"斜坡"特性。

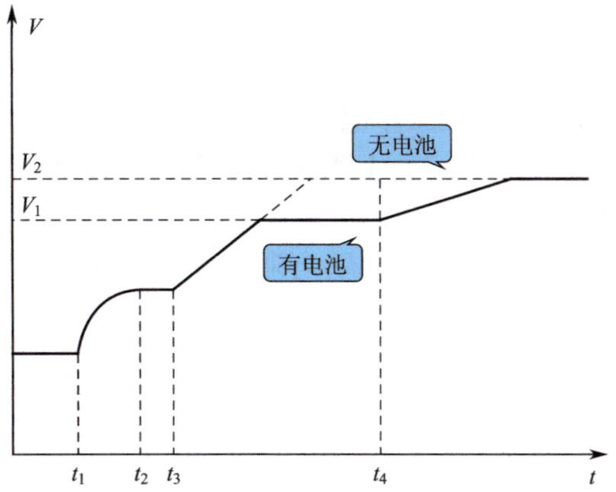

图 2—30 直流母线电压软启动过程

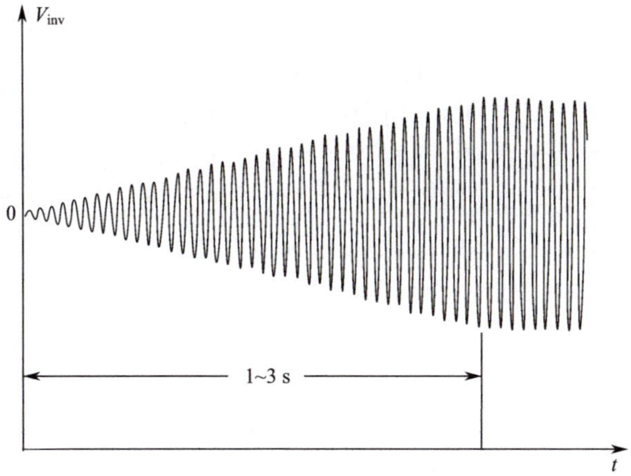

图 2—31 逆变器输出电压波形

负荷从电池工作模式向油机供电或联合供电模式切换时,为减小对油机的冲击,系统还加入了"功率软启动"功能,保证能量输出由电池向油机平滑过渡。切换过程中,输入电流波形如图 2—32 所示。

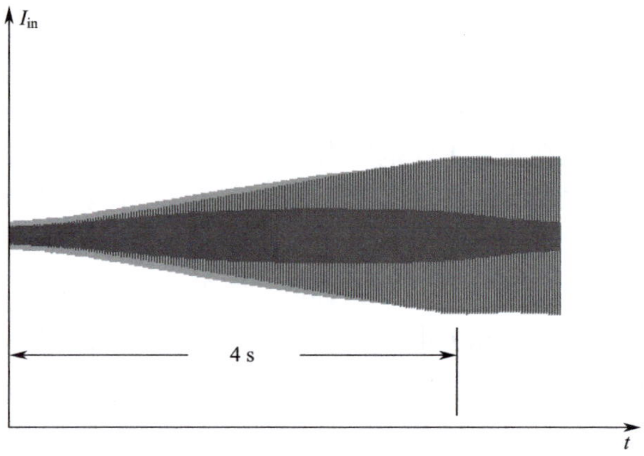

图 2—32　电池向油机切换时的输入电流波形

另外，对并机系统，若负荷从电池工作模式向油机供电或联合供电模式切换时，通过设置不同的“发电机延时起机时间”，可以实现 UPS 的分时启动，从而从系统上减轻对油机的冲击。

2. 告警和保护

UL33 系列 UPS 系统具有多种告警方式，可通过声、光、LCD、干接点以及网络传输方式对当前发生的告警进行及时、准确的告警和详细提示，在提高系统可靠性的同时，帮助维护人员准确快速地定位和排除故障。

根据显示方式可以将告警信息分为提示性弹出告警和已发生告警两类，提示性弹出告警用于提示用户，防止用户因进行某种操作而导致危险；已发生告警主要是指已经发生且当前仍然存在的 UPS 告警信息。

通过设置历史记录查看范围可通过 LCD 查看最近 1 ~ 30 天或全部的历史记录信息，监控系统在 UPS 中最多可储存 200 条事件历史记录，后台监控软件可以存储 2 万条事件历史记录。监控系统提供 UPS 电源系统参数的统计信息（如切换到电池后备供电的次数、切换到静态旁路的次数、电池后备时间、逆变器和旁路电源的运行时间），方便用户维护管理和判断故障。

UL33 系列 UPS 电源系统具有完备的保护功能。系统提供过压、过流、过温等常规保护措施，功率器件还进行了大幅度的降额设计，同时，系统提供了完备的散热系统。为延长电池的使用寿命，系统不仅提供完备的电池管理，而且在电池能量将要用尽时，系统发出预报警并自动安全关机。这些保护措施为系统的可靠工作提供了保证，1 + 1 并机时的 MTBF 可达 120 万 h。

3. 冷启动

在没有交流电源输入但蓄电池组一直挂在直流母线的情况下，可用电池启动 UPS。启动后将由电池后备供电一段时间，时间长短由电池充电水平和负载所需功率决定。但是电池的放电时间不允许超过设置的电池最大供电时间。

4. 市电恢复自启动

市电恢复自启动功能是专门针对 UPS 设备接有后备电池的应用场合设计的，可以在后备电池实施欠压保护以后，与网络监控一起实现无人值守场合的 UPS 自动启机。

（五）网络监控

UL33 系列 UPS 的监控系统支持灵活的网络化监控，通过 RS232 、RS485、SNMP 卡、MO-

DEM 等多种通信方式可以充分满足不同用户的应用需求。

(六)并机系统监控

并机系统监控采用自适应的 RS485 并机通信技术,该技术能够自动适应 UPS 在线切入或者退出供电系统引起的通信变化。当作为管理主机的 UPS 退出系统后,能够自动地选取一台 UPS 作为 RS485 并机通信系统的管理主机,防止通信系统的崩溃。

该技术同时保证了不需用户添加任何设备,就能够在任意一台 UPS 上看到并联后 UPS 的关键数据。

用户可以选取 RS232、RS485、SNMP、MODEM 等多种后台通信方式,对并机系统进行监控。

(七)紧急关机

在任何状态下,若发现负载、线路或 UPS 本身发生危害安全的严重故障,可通过"紧急关机"按钮关闭整流器、逆变器,封锁输出(包括旁路和逆变器),同时将断开电池连接。

若故障已排除,可操作面板上的"故障清除"按钮,让系统退出紧急关机状态。进入正常状态之后,整流器重新启动,电池接触器吸合,旁路可向负载供电。但若想逆变器工作,用户需重新操作"逆变器启机"按钮,人为启动逆变器。

(八)并机系统

UL33 系列 UPS 系统采用可靠的分散式智能并机技术,能实现最多 8 台同容量 UPS 的并联运行。在 UPS 并机系统中,各台 UPS 的旁路和输出分别并接在一起,主路则可能采用不同的电源,负载由各台 UPS 共同分担。两台 UPS 组成的并机系统如图 2—33 所示。

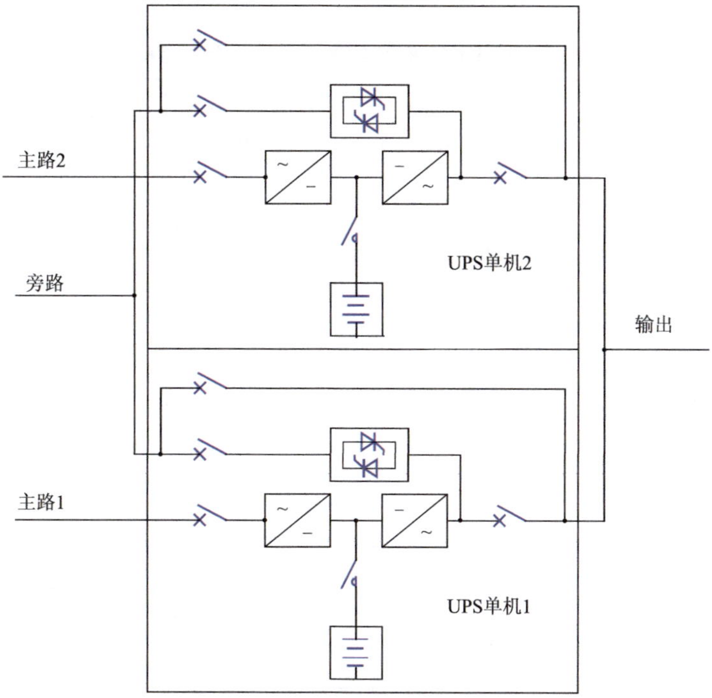

图 2—33　两台 UPS 并机方式

UL33 系列 UPS 并机系统的主要特点是：

1. 运行于并机系统中的 UPS 与运行在单机模式下的 UPS，其软、硬件系统完全兼容，运行模式的更改只需通过软件设置即可完成。

2. 采用高精度的实时数字控制技术，在保证各台 UPS 输出电压严格同步的基础上，直接控制各台 UPS 的输出电流与并机系统平均电流的瞬时误差。这种快速响应、精准稳定的均流调节，能将各台 UPS 的负载不平衡度控制在 2% 以内，从而保证了并机系统的带载能力和可靠性。

3. 采用简洁可靠、自动冗余的环形并机信号总线和高度灵活、智能协调的并机处理逻辑，能确保并机系统在各种工况下的整体动作最优以及各台 UPS 之间的高度协调。在保证系统可靠性的基础上，为用户提供了极大的灵活性，例如，用户基本无需关注开机及加载顺序，过载超时转旁路后系统能自动恢复等。即使在某台 UPS 发生故障退出运行以后，由余下 UPS 组成的子系统仍能稳定运行，但并机系统的带载能力会相应减小。

4. 在每台 UPS 的面板上均能查看到整个并机系统的负载情况；同时，并机系统的后台监控可将整个并机系统的行为综合为一台“单机”，并实施相应的监控处理。

5. UL33 系列 UPS 系统提供 8 路干接点信号输出：电池电压低、电池供电、逆变器供电、环境温度过高、紧急停机、一般报警、过载、发电机供电等。

6. UL33 系列 UPS 系统提供 6 路干接点输入：3 路 24 V 环境量、1 路 12 V 环境量、发电机输入、紧急停机控制信号等。

（九）特性参数

特性参数见表 2—9。

表 2—9　UL33 系列 UPS 电源特性参数指标

容量		20 kVA	30 kVA	40 kVA	60 kVA
型号		UL33-0200L	UL33-0300L	UL33-0400L	UL33-0600L
主路输入	输入电压	380/400/415 V（线电压）			
	输入方式	三相三线			
	功率因数	>0.99			
	谐波电流	<3%			
	电压范围	+15% ~ −45%，−20% ~ −45% 之间降额使用，−45% 可带载 50%			
	频率范围	(50 ± 5) Hz			
旁路输入	输入电压	380 V（线电压）			
	输入电压范围	±10%			
	输入方式	三相四线			
	频率范围	(50 ± 5) Hz			
整流输出	额定电压	405 V			
	稳压精度	±0.5%			
	电压范围	DC (1.65 × 180 ~ 2.4 × 180) V			

续上表

<table>
<tr><th colspan="2">容量</th><th>20 kVA</th><th>30 kVA</th><th>40 kVA</th><th>60 kVA</th></tr>
<tr><th colspan="2">型号</th><th>UL33-0200L</th><th>UL33-0300L</th><th>UL33-0400L</th><th>UL33-0600L</th></tr>
<tr><td rowspan="16">输出</td><td>稳态电压精度(平衡负载)</td><td colspan="4">±1%</td></tr>
<tr><td>动态电压瞬变</td><td colspan="4">±1% (0～100% 负载变化)</td></tr>
<tr><td>动态瞬变恢复时间</td><td colspan="4">0</td></tr>
<tr><td>电压畸变(线性负载)</td><td colspan="4">THD <1% (相电压)</td></tr>
<tr><td>电压畸变(非线性负载)</td><td colspan="4">THD <3% (相电压)</td></tr>
<tr><td>功率因数</td><td colspan="4">0.8(滞后)</td></tr>
<tr><td>频率跟踪范围</td><td colspan="4">(50 ±2) Hz</td></tr>
<tr><td>频率精度(电池逆变)</td><td colspan="4">±0.02%</td></tr>
<tr><td>三相相位差</td><td colspan="4">120° ±0.5°(平衡或不平衡负载)</td></tr>
<tr><td>稳压精度</td><td colspan="4">±1% (100% 不平衡负载电压时)</td></tr>
<tr><td>频率跟踪速率</td><td colspan="4"><1 Hz/s</td></tr>
<tr><td>逆变器过载能力</td><td colspan="4">105% P_o <负载<125% P_o 时,(10 ±0.1) min 后转旁路输出;
125% P_o <负载<150% P_o 时,1 min 后转旁路输出;
负载>150% 时,200 ms 后立即转旁路输出</td></tr>
<tr><td>旁路过载能力</td><td colspan="4">135% 额定电流以下可长期过载 1 000% 额定电流 20 ms</td></tr>
<tr><td>输出电流峰值比</td><td colspan="4">3:1</td></tr>
<tr><td>切换时间</td><td colspan="4">0</td></tr>
<tr><td rowspan="18">系统</td><td>系统效率(线性负载)</td><td>90%</td><td>90%</td><td>91%</td><td>92%</td></tr>
<tr><td>电池逆变效率(线性负载)</td><td>93%</td><td>93%</td><td>94%</td><td>95%</td></tr>
<tr><td>显示</td><td colspan="4">LCD + LED</td></tr>
<tr><td rowspan="4">EMC/EMI</td><td>传导</td><td colspan="3">EN 50091-2</td></tr>
<tr><td>辐射</td><td colspan="3">EN 50091-2 CLASS-A</td></tr>
<tr><td>谐波电流</td><td colspan="3">IEC1000-3-4</td></tr>
<tr><td>抗扰性</td><td colspan="3">IEC 61000-4-2.3.4..6.8.9.11 Level Ⅲ,
IEC 61000-4-5 Level Ⅳ</td></tr>
<tr><td>MTBF(单机系统)</td><td colspan="4">50 万 h</td></tr>
<tr><td>安规要求</td><td colspan="4">CCEE</td></tr>
<tr><td>噪声(1 m)</td><td colspan="4"><55 dB</td></tr>
<tr><td>空载环流</td><td colspan="4"><1 A</td></tr>
<tr><td>电流不平衡度</td><td colspan="4"><1%</td></tr>
<tr><td>绝缘电阻</td><td colspan="4">>2 MΩ(DC 500 V)</td></tr>
<tr><td>绝缘强度</td><td colspan="4">(输入、输出对地)DC 2 820 V,1 min 无飞弧</td></tr>
<tr><td>电涌保护</td><td colspan="4">达到 IEC60664-1 规定的Ⅳ类安装位置要求
即承受 1.2/50 μs +8/20 μs 混合波能力不低于 6 kV/3 kA</td></tr>
<tr><td>防护等级</td><td colspan="4">IP21</td></tr>
</table>

续上表

容量	20 kVA	30 kVA	40 kVA	60 kVA
型号	UL33-0200L	UL33-0300L	UL33-0400L	UL33-0600L
电池节数	12 V 电池 30 节			
重量(kg)	440	528	654	811
物理尺寸(W×H×D)(mm^3)	600×1 400×860	600×1 400×860	800×1 800×860	800×1 800×860

二、中达公司 NT 系列 UPS

(一)技术特点

1. 采用微处理器数字控制设计

(1)借由高速的微处理器运算为基础的数字化设计,简化复杂的模拟线路及零件数目,提高了整个系统的集成率及可靠度。

(2)UPS 系统的控制参数,直接经由高速的微处理器取样计算,可得到精确的读值并对系统实时控制调整,提供精细的 SPWM 逆变脉冲,驱动逆变器的 IGBT 模块,使 UPS 输出纯净可靠的正弦波。

(3)经由高速的微处理器取样计算出精确的数字化读值,可经由 LCD 显示出各种重要的电气参数(包含负载百分比,各相的输入/输出电压、电流频率,电池电压、电流,告警指示等),更方便管理者清楚地对机器的运行进行正确实时的管理。

(4)完善的自检功能,使 UPS 的运行更可靠安全。

(5)管理者也可以经由 UPS 的控制面板依实际需要设定相应的管理参数(如输入/输出电压、频率范围,充电电压、电流,密码设定等)。

(6)多段式冷却风扇速度控制,改善系统可靠度、效率、噪声及提高风扇使用寿命。

2. 可 8($N+1$)台 UPS 并联冗余,无须外加并联控制卡

(1)以高速的微处理器为基础的数字化设计,各台 UPS 能够精确快速地反馈逆变补偿电流与电压的参数,同时经由通信线对负载的功率取样反馈逆变补偿电流的参数,使各 UPS 之间的电压保持稳定一致,环流也可以大幅度地降低,可同时并接 8 台同型 UPS 运行。

(2)并联时无须外加并联控制卡,扩充容易,提高可靠度。

3. 内建 SRAM 可以储存 500 笔信息资料

内建 SRAM 可以储存 500 笔信息资料,可提供系统异常前后的状态及资料,对计算机辅助诊断及问题得到正确的判断,提高了维修的时效。

4. 智能型充电并有电池温度补偿设计

(1)提供自动浮充及均充两种充电模式和定电流及定电压两阶段充电,可使电池容量维持在满容量状态,延长电池使用寿命。

(2)对于环境温度的变异,充电电压也进行相对应的调整(参照电池技术规格,以 20 ℃为基准每上升 1 ℃,充电电压调降 0.5 V 每下降 1 ℃,充电电压调升 0.5 V),以延长电池寿命。

5. 采用 IGBT 高频正弦脉宽调变技术

采用 IGBT 高频正弦脉宽调变切换技术,降低系统噪声及电力损失。

6. 可做 Hot Standby Redundancy 连接设计

以提高系统可靠度及 UPS 故障清除能力。

7. 逆变器采用全桥模式,负载适应性最佳

(1)输出的三相逆变器采分离控制,完全独立返馈控制,使三相负载在完全 100% 不平衡下,仍然可以满足各相负载的正常供电。

(2)全桥设计的逆变器模式,可以降低 IGBT 的耐压要求,使 UPS 对不同性质负载的适应性最佳。

8. 模块化设计

降低平均修护时间(MTTR),维修效益最高。

9. 整流器有软启动设计

当 UPS 的输入转由发电机连接供电使用时,可使发电机供电得到平滑,避免发电机受到瞬间负载的冲击或过载故障,可使发电机保持正常运行,延长使用寿命。

10. 数字化电源管理接口

(1)多国语言图形化大型 LCD 显示使 UPS 易于操作,更拉近了与用户间的距离。

(2)LED 系统指示图及 UPS 状态指示,直接地提供 UPS 运转模式的状况。

(3)可管理的通信接口端口,有干接点/RS232/RS485/SNMP/ETHER NET 通信端口,使 UPS 监控管理变得更简便,功能强大,可提供 UPS 状态监视及网络管理能力。

11. 短路保护设计与防雷击保护

使设备不受外部恶劣环境的冲击并保护用户负载设备获得安全的运行。

(二)系统模式

NT 系列 UPS 主要模式包含:整流器(Rectifier)、逆变器(Inverter)、静态开关电路(Static Switch)、电池组、侦测控制电路及维护旁路。如图 2—34 所示。

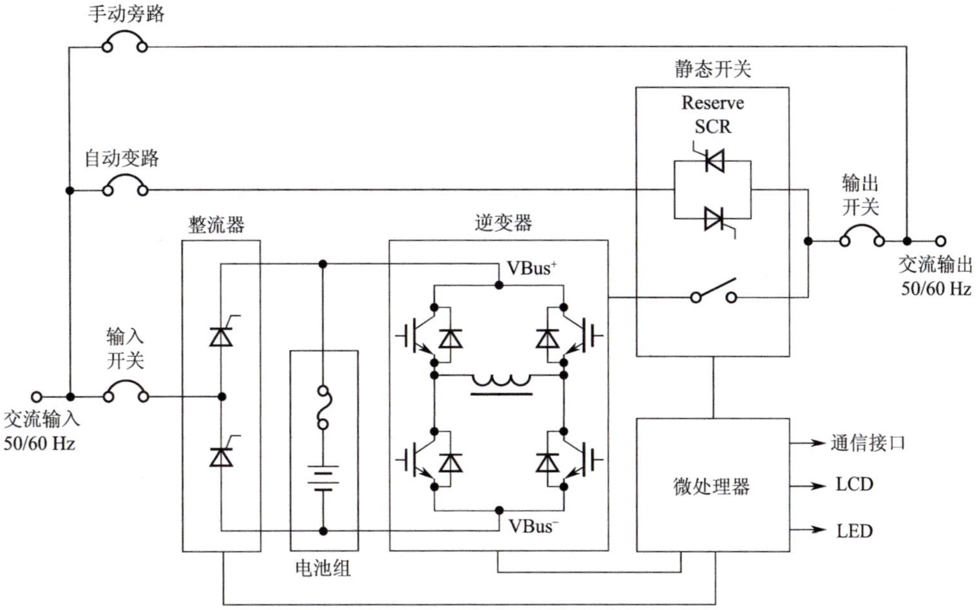

图 2—34 NT 系列 UPS 系统

整流器:由 SCR 及相关控制线路组合而成,除了提供逆变器工作电源并同时对电池充电。具有过电压、过电流及充电电流限流保护。

逆变器:由 IGBT 及相关控制线路组合而成,经由 SPWM 调变脉冲,驱动逆变器的 IGBT 模块,使 UPS 输出纯净可靠的正弦波。具有输出短路保护及电压、频率异常保护。

静态开关:由 SCR、电磁接触器(Magnetic Contactor) 及相关控制线路组合而成,提供用户负载不间断。

维护旁路:当 UPS 故障时,负载可经由维护旁路供应,同时可作 UPS 故障排除。

(三)运行模式

台达 NT 系列 UPS 除了可单机使用并可多台串联热备份或并联冗余冗余使用,使负载在任何状况下,皆可获得稳定高品质之电源,其供电模式叙述如下。

1. 正常供电模式(单机)

如图 2—35 所示,在正常供电模式下,交流电由输入端经开关送入整流器,整流器将交流电源整流为直流电源后输出,供给电池充电,并供给逆变器准备供应给负载。逆变器将直流电源转化为交流电源,并同时做滤波工作,使电源输入静态开关前变成为稳定无噪声之交流电源,继而通过静态开关后直接供应给负载。

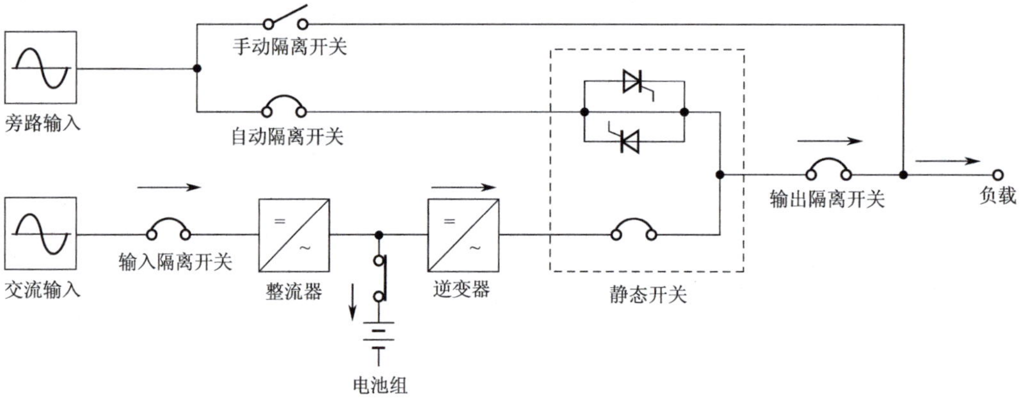

图 2—35　正常供电模式状态图

2. 电池供电模式(单机)

交流市电无法正常供应电力时,例如:电压不稳定、突波、跳电或电力中断等电力异常现象,UPS 会自动由正常供电模式转态到电池供电模式。此时直流电力由电池提供,经由逆变器转化为交流电源,再经由静态开关供给负载,在转态期间其输出电压无变化。如图 2—36 所示。

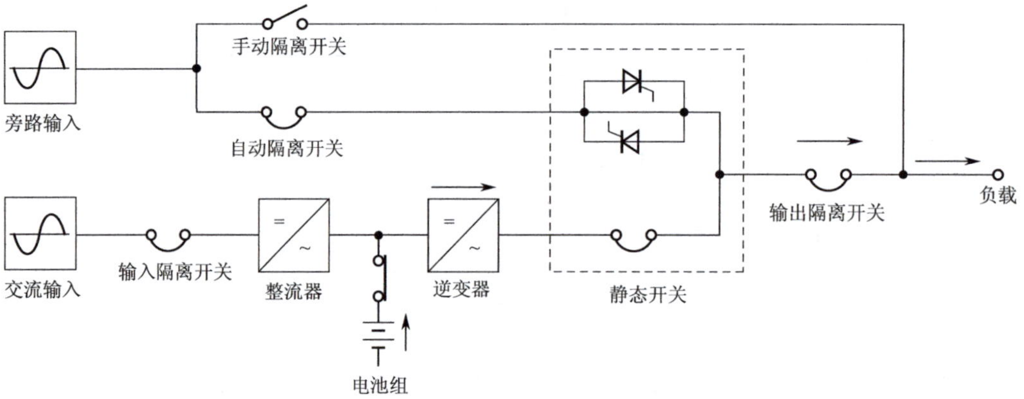

图 2—36　电池供电模式状态图

3. 备用电源供电模式(单机)

当逆变器遇到异常情况,如(1)温度过高,(2)超载时间过长,(3)输出短路,(4)输出电压异常,(5)电池放电终止时,逆变器会自动保护锁机,如此时 UPS 侦测备用电源供应正常,则 UPS 会自动转态备用电源供电模式,使负载供电不会中断。当逆变器异常状况排除后,UPS 会自动从备用电源供电模式转态回正常供电模式。如图 2—37 所示。

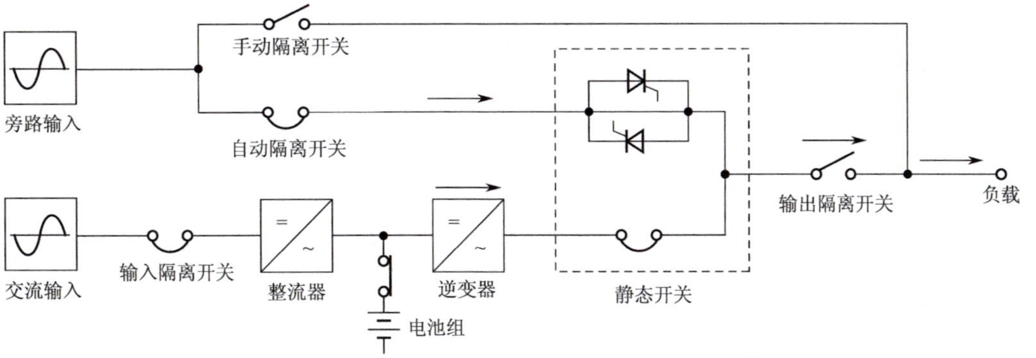

图 2—37 备用电源供电模式状态图

4. 维护旁路模式(单机)

在 UPS 需保养或维修时,此时在确定备用电源供电正常下,可用人工方式将其供电模式转态到维护旁路供电模式,在此供电状态下,可将 UPS 内部电源完全切除,此时 UPS 主机内并无电源,以保障维护人员安全,且对负载供电正常。如图 2—38 所示。

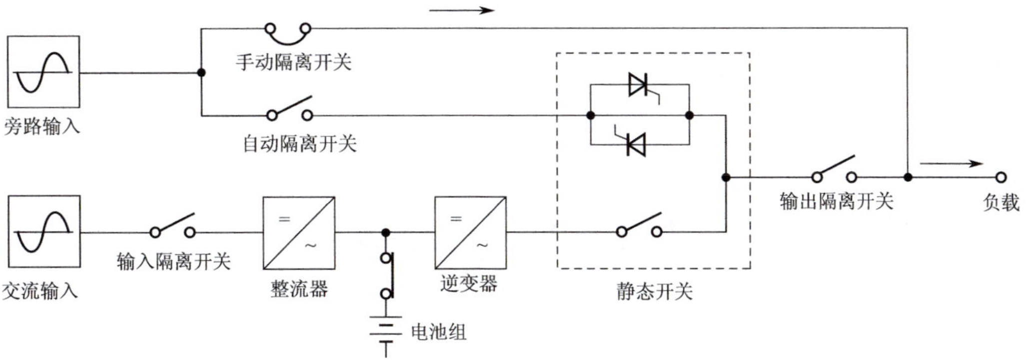

图 2—38 维护旁路模式状态图

5. 串联热备份模式

为使 UPS 稳定,降低客户断电的可能机率,并提高客户用电品质,所发展出规格,其热备机利用两台 UPS,将 UPS1 O/P 连接到 UPS2 的备用电源,如图 2—39 所示。

正常运转由 UPS2 逆变器供电,当逆变器产生故障转至备用供电时,负载由 UPS1 逆变器供电,仍可维持高品质供电。UPS1 输入更可同时接 UPS2、UPS3……以降低成本。

6. 并联冗余模式

当 UPS 处于并联模式时(容量、电压及频率必须相同),输出负载由并联中的 UPS 平均分配。UPS 并联中有 UPS 发生故障,若负载容量小于其他并联中 UPS 的总容量,则此故障之 UPS 输出会关闭,且负载由其他并联中的 UPS 平均分配。若负载容量大于其他并联中 UPS 的总容量,则所有 UPS 的逆变器关闭,负载转由备用电源供电。如图 2—40 所示。

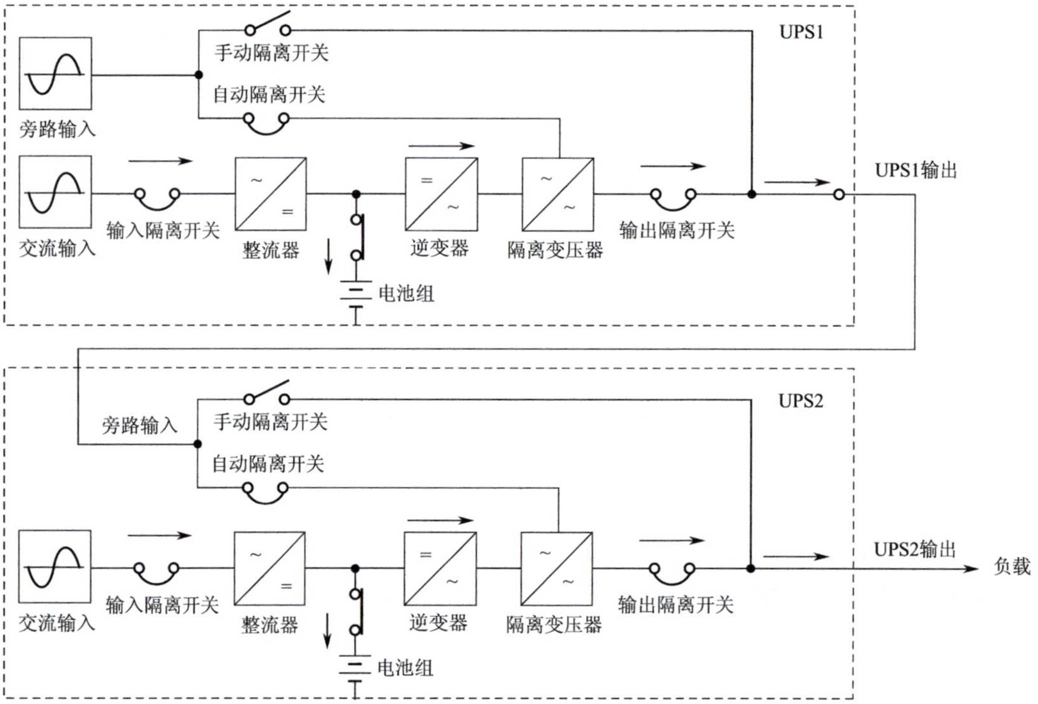

图 2—39　串联热备份模式

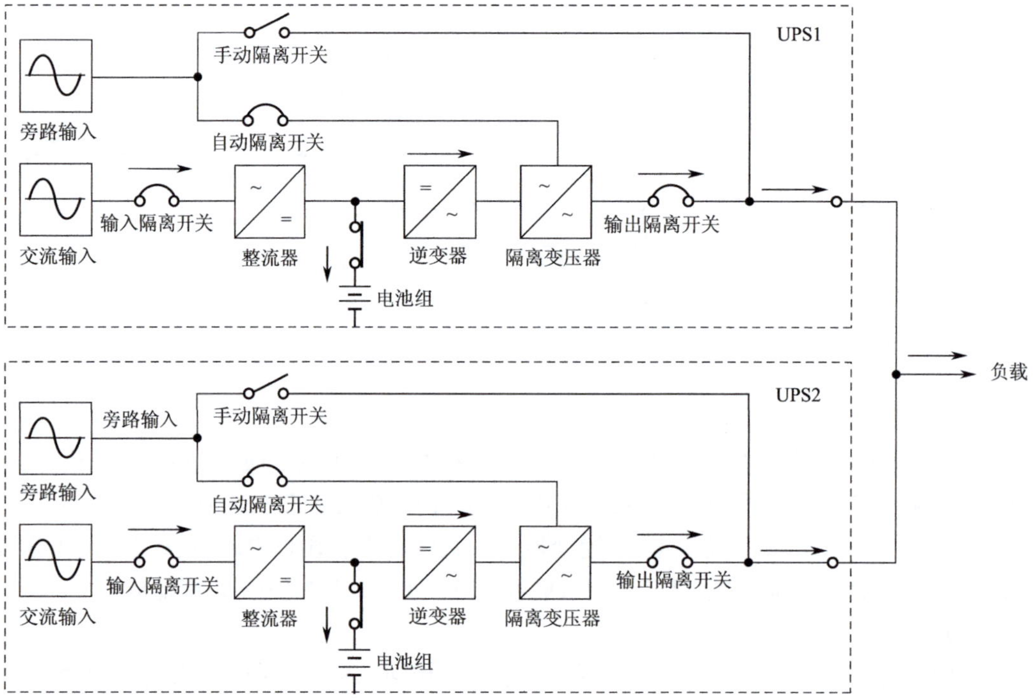

图 2—40　并联冗余模式状态图

7. 共用电池模式

当多台 UPS 并联时,为了降低成本及节省安装空间,UPS 可共享一组电池,如图 2—41 所示。

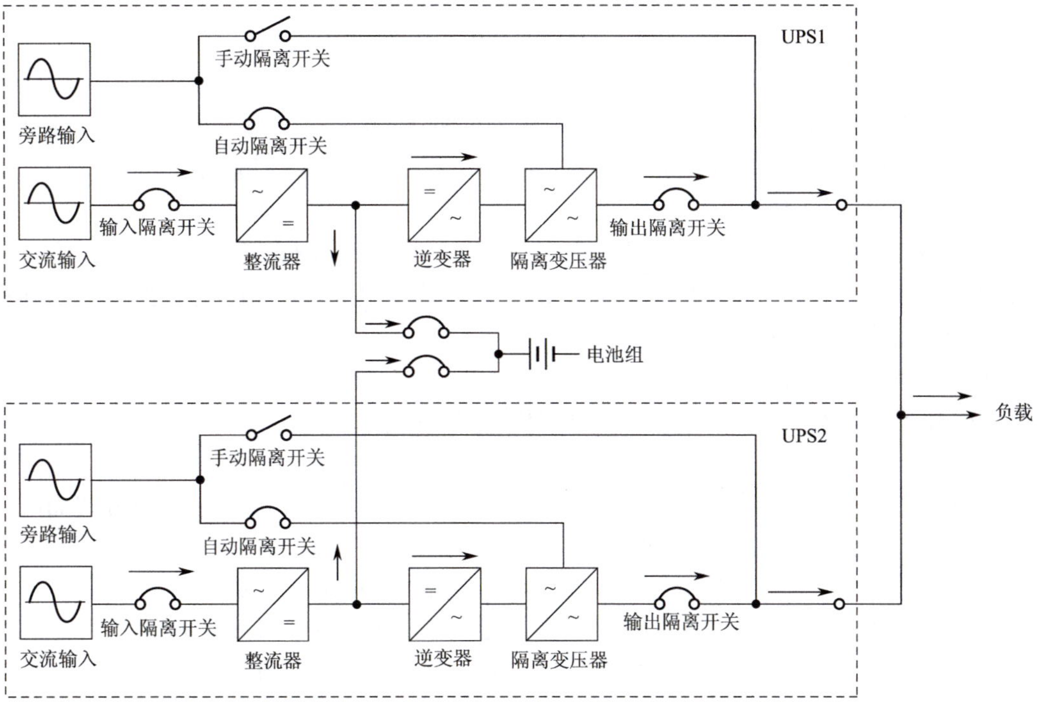

图 2—41　共用电池模式状态图

当多台 UPS 共享一组电池时,不能从 LCD 画面选择执行"电池测试"。

共享电池时,在 UPS LCD 画面设定中"电池 Ah"及"电池充电电流"应以实际 Ah 数及所需充电电流值除以并联 UPS 总数来设定。

例如:两台 UPS 并联,共享一组 100 Ah 电池,欲将充电电流设定为 12 A 时,设定方式为:分别将两台 UPS"电池 AH"设定为 50 Ah,并将两台 UPS"充电电流"设定为 6 A。

第八节　UPS 系统的安装、调试和验收

一、UPS 设备安装

(一) UPS 电源安装场地准备

1. 地面承重的要求

由于 UPS 电源主机及其蓄电池一般都比较重,所以应计算地面的载荷能力是否达到 UPS 电源重量的分布载荷。

2. 安装面积的要求

对于 20 kVA 以下的 UPS 电源工作间面积应为 10 ~ 20 m^2;对于 20 ~ 60 kVA 的 UPS 电源工作间面积应不小于 20 m^2;对于 60 kVA 以上的大型 UPS 电源工作间面积应大于 40 m^2。

3. 安装环境要求

UPS 电源工作间的温度湿度应控制在计算机设备工作环境中。

4. 安装周围空间的要求

为了安装和使用维修方便，在 UPS 电源就位处周围应留出 1 m 以上的距离。

5. 日常通风要求

UPS 电源工作间要有空调及通风设备，通风设备和空调应在 UPS 电源就位前就作好安装的工作，要避免将 UPS 置于阳光直射处或热源附近，尤其对单设蓄电池间。

6. 安装地面的要求

UPS 电源最好安放在为 UPS 电源专做的支架上，在支架周围安装上活动地板。在 UPS 电源主机柜和蓄电池柜下方的活动地板上要有开口，作为电缆入口和冷气的进口，对活动地板开口要保证有效的通风效果。

7. 安装灯光的要求

UPS 电源工作间的灯光照度应符合计算机机房的要求。

（二）UPS 电源输入输出接线准备

1. 在靠近 UPS 电源安装的地方，必须安装一个三相空气开关。作为输入电源的隔离开关。开关应安装在 UPS 电源的输入侧。

2. UPS 电源的配电及保护器的选择应与 UPS 电源的标准设备一致。

3. 对输入配电接线的要求：三相五线制：三根火线（相线）+ 中性线 + 地线。

4. 对输出配电接线的要求：三相四线制：三根火线（相线）+ 中性线。

5. 地线应根据计算机地线的要求做。

6. 主机与蓄电池的连线：如果主机与蓄电池两机柜并列在机房内，则主机与蓄电池之间连线一般由厂家随机备有。如果主机与蓄电池柜（架）相距较远，则应准备好蓄电池与主机之间的连接电缆。在选定计算直流电缆截面积时，应根据设备手册的要求，并对直流电缆进行截面积补偿。

7. 计算电缆截面积时要考虑下列因素：允许热量、允许电压降（一般为 3%）、可采取的安全标准。

（三）电缆选择与施工要求。

UPS 电源输入输出接线都要使用多股铜芯线的标准电缆。电缆的接头要装有合格铜制接线鼻，用压线钳压死后并要搪锡。选用电缆的截面积要符合 UPS 电源安装手册中提出的要求，只能大一些，不能小一些。如果电缆的长度超过 100 m 时，电缆的截面积还要增加。

1. UPS 的输入输出配电装置

主要包括电力电缆与供电开关，对输入电流谐波较大的 UPS 的输入电力电缆的截面积计算，一定要考虑到谐波电流的大小，即用输入视在功率计算导线截面积的大小，一般可用 5 ~ 6 A/mm^2 的安全载流量来确定输入输出电缆导线的截面积。开关与熔断器的容量应略大于输入电流值。

2. UPS 电源接地要求

UPS 电源作为交流供电电源必须具有良好的接地装置，以保证设备及人身安全。接地装置的接地电阻可参照《通信局（站）电源系统总体技术要求》中接地与防雷的相关规定。

对于雷雨多发地区一定要对 UPS 电源输入端采取防雷保护措施，UPS 电源的输出端与通信设备的输入端都要求具有防雷保护措施。

3. UPS 电源接线要求

对于单相输入的 UPS 电源，其输入电源线要求将火线(L)、中线(N)和地线正确地连接到电源插头或空气开关上，火线 L 与中线 N 的位置不得接错，否则会使 UPS 电源启动失败。三相输入的 UPS 电源在连接输入电源线之前应用相序表识别市电相序后再进行连接，当供电系统接有后备发电机组时也要将发电机组输出相序与 UPS 电源输入相序正确连接，避免市电中断后由于相序错误造成负载断电。

二、UPS 设备开箱后检查工作

UPS 电源不论大小，在开箱后都应细心认真地检查。开箱检查时应有厂家人员在场，进口设备开箱检查时要有代理商、商检部门、保险公司等有关部门人员参加。

(一)UPS 系统的检查

1. UPS 电源设备应完整无损。

这项内容主要是从外观上做宏观检查，UPS 电源不应有硬损伤，更不应有碰坏之处，如果有异常变形或损坏，应会同有关部门协商解决。

2. UPS 电源设备型号种类应与合同相符。

3. UPS 电源设备附件应齐全。

此项应按合同清单逐项清查，附件的型号、数量应与合同相符。

4. UPS 电源设备备件应齐全。

此项应按合同清单逐项清查，备件的型号、数量应与合同相符。

5. UPS 电源设备的随机资料齐全。

UPS 电源的随机资料主要包括以下几种；出厂检查合格证、产品性能说明书、出厂测试记录、产品安装说明书、保修卡等。

6. 进口 UPS 电源还应检查箱内有无异物。

还应专门进行防疫检查。检查随机专用工具是否齐全。

7. 对进口 UPS 电源的蓄电池进行性能、型号、容量的检查。

(二)蓄电池组的检查

1. 蓄电池外观应完整无损。
2. 蓄电池电解液无外渗现象。
3. 蓄电池各接线柱和接线连线装置应牢靠。
4. 单个蓄电池的空载电压和加负载的电压应符合蓄电池的技术性能要求。
5. 多组蓄电池的串并联接法应符合规定，各组蓄电池的电压差别应在控制范围内。
6. 有坏蓄电池应及时拆除。

三、安装中应注意的问题

(一)UPS 电源安装固定检查

1. UPS 电源的主机柜和蓄电池柜都应按有关技术要求做好机柜的固定和检查。两个柜子在一起时应按有关要求做好连接固定。

2. 认真检查主机柜内各种组件的固定,特别注意检查在运输和安装吊运时易发生松动的地方。

3. 认真检查柜内各插接板的固定,为防止在运输途中发生松动。

4. 认真检查柜内各接线的固定和接点的固定,应该是牢靠合理的。

5. 检查蓄电池柜内各蓄电池的固定和接线固定,在运输途中有关零件碰撞的设施应清除,按正常工作时的要求做好。

(二)UPS 电源接线检查

UPS 电源固定检查合格后,应及时做好各种接线工作。在进行接线前,所有与接线有关的断路器和开关必须放置在断开(OFF)的位置,UPS 电源的有关接线有以下几种:

1. 市电输入(特别是两路电源的输入)的三相线 + 中性线。

2. 负载的三相线 + 中性线。

3. 蓄电池组与主机柜相连的正负接线(注意正负线不能接错)。

4. 主机柜的地线、主机柜与蓄电池柜在一起时应用编织电缆线把地线接在一起,如果两柜是分离放置时,地线应该分别单独接大地。

5. 各种应急、报警、外接监视器的接线都应按要求接好,不得接错。

6. 外接的信号线要用屏蔽信号电缆,不能用普通电缆代用。

(三)安装收尾工作

1. 按要求对机柜内进行清除,除净在安装接线中遗留物,使机柜内接线正确、干净、整洁、无外来物。

2. 按要求固定好机柜内的各种盖板。

3. 清理并打扫干净 UPS 电源、机柜周围的场地。

四、UPS 系统的调试

(一)调试前的检查

1. 检查所有接线的接法是否正确,接线是否拧紧。

2. 检查进出线的保护设备(空气开关等)的规格是否正确。

3. 检查 UPS 电源的主机和蓄电池柜的地线是否接好。

4. 检查电池的连接是否正确可靠,电池到电池开关,电池开关到主机的连线极性是否正确。

5. 检查各组件(充电器、逆变器、静态开关及控制板)外观有无异常,接线及插头处有无松动。

6. 检查 UPS 电源主机及电池柜内有无螺丝、螺帽、电线头等异物。

7. 检查各模块同逻辑地之间的螺栓是否拧紧。

8. 检查各扁平控制电缆连接是否正确,有无松动。

9. 用手转动排风扇,看转动是否正常。

10. 检查是否有异物堵塞通风口。

11. 检查 UPS 电源所有开关和断路器是否在断开位置。

12. 检查电源 1、电源 2 的相序是否正常一般是按顺时针相序接线。

13. 检查 UPS 电源周围地面是否干净，在地板上或 UPS 电源周围有无纸屑杂物。

14. 检查 UPS 电源房里的环境温度是否合乎要求（一般在 25 ℃以下）。

15. 调试记录表准备好。参加调试的各类人员到齐。

（二）调试用仪器仪表准备

1. 调试时用的仪器仪表：有万用表、高阻表、示波器、频率表、相序表、交流电流测量仪表等。

2. 放电时，用电设备的负载要求如下：

（1）放电负载一般用阻性（电阻丝或水电阻），不要使用容性负载。

（2）负载要有逐级增加的控制开关，尽量避免大电流通断。

（3）大功率 UPS 电源的负载要有良好的户外散热措施，一般不要将热量放在机房里。

（4）有效的安全防护措施。

（三）上电步骤

1. 初次上电调试

将 UPS 电源内各开关应全部处于分断状态（OFF），检查并确认各输入输出电源线相位和蓄电池连线极性正确，将电源送至主路电源开关和旁路电源输入开关，并保证输入电源在指标要求范围内。（注：上电过程中不要带负载）

2. UPS 电源系统启动顺序

（1）闭合旁路电源开关和 UPS 的输出空气开关，面板上旁路供电指示灯绿色亮，大屏幕液晶显示屏上实时显示启动过程中的各种信息。

（2）闭合主路电源开关和手动闭和蓄电池组的输出开关，系统进入启动过程，首先听到辅助继电器闭合声，延时约 2 s，再听见主接触器闭合声，接着辅助继电器断开，整流器启动，面板上整流器工作指示灯“绿色”闪烁数次，10 s 后常亮，整流器进入正常状态。

（3）直流母线电压达到设定值时蓄电池输入接触器自动闭合；电池接触器未闭合之前，电池灯呈红色，电池接触器闭合后，电池灯灭。

（4）按住操作面板上的“逆变启动”按钮持续 2 s 以上，逆变器开始启动，直到面板上逆变器工作指示灯呈“绿色”闪烁，逆变器启动完毕。

（5）UPS 输出电源自动无间断地从旁路供电切换到逆变供电，面板上旁路供电指示灯熄灭，逆变指示灯亮，系统处于待机状态。如果逆变输出电源与旁路电源相序不一致，UPS 输出电源不能从旁路供电切换到逆变供电。

如在运行过程中交流失电后又恢复，重新启动整流器需延时一段时间。

五、UPS 系统设备的验收

（一）UPS 系统通电检测

1. 测试项目

交流输入电压，交流输出电压、电流，稳压精度，输入过压、欠压保护值，输出过压、过流保护值，并联工作试验、旁路试验、过载能力、频率同步范围、输入谐波电流。

2. 注意事项

（1）若 UPS 采用并机工作方式，应测试空载及带 30%、50% 负载时的环流。

(2)应测试并记录整流部分输出波形,作为今后日常维护的基础数据(此数据可判断电容、电池的工作情况)。

(二)检查各种告警功能

市电故障,交流输入过压、欠压故障、缺相,输出过压、欠压故障,输出过流故障,逆变器故障。

直流输入电压过高、过低、输出电压、欠压、过流、短路等保护动作可靠、告警电路工作正常。

(三)UPS 系统功能检测

由于 UPS 系统在通信网络是作为后备在线式不间断电源使用,市电加载后将会长时间连续运行,难以卸载及停电进行维修保养。因此,UPS 系统的功能检测是 UPS 验收的一项非常主要且必不可少的测试。其测试项目主要应包括有:

1. 带载能力测试;
2. 负载跳变耐压试验;
3. 倒换功能测试特别是带载状态下的倒换测试;
4. 单机转旁路环流测试。

(四)UPS 验收文件记录

1. 开工报告。
2. 建筑安装工程量总表。
3. 已安装的设备明细表。
4. 竣工报告。
5. 工程设计文件及设计变更。
6. 重大工程事故报告单。
7. 停(复)工通知。
8. 验收证书。
9. 交接书。
10. 随工检查和中间验收签证记录。
11. 工程竣工图纸,应包括:

(1)设备安装平面图;

(2)信号线、电源线、母线路由图;

(3)设备系统连接图。

12. 测试记录。

六、UPS 的试运行及验收

在 UPS 系统工程项目初验后开始为期一年的试运行(可具体参见相关合同)。

试运行期间合同设备的功能和性能应符合本合同技术附件的要求,包括但不限于卖方的承诺和担保。如果在试运行期内的任何时刻发现任何与本合同约定的不符之处,卖方有责任对其进行修改和矫正直到其达到合同技术附件的规定。同时,试运行期自系统故障排除之日起根据故障持续的时间做相应顺延。试运行期内,如果由于卖方原因造成整个系统瘫痪,并且卖方不能在接到买方通知后三个工作日内使系统恢复正常运行,则试运行期将自系统恢复正常运行之日起重新开始计算。

在试运行期满后。如果合同设备与技术要求相符,买方将签发终验报告。但是无论如何,终验报告的签发与否不解除卖方对于合同系统的瑕疵担保责任和保修责任。

第九节　UPS 系统的日常维护管理

一、UPS 系统的维护要求

(一)维护工作的重要性

在日常维护工作中,主要应根据 UPS 各种参数的微小变化及早发现故障苗头,并迅速调整及排除。

维护人员可以在 UPS 系统现场利用 UPS 仪表或本地监控设备,掌握 UPS 运行的各种参数,也可以通过维修中心的远程监控掌握用户 UPS 及蓄电池的运行状况,而且远程监控更利于维修服务中心的专业人员做出准确而迅速的判断,并采取相应措施。

UPS 在正常使用时,主机的维护工作很少,主要是防尘和定期除尘。根据实践经验可知,除了 UPS 主机外,蓄电池的故障是 UPS 供电系统可靠性的最薄弱环节。据有关资料统计,UPS 系统故障的 40% 是由蓄电池引起的,而且是致命性的故障,因此要加强对免维护蓄电池组的科学管理。

(二)维护工作的智能化

利用监控软件, 可实现本地监测及远程监测。对 UPS 系统运行的诸多参数,如输入电压,输出电压、电流、频率,功率器件的温度,输出视在功率、有功功率、功率因数,负荷率,蓄电池放电电流、充电电流、蓄电池容量、可供电后备时间,故障记录(部位、时间)、故障波形等。为了掌握 UPS 系统是否正常工作,需要监控上述的诸多参数,需要 UPS 安装功能丰富的监控软件,可以自动生成 UPS 系统每天及每月的监测运行报告及打印记录,方便实现本地监测及远程监测。

二、UPS 系统的日常维护

(一)UPS 系统维护周期

UPS 系统维护周期,见表 2—10。

表 2—10　UPS 系统维护周期表

周期	项目与内容	备　注
日	运行情况及告警巡视检查	无人值守机房可通过监控系统巡视
月	1. 输出电压、电流测量与记录	
	2. 设备检查、清扫	
	3. 接地保护检查	此项为中国电信维护项目
	4. 检查继电器、断路器、风扇是否正常	此项为中国电信维护项目
	5. 测量直流熔断器压降或温升	此项为中国电信维护项目,基站电源设备的维护周期为季
	6. 负载均分性能检查	此项为中国电信维护项目,仅对并机系统进行

续上表

周期	项目与内容	备　注
季	1. 输出频率测试	
	2. 风扇及滤网清洁检查	
	3. 检查接线端子的接触是否良好	3～6项为中国电信维护项目
	4. 检查开关、接触器件接触是否良好	
	5. 检查自动功能和三遥功能	
	6. 测试中性线电流	
年	1. 告警试验	
	2. 防雷保护检查及保护单元更换	防雷保护检查在雨季每月进行一次，遭到雷击应及时更换保护单元
	3. 强度检查及配线整理	
	4. 逆变及旁路转换试验	此项目中国电信维护周期为季
	5. 测试谐波电流、功率因数	此项为中国电信维护项目
	6. 核对性放电试验	此项为中国电信维护项目

（二）重点整修

每年除对 UPS 进行彻底清扫去垢之外，如条件具备，还应执行下述的重点整修检查。

1. 按照“维护周期表”操作方法对 UPS 进行检查。

2. 按照关机操作程序，将 UPS 置于关机状态（完全切断市电电源、交流旁路电源、蓄电池组等输入电源的供电通道）。

3. 打开 UPS 机柜上的带铰链的安全门，检查电源的内部部件是否完好。

4. 检查 UPS 中的各功率驱动元件和印刷电路插件板，在此，应特别注意观察下述部件：

（1）检查电解电容器，是否有漏、冒、膨胀等现象发生。一般情况下，使用超过 5 年的滤波电容应予以更换；

（2）检查变压器线圈及连线器件和扼流圈，是否有过热变色和分层脱落等现象，并确认所有的电力电缆紧固连线端都被牢固地连接；

（3）电缆的外皮是否有龟裂、擦伤和破损，印刷板上的插件是否接触牢固可靠；

（4）查所有的电源熔丝的完好程度及是否安装牢固；

（5）查印刷电路板的洁净度及电路完整性。如果发现有变质或性能恶化的迹象，就应更换该电路板或作必要的维修。

5. 重新接通 UPS 的市电输入电源。

按照开机操作步骤，重新开机启动 UPS，把负载切换到 UPS 逆变器的供电通道上。

在执行“年检”操作时可能会涉及 UPS 机内的高压部件。一般说来，应由能充分理解高压部件工作原理的、并经工厂培训过的工程师来执行将负载从 UPS 逆变器供电通道上切换到维修旁路供电通道上这样的重要操作。

6. 保养性维护

定期检查所有的输入、输出电力电缆及其连接端子。但在执行此类检查之前，要求将

UPS 供电系统完全停电状态。因此,这就要求选择适当的时机,但一般来说,这种全面停电维护的间隔时间应以不超过三年为宜。

三、UPS 系统运行中的注意事项

(一)UPS 运行中的注意事项

1. 尽量减少冲击电流带来的影响

由于一般负载在启动瞬间存在冲击电流,而 UPS 内部功率组件都有一定的安全工作区范围,尽管在选用器件时都会留有余地,但过大的冲击波还是会缩短元器件的使用寿命,甚至造成元器件的损坏,因此在使用 UPS 时应尽量减少冲击电流带来的影响。应注意的是,在开机的时候千万不能将所有的负载同时开机,也不可带载开机。

2. 开关机安全操作

严格按照正确的开机、关机顺序进行操作,避免突然加载或突然减载时造成 UPS 的输出电压波动过大,从而使 UPS 无法正常工作。

关机时先逐个关闭负载,再将 UPS 关机,使 UPS 处于旁路工作而充电器继续对电池组充电。如果不需要 UPS 投入,可将 UPS 关闭,再将输入市电断开即可。

3. 应尽可能地减少开机和关机次数

鉴于中小型在线式 UPS 电源的故障高发期是发生在:频繁开机或关机; UPS 电源带载进行逆变器供电至旁路供电切换期间,应尽可能地减少开机和次数。

4. 合适的负载状态

UPS 最好不要一直处于满载和轻载状态下运行,一般选取设备额定容量的 30% ~70% 为宜。

5. 后备式 UPS 应特别注意不要超载使用

后备式 UPS 在市电正常情况下,皆为旁路供电,只能靠输入熔丝来保护;如用户使用时不注意这点而超载使用,虽然市电断电时 UPS 还可以继续工作,但当市电异常转电池逆变工作时,就会因过载保护而关机,严重时会造成 UPS 损坏,给用户带来一定的损失。

(二)UPS 的工作环境

UPS 主机对环境温度要求不高,一般工作时环境温度要求为 0 ~40 ℃,湿度为10% ~90% 。UPS 在摆放时应避免阳光直射,并留有足够的通风空间。UPS 的工作环境应保持清洁,避免有害灰尘对 UPS 内部器件的腐蚀,否则灰尘加上潮湿会引起主机工作不正常。

(三)UPS 的电流保护

1. 采用空气开关

UPS 的配电箱所使用的开关不宜选用老式的刀闸开关,因为这种开关在接通或切断电源时有拉弧现象,会对电网产生干扰。另外,不可使用熔断式熔丝,因为其过流响应速度慢,在负载或 UPS 短路时不能及时切断电源,从而会对设备造成危害。所以应采用空气开关,这种开关不仅有消弧和负载短路时响应速度快的功能,而且有漏电保护和过热保护等功能。空气开关的容量选用应适中,开关容量过大会造成在过流或负载发生短路时起不到保护作用,过小会经常造成市电中断。

2. 后备式 UPS 不得随意加大交流输入回路中熔丝的容量

对于后备式 UPS 来说，当它处于由市电供电的后备工作状态时，虽然它具有抗干扰自动稳压功能，但它不具备输出短路自动保护功能(一般用交流输入熔丝来实现限流)。因此，对这种类型 UPS 用户来说，不得随意加大交流输入回路中熔丝的容量。只有当这种电源处于逆变器供电状态时，它才同时具有自动稳压和输出短路自动保护功能。

四、UPS 系统应用中的问题

若想充分发挥 UPS 的功能，当然质量好的 UPS 和蓄电池是基础，但 UPS 的正确使用和维护是确保 UPS 安全稳定运行的重要技术基础。下面就 UPS 应用中的几个问题进行讨论。

(一)双路供电

一般 UPS 都有一个旁路，在用单路市电供电时，两者通过输入点连接。两路市电供电时，一路接至 UPS，另一路接到旁路上，但这种接法有一个弊端，即不论哪一路市电断电都会造成 UPS 由蓄电池供电。因为 UPS 逆变器在工作时要和市电同步(跟踪)，即逆变器永远跟踪旁路。这里所说的市电是旁路上的市电。在双路供电的情况下(例如第一路市电接在 UPS 端，第二路市电接在旁路端)，当第一路市电异常(如断电)时，整流器失压，逆变器只能从蓄电池中获取能量继续向负载供电；当第二路市电断电时，尽管这时第一路市电尚存在，但由于逆变器失去了跟踪目标，就认为市电停电，改由蓄电池供电。以上的电路连接方法对 UPS 工作不利。

理想的方法是：将两路市电送往双电源配电柜，在配电柜中进行切换，变换为用一路市电向 UPS 供电(自动切换)。这样一来就可以解决上述连接存在的问题，只要有一路市电正常供电，UPS 就不会动用蓄电池的能量。

(二)三进单出(3/1)UPS

在有些地方需要三相输入单向输出(即三进单出)UPS，一般提出三进单出要求的功率都不小，大都在 10 kVA 以上，因为小容量的 UPS 采用单进单出 UPS 的容量可达到 18 kVA，像这样的 UPS 需电网输入电流在 80 A 以上。一般像这样不大不小的负载(UPS)很难使三相电永远保持平衡，因为在很多应用场合下，这样的 UPS 在开机和关机时都会破坏电网的平衡。有时候 UPS 开机后，该相市电满载，而关机后这一相空载，造成了三相不平衡，影响了电压一致性。三进单出 UPS 一般就可以解决这个问题，但三进单出 UPS 因存在明显不足而影响了其容量的增大。

对较大容量的 UPS 而言，在三进单出时，不但使用户的安装投资增加，而且对市电造成不规律的影响。设用户需 100 kVA 三进单出 UPS，三相输入中每一项容量为 100 kVA 的 1/3。当由于某种原因需切换到旁路时，这 100 kVA 的负荷将全部转入连接旁路的一相上，那么略去了 UPS 的效率不计，连接与旁路的那一相市电输入电流骤增到 450 A，轻则造成市电这一相的电压大幅度下降，重则由于过载而断电，造成的损失将会很大。因此，为了不出现上述的断电局面，在最初安装 UPS 时就必须充分注意到这一点。另一方面，用户输入市电的供电开关要选用额定电流在 450 A 以上的产品，而供电电缆的截面面积也应为原来计划量(100 kVA/3)的 3 倍，以满足 UPS 转旁路时的功率需求。

（三）UPS 系统和柴油发电机组匹配问题

UPS 是为关键负载提供交流不间断电源的设备。市电正常时，UPS 从市电获得能源；市电停电时，UPS 利用内部蓄电池的储能，经逆变器不间断地供给负载稳定可靠的交流电源。但蓄电池的储能一般只能供电 10 ~ 30 min。对于市电长时间停电，虽然可以采用大容量蓄电池，但保护时间仍然是有限的，而且大容量蓄电池是十分昂贵的。目前国内外普遍认为，大、中功率的 UPS 系统采用大容量蓄电池并不是经济合理的方法。只有在非常特殊的情况下才推荐采用大容量蓄电池。

因此，市电长时间停电时，一般需要由备用柴油发电机为 UPS 提供交流输入电源。然而，许多现场的运行经验表明，UPS 和备用柴油发电机两者一起运行时存在一些不兼容的问题。当采用较小功率的柴油发电机、UPS 是柴油发电机的唯一负载或者最大负载的时候，就可能会出现不同程度的异常现象或故障。例如，柴油发电机给 UPS 供电时，出现输出电压、频率不稳；输出电压严重失真，UPS 在由柴油发电机供电时不能与柴油发电机的输出电压同步；UPS 的关键负载不能转换至由旁路电源供电等。这些接口问题发生后，往往不易找出原因和解决办法。为此，有必要了解柴油发电机的工作与 UPS 输入技术指标的关系，然后有针对性地采取措施。

目前，应用的 UPS 主要有四大类：后备式 UPS 、在线互动式 UPS 、双变换在线式 UPS 以及双向变换串并联补偿在线式 UPS（Delta 变换器）。其中，与柴油发电机组不兼容问题最突出的是双变换在线式 UPS。后备式 UPS 、在线互动式 UPS 和 Delta 变换 UPS 与柴油发电机组不兼容问题比较简单，在应用中并不是十分突出。而双变换在线式 UPS 与柴油发电机组不兼容问题要复杂得多，可能会出现各种各样的异常现象。对供电系统的影响也更严重。

（四）双变换在线式 UPS 的输入谐波电流和“换相凹口”

双变换在线式 UPS 被认为是性能最好、应用范围最广、使用数量最多的 UPS。50 ~ 500 kVA的双变换 UPS 一般都采用 6 脉冲晶闸管（SCR）相控整流器，这些整流器内部的晶闸管元件在每个电源周期内轮流导通，每个晶闸管导通 1/3 周期。由于换相时连接在交流输入电源不同相线上的两个晶闸管在极短的时间内同时导通，造成瞬时相间短路，所以在交流电源电压波形上造成了所谓“换相凹口”。此外，当某个晶闸管被触发导通时，交流电源相应的相电压就突然加到直流侧的滤波电感上．使交流电源的该相电流突然上升。由于滤波电感足够大，电流基本保持恒定，直到下一个晶闸管被触发导通，结果形成了脉冲式的交流输入电流。这种电流波形包含大量的谐波电流，谐波的存在使得波形发生失真。谐波失真的程度用总谐波失真（THD）（所有谐波频率电流之和与基波频率电流的比值）表示。输入端采用 6 脉冲整流器的双变换 UPS 输入电流的 THD 为 30% 以上，主要含有 5 次、7 次、11 次、13 次、17 次、19 次谐波。采用 12 脉冲整流器的双变换 UPS 输入电流的 THD 为 10% 左右，主要含有 11 次、13 次、23 次和 25 次谐波。

（五）谐波电流和“换相凹口”对柴油发电机的影响

1. 引起电压失真

在交流电源系统中，非线性负载可以等效为一个线性负载和一系列的谐波电流源（对应于各个谐波频率电流）。可以认为，连接到交流电源的非线性负载从交流电源吸取基波电流并向交流电源反馈各种频率的谐波电流。谐波电流流过电源的内阻（对各次谐波电流的阻抗）时将产生各次谐波电压。

电源输出电压等于基波电压与谐波电压的向量和，谐波电压叠加在基波上必然引起电源电压波形失真。电源电压波形失真与负载谐波电流和电源内阻有关。负载谐波电流和电源内阻越大，电源电压波形失真越大。因此应尽力减小负载谐波电流和电源内阻。

柴油发电机的内阻比市电电源大，在给线性负载供电时，输出电压波形为正弦波。但是当带有非线性负载时，由于它的内阻较大，输出电压波形会出现严重失真。

2. 配电损耗增大

谐波电流在配电系统中流动时，会使柴油发电机绕组发热，导致可靠性和寿命降低。

3. 输出电压不稳

发电机都采用自动电压调节器（AVR）调节输出电压。AVR 实时监视输出电压，根据输出电压的变化控制发电机的激磁，以保持输出电压的稳定。当采用由 SCR 接通和断开激磁电源的 AVR 时，如果发电机带 UPS 负载，由于发电机输出电压波形失真（包括电压波形的换相凹口）AVR 可能会错误地断开激磁电流，从而造成发电机的输出电压降低。AVR 根据降低的电压对激磁电流进行补偿，必然使输出电压升得太高。接着 AVR 又根据升高的电压控制激磁电流，使输出电压下降，结果造成输出电压不稳和系统故障。

4. 功率因数降低

因为 UPS 输入端的整流器/充电机是交流输入电源的非线性负载，输入电流含有谐波成分，谐波电流产生的失真功率，会使视在功率增大，因为取决于基波电流的有功功率是固定的，所以功率因数下降。

（六）柴油发电机输出电压不稳和波形失真对 UPS 的影响

1. 蓄电池完全耗尽和 UPS 关机

柴油发电机输出电压波形严重失真时，UPS 的晶闸管整流器根本不能正常工作。UPS 的检测电路判定为交流输入电源质量不合格或故障，强迫 UPS 转换到蓄电池备用能源，经逆变器为负载供电。当负载转换到蓄电池时，柴油发电机变为空载，输出电压波形失真消失。当 UPS 恢复由柴油发电机供电时，柴油发电机输出电压波形失真重新出现，这将导致 UPS 再次转换到由蓄电池供电。以上过程将以一定的时间间隔无限制地循环下去，直到蓄电池的储能完全耗尽，致使 UPS 最后关机。

2. 旁路电源不可用

柴油发电机输出电压波形失真可能被 UPS 检测电路判定为旁路交流输入电源质量不合格或存在故障。柴油发电机输出电压不稳也会影响 UPS 与旁路电源的同步，引起“旁路不可用”的告警。因此，在 UPS 设备有故障时，不可能转换到旁路电源（柴油发电机）应急供电，降低了系统的可靠性。

五、UPS 系统的应急预案

（一）应急预案制定原则

1. 应急预案应明确分工，设定总负责人、负载供电恢复组、设备抢修组、故障分析组等，各组之间要注意协调工作。发生重大故障后，故障分析组应首先分析故障点，并反馈给总责人、负载供电恢复组，以确定负载供电恢复方案。

2. 应初步判断 UPS 系统故障点，确认故障恢复时间，根据不同情况采用不同的应急预案。

3. 应根据 UPS 系统的负载情况制定应急预案。

4. 应对 UPS 负载进行分类统计，分别制定相应的应急预案。

5. 应急预案应首先考虑 UPS 系统故障发生后如何保证对负载供电。

6. 应急预案要考虑对重要负载临时供电的可靠性。

(二)大型 UPS 系统应急预案建议

1. UPS 破坏不严重可以考虑使用手动紧急旁路；

2. 若输出回路较多且有 UPS 输出配电设备，可以考虑将其他电源(交流市电、其他 UPS 系统)直接引入该配电设备；

3. 并机工作 UPS 若只有一台设备故障在容量允许情况下，可以使用单机工作，但注意故障设备维修后应在空载情况下进行并机调试。

第十节　UPS 系统故障分析及处理

一、常见故障的处理方法

当 UPS 系统出现故障时，应先查明原因，分清是负载还是 UPS 系统；是主机还是电池组. 虽说 UPS 主机有故障自检功能，但要维修故障点，仍需做大量的分析，检测工作。

对主机出现击穿，断熔断器或烧毁器件的故障，一定要查明原因并排除故障后才能重新启动，否则会接连发生相同的故障。

当承载重要负载的 UPS 发生故障时，不应盲目关机，应用旁路继续供电，然后查明原因，判断故障是发生在负载还是 UPS 系统中。若是 UPS 系统故障，再进一步判断故障是在 UPS 主机还是在蓄电池组。另外，如自检部分发生故障，显示的故障内容则可能有误。对主机出现击穿、断熔断器或烧毁器件的故障，一定要查明原因并排除故障后才能重新启动，否则会使故障扩大。

二、常见故障

一般情况下，UPS 主板常见的故障主要有不并机、不逆变、不稳压、不充电、不能用市电、蓄电池故障、电容故障、干扰故障、死机等几种。在检修 UPS 时，应首先检查蓄电池，其次是主板电路。当确定主板电路故障后，应先查市电稳压供电电路，然后查逆变电路。

(一)不 逆 变

不逆变是指 UPS 用市电能正常工作，但市电中断时蓄电池直流电压不能转变为 220 V 交流电压。遇到这种情况时，应首先测量蓄电池电压，因为若蓄电池电压过低，控制电路检测到蓄电池电压过低信号后，就会中断逆变电路工作。其次检查辅助电源是否正常以及逆变管和驱动管有无损坏；最后检查输出保护电路。一般情况下，通过上述步骤即可检查到故障点，并予以排除。

(二)不 稳 压

对于非在线式 UPS，不稳压分为交流输入时输出不稳压和逆变输出不稳压两种情况。

当市电输入时,输出稳压过程是通过调压电路控制继电器与变压器的不同抽头进行连接来实现的;逆变输出电压的稳压过程是通过检测逆变器反馈电压高低来控制方波信号的脉冲宽度而实现的。如果 UPS 出现不稳压故障,只要检查相应的调压控制电路即可。

(三)不 充 电

不充电故障在市电不经常中断的环境里比较难发现,而它的危害很大,很可能使蓄电池因长期得不到充电而提前报废。判断此故障的方法很简单,只要断开充电电路与蓄电池的连接,通过测充电电路的空载电压即可判断。正常时,对单块 12 V 的蓄电池来说此电压为 13.5 V,对串联的两块蓄电池是 27 V。若此电压不正常,就应检查充电电路及相应控制电路,特别是与此相关的控制电路。当市电电压过低或中断时,充电电路在控制电路的作用下会停止工作。若相应控制电路有故障而误动作,也会使充电电路不工作。

(四)不能用市电

逆变输出正常,用市电输入时无输出。遇到此类故障时应首先检查市电检测电路,因为当市电检测电路检测出市电电压低于 170 V 或高于 260 V 时,就会发出相应信号给控制电路,使控制电路发出控制脉冲,切断市电输入通路,并使 UPS 处于逆变状态。当检测电路正常后,最后检查继电器转换电路。由于机型不同,其控制关系和保护电路类型也千差万别。此处同一故障现象的原因还有很多,但根据经验,其检查方法都基本相同。

(五)UPS 不能正常启动

在正常情况下,后备机 UPS 只要合上输入开关,UPS 便自动工作在旁路供电方式,这时负载由市电直接提供电源。当 UPS 开始启动,一段时间后自动由旁路供电转为逆变器供电(正常工作方式)。若不能正常启动,说明电池或逆变器有问题。检查电池或逆变器,可找出原因。

UPS 不能正常启动的原因除机器内部的因素外,首先应检查输入电压是否正常,对于三相输入的 UPS,还要检查是否“缺相”。因为在 UPS 内部有一个检测电路对输入电压进行实时监视,若存在“缺相”,输入电压的三相平均值必然低于正常值的下限,检测电路便发出信号封锁 UPS 的启动;若检查输入电压正常,UPS 仍未启动,则对于单相输入的 UPS 要检查输入电压的火线与零线接线是否接反;对于三相输入的 UPS 则要检查其输入电压的相序是否正确。

(六)UPS 在运行中频繁地转换到旁路供电方式

UPS 正常工作转到旁路状态通常有 3 种原因:一是 UPS 本身出现故障;二是 UPS 暂时过载;三是过热。如当 UPS 本来负载就比较重,再启动其他的负载,UPS 就因“过载”而转到旁路,等负载的冲击电流过去后,UPS 又自动转换到正常工作方式,这种情况的频繁出现对 UPS 的稳定工作是不利的,应做相应处理。

例如,微机在开机瞬间的负载电流比较大,随着加电时间的延长,其负载电流逐渐趋于正常值。经计算,微机在开机瞬间的负载电流约是正常工作时负载电流的 2 ~ 3 倍。这样的控制方式在加载的瞬间必然造成 UPS 的过载而转换到旁路。为了避免其发生,应在 UPS 正常工作情况下,逐步增加负载,分散负载同时启动的冲击电流。

此外,检查周围环境温度及 UPS 显示的温度,有助于判断是否因 UPS 过热而频繁转换到旁路供电方式。

(七)当市电中断时,UPS 也自动停机

当市电中断时 UPS 立即关机,多数是因为蓄电池不能维持对负载的供电,从而造成负载供电中断。这时,由于蓄电池失效或其性能严重变坏,以致当市电中断时,蓄电池没有足够的能量来维持对负载的供电。此时只要更换不良蓄电池,就可恢复正常。在检查蓄电池时,不能以测量蓄电池空载时端电压的高低来衡量其好坏,而应让它稍带负载,视其端电压变化情况而定。当蓄电池失效或性能严重变坏时,其空载端电压虽然基本正常,但只要放电,其端电压就会大幅度下降,下降幅度往往超出蓄电池的允许范围。

三、UPS 的人为故障

所谓"人为故障"是指由于人们的不恰当行为或错觉中的故障,有些是真正的故障,而有些根本就不是故障。

UPS 的人为故障大致可分为几类,即怀疑故障、经验故障、知识性故障、交接故障、操作故障、环境故障、延误故障、选型故障及维护故障。

(一)怀疑故障

怀疑故障,实际上不是故障。这种情况是由于值班人员的错觉引起的,例如某信标站值班员突然发现 UPS 面板上棒形负载指示灯一个都没亮。慌乱中急召厂家半夜上山抢修。维修工程师到场后发现 UPS 和被供电的设备都在正常工作,根本就没有故障的迹象。原来由于负载太轻而无法点亮面板上的第一个负载灯,值班员慌乱中连一直在正常工作的设备都忘记了。

又如在双机并联冗余 UPS 系统正常工作时,值班员打开机柜前门突然发现一控制板上有两盏灯亮了,而在他的印象中应该是亮一盏,于是他庆幸"及时"发现了故障,慌忙将这台 UPS 的逆变器关闭,急召厂家来修。维修工程师到场后发现 UPS 启动后一切正常,值班员认为故障的那台 UPS 控制板仍有两盏指示灯亮,原来这台 UPS 作为主机运行时就是点亮两盏灯,当作为副机运行时才点亮一盏灯。

这种情况的出现多半是由于原来经过培训的值班员不在场,或者与未经正规培训的值班员轮流值班所致。

(二)知识性故障

这类情况的出现主要是由于缺乏基本的理论知识所致的。例如有一台三相 30 kVA 的 UPS 向一台新购置的设备供电,设备介入后发现该设备中一个电源模块被烧坏。于是推测是由于 UPS 的三相电压"零点漂移"所致的,认为 UPS 有问题,需要马上检查或更换。后经对 UPS 三相输出电压检查,为 220 V、219 V、219 V,对称性很好,零点并未漂移。新设备电源模块的损坏是因为其质量有问题,经更换后再也没有出问题。

一般地说三相相电压相差值小于 2% 可以不计。目前大多数 UPS 都具有三相负载 100% 不平衡时其相电压不平衡度小于 2% 的自动调节能力。所谓三相负载 100% 不平衡,是指在 UPS 三相输出中其中一相或两相满载(即每相带满 1/3UPS 额定容量),而另两相或一相空载时的情况。例如 30 kVA 的 UPS,一相满载值是 10 kVA。并不像有些人理解的那样:一相电流为 1 A,另一相电流为 2 A,就认为它们的不平衡度是 50%,实际上不能这样理解。反过来说,如果一相的电流为 1 A,另一相电流为零呢,岂不是它们的不平衡度成为

100% 了。从字面上理解是对的，但从定义上看并非如此。

又如，有的用户给 UPS 配的是工作寿命为 3 ~ 5 年的电池，而用电环境的温度在夏天经常超过 30℃，而且两年多市电从未停过电，装机后也从未放过电，电池的状况可想而知，恰在此时市电停电，电池的放电时间不到额定时间的 2/3 就停机了，因此误认为 UPS 设备有问题。

还有的误解了 UPS 输出短路保护功能，认为做短路实验时只要将输出端用一根短路线一碰就可以了。提醒维护人员：在没有特别需要的情况下，尽量不要做这样的短路试验。而且，在制造厂里的短路试验也不是这样做的。

(三)操作故障

为了保证 UPS 安全可靠的运行，各种产品都有自己的一套安全操作程序，并写进说明书以供参照执行。按照这个程序操作，就能保证机器安全运行，否则，按照自己的理解任意操作，就会出问题。也有无意识的操作故障，例如在维修期间因拆卸某一器件时不小心将邻近的器件碰坏而未被发现，再次加电时形成二次故障；在检查故障时测量用的表笔探头误将某两点短路；连接外部电池时误将正负极搞错，则会击毁逆变器；有一个或几个电池连接端未拧紧或电池开关忘了闭合，在市电故障时因电池放不出电而停机；输入/输出连线未拧紧，会造成交流电故障的假象；供电局进行线路改造或维修时将原来的相序搞错，会导致 UPS 无法启动或切换失败；UPS 加电后忘了启动逆变器，在市电断电时会导致停机故障；机房内有老鼠，啃咬电缆或窜入机内导致停机故障；或者由于机箱不严密，蜥蜴钻入机器将电路板某些部位短路，形成故障；无屏蔽的远程信号电缆与交流功率线并行走向，由于耦合干扰而导致的故障等等。

(四)延误故障

由于值班人员的疏忽未及时发现故障苗头，或发现了并未及时处理而导致后来的故障。就是说这类故障如果及时发现、及时处理就可以避免后来的故障。

例如在 UPS 双机并联冗余系统中，负载被均分到两台机器上，有的 UPS 有时会由于某种条件的巧合而导致其中的一台逆变器关机，这时的负载就被转移到未关机的那一台 UPS 上，这种情况都会显示在面板上，如果值班人员及时发现了，只要将关机的那一台逆变器启动按钮重新按一下，将逆变器启动起来就可以了。如果值班人员未及时发现，当市电中断时，就变成单机供电，一来过载能力减弱，二来电池后备时间减半(在每一台 UPS 均有相同的自己的电池时)，此时一旦过载，就会全部停电。

又如电池在不理想的情况下运行时，尤其是长期没有充放电，应加强监视，一经发现有容量明显降低的电池，应立即更换。在车载或舰载 UPS 中的熔丝和接插件由于不停地振动，容易松动，从而造成故障；熔丝由于长期处于加电运行中，引起发热而软化并在振动时使中间下垂弯曲，这时如果不及时更换，随时都有断裂的可能，造成不应有的故障。

(五)维护故障

对 UPS 的定期维护是必要的，但这种维护应当有一套严格的程序。

不按要求定期或不定期维护机器是导致故障的重要原因。例如有的 UPS 长期不维护不保养，因此发现机器工作不稳定或停机或无法启动，待打开机壳一看，令人惊叹不已：夹杂着导电离子的尘埃充满了全机，覆盖了电路板，混合着水蒸气破坏了电路的正常工作状态，而用吹风机将这些异物清理掉，机器一切恢复正常。

另一方面在维护中出现的问题还有：在 UPS 维修完毕，维修人员将交流市电加到输入端，而忘了启动逆变器或闭合电池开关，等到下一次市电停电时，UPS 因逆变器未启动或无电池电源而关机；电池组因环境关系已有相当一部分损坏时，不恰当地仅仅将明显有问题的电池更换，待下一次市电停电时，有可能因未被更换的电池中有一个断极而放不出电，或即使能放出电，也会因原来旧电池的影响，在容量上大打折扣，新电池的容量不但得不到充分发挥，反而会使寿命缩短；更换电池后，忘了将连接端拧紧，到使用时也会放不出电来。

维修后将工具或元器件或螺钉、螺帽、垫圈遗忘在机内，或未将插头座紧固等，都会导致故障。

（六）经验故障

经验是宝贵的财富，然而在解决问题时还应具体情况具体分析，否则单凭经验的一概而论，往往会出问题。例如一次，有一个具有甲种品牌 UPS 经验的用户操作乙种品牌的 UPS，也不看说明书，就着手进行直流启动，因为他熟悉的 UPS 都可直流启动，即使启动不了他也有办法。哪知这台机器本身就没有直流激活功能，当然激活不了，于是他就打开机箱用螺丝刀见到电器就捅，逆变器果然开始激活，但马上又冒出一股白烟，功率管损坏了，他不知道具有直流激活功能的 UPS 在激活时是有一定程序的：直流激活开关合上后，控制电路工作状态首先建立，待正常后，才去驱动逆变器功率管，达到正常激活的目的；但在这里因无直流激活功能，控制电路工作状态正在建立过程中的同时逆变器处在激活过渡过程的不稳定状态，导致逆变器同一臂的两个功率管同时导通而烧毁。

又如有一台 80 kVA 的甲品牌 UPS 在装机时，由于某种原因，却让熟悉乙品牌 UPS 的工程师去开机，但这种 80 kVA 的大功率 UPS 开机时，需进行一些参数的调整，每一台的具体情况又不一样，而这位工程师仅按照他在其他机器上的经验调整了一下就算完成，结果在以后的运行中机器状态不稳定，经常出现问题，有时又莫名其妙地好了，有时虽然当时修好了，但以后又出现类似的故障，搞得无所适从。

有的维护人员在培训时，自认为对 UPS 的原理已经掌握，只要学会一些故障处理方法就可以了。这种愿望是可以理解的，但操作起来并不容易，短期的培训只能学一些查找故障的方法，因为具体故障要具体分析，经验仅作参考。例如 UPS 交流输入熔丝烧断的原因有很多：整流器穿通、滤波电容穿通、逆变器功率管穿通（包括控制脉冲叠加、电池反接、管子本身的电压击穿及 IGBT 擎住电流效应等导致的穿通）、输入整流管（SCR）两端跨接的 RC 网络短路，以及由此而波及到控制电路的损坏（如 IGBT 击穿的同时大都伴随着驱动电路的损坏）等。当然，对一些简单的判断和排除，经验是有用的，但要避免死搬硬套。

（七）交接故障

这类故障主要是由于值班人员不了解情况而造成的。例如有一家证券公司，购置了双机热备份连接的 UPS，延时总共为 4 h（即每台 UPS 延时为 2 h），不到一年，该公司搬家时未通知该 UPS 厂家就擅自将系统拆成两个单台 UPS 使用，不久后，一次市电较长时间的停电使该公司遭受了损失，原来的 4 h 延时现在变成了单台 2 h 延时。

（八）环境故障

这类故障是由于用户不重视机器环境或无条件优化环境而导致的 UPS 故障。例如有一台 30 kVA 的 UPS 被用户放在了一间类似仓库的机房,旁边堆放着杂物,既无空调又无通风,夏天室内温度高达 40 ℃,加之湿度又大,导致电池提前失效,UPS 故障相对增多。又如,一证券公司将一台 20 kVA 双机并联冗余 UPS 统搁置在一个不理想的房间内,一个雨夜过后,UPS 逆变器关机,打开机柜门发现是,屋顶的泥水由上出风口灌入两台机器内……

还有的地方市电条件很差,经常停电,甚至有时在一天内就停电两次,致使电池长期处于亏电状态,寿命急剧缩短。也有的地方市电电压上经常叠加着很高的干扰电压,配电盘内的二级防雷器屡屡烧毁,甚至有时击毁 UPS,进而损坏用电设备。

第十一节　UPS 故障案例分析及处理

一、故障的处理原则与方法

1. 首先对重要负载进行恢复供电;
2. 根据 UPS 供电系统图、UPS 设备电路图,由故障现象入手,判断故障点;
3. 分析故障原因,排除故障;
4. 检查故障点相邻部件;
5. 空载试机,正常后方可投入使用。

二、故障案例分析

(一)并机故障

并机故障并不常见,其主要原因是并机板或并机柜出现问题造成的,个别的是由于并机程序出错导致并机失败。

故障现象:并机失败故障,并机系统两台设备带载严重不平衡。

问题:UPS 并机失败。

分析:由于并机程序出错导致并机失败。

处理过程:按操作流程关闭并重启 2 号机,调整并机带载设备,处理后工作正常。

(二)不同步故障

不同步故障,一般是由静态电源控制板、逆变电器输出与市电不同步、输入、输出相序不对等原因。

案例一:UPS 2 号机出现旁路告警及逆变器不同步告警

设备:进口波利 80 kVA UPS。

原因分析:由于静态旁路电源控制板引起该问题。

处理过程:

(1)1 号 UPS 为主机向负载供电正常运行。2 号 UPS 出现旁路告警;显示面板旁路告警两个指示灯不亮;机内静态旁路电源控制板指示灯不显示。

(2)检查设备,然后更换静态旁路电源控制板(IF/PS-S)编号为 JUE301460“S”,故障排除。

案例二:UPS 系统逆变器不同步

设备:进口 60 kVA Liebert 7200 系列 UPS(1+1)并机系统。

故障现象：中心机房 UPS 系统出现逆变器不同步告警，两台 UPS 面板同时显示“Inverter unsynchroniz”，但 UPS 系统输出未中断，负载工作正常。

问题判断：逆变器不同步，告警无法消除，可能 UPS 系统工作异常，市电中断或者切换到旁路供电都有可能造成输出中断。

原因分析：两台 7200 系列 UPS 单机通过并机板可以组成 1 + 1 并机系统，这时两台机器的输出并联在一起，工作时两台机器均流输出。

一般情况下，逆变器不同步告警指的是逆变电器输出与市电不同步，其原因是市电频率超出 UPS 设定的跟踪范围。当市电中断或者不稳定时 UPS 系统通常都会出现短暂的逆变不同步告警，市电稳定后告警会自动消失。而本次系统逆变器不同步告警一直存在，市电并没有不稳定现象。所以，UPS 系统肯定存在问题，可以肯定的是，这时如果将 UPS 输出转至旁路必将有短暂的中断，为防止意外产生，必须立即进行处理。

处理过程：

(1)通过对 UPS 系统进行了诊断，波形比对、压差测试等手段，判定 UPS 系统与外部交流电相位偏差过大，导致不同步告警产生。

(2)故障处理小组讨论了详细的解决方案，拟定进行 UPS 系统的校准。

(3)对 UPS 系统硬件参数校准调试后，UPS 逆变不同步告警消失。UPS 硬件参数校准过程如下：

①连接外旁路线：因为对 UPS 系统校准调整需要将其下电脱离，为保证负载供电需要临时接一条三相四线外旁路线。

②关闭重要负载：UPS 系统输出将倒换到外旁路，在逆变器不同步状态下必然导致输出短暂中断，容易造成大型数据库系统瘫痪、服务器硬盘故障等重大问题，需要将其关闭。

③机房交流供电倒换到油机电：在外旁路情况下，为保证在操作过程中市电不中断，需要采用相对可控且稳定的本地油机供电。

④UPS1、UPS2 开关依次切换到旁路输出：在临时外旁路上电前，UPS 系统需要转换到旁路状态，保证与外旁三路供电相位一致。

⑤合上外旁路输入、输出开关：此时相当与三条旁路同时对负载供电。

⑥关闭蓄电池开关：要完全将 UPS 下电，切断 UPS 电池逆变输出。

⑦对 UPS 系统进行校准，主要包括以下项目：

调整 UPS 基准频率：调节 UPS 本振频率，调到 4 ~ 5 Hz，对应 UPS 的输出频率为49. 95 ~ 50. 5 Hz。

调整 UPS 基准电压：调节 UPS 基准电压为 4 V，对应 UPS 的输出电压为 220 V。

调整单台 UPS 输出与交流输入同步：通过调节电位器，增加匹配电阻等手段，使 UPS 输出与市电输入的电压波形基本一致。

调整环流电流：UPS 系统负载不是完全均分的，如 UPS1 与 UPS2 之间存在负载均分差，也就会产生回流电流。用电流表测试输出短接线通过的电流，并调节电位器，使环流电流最小(2 A 以下)。

⑧完成 UPS1、UPS2 校准后，将 UPS 系统切换到旁路供电。关闭临时外旁路线输入、输出开关并拆除外旁路线，然后再将 UPS 系统切换到逆变挡，故障处理完毕。

几点经验：

(1)必须重视 UPS 系统逆变不同步告警并及时处理。出现逆变不同步告警后，如在外部市电倒换或缺相情况下，转到电池逆变会有较大时延，将可能导致负载中断。

(2)UPS 硬件参数校准尽量在跟踪市电的情况下调节，因为油机电电压与频率与市电相比都有较大波动。

(3)电源系统重大操作不但事先需要有经反复论证的周密计划，更重要的是要有操作过程中统一指挥，各操作点必须严格服从指挥中心命令，以确保人身、设备安全。

(4)日常维护中，需加深对 UPS 日常检测项目的理解，熟练使用示波器等专用仪表，掌握调试技术，测试 UPS 输出动态特性指标。

案例三：UPS 逆变器关闭保护

设备：国产 60 kVA 1 +1 UPS 并机系统。

故障现象：出现逆变器关断告警，逆变器并机不同步告警，导致原单机负载并机至另一台单机，并机状态下最高单相负荷率 49% 。

问题判断：三楼监控室进行新安装好的走线槽封头的安装工作，离安装封头约 2 m 处窜出火焰并冒白烟，随后设备掉电。速至原 UPS 配电箱边打开门，发现原配电箱一路分路空开与总空开正跳闸，随即合上总空开，设备恢复供电。后经查找发现有一个电源插座线在穿过活动地板处因孔太小，且进行长时间摩擦后绝缘皮破损，导致插座火线与活动地板横档短路，引起 UPS 配电箱跳闸。

原因分析：分路空开火线短路造成 UPS 逆变器火线对机壳短路，故造成逆变器实行短路保护关闭。

处理过程：

(1)楼层 UPS 配电箱侧；当即拆除此电源插座以及整条电路保障安全。

(2)UPS 本机侧：先将该 UPS1 故障单机完全下电，由于旁路暂不能合，故先直接合 Q1 主路输入开关，电池开关、Q4 负载输出开关，系统显示主路工作正常。

后续整改情况：

后会同厂方人员进行设备整机检查，旁路旁路开关晶闸管器件完好，将 UPS 倒回原位，机组恢复正常运行状态。

(三)蓄电池故障

蓄电池故障是 UPS 系统供电危害最大的，它会造成不逆变、系统瘫痪等。

案例一：BEST S4000 60 kVA UPS 系统故障

设备：BEST S4000 60 kVA UPS。

故障现象及处理过程：

×省网管中心反映电信大楼十楼 UPS 系统出现故障，导致省网管中心所有设备全部掉电重启。初步判断系统存在的主要问题为：

(1)UPS 并机系统中的 UPS 1B 单机运行正常，后备蓄电池组有几个单体落后电池，但蓄电池组能够正常逆变放电；

(2)UPS 2B 蓄电池组有两个蓄电池内部击穿造成开路，并有多个单体落后电池，最终造成整组电池开路，无法正常放电。

根据动力环境监控系统显示,23 日 18:08,市电停电, UPS 系统中断输出;18:12,市电恢复,UPS 系统恢复输出,期间共停电 4 min。后经电信电力室值班人员反映,证实为高压专线倒换引起市电停电。

根据检查结果,维护人员经现场紧急处理,于 19:30 关闭系统中 UPS 2B 单机,先将 UPS 系统并机冗余运行改由 UPS 1B 单机运行,及时恢复对网管中心设备的不间断供电。同时,继续对 UPS 系统做进一步检查。

在随后的检测过程中,维护人员发现 UPS 系统并机冗余运行存在故障。具体表现为:电池存在故障的 UPS 2B 单机在模拟市电停电时,因蓄电池组失效,逆变器无输出,UPS 2B 单机转为旁路供电(此时,UPS 2B 单机控制器系统显示紊乱,系统菜单比正常时少了单机开关机等两项内容),并同时导致正常工作的 UPS 1B 单机也转为旁路供电,再经过同步跟踪后,由 UPS 1B 单机恢复蓄电池组正常逆变供电。若此时 UPS 1B 单机市电停电,则系统旁路无电,将直接造成 UPS 输出中断。

原因分析:电信大楼十楼这套 UPS 系统自安装运行两年多以来,维护人员一直严格按照维护规程要求对其进行包机维护,系统一直运行正常。当年的 5 月、11 月分别对其进行了两次核对性放电试验(维护规程要求每年进行 1 次),放电性能正常。同时,11 月份还利用蓄电池电导测试仪对 UPS 蓄电池进行了电导测试,测试结果也显示电池内阻正常,无明显故障现象。通过对本次故障的处理及测试检查,分析造成本次 UPS 系统中断输出近4 min 的原因如下。

(1)UPS 2B 蓄电池组失效——UPS 2B 单机蓄电池组共有三个单体电池内部击穿,内阻过大,造成整组电池开路,无法放电。由于因蓄电池本身质量原因造成的电池性能突变故障往往无法利用常规的电压、电导测试方法及时发现,这是造成本次故障的主要原因。根据故障现象分析,电池性能质量欠佳导致的整组蓄电池失效是本次 UPS 输出中断故障发生的重要原因。

(2)BEST S4000 冗余并机的供电切换方式故障——该套 UPS 系统的 UPS 1B 单机电池组能正常放电,按照 UPS 系统并机冗余运行原理,无论 UPS 2B 单机出现何种故障(如逆变或电池故障),UPS 1B 单机应无条件承担全部负载,确保负载不间断供电,不应出现 UPS 系统输出中断的故障。但是,维护人员经测试发现,电池组出现故障的 UPS 2B 单机在模拟市电停电时,由于电池组失效,UPS 2B 单机逆变器无输出。此时,UPS 2B 单机转为旁路供电且控制器显示紊乱,控制器菜单比正常时少了单机开关机等两项内容,并同时导致正常工作的 UPS 1B 单机也转为旁路供电,再经过同步跟踪后,由 UPS 1B 单机恢复蓄电池组正常逆变供电。若此时 UPS 1B 单机市电停电,或 UPS 1B 单机与 UPS 2B 单机同时停电,则系统旁路无电,将直接造成 UPS 系统输出中断,丧失 UPS 系统的并机冗余保护功能。对于系统这一极不正常现象,BEST UPS 工程师也无法做出合理解释。根据故障现象分析,UPS 系统控制器功能失常应是本次 UPS 输出中断故障发生的直接原因。

后续整改情况:

(1)加强设备包机维护,严格按照并优于维护规程的要求进行设备包机维护作业。对 UPS 等关键电源设备采取双人包机、缩短设备维护周期等措施,加强维护力度(如 UPS 蓄电池的核对性放电试验缩短为 3 个月一次),严格认真执行,将各类故障隐患消除在萌芽状态。

(2)加强设备监控监测,利用科学的技术手段、工具仪表提高维护工作质量。一是建议对 UPS 蓄电池进行单体电压监控,通过动力环境监控系统做到及时主动的维护;二是采用 UPS 蓄电池专用测试仪表定期进行 UPS 蓄电池测试,及时发现一些日常维护难以发现的故障隐患,对容量、性能下降的蓄电池进行及时更换,使 UPS 发挥真正不间断供电的作用。

(3)更换整组 UPS 蓄电池。

(4)针对此次电信大楼十楼 BEST S4000 冗余并机的供电切换方式故障,督促 BEST UPS 厂家尽快予以答复,彻底解决 UPS 控制器功能失常问题,以消除该 UPS 系统冗余并机供电中存在的不安全因素。

案例二:UPS 处于旁路状态无法切换

设备:美国秀康 20 kVA UPS。

问题判断:UPS 处于旁路状态,手动设置及软硬复位无法设置,进而 UPS 无法正常启动,偶尔可以开机较短时间。

原因分析:经测量市电指标正常,接地良好,但所带两组蓄电池组整体电压较低,单体电压为 7 ~8 V。

处理过程:

(1)首先更换蓄电池与充电回路的熔断器,等待充电回路中的充电电容电压升至 380 V 左右时,开始合上空开对电池充电,熔断器再次烧毁(因电池组电压与充电回路中的充电电容电压差太大引起)。

(2)拆卸两个电池组,分别测量电池单体电压普遍较低,电话咨询厂家建议更换电池后再进行故障处理。

(3)考虑运营成本因素,决定对电池进行强充。在一报废的 +24 V 开关电源上拆卸了两个 50 A 整流模块,模块输入端外接 220 V 市电,输出端接至串联的 UPS 单体电池上。开始对电池逐个进行恒压强充。经过几天的强充,所有电池单体电压基本达到 12 V 左右

(4)组装好蓄电池组,对 UPS 开机,等待充电回路中的充电电容电压升至 380 V 左右时,开始合上电池充放电回路空开,一切正常。

(5)切换旁路状态至 UPS 输出状态,一切正常。

后续整改情况:经事后总结,分析故障初发时市电有浪涌电流或较高的杂音电压,致使 UPS 控制 CPU 板件工作紊乱,造成 UPS 切开外供市电输入,电池开始放电,深放电后电压不足切换至旁路状态。UPS 因电池组电压不足造成有时不能正常开机。一星期后厂家来人更换 UPS 控制 CPU 板后,至今工作正常。

案例三:UPS 后备电池故障

设备:进口 20 kVA IMV UPS。

故障现象:设备发出“嘀嘀”的声音,面板有告警信息为:“replace battery”。

原因分析:设备具有定期检测电池性能的功能,如果它本身通过放电检测电池性能不好,就会弹出“replace battery”告警。其中有一次出现第二组电池的第 9 节单体持续比其他电压。

处理过程:对 UPS 再进行一次“快速电池放电试验”,告警消失,但是电池欠压一直

存在。

后续整改情况:更换落后的单体电池。

案例四:UPS 后备电池中个别单体电池落后

设备:进口 65 kVA 爱克赛 UPS 后备电池(GNB-S12V370 电池)。

故障现象:从监控上发现综合楼 UPS2 的 12 号电池电压低(11.8 V),用万用表实测数据相同,看历史数据显示该电池一直处于滞后状态,而且滞后差距随时间而增大。

问题判断:单体电池落后严重,对整组电池带来不利影响,造成后备电池组的容量下降,使电池组使用寿命缩短。

原因分析:

可能造成电池滞后的原因有电池组的配置问题;电池的内阻偏大;浮充电压偏低;UPS 对电池组的管理不合理,影响电池组的均衡性等等。分析原因为:UPS 对电池组的管理设置存在问题。爱克赛 UPS 对电池组的均充设置是两选一,即设定根据放电时间均充和周期均充。根据通信用电的情况,一般都设定在电池组放电 5 min 以上就要在交流来电后对电池组均充。因综合楼停电比较少,1 年就有过 1 次,其他都为油机实际倒换,但时间很短,使 UPS 对电池组进行均充就很少,再加 UPS 本身带的负载比较小,对电池几乎没有大的容量放电,使电池组中相对内阻偏大的 12 号电池逐渐滞后。

处理过程:先对电池组进行均充,然后监测 12 号电池的情况,发现 12 号电池仍然滞后(11.9 V),通知厂商对该电池进行了更换,对电池组均充后,电池组的电池相对比较均衡,进行电池的容量测试,容量情况良好。

后续整改情况:通过以上案例,发现 UPS 对电池组的管理设定对电池的影响很大,根据通信用电的情况和 UPS 电池管理存在的实际问题,对 UPS 电池均充设定不变,但定期对电池进行放电(周期暂时为 3 个月),放电后进行 12 h 的均充,以提高电池的活性和使用寿命。

案例五:UPS 死机

设备:爱克赛 9110xUPS 1 kVA。

问题:市电停后 UPS 死机,无逆变输出,重启 UPS 又运行正常。

原因分析:当故障出现后维护人员赶到现场,发现停电,UPS 蓄电池电压正常, UPS 指示灯告警,无逆变输出,重新启动 UPS 逆变输出恢复,负载 60%,电池供电正常,蓄电池放电时电压也正常 当时以为是这台 UPS 出现质量问题稳定性能差,更换新的同型号 UPS,几天后又出现相同故障,经过维护人员现场检查,排除了是 UPS 问题,现场检测蓄电池的端电压及容量都较正常,通过认真分析判断是蓄电池瞬间输出大电流的特性下降,瞬间放电电流不满足带载启动要求,从而造成 UPS 死机,有些失效的电池能够满足端电压和容量的要求,但不能在瞬间内放电电流达到大电流的要求。

处理过程:通过分析确定是蓄电池失效,更换 UPS 蓄电池后故障排除。

案例六:UPS 交流输出瞬间中断。

设备:艾默生 UPS UL33 - 0200L,蓄电池 UH12V310/AH。

问题:市电中断后,UPS 切换不成功,自动转到旁路。

原因分析:在市电中断到油机启动供电的这段时间中,UPS 切换不成功,自动转到旁路,交流瞬间中断。在 UPS 有交流输入正常的情况下,可以提供交流电输出,说明 UPS 的逆变设备工作正常，而在交流中断期间，UPS 没有交流输出，所以应该是蓄电池的问题。

处理过程：

(1)将蓄电池和 UPS 断开。

(2)把一只 12 V 灯泡接到单只蓄电池的两极，同时在两极并联一个万用表，看单只蓄电池在给负载供电时，两极电压变化情况。

(3)发现一只蓄电池在给负载供电时，电压突然从 12 V 降低到 3 V，且 12 V 灯泡变暗。

(4)更换这只电池后，问题解决。

案例七：市电停电不足 1 min，逆变器工作不足 1 min 停机。

设备：进口 APC DP380E UPS。

问题判断：蓄电池性能不良，电池内部断路不能放电。

原因分析：两台并机设备同带一个工作组电池，蓄电池性能不良，造成设备在市电停电后停机。

整改情况：更换 UPS 后备蓄电池组并加装另一组电池，使并机系统独立带一个工作组电池。

(四)电容故障

电容故障也是不可忽视的问题之一，它会造成系统瞬间掉电、单机停机、供电系统瘫痪等。

案例一：交换局先控 ST100 UPS 瞬间闪断

设备：先控 ST100kVA UPS。

故障现象：UPS1 机架上方出现弧光火球，所有负载瞬间断电又重新启动。

问题判断：2 台主备并联冗余工作的 UPS 瞬间同时断电，并且主用的 UPS1 直流逆变回路的电解电容击穿短路，UPS1 的静态旁路驱动控制回路烧坏，静态旁路熔断器损坏两个，UPS1 所带的电池组输出空开跳闸，交流输入熔断器损坏 1 路，UPS1 停机。

原因分析：通过检查告警信息，发现事发期间的告警信息空白，无告警，说明事发期，电源控制板掉电，无法记录。通过检查分析确认故障原因如下：由于设备元器件性能所致逆变回路的电解电容击穿短路，因电解电容击穿短路造成电池组两极短路，电池组输出空开跳闸。与此同时，UPS1 检测到输出电压降低，需市电迅速转移至静态旁路系统，而 UPS2 还正常由逆变系统输出，出现 UPS1、UPS2 主从不同步现象，致使供电瞬间断电，之后 UPS2 又恢复正常，负荷直接切换至 UPS2。UPS1 的逆变回路的电解电容由于击穿，电解电容的喷发物落到旁边的静态旁路系统，致使静态旁路系统驱动控制板短路烧毁和熔断器烧坏，联动交流输入熔断器烧坏。

处理过程：更换 UPS1 的损坏电解电容 1 个、静态旁路驱动控制电路板 1 块、静态旁路熔断器两个、交流输入 3 个输入熔断器。损坏元器件邮购到货时间大约需要 3 天，所以 UPS1 的修复需要 3 ~ 4 天。电源暂时由 UPS2 供电保证。

案例二：UPS 供电中断，1 号 UPS 已经烧毁

设备：进口 80 kVA APC_UPS。

故障现象：某全球通大楼七楼两台 80 kVA APC_UPS 告警，维护人员赶到现场发现浓烟滚滚，UPS 供电已中断，1 号 UPS 已经烧毁，两台 UPS 的输入输出开关均已断开，1.5 h 后通

过临时供电故障恢复。

现场唯一可得到的数据为 2 号 UPS 内部的历史告警记录见表 2—12。

表 2—12　2 号 UPS 的内部告警记录

序	事件记录及 QE0119140001	时间	备　注
1	Logged mode: Normal operation	13:31:03	系统运行在并联状态
2	Communication to parallel IF lost	13:32:36	1 号 UPS 故障,2 号 UPS 继续工作在单机状态
3	Logged mode: Batt. operation	13:37:05	2 号 UPS 运行在电池状态
4	Synchronization error	13:37:05	与市电失去同步信息
5	Mains is moment. out of tolerance	13:37:05	输入开关跳开时产生的报警信息
6	Mains is out of tolerance	13:37:05	输入开关跳开时产生的报警信息
7	Bypass is moment out of tolerance	13:37:05	跳转旁路时产生的告警
8	Bypass is out of tolerance	13:37:05	旁路异常时产生的告警
9	Overload Load is over 100%	13:37:05	2 号 UPS 检测到过载

原因分析:1 号 UPS 机组内的直流滤波电容组因老化或电容质量不合格等原因导致 UPS 整流电路的后级直流母排短路。

从告警记录来看,在 13:321 号 UPS 故障,2 号 UPS 承担了全部负载;5 min 后,2 号 UPS 输入电压断开,在一瞬间内,系统转入电池运行、失去市电同步信息、转旁路失败、检测到过载。根据现场开关闭合的情况,结合上述数据,可断定由于 1 号 UPS 内部短路是引起本次故障的主要原因。

APC_UPS 采用整流—逆变的电路变换方式向负载供电,如图 2—42、图 2—43 所示。1 号 UPS 机组内的直流滤波电容组因老化或电容质量不合格等原因导致 UPS 整流电路的后级直流母排短路,该短路引起下述 3 方面故障情况发生:

(1)1 号 UPS 整流电路输出短路,导致 1 号 UPS 的输入开关 Q001b 跳闸。

(2)2 号 UPS 通过开关 Q002a 和开关 Q002b 向 1 号 UPS 的逆变电路供电,由于 1 号 UPS 的逆变电路由 6 个 IGBT 开关管组成三相整流桥结构,并联在每个 IGBT 上用于帮助 IGBT 快速关断 6 个快速恢复二极管亦构成三相整流桥结构,2 号 UPS 的输出通过快速恢复二极管组成的整流电路变换为直流电压通过故障电容形成短路,这一短路导致开关 Q001a、开关 Q002a 和开关 Q002b 跳闸。

(3)由于 1 号 UPS 的电池开关关断不够及时,导致 1 号 UPS 电池瞬间短路并大电流放电,这一情况应为导致短路电容组炸开的主要原因。经检查,故障 UPS 电池开关的分断能力为 800 V,而直流母线电压 856 V。分断能力不足是引起故障扩大化的原因。

处理过程:

(1)临时恢复设备的供电;

(2)对 2 号主机进行性能测试,确认各项性能正常;

(3)更换了 1 号主机;

(4)并机运行,测试正常后,把负载切换到 UPS 系统供电。

后续整改情况:密切关注 UPS 内部配件,特别是电容等易损件的工作状态,充分了解部分易损件的寿命，及时进行更换。

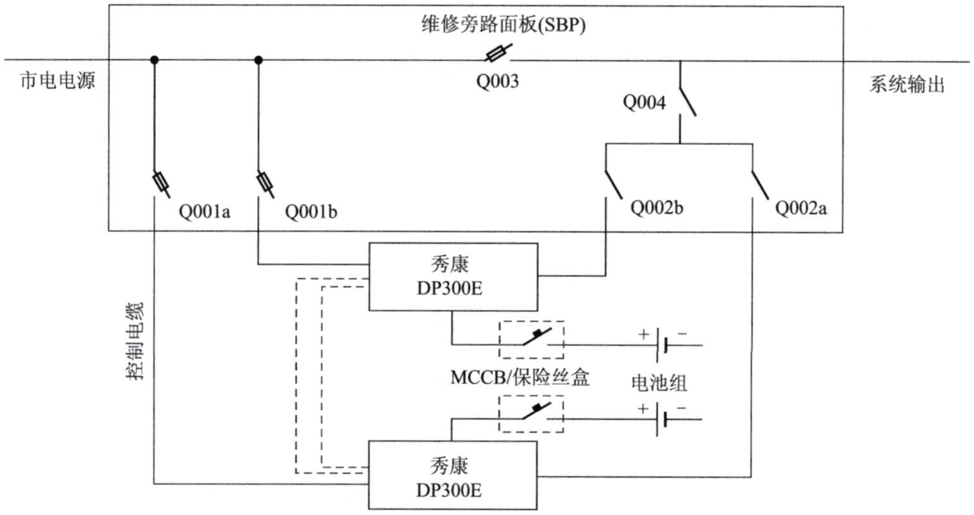

图 2—42　UPS 的功率均分并联结构

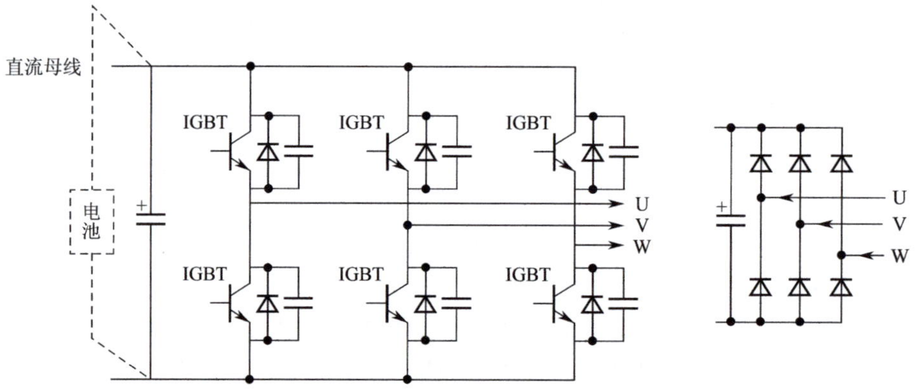

图 2—43　逆变器内部结构

案例三：先出现异常声音，后来自动旁路工作再不能恢复

设备：进口 GE IMV 30kVA UPS。

问题判断：本系统由两台 UPS 并联工作，1 号机出现异常“吱吱”声，检查设备状态，没有任何告警信息，两台 UPS 工作正常，输出正常，未出现旁路工作等异常情况。一星期后，两台设备出现严重故障，全部旁路工作不能恢复，出现逆变器故障等多种告警。

原因分析：

首先出现“吱吱”声时，经观察和测量，设备没有任何告警信息，两台 UPS 工作正常，输出正常，但并没有因此而忽视问题。开启油机以防市电突然中断，然后手工转入旁路工作，打开设备进行内部检查。此时“吱吱”声消失，电路器件等未发现异常。因手动旁路工作时风扇电机不再工作，根据类似机械摩擦的“吱吱”声，初步判断为风扇电机轴承磨损发出异常声音。联系厂商在贵阳的代维人员前来检查后，作出同样判断，并对 1 号机风扇电机进行更换,“吱吱”声有所减轻。

然而一个星期后,两台设备出现严重故障,全部旁路工作且不能恢复,出现逆变器故障等多种告警。再联系贵阳代维人员,对方也感到事态严重且已不在其维修能力范围,于是联系到北京维修工程师。经北京工程师对 UPS 进行认真的检查后发现,系统中 1 号机逆变器有 1 只 IGBT 管,1 只输出熔断器,IM6370 主控板,3 只 1.25 A 熔断器,2 号机 4 只电解电容,100 A/500 V 熔断器, F1 熔断器,3 只 IGBT 管,IM6360 驱动板损坏。更换以上备件 UPS 系统恢复正常,至今系统正常工作。

经验总结:

此次故障经过分析可以说是由于处理不当使故障扩大的典型案例。经工程师的介绍和分析,开始机器内部的“吱吱”声音是电解电容漏电发出的声音。第一次检查电容等器件没有任何异常,没有及时发现,第二次都击穿裂开了。只要及时更换电容就可以了。但由于经验不足,使故障扩大了。

两台 UPS 并联运行,所说的 1 号、2 号机只是物理位置上的区分,其中的哪台首先跟踪到市电的瞬间哪台就是 1 号机。其中一台故障使器件击穿,产生很大的冲击电流,使另一台也发生损坏。

UPS 的电容器是寿命较短容易损坏的器件,2 ~ 3 年要定期检查和更换。同时需注意在 UPS 发生故障旁路工作时,及时启动发电机组,以防市电突然停电而造成不可挽回的损失。

案例四:并机系统单机停机

设备:进口 Powerware PB4000-120 kVA UPS 并机系统。

故障现象:1 号 UPS 停机报警,2 号 UPS 正常运行,后端设备正常运行。

问题分析:

(1)市电故障引起(市电停电、超限、缺相、频率超限等原因造成);

(2)单机过温停机(机房环境温度过高、风扇故障、电流过载或温度传感器故障等原因引起);

(3)1 号 UPS 电池欠压导致停机;

(4)设备内部器件损坏引起;

(5)设备内部短路引起跳闸;

(6)系统其他保护引起;

(7)系统误告警、误动作引起。

处理过程:

(1)检查 1 号 UPS 供电情况及根据 2 号 UPS 工作正常,判断外部市电供电正常;

(2)检查报警记录,显示为 10 月 25 日 04:34 市电掉电,06:44 逆变器停机(据此分析该过程中的 2 个多小时由电池进行放电直至电池欠压保护,设备停机);

(3)检查发现 1 号 UPS 输入配电柜中 1 号 UPS 输入开关跳闸;

(4)开机检查发现 1 只输入滤波 EMI 电容坏,1 只输入熔断器熔断;

(5)进一步检查测量系统无其他损坏器件;

(6)将上述所损坏的 EMI 电容及输入熔丝更换;

(7)系统检查 1 号 UPS 符合送电试机条件;

(8)单机开机正常,空载试运行一天正常;

(9)次日零点并机,系统恢复正常运行。

(五)干扰故障

前面在理论方面已阐述了各种不同类型 UPS 工作特点,不同的电路设计都在抗干扰方面进行了分析,即使这样干扰故障还是时有发生。

案例一:UPS 输入电流中包含大量的 4 次谐波

设备:进口 POWERWERE 9315 系列 200 kVA UPS。

故障现象:某机房电力值机员在设备巡视过程中发现机房变压器出现较大"嗡嗡"的异响,检查变压器输出电流略有增加(约 10 A),同时检查 ABB 有源谐波滤波器电流参数,发现在变压器的输出电流中包含大量的 2 次、4 次等偶次谐波。分公司电源管理维护人员接到故障报告后及时赶到现场进行故障排查。

故障定位:

通过 ABB 有源谐波滤波器的控制屏,可以发现低压配电母排的各次电流参数见表 2—13。

表 2—13 低压配电母排的各次电流参数

电流谐波次数 n	投运前					
	A 电流(A)	THD	B 电流(A)	THD	C 电流(A)	THD
1	830	100.00%	780	100.00%	805	100.00%
2	34	4.10%	38	4.87%	38	4.72%
3	58	6.99%	24	3.08%	25	3.11%
4	63	7.59%	100	12.82%	112	13.91%
5	57	6.87%	54	6.92%	53	6.58%
6	8	0.96%	13	1.67%	7	0.87%
7	22	2.65%	23	2.95%	22	2.73%
9	3	0.36%	1	0.13%	4	0.50%
11	17	2.05%	12	1.54%	14	1.74%
13	6.0	0.72%	6.0	0.77%	6.0	0.75%
总电流	837.59	13.43%	790.10	15.93%	816.24	16.54%

既然故障已经产生,该偶次谐波电流必定与低配系统中的一个(或多个)配电分路形成电流回路,因此采用 FLUKE 43B 电力谐波测试仪对每一个分路进行电流参数的测量,最后确定偶次谐波电流流向电力室的 UPS 输入配电屏。

该 UPS 输入配电屏后端带有一套 POWERWERE 9315 系列 200 kVA 冗余 1+1 并机系统,通过进一步的测试发现,偶次谐波电流由并机系统的 1 号 UPS 产生,并且 1 号 UPS 的直流母排电压即电池电压从正常状态的 470 V 降低到 453 V,蓄电池出现小电流放电现象,而 2 号 UPS 输入电流中则不包含偶次谐波电流,系统工作正常。但是奇怪的是 1 号 UPS 系统并没有出现任何的告警。

故障定位明确后,及时将故障现象通知了 POWERWERE 上海办事处。

这里补充说明一点：为消除 UPS 设备输入谐波电流对整个低配系统的影响，为该并机系统的两台 UPS 加装了 UPS 厂家提供的输入滤波器，为了滤波器验收对比测试需要，经得厂家和分公司电源管理人员同意，1 号 UPS 的输入滤波器已经投入使用，而 2 号 UPS 的滤波器尚未投入使用。

原因分析：

电路谐振故障。根据故障定位，首先怀疑 UPS 和变压器间产生谐振。从电路结构上分析，UPS 和变压器间呈串联回路，一旦配电回路中出现串联谐振，对于谐振特征频率电流，回路阻抗接近于线路电阻，因此会产生很大的谐振电流。进一步分析后基本否定了谐振故障的可能。第一，如此大的 2 次和 4 次谐波电流若进入输入滤波器，则 UPS 应该控制交流接触器切断滤波回路；第二，滤波器中的滤波电容为小功率器件，如此大电流将造成电容损坏，从而破坏谐振条件，但是该故障现象却一直持续了二十多小时。由于厂家没有提供 UPS 输入滤波器的电容、电感参数以及滤波器的投切控制原理，因此只能进行上述推测，难以作最后的确认。

整流故障。UPS 的输入首先通过晶闸管进行三相桥式可控整流。正常情况下，UPS 的各相输入电流为半波对称，根据付氏级数变换理论，输入电流中不应该出现大量的偶次谐波。但是如果整流模块（包括三相整流控制板、三相整流驱动板、三相六脉冲整流桥）出现部分故障，那么 UPS 的输入电流波行将不再是半波对称波行，输入电流中必定包含大量的偶次谐波。并且输入电压正常而直流母排电压降低到 453 V，也可以说明整流输出电压过低、整流模块工作不正常。但是 UPS 监控屏上却没有输出任何的告警信息。

处理过程：

故障定位明确以后，为减轻变压器的输出负荷，ABB 技术工程师在有源谐波滤波器中加入 2 次、4 次和 6 次谐波的补偿需求，补偿后变压器该阶次的输出谐波电流不超过 10 A。鉴于 UPS 输出为网络设备等一级负荷，因此要求机房值班人员严密观察 UPS 的运行状况。

通过整流输入、输出波形测量和对比，发现六脉冲整流桥的 6 号晶闸管工作异常，实际情况和在整流故障的分析相同。进一步检查后确认为 6 号晶闸管触发脉冲电路接触不良。于是将 1 号 UPS 退出服务，对整流控制脉冲电路作紧固处理，重新开机，系统恢复正常。

案例二：油机发电时 UPS 频繁发出旁路电源有干扰告警

设备：进口 30 kVA 意华宝 UPS。

故障现象：

两台 UPS 电源在市电停电，大厦油机发电时 UPS 频繁发出旁路电源有干扰告警（DISTURBANCES ON BYPASS LINE）的现象，当市电恢复时，系统的告警也随之消失。

问题分析：

当出现上述的告警现象以后，召集相关技术人员对系统进行全方位的详细检查，从外部的市电运行状态、系统各级开关的开闭、前后级的接地以及主设备的连接情况，到 UPS 内部的各个元器件、控制板、连接线路等进行详细的检查和排障工作，通过检查基本上没有发现有什么异常的现象。与此同时，也利用意华宝厂家提供的 UPS 分析软件

UCOM 导出系统的历史告警信息,并采用实时监控软件对系统进行数据实时采集。从采集到的数据中发现,系统在运行过程中出现过输出电流尖脉冲的现象,由于是出现在输出电流的反馈信号,那么此脉冲信号的发生是否与后级主设备有关联?利用示波器对油机的运行参数进行测量与跟踪,发现油机的工作频率波动较大,电压起伏且谐波失真大,油机的工作质量不是很稳定,油机的运行质量影响了 UPS 系统的运行状态。由于 UPS 电源系统有自我保护的功能,当检测到的外部条件超出保护范围时,系统就会发出告警信息。

处理过程:

利用意华宝提供的 UPS 分析软件 UCOM 导出历史告警信息,采用实时监控软件直接进行实时数据采集等手段,经过多次对系统进行分析和测试,并在此基础上进行了多次的尝试。首先,更换 UPS 电源的静态旁路开关板;其次,更换主板芯片和逆变控制板芯片(配合系统版本进行升级);最后,在 UPS 主板和逆变控制板的通信线上套上一个磁环,用于加强抗干扰能力。凌晨 01:00,启用大厦油机进行发电测试,测试结果:系统运行稳定,告警能够有效消除。经现场告警信息采集后分析,告警的出现主要是版本原因导致设备抗干扰能力下降引起,版本升级和加上磁环后,能够排除告警。要求厂家对该系统进行升级,升级工作主要是更换 UPS 内部 EPROM 芯片,同时在 UPS 主板和逆变控制板的通信线上套一个磁环以减少干扰信号。

(六)配电故障

UPS 供电系统中,配电问题是一个很重要的问题。它直接关系到系统的安全稳定。

案例一:UPS 转外旁路输出故障

设备:进口型号为 GE SITEPOR 60 kVA UPS 2 台并机。

问题判断:某新建 IT 机房有两台 60 kVA 的大型 UPS,新建工程结束以后,厂家工程师进行设备调试、交工使用,公司负责工程设备安装验收,在验收过程中发现故障隐患如下。

验收到最后阶段:UPS 转外旁路实验

(1)在面板操作将两台 UPS 打到外旁路输出上。

(2)关闭蓄电池输入开关。

(3)在交流输入屏将外旁路输出开关合上。

(4)将 UPS 输出屏的外旁路输出开关上接线端子和交流输出屏外旁路输出开关(此开关处于关断状态)的市电进行测量合上时,发现测量结果同相之间有 380 V 电压,如果此时合上此开关,必定出现相与相之间短接,后果不堪设想。

原因分析:经厂家工程师回忆,UPS 开机调试时,UPS 显示相序告警,机器不能正常工作,就将 UPS 的输入相序调整后,UPS 能够工作正常。然后进行其他调试测试,后认为所有调试工作结束。由此分析判断,UPS 输出相序与外旁路 输出相序不一致,需要进行调整一致后,才能合并开关,实现设备外旁路的作用。如图 2—44(a)所示。

处理过程:将 UPS 输出交流屏外旁路的输出开关上端子相序调整一下,问题解决。

事后分析:在新安装 UPS 设备时,UPS 设备的内旁路、外旁路这些检查都是有必要的,否则为以后设备检修、维护带来不必要的麻烦,甚至引发事故,如图 2—44(b)所示。

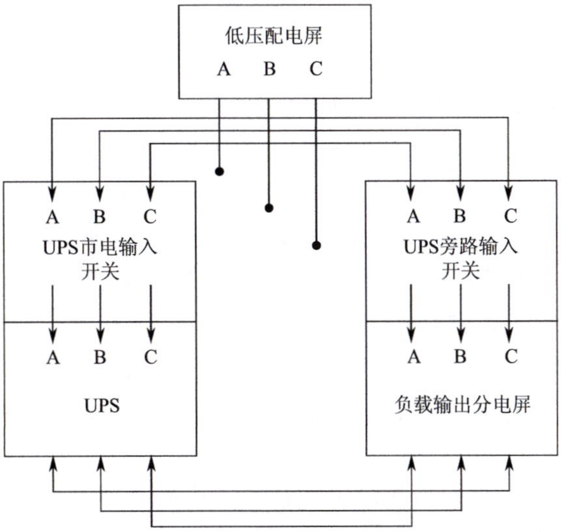

(a)调整前

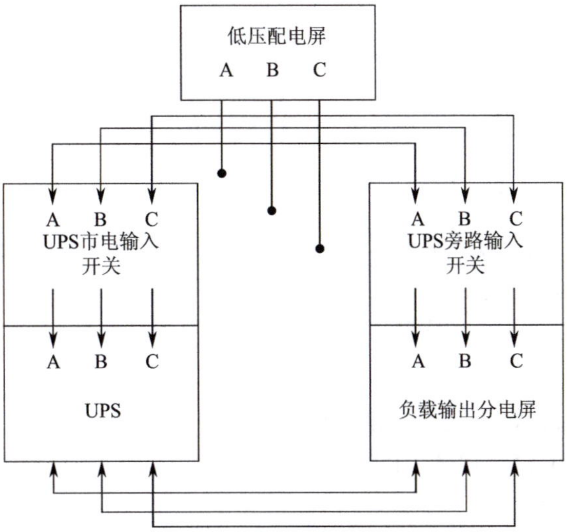

(b)调整后

图 2—44　UPS 供配电示意图

案例二:UPS 蓄电池核对性放电试验结束合不上交流输入开关故障

设备:BORRI 160 kVA UPS 并机冗余备份。

故障现象:按照维护规程“每年应以实际负荷做一次核对性放电试验,放出额定容量的 30% ~40% ”要求,维护人员于晚上 22:00 开始以实际负载做放电试验工作。该套 BORRI 160 kVA UPS 并机冗余备份系统,配备 4 组每组 30 节 GNB S12V370 电池,浮充状态下电池组电压为 405 V,负载比为 34% 和 35% 。经过计算,计划放出电池容量的 25% ,即15 min。22:16 放电结束,此时电池组电压为 376 V,合上 2 台整流器开关,转为市电工作状态,系统正常,每组电池充电电流为 20 A 左右。22:17 系统突然又转为电池供电模式,经查交流输入掉电。

处理过程:

立即电话询问配电房值班人员有无停电或开关跳闸,答复除给7楼UPS供电的B426开关无电流外,其他一切正常。检查UPS交流输入柜,2个400 A的交流输入开关正常。至此,只能推断7层强电井总输入开关出现故障。后发现强电井,400 A的西门子插接箱开关跳闸,初步检查后试合开关,但马上又跳闸。万用表验证UPS整流器部分,没发现有短路现象。找来工具拆开插接箱外壳没发现明显损坏现象,22:43再次试送电,观察到交流配电柜表记显示为220 A,22:44再次跳闸。此时,UPS开始显示"BATTERY RUNNING DOWN电池电压低告警"。再返回强电井,查看开关整定值指针对准0.5位置,即整定电流值为200 A,立即将开关整定到400 A,22:48送电,开关没有再跳闸,UPS系统恢复正常运行状态。

原因分析:强电井插接箱开关整定值没有随着负荷的增大而做响应调整是导致本次故障的原因所在。2台机组正常负荷电流之和为:160 A/152 A/164 A,每组电池的充电电流20 A,4组为80 A,总输入电流高峰时能达到250 A以上,超过强电井总开关的整定电流值。

问题:

(1)没能认识到开关整定值的重要性,工程与维护交接时出现漏洞;

(2)强电井管理混乱。

后续整改情况:

(1)定期检查各级开关的整定值:故障发生第二天,对所有开关进行一次彻底的排查,合理设定整定值,建立开关整定值数据库,并落实专人负责定期更新;

(2)强电井移交电源维护人员管理:与行政总务部或综合部移交强电井管理工作,加强对钥匙的管理工作

案例三:市电中断,UPS不能转电池供电

系统情况:某机房1台5 kVA UPS。

初步判断:配电问题。

故障检查:

经检查UPS蓄电池组没有失效。在市电恢复后负载正常工作,但检查发现此时UPS并未开机,UPS的输入接线端只有50 V左右交流电压,而输出接线端却有224 V。进一步检查UPS的输入断路器发现此断路器虽然闭合,但断路器上、下口的电压只有50 V左右,判断是"反送电"现象。

问题所在:为什么会存在"反送电"现象?

原因分析:

(1)此配电系统是一路供电系统:市电A、市电B经过一只手动转换开关S后以双路输出的形式送到各类负载母线上。如图2—45(a)所示。

(2)由于考虑数据的安全性增设了UPS系统如图2—45(b)所示,从图的连接中可以看出S_1是造成"反送电"现象原因所在。

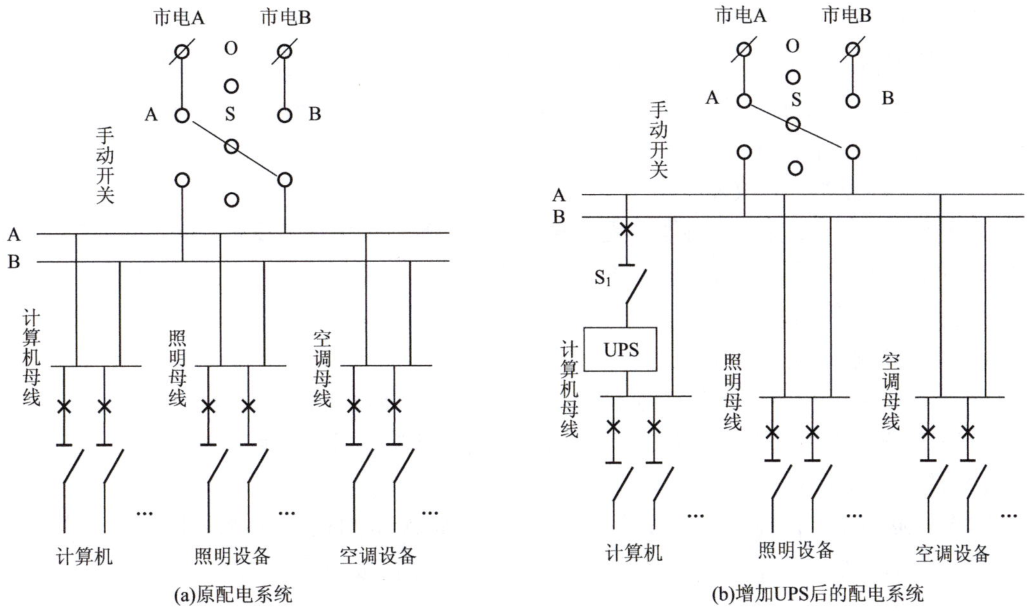

图 2—45　配电系统

故障处理:重新设计改造配电系统,改造如图 2—46 所示。

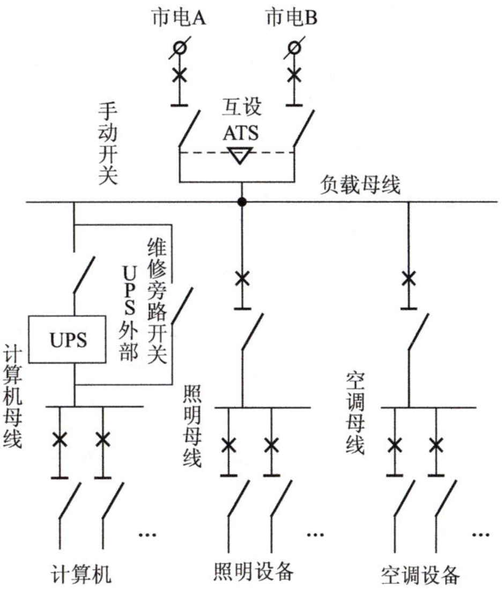

图 2—46　改造后的配电系统

案例四:交流接触器误告警故障

设备:进口 40 kVA 艾默生 UL－33 系列 UPS 1＋1 并机系统主机。

故障现象:UPS 正常工作,突然出现交流接触器故障,该告警分别在 UPS 主机监控器与机房监控系统中显现。

问题判断:设备现场发现 UPS 主机故障灯亮,整流、逆变工作正常,并机运行正常,单机负载约 13 kVA,首先调出 UPS 主机的历史告警信息进行查看,发现当前存在未闭环的告警有“交流接触器异常”、“旁路超出跟踪”等故障内容,为彻底检测设备,在夜间负荷允许的情况下,对设备进行开壳检查,首先测试交流输入主接触器,关闭交流输入 Q1 开关,接触器脱离正常,UPS 蓄电池逆变工作正常。闭合交流输入 Q1 开关,发现接触器吸合正常,同时判断该告警可能为误告警。关闭 UPS1 设备,开箱检查交流接触器线路、监控板等元器件,一切正常,将 UPS 主机重启后运行正常,无任何告警。

因此,故障灯亮的原因确定为控制系统未对相关告警信息复位造成,为系统误告警。与艾默生厂方技术工程师确认后,双方再协议升级系统软件。

原因分析：

本次故障情况为 UPS 系统监控单元出现误告警所致。厂方技术工程师所提供的故障原因主要为老版本软件存在 BUG，需要进行升级。维护人员分析，当交流接触器出现故障告警则可能存在以下情况：

(1)交流接触器自身故障

该故障发生时，交流主接触器应无法吸合，自动脱离，UPS 设备交流输入中断，需要应急抢修。由于是 1+1 并机系统，可以将负载倒换至另一台 UPS 上，然后对故障 UPS 进行关机，更换交流主接触器。

(2)交流接触器检测线松动

该故障发生时，交流主接触器应自身工作正常。能够自动脱离与吸合。可能存在检测线螺丝松动、触点接触不良等情况。需要维护人员仔细检查各个触点及检测线是否正常。

(3)监控单元故障

本次故障即属于监控单元的故障。在以上两种情况检测正常的情况下，可以尝试对设备的复位操作。如果故障仍无法消除，可以更换 UPS 监控板进行尝试。

处理程序：

(1)检查 UPS 告警信息，确认交流接触器为唯一故障信号。

(2)确认 UPS 负荷在单机保障范围之内。

(3)拆除 UPS 机壳盖板，观察交流主接触器状态仍处于吸合状态。

(4)关闭 UPS 的主交流输入开关 Q1，观察交流接触器脱离正常。

(5)闭合 UPS 的主交流输入开关 Q2，观察交流接触器吸合正常。

(6)关闭告警 UPS 主机，确保另一台 UPS 为所有负载正常供电。检查并紧固交流接触器上的监控线。同时检查监控线是否有破损。

(7)发现 UPS 监控线无问题后，对 UPS 进行重新启动。

(8)UPS 启动成功，监控告警自行消失。确认 UPS 1+1 系统工作正常。

(9)与厂方技术工程师确认故障及处理情况，确定厂方现场再次检测后对监控软件进行升级。

后续整改情况：对 UPS 系统进行软件升级。

(七)散热故障

案例一：UPS 风扇故障分析

设备：EXIDE PLUS 9315 80 kVA。

故障现象："VPMN" 2JHJ UPS(EXIDE PLUS 9315 80 kVA)风扇故障告警，现场检查设备发现有一风扇停转，系统输出正常。

故障处理过程：厂家工程师到现场开始进行更换

事后分析：

EXIDE UPS 风扇采用冗余设计，即使损坏一个，冷却系统仍保证正常工作。从可靠性上来讲，EXIDE UPS 平均无故障时间≥36 万 h，影响整套 UPS 平均无故障时间的最大因素就是风扇故障，鉴于冷却风扇是 UPS 中唯一有机械磨损的元件，一般采用具有容错特性和可热更换的冗余式风扇配置方案，由于 EXIDE9315 系列 UPS 风扇采用脉冲控制，一旦风扇损坏控制板通过自检发现风扇损坏，将发出告警信息。

此类 UPS 还采用了带过滤网风冷集中式冗余散热系统设计方式，对于大功率在线式 UPS 电源，目前其最高满载工作效率为 94% 左右，在半载时一般为 92% 。也就是说，UPS 在正常工作时，约有 8% 的能量在内部转化成热量散发了。例如：40 kVA 的 UPS 电源在 60% 负载时其内部发热为 1. 6 kW，相当于一个大电炉在不断加热。UPS 电源内部发热最多的部分是逆变器和整流器的功率模块，如 IGBT、晶闸管、晶体管等。随着温度的升高，功率器件的老化加剧，寿命缩短，使得 UPS 的可靠性降低。因此，必须对其进行散热。

一般在整流器和逆变器的散热铝型材上都安装有两个温敏开关，当散热铝型材温度达到 70 ℃时，其中一个开关起作用，系统报警，指示整流器或逆变器温度过高；当温度达到 90 ℃时，系统会立即关断整流器或逆变器，以保护 UPS 本身，同时系统切换到旁路，由市电给负载供电。由此可见，只要整流器和逆变器其中一个模块过温，系统都不能正常工作，要切换到旁路，使得负载处于旁路不稳定的市电供应之中，不能得到很好的保护。

目前所有的大功率 UPS 电源都采用轴流风扇进行风冷散热，由于风扇每时每刻每秒钟都在旋转，因此风扇是 UPS 内部比较薄弱而容易出问题的部分，和熔断器一样属于易损件，所以大功率 UPS 电源的可靠性很大程度决定于风冷系统的可靠性。

结合此类 UPS 可带电更换的特点，维护单位应备好充足的备板备件，定期对风扇进行检查，一旦出现异常就更换新的风扇，从而达到保护逆变器和整流器正常工作的目的。

案例二：UPS 单机过温停机

设备：进口 Powerware PB4000-200 kVA UPS 并机系统。

故障现象：1 号 UPS 停机，2 号 UPS 正常运行，后端设备正常运行。

原因分析：根据上述现象，初步分析有以下原因：

(1) 市电故障引起（市电停电、超限、缺相、频率超限等原因造成设备停机）。

(2) 单机过温停机，包括：

①机房环境温度过高引起；

②风扇故障引起；

③电流过载引起；

④温度传感器故障等原因引起。

(3) 1 号 UPS 电池欠压导致停机。

(4) 设备内部器件损坏引起。

(5) 设备内部短路引起跳闸。

(6) 系统其他保护引起。

(7) 系统误告警、误动作引起。

处理过程：

(1) 检查 1 号 UPS 供电情况及根据 2 号 UPS 工作正常，判断外部市电供电正常。

(2) 检查报警记录，显示为系统过温告警（据此分析设备过温保护停机，负荷转至 2 号 UPS 上）。

(3) 检查发现 1 号 UPS 轴流风机停止运行。

(4) 开机检查，发现 1 号 UPS 风机电源熔丝熔断、熔丝上端电源正常、风机检查已坏。

(5)进一步检查测量系统无其他损坏器件。

(6)将上述所损坏的风机及输入熔丝更换。

(7)系统检查 1 号 UPS 符合送电试机条件。

(8)单机开机正常,空载试运行 4 h 正常。

(9)1 号 UPS 并机,系统恢复正常运行。

经验总结:

(1)风机故障前运行声音常有所变化,注意及时分辨发现。根据这项经验,3 月 5 日便及时发现了该机房另外一台同型设备风扇运行异音,随后将该风机进行了及时更换,有效避免了类似故障的再次发生。

(2)加强与厂家的协调沟通,备足风机等易损器件,实行定期巡检。

案例三:UPS 散热系统故障

故障现象:上午 09:24 Powerware PB4000-160 kVA 1 号 UPS 红色告警灯亮。此系统供电方式为 Powerware PB4000-160 kVA 并机冗余备份。经查看告警记录显示 OVERTEMRE-TURE(高温报警),进而查看发现背面三个风扇停止工作。本次故障是紧急故障。

处理过程:

确认 UPS 系统为紧急故障后,立即电话向厂家报修,同时一方面将有关情况向上级领导汇报,另一方面采取应急措施(机房空调温度下调和用电风扇强制降温),延长故障机组的运行时间。10:22,该机组因高温导致逆变器停止工作,负荷全部转移到另一机组。10:28,维护人员断开整流器输入、逆变器输出、静态旁路及电池开关,故障机组退出系统运行,等候厂家备件及人员来现场维修。在等候维修期间,派人在现场观察单机的运行情况,以便出现异常情况及时处理。晚上 20:10,厂家人员随带备件到现场,更换了一只滚筒风机和一只 5 A 的熔丝,于 23:20 开机正常,系统并机运行正常。

原因分析:

PB4000 UPS 系统的逆变器、整流器等关键元器件工作过程中产生的热量主要依靠 3 只滚筒风机向上强制排风散热。本次故障中,其中一只滚筒风机因长久运行损坏,造成短路,进而引起给 3 只滚筒风机和 3 只风扇供电的熔断器烧毁,造成整个散热系统停止工作,UPS 内部热量不能及时排出,系统因高温而引起逆变器停止工作。

经验总结:

(1)定期开展动环监控系统告警信号测试工作

本次 UPS 发生故障时,告警信号没有在监控系统告警业务台上反映出来,告警短消息也未发出,事后分析原因为前置机配置库存在问题。在配置设备告警过滤条件时,维护人员原先是想通过告警过滤功能减少一些不必要的多余告警,减少告警窗口的告警数量,避免数据库过多存储不必要的告警信息量。在做告警屏蔽过程中,由于告警条件设置不当,重复屏蔽,造成机房部分动力设备不能发出告警。

(2)严格控制 UPS 单机负载率,增加系统安全系数

本次故障中,一台机组因故障退出运行,另外一台机组独立承担系统整个负荷运行 14 h,由于目前负载比较低(17% ~18%),没有威胁到整个系统。从此次故障中,可以看出加电过程中严格控制负载比的必要性。

后续整改情况：

(1)监控问题：为了能够实现实时告警功能，已经将相关告警过滤条件除掉。在全区开展专项告警测试中，达到所有告警信号均能在业务台上自动弹出，短消息功能正常。

(2)备件问题：本次故障从发生到解决历时 14 个多小时，处理时间偏长，其原因主要是备件问题。该期故障发生后，已要求供货商在本地备足易损元器件，以便缩短故障修复时间。

案例四：整流器、逆变器过温保护，导致并机工作的两台 UPS 停机

设备：先控 ST 45 kVA UPS。

问题判断：

故障起因于 UPS2 的一个风扇损坏，设备没有发出任何提示告警，整流器温度上升，造成整流器过温保护。

UPS2 在 10:08:15 出现整流器过温保护告警，电池放电；10:08:24 又发出旁路高温保护告警。由于旁路高温保护，静态旁路开关采用晶闸管控制原理，在维持 5 min 放电后，进行热保护，10:13:24 UPS2 逆变器关，UPS2 的负荷全部转移到 UPS1。UPS2 逆变器在跟踪 3 s市电后已与市电同步，在 10:20:58 逆变器已经恢复运转，但由于整流器过温保护和旁路高温保护告警未消除，静态旁路开关仍进行热保护，无法恢复正常输出，所以 UPS2 死机。

UPS1 承担全部负荷后，负荷瞬间增大，热量增加，在运行 2 min 后，10:15:25 发出整流器过温保护告警，电池放电，10:15:34 又发出旁路高温保护告警。由于各负荷功率不变，负荷增大，造成电压降低，电流增大，5 min 后(即 10:20:34)，逆变器出现过载告警和旁路过载告警，因旁路高温热保护告警未消除，并机设备要求工作必须同步，UPS1 逆变器停。此时 UPS1 已无负荷，所以静态旁路过载、逆变器过载告警均消除。但整流器过温保护和旁路高温保护告警未消除，静态旁路开关仍在进行热保护，无法恢复正常输出，造成 UPS1 宕机。

处理过程：维护人员对设备的交流输入、输出所有开关检查，确认均无跳闸现象。通过向厂家的工程师电话咨询，维护人员对 UPS 进行操作。10:56，将 UPS 设备转到手动旁路，恢复供电。经过对 UPS 设备进行重新启动，将输出切换到逆变器回路，11:20 设备恢复正常运行。

原因分析：通过对告警时间的重新核实以及对告警信息的分析，造成 UPS 停机的原因如下：

(1)故障的诱因是 UPS2 的一个风扇损坏，随着 UPS 内部热量聚集，使整流器散热板温度上升，造成整流器过温保护停止工作。

(2)从深层次上分析，由于该设备整流器与静态旁路采用同一个温度传感器，整流器温度高就等同于旁路温度高，设备发出旁路高温保护的指令，封锁旁路供电，使 UPS2 放电 5 min后被迫停机。最后由于 UPS1 的输出功率瞬间增大，电压降低，电流增大，超出负荷，同样重复 UPS2 的整流器及旁路保护在放电 5 min 后，逆变器过载关机，而此时旁路由于高温保护尚未消除，无法旁路供电，最后掉电停机。

(3)导致 UPS 最后停机的根本原因是由于整流器与静态旁路开关采用同一温度传感器所致。如不采用同一传感器，即使整流器温度高，造成热保护，此时仍可采用旁路供电，待整流器温度降低后，会自动转回到整流器供电，不会造成供电中断；但由于采用同一个温度传

感器,两者任意一个温度高或温度采集有误,都会影响设备的正常工作,在过温告警未消除时,都不能恢复正常,最后造成 UPS 停机。

(八)主控板故障

案例一:UPS 显示屏板坏引起超载停机故障

设备:国产联吉 15kVA UPS。

故障现象:当市电停电时 UPS 发生掉电现象,引起 DCN 设备中断。

问题判断:维护人员在市电正常后开机发现 UPS 显示屏无显示,但 UPS 工作正常无告警。

原因分析:由于 DCN 机房为无人值守机房,发生故障后维护人员对 UPS 蓄电池进行测试,结果蓄电池也正常。为了不影响机房设备正常运行,准备在晚上 12 点对 UPS 进行市电中断模拟测试。在测试时发现,当市电中断后 UPS 发生超载告警,同时超载指示灯亮,然后 UPS 停机,输出中断。维护人员用钳形表测量输出电流在正常范围之内,但是为什么会产生超载告警?会不会与显示屏有关?

处理过程:打开机柜发现 UPS 显示屏板脱落并已损坏,维护人员将先前准备好的显示屏板进行更换,然后开机,重新进行测试, UPS 恢复正常。

案例二:UPS 通信接口板(COSI)故障

设备:进口 100kVA 梅兰日兰(Galaxy PW) UPS(1 +1 冗余并机)。

故障现象:UPS 逆变器自动停机,但 UPS 无报警信息;设备内部元器件故障。

问题判断: UPS 逆变器停机,UPS 无报警信息。

原因分析:因通信接口板(COSI)接触不良而导致该板件损坏。

处理过程:更换通信接口板(COSI),并重新启动后 UPS 运行正常。

案例三:UPS 采样板(AQUI)故障

设备:进口 100kVA 梅兰日兰(Galaxy PW)UPS(1 +1 冗余并机)。

故障现象:1 号 UPS 停机,整流器指示灯红色、电池指示灯红色、逆变器指示灯熄灭。告警信息:负载不受保护、UPS 内部故障、充电器故障、电池用尽、电池开关断开、电源 1 的 U12、U23 数值正常、U13 数值为零。设备内部元器件故障。

问题判断: UPS 采样板(AQUI)故障,UPS 停机并告警。

原因分析:

由于 UPS 采样板(AQUI)的电源 1 第三相采样变压器失效,电源 1 第三相电压采样值为零,UPS 误认为电源 1 缺相,随即停止整流器,使用电池负载工作,当电池后备时间结束后,电池指示灯显示红色,2 h 后电池开关自动脱扣跳闸,UPS 停机。

处理过程:

检查 AQUI 采样板电源 1 的采样变压器,发现第三相采样变压器一次侧的电阻异常偏高,是正常值的 2 倍,第一、二相采样变压器正常。判断为 AQUI 采样板故障,经更换采样板 AQUI 同时对相关的采样值进行校验后,重新启动 UPS,UPS 恢复正常。

案例四:UPS 从机旁路告警

故障现象:

80 kVA UPS 从机走旁路告警,在 1 h 后,UPS 主机也出现过温告警,同时逆变器关闭走旁路。

故障分析及处理：

维护人员赶到现场后故障机已经被关闭，只有主机在旁路下运行，因为考虑到负载的重要性，首先必须使主机正常运行，再维修从机。经对主机进行检查后判断逆变器不能开启的原因是逆变器过温所致，而逆变器过温主要是由于 B 相负载超载所至，因此要开启主机就必须将 B 相所带负载减掉一些，而且 UPS 必须下电复位使故障消除，这样才能开启主机。在与相关部门协商后，首先将部分通信负载的工作数据存档后关闭，然后将 UPS 打到维修旁路状态，使 UPS 下电复位。按照正常开机程序将 UPS 主机开启，这样负载就处于安全的电源下运行。然后对从机进行了检查，在对从机检查中发现 UPS 的整流部分 B 相熔断器及电池熔断器烧断，而其他部分正常，在后来的检查中又发现电池正极与地之间有放电点，因此判断电池与地之间有短路现象发生导致熔断器烧断，同时对整流及逆变模块进行了检查，未发现异常，于是通知厂家连夜从深圳总部相关部门将备件送达本地。在更换熔断器后，在测试状态下开启 UPS 从机，UPS 从机工作正常，最后在正常工作状态下将 UPS 主机与从机并机成功，至此，整个故障处理结束。

经验总结：

此次故障首先是由于一台出现故障后，另一台的负载超载所为，因此对于 1 +1UPS 并机系统的负载配置，一般单台 UPS 最多配置其容量的 40%，这样才不至于单台出现故障后，另一台会因满载或超载使逆变器过温，UPS 运行在旁路下，失去了冗余的意义，使负载在不安全的电源状态下运行。

案例五：UPS 主机母线电压过高告警

设备：120 kVA UPS。

故障现象：UPS 充电电压达到 451 V，且不稳定，UPS 报母线电压高告警。

原因分析：

在查看故障告警后，对 UPS 进行了检查，经分析判断可能是参数飘移所至，首先对 UPS 整流逻辑板的 R21 进行了调试，将母线电压调到 432 V，但没过多久电压又往上爬升。经过此现象分析，确认不是参数飘移，应该是 UPS 整流部分出现问题，即高压接口板与整流逻辑板出现故障。

处理过程：因为是 1 +1 并机系统，所以可将故障机退出更换高压接口板与整流逻辑板，在向有关部门汇报并征得同意后，在厂家维护人员配合下将 UPS 主机停掉，然后将板件的跳线按照并机设置好并更换。之后开机，UPS 工作正常，再对 UPS 的各个参数进行检测，未发现异常。至此，整个 UPS 维修完毕。

经验总结：对 UPS 的故障处理一方面是对故障现象要描述清楚，对故障前的情况要了解清楚，这样才能对故障进行一个比较准确的定位，同时做好备品备件的储存，使设备安全能够得到有效的保障。

案例六：UPS 电源板故障

电源设备：法国梅兰日兰 120 kVA UPS。

故障现象：电源板故障引起并联系统单机工作。

通信大楼动力监控平台发现 17F 3 号并联冗余 UPS 系统 UPS1 告警，交流输出电压、电流均为0。值班人员发现告警后,马上到现场查看发现 UPS1 逆变器已经停机,逆变器指示灯灭,面板黑屏,负载由 UPS2 单机保障。然后该故障 UPS 面板 LED 突然闪亮后再次黑屏停机,机器内散发出严重的焦煳味。

原因分析:机器内部出现焦煳味,可能是内部控制板、电源板上的电子元器件损坏造成。

处理过程:

用梅兰 UPS 维护软件连线 UPS 主机确认故障代码,显示为并机控制板工作异常。打开故障机面板,用万用表检测发现该故障 UPS 并机控制板(MISI 03 版)上 VT37、VT38 稳压管器件已经被烧毁,同时并机控制板连接线也被烧毁。更换并机控制板及连接线后故障依旧,且新的并机控制板相同部分也被烧毁。进一步用万用表检测发现机器内部各板卡工作电源 DC 24 V 不正常,检查发现电源板(ALII)DC 24 V 工作电源无输出。更换故障电路板再次开机,合上电源 1,电源 2 输入开关,输出开关未合上并联,发现故障 UPS 整流器正常启动,但电源 2 静态开关工作指示绿灯亮,说明旁路没有封锁,故不可以合上输出开关 Q5n,否则会导致正常机逆变器输出与市电并接,会引起过载停机。根据现象分析正常 UPS2 并机控制板存在故障,UPS2 无法发送给 UPS1 并机信号——静态开关的封锁信号;但此故障不影响该机单独运行。

通过对 UPS 设备故障现象和损坏部件的技术分析,得出以下结论:故障起因缘于 UPS1 的并机控制板中器件损坏,造成 24 V 内部直流工作电源短路,使 UPS1 的电源板故障,输出工作电压不正常,并通过并机回路导致 UPS2 的并机控制板故障。

将该 UPS 并联系统切换至旁路维修开关,更换 UPS1 并机控制板、电源板、UPS2 并机控制板后开机试验正常,系统恢复正常运行。

(九)UPS 变压器故障

故障现象:一台 UPS 风道出口处冒烟并伴有火苗。

系统情况:两台 60 kVA UPS 冗余式并机。

初步判断:先将此台 UPS 的输入开关断开,而这时此台 UPS 输出电压为零。

故障检查:这台 UPS 输出变压器局部起火。

问题判断:

1. 变压器为什么起火?
2. 为什么发生故障的 UPS 不能单独退出系统?
3. 当切断输入交流电源后为什么 UPS 不能实现电池供电?
4. 为什么在变压器起火时形成较大的电流不能使 UPS 机内的输入断路器跳闸?

原因分析:

1. 变压器起火的主要原因有:绕组匝间短路(包括电压击穿绝缘层)、负载短路(在保护性能完好情况下可能性很小)、铁芯由于涡流过大使温升过高等。负载短路和铁芯由于涡流过大使温度升高时的绕组燃烧是整体全面的,而绕组匝间短路的燃烧是局部的。经现场检查是变压器没有渗漆,导致这次故障的发生。变压器本身质量有问题。

2. 发生故障的 UPS 不能单独退出系统的原因与 UPS 的连接方式有关。在冗余并联的情况下,由于两台 UPS 的变压器输出端是并联连接,两台 UPS 共同承担负载。如果故障出现在变压器次级之前,故障的那一台 UPS 就会退出系统。而如果故障出现在并联的次级,由于这是一个公共部分，无法分出彼此，次级电流增加，两台 UPS 供给的电流也同时增加，只有当到两台 UPS 都测知过载，才会同时退出系统。

3. 当切断输入交流电源后 UPS 不能实现电池供电的原因：实际上能使变压器铜带炙热到发红的电流已使两台 UPS 的逆变器退出工作，改由市电供电。此时有两个原因不能使电池供电：其一是负载正在旁路上，无法使电池供电；其二是当断开输入开关时，按常规应将负载切回来，但由于短路匝的过载现象仍然存在，逆变器不能带短路负载启动。只有当把两个并联的变压器断开，无故障的那台 UPS 才可以启动。所以当切断输入交流电源后不能实现电池供电是合理的。

4. 在变压器起火时形成较大的电流不能使 UPS 机内的输入断路器跳闸的原因：从上面分析可知，UPS 已感到过载并已转旁路供电。其旁路的过载能力要比变压器的过载能力大得多，比如可过载 10 倍 200 ms，如果时间再长一些，随着火势的蔓延，绝缘层被破坏的面积会急剧增大，短路匝会越来越多，情况也会越来越严重，如果等到静态开关截止或断路器跳闸，那将是一个难于收拾的局面。

故障处理：更换变压器。

恢复情况：更换变压器后，正常供电。

（十）其他故障

案例一：UPS 无交流输出

设备：进口 APC Symmetra 12 kVA UPS。

故障现象：UPS 的电源输入开关跳闸（位于交流配电屏内），UPS 的系统开关（开关机开关）也跳闸。

问题判断：功率模块出现故障（Bad Power Module）。

原因分析：判断可能是因机器年久，系统内部冲击电压造成功率模块损坏和跳闸。

处理过程：

（1）动力值班人员发现监控系统业务台中断，当时认为是监控原因，并和厂家维护人员进行了联系。到现场发现 UPS 无输出，期间值班人员进行了相应的故障排查，上报故障，并发现 UPS 的电源输入开关跳闸（位于交流配电屏内），UPS 的系统开关也跳闸，重新合闸后仍没有输出。

（2）相关维护人员到场，发现 3 个功率模块的第一个和第二个均已出现告警，从显示器中查询到已坏，退出两个坏模块后仍无交流输出。

（3）在暂时无法排除故障的情况下，合上维护旁路开关，直接由市电供电给设备。

（4）经和 APC 技术支持中心联系，判断可能是系统内部冲击电压造成功率模块损坏和跳闸。在检查输入电压偏高（240 V）与设定的输出电压（220 V）相差较大时，更改了输出电压为 230 V 后。并在确定一个功率模块可以带动负载的情况下，退出旁路，观察正常运行。同时联系代理商购买新的功率模块热更换，机器正常工作。

案例二：UPS 逆变器无故停机

电源设备：法国梅兰日兰 120 kVA UPS。

故障现象：

动力监控平台发现 17F 电力机房 1 号 UPS 并联冗余 UPS 系统 UPS1 告警，显示逆变器无法切换，值班人员现场查看后发现 UPS1 逆变器已经停机，面板上的逆变器指示灯暗，整流器仍处于工作状态，但无输出电流，负荷全部转至 UPS2。

初步分析该故障属于内部控制部分故障。

故障分析：为了提高安全系数，UPS 都是采用并联冗余工作方式，两台 UPS 并联时，通过并机控制板 COSI 检测两台 UPS 的交流输出，来控制两台 UPS 的逆变器控制 CROI 板，调整逆变器输出达到同步，若不能同步，则两台 UPS 之间会有环流，甚至引起过流停机。逆变器无故停机，故障原因可能是逆变器控制板出错。

处理过程：

通过梅兰 UPS 维护软件连线 UPS1 主机，调出该 UPS 故障记录进行分析，没有发现明确的故障记录。同时对现场 UPS CROI 控制板参数进行分析后，发现厂方确定的时间参数过于保守，造成并联运行时，两台 UPS 的逆变器之间交换电流采样及相关控制电路过于敏感，交换电流中的某些瞬态变化响应过于强烈造成超调，引起控制电路动作，造成逆变器停止运行。

与厂方进行协调后，修改了逆变器控制板 CROI 交换电流采样电路的信号积分时间常数，解决超调问题。将该类型 UPS CROI 控制板升级至 CE NT04 版后，并联系统逆变器无原因停机现象消失。

案例三：UPS（串机）电池电压异常

故障现象：某爱克赛 UPS（串机）系统现有容量为 65 kVA，负荷 7 A/0 A/0 A，为计费中心设备提供电源。维护人员在巡视中发现该系统 UPS 主机电池电压异常，原电池电压应为 472 V，UPS 控制面板上现显示电池电压为 450 V，与标准运行参数有较大出入。维护人员首先怀疑是 UPS 采集设备有问题，系统显示与实际数据不符，经过实际测量比较，电池电压确为面板显示值。并且整套系统无任何告警，UPS 系统输出正常。

故障分析：维护人员经过认真分析，重新测量 UPS 系统各项数据，发现蓄电池组有微小的放电电流（约 3.5 A）。从这一个小细节判断为设备的整流部分可能存在问题。由于整流器不能正常工作，无法为逆变器和蓄电池提供合格的直流电，系统判定为整流器失效（无告警），由蓄电池放电通过逆变器为负载提供电源。随着放电时间的推移，蓄电池组电压正常下降。建议停机更换整流板。

处理经过：维护人员按照正常顺序关闭 UPS 系统主机以及蓄电池组，确认负载正常切换倒备机。卸下整流板，从备件库中取出整流板备件，按照设备维护流程正常更换备件。重新开启 UPS 主机，将蓄电池组联入系统，确认负载重新切换到主机，测量主机蓄电池组有充电电流，整套系统运行恢复正常。

经验总结：

（1）部分设备故障不会出现明显的告警，需要对设备进行实际数据测量以判断故障点。

（2）在集中监控告警点的设置上，对 UPS 电池电压的控制值要严格掌握，下限定于 450 V。

（3）储备整流板等必要的备板备件，可以和厂家签订协议并规定：备板预先购置，厂家在规定的时限内进行修复。考虑到备板的储备有期限要求，协议还应规定：厂家在处理更换其他用户 UPS 时，在提供新的备用板后使用备用板，以保证储备的备用保持良好状态。

案例四：UPS 蓄电池无故放电

电源设备：法国梅兰日兰 120 kVA UPS。

故障现象：动力监控平台发现大楼 17F 1-1 号梅兰日兰 UPS 蓄电池进入放电状态，电流 20 A 左右，而当时市电无失电情况。值班人员现场查看后，发现与正常蓄电池自动测试不同，UPS 蓄电池放电时间较长，并且反复进入测试状态频繁放电。初步分析该故障属于内部软件故障。

故障分析：UPS 软件中设置了电池测试项目，能够定期或手动控制电池放电，并与内存中的理想放电曲线比较，检测电池的好坏。此次发生故障的 UPS 于 2002 年底进行过升级将 LCD 面板（AFCI）更换 EPROM 为有事件记录的版本。从故障现象分析，应该是控制电池测试部分有故障，导致程序混乱，放电不能受控。联想到该故障机曾进行过升级，分析故障可能是之前所更换的显示面板芯片与设备原有其他控制板存在版本冲突，引起软件死机。

处理过程：

将 UPS 正常下电后，退出电池测试死循环程序，重新启动恢复正常。用梅兰 UPS 维护软件连线 UPS 主机，查看各板卡工作状态后，发现故障 UPS 处于未被定义的异常运行状态，可能是通信板 GTCI 对一些非正常操作指令（未定义的操作指令）做出了不确定的反应。

更换故障 UPS 的逆变器控制板 CROI、通信板 GTCI、LCD 面板 AFSI 板后，设备运行正常。

经验总结：

该类型故障不会产生任何的告警，但其可能造成的影响却是很严重的，此次故障的发现完全是因为值班人员在日常工作中尽心尽职，通过仔细观察 UPS 蓄电池电压和电流显示状况而察觉 UPS 处于异常工作状态。

因此要求各值班维护人员在日常巡视维护过程中密切注意设备工作状态，及时发现异常情况，迅速处理设备故障。

案例五：UPS 包括停电时，都能正常运行，但是关机后，出现故障

设备：进口 IMV-30 kVA 双机并联热备份 UPS。

问题判断：

由于在维护中发现 UPS 的蓄电池中有故障单体，故将其中一台 UPS 主机停机，脱离电池，以保障设备和人身安全，负荷自动切换到另外一台主机上，当时的单机负荷小于 20%，对用电设备的运行完全没有影响。处理完电池故障后，再开机，出现旁路电压低告警，而用万用表测量实际电压正常（390 V），该主机因为有告警而不能开机运行。

原因分析：由于故障是在维护的过程中出现的，可能是操作不当，特别是 UPS 的操作步骤、时机是否有误，经过仔细回忆，并无失误，认为可能是设备的检测器件有故障，通知该品牌的指定维修单位，请求派工程师来维修。

处理过程：厂家工程师在电话中要求将 UPS 的故障告警记录（代码）抄下来，发送传真，初步判断是使用三年以上的该型号机器，记忆参数的电池失效，关机后，数据混乱，故不能正常运行。维修工程师带了一节进口的电池，焊接更换掉原来的的电池，用笔记本电脑按照出

厂调试的数据表重新写入数据,机器恢复正常。

后续整改情况:

本次故障的根本原因是该 UPS 的设计缺陷,保存数据用的电池是充电电池,却没有充电电路,设备就靠电池本身带的电量,维持 3 ~ 4 年,以后该电池需要定期更换,而且是焊接在电路板上,未经专门培训,可能损坏其他元件,上海景龙公司只能维修,不能改造。

经验总结:正常运行的 UPS 不能随便进行维护,一定要对设备全面了解其特点,方可实施维护。

第十二节　逆变电源

在通信局站内已经有直流供电系统的机房,可以采用逆变器供电方式,满足部分通信设备交流不间断供电的需要。即利用电信局(站)的直流基础电源供电,用逆变方式,把直流电源变换成交流不间断电源。逆变电源适用于以 -48 V 作为主供电源,同时又有其他通信设备需要 AC 220 V 供电的场合。它主要作为对交流 UPS 不间断供电系统的一种补充,在特定的条件下使用,适合通信系统对供电设备高质量、高可靠性的要求,满足通信网络系统中交流用电设备的需求。

一、逆变器的分类

将直流电能转换成交流电能的过程称为逆变,实现这一过程的变换器称为逆变器。

逆变器的种类繁多,可从以下几个方面对逆变器进行分类:

1. 从换流方式分,可分为有负载换流式逆变器和自换流式逆变器。前者适用于晶闸管逆变器,而且用于能够提供超前电流的容性负载,可利用负载电压作为换流电压以强制逆变电路中导电臂间电流的转移,然后关断导通的晶闸管。但对于非容性负载,便必须采用自换流逆变器,即在电路中设置独立的换流电路来强制晶闸管间电流的转移。

2. 从直流电源分,可分为电压型逆变器和电流型逆变器。前者直流电压近于恒定,输出电压为交变方波;后者直流电流近于恒定,输出电流为交变方波。

3. 从输出电流的波形分,可分为正弦波逆变器和非正弦波逆变器。

4. 从变流器件分,可分为“半控型”和“全控型”两类。前者不具备自关断能力,元件在导通后即失去控制作用,普通晶闸管即属于这一类。后者具有自关断能力,即元件的导通和关断均可由控制极加以控制,故称全控型,电力场效应晶体管(PowerMos-fet)和绝缘栅双极晶体管(IGBT)等都属于这一类。

二、逆变器的工作原理

(一)全控型逆变器的工作原理

如图 2—47 所示为通常使用的单相输出的全桥逆变器主电路。图中变流元件采用 IGBT管 Q_{11}、Q_{12}、Q_{13}、Q_{14},并由 PWM 脉宽调制控制 IGBT 管的导通或截止。

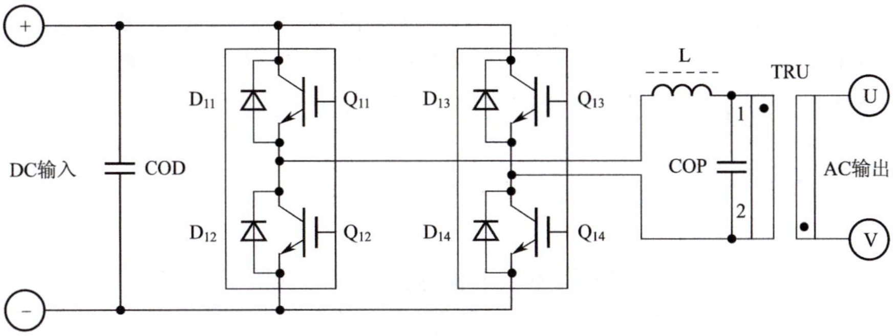

图 2—47　单相全桥逆变器主电路

当逆变器电路接上直流电源后，先由 Q_{11}、Q_{14}导通，Q_{12}、Q_{13}截止，则电流由直流电源正极输出，经 Q_{11}、L 电感、变压器初级线圈 1-2，到 Q_{14}回到电源负极。当 Q_{11}、Q_{14}截止后，Q_{12}、Q_{13}导通，电流从电源正极经 Q_{13}、变压器初级线圈 2-1、L 电感到 Q_{12}回到电源负极。此时在变压器初级线圈上已形成正负交变方波，利用高频 PWM 控制，二对 IGBT 管子交替重复动作，在变压器上产生交流电压。由于 LC 交流滤波器作用，使输出端形成正弦波交流电压。

当 Q_{11}、Q_{14}关断时，为了释放储存能量，在 IGBT 处并联二极管 D_{11}、D_{14}，使能量返回到直流电源中去。

有的逆变设备为了使逆变电路输入较高直流电压，在 DC －48 V 输入端和逆变电路之间增加一级直流—直流变换器，使直流电压从 48 V 提高到 350 V 。逆变设备也可设有旁路供电装置，采用晶闸管静态开关能保证不间断供电。

（二）半控型逆变器的工作原理

半控型逆变器采用晶闸管元件，改进型并联逆变器的主电路如图 2—48 所示。图中 Th_1、Th_2 为交替工作的晶闸管，设 Th_1 先触发导通，则电流通过变压器流经 Th_1，同时由于变压器的感应作用，换向电容器 C 被充电到大约二倍的电源电压。接着 Th_2 被触发导通，因 Th_2 的阳极电位降到负电位，换向电容器的电压给 Th_1 加反向偏压，Th_1 截止，返回阻断状态。这样 Th_1 与 Th_2 换流，然后电容器 C 又反极性充电。如此交替触发晶闸管，电流交替流向变压器的初级，在变压器的次级得到交流电。

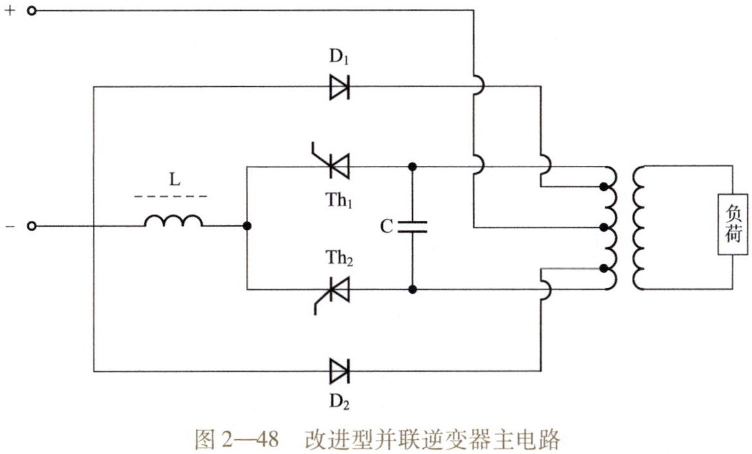

图 2—48　改进型并联逆变器主电路

在电路中电感 L 可以限制换向电容 C 的放电电流，延长放电时间，保证电路关断时间大于晶闸管的关断时间，而不需容量很大的电容器。D_1 和 D_2 是二只反馈二极管，可将电感 L 中的能量释放，将换向剩余的能量送回电源，完成能量的反馈作用。

三、逆变器的供电的特点

（一）逆变器供电的优点

1. 没有市电网络的干扰，如电网雷电干扰、超压干扰、低压干扰、浪涌干扰和尖峰干扰。
2. 逆变器 220 V 交流输出与市电完全隔离，没有共模干扰。
3. 逆变器不需要另外加配蓄电池组，因而逆变器供电方案成本低、体积小（这是指原来的 −48 V 蓄电池组有足够余量，否则需要增加高频开关电源及蓄电池组的容量，成本也就不低了）。
4. −48 V 蓄电池组经常处于充放电状态，而 UPS 电池组可能长期不放电，处于长期浮充状态，故障率必然增高，因此 −48 V 蓄电池组可靠性高。

（二）逆变器供电的缺点

1. 电力变换效率低，长期运行费用大。AC380 V/DC48 V 整流效率为 90% 左右；DC48 V/AC220 V 逆变效率为 80% 左右；所以 AC/AC 总效率为 70% 左右。
2. 逆变器冗余并联技术未开发，抗过载能力及可靠性均较差(相对 UPS 冗余并机而言)。
3. 逆变器监控技术不完善，集中监控和远程监控有困难。
4. DC48 V 电力传输困难。

（三）UPS 与逆变器的性能比较

1. 适用场所

UPS 作为一个完整、独立的电源系统，可以适合在任何场所中应用，而且结构紧凑，占地面积小。逆变器适用于具有蓄电池组的供电系统，因为逆变器的工作还需要外配充电器、蓄电池组等外部设备，因此结构松散，占地较大，不易布置。

2. 不间断供电

UPS 最重要的作用就是不间断供电。当市电电网符合输入范围时，经过 AC/DC、DC/AC 双重变换向负载供电；当市电网超限时，由蓄电池通过逆变器向负载供电；当 UPS 故障或过载时，由旁路电源向负载供电。维护时还可以通过手动维修旁路开关对 UPS 进行在线维护。而对于蓄电池组 + 逆变器的供电方式，当蓄电池组出现故障、需要更换时，必须使系统间断，这会对系统造成巨大的损失。

3. 输出功率

逆变器是限定为蓄电池组供电的，由于蓄电池组电压较低，当输出功率要求较大时，对功率模块及生产工艺要求也较高，因此逆变器大功率输出难以实现。目前生产的逆变器最大输出功率约为 10 kVA ，而 UPS 由于自身带有蓄电池组，蓄电池组的直流电压可根据输出功率的要求自行设置，最高可达几百伏，因此可以制成单机功率为 500 ~ 600 kVA 的 UPS。近来由于技术的进一步发展，UPS 还可以采用并联方式供电，一方面实现更大的功率输出，另一方面可以做到容量备份，当一台 UPS 故障时不会影响正常的交流输出，使负载在更加安全、可靠的供电情况下进行工作。

4. 蓄电池组的寿命

UPS 蓄电池组可能长期不放电而处于浮充状态，故障率必然增高，因此 UPS 本身设计有蓄电池管理功能以解决这个困难。UPS 具有智能蓄电池管理功能，可将蓄电池寿命延长 30%，对所使用蓄电池的充电过程进行监控，浮充电压作为环境温度的函数自动调节，并周期性地对蓄电池进行测试检查，发现故障时将及时警告用户。

5. 抗干扰能力

UPS 的作用是实现双路电源的不间断相互切换，提供一定的后备时间，并进行稳压、稳频和隔离干扰等。它能够将瞬间间断、谐波干扰、电压波动、频率波动及浪涌等电网干扰阻挡在负载之前。由于 UPS 自身逆变器的输入直流总线和外接蓄电池组均与用户原有的系统电源无任何直接的电气连接，所以不会对用电设备产生任何传导干扰。另外，为防止对外的辐射干扰，UPS 在结构上采用钢架式结构，外壳由防锈钢板折弯而成，有极强的屏蔽性，符合电磁兼容性要求。

对于蓄电池组 + 逆变器而言，由于逆变器电源与机房所用的直流电源由同一组蓄电池组提供，而逆变器采用的是高频脉宽调制工作方式，其反灌噪声干扰必然会串入传输系统的输入端，将大大影响信号传输品质。

6. 电气性能

由于蓄电池 + 逆变器电源用量小，生产厂家规模小，其实力难以同 UPS 生产厂家相提并论。UPS 作为一个完整独立的电源系统，技术成熟，可靠性高，其平均无故障工作时间在理论上可达几十万小时。而逆变器生产厂家规模小，电气性能标准较低，在性能上难与 UPS 相提并论。

7. 网络通信

为适应现代通信网络飞速发展的需求，要求 UPS 或逆变器必须拥有极强的网络管理功能。而对于蓄电池 + 逆变器而言，由于其生产规模和使用范围的限制，很少有厂家能提供如此强大的软件功能。

综上所述，蓄电池 + 逆变器在控制技术、抗干扰、网络管理、功率等级以及可靠性等方面均无法达到在线式 UPS 的水平。通信用户应根据自身现状和需求来选择交流供电方案。总的来说，逆变器成本低，体积小，蓄电池组可靠性高，但 UPS 可管理性和可扩展性好，且节电性能好。

四、逆变器产品及其特点

(一)普天系列产品

1. DMD01-220/6.8 逆变电源

逆变模块分为 DC/DC 和 DC/AC 两极高频变换，输入输出部分都有 EMI 滤波。DC/DC 变换首先将 −48 V 低压直流变换为 350 V 高压直流，并将输入输出隔离；DC/AC 变换再将高压直流变换为有效值为 220 V，频率为 50 Hz 的交流电。

DC/DC 变换主电路采用了两个推挽变换电路，其初级并联次级输出串联。采用 PWM 控制方式，有输入电压过高过低保护、软启动等。

DC/AC 变换主电路是一个全桥变换电路。采用电流和电压双环控制。首先由单片机产生正弦波基准。基准与取样来的输出电流和电压比较,得到误差信号,误差信号再与通过自激振荡产生的锯齿波比较,产生脉冲波形,驱动 MOSFET。单片机同时还会输出几个相位不同,频率一样的同步信号。多个模块的这些同步信号线用不同接法相连,可使各个模块并联成单相或三相交流输出。同相模块间的均流线相连,可实现模块间的均流。

DND19 系列单相逆变器主要用于以 48 V 电压为基础电源的通信局站,为通信设备、计算机、仪表以及其他设备提供稳定的单相交流不间断电源。

当输入市电在 160 ~ 270 V 范围内时,可由逆变器变换后输出稳定的正弦电压。这时逆变器输入直流电流为零,不增加整流器的浮充电流,不增加整流器容量,减少电源工程造价。当输入市电超过此范围时,则由电池供电,市电恢复后又自动转由市电供电。转换过程中,输出电压不中断,保持稳压。

该逆变器与标准 UPS 或长效型 UPS 相比,由于外接电池容量更大且有专人或专用电池管理系统,因而可以在市电停电后支持更长的时间。

该逆变器由逆变模块和机架组成。逆变模块有 1 kVA(700 W 阻性负载)和 3 kVA(1 800 W阻性负载)两种容量规格。机架有Ⅰ型架(高 1 000 mm)和Ⅱ型架(高 2 000 mm)两种架型,另外,本逆变器还有一种台式。其中,台式容量为 1 kVA,Ⅰ、Ⅱ型架容量为 1 ~ 12 kVA。模块的装入数量可以按用户实际需要配置,台式仅装入 1 个 1 kVA 模块,组成 DND19-(48)220/1 kVA逆变器系统。Ⅰ型架可以装入 1 至 4 个 1 kVA 模块组成 DND19-(48)220/4 ×1 kVA 逆变器系统;或装入 1 至 2 个 3 kVA 模块,组成 DND19-(48)220/2 × 3 kVA逆变器系统。Ⅱ型架可以装入 1 至 4 个 3 kVA 模块,组成 DND19-(48)220/4 ×3 kVA 逆变器系统。

系统采用分散供电模式,每个模块分别向负载直接供电。

2. DND19 系列单相逆变器

(1)直流输入端采用专为通信部门设计的滤波回路,直流倒灌杂音小。

(2)ON-LINE 设计,常保稳定的输出电压,能在逆变工作状态下长期供电。

(3)最新高频技术(SPWM)设计,体积小,重量轻,噪声小。

(4)交流输入功率因数校正回路(PFC)符合电力环保要求。

(5)当交流输入电压过高(270 V)、过低(160 V)时,输出由电池逆变供电。

(6)尖峰电流承受力强,适用于计算机等非线性负载设备。

(7)正弦波输出,低杂音及失真干扰。

(8)电击及突波保护。

(9)标准 RS232 监控接口配置。

3. 技术参数

技术参数见表 2—14。

表 2—14 DND19 型逆变模块技术参数

型 号	DND19-1kVA 模块	DND19-3kVA 模块
容 量	1 kVA	3 kVA
运行方式	高频在线式逆变	

续上表

型　　号		DND19-1kVA 模块	DND19-3kVA 模块
容　　量		1 kVA	3 kVA
直流输入	直流电压	DC48 V(40～57 V)	
交流输入	电压	160～270 V	
	频率	50(60) Hz(1±5%)	
	功率因数	>0.95(满载情况下)	
	相数	单相/L,N,E	
输出	电压	220 V(1±3%)	
	有功功率(阻性负载)	700 W	1 800 W
	频率	50(60) Hz(1±0.5%)	
	波形	纯正弦波	
	波形失真度	符合信息产业部入网要求	
	过载能力	稳态	110%～140%时 20 s
		尖峰电流	>140%时 10 周波
	转换时间	停电及复电	0 ms
		逆变旁路转换	<4 ms
警报	市电异常	每 4 s 一叫	
	放电超过 30 min	每 15 s 一叫	
	直流过低	每 1 s 一叫	
	逆变器过载	每 1 s 二叫	
	逆变器异常	连续常叫	
噪声		<50 dB(A)(1 m 距离)	
环境	温度	0～40 ℃	
	相对湿度	<95%(不凝结)	
	高度	<2 000 m	
外形尺寸(宽×深×高)(mm)		546×430×132.5	2 个 546×512×132.5
重量		14 kg	30 kg

4. 主要性能

(1)在线工作方式

DND19 逆变器不只是直流(电池)→交流变换的纯逆变器,还具有交→直→交及倒换设计。正常工作时,由市电经过一系列变换处理之后输出稳压纯净的 220 V 正弦电压供负载,此时“逆变”、“市电”灯均亮。市电不正常时,负载由电池逆变供电,此时“逆变”灯亮,“市电”灯熄。市电来与停,转换时间为 0 ms。这种工作方式设计大大提高本逆变器的效率和可靠性指标。因此务请用户引入市电到逆变器的交流输入端,以延长机器使用寿命。

(2)负载能力

对于 1 kVA 逆变器,所带负载以不超过 4 套通用 PC 机为宜(一套包括如 486 终端加

14″彩显）。对于 3 kVA 逆变器，所带负载不能超过 12 套。如带有打印机、服务器等，当逆变器负载容量显示 LED 排中“满载”黄灯亮时，此时不要再增加负载并考虑减少较为不重要的负载。

因计算机等负载属整流容性负载，开机时瞬间冲击电流是其正常工作时的几倍乃至十几倍，因此依次开每一台计算机有利于保护计算机和延长逆变器的使用寿命。

（3）紧急旁路性能

3 kVA 模块 FU 后设有倒换开关（即手动开关或紧急旁路开关），供维修用。而面板上旁路（Bypass）指示灯只是在逆变器开机瞬间和过载转旁路时亮，表示负载自动由市电直供，正常工作时该灯不亮。

需特别说明，DND19 系列逆变器除了紧急旁路工作状态外，必须有直流输入才能正常工作。

（二）中达系列产品

1. 通信专用 ESIA 3kVA 正弦波逆变电源

其原理框图如 2—49 所示。直流电源提供的电压经熔丝、继电器、滤波器加到高频升压部分，将 48 V 直流提升至 385 V 直流，以满足逆变功率器件的工作要求。高频逆变部分将 385 V 直流变换为 220 V、50 Hz 的交流电，经滤波后通过继电器到输出端。控制器控制输入及输出继电器的通断，当设备内部或外围出现故障时，继电器断开；正常时闭合，同时调节控制高频升压及高频逆变的工作状态及输出。滤波器将设备内部的高频成分滤出，使之与输入、输出端隔离，不影响与其连接的其他外部设备。

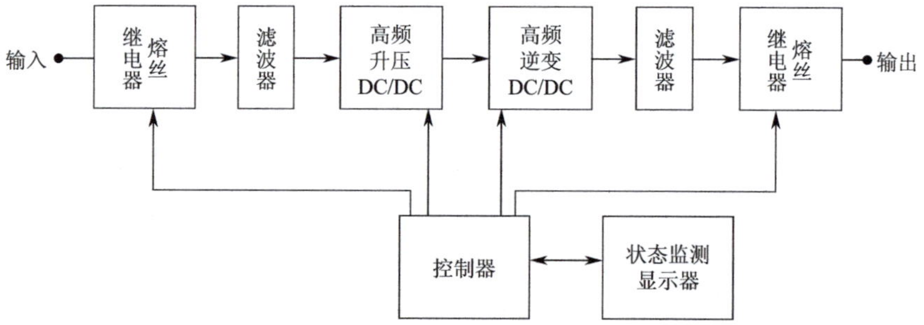

图 2—49　逆变电源模块原理框图

本电源属于直流/交流转换电源，采用 SPWM 技术，输出纯正弦波，具有瞬态响应好、波形失真小、输出电压稳定等特点，并同时具有极佳的 EMI 指标。本电源设有直流输入过、欠压保护，直流输入极性接反保护，交流输出过电压、过功率、短路保护，机内过热保护等一系列保护措施，使电源的各项性能指标和可靠性具有足够的技术保证。

2. 系统特性

（1）电气性能

①输入直流电压：$-40 \sim -57$ V；

②输出交流电压：220 V$(1 \pm 5\%)$；

③输出频率：50 Hz$(1 \pm 1\%)$；

④输出功率:2 kVA;

⑤波形失真:≤5%;

⑥效率:≥80%;

⑦功率因素:0.7。

(2)保护功能

①直流输入电压极性保护:当直流输入电压极性接反时,电源自动保护,保护方式为断开式。

②直流输入电压欠压保护:当输入电压小于 -34 ~ -39 V 时,电源自动保护,关闭输出,当输入电压上升至 -44 ~ -46 V 后自动恢复正常工作。

③输入电压过压保护:当输入电压大于 -58 ~ -63 V 时,机器自动保护,关闭输出,当输入电压下降至 -57 V 后自动恢复正常工作。

④输出过载保护:当输出负载为额定负载的 120% ~150% 时,即输出功率为 1 550 W ~(2 100 ±50) W 时电源自动进入保护告警状态,10s 后关闭输出。

⑤输出短路保护:当输出超过额定负载的 150% 或当输出端短路时,电源即刻保护,关闭输出。

⑥输出电压过压保护:当输出电压大于 242 V(1 ±5%),电源自动保护,关闭输出。

3. 系统操作

(1)操作方法

检查确定电源断路器为关闭状态,开关置(OFF),把 -48 V 直流电源正确接入直流输入插座。其中正极线接驳高电压端,负极线接驳低电压端。220 V 交流输入不接通。

将电源断路器闭合,开关置(ON),此时应有"工作"绿色指示灯亮,表明直流输入正常,电源正工作在逆变后备状态,交流输出插座有 AC220 V/50 Hz 正弦波电压输出。

在本机正常运行中,若出现直流输入电压高于过压保护点或低于欠压保护点时,此时机器关闭输出,进入保护状态,并有"偏压"黄色指示灯亮,同时蜂鸣器告警。直流输入电压恢复正常后,机器自动恢复输出。

若出现输出过载、短路,机器将关闭输出,进入过载保护状态,并有"过载"红色指示灯亮,同时蜂鸣器告警。调整负载至额定范围内,电源开关重新开启即可正常工作。

若出现输出过压,内部温度过高等故障时,机器关闭输出,进入保护状态,并有"故障"红色指示灯亮,同时蜂鸣器告警。解除故障后,电源开关重新开启即可正常工作。

接通 220 V 交流输入,电源开关置(ON),同时直流电源仍应接在机器上,1 min 过后应有"市电"绿色指示灯亮,表明市电电压正常,机器工作在市电主备状态。

(2)信号端口定义

采用标准的 RS232 接口连接器,各告警信号端口重新定义如下:

- ①、②端子为遥控开关机功能:在①、②之间施加 5 ~12 V 的直流电压,其中①端为正极,②端为负极,可关断电源输出,反之在①、②之间不施加直流电压,即可恢复电源输出。
- ⑧、⑨端子为故障信号输出端:当有故障造成电源停止时,⑧、⑨之间就会呈现短路状态,⑧端为正极,⑨端为负极,有电流从⑧端流入,⑨端流出,反之⑧、⑨之间就会呈现开路状态。

- 端口③为接地(公共端),和直流输入端电气不隔离。
- 端口④为输出电流取样电压。
- 端口⑤为输出电压取样电压。
- 端口⑥为输入过、欠压告警状态,0 电平为告警状态。
- 端口⑦为输出过载告警状态,0 电平为告警状态。

RS232 接口 25 针连接器的标准定义见图 2—50;RS232 接口的 9 针连接器见图 2—51。

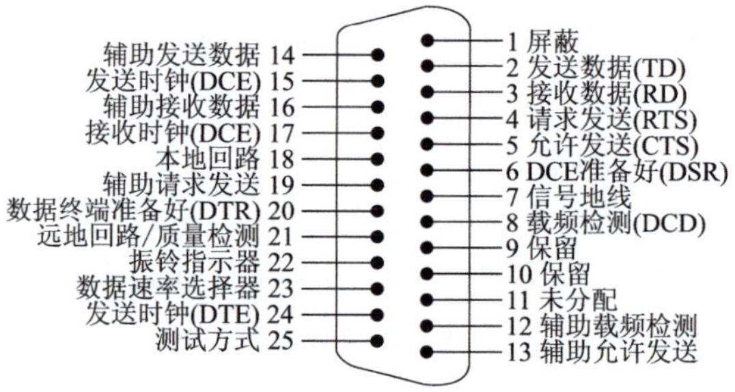

图 2—50　RS232 接口 25 针连接器标准引脚示意图

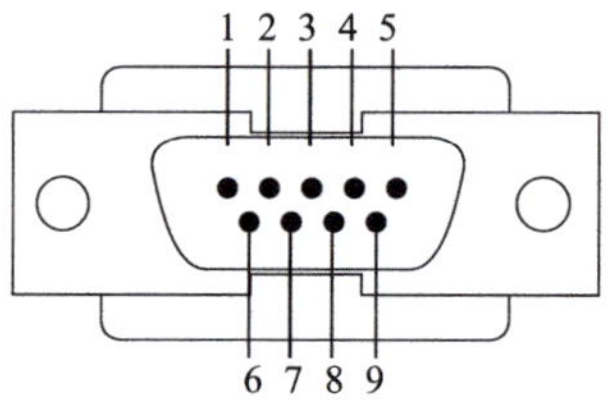

图 2—51　RS232 接口 9 针连接器示意图

4. 逆变器供电系统

(1)逆变器在供电系统中的作用

在通信电源系统中逆变器是一种补充性设备,适用于直流容量较大,负载容量较小的情况。它能够为负载提供稳定的交流电源,由于前端电池容量大更适用于具有双电源输入的小型机等设备,如交流负载较大不宜采用逆变电源,它会大大增加直流容量。因此,逆变电源应作为一种补充的供电方式。

还有一种形式,是把逆变电源作为 UPS 来使用,在市电正常时直接由市电对负载供电,当市电异常时由直流系统的蓄电池组经逆变器转换对负载进行供电,但在通信行业中并不提倡此种使用方法。随着电网的稳定,通信行业直流蓄电池组设计容量有所下降,市电异常后若大量使用逆变电源会导致蓄电池组放电时间缩短而产生严重后果。

(2)逆变器主要技术指标

①工作温度:-20 ~ +55 ℃;

②相对湿度:0 ~ 100% ,无冷凝;

③额定输入电压:DC 48 V;

④允许变化范围:额定值的 80% ~ 130% ,DC 38.4 ~ 62.4 V;

⑤额定输出电压：正弦波，有效值 220 V；

⑥额定输出功率：1.5 kVA；

⑦输出电压频率：(50 ±0.5) Hz；

⑧稳压精度：≤ ±2%；

⑨频率稳定精度：≤ ±0.1%；

⑩效率：>80%；

⑪输入端反灌相对宽频杂音电流：≤10%；

⑫输入端反灌相对电话衡重杂音电流：≤1%。

逆变器是一种重要的 DC/AC 变换装置。衡量其性能的一个重要指标是输出电压波形质量，一个好的逆变器，它的输出电压波形应该尽量接近正弦，总谐波畸变率(THD)应该尽量小。

六、逆变器设备的安装、调试和验收

(一)设备安装

1. 外观检查

从外观上检查应完整无损坏；与订单是否相符。

2. 就位

安装环境要求：逆变电源工作间的温度湿度应控制在计算机设备工作环境中。

安装周围空间的要求：为了安装和使用维修方便，在逆变电源就位处周围应留出 1 m 以上的距离。

日常通风要求：逆变电源工作间以及放置蓄电池的房间要有空调及通风设备，通风设备和空调应在逆变电源就位前就作好安装的工作，要避免将逆变电源及蓄电池置于阳光直射处或热源附近。

3. 逆变电源输入输出接线准备

逆变电源的配电及保护器的选择应与逆变电源的标准设备一致。地线应根据计算机地线的要求做。

主机与直流电源的连线：在选定计算机直流电缆截面积时，应根据设备手册的要求，并对直流电缆进行截面积补偿。

计算电缆截面积时要考虑下列因素：允许热量；允许电压降(一般为 3%)；可采取的安全标准。

4. 电缆的选择与施工的要求

逆变电源输入输出接线都要使用多股铜芯线的标准电缆。电缆的接头要装有合格铜制接线鼻，用压线钳压死后并要搪锡。选用电缆的截面积要符合逆变电源安装手册中提出的要求，只能大一些，不能小一些。如果电缆的长度超过 100 m 时，电缆的截面积还要增加。

(1)逆变的输入输出配电装置：主要包括电力电缆与供电开关，对输入电流谐波较大的逆变的输入电力电缆的截面积计算，一定要考虑到谐波电流的大小，即用输入视在功率计算导线截面积的大小，一般可用 5 ~ 6 A/mm^2 的安全载流量来确定输入输出电缆导线的截面积。开关与熔断器的容量应略大于输入电流值。

（2）逆变电源接地要求：逆变电源作为交流供电电源必须具有良好的接地装置，以保证设备及人身安全。接地装置的接地电阻可参照《通信局（站）电源系统总体技术要求》中接地与防雷的相关规定。对于雷雨多发地区一定要对逆变电源输入端采取防雷保护措施，当逆变电源的输出端与通信设备的输入端都要求具有防雷保护措施。

（3）逆变电源接线要求：对于单相输出的逆变电源，其输入电源线要求将 L（火线）、N（中线）、（地线）正确地连接到电源插头或空气开关上，火线 L 与中线 N 的位置不得接错，否则会使逆变电源启动失败。三相输出的逆变电源在连接输出电源线之前应用相序表识别市电相序后再进行连接，当供电系统接有后备发电机组时也要将发电机组输出相序与逆变电源输出相序正确连接，避免市电中断后由于相序错误造成负载断电。

5. 设备开箱后检查工作

逆变电源不论大小，在开箱后都应细心认真地检查。开箱检查时应有厂家人员在场。

（1）逆变电源设备应完整无损：这项内容主要是从外观上做宏观检查，逆变电源不应有硬损伤，更不应有碰坏之处，如果有异常变形或损坏，应会同有关部门协商解决。

（2）设备型号种类应与合同相符。

（3）设备附件应齐全：此项应按合同清单逐项清查，附件的型号、数量应与合同相符。

（4）设备备件应齐全：此项应按合同清单逐项清查，备件的型号、数量应与合同相符。

（5）设备的随机资料齐全：逆变电源的随机资料主要包括以下几种；出厂检查合格证、产品性能说明书、出厂测试记录、产品安装说明书、保修卡等。

（二）安装中应注意的问题

1. 逆变电源的固定检查

（1）逆变电源的主机柜应按有关技术要求做好机柜的固定和检查。两个柜子在一起时应按有关要求做好连接固定。

（2）认真检查主机柜内各种组件的固定，特别注意检查在运输和安装吊运时易发生松动的地方。

（3）认真检查柜内各插接板的固定，为防止在运输途中发生松动。

（4）认真检查柜内各接线的固定和接点的固定，应该是牢靠合理。

2. 做好逆变电源的各种接线工作

逆变电源固定检查合格后，应及时做好各种接线工作。在进行接线前，所有与接线有关的断路器和开关必须放置在断开（OFF）的位置，逆变电源的有关接线有以下几种：

（1）负载的三相线 + 中性线。

（2）直流电源与主机柜相连的正负接线（注意正负线不能接错）。

（3）主机柜的地线、主机柜与直流电源在一起时应用编织电缆线把地线接在一起，如果两柜是分离放置时，地线应该分别单独接大地。

（4）各种应急、报警、外接监视器的接线都应按要求接好，不得接错。

（5）外接的信号线要用屏蔽信号电缆，不能用普通电缆代用。

3. 做好收尾工作

（1）按要求对机柜内进行清除，除净在安装接线中遗留物，使机柜内接线正确、干净、整洁、无外来物。

(2)按要求固定好机柜内的各种盖板。

(3)清理并打扫干净逆变电源、机柜周围的场地。

(三)逆变器的调试

1. 调试前的检查

(1)检查所有接线的接法是否正确,接线是否拧紧。

(2)检查进出线的保护设备(空气开关等)的规格是否正确。

(3)检查逆变电源的主机和直流电源柜的地线是否接好。

(4)检查直流电源的连接是否正确可靠,直流电源开关到主机的连线极性是否正确。

(5)检查各组件(充电器、逆变器、静态开关及控制板)外观有无异常,接线及插头处有无松动。

(6)检查逆变电源主机及电池柜内有无螺丝、螺帽、电线头等异物。

(7)检查各模块同逻辑地之间的螺栓是否拧紧。

(8)检查各扁平控制电缆连接是否正确,有无松动。

(9)用手转动排风扇,看转动是否正常。

(10)检查是否有异物堵塞通风口。

(11)检查逆变电源所有开关和断路器是否在断开位置。

(12)检查逆变电源周围地面是否干净,在地板上或逆变电源周围有无纸屑杂物。

(13)检查逆变电源房里的环境温度是否合乎要求一般在 25 ℃以下。

(14)放电时的用电设备准备好,具体要求下面专述。

(15)调试记录表准备好;参加调试的各类人员到齐。

2. 调试时使用的仪器仪表应准备齐全

(1)调试时用的仪器仪表有三用表、高阻表、示波器、频率表、相序表、交流电流测量仪表等。

(2)放电时,用电设备的负载要求如下:

①放电负载一般用阻性(电阻丝或水电阻),不要使用容性负载。

②负载要有逐级增加的控制开关,尽量避免大电流通断。

③大功率逆变电源的负载要有良好的户外散热措施,一般不要将热量放在机房里。

④做好安全防护措施。

(四)逆变设备的验收标准

1. 逆变设备通电检测

(1)测试项目:直流输入电压,交流输出电压、电流,稳压精度,输入过压、欠压保护值,输出过压、过流保护值,并联工作试验、旁路试验、过载能力、频率同步范围。

注意:若逆变采用并机工作方式应测试空载时的环流,及带 30%、50% 负载时的环流。

(2)检查各种告警功能:直流输入过压、欠压故障,输出过压、欠压故障,输出过流故障,逆变器故障。

(3)检查设备工作状态:直流输入电压过高、过低、输出电压、欠压、过流、短路等保护动作可靠、告警电路工作正常。

2. 竣工验收

逆变器安装工程竣工验收时,应提供下列文件及记录。

(1)开工报告。
(2)建筑安装工程量总表。
(3)已安装的设备明细表。
(4)交工报告。
(5)工程设计文件及设计变更单。
(6)重大工程事故报告单。
(7)停(复)工通知。
(8)验收证书。
(9)交接书。
(10)随工检查和中间验收签证记录。
(11)工程竣工图纸,应包括:
①设备安装平面图;
②信号线、电源线、母线路由图;
③设备系统连接图。
(12)测试记录。

(五)逆变器系统的安全运行

1. 日常运行维护

在日常维护工作中,主要应根据逆变电源各种参数的微小变化及早发现故障苗头,并迅速调整及排除。

维护人员可以在逆变电源系统现场利用逆变电源仪表或本地监控设备,掌握逆变电源运行的各种参数,也可以通过维修中心的远程监控掌握用户逆变电源的运行状况,而且远程监控更利于维修服务中心的专业人员做出准确而迅速的判断,并采取相应措施。

逆变电源在正常使用时,主机的维护工作很少,主要是防尘和定期除尘。

2. 逆变器运行中的注意事项

(1)尽量减少冲击电流带来的影响:由于一般负载在启动瞬间存在冲击电流,而逆变电源内部功率组件都有一定的安全工作区范围,尽管在选用器件时都会留有余地,但过大的冲击波还是会缩短元器件的使用寿命,甚至造成元器件的损坏,因此在使用逆变电源时应尽量减少冲击电流带来的影响。应注意的是,在开机的时候千万不能将所有的负载同时开机,也不可带载开机。

(2)关机时先逐个关闭负载,再将逆变电源关机。如果不需要逆变电源投入,可将逆变电源关闭,再将输入直流电源断开即可。

七、逆变器案例分析

案例一:高频逆变不间断电源系统故障

设备:(国产)信立隆 DJB-24 kVA 高频逆变不间断电源系统。

故障现象:有一个电源模块无法投入工作,已经脱离系统,另有 6 个模块面板故障告红色警灯亮,5 个模块正常工作绿色灯亮。对应在机柜监控显示屏的模块状态指示灯也是 6 个亮红灯,5 个亮绿灯,旁路输出灯亮,逆变输出亮红灯,整机共 11 个模块。

问题判断：有 1 个电源模块对应的信号源模块停机。

原因分析：从故障现象可以看出：

(1)6 个模块出现故障停止工作，5 个模块仍正常工作；

(2)说明系统工作在市电旁路输出模式，逆变模式输出已停止。

处理过程：根据现场检查系统输入及输出情况及该系统带载率为 55% 的负荷情况分析判断，模块应不会全部损坏，为此，试图重新开启故障告警模块，但均无法启动工作。经联系信立隆公司工程师，通报故障现象，其判断故障原因可能是系统控制板系统控制软件问题，导致部分模块信号源吊死，直接控制对应模块停止工作，另一部分模块承担全部负载而超载关机，系统被迫切换到旁路工作。因此，要恢复模块工作必须对系统控制板进行电源复位操作。按厂方建议，关闭系统模块输出控制开关后，对系统控制板电源供电进行复位，然后，逐个启动模块，除 1 号模块输出熔断器故障（更换熔断器也恢复正常工作），5 号模块自身内部故障外（已联系厂方发货），其他均能恢复正常工作；观察模块运行稳定后，经公司动力室及 IT 室主管领导同意，停止通信设备运行，13:46 将系统重新切换为逆变模式输出，再陆续加载通信设备，该系统运行未出现异常，14:10 撤离现场。分析故障处理过程，可以确定，本次系统模块关机故障、系统切换旁路工作的原因是该电源系统的系统控制板出现系统控制软件吊死，造成系统板内模块信号源停止工作，直接导致电源模块停止工作。系统控制板上每个信号源对应 1 个逆变器模块，是模块工作的控制及输出基准，当信号源不稳定或停止工作，模块也就无法正常运行或停止工作。

后续整改情况：

1. 分析该设备的控制结构，发现设备自身设计的缺陷是造成本次故障的两个关键的问题：

首先，该设备内部虽然每个逆变器电源模块分别对应有一个信号源控制模块，且按 $N+1$ 冗余方式配置，但是，所有信号源模块则共用同一系统控制板，同一套控制系统，系统控制板只用一组供电电源，并以串接普通熔断器供电。一旦系统控制板出现系统控制问题或供电中断，将造成部分或全部信号源故障，从而导致系统逆变器电源模块无法正常工作，直接切换旁路供电，可以断定，该设备实际运行无法满足 $N+1$ 冗余备份可靠工作方式。（结论：模块为 $N+1$ 冗余备份，系统控制为单一系统共用，系统运行可靠性无法确定）

其次，该设备模块逆变输出方式与市电旁路输出方式的切换采用两个接触器实现，由于接触器是机械方式动作，且该设备旁路切换采用检测模块输出中断信号来驱动接触器动作吸合（如果模块输出出现故障，造成无输出，整机会自动切换到市电旁路输出），因此，存在切换吸合动作滞后，导致切换间隙失电（本次故障造成通信设备瞬间掉电）。该设备采用机械接触器完成切换动作，而不是标准高可靠 UPS 设备采用的双静态开关切换（或静态开关 + 接触器方式）。按照交流不间断电源设备（UPS）技术规范要求，旁路开关切换时间应小于 4 ms，该设备实际运行情况表明，其旁路切换性能无法达到 UPS 电源设备的技术要求。（结论：采用检测输出断点再驱动机械接触器动作，切换动作时间过长，产生负载供电瞬间中断）

2. 安装交流不间断电源（UPS）设备，采用 1 +1 并联冗余备份工作方式，容量由公司设计确定，将该设备负载割接至 UPS 系统，实现可靠供电。

案例二：逆变器所有逆变模块过载关闭

设备：河北省石家庄国耀 DUN01-24 kVA 逆变器。

故障现象：逆变器所有逆变模块过载关闭，逆变器由逆变输出转为旁路输出．查阅逆变器监控模块告警信息，发现该告警信息显示市电电压频率异常。

问题判断：逆变器由整机逆变输出失败转为旁路工作。逆变输出失效，由市电直接输出向负载进行问题。

原因分析：根据逆变器监控模块告警信息显示，初步判断逆变器市电采样信号与实际市电输出有误差，即不同步现象。所以会显示市电电压、频率异常现象。

处理过程：

将逆变器市电输入空开与逆变模块输出空开关闭，进行重新启动。重启后，逆变模块输出持续 5 min 后，再次进行关闭。逆变器输出由逆变改为旁路输出。由此现象，怀疑该逆变器整机存在问题，需要进行整机检修。为了验证此想法，当天晚上，分批将该逆变器上的负载进行转移，使该逆变器处于空机运行状态后，对该逆变器进行检修。将该逆变器所带的营业厅负载从逆变器拆除后，逆变器输出由旁路输出跳变为逆变输出，告警消失，逆变器工作正常。

对该负载进行检查，发现该负载在不接入任何电源的情况下，仍然有 220 V 的市电电压。随即对该负载的线路进行逐段排查。经过排查，发现该负载线路电缆绝缘皮有磨损现象，且与营业厅的其他线路存在交叉现象。将该线路电缆的破损处重新进行包扎后，又对该线路进行了测量，漏电现象消除。

第三章　通信用直流供电系统

直流供电系统是通信行业电源供电系统中应用广泛的供电系统，是由多个电压等级直流供电系统并存的状况，逐步过渡到目前较为单一的负 48 V 直流供电系统的值得信任的供电系统。它具有系统组成合理、安全可靠性高、可维护性好、使用与维护成本低等许多优点。

第一节　概　　述

一、通信用直流供电系统的可用性及指标

（一）通信电源系统的可用性

通信网络是由不同等级的通信系统组成，而通信局电源系统可用性是通信网络可用性的一个组成部分。为了确保通信畅通，除了必须提高通信系统设备的可用性外，还必须提高通信电源系统的可用性。通信电源系统安全可靠的运行是确保通信系统正常运行的首要条件。

可用性是衡量系统和设备的一项重要的综合性质量指标。通信电源系统可用性是衡量通信电源系统和组成系统各设备的一项综合性质量指标。系统可用性 $A(t)$ 可以分别用平均无故障时间（MTBF）和平均维修时间（MTTR）表示，即：

$$A(t)=\frac{\text{MTBF}}{\text{MTBF}+\text{MTTR}}$$

通信电源系统的可用性还可以用不可用度指标来衡量。电源系统的不可用度（$\bar{A}$）是指电源系统故障时间与故障时间和正常供电时间之和的比，即：

$$\bar{A}=\frac{t_{故障}}{t_{故障}+t_{正常}}$$

式中　$\bar{A}$——通信电源系统不可用度；

$t_{故障}$——通信电源系统故障时间；

$t_{正常}$——通信电源系统正常供电时间。

（二）通信电源系统的可用性指标

YD/T 1051—2018《通信局（站）电源系统总技术要求》中，对通信电源系统的不可用度有明确的规定：

（1）一类局站电源系统的不可用度应不大于 5×10^{-7}。即平均 20 年时间内，每个电源系统故障的累计时间应不大于 5 min。

（2）二类局站电源系统的不可用度应不大于 1×10^{-6}。即平均 20 年时间内，每个电源系统故障的累计时间应不大于 10 min。

（3）三类局站电源系统的不可用度应不大于 5×10^{-6}。即平均 20 年时间内，每个电源系统故障的累计时间应不大于 50 min。

（三）通信网络设备的直流供电与交流供电

为了确保可靠供电，传统的通信网络系统设备都采用直流电源供电。而由交流电源供电的 IT 类设备通常都采用交流不间断电源供电，从原理上分析，直流供电系统与交流 UPS 供电在供电可靠性方面是有很大区别的。其比较见表 3—1。

表 3—1　直流供电与交流 UPS 供电的比较

项　目	直流供电系统	交流 UPS 系统
波形	直线	正弦波或方波
效率	较高	较高
结构	模块化	整机
控制	可自主控制输出	对控制模块依赖性高
输入端谐波	有，但影响较小	有，但影响较大
蓄电池供电	直接	经逆变器
后备时间	较长	较短
并机条件	极性、电压相同	极性、电压、相位、频率相同
并机复杂程度	可简单并接	不可简单并接
单点故障点	少	多
在线更换	可行性大	可行性小
维护性能	较高	较低

由此可以看到，直流供电的可用性远高于交流市电甚至交流 UPS 供电。根据中国通信标准化协会通信电源与通信局站工作环境技术工作委员会作出的通信用直流供电系统的可靠性、可用性研究报告的分析，直流供电系统的可用性，比由传统交流输出 UPS 组成的最高可用级别的“2N”系统的可用性还要高出 3 个“9”。

新建局（站）应采用 −48 V 直流基础电源，原有局（站）通信设备使用的 ±24 V 直流基础电源仍可继续使用，不再扩容，直到这些通信设备停用为止。随着电源设备技术的发展和产品可靠性的不断提高，条件具备时，IDC 机房的供电可以采用高压直流供电方式。

二、通信用直流供电系统的主要特点

通信用直流供电系统主要有以下几个方面的特点。

1. 供电可靠性高

首先，直流供电的性质决定了它的可靠性远高于交流供电；其次，通信用直流供电电源中的蓄电池是直接挂在输出母排上，相当于两个不同性质的电力源并在一起为通信设备供电，通过并联冗余的方式有效地提高了供电的可靠性；另外，通信用直流供电电源均采用多整流模块冗余备份并联工作的方式，当某一个模块发生故障时，不会影响整体供电，有效地缩短了故障时的在线维修时间，提高了系统的可维修性。

理论分析证明，单套直流电源采用完全独立的两个物理路由给通信设备供电，其可用性指标就可以高达10个“9”，比由传统交流输出UPS组成的最高可用级别的“2N”系统的可用性还要高出3个“9”。

2. 供电质量稳定

供电质量稳定包含有三个含义：一是对电源本身的供电质量而言，电源电压在市电和设备负载变化时，供电电压应当稳定，不应产生过大的波动；二是从工程设计角度而言，电源电压不应超过允许的变化范围，超过通信设备正常工作允许的上下限制，将可能损坏通信设备的电子元器件；三是直流电源电压中的脉动成分必须低于允许值，以免影响通信质量。

直流电源系统主要将市电的交流整流成直流，整流器的输入和输出之间有完善的隔离措施，有效地减少了电流的脉动成分。此外，由于蓄电池直接挂在输出母排，相当于并联了一个大电容，减少了电压波动。

由于蓄电池本身就是一种直流的化学电源，在市电停电蓄电池放电时，只要容量和工作电流合适，其供电质量就远高于电子电源。

3. 供电经济性好

通信供电系统的经济性是指通信电源系统在满足供电可靠性和电能质量要求的前提下，基建投资尽可能的少，年运行费用尽可能的低。随着通信设备的容量日益增加，电源系统的负荷不断增大，为了节省电能，必须采用高效率电源设备，提高能源利用率和经济效益。

直流供电系统仅有AC/DC转换（整流），与交流UPS供电系统比较，减少了一次DC/AC转换（逆变）。有效地减少了电能转换的损耗，提高了转换效率。同时，随着高频脉宽调制技术的发展，效率高于95%的高效整流模块已经广泛投入实际应用。

4. 供电灵活性强

随着技术的飞速发展，体积小、重量轻的小型化、集成化的功率元器件和开关电源设备已经成为主流。加上直流电源系统整流器和监控单元采用的模块化结构，完全具备了发展和扩容的灵活性，使得直流供电电源系统在通信领域的应用越来越广泛。

三、提高可用性的技术应用

（一）提高直流供电系统可用性的措施

由于系统的可用性主要取决于系统本身的可靠性和可维修性，因此提高直流供电系统的可用性主要有以下措施。

1. 设备的可靠性：通过电子电路结构、元器件的选择、生产工艺和质量控制等措施，保证系统中各设备本身的可靠性；

2. 设备的模块化：通过模块化的系统结构，实现增加系统内的关键设备的冗余配置和可热插拔维修，从而提高系统的可维修性；

3. 系统的并联冗余备份：通过系统级的并联冗余或独立双母线配电路由供电，从系统配置结构上有效地实现可靠性和可维修性的整体提高。

（二）单系统、双母线供电方式

直流供电系统的单系统、双母线供电的原理图如图3—1所示。

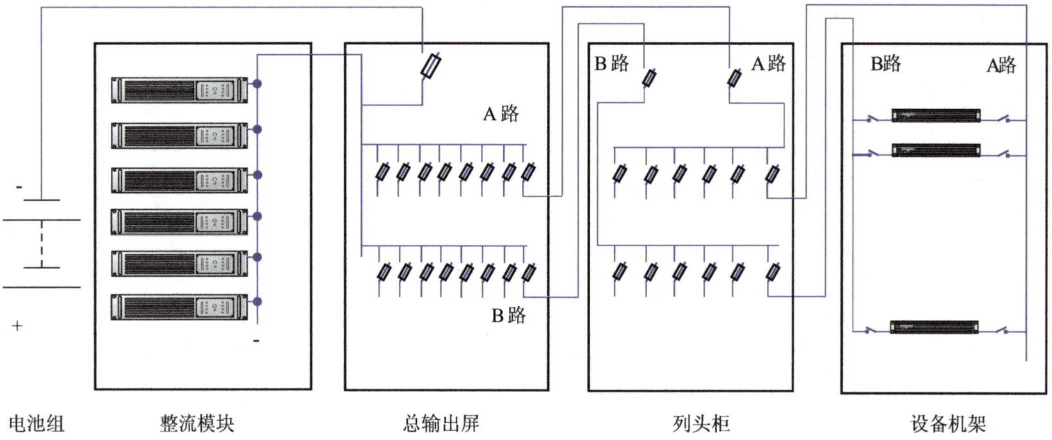

图 3—1　单系统、双母线供电原理

在单系统、双母线供电方式下，主要是针对直流输出配电的故障建立的冗余保障。虽然没有增加整流器及蓄电池的并联冗余，对于整流器设备及蓄电池方面出现故障时没有增加保护，但由于直流供电系统中蓄电池组是直接挂在输出母排上的，相当于两个独立的电源系统的并联冗余输出，其可靠性能已经非常高，完全可以满足供电保障的要求。

（三）双系统、双母线供电方式

直流供电系统的双系统、双母线供电的原理图如图 3—2 所示。

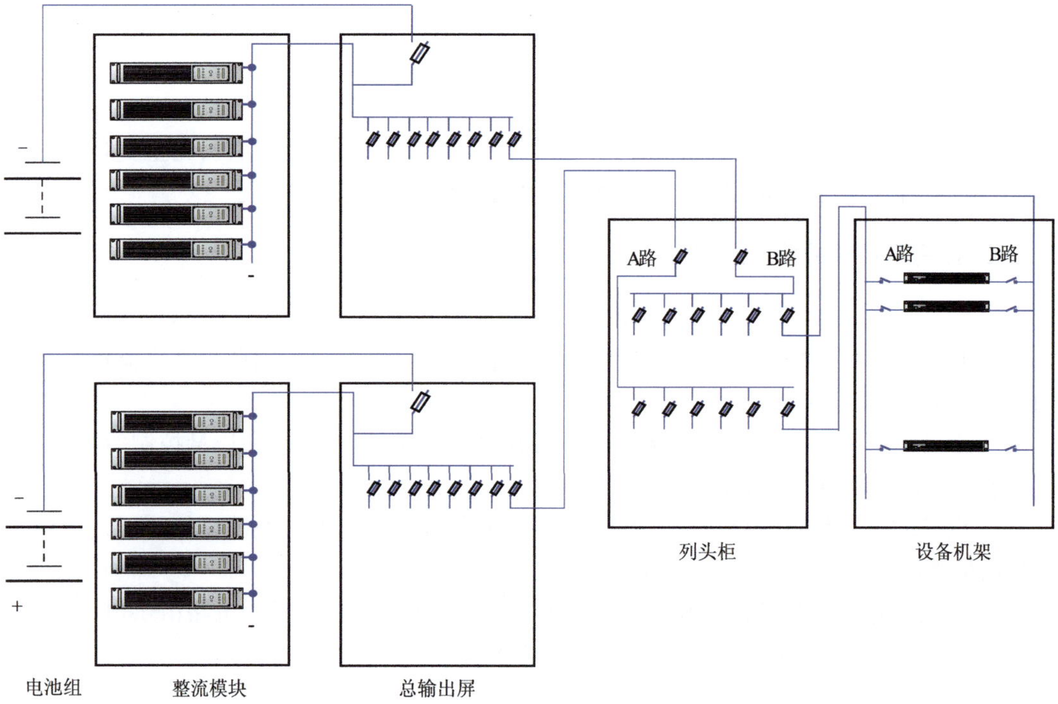

图 3—2　双系统、双母线供电原理

在双系统、双母线供电方式下，似乎可以对于整个系统包括整流器、蓄电池、直流配电等方面出现的问题均能增加保护。但从实际情况来看，整流器设备和蓄电池同时出现故障的概率极低。加上采用直流供电的通信设备内两路直流输入时为正极共地连接，且内部只有DC/DC的电路转换而没有隔离措施，两路输入在通信设备内部可能是连通的，当二个直流系统电压不相等时，可能导致二个直流系统的输出电流不均衡，容易产生某一回路过载而烧断熔丝，需要谨慎使用。因此，直流供电系统采用单系统、双母线供电就能很好满足供电保障要求。

在电源建设、整治工作中，直流电源系统的独立双回路供电保障改造一般指采用单系统、双母线方式。

四、通信用直流供电系统的制式

我国通信网络的直流供电系统主要有 -48 V、±24 V、240 V 等多种制式。新建局(站)应采用 -48 V 直流基础电源，原有局(站)通信设备使用的 ±24 V 直流基础电源仍可继续使用，不再扩容，直到这些通信设备停用为止。随着电源设备技术的发展和产品可靠性的不断提高，条件具备时，IDC 机房的供电可以采用 240 V 直流供电方式。

直流供电系统的基础电源主要采用标称电压为 -48 V 的直流通信电源系统。

第二节　通信用直流供电系统的结构和主要性能

一、直流供电系统的组成

通信设备的直流供电系统由交流配电设备、整流设备、直流配电设备(包括直流总配电和列间配电)、蓄电池组及相关配电线路和直流负载设备组成。

按通信设备供电电压允许变动范围的不同要求，可分为窄电压和宽电压直流供电系统；按电源设备的安装地点不同，可分为集中直流供电系统和分散直流供电系统；按馈电线配线方式不同又可分为低阻配线直流供电系统和高阻配线直流供电系统(高阻配线又有一次高阻配线和二次高阻配线等方式)。按系统大小和用途不同，可分为分立式直流供电系统和组合式直流供电系统。在一些小型通信站(如移动基站)的直流供电系统一般采用组合式开关电源架，这样的系统结构紧凑，安装使用方便，能够减少占地面积。

分立式直流供电系统的组成方框示意如图 3—3 所示。

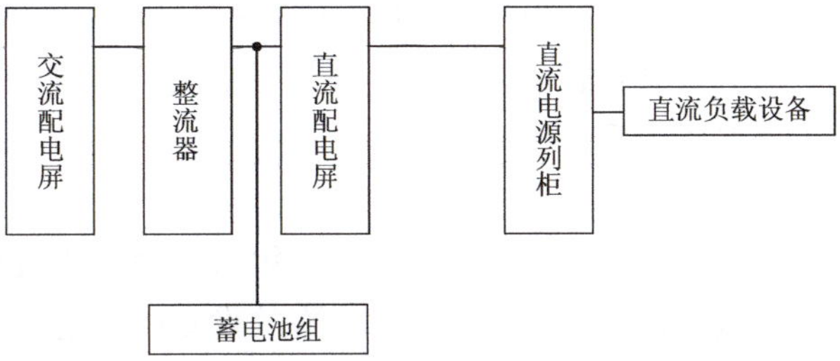

图 3—3　分立式直流供电系统方框图

(一)整 流 器

整流器为模块化结构,一般在一个或多个整流屏内放置多个高频开关整流器模块。它从交流配电屏引入交流电源,交流市电通过整流电路整流为直流电源后,输出到直流配电屏与负载及蓄电池组连接,既为负载供电,又给蓄电池组充电。

高频开关整流器在技术上先进,具有体积小、重量轻、效率高、高功率因数和高可靠性等显著优点。高频开关整流器机架的输出功率大,机架上装有监控模块,与计算机技术相结合,组成新一代智能型电源设备。

(二)蓄电池组

蓄电池组与整流器并联工作,是整个通信直流电源系统最后的能量源。在交流市电正常时,处于浮充蓄能或均衡充电状态,并且它可以等效为一个充分大的电容器,滤掉整流器输出的各种谐波(即杂音),保持直流电的纯度。当交流市电停电时,向负载提供直流电,保证供电连续不间断,是直流系统不间断供电的基础条件。

(三)直流配电屏

直流配电屏是连接和转换直流供电系统中整流器和蓄电池组向通信设备供电的电源设备,屏内装有自动空气断路器、接触器、低电熔断器以及电工仪表、告警保护等元器件,为不同容量的负载分配电能。当直流供电异常时,产生告警或保护作用。按直流供电馈电线配线方式不同又可分为低阻配线直流供电系统和高阻配线直流供电系统。

通信设备通过保护熔丝、汇流电缆将基础电源直接馈送到通信设备机房机架上使用的供电方式,称为低阻配电方式。这种配电方式的供电系统中,汇流电缆电阻很低,适合远距离馈电。但分路馈电电路发生短路时,瞬态电压将影响其他分路的负载工作,且发生设备损坏,单分路掉电的影响范围较大。

通信设备各机架电源负馈线,均用高阻电缆从公共配电点引出的供电方式,称为高阻配电方式。这种配电方式的供电系统中,支路发生短路,或熔断器熔断,使电路中所产生的瞬变电压限制在一定的范围内,单支路掉电影响范围小。但由于多支路馈电,造成馈电电缆多,电源设备更新换代割接和改造供电电路困难。

在分立式直流供电系统中,直流配电屏一般分为两种:总配电屏和二级配电屏(也称机房配电屏)。总配电屏用以在整流屏输出后,对直流用电进行整体分配和管理,并具备相应的保护功能。一般应具有能接入两组蓄电池的能力。二级配电屏用于总配电屏机房与机房电源列柜之间各种用电进行分配和管理、并具相应的保护功能,是电源列柜的上一级设备。二级配电屏应具有独立两路输入的能力,配置独立两路输入总开关和若干分支路输出开关。

直流配电屏输出分路的数量和容量的配置应满足通信设备的需要;输出分路同时使用的负载之和不得超过配电设备的额定容量。

(四)直流电源列柜

直流电源列柜用以对同一机房内一列或多列通信设备机柜的用电进行分配和管理、并具备相应的保护功能。一般可以在电源列柜中对后面的设备机柜进行收敛性管理,集中开展用电状态监控和电量计量,并通过标准的智能接口上传到集中监控系统。

直流电源列柜应设独立两路输入总开关和若干分支路输出开关。

二、直流供电系统的供电方式

在直流供电系统中，蓄电池几乎成为直流电源必不可少的组成部分，按照蓄电池的运行制式划分，大体有三种方案，即充放电、半浮充、全浮充工作方式。目前，通信局（站）及移动基站的直流供电系统采用 -48 V 全浮充供电的运行方式。充放电及半浮充的工作方式不再赘述。

全浮充供电方式，即在市电正常时，市电先经过高频开关电源整流后，向蓄电池组浮充并向通信设备供电；当市电停电而发电机组未启动供电前，由蓄电池组放电向通信设备提供直流不间断供电，当发电机组供电或市电恢复供电时，直流供电系统除了保证通信设备的不间断供电外，同时也蓄电池低压限流充电，当充电到一定程度后转入浮充方式。

移动基站的直流供电系统在市电正常时，经过组合开关电源的整流模块与两组蓄电池并联浮充并向通信设备供电；当市电停电或移动发电机组未供电前，先由蓄电池组并联放电向通信设备供电；当蓄电池放电至第一级切断电压设置点时，自动断开负荷较大的基站设备，以保证传输设备较长时间正常运行；当蓄电池放电致终止电压而移动发电机组未上站时，蓄电池会自动断开电池输出，以免因电池继续放电而造成损坏。

在没有市电的移动基站，一般考虑采用太阳能电池及风力发电机等新能源供电，直流供电系统的运行方式为充放电或半浮充工作方式。

三、直流供电系统的技术要求

通信用直流供电系统应能够满足通信网络安全供电保障的需求，确保通信系统设备用电不中断。参考 YD/T 1058—2015《通信用高频开关电源系统》等有关标准的相关内容，通信用直流供电系统应符合以下的要求（注：以下对于铁标暂时没有规定的技术指标，参照 YD 行业标准）。

（一）使用环境条件

整流器的工作环境应无腐蚀性、爆炸性和破坏绝缘的气体及导电尘埃，并远离热源。

工作温度范围：-5 ~ 40 ℃；

储存温度范围：-40 ~ 70 ℃；

工作相对湿度范围：≤90% [(40 ± 2)℃]；

大气压力范围为：70 ~ 106 kPa。

（二）交流输入

系统在额定的交流输入范围内正常工作。即交流电压：单相 220 V 或三相 380 V，电压波动范围为其额定值的 80% ~120%，即单相范围 176 ~ 264 V，三相范围 304 ~ 456 V；输入额定频率为 50 Hz，波动范围为(50 ± 5) Hz。并满足下列要求。

1. 输入功率因数

当输入额定电压、输出满载时，系统的输入功率因数满足表 3—2 的要求。

表3—2　输入功率因数

	Ⅰ类	Ⅱ类
输入功率因数	≥0.99	≥0.92

2. 输入电流谐波成分

当输入额定电压、输出满载时，系统的输入电流谐波成分满足表3—3的要求。

表3—3　输入电流谐波成分

	Ⅰ类	Ⅱ类
输入电流谐波成分(3~39次THDA)	≤10%	≤28%

3. 交流输入电源转换

有两路交流输入电源时，系统应具有手动或自动转换装置。手动转换时，应具有机械联锁装置；自动转换时，应具有电气和机械联锁装置。

（三）直流输出

1. 直流输出电压可调节范围

系统在稳压工作的基础上，应能与蓄电池并联以浮充工作方式和均充工作方式向通信设备供电。在有关标准中规定，系统输出电压可调节范围为-57~-40 V。YD行业标准中规定为-57.6~-43.2 V。

系统的直流输出电压值在其可调范围内应能手动或自动连续可调（目前各厂家设备通常可以做到-60~-40 V之间连续可调）。

2. 系统稳压精度

系统稳压精度应优于±1%。

3. 系统电话衡重杂音电压

系统直流输出端的电话衡重杂音电压小于或等于2 mV。

4. 系统峰—峰值杂音电压

系统直流输出端在0~20 MHz频带内的峰—峰值杂音电压小于或等于100 mV。

5. 直流配电部分电压降

直流配电部分电压降不超过500 mV（环境温度20 ℃）。

6. 蓄电池管理功能

系统应具有能接入两组蓄电池的装置，并具备对蓄电池进行均充充电及浮充充电状态进行手动或自动转换功能。系统在对蓄电池进行均充充电时，具有限流充电功能。根据蓄电池环境温度，对系统的输出电压进行温度补偿。在蓄电池放电及均充时，系统具备对蓄电池容量进行估算的功能。

有条件时，系统宜选择具备蓄电池单体电压管理功能。

7. 并联工作性能

系统采用多台同型号整流器并机工作。并机工作时整流器自主工作或受控于系统监控单元时做到均分负载，在单机50%~100%额定输出电流范围内其均分负载的不平衡值不超过直流输出电流额定值的±5%。

当某个整流模块出现异常时，不影响系统的正常工作。

(四)监控性能

系统具有下列主要功能：

(1)实时监视系统工作状态；

(2)采集和存储系统运行参数；

(3)设置参数的掉电存储功能；

(4)按照局(站)监控中心的命令对被控设备进行控制，通信协议符合YD/T 1363.3—2005《通信局(站)电源、空调及环境集中监控管理系统 第3部分：前端智能设备协议》的要求。

交流配电部分具有下列主要功能：

(1)遥测：输入电压，输入电流，输入频率；

(2)遥信：输入过压/欠压，缺相，输入过流，频率过高/过低，断路器/开关状态。

整流模块具有下列主要功能：

(1)遥测：各整流模块输出电压，每个整流模块输出电流；

(2)遥信：每个整流模块工作状态(开/关机，均/浮充)，故障/正常；

(3)遥控：开/关机，均/浮充转换，均/浮充参数设定。

直流配电部分具有下列主要功能：

(1)遥测：输出电压，总负载电流，负荷分路电流，蓄电池充、放电电流；

(2)遥信：输出电压过压/欠压，熔丝断告警，负荷开关状态，蓄电池二次下电(当系统具备下电功能时应监测此告警)。

(五)系统效率

系统效率符合表3—4的要求。

表3—4　系统效率

整流器输出功率(W)	≥1 500	<1 500
系统效率	≥88%	≥85%

(六)系统音响噪声

系统音响噪声不大于60 dB(A)。

(七)保护功能

1. 交流输入过、欠电压保护

系统应能监视输入电压的变化，当交流输入电压值过高或过低，可能会影响系统安全工作时，系统可以自动关机保护；当输入电压正常后，系统自动恢复工作。

过压保护时的电压不低于有关标准中所规定的"交流输入电压变动范围"上限值的105%，欠压保护时的电压应不高于"交流输入电压变动范围"下限值的95%。

2. 三相交流输入缺相保护

整流模块交流输入为三相时，系统具有缺相保护功能。

3. 直流输出过、欠电压保护

系统直流输出电压的过、欠电压值可由制造厂根据用户要求设定，当系统的直流输出电压值达到其设定值时，自动告警，过压时自动关机保护，故障排除后，必须手动才能恢复工作。欠压时，系统自动关机保护；故障排除后，可自动或手动恢复。

4. 直流输出电流限制或输出功率限制功能

系统直流输出限流保护功能分为两种形式：

①系统直流输出电流的限流范围可在其标称值的 20% ~110% 之间调整，当输出电流达到限流值时，系统以限流值输出。

②如系统采用恒功率整流模块，当系统直流输出功率达到恒功率值时，系统以限功率方式输出。

5. 直流输出过流及短路保护

系统具有过流与短路的自动保护功能，过流或短路故障排除后自动或人工恢复正常工作状态。

6. 二次下电

直流配电部分可以在蓄电池电压低于系统设定值时，自动一次或分两次切断负载，达到保护蓄电池作用，而在该设备的输出电压升高后自动或人工再接入蓄电池。自动一次的切断电压通常设定值为 43.2 V，切断全部负载，达到保护蓄电池作用；分两次切断时，第一次的电压设定值根据实际情况确定，切断部分非重要负载，从而达到延长重要负载供电时间的作用，第二次切断的电压设定值通常为 43.2 V，达到保护蓄电池作用。通常 600 A 以上的系统不设二次下电单元。

7. 熔断器（或断路器）保护

系统的交流输入分路具有断路器保护装置。系统直流输出分路具有熔断器（或断路器）保护装置；容量大于 630 A 的直流输出分路可不设保护装置。

8. 温度过高保护

当系统所处的环境温度超过系统保护点时，系统自动降额输出或停机；当环境温度下降到保护点后，系统自动恢复正常输出。

（八）告警性能

系统在各种保护功能动作的同时，自动发出相应的可闻可见告警信号，即铃（或蜂鸣器）响、灯亮（灯闪烁）等。同时，通过通信接口将告警信号传送到近端、远端监控设备上，部分告警可通过干接点将告警信号送至机外告警设备，所送的告警信号应能区分故障的类别。

系统具有告警记录和查询功能，告警记录可随时刷新；告警信息在系统完全无电状况下应继续保存。

（九）防雷和接地性能

系统交流输入端装有浪涌保护装置，符合 YD/T 944《通信电源设备的防雷技术要求和测试方法》的要求。至少能承受电压脉冲（10/700 μs、5 kV）和电流脉冲（8/20 μs、20 kA）的冲击。

系统具有工作地和保护地，且有明显的标志，接地点应用铜螺母（直径大于或等于 8 mm），接地线截面应不小于 10 mm^2。配电部分外壳、所有可触及的金属零部件与接地螺母间的电阻应不大于 0.1 Ω。

（十）系统可靠性

MTBF≥5×10^4 h。

注意，系统可靠性可通过整流模块并联冗余方式来提高，即($n+k$)方式。n 为能满足通信局站供电的整流模块数，k 为增加的整流模块冗余数。

四、整流器的主要性能

通信用整流器应满足交流输入直流和输出端的相关规程规范外，还应满足蓄电池组性能及电池管理的要求。参考《铁路通信电源设备 第2部分：通信用高频开关整流设备》等相关规范，整流器还应满足以下要求。

（一）电网电压波动的适应性

当整流模块的交流输入电压未超出表3—5要求的上限值或下限值时，整流模块能正常工作。

表3—5　整流模块交流输入电源要求

序号	交流输入电源	允许范围
1	交流输入电压	220 V(176～264 V)
		380 V(304～456 V)
2	输入频率	(50±5) Hz
3	输入电压波形畸变率	≤5%

注：交流输入电压超过上述范围但不超过额定值的±25%时，设备可降额使用。

（二）输入功率因数

整流模块的功率因数不小于0.99(交流输入电压的波形失真度小于5%)。

（三）输入电流总谐波失真度

整流器的输入电流总谐波失真度满足表3—6的要求。

表3—6　输入电流总谐波失真度(3～39次THDA)

项　　目	100%负载	50%负载
输入电流总谐波失真度(3～39次THDA)	≤5%	≤10%

（四）效　　率

整流模块的效率满足表3—7的要求。

表3—7　－48 V整流模块的效率

项　　目	100%负载	50%负载
整流模块的效率	≥90%	≥89%

（五）杂音电压

1. 电话衡重杂音电压：整流器直流输出端电话衡重杂音电压小于或等于2 mV。

2. 宽频杂音电压：整流器直流输出端在3.4～150 kHz频带内的宽频杂音电压小于或等于50 mV；整流器直流输出端在0.15～30 MHz频带内的宽频杂音电压小于或等于

15 mV。

3. 离散频率杂音电压：整流器直流输出端在3.4～150 kHz频带内的离散频率杂音电压小于或等于5 mV；整流器直流输出端在150～200 kHz频带内的离散频率杂音电压小于或等于3 mV；整流器直流输出端在200～500 kHz频带内的离散频率杂音电压小于或等于2 mV；整流器直流输出端在0.5～30 MHz频带内的离散频率杂音电压小于或等于1 mV。

4. 峰—峰值杂音电压：整流器直流输出端在0～20 MHz频带内的峰—峰值杂音电压小于或等于100 mV。

（六）负载效应（负载调整率）

不同负载情况下的直流输出电压与输出电压整定值的差值不超过输出电压整定值的±0.5%。

（七）源效应（电网调整率）

不同交流输入电压情况下的直流输出电压与输出电压整定值的差值不超过输出电压整定值的±0.1%。

（八）稳压精度

不同交流输入电压与负载进行组合，各种情况下的直流输出电压与输出电压整定值的差值不超过输出电压整定值的±0.6%。

（九）温度系数

相对于20℃环境温度情况下，温度每变化1℃时的直流输出电压与输出电压整定值的差值不超过输出电压整定值的±0.02%。

（十）负载效应恢复时间（动态响应）

当交流输入电压为额定值，直流输出电压为浮充电压上限值；当负载电流在25%～50%～25%额定电流阶跃时和在50%～75%～50%额定电流阶跃时，设备的直流输出电压的超调幅度不大于输出电压整定值的±5%，引起的直流输出电压变化后的恢复时间不大于200 μs。

（十一）开关机过冲幅度

由于开关机引起直流输出电压变化的最大峰值不超过直流输出电压整定值的±5%。

（十二）启动冲击电流（浪涌电流）

由于启动引起的输入冲击电流不大于额定输入电压条件下最大稳态输入电流峰值的150%。

（十三）软启动时间

软启动时间（从启动至直流输出电压爬升到标称值所用的时间）可根据用户要求确定，一般为3～10 s。

（十四）音响噪声

不大于55 dB（A计权）。

（十五）遥测、遥信、遥控功能

整流器应具有接口电路可与监控电路（系统监控单元）连接，在监控电路（系统监控单元）控制下具有以下功能：

（1）遥测：整流器输出电压、整流器输出电流；

(2)遥信:整流器工作状态(开/关机、均/浮充、故障/正常);

(3)遥控:开/关机,均/浮充、均/浮充参数设定。

(十六)直流输出电流限制或输出功率限制性能

整流器具有直流输出电流的限制性能,整流器直流输出限流保护功能分为两种形式:

(1)整流器直流输出电流的限流值可在其标称值的105% ~110%之间,当输出电流达到限流值时,整流器以限流值输出。

(2)对于恒功率整流器,当整流器直流输出功率达到恒功率值时,整流器以限功率方式输出。

整流器还应具有短路的自动保护性能;当故障排除后,整流器自动恢复工作。

(十七)交流输入过、欠电压及缺相保护功能

整流器应能监视电网电压的变化,当交流输入电压值过高或过低时,整流器应具备以下保护功能:

(1)当电网电压过高时,整流器应具有过电压关机保护的功能并告警,电网电压恢复正常后,应能自动恢复工作;过压保护电压的设定不应低于额定电压值的125%(单相大于或等于275 V,三相大于或等于475 V)。

(2)当电网电压过低时,整流器应具有欠电压保护的功能并告警,电网电压恢复正常后,应能自动恢复工作;欠压保护电压的设定不应高于额定电压值的75%(单相小于或等于165 V,三相小于或等于285 V)。

(3)三相电压输入且电网出现缺相时,整流器具有缺相保护功能(整流模块不工作)并告警,电网恢复正常后,自动恢复工作。

(十八)温度过高保护功能

当整流器内部温度达到保护设定值时,自动告警与保护,故障排除后,自动恢复工作。

(十九)熔断器(或断路器)保护功能

整流器为限制某些故障的进一步扩大,主电路设有熔断器(或断路器)保护功能。

(二十)安全要求

1. 绝缘电阻

试验电压为DC 1 500 V时,整流器主回路的交流部分和直流部分对地,以及交流部分对直流部分的绝缘电阻均不低于2 MΩ。

2. 抗电强度

交流电路对地能承受50 Hz,有效值为1 500 V的交流电压(漏电流≤30 mA)或等效其峰值的2 120 V直流电压1 min,且无击穿与无飞弧现象。

交流电路对直流电路能承受50 Hz,有效值为3 000 V的交流电压(漏电流≤30 mA)或等效其峰值的4 240 V直流电压1 min,且无击穿与无飞弧现象。

直流电路对地能承受50 Hz,有效值为500 V的交流电压(漏电流≤30 mA)或等效其峰值的710 V直流电压1 min,且无击穿与无飞弧现象。

3. 接触电流和保护导体电流

整流器的保护地(PE)对输入的中性线(N)的接触电流应不大于3.5 mA。当接触电流大于3.5 mA时,保护导体电流的有效值不应超过每相输入电流的5%,如果负载不平衡,则

采用三个相电流的最大值来计算。在保护导体大电流通路上，保护导体的截面积不小于1.0 mm^2。在靠近整流器的一次电源连接端处，设置标有警告语或类似词语的标牌，即“大接触电流，在接通电源之前必须先接地”。

4. 材料阻燃性能

整流器所用的PCB的阻燃等级达到GB 4943.1—2022《音视频、信息技术和通信技术设备 第1部分：安全要求》中规定的V－0要求，塑胶导线的阻燃等级达到GB/T 18380.11—2022《电缆和光缆在火焰条件下的燃烧试验 第11部分：单根绝缘电线电缆火焰垂直蔓延试验 试验装置》中规定的要求，其他绝缘材料的阻燃等级应达到GB 4943.1—2022《音视频、信息技术和通信技术设备 第1部分：安全要求》中规定的V-1要求。

第三节　高频开关型电源的基本原理

一、高频开关型电源的组成和分类

（一）高频开关型电源的组成

高频开关型整流器通常由工频交流滤波电路、工频交流整流电路、功率因数校正电路、直流—直流变换器和输出滤波器等部分组成。如图3—4所示。

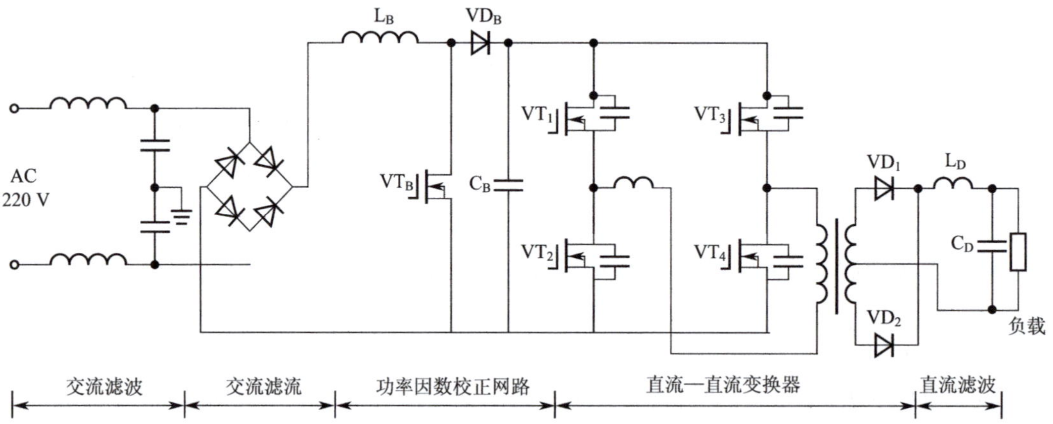

图3—4　高频开关型稳压电源的基本组成

众所周知，在输出功率一定的条件下，变压器铁芯的截面积与频率成反比。当工作频率由相控型电源的50 Hz提高到开关电源的50 kHz时，频率升高了1 000倍，因此变压器铁芯的截面积将大大减小，重量也大大减轻。与传统的相控型整流电源相比，开关型电源不仅可省去笨重的工频变压器，而且滤波电感的体积和重量也因工作频率提高而大大减小，所需滤波电容的容量也可大大减小。例如，48 V/1 200 A开关型电源的重量为320 kg，功率因数为0.99，效率为90%，同容量的相控型电源的重量为1 752 kg，功率因数小于0.7，效率也在70%以下。

（二）高频开关型电源的分类

高频开关型电源的主要组成部分是直流—直流变换器，根据直流—直流变换器的工作原理，开关型稳压电源可分为PWM（脉宽调制）型开关稳压电源和谐振型开关稳压电源。

根据输入电路和输出电路的关系,直流变换器可分为不隔离式变换器和隔离式变换器。在不隔离式变换器中,根据输出电压与输入电压的关系,又可分为升压型变换器、降压型变换器和反相型变换器。在隔离式变换器中,根据变换器电路的结构,又可分为单端反激变换器、单端正激变换器、推挽式变换器、半桥式变换器和全桥变换器。

二、功率变换电路

PWM 型开关电源功率转换电路有推挽、全桥、半桥以及单端反激、单端正激等,下面分别介绍。

(一)推挽式功率转换电路

推挽式功率转换电路如图 3—5 所示。高压开关管 BG_1、BG_2 由驱动电路控制基极,以 PWM 方式激励而交替通断,输入直流电压被变换成高频方波交流电压。当 BG_1 导通时,输入电源电压 E 通过 BG_1 施加到高频变压器 B_1 的原边绕组 N_1,由于变压器具有两个匝数相等的主绕组 N_1,故在 BG_1 导通时,在截止晶体管 BG_2 上将施加两倍电源电压(即 $2E$)。当基极激励消失时,一对高压开关管均截止,它们的集电极施加电压均为 E。当下半个周期,BG_2 被激励导通,截止晶体管 BG_1 上施加 $2E$ 的电压,接着又是两晶体管都截止的时期,V_{ce1} 和 V_{ce2} 均为 E。下一个周期重复上述过程。

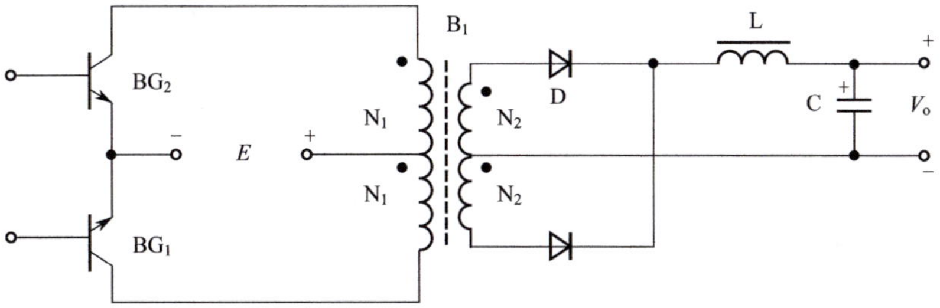

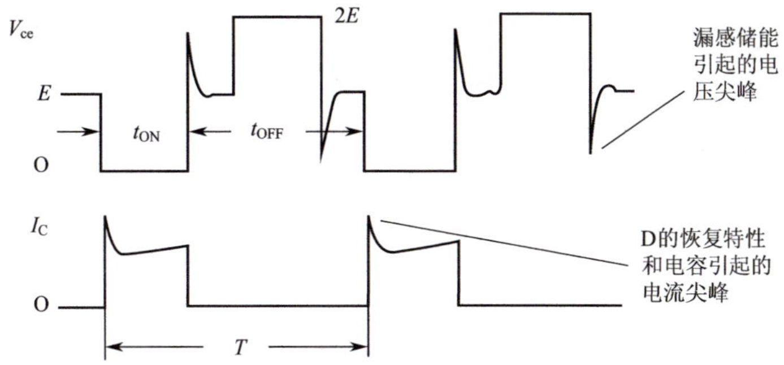

图 3—5　推挽式功率转换电路及其波形

在晶体管导通过程中,集电极电流除负载电流成分外,还包含有输出电容器的充电电流和高频变压器的励磁电流。它们均随导通脉冲宽度的增加而线性地上升。这便是高压开关管稳态运行时集电极电压和电流的基本规律,其波形亦如图 3—5 所示。

在开关的暂态过程中,由于高频变压器副边开关整流二极管反向恢复时间内所造成的短路以及为了抑制集电极电压尖峰而设置的 RC 吸收网络的作用，当高压开关管开通时，将会有尖峰冲击电流；在关断瞬间，由于高频变压器漏感储能的作用，在集射极间会产生电压尖峰，如图 3—5 所示。尖峰电压的大小随集电极电路的配置，高频变压器的漏感以及电路的关断条件的不同而异。该尖峰电压有可能使高压开关管承受两倍以上的输入电压，以 220 V(1 ± 10%)的电网电压为例，稳态截止电压的最大值约为 680 V，加上暂态过程中的尖峰电压，则推挽式电路高压开关管必须能承受 800 V 以上的电压，这给选择元件带来了困难。此外，原边绕组只有一半时间工作，高频变压器的利用率太低。

但是，电路只用两个高压开关管便能获得较大功率输出，而且，一对晶体管的发射极相连，两组基极驱动电路彼此间就无需隔离，这样不仅驱动电路和过流保护电路可以简化，而且可供选择的余地也增大，这是该电路的优点。

(二)全桥式功率转换电路

全桥式功率转换电路如图 3—6 所示。高压开关管 BG_1、BG_2、BG_3 和 BG_4 组成桥的两臂，高频变压器 B_1 连接在它们中间，相对的二对晶体管 BG_1，BG_4 和 BG_2，BG_3 由驱动电路以 PWM 方式激励而交替通断，将直流输入电压变换成高频方波脉冲电压。其工作过程和推挽式功率转换电路一样。

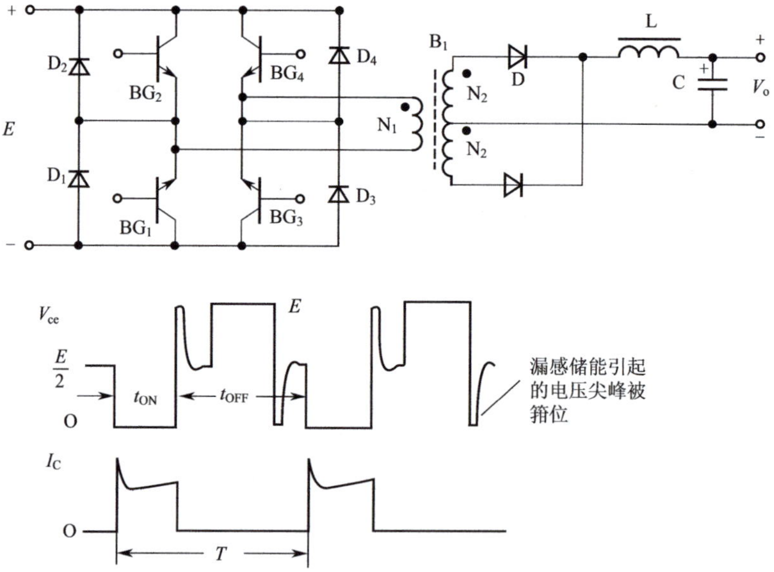

图 3—6　全桥式功率转换电路及其波形

当一组高压开关管(例如 BG_1、BG_4)导通时，截止晶体管(BG_2、BG_3)上施加的电压即为输入电压 E，当所有晶体管均截止时，同臂上的两个高压开关管共同承受输入电压(即 $E/2$)。由高频变压器漏感引起的电压尖峰，当其超过输入电压时，反向并接在高压开关管集射之间的高速续流二极管便导通，集电极电压被箝位在输入电压上。集电极电流同样也有尖峰，如图 3—6 所示。

由此可见，全桥式电路高压开关管稳态时其最高施加电压即为输入电压，暂态过程中的尖峰电压被箝位于 E，比起推挽式电路来要低一半还多，这就为晶体管的选择带来了方便；

而且，箝位二极管将漏感储能归还给输入电源．也有益于提高效率。另外，输入电压直接施加在高频变压器上，高压开关管的耐压要求低，宜于获得大功率输出。但是，电路要使用四个高压开关管，需要4组彼此绝缘的基极驱动电路，电路复杂，元器件多，是其缺点。

（三）半桥式功率转换电路

半桥式功率转换电路如图3—7所示。它和全桥式电路相似，只是其中高压开关管只有两个，另外两个由电容器C_{01}和C_{02}取代。

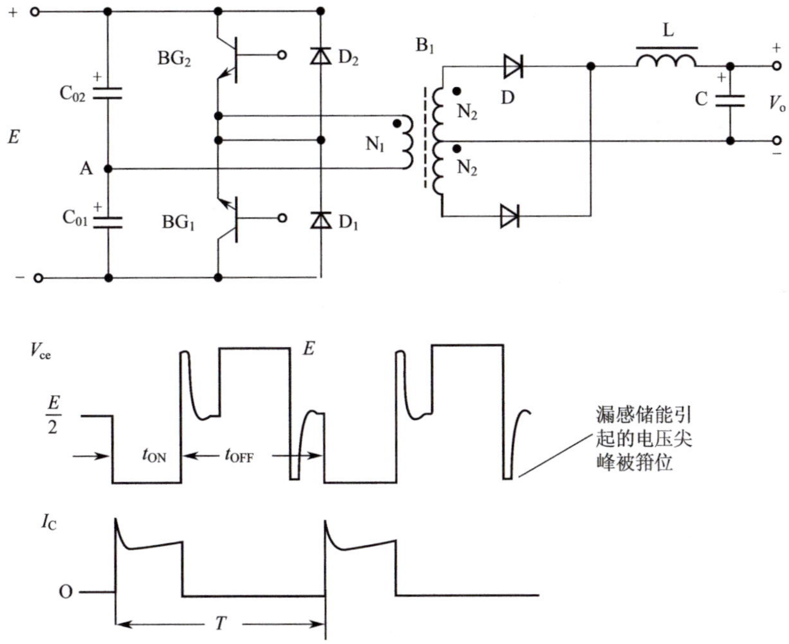

图3—7 半桥式功率转换电路及其波形

当一对高压开关管均截止时，若电容器C_{01}和C_{02}的容量相等而且电路对称，则电容中点A的电压为输入电压的一半，即$V_{C01}=V_{C02}=E/2$。当BG_1被基极驱动电路以PWM方式激励导通时。电容C_{01}将通过BG_1和高频变压器B_1的原边绕组N_1放电，同时，电容C_{02}则通过输入电源、BG_1和B_1的原边绕组N_1充电，中点A的电位在充放电过程中将按指数规律下降，在BG_1导通终了时，V_A将下降至$E/2-\Delta E$；接着是一对晶体管都截止的时期，此时，$V_{CE1}=V_{C01}=V_{CE2}=V_{C02}$，它们都接近输入电源电压的一半；当$BG_2$被激励导通时，电容$C_{01}$将被充电，电容$C_{02}$将放电。中点A的电位在$BG_2$导通终了时将增至$E/2+\Delta E$，亦即中点A的电位在开关过程中将在$E/2$的电位上以$\pm\Delta E$的幅度作指数变化（参见图3—7）。

显然，和全桥式电路同样，一个晶体管导通时，截止晶体管上施加的电压大致和输入电压相等。晶体管由导通转为截止的关断过程中，漏感引起的尖峰电压亦将被二极管箝位，因此，高压开关管上承受的最高电压亦不超过电源电压，而且，晶体管的数量只有全桥式的一半，这是它的优点。但是，高频变压器上施加的电压幅值只有输入电源电压的一半，欲得到和全桥，推挽式电路相同的输出功率，高压开关管必须流过两倍的电流；此外，它必须要有两个输入电容，而且流过与电路工作频率相同的充放电电流，电压脉冲的顶部有倾斜是其不足,一般,半桥式只宜获得中等容量输出。然而,半桥式电路有一个极其重要的特点是具有抗不平衡能力,这是它获得广泛应用的一个重要原因。

上述三种型式的功率转换电路各自的特征可归纳成表 3—8。

表 3—8　三种型式的功率转换电路的比较

项目 \ 型式		推挽式	全桥式	半桥式
高压开关管集射间施加的电压		稳态为 $2E$,由漏感引起的 $V_{cemax}>2E$	稳态为 E,二极管箝位使 $V_{cemax}=E$	同全桥式
相同输出功率时集电极电流		I_C	I_C	$2I_C$
相同集电极电流时的输出功率		P_o	P_o	$2P_o$
高频变压器上施加的电压		E	E	$2E$
高压开关管的数量		2	4	2
输入滤波电容数量		1	1	2
基极驱动电路	功率元器件数量	少	多	中
	复杂程度	简单	复杂	中等
宜于获得的输出容量		大	大	中等
其他				抗不平衡能力强

(四)谐振型变换器

PWM 型开关电源具有控制简单,稳态直流增益与负载无关等优点。缺点是开关损失随开关频率的提高而增加。故限制了开关频率进一步提高。谐振型开关电源则可使开关电源在更高的频率下工作而开关损失很小。

早期的谐振变换器电路是为了使导通的闸流管或晶闸管能够关断而提出的,这是因为闸流管导通后不能靠自己的栅极(或控制极)的信号而关断,它们必须在其阳极电流一下降到零以后才能关断;在谐振变换器中利用谐振现象,开关器件中的电流可以自己减小到零而实现器件的关断。后来,出现了既能控制导通,又能控制关断的双极型功率晶体管和功率场效应管,可以实现 PWM 控制,因此在较小功率范围内,PWM 型变换器发展很快,谐振型变换器又是因为这种变换器电路能够使开关损失减小,工作频率提高,从而可以使开关变换器进一步小型化。

PWM 型变换器开关损失较大的原因,主要是由于开关器件的通断都是强制的,在理想情况下,开关器件的电压、电流波形都是方波。但是,由于开关器件又是非理想的,即开和关不能瞬时完成。都需要一定的时间,开关器件及与之相连接的元件都可能有些寄生参数而使开关器件的电压、电流波形又不是纯方波(见图 3—8),因此,在开关过程中,产生了开关器件的电压、电流波形交叠现象,从而产生了开关损失。显然,随着频率的增加,开关损失在全部损失中所占比例也增加。当频率高到某一数值时,变换器效率会降低到不能允许的程度。谐振变换器可以利用谐振现象,通过适当地改变开关器件的电压、电流波形关系来达到减小开关损失的目的。

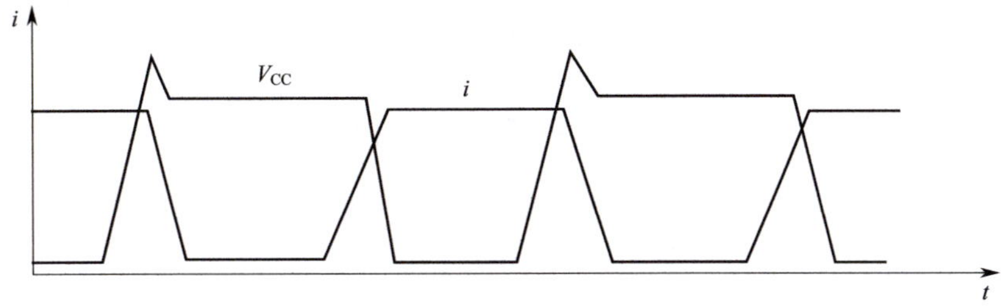

图 3—8　PWM 开关的电压、电流波形

谐振变换器(Resonant Converter, RC)有串联谐振变换器(SRC)、并联谐振变换器(PRC)和准谐振变换器(QRC)几种。

PWM 型变换器的开关损失由开通损失和关断损失组成。

(1)开通损失。由于开关器件上存在有寄生电容,在开通过程中,开关电压从关断时的电压值减小到零,寄生电容所储存的能量通过开关器件内部放电而产生能耗。由于开关器件电压下降和电流上升都需要一定时间,在开关器件上会产生电压,电流交叠而产生能耗,当然,减小开通过程的时间可以减小损耗。但将受到器件和驱动电路性能的限制。为此,减小开通损耗的方法有:

①零电压开关准谐振变换器,使开关电压在开通前就减小为零。

②零电流开关准谐振变换器,限制开关电流上升的速率,以便使电流与电压的波形尽可能减小重叠。

③工作在谐振频率以上的串、并联谐振变换器,既从开通电压减小为零,又限制电流上升的速率,减小电流电压波形重叠。

(2)关断损失。是由于与开关相连接的电路中有寄生电感,致使突然切断电路时,开关中电流不能立即降到零而产生的。为了减小关断损失可以采取的措施有:

①附加一吸收网络,在开关转换瞬间,把寄生电感中的储能转移到吸收网络中来。

②改善电路的布线以减小寄生电感中的储能值。

③采用零电流准谐振变换器等方法使开关在断开前电流就减小到零。

1. 串联谐振变换器

以半桥式串联谐振变换器为例,电路如图 3—9 所示。变换器的输入电压为 V_S(由整流桥提供),输出电压为 V_0,负载(包括滤波电容 C_F)通过整桥与 LC 谐振支路相串联,故称串联谐振变换器。通过改变开关频率可以控制变换器的输出。

2. 并联谐振变换器

并联谐振变换器是另一种常见的谐振变换器,在这种变换器中,负载电路是并联在谐振电容的两端的,半桥式并联谐振变换器如图 3—10 所示。

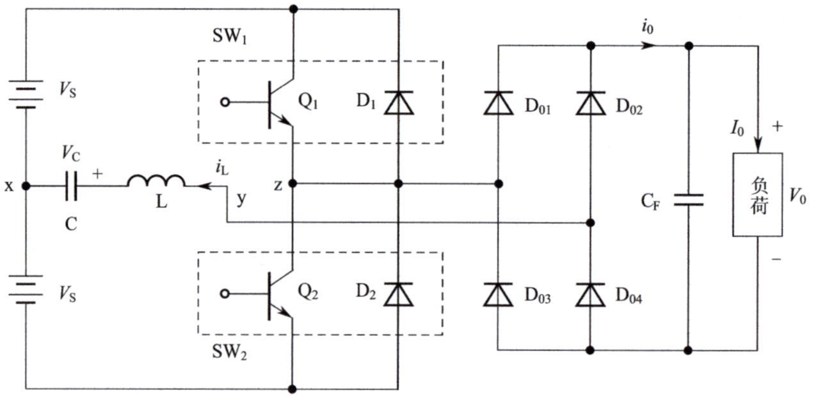

图 3—9　半桥式串联谐振变换器

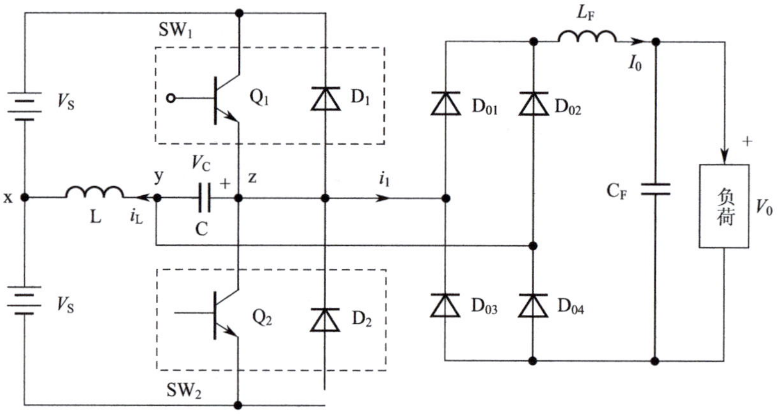

图 3—10　半桥式并联谐振变换器

3. 零电流开关(ZCS)准谐振变换器

准谐振变换器是一种新型的谐振变换器。它是在 PWM 型开关变换器基础上适当地加上谐振电感和谐振电容而形成的。谐振电感谐振电容和原来 PWM 型变换器中的开关组成了所谓"谐振开关"。在这种变换器的运行中出现谐振状态的工作模式,从而可以改善开关的电压、电流波形,减小开关损失。由于运行中,工作在谐振状态的时间只占一个开关周期中的一部分,其余时间都是运行在非谐振状态中,所以称为"准谐振"变换器。

上述的所谓"谐振开关"称为"准谐振开关"。准谐振变换器是一种 PWM 型和传统谐振型混合在一起的 DC—DC 变换器。它既有 PWM 型电路控制简单的优点,又有谐振型电路开关电压、电流波形是非强制的,因而有开关损失小的优点。在 DC 一脱变换器中得到广泛应用。

准谐振变换器又分为两种。一种是零电流开关(Zero Current Switch,ZCS)式,一种是零电压开关(Zero Voltage Swith,ZVS)式。零电流开关准谐振变换器的特点是能保证运行中开关管在断开信号到来之前,管中电流已下降到零,即保证了开关管在零电流条件下断开。从而大大地减小了开关器件的关断损失，同时也能大大地减小断开电感负载时可能出现的电压尖峰；零电压开关准谐振变换器的特点是能保证在运行中开关管（场效应管）在开通信号到来之前，管子两端的电压已经下降为零，即保证了开关管在零电压条件下导通，从而大大地减小了开关器件的开通损失。

（1）电流型谐振开关

电流型谐振开关是一个开关器件 S_1（晶体管或 MOS 管）和谐振元件 L_1 电感、C_1 电容组成的电子电路。如图 3—11 所示的两种零电流电流型谐振开关。电感 L_1 和开关 S_1 是串联。在 S_1 刚导通时，S_1 上的电流缓缓上升，然后随着 L_1、C_1 谐振，通过开关 S_1 的电流是振荡的，因此可使 S_1 自然换流（即 S_1 零电流关断）。

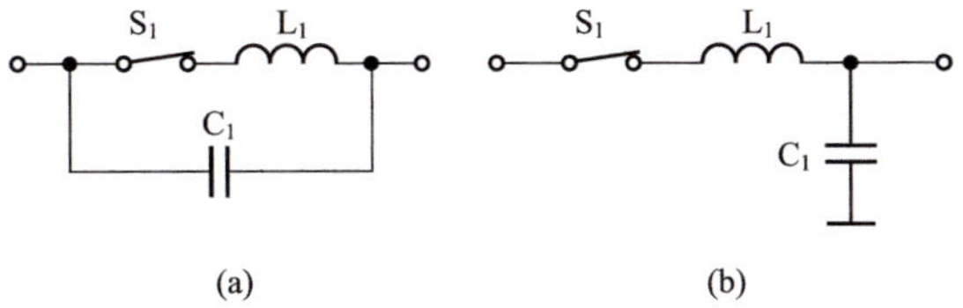

图 3—11　零电流谐振开关

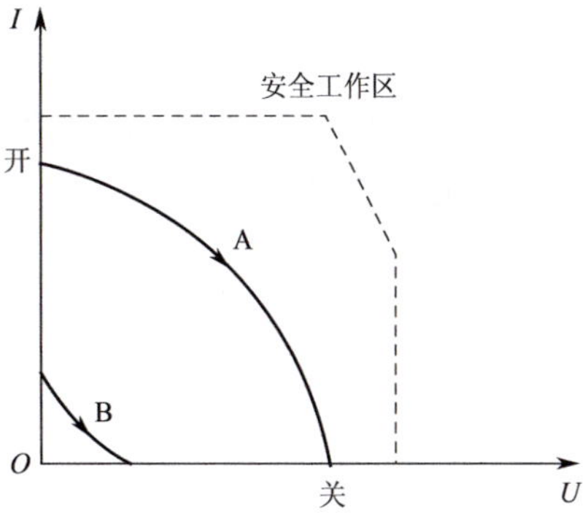

图 3—12　开关关断时负载线轨迹示意图

图 3—12 给出 S_1 关断时开关负载线轨迹示意图。图中曲线 A 是硬开关器件关断时的负载线，曲线 B 是谐振开关关断时的负载线。可见曲线 A 的开关关断过程中。经历了大开关应力的区间，即开关器件同时承受了大电压和大电流。而曲线 B 的开关关断过程中，开关器件不会同时承受大电压和大电流，所以开关应力为最小。

（2）零电流准谐振降压（Buck）变换器

图 3—13（a）所示是硬开关普通 Buck 型变换器，稳态运行时可看作一个稳压源 V_S，通过对开关 S_1 占空比的控制给恒流源 I_2 供电，如图 3—13（b）所示。用零电流谐振开关图 3—11（b）的 S_1、L_1、C_1 代替图 3—13（b）S_1 后即形成图 3—13（c）所示的电流型谐振降压变换器。

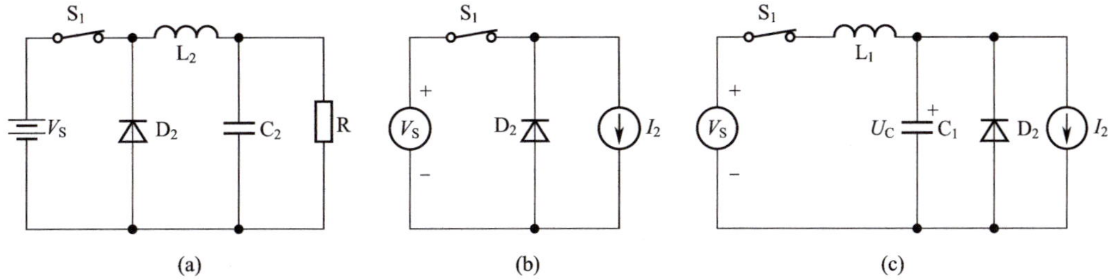

图 3—13　降压变换器

为了方便分析电路，上图中假设 $L_2 >> L_1$，开关器件为理想开关（无漏电流），谐振回路的元件为理想元件。

当变换器处于谐振状态时，定义如下参数：

$$Z_0 = \sqrt{\frac{L_1}{C_1}}\ (\text{特征性阻抗}\ \Omega)$$

$$\omega_o = \frac{1}{\sqrt{L_1 C_1}}\ (\text{谐振角频率 rad/s})$$

变换器稳态运行时，一个完整的开关周期可从 S_1 闭合开始分成四个阶段，如图 3—14 所示四种拓扑模式（对应四种开关状态）。设在开关 S_1 闭合前，D_2 处于导通。图中(a)是开关 S_1 导通，电感两端加一恒定电压，所以其电流线性上升，二极管 D_2 维持导通（称电感充电阶段）；图(b)是 S_1 处于导通，二极管 D_2 截止的情形（称谐振阶段）；图(c)是 S_1 关断，D_2 也截止时的情形，所以电容 C_1 与电流源 I_2 串联（称电容放电阶段）；图(d)是 S_1 关断，二极管 D_2 导通时的情形（续流阶段）。

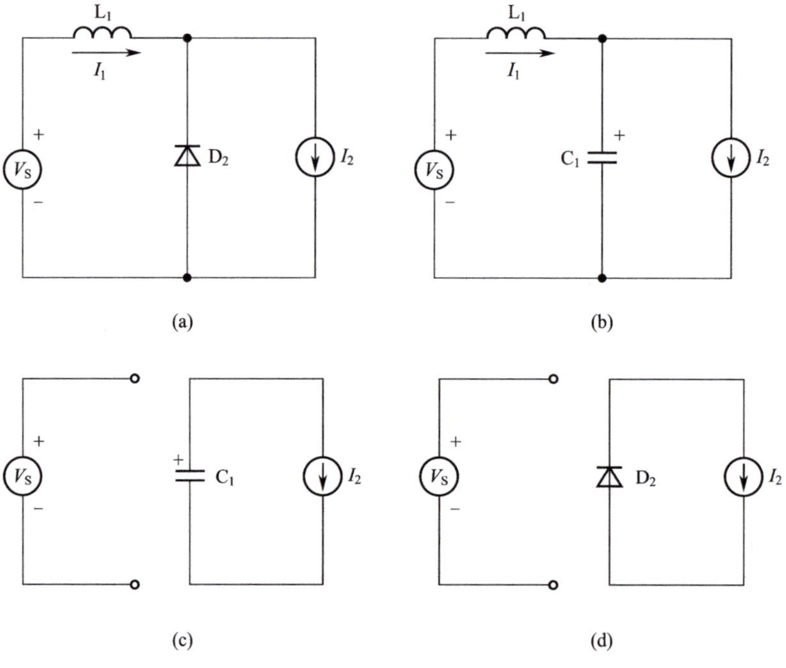

图 3—14　电流型准谐振降低变换器在四个阶段的等效电路

(3)电流型准谐振变换器的系列电路

电流型谐振开关可直接替换普通 PWM 变换器中的开关管，便可得到一系列电流型准谐振变换器，如图 3—15 所示，图中左边为硬式开关（即机械式开关）电源电路，右边所示两个电路为电流型准谐振变换器的新系列电路。

4. 零电压开关(ZVS)准谐振变换器

(1)电压型谐振开关

与零电流开关相对应，还可以构成所谓零电压开关，形成零电压开关准谐振变换器

（ZVS-QRC）。

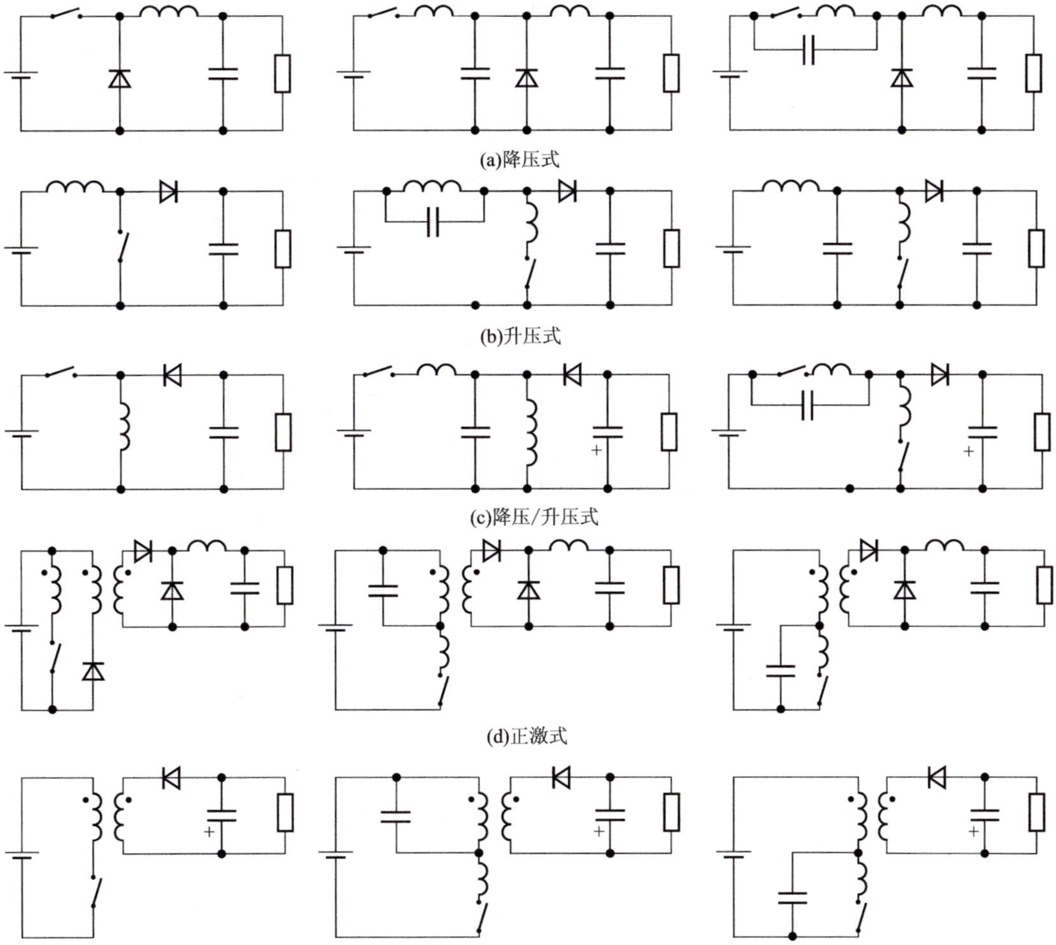

图 3—15　电流型准谐振变换器系列电路

前面介绍的零电流开关准谐振变换器虽然解决了开关管断开时的功率损失和可能产生的电压尖峰问题。但没有解决开关管开通时功率损失的问题，变换器中的开关管在断开的时候两端有电压，这个电压取决于电源电压或负载电压或它们的线性组合，在开关管中存在有寄生电容，开关管断开时的电压使这个寄生电容存储电能。当开关突然接通时，寄生电容中的能量 $1/2CU^2$ 将消耗在开关器件中，而且由于电压变化快，将产生严重的开关噪声，即所谓密勒效应，这个效应将影响到半导体开关器件的驱动电路。使电路于作不稳定。

当开关频率不高时。这个问题还不严重。但当开关频率高到兆赫级时，开关器件的寄生电容放电所引起的开通损失就变成了变换器全部损失中的主要成分子，例如，一个 100 pF 的电容在 300 V 电压下接通，当开关频率为 1 MHz 时，产生的开通损失为 4. 5 W，在开关频率为 5 MHz 时，产生的开通损失为 22. 5 W。

零电压开关准谐振变换器解决了上述问题。

电压型谐振开关是一个开关器件 S_1（晶体管或 MOS 管）和谐振元件 L_1 电感、C_1 电容组成的电子电路，两种基本零电压准谐振开关如图 3—16 所示，电容 C_1 和开关 S_1 是并联的。在 S_1 刚关断时，电容上电压 VC_1 缓缓上升，然后随着 L_1 和 C_1 谐振，在开关 S_1 两端电压是振荡的，因此可使 S_1 在零电压开通。

图 3—17 给出 S_1 开通时的开关负载线轨迹示意图。图中 A 曲线是硬开关器件开通时的负载线，B 曲线是谐振开关开通时的负载线。A 曲线在开通过程中。开关 S_1 同时承受了大电流和大电压。而 B 曲线的开通过程中，开关 S_1 同时不存在大电流和大电压，所以其损耗最小。

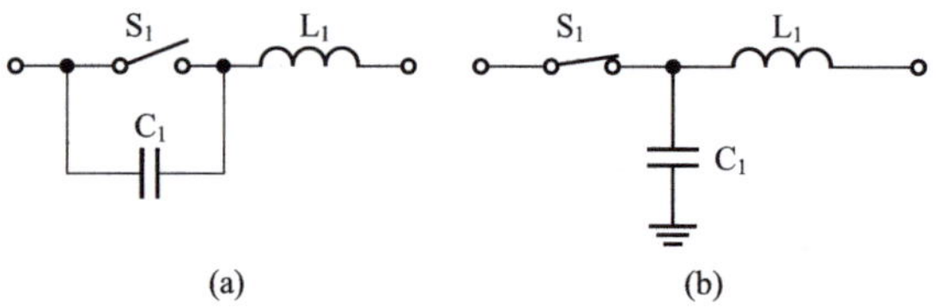

图 3—16　零电压谐振开关图

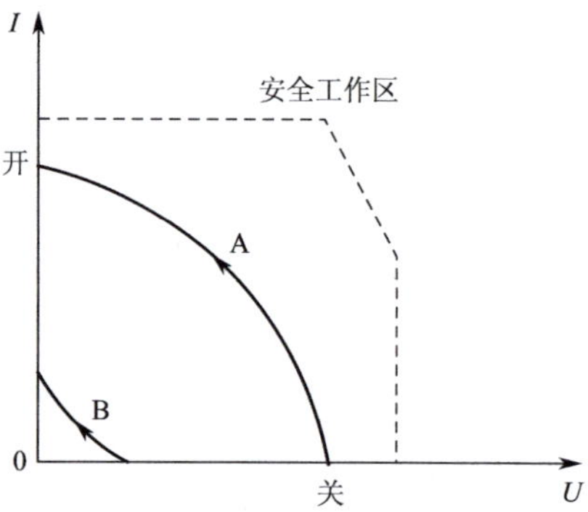

图 3—17　开关开通时负载轨迹示意图

若图 3—16 中，开关 S_1 并联一个反向二极管 $D_1(S_1)$，如图 3—18（a）所示的单向开关，则谐振开关工作于半波方式。若图 3—16 中，开关 S_1 串联一个正向二极管 $D_1(S_1)$，如图 3—18（b）所示的双向开关，则谐振开关工作于全波工作方式。

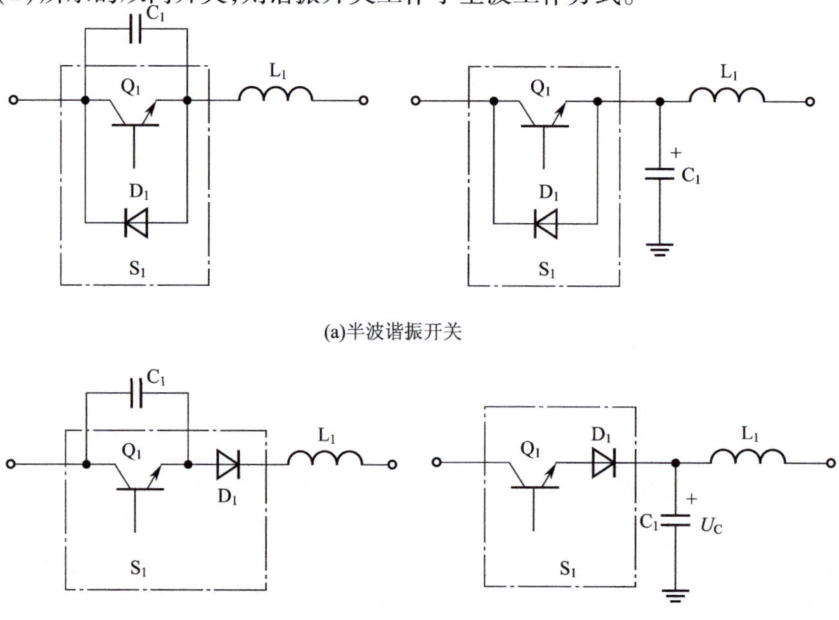

图 3—18　谐振开关

(2)零电压准谐振升压变换器(Boost)

如图3—19(a)所示的是硬开关的普通 Boost 型变换器,它在稳态运行时,可看作为一个恒流源 I_S,通过对开关 S_1 的占空比控制给恒压源 V 的供电,如图3—19(b)所示。用电压型谐振开关图3—16(a)的 S_1、L_1、C_1 代替图3—19(b)S_1 后,形成图3—19(c)所示的电压型谐振升压变换器。

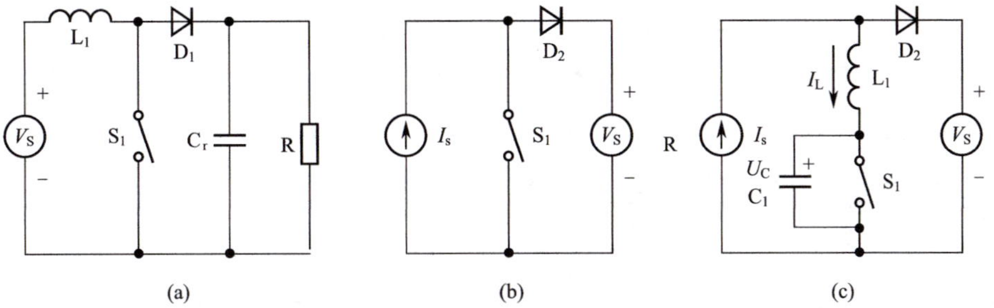

图3—19　升压变换器

当变换器处于谐振状态时,定义如下参数:

$$Z_0 = \sqrt{\frac{L_1}{C_1}}\ (\text{特性阻抗}\ \Omega)$$

$$W_0 = \frac{1}{\sqrt{L_1 C_1}}\ (\text{谐振角频率 rad/s})$$

变换器稳态运行时,一个完整的开关周期可从 S_1 断开开始分成四个阶段,如图3—20所示的四种拓扑模式(对应四种开关状态)。

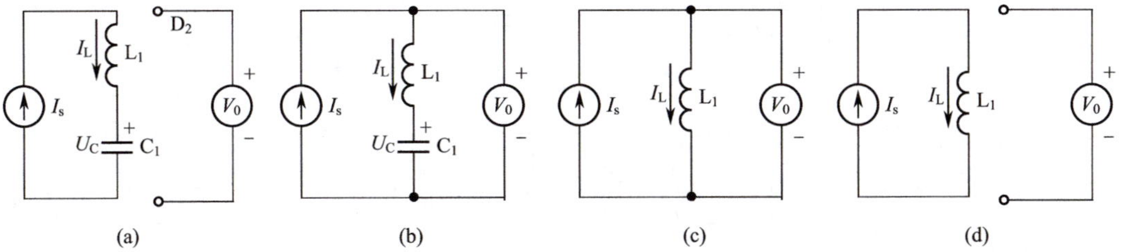

图3—20　零电压型准谐振升压变换器四个阶段的等效电路

设在开关 S_1 断开前,二极管 D_2 处于截止状态,图中(a)是当开关 S_1 断开。二极管 D_2 也截止的情形,谐振电容 C_1 被电流源充电(称电容充电阶段)。图中(b)是当 S_1 断开,二极管 D_1 导通时的情形,这是一个谐振拓扑模式(称谐振阶段)。图中(c)是当 S_1 导通,二极管 D_2 亦导通时的情形,这时谐振电感两端加以电压 V_0(称为电感充电阶段)。图中(d)是当 S_1 导通,二极管 D_2 截止时情形,这时 $V_C(t) = 0, I_L(t) = I_S$,所以称恒定阶段。

(3)电压型准谐振变换器的系列电路

采用一个电压型谐振开关替换普通 PWM 变换器中的开关管,可得到一系列电压型准谐振变换器,如图3—21所示,图中左边为硬开关电源电路,右边所示的两个电路为电压型准谐振变换器的新系列电路。

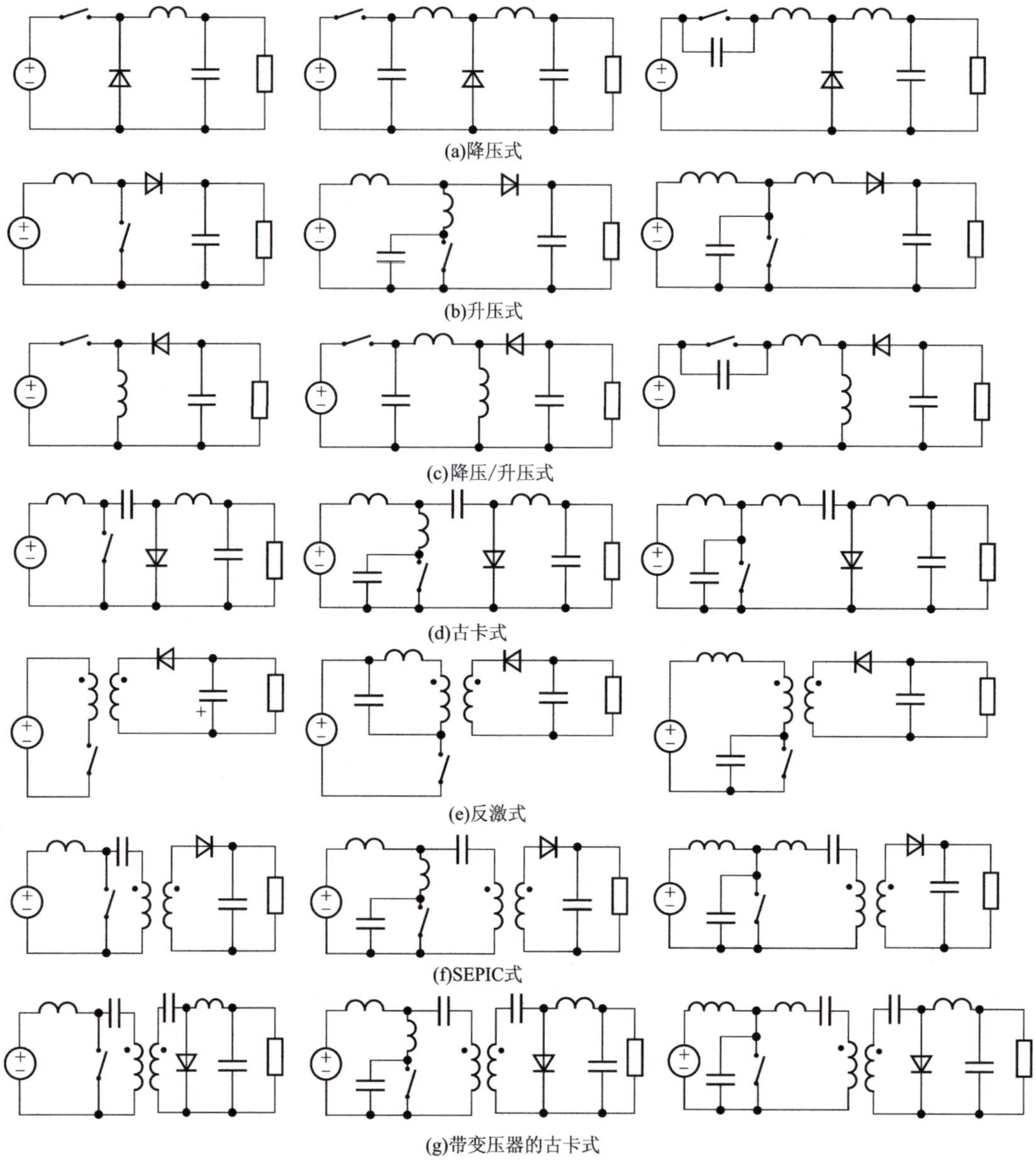

图 3—21　电压型准谐振变换器的新系列电路

三、功率因数校正电路

(一)功率因数的基本定义

功率因数(λ)是指交流输入有功功率 P 与视在功率 S 的比值,即:

$$\lambda = \frac{P}{S} = \frac{U_L I_1 \cos\Phi}{U_L I_R} = \frac{I_1}{I_R}\cos(\Phi) = r\cos\Phi$$

式中　r——基波因数,即基波电流有效值 I_1 与电网电流有效值 I_R 之比;

I_R——电网电流有效值;

I_1——基波电流有效值；

U_L——电网电压有效值；

$\cos\Phi$——基波电流与基波电压的位移因数。

在线性电路中，无谐波电流，电网电流有效值 I_R 与基波电流有效值 I_R 相等，基波因数 $r=1$，所以，功率因数 λ 应为：

$$\lambda=\cos\Phi$$

(二)一般开关电源存在的问题

在无功率因数校正的开关电源中，交流输入电压经整流后，直接加到滤波电容器两端。只有交流输入电压高于滤波电容两端电压时，滤波电容才开始充电，因此输入电流波形为宽度很窄的脉冲，如图3—22所示。这种电流的谐波分量很大，输入总谐波失真可高达100%～130%。因为只有基波电流与输入电压同相位，基波电流有效值 I_1 与电网电流有效值 I_R 之比较小，所以功率因数较低，通常只有0.6～0.7。

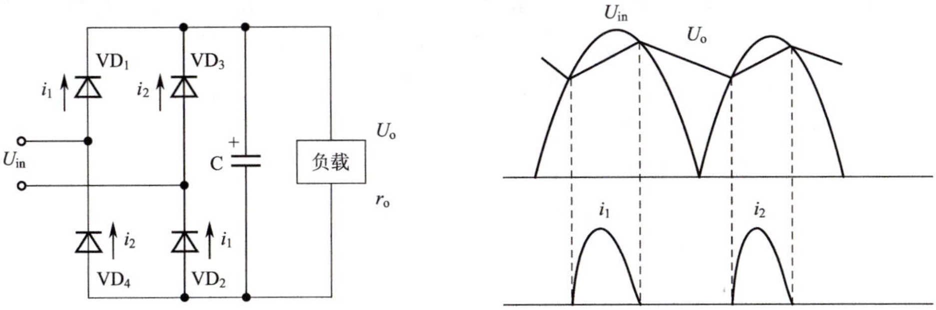

图3—22　单相桥式整流电路输入电压和电流的波形

功率因数较低的开关电源存在许多问题，主要有：谐波电流污染电网，干扰其他用电设备，造成测量仪表产生较大的误差，还会使电动机产生较大的噪声。另外，采用功率因数较低的开关电源时，在输出功率一定的条件下，输入电流有效值较大，因此必须增大输入熔断器、断路器和电源线的规格。特别应当指出，通信用开关型电源通常都采用三相五线制供电。由于各相电流的三次、六次和九次等谐波电流，在中线中同相位，因此合成后的中线电流很大，可超过火线中的电流。众所周知，三相基波电流可分别由下列各式表示：

$I_{a1}=I_{m1}\sin\omega t$

$I_{b1}=I_{m1}\sin(\omega t-120°)$

$I_{c1}=I_{m1}\sin(\omega t+120°)$

三次谐波电流可分别由下列各式表示：

$I_{a3}=I_{m3}\sin 3\omega t$

$I_{b3}=I_{m3}\sin(3\omega t-360°)$

$I_{c3}=I_{m3}\sin(3\omega t+360°)$

由此可知，三相电流的三次谐波分量是同相位的。同理可知，三相电流的六次、九次等谐波分量也是同相位的。三相电流都流过中线。当功率因数为1时，流过中线的电流为零。当功率因数很低时，中线的电流很大。由于中线无过流保护装置，所以，中线有可能因过热而着火。

有关电源质量的国家标准和电力行业标准都规定了公共电网中负载谐波失真的极限值。因此没有功率因数和谐波校正电路的开关型电源将逐渐被限制应用，设计制造功率因数接近1的开关电源已成为开关型电源发展的必然趋势。

（三）功率因数校正的原理和方法

1. 功率因数校正的基本方法

在开关型电源中，功率因数校正的基本方法有两种：无源功率因数校正和有源功率因数校正。采用无源功率因数校正法时，应在开关电源输入端加入电感量很大的低频电感，以便减小滤波电容充电电流的尖峰。这种校正方法比较简单，但是校正效果不很理想，通常经无源功率因数校正后，功率因数可达到0.85。此外，采用无源校正法时，功率因数校正电感的体积很大，增加了开关电源的体积，因此，目前这种方法很少采用。

2. 有源功率因数校正的基本原理

有源功率因数校正电路的原理框图如图3—23所示。它主要由桥式整流器、高频电感L、功率开关管VT、二极管VD、滤波电容C和控制器等部分组成。该电路实质上是一种升压变换器。控制器主要由基准电源、低通滤波器、误差放大器、乘法器、电流检测与变换电路、信号综合电路、锯齿波发生器、比较器和功率开关管驱动电路等部分组成。功率因数校正电路的输出电压经低通滤波器滤波后，加入误差放大器，与基准电压比较，二者之差经放大后，送人乘法器。为了使功率因数校正电路的输入电流为正弦波并且与电网电压同相位，市电电压经全波整流后，也加到乘法器。乘法器将输入电压信号与输出误差信号相乘后，送入信号综合电路。

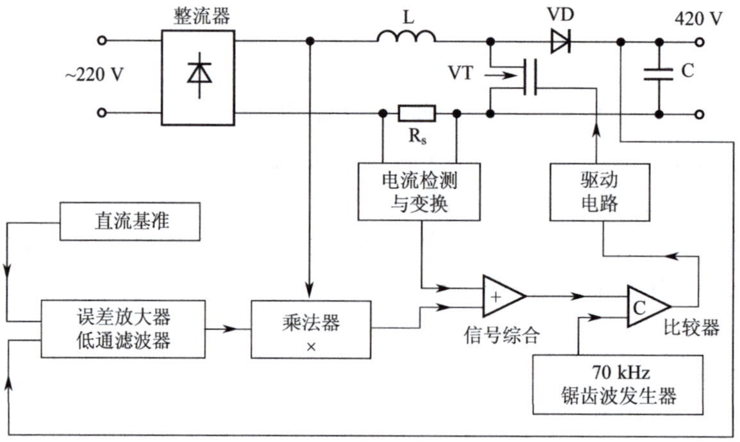

图3—23　有源功率因数校正电路的原理框图

电流取样电阻R_S两端电压正比于功率因数校正电路的输入电流。R_S两端电压加到信号综合电路，与乘法器输出信号综合。信号综合电路输出的模拟信号与锯齿波发生器产生的锯齿波电压，经比较器C比较后，转换成脉宽调制（PWM）信号，该信号经驱动电路放大后，控制功率开关管VT（MOSFET）导通或关断。MOSFET导通后，高频电感L中的电流i_L（也即功率因数校正电路输入电流）线性上升。当i_L的波形与整流后的市电电压波形相交时，通过控制器使 MOSFET 关断。此时，电感两端的自感电势使二极管 VD 导通，电感 L 通过 VD 对电容放电，电感中的电流 i_L 线性下降。当 i_L 下降到零后，控制电路使 MOSFET 再次导通，上述过程重复。功率因数校正电路输入电压和电流波形如图 3—24 所示。由图可以看出，功率因数校正电路输入电流平均值 I_{avc} 的波形，始终跟随输入电压的波形，也就是说，输入电压与输入电流保持同相位，因此功率因数接近于 1。

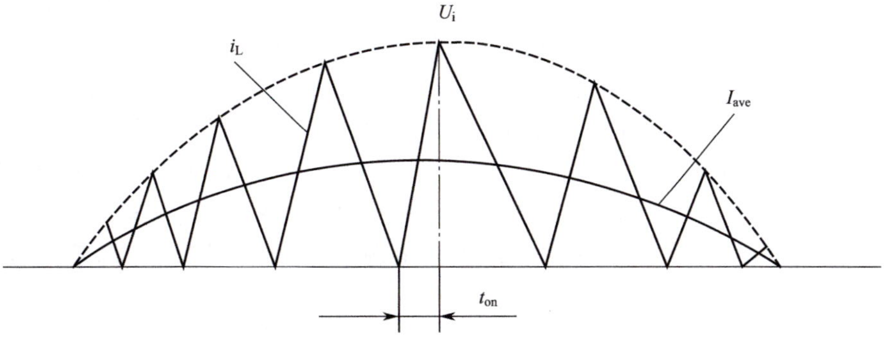

图 3—24 功率因数校正电路输入电压和电流的波形

四、负荷均分电路

通信局站所用高频开关电源系统都是由若干个高频开关整流器模块安装在一个或几个整流机架上，以并联方式向负载供电。这就要求每台整流器能够平均地分担电源系统输出的总功率，由于所有整流器的输出端都是相互并联连接，输出电压相同，要达到功率均分实际上就是要求每个整流器输出的电流相同。

当负载所需的电流不大，且并联的整流器数量较少时，可采取简单的限流并联方式来达到一定的均流效果。这种并联均流方式首先要把并联的各台整流器在同样的输出电流下，将输出压尽可能调节到相互接近的电压值上，而且各台整流器输出端与负载之间的连线电阻应尽可能对称。因为这种简单的并联均流的效果主要决定上述条件。当电源合闸开机时。先启动和出电压稍高一些的整流器出现短暂的限流现象，当第一台整流器进入限流时，其输出电压稍有下降，下降到和第二台输出电压相同时，第二台整流器便开始向负载供电，当负载电流大于两台整流器输出电流之和时，第二台整流器也进入限流，输出电压再下降到和第三台整流器相等，第三台整流器开始向负载供电，这样以此类推，当电源系统输出电流达到负载要求时，启动过程便结束。并联的各台整流器将按照初始时调节的状态均流工作，由此可以看出，参与并联供电的整流器必须具有限流保护功能。这种均流方法简单易行，但并联的整流器数量不宜过多，否则调节输出电压时较麻烦。而且要求并联整流器为相同型号。各台整流器的电压—电流外特性基本一致。同时对各台整流器的动态特性也要求基本一致，避免负载电流突然增加时，造成瞬时均流失调，使电源系统的输出电压大幅度下降。而且当电源系统的输出电流有较大变化时，原先所调节好的均流度可能会变差，而且在初始调节后经过一段时间的运行，由于各台整流器的参数略有变化，或由于温度的变化等，都会引起均流度的变化。所以还需要对各整流器的均流在原有的基础上再进行一次细调。用于这种并联均流方式工作的整流器单机输出电流不宜过大,否则当由于某种原因引起系统均流失调时,单个整流器的输出负载过大。

另一种均流方式为主从均流方式,这种均流方法的工作原理如图3—25所示,整流器P_1为主电源,P_2、P_3等整流器的输出电流都以主电源P_1的输出电流在取样电阻R_M上的压降为电流基准,对各自的输出电流跟踪主电源P_1的输出电流进行调节。当负载电流增大时,主电源P_1的电流取样电阻R_M上的压降也增大,使从动电源P_2和P_3等的电流误差放大器的输出去改变PWM控制器的驱动脉冲宽度,以达到输出电压的微小调节,直到其输出电流在取样电阻R_S上的压降与主电源P_1的取样电阻上的压降相同,此时各台整流器的输出电流与主电源P_1相同。这种均流方式只要各台电源的电流取样电阻的阻值相同,并且每台电源输出端接到汇流排上的导线长度相等,汇流排的直流电阻足够小时,无论电源系统的输出电压或负载电流怎样变化,各台并联的整流器电源输出的电流都基本相同。这种并联主从均流方式的缺点是当主电源P_1发生故障时,电源系统也会出现故障。

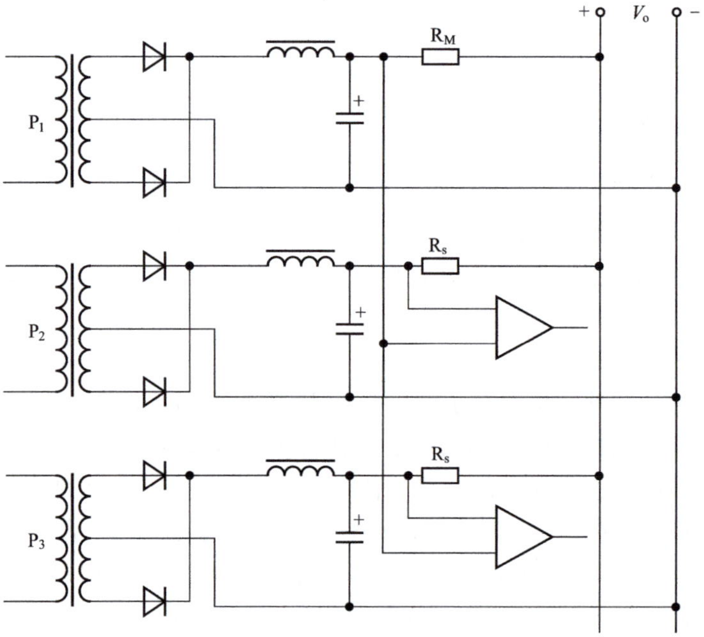

图3—25　主从均流方式原理图

自动平均均流方式应用较为普遍。这种平均均流的工作原理是把参与并联工作的整流器内部的电流取样电压V_S,通过各自的均流电阻R_a全部连到电源系统的均流总线上,由于各台整流器内部的电流取样电阻R_S和均流电阻R_a的阻值都相同,所以在均流总线上得到的电压值是各台整流器电流取样电压的平均值,如图3—26所示,P_1、P_2、P_3为参与并联的各台整流器,电源系统输出电压为各台整流模块输出电压的并联值,V_a为均流总线上的平均电流取样电压,此电压与各台整流模块内电流取样电阻R_S的比值,即为每台整流模块应输出的电流值。

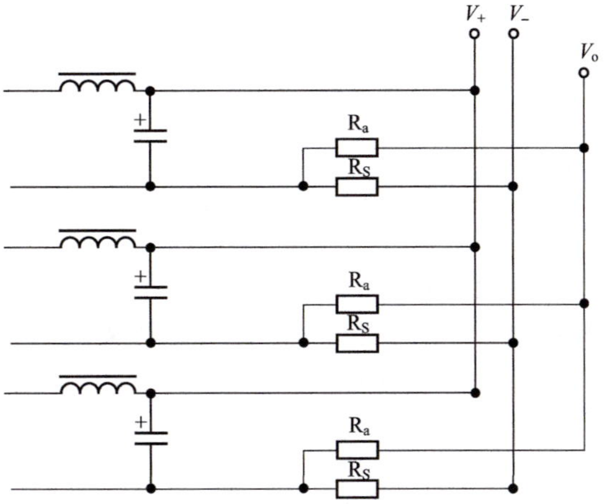

图 3—26　自动平均均流系统连接图

整流模块内部均流电路原理图如图 3—27 所示，由图中看出在整流模块输出电路增加了均流电阻 R_a、电流误差放大器及加法器。其均流调节过程如下，电源系统中某台整流模块由于输出电压稍有下降而使其输出电流减小，电流误差放大器的同相输入端电位高于均流总线上的平均电流取样电压 V_a，于是电流误差放大器的输出电压上升，并与 PWM 控制器中的基准电压 V_{ref} 在加法器中进行相加处理，加法器的输出电压上升，此电压信号作为 PWM 控制器中电压误差放大器同相输入端的基准电压，由于基准电压的升高，PWM 控制器输出驱动脉冲宽度变宽，从而使整流模块的输出电压稍有上升，输出电流随之上升，直到电流取样电阻 R_S 上的取样电压与均流总线上的平均取样电压 V_a 相等，此时均流电阻 R_a 上的电流为零。如果输出电流增大，则调节方向相反。电源系统中的每个整流器模块都在自动地调节各自的输出电流。这种均流方式当并联整流器模块中如有一台发生故障停机时，会使整个电源系统的输出电流下降。所以要设法使发生故障模块的电流取样输出线及时与均流总线脱离，其他整流器模块仍然可正常均流工作。

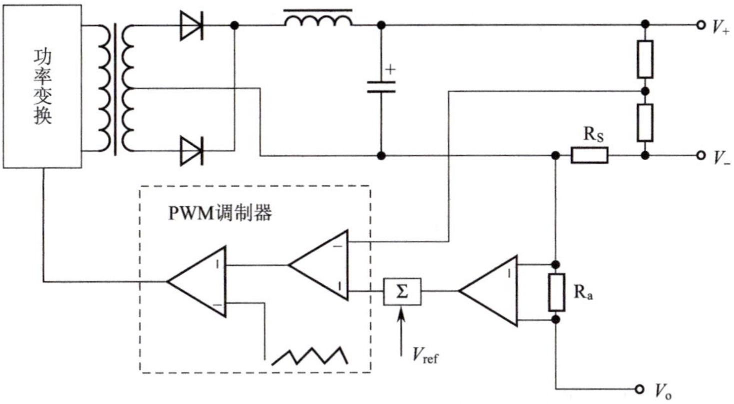

图 3—27　整流模块均流电路原理图

第四节　直流供电系统的工程安装、验收及割接

一、直流供电设备工程安装

（一）直流供电系统安装前现场检查

1. 设备安装前要对机房作施工勘查，主要检查：

(1)设备安装的走线装置完成情况检查。如地沟、走线架、地板、走线孔等。

(2)设备安装所需要的环境检查。如温度、湿度、粉尘等项目。

(3)安装施工所需的条件检查。如供电、照明等。

2. 工具与材料准备

(1)电源设备安装要求的工具。包括：电钻、剪线钳、压线钳、各种扳手、螺丝刀、电工刀、锡炉和钢锯等，工具使用前要做好绝缘处理和防静电处理。

(2)安装用电气连接材料。包括：交流电缆线、直流负载连接电缆、电池负载连接电缆、接地连接电缆、接地汇流排、照明用连接电缆等，设计规格应按电气行业相关规范，并根据设计材料清单采购。

①交流电缆线：交流电力线建议采用铜芯线，电力线截面积应与负荷相适应，在布线距离小于 30 m 时，用经济电流密度计算用线截面积，经济电流密度取 2.5 A/mm^2。在采用三相四线制供电时，交流输入的零线导线面积不小于相线导线的截面积。

②直流负载连接电缆及电池负载连接电缆：全程按下列公式计算：

$$A = \sum I \times L/K\triangle U$$

式中　A——导线截面积，mm^2；

$\sum I$——流过导线的总电流，A；

L——导线回路长度，m；

$\triangle U$——导线上允许压降；

K——导线的导电系数，$K_{铜}=57$。

考虑到配电安全，负载电缆上的压降不允许超过 3.2 V。

注意：一般在设计过程中流过导线的总电流是以负载扩容到满配置的终期负载电流量计算。

③接地连接电缆：要求截面积 16 mm^2 以上。

材料的准备按机房布线设计的规格和数量进行，以上电缆要求是整段电缆，没有中间接头。直流电缆使用两种颜色区分正、负极。

根据施工物料清单，购置物料，并对物料进行检验。如对电缆的耐温、防潮、阻燃、耐压进行检验。

(3)需其他厂家协作加工的物料，应给出加工图，提前交付加工。

(4)电源安装施工所需的辅料包括：膨胀螺钉、接线端子、线扎带、绝缘胶布等。

2. 开箱验货

为了安装工作的顺利进行，对设备必须进行严格的开箱检验，验货要求参看系统装箱说

明。检验内容包括：

(1)按系统装箱数，检验箱体标识的数量和序号；

(2)按装箱清单，检验设备装箱的正确性；

(3)按附件清单，检验附件的数量和类型；

(4)按系统配置，检验设备配置的完备性。

通过观察检验物品的完好性，如机柜、机箱有无变形；机柜、机箱有无严重回潮；轻轻振动整流模块和监控模块，检查是否有因运输而松动的元器件及连接。

(二)直流供电系统各种机柜安装

1. 机柜直接在地板上安装

(1)按照工程设计图，确定电源机柜在机房的安装位置，根据电源机柜安装孔的机械参数，在机房地面上确立各安装孔中心点的具体位置，用铅笔或圆珠笔进行标注。根据机房设备安装要求，机架安装位置通常应：

①各机架的正面与侧面之间维护通道位不小于1.2 m。

②各机架的正面与背面之间维护通道位不小于1.5 m。

③各机架的背面与背面之间维护通道位不小于1～1.2 m。

④各机架背面与墙之间、侧面与墙之间距高位的维护走道净宽不应小于0.8 m。

⑤各机架与暖气设备高位之间的距离不小于0.8 m。

⑥直流供电系统设备机架与通信设备的正面或背面之间的维护通道位不小于2 m。

⑦立式蓄电池组之间的走道净宽不应小于电池宽度的1.5倍，最小不应小于0.8 m。

⑧立式双层布置的蓄电池组上下两层之间的净空距离一般为电池总高度的1.2～1.5倍。

⑨立式蓄电池组的侧面与墙之间的主要走道净宽不应小于电池宽度的1.5倍，最小不小于1 m；次要走道净宽不应小于0.8 m。

⑩立式蓄电池组单列布置的蓄电池组可以沿墙设置，其侧面与墙之间的净宽不小于0.1 m，并不宜靠窗台摆放。

⑪立式蓄电池组一端靠墙设置时，列端电池与墙之间的净宽一般不小于0.2 m。

⑫立式蓄电池组一端靠近机房出入口时，应留有主要走道，其净宽一般为1.2～1.5 m，最小不应小于1 m。

⑬立式蓄电池组的侧面或列端电池与其他设备机架的正面之间的主要走道净宽不应小于2 m。

(2)开预留孔

根据机架上安装孔的孔径，选用合适的膨胀螺栓。在地面上所标记的安装孔中心点上用冲钻冲孔，孔深为不宜超过75 mm。冲孔时要防止电钻振动造成偏心。另外，孔位应尽力保持与地面垂直。

冲钻冲孔的步骤为：

①对齐位置；

②垂直钻孔；

③扫除灰尘。

(3)安装膨胀管

将膨胀管插入预留孔中,用榔头轻轻敲下去,使其顶部与地面持平。

(4)机柜就位

将机柜移动到安装位置,使机柜上的安装孔对准地面已插入膨胀管的预留孔。

(5)机柜固定

机柜就位后要做适当的水平与垂直调整,一般使用铁片加塞在机柜着地点较低的边上或角上,使机柜的垂直倾角小于5°,最后将带上大平垫和弹垫的自攻螺栓旋入膨胀管中,用扳手拧紧螺栓,机柜固定完毕。

一般情况下,整流柜和直流配电柜并排安装时,在安装之前通常先将整流柜和直流柜相挨着的机柜侧门取下,方便机内连接线的连接及提高散热效果。

2. 机柜在支架上安装

当直流供电系统机房有防静电地板时,需根据地板表面与地面的高度定制安装支架。

(1)首先将支架安装在地板上。

(2)然后将电源机柜安装在支架上。

机柜安装完毕后,从机架的不同方位摇动机架,不应感觉到明显的松动和摇晃。

3. 柜内并机铜排互连

交流配电柜和整流柜间为电缆连接。整流柜和整流柜,整流柜和直流柜,直流柜和直流柜间为并机铜排连接。

各种直流供电系统设备之间的并机连接有柜内并机和柜外并机两种。

(1)柜内并机方式是在各并机机柜内,水平的并机铜排将机柜内竖直的正负汇流母排分别连接起来,实现各机柜内的电气互连。

(2)柜外并机当时是在各并机机柜外部,通过水平并机铜排或并机电缆将各机柜内竖直的正负汇流母排分别连接起来,实现各机柜之间的电气互连。

(三)电力导线的敷设

1. 开地槽

在潮湿的地区作地槽时,要加防潮物或防潮措施。现在一般工程都是配电屏下有地槽,另在设备后面也设明槽,两地槽之间用暗槽连通,便于穿线也便于检修电缆。配电屏下的明槽不需盖板(远期设备的预留槽除外),其余明槽(包括远期安装设备预留的槽)均需盖板(木质、铁质或水磨石的)。暗槽的转弯处必须作手孔,便于穿线。地槽大小根据放线的粗细而定,为了保证较粗电缆的曲率半径,一般深度为250~400 mm,如在楼上,可酌情减少。在不影响美观时,以开明槽为宜,否则应开暗槽。明槽盖板要求盖好后与地面齐平,如地面铺设塑料地板,以求电力室地面统一美观。

2. 开墙洞

根据终期穿过墙的导线粗细和根数等来决定洞的大小(应为净尺寸,不包括内框隔离层的厚度),洞的内框应作一隔离层,避免导线与墙体之间接触。孔洞多余空间,应用消防规定材料封堵,并盖板,盖板应与墙面齐平。

3. 开上楼洞

根据终期穿过上楼洞的导线粗细和根数来决定洞的大小,洞的内框应作一框架,便于固定洞口盖板用，盖板应与地面平。

母线上楼洞一般设置在沿电力电池室隔墙的电力室侧或电力室靠内走廊侧墙开洞（尽量避免在房间中间、四面不靠墙的地方或临窗的侧墙设置上楼洞，以免影响加固和美观），原则是使走线距离短（主要是大电流母线）、压降小，美观，便于加固、维护和安全。一般上楼洞按各专业区分，也可合洞上线。

4. 电力竖井

电力竖井的位置应在考虑楼层平面位置时确定，竖井位置应有利于进出线方便，使馈线距离短，尽量减少交叉，电力竖井必须与通信线分开。竖井内铁架及保护罩（或门）在土建施工时一并做好，竖井大小根据终期布线需要确定。

电力线上楼洞或上线竖井必须留有充分发展裕量，需适当多留一些孔洞，供今后发展用。

5. 走线架（槽）

安装的走线架（槽）规格、数量应符合工程设计要求，宜采用开放式爬梯结构，所有走线架的排列要与机房总体布局一致，主走线架和列走线架线作为一个整体，统一设计，统一规格标准。根据实际情况，走线架可采用下固定或上固定方式。主走线架通常为单层设置，根据实际需要可设置为双层。列走线架应设两层走线架，第一层走线架底面距机架架顶 150 mm，用于布放各设备的电源线和地线，第二层走线架底面距第一层走线架 150 mm，用于布放设备架间电缆和各类业务电缆。第二层走线架应与主走线架水平。当列走线架长度超过 10 m 时，应在距主走线架中间位置增加副走线架，用以布放连接各列之间的连线，与第二层走线架水平安装。如果通信机房内的净空不能满足要求时，可不分主走线架和列走线架时，可统一采用单层走线架，但各种不同类型的缆线应分开布放。

吊挂安装位置应符合工程设计和设备安装的要求。吊挂安装整齐、牢固，与地面保持垂直，无歪斜现象。必要时，走线架上梁与设备机架顶部加固。在合适位置，走线架（槽）应设置独立地线，可靠接地。

走线架面漆应保持完整、清洁，颜色应基本一致。在抗震地区，走线架安装必须采取抗震措施加固。

原则上交流电缆、直流电缆、数据线缆、光纤尾纤应分槽布放，实际情况不能分槽布放的，应在同一槽道用隔板隔离不同区域布放。

室内电缆走线架安装位置、规格、长度应符合工程设计要求：

（1）走线架位置左右偏差不大于 50 mm。

（2）水平走线架应成一条直线，与地面保持平行，水平度每米误差不大于 2 mm。

（3）垂直走线架应与地面保持垂直，垂直度误差不大于 0.1% 。

（4）走线架横铁间距均匀，一般为 300 mm 左右。

二、直流供电系统设备调试

（一）直流供电系统上电调试

长途运输可能会损伤机柜、整流模块和监控模块，电源系统重新组装后，也可能发生组装和连接错误。所以系统组装完成后，不能草率地启动整个系统工作，而应严格按照调试步骤的进行调试,以防意外情况发生。

1. 调测时必须注意以下安全事项:

(1)设备调试过程涉及的技术内容较多,调试人员必须经过相应的技术培训。参照产品说明书中调测说明操作。

(2)调试过程为带电作业,操作时请站在干燥的绝缘物上,不要佩带手表、项链等金属物品。调测中应使用经过绝缘处理的工具。

(3)作业中要避免人体接触两点不同电位带电体。

(4)电源设备调试中,任何“合闸操作”前一定要检查相关单元或部件的状态是否符合要求。

(5)在作业过程中,如果不容许其他人操作,配电设备上应悬挂禁止标识:“禁止合闸,有人操作”。

(6)在调试的过程中,应边调试边观察,发现异常现象要立即关机,待查明原因后,再继续进行。

2. 交流配电调试

按下列步骤调试:

(1)上电前,先检查机柜内配线、螺钉是否松动。

(2)断开系统交流插箱内的所有空开,然后给电源系统送入市电,用万用表测量三相的相电压,以确认电网状况,如果正常,进行下一步操作。

(3)合上交流配电柜的交流输入开关,交流配电的运行指示灯应亮。

3. 整流模块调试

引入交流市电后,合上整流柜内交流分配单元上的空气开关,相应模块能正常工作,观察整流模块显示的电压状态,应显示当前输出直流电压值。检查该模块的输出电压是否正常,若不正常,应取出整流模块进行检查。关闭该模块的交流空开,依次检查各个模块是否能正常工作。

4. 监控模块初调及参数浏览

合上监控模块的电源开关,监控模块应能启动并显示主菜单界面。

5. 直流配电调试和蓄电池组的接入

请按以下步骤将蓄电池组接入电源系统中:

(1)测量蓄电池组总电压,并作好记录。

(2)保持蓄电池组电缆的另一端蓄电池熔断器端熔丝拔出。

(3)在工具上做好绝缘处理,按蓄电池组厂家的使用说明将蓄电池组电缆接到各蓄电池组上。

(4)仅开启一个整流模块,通过监控模块将模块电压设定与电池电压相差不到0.5 V。

(5)在直流配电屏内装入蓄电池组各组保护熔丝。

(6)通过监控模块将电源电压调整到标准值53.5 V(此时模块应不在限流状态)。

(7)依次开启各整流模块,用万用表测量系统直流输出电压是否正常,极性是否正确。

在接入电池前,一定要用万用表核实电池电缆的极性是否与蓄电池组的极性相符;接入电池时一定要小心,坚决避免电池正负极短路的情况。两组电池同时接入时,要避免两组电池端电压不相等造成互充现象。

6. 系统配置参数的设置

(1)整流模块地址的设定

整流模块地址设定通常有三种方式:

①机架硬地址方式,每个整流模块插槽对应得固定的一个地址,由插槽后板电路上不同的电阻值地址确定相应的地址,无需在整流模块上进行地址的设置。

②整流模块硬地址方式,由整流模块内相关地址设置开关拨码确定,通过多组拨码开关拨动不同的位置组成相应的单一地址。

③软地址方式,由整流模块本机软件设置相应的地址。

为了方便日常识别,整流模块的地址设置宜根据其相应安装位置进行有序设置。例如,按从上到下的顺序设置。所设定的地址必须为唯一,才能保证与监控模块通信正确。

(2)配电监控地址设置的检查

监控模块带检测交流配电柜、直流配电柜功能的,还需对接入监控的各种配电柜进行监控地址设定,通常通过不同组合的拨码开关,按照使用说明书的指引,设定正确、唯一的地址,保证与监控模块的通信正确。

(二)监控模块参数设定

不同厂家或不同型号的直流供电系统监控模块,在相应菜单提供或多或少的功能设置和参数设置,根据厂家随机技术说明书的指引,结合现场实际环境及条件,正确启用相应的功能和调整相应的参数。

1. 交流参数设置

(1)交流过压告警点(V)

(2)交流欠压告警点(V)

(3)交流缺相告警点(V)

(4)交流过频告警点(Hz)

(5)交流欠频告警点(Hz)

(6)交流过流告警点(A)

2. 直流参数设置

(1)浮充电压(V)

(2)均充电压(V)

(3)直流过压告警点(V)

(4)直流欠压告警点(V)

(5)一次下电电压(V)

(6)电池保护电压(V)

(7)一次下电时间(min)

(8)电池保护时间(min)

(9)电池房过温点(℃)

(10)充电过流点(C_{10})

(11)充电限流点(C_{10})

(12)电池组过压(V)
(13)电池组欠压(V)
3. 模块参数设置
(1)整流模块地址
(2)通信口号
(3)控制允许与否选择
4. 系统管理设置
(1)系统整流模块数
(2)密码管理
(3)蓄电池组充电管理
(4)蓄电池温度补偿
(5)实时检测数据校准
(6)通信管理

三、直流供电系统的割接技术要求

通信局(站)使用新的直流供电系统替代正在运行的电源设备时,完成负载设备和蓄电池由旧设备向新设备转移,安装调试好新设备使电源系统正常可靠运行,并拆除旧设备的过程称之为直流供电系统的割接。

直流供电系统是输出容量较大、负载分路较多的电源系统,是通信网络的心脏和血液循环系统,同时由于割接是在通信设备正常运行的情况下进行的,所以在进行系统割接工程施工时,应做到细致、周密,确保电源系统的可靠接力及通信系统的安全稳定运行,避免出现通信中断、数据丢失等重大事故。

在进行设备割接前,首先要对要实施的工程作详细的勘察,了解正在运行的电源系统的每一路负载的容量、去向及重要程度;蓄电池的容量、位置以及与电源系统的电缆连接情况;交流供电容量、电压及交流配电分路情况;现场条件、新系统的安装位置及其他的现场及环境条件。其次应该制定详实的电源割接方案和割接操作细则;制定应急预案,充分估计割接中各个阶段遇到紧急情况,如停电、旧设备故障、新设备故障以及用电设备故障等情况发生时的应对办法。

割接方案实施细则和应急预案要和其他专业充分沟通和讨论,以保证其对割接工作的指导作用。在进行割接操作时,根据通信设备负载的重要程度分别进行带电割接或断电割接,如果新设备的安装位置是在旧设备的原有安装位置,需要通过转换柜三次割接。割接完成后需进行电缆整理、场地清扫等收尾工作。

(一)基本原则

直流供电系统的割接必须严格遵循以下的基本原则:

1. 确保通信网络安全的原则

直流供电系统割接工程的设计勘察、施工操作、工程验收必须要以确保通信网络安全为第一要素,任何影响到通信网络安全的操作,必须无条件终止。

2. 新、旧设备完好无故障的原则

在实施直流供电系统割接工程之前和期间,必须保证新、旧设备完好无故障,在出现任何可能影响到供电安全的故障的时候，必须无条件终止，待故障消除或排除后方可继续。

3. 低业务风险的原则

(1)在安全可行的前提下，采用不中断业务的割接方案。

(2)工程割接时间应该避让业务高峰，重大割接应安排在夜间进行。

(3)工程割接日期应该避让重大通信保障任务时期及其他专业安排进行的网络优化和升版、灾害性天气等特殊时间。

(4)不使通信设备用电受到直接影响的施工，可以在非割接时段进行，如布放线缆、架设线槽等，但施工必须注意安全。

4. 施工人员资质合格原则

实施直流供电系统割接工程的工程人员必须熟悉通信电源设备操作和工程施工操作、熟悉直流供电系统割接流程、熟记应急方案。实施割接的施工队伍，必须具备相应资质并接受过训练，严禁无证人员直接参与施工操作。

5. 铁路通信电源设备的施工组织及施工管理应严格遵守《铁路营业线施工安全管理办法》等相关规章制度的规定。

(二)割接前的现场勘查和准备工作

1. 割接工程准备阶段

(1)割接方案和应急方案由工程施工单位或部门制订。制订割接方案时，应根据割接工作所影响的范围和程度，充分评估其难度及风险，选取风险较低的方案。

(2)割接方案应明确割接指挥和各专业小组的组成和职责；通常应包括的内容有：割接时间、割接地点和部位、割接前应做的准备工作、割接可能影响的范围以及程度和对应的应急方案、割接的重点和难点分析及应对措施、割接步骤及实施人、割接善后工作的处理等。

(3)割接方案须经工程组织、施工、监理、维护及技术支撑等部门共同审核，重大通信电源系统割接方案还需报省公司相关部门审批。涉及一级干线、国际出口局及其他重要枢纽局等可能影响全程全网业务的电源割接，必须报集团公司审批。

(4)根据割接设备影响的供电范围和程度，工程组织部门应会同受影响的各通信用电单位或部门共同拟定应急方案。

(5)在制订割接方案前，制订单位必须充分了解割接设备(交直流配电系统、整流系统、蓄电池组、柴油发电机组等)的接线方式、内部排列结构、电气原理图，并掌握设备的基本操作功能。

(6)在制订直流或 UPS 供电系统割接方案前，必须对所要割接的设备供电方式、配电屏各分路输出容量、路由走向、使用设备受电情况进行仔细排摸，以确定割接过程的难点、重点、节点。

(7)对于疑难、复杂的电源割接，有条件可在实施前组织相关人员预先演练割接步骤。

(8)在割接准备阶段，由工程组织部门与施工、监理、维护和技术支撑等部门进行协调，明确各方的职责和分工。

(9)施工申请及手续应遵守铁路有关规定。

2. 正在运行的旧电源系统勘察

(1)确认旧电源系统的系统组成及安装位置。

考察并确认旧电源系统是由机柜组成，各个机柜实现的功能，给每个机柜依次编号，并把各种信息制作成表格，同时把各机柜在机房中的位置绘成示意图。

(2)确认机房及旧电源系统的交流配置情况。

电源设备在割接时需要用户提供能满足电源系统最大负载要求的三相交流供电，在进行工程勘察时需要对此条件进行核实，同时对旧电源系统可能带有的交流备用输出进行核查统计。

(3)确认旧电源系统的负载分路路数，容量及去向。

电源系统负载分路的割接直接关系到通信系统的不间断运行。因此在做前期勘察时应把工作作细，详细列出每一个负载分路的相关信息。

(4)蓄电池的情况

蓄电池保证系统在割接过程中不间断工作具有很重要作用。电池的割接应带电在线割接，在勘察时应掌握下列信息：

①蓄电池容量、蓄电池的组数、蓄电池满容量时能给系统满负荷供电的时间。

②每组蓄电池电缆的根数、截面积、长度富余量。

③通过调查蓄电池的组数、电缆的根数以及新旧系统的安装位置及转换柜位置确定蓄电池是否需要制作蓄电池割接临时复接电缆，以及临时复接电缆的长度、截面积等。

(5)旧电源系统的系统其他附属设备情况

包括 DC/DC 变换器、UPS、逆变器等其他电源设备的配置情况。在割接中如果有上述设备，该设备如果与割接设备相关联，如 DC/DC 的输入、UPS 的交流输入是否来自系统的交流备用输出，逆变器的输入是否来自系统的负载分路等信息勘察清楚。

3. 新电源系统的安装勘察

(1)选定新电源系统的安装位置。

如果新系统是在原有的空地进行安装，系统只需进行一次割接，如果系统是在原来的设备安装位置进行安装，需要借助转换柜进行多次割接。新设备的安装位置参照下列诸因素由割接人员与用户协商确定。

①新设备的安装位置应满足设备安装的通用要求。参见设备安装相关章节的内容。

②安装位置应有利于尽可能的利用原设备的输入输出电缆，避免新铺设电缆或尽量减少新铺设电缆。

③安装位置应考虑到有利于设备的安装、割接施工和用户的日常操作和维护。

④安装位置应考虑到有利于今后设备的扩容。

(2)交流输入的勘察

通过比较新系统和旧系统的安装位置、新旧系统的交流接入点位置以及交流输入电缆的富余长度与截面积等因素，确定新系统在割接后能否使用原来的交流输入电缆作为其正式的交流输入电缆。如果不能，则需要制作新系统正式的交流输入电缆线。如果系统需要通过转换柜多次割接，还需要制作临时交流输入电缆线。

交流输入线充分考虑线长、截面积、接线端子等因素进行制作。

交流备用输出分路的勘察：勘察并确认电源系统共有多少路交流备用输出接有负载，每一路负载的去向、容量、负载类型、能否断电割接等信息。

(3)直流输出分路勘察

根据负载分路的路数、容量合理安排其在配电柜中的位置,同时根据临时复接线的长度、截面积及铜鼻子孔径的大小的明显区别制作出几种针对不同容量负载的临时复接线。用于对不允许断电的负载分路带电割接时的临时负载线。

(4)电池连线的现场勘察

通过比较新系统和旧系统的安装位置,新旧系统的电池线或铜排接入点位置,以及高度等因素,确定新系统在割接后能否使用原来的电池连接电缆或铜排作为其正式的电池接入线。如果不能,则需要制作新系统正式的电池线电缆或铜排,或者在原来铜排的基础上制作延伸铜排。

同时还需要制作割接电池临时复接线,如果系统需要通过转换柜多次割接,还需要制作多对电池临时复接电缆线。电池临时复接电缆线的长度、截面积,根据电池容量、系统最大负载电流,及电池与系统距离等因素确定。

(5)电源系统其他附属设备的现场勘察

电源系统其他附属设备的现场勘察的目的是确定附属设备对新系统安装、布线等方面的影响以及如何把附属设备割接到新设备上。电源系统的割接是一项十分重要的施工工程,必须有一支精通通信设备施工规范的正规施工队伍进行施工,同时,必须有熟悉大型电源系统工作原理,有丰富实际经验的工程技术人员负责割接施工的工程技术指导。除了电源割接施工的工程技术人员以外,用户需要配备熟悉整个通信网络的工程技术人员进行配合,以保证割接工作的顺利进行,处理突发事件。

(6)施工物料的准备

施工物料的准备包括工具的准备和线缆的准备。每一个割接工程应根据实际的勘察结果列出相应的工具清单。除了工具以外,在割接施工中还需要作好物料准备。包括临时复接电缆的制作材料,电缆绑扎材料等。

(7)割接现场的准备

场地准备包括施工场地的清理和施工场地的照明等。由于割接施工的工程量较大,在施工前暂时将室内不用的物品、桌椅、设备等搬离,留出足够空间供人员、材料和工具进场。为了保证割接施工的安全,割接施工一般选在通信相对空闲的深夜进行施工。在施工前需作好场地的照明工作,保证每一个工作角落有足够的照度,并准备至少3套充好电的应急照明灯。

(8)割接前的供电准备

在割接施工前应与交流供电方联系,确保割接期间不停电。同时检查油机的工作状态,使其在市电停电时保证及时发电。为油机准备充足的油料。

(9)割接前的电池准备

割接前对电源系统的所有电池组充足电,保证蓄电池在割接施工时保持充足的容量。

(10)割接前用电设备的准备

在电源系统割接施工前必须对通信设备的数据进行备份,防止由于割接施工供电中断造成的数据丢失。

(三)割接方案和应急预案的制定

1. 割接预案和实施细则

在割接实施前,根据现场的勘察结果结合其他专业提出的意见和建议出具详细的割接方案和割接实施细则，与各专业进行充分讨论并得到审批后实施。

直流供电系统的割接方案一般包括以下内容。

(1)概述

概要描述割接旧电源系统的系统组成、系统容量和系统功能；概要描述割接新系统的组成、容量和功能，负载分路的路数及分配情况；割接施工过程中应该持有的工作态度、工作方法及需要注意的问题；本割接方案的制定依据等。

(2)割接工程的组织机构

为了保证割接工程施工的顺利进行，需要成立必要的临时领导机构和相应的电源割接工作小组及相关专业等用电设备的技术配合小组。

(3)割接前后的设备状况

①画出动力机房的电源机柜和其他设备的布局简图。给所有与割接有关的机柜编号。

②割接后新设备的动力配置情况：将交流备用输出分路和负载分路按照容量、接线便利等原则对应到新设备交直流配电柜中的相应交流备用输出分路和直流负载分路上。新、旧设备的输入输出分路的对应关系用一个表格完整详细地描述出来。画出动力机房内割接后的电源机柜和其他设备的布局简图。给所有电源机柜编号。

(4)割接前的实施准备

①割接物料准备：首先对现有各路输出和输入的电缆进行编号标记，统计物料需求清单；根据割接后系统的柜间位置变化，制作连接电缆和连接铜排。同时根据割接工程的需要制作临时复接电缆。

②割接工具准备。

③割接参与人员培训：工作要求、工作步骤、注意事项、应急处理办法。

④割接场地准备：清理场地、增加照明。

⑤割接前供电准备：割接前与供电单位联系，确保割接期间不停电。检查油机工作状态，备足油料。

⑥割接前电池准备：割接前利用现有电源系统对系统的所有蓄电池组进行均衡充电，保证蓄电池的容量充足。

⑦数据备份：割接前对交换、传输等设备的数据进行备份。

⑧割接的工作内容：由于原来的电源设备的千差万别，每一个割接施工工程的内容都各不相同。同时新系统的安装位置也不尽相同，使得割接施工的复杂程度也不一样。在本书中无法就割接施工给出一个具体的工作流程及工作内容，需要负责具体的割接施工的工程技术人员根据实际情况因地制宜的指定割接方案和割接施工细则。

(5)新系统不在旧电源系统位置上安装的割接流程

这种割接方案相对比较简单，割接时不需要通过转换柜多次割接，只需把新设备安装调试好后把各路输入输出负载割接到本系统即完成割接施工。但这种方案由于机柜位置与原来不同，需要考虑各种输入输出电缆的长度能否到达新电源系统，需要制作新输入输出电缆的工作量及难度。这种割接方案的施工流程如图3—28所示。

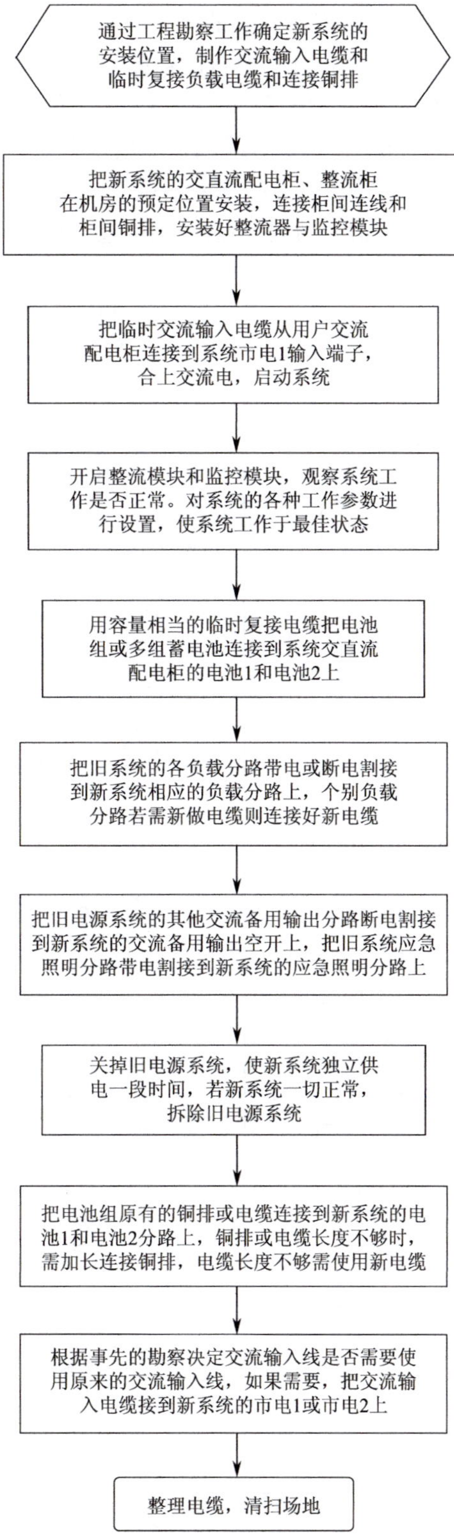

图 3—28　新系统异地安装的割接流程图

(6)新系统在旧系统的安装位置进行安装的割接流程

这种割接方式在施工时比较烦琐，首先把新设备放到临时位置开启新系统，把负载割接到新设备上；然后拆下旧设备放到临时位置，开启旧系统，把负载再割接回旧系统；再把新系统安装到旧系统的位置上，开启新系统，把负载割接到新设备上。一共需要经过三次割接。

这种方式的好处是由于新、旧系统的安装位置没有改变，所以输入输出电缆绝大部分都能使用原有的电缆，节约材料，减少施工难度。这种方式的割接施工的工作如图 3—29 所示。

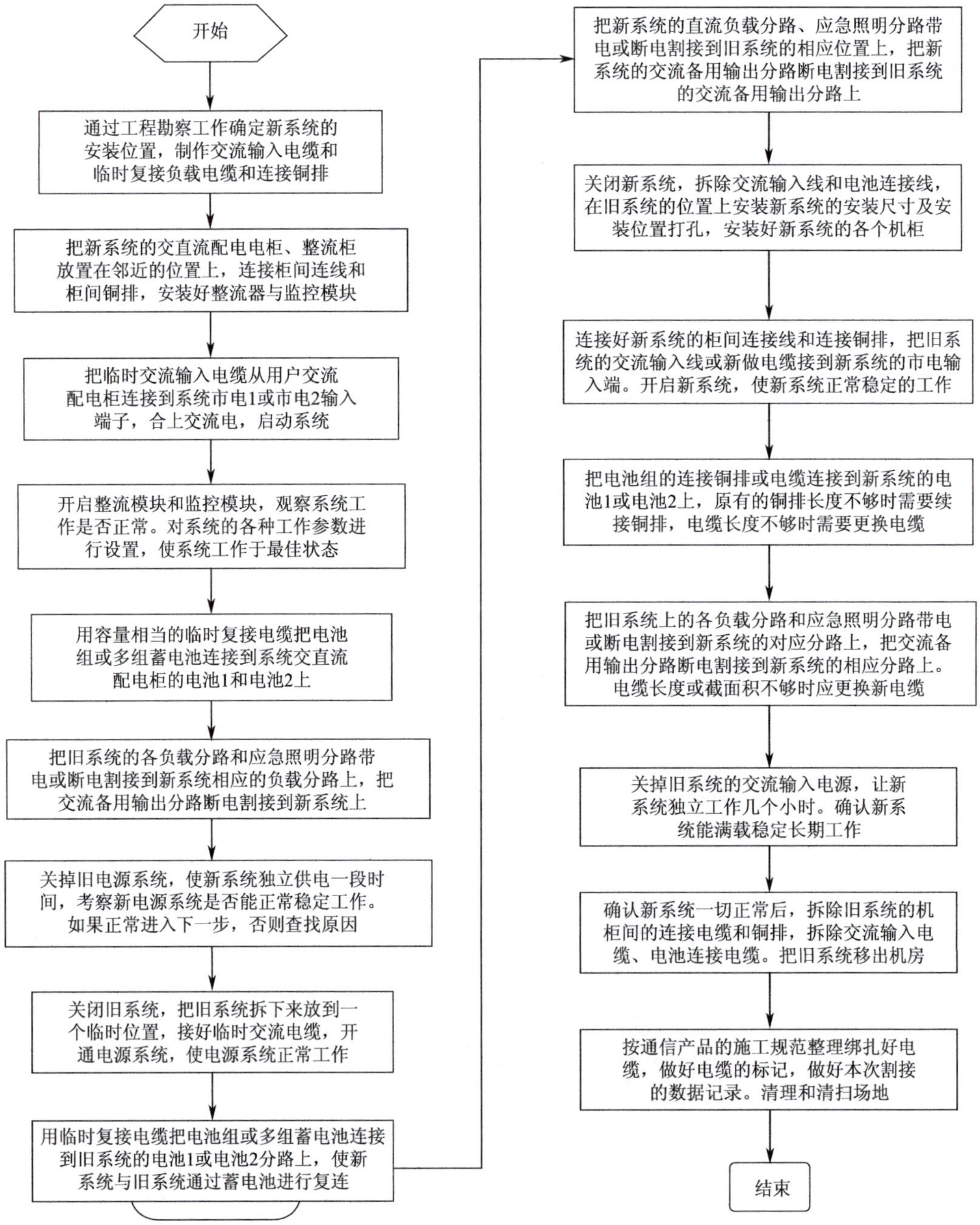

图 3—29　新系统在旧系统原地安装的割接施工流程图

2. 应急预案及割接准备

电源系统的割接是在一个已经运行的通信系统中进行的,保证通信系统的不间断通信是割接工作的一个重要的前提。因此在工程实施以前,需要对割接工作中可能遇到的问题做好充分的估计,在割接前做好以下充分准备工作。

(1)在割接前将通信设备的数据进行备份。

(2)在割接前将无关的负载下电。

(3)准备好油机和充足的油料,给电池充足电。

(4)在割接的过程中,必须保证有一套设备在向负载供电,负载分路带电割接时要严格按照割接方案和割接操作实施细则进行。

(5)在新设备安装好并投入运行后,必须对新设备进行带负荷工作八小时连续工作考验后才能拆除并移去旧电源设备。

(6)各种防止意外事件的应急流程。

(7)配置各种意外事件后的抢修应急设施和器材等。

(四)割接工程的实施

(1)实施割接必须持有相关部门批复的有效割接方案,并严格按照批复的割接日期和时间要求,在割接指挥、施工、监理、维护及技术支撑等各单位人员都到位的情况下方可进行割接。严禁擅自施工。

(2)割接人员应提前做好有关准备工作,包括按照工程施工规范和工程设计进行线缆校对和做好标记,检查备足割接所需的工具、仪器仪表、材料、相关备件、消防器材、应急照明,并设置固定地点摆放,对所用割接工具和仪表进行详细检查、校验,在确认完好的情况下方可使用,对使用的各类熔丝或开关进行测量、校验,以确保完好。

(3)割接施工人员应在维护随工人员配合下,对割接现场进行清查,对汇流排、电线缆、设备外壳、工具手柄等与割接操作相关的部分,进行绝缘包扎处理,以免割接操作时导致事故。

(4)割接前应检查新装设备的通电运行情况、对新旧设备的运行参数和功能进行必要的调整,确保符合割接的要求。

(5)割接过程中应严格执行唱票制度,唱票人必须在得到操作者明确回复的情况下方可继续下一步,必要时可进行书面唱票。

(6)割接过程中进行接线或接熔丝等操作前,必须测量电压进行确认;拆线或拔熔丝等操作前必须测量电流确认。

(7)直流系统割接在进行接线时,按照先正后负的顺序进行;在进行拆线时,按照先负后正的顺序进行。不可中断的新旧直流用电替换,应严格按照先接后拆的原则进行操作。

(8)交流系统割接禁止出现同一回路两套或以上交流系统同时供电的现象,防止交流短路事故。新、旧交流系统割接必须严格按照先拆旧电,后接新电的原则进行。

(9)需要使用临时线缆时,必须选择合适线径,可靠连接,并有明显的标识。

(10)进行新旧直流供电系统带电割接,或同一直流供电系统内蓄电池组更换操作时,应对电压进行必要检查调整，尽量减小压差(控制在0.5 V以内)。

(11)割接工程需要临时直流供电系统的，临时供电设施必须完好且可靠接地。

(12)在机架上或走线架上方或附近作业时，施工人员必须清理随身携带的非绝缘物品，包括钥匙、戒指、项链、小刀等，禁止携带该类物品上机架作业。

(13)在机架上或走线架上方或附近作业时，施工工具金属裸露部分应可靠绝缘，并且统一用工具盒存放或由架底配合人员传递使用，禁止在走线架上随意乱放。作业结束时，及时清点工具离场。

(14)在机架上或走线架上方或附近作业时，要注意保护在用光缆、电缆及其他设施；禁止无任何防金属粉末措施进行锯、剪、焊、烧的动作。出现作业垃圾，应及时清理。禁止在机架顶、走线架上堆积杂物。

(五)割接完成后的善后阶段

(1)割接结束后，必须做充分的测试，检查新系统的工作情况，新旧电缆标示清楚，在充分肯定系统正常运转无隐患时，并通知网络监控中心核实后，方可离开。

(2)割接结束后，拆卸旧交、直流线缆、地线、旧机架、旧线槽时，需要注意避免影响在用设备的安全，裸露部分须做好绝缘措施，任何不确认的“无电”设备和电缆，应视作“带电”处理，防止意外发生。

(3)当天工作结束时，应及时进行清理，不得将垃圾、金属碎片、废弃材料遗留在现场。工具、仪器仪表归位摆放，不得在机架内、机架上随意乱放。

(4)及时做好孔洞封堵等工作。

(5)完成割接报告，及时更新电源设备资源资料等信息，并及时归档。

(六)出现重大异常情况的处理

在割接实施前后及割接实施过程中，如发现下列异常情况，应立刻向割接现场指挥人员报告，并迅速启动应急预案进行处理：

(1)施工人员在操作中发现情况复杂，难度大，且设计和割接方案未说明的情况。

(2)割接步骤存在严重设计缺陷或者存在严重安全隐患。

(3)人身、设备安全缺乏应有保护措施。

(4)不按照既定割接程序施工。

(5)在割接过程中如遇不可预见的情况，已经或者可能对网络、设备、人身安全造成影响。

(6)其他重大异常情况。

(七)应急流程的启动和上报

(1)在割接过程中，出现异常情况，应严格按照预定的应急方案及应急流程进行操作，迅速将系统恢复到可控制的状态，尽可能确保电源设备和用电设备的正常运行。

(2)事后组织技术力量分析情况、查明具体原因，并按传报制度及时上报上级主管部门。

(3)对尚未完成的割接工作，应组织相关部门和专业人员认真分析、总结经验，重新论证并审批割接方案后方可继续实施。

第五节　直流供电系统的安全运行

一、直流供电系统日常操作原则

直流供电系统日常操作要注意的原则：

1. 严格执行铁路劳动生产安全的有关规定，确保人身和设备安全。
2. 上电从外到内依次开操作，下电从内到外依次关操作。
3. 操作前应确保无短路事故。
4. 操作电池确保每一步不存在隐患。
5. 操作工具确保完全绝缘。
6. 交流设备具有安全接地。

二、直流供电系统的日常操作

（一）交流供电回路的上电与下电

当需要更换交流配电器件、两路交流供电回路之间的切换或割接、安装交流供电回路检测器件等时，需要对直流供电系统的交流供电回路进行交流上电或下电操作。

1. 交流下电步骤

在对直流供电系统的交流供电回路进行检修操作时，为了防止交流触电，需要切断系统内的交流市电，通信负载不间断地由并联接入直流供电回路的蓄电池组供电，可按如下步骤操作：

（1）检查蓄电池组的工作状态、蓄电池组的供电回路和保护熔丝的工作状态，确保整流模块交流输入下电后，蓄电池组能不间断地给通信负载供电。

（2）在直流供电系统内关闭或拔出监控模块的交流输入回路。

（3）逐个关闭直流供电系统内机架内每个整流模块的交流输入回路保护开关。

（4）关断交流供电系统相应的交流配电回路的保护开关。

（5）在安全的情况下，用最短的时间完成对直流供电系统的交流供电回路进行检修工作。

2. 交流上电步骤

在完成对直流供电系统的交流供电回路检修工作后，应着重检查整个交流供电回路的恢复情况，施工杂物的清理情况，各端连接部位的紧固情况，检查系统无异常，确保所有交流配电开关置于断开位置，则可按如下步骤进行上电操作：

（1）上交流供电系统相应的交流配电回路的保护开关。

（2）检查监控模块上显示的市电输入是否正常。

（3）逐个合上直流供电系统内机架内每个整流模块的交流输入回路保护开关。

（4）在直流供电系统内合上或插入监控模块的交流输入回路。

（5）检测直流供电系统的直流输出和给蓄电池组充电情况。

（二）单整流模块的退出、接入和加装操作

直流供电系统在日常维护时，经常需要对某单个整流模块进行切离系统或接回系统的

操作。

1. 单整流模块的退出

当单个整流模块发生故障时,需要对单整流模块进行切离直流供电系统的操作。根据不同品牌、不同系列的直流供电系统,单整流模块的切除步骤也相应不同,一般切离系统的步骤为:

(1)确定需要切离的整流模块退出系统后,剩余整流模块能满足额定负荷供电的能力。

(2)根据需要在监控模块上将相应的整流模块退出系统控制。

(3)关闭该整流模块的交流输入开关。

(4)将该整流模块各种直流输出线、模块监控线拔除。

(5)将该整流模块拔离整流模块机架。

2. 单整流模块的接入

当模块维修完毕或有备用整流模块需要对单整流模块进行装入原系统的操作,当系统容量不足时,需要对原系统进行加装模块的操作。

(1)首先检查相应整流模块槽道的交流输入开关处于关闭状态,整流模块直流输出开关处于关闭状态或直流输出插线准备就绪。

(2)适当的整流模块槽道中插入整流模块,并与机架安装牢靠。

(3)合上该整流模块的交流输入开关。

(4)将该整流模块直流输出线插入或开启直流输出开关,插入该模块监控线。

(5)根据实际位置调整该整流模块的地址。

(6)检查该整流模块输出和通信是否正常。

(三)系统监控模块菜单操作

直流供电系统的监控模块功能菜单通常分为维护菜单和系统菜单两部分。

1. 维护菜单

可以提供实时监测直流供电系统的各种工作状态,例如:交流输入电压和电流、直流输出总电压和总电流、各整流模块的工作状态、各整流模块输出电压和电流、蓄电池组工作状态、各种告警信息等。

2. 系统菜单

可以提供设置直流供电系统整流器的浮充电压、均充电压、限流值、二次下电值、校准各种监测参数、维护密码和各种告警阀值。

在日常维护、日常检修的时候,经常会对直流供电系统的整流器监控模块功能菜单进行操作,在操作的时候,必须遵循如下原则:

(1)熟悉各种菜单操作,避免误操作。

(2)修改各种参数设置后,必须对原设置值和调整后的设置值进行记录备案,修改各种参数后,直流供电系统出现异常情况时,应及时恢复原设置值。

(3)每次菜单操作后,必须重新检查直流供电系统的工作状态是否正常。

(四)主要的参数参考设置值

1. 浮充电压

应根据蓄电池组单体电池浮充电压范围和蓄电池组节数进行确定整流器输出的浮充电

压。一般情况下，蓄电池组的浮充电压为每只 2.23 V ±20 mV。−48 V 的直流供电系统的浮充电压值为 53.5 V。

对于市电可靠性较差，经常处于蓄电池组放电供电状态的，而蓄电池组设计供电时长超过 8 h 以上的，−48 V 的直流供电系统的浮充电压值应选择蓄电池组浮充电压范围说明书中规定的上限。通常为 2.25 V/每只，即 54 V。

2. 均充电压

应根据蓄电池组单体电池均充电压范围和蓄电池组节数进行确定整流器输出的均充电压。一般情况下，蓄电池组的均充电压为每只 2.35 V ±20 mV。−48 V 的直流供电系统的浮充电压值为 56.4 V。

3. 整流器输出限流值

设置整流器的输出电流限流值是为了蓄电池组放电后再充电时，避免因充电电流过大而损坏蓄电池组。整流器输出限流值不宜设置过大也不宜过小。整流器输出限流值设置过大，起不到保护蓄电池组的作用，整流器输出限流值过小时，在负载电流发生变化时，容易产生蓄电池组频繁发生放电的现象，并造成蓄电池组欠充。

确定整流器输出限流值一般需要考虑系统的实际最大负载量和蓄电池组的额定容量和蓄电池组的组数。一般情况下，整流器输出限流值 $I_{限}$ 的计算如下：

$I_{限} \geq I_{系统最大输出电流} + (0.1 \times 蓄电池组额定容量\ C_{10} \times 组数)$

最大不超过 $I_{系统最大输出电流} + (0.25 \times 蓄电池组额定容量\ C_{10} \times 组数)$

例如：某局（站）配置 10 个 100 A 的整流模块，配置两组 1 000 Ah 蓄电池组，实际负载最大电流为 200 A。

$I'_{限} = 200\ A + 0.1 \times 1\ 000\ Ah \times 2\ 组 = 400\ A$，其整流器输出限流值 $I_{限}$ 最小应大于 400 A，最大应小于 700 A。

4. 二次下电输出电压设定值

为了延长蓄电池组放电带载的时长，部分整流器的监控单元提供了当蓄电池组输出总电压低于一次下电输出电压总设定值时，切断部分负载的供电回路，保护重要负载回路不断电。

当切断部分负载的供电回路后，蓄电池组继续放电带载，为了保护蓄电池组在带载放电后期不因过放而影响蓄电池组的寿命，蓄电池组输出总电压低于二次下电设定值时，切断全部直流负载。

确定二次下电输出电压设定值应根据通信局（站）的特殊功能、不同局（站）的实际情况，综合衡量进行设定：

重要通信局（站）不宜启用二次下电功能，应尽最大努力确保通信局（站）通信畅通；

启用二次下电功能，设置二次下电输出电压值，应综合考虑该通信局（站）蓄电池组配置情况和负载率。通信局（站）最大负载电流远小于配置蓄电池组 10 小时放电率的，蓄电池组的终止电压会提前到达，因而二次下电输出电压值应相应调高。通信局（站）最大负载电流远大于配置蓄电池组 10 小时放电率的，蓄电池组的终止电压会延迟到达，因而二次下电输出电压值应相应调低。

5. 输出电压低告警值

当市电停电，蓄电池组带载供电时，蓄电池组总电压不断的下降，当下降到输出电压低告警预设值时，发出输出电压低告警，提醒维护人员及时启动油机进行供电，避免发生通信事故。

设定输出电压低告警值必须根据不同局(站)的实际情况，综合衡量进行设定。

(1)通信局(站)是否有人值守。现场有 24 h 值守人员进行维护值班的，可以将输出电压低告警值可按通常设置，无人值守局(站)的整流器输出电压低告警值应相应调高。

(2)通信局(站)蓄电池组配置情况和负载率。通信局(站)最大负载电流远小于配置蓄电池组 10 小时放电率的，蓄电池组的终止电压会提前，因而输出电压低告警值应相应调高。通信局(站)最大负载电流远大于配置蓄电池组 10 小时放电率的，可按通常设置。

(五)直流配电系统供电回路的操作

1. 增加直流配电系统供电回路的操作

在通信设备扩容后，需要增加直流供电回路的时候，需对直流供电配电屏端进行扩容加电操作。在进行扩容加电操作时，应严格按照以下步骤进行：

(1)检查新增负载直流供电回路的导线接入正、负极性是否正确，正负极之间做短路检测。

(2)检查新增负载直流供电回路的导线、地线规格、线径、接线耳、绝缘措施是否符合工程设计要求，安装和布线是否符合工程安装技术规范，两端标签标示是否清楚、准确无误。

(3)检查新增负载直流供电回路的保护熔丝是否满足新增负载最大额定功率的需要，上下级熔丝额定容量是否匹配。

(4)检查直流供电系统冗余容量是否满足新增负载最大额定功率的需要。

(5)检查新增负载端直流输入保护开关处于关断状态。

(6)合上新增直流负载供电回路保护开关或插入新增直流负载供电回路保护熔丝。

(7)在新增负载端检测送电情况是否正常。

(8)根据新增负载实际情况，及时调整整流器输出限流值。

(9)将新增直流负载情况记录在机历簿中。

2. 拆除直流配电系统供电回路的操作

当原直流供电回路上的通信设备退网后，必须拆除退网设备的原直流供电回路的电缆和保护熔丝。在进行拆除直流配电系统单路供电回路操作时，应严格按照以下步骤进行：

(1)确定原直流供电回路上的通信设备已经停机离网，并将离网的通信设备端直流输入保护开关处于关断状态。

(2)根据原直流供电回路两端的标签确定回路两端的位置，并通过检测回路电流或跟线的方式再次确定，避免标签标示出错的概率。

(3)在直流供电配电屏端拔除原直流供电回路负极端的熔丝或关闭保护开关。

(4)观察其他直流负载工作状态时候正常。

(5)按照先负后正的顺序，将原直流供电回路上的正、负极导线一一拆除，并在线头端可靠绝缘。

(6)小心谨慎地将拆除的导线从直流供电配电屏中抽离。

(7)观察直流供电系统工作状态时候正常。

(8)将拆除直流负载情况记录在机历簿中。

3. 检修直流配电系统供电回路的操作

在直流配电系统供电回路发生局部短路、断路,直流供电回路导线发生过载、绝缘层龟裂、脱落时,需要对直流配电系统供电回路进行检修操作。在进行直流配电系统供电回路检修操作时,应着重注意以下几个方面:

(1)直流供电分路局部发生短路现象的,应先查明短路原因,在排除短路故障后,检查供电回路电缆无损的,方可再次上电恢复供电。无法查明短路的原因的,必要时可以尝试再送电一次。

(2)直流供电分路局部发生断路现象的,在供电回路保护熔丝拔除后,将供电回路导线全程更换,不宜在导线中间进行驳接继续使用。

(3)直流供电部分分路导线发生过载、绝缘层龟裂、脱落时,需要对直流配电系统供电回路进行检修的,在允许通信设备暂时中断的情况下,重新布放符合要求的合适规格的导线,按照增加直流配电系统供电回路的操作进行。不允许通信设备暂时中断的情况下,按照不间断割接直流配电系统供电回路的操作进行不间断割接。原旧导线,按照拆除直流配电系统供电回路的操作的方式进行拆除。

4. 不间断割接直流配电系统供电回路的操作

在对在网通信设备直流供电导线进行不间断供电更换,对在网通信设备直流供电回路在不同供电系统间进行不间断调整时,需要对在网通信设备的直流供电回路进行不间断割接的操作。在进行不间断割接直流供电回路时,应着重注意以下几个方面:

(1)根据割接设备影响的供电范围和程度,应提早拟定应急方案和选取合适的割接日期和时间。

(2)不使通信设备用电受到直接影响的施工,可以在非割接时段进行,如布放线缆、架设线槽等,但施工必须注意安全。

(3)需要割接的两个直流供电回路或两个直流供电系统的电压,应基本保持一致,相互之间的电压差应调整在0.5 V之内。

(4)在割接步骤里,必须先接入新的直流供电回路的直流电,在检查确定已经接入的新的直流供电回路已经可靠带载后,方可卸除旧的直流供电回路直流电。

(5)在割接完毕后,拆除旧的直流供电回路导线时,应严格按照拆除直流配电系统供电回路操作的要求进行,避免误操作。

(六)蓄电池组的操作

在对蓄电池组进行更换、增组、减组和离线测试时,需要对直流供电系统中的蓄电池组进行脱离和投入操作。

1. 对蓄电池组进行脱离直流供电系统的操作:

(1)检查市电输入是否正常。

(2)检查油机发电机组工作是否正常,必要时,在蓄电池组脱离直流供电系统的全程由油机发电机组发电带载。

(3)卸离相应蓄电池组保护熔丝。

(4)需要拆除蓄电池组供电回路导线的,先拆除蓄电池组端接头,后拆除直流配电系统端接头,并按照先负后正的顺序进行,每拆除一个接头立刻可靠绝缘。为了防止拆除导线过程中的短路意外,必要时可先在蓄电池组单体连接条处断开。

2. 对蓄电池组进行投入直流供电系统的操作:

(1)检查蓄电池组供电回路导线正、负极极性是否正确。

(2)检查蓄电池组各单体连接接头、蓄电池组供电回路导线接头安装是否牢靠。

(3)调整整流器输出总电压与待接入系统的蓄电池组端电压保持基本一致,相互之间电压差小于0.5 V。

(4)无法通过调整整流器输出总电压与待接入系统的蓄电池组端电压保持基本一致的,可以通过并接直流充电机提高蓄电池组端电压到与整流器输出浮充电压基本保持一致。

(5)插入蓄电池组相应的保护熔丝,观察直流供电系统的工作状态。

(6)将整流器的输出电压恢复到正常的浮充电压值,或将并接的直流充电机关闭,并拆离系统。

三、直流供电系统的日常维护

直流供电系统是通信系统的心脏。为了保障系统稳定、可靠的运行和优质供电,良好的电源设备的运行管理和维护工作是非常必要的。电源设备的维护工作的基本任务是:

1. 保护向通信设备不间断供电,供电质量符合标准。
2. 通过经常性的维护检修和重点整修,保证设备稳定、可靠运行,延长设备使用时间。
3. 迅速准确地排除故障,尽量减少故障造成的损失。
4. 经常保持设备和环境整洁,是机房环境符合设备正常运行的基本要求。

(一)维护档案资料

维护档案资料是设备维护必不可少的文件。通常维护档案资料包括:机房设计文件、设备档案、设备使用说明书、维护日常记录文件等,详见表3—9和表3—10。要有效维护电源设备,必须建立完整的维护档案资料,建立完善的资源管理系统,并明确规定各种档案文件的归档管理方法、归档流程、查阅途径等。

表3—9 直流供电系统必备的技术资料清单

序号	技术资料项目	说　明
1	机房设备平面布置图	机房设计文件,以交工验收文件为准
2	交、直流供电系统图	机房设计文件,以交工验收文件为准
3	直流供电系统布线图和配线表 (标注型号、规格、长度、数量)	机房设计文件,以交工验收文件为准
4	设备说明书	设备随机附件资料
5	工作地、保护地布置图	设计文件
6	竣工验收资料	除设计以外的清单、工程报告类文件
7	智能设备的通信协议资料	设备随机附件资料
8	有关维保资料、规章制度、协议、守则等	

表 3—10　直流供电系统日常维护记录文件清单

序号	日常维护记录文件名称	说　明
1	值班日志	流水记录,含交接班记录
2	设备运行记录	流水记录直流供电系统各设备的运行状态
3	蓄电池组测试记录	根据维护规程规定的周期对蓄电池组进行核对性容量检测和容量测试记录
4	设备台账	设备启用、停用、大修、故障及重要测试数据记录在台账中
5	维修报告	含故障分析报告

(二)维护仪器仪表、工具

直流供电系统的日常维护过程中,需要用到一些常用的工具和仪器仪表,列举清单见表 3—11。

表 3—11　直流供电系统日常维护工具

序号	名　称	数量	规格、用途
1	尖嘴钳	一件	器件管脚成型,管脚上裸线绕线,密集元件面焊接与装配的辅助夹具
2	斜口钳	一件	裁剪多余导线,剪焊接面管脚,剪尼龙扎线
3	镊子	一件	辅助夹持工具,清洁夹持工具,小型元件捏取,细小导线绕线
4	一字螺丝刀	一套	装拆一字槽螺钉,开箱工具
5	十字螺丝刀	一套	装拆十字螺钉
6	固定扳手(开口形、梅花形)	一套	扳动六角或四角螺栓或螺母
7	套筒扳手	一套	螺丝面无操作空间是旋具
8	活动扳手	一套	扳动六角或四角螺栓或螺母
9	电烙铁	一件	元器件或线耳焊接
10	排刷	一件	清洁、清扫器件
11	手锯	一件	锯母线或电缆
12	电工刀	一件	电缆剥皮等
13	电工橡皮锤	一件	电缆整形、设备位形矫正
14	各类辅料	绝缘胶布、尼龙扎带、标签纸、焊锡等	
15	数字万用表	一个	4 位半,测量交直流电压、电流、电阻等
16	直流电压表	一个	不低于 0.5 级,测量直流电压等
17	交流电压表	一个	不低于 1 级,测量交流电压等
18	数字式交流钳形电流表	一个	3 位半 600 A,测量交流电流等
19	数字式直流钳形电流表	一个	3 位半,测量直流电流等

续上表

序号	名　称	数量	规格、用途
20	双踪储存式示波器	一台	不低于20 M,电压、电流波形观察、峰值杂音测试等
21	数字式兆欧表	一个	500 V,耐压测试
22	红外线测温仪	一个	-20～200℃,表面温度检测
23	数字式杂音计	一件	杂音测试
24	蓄电池容量测试仪	一套	2 V/6 V/12 V,蓄电池组容量测试
25	直流假负载	一套	-48 V,蓄电池组放电试验
26	蓄电池充电器	一套	蓄电池组补充充电
27	低压试电笔	一件	500 V,测试交流火线
28	相序表	一件	交流输入相序检查
29	室内温湿度计	一件	室内温湿度检测

(三)日常维护检查、检测项目

直流供电系统的日常维护涉及交流输入、整流换流设备、直流配电系统、空调照明设备以及机房环境等。日常维护通过听、望、闻、测等方式对各类设备进行检查、检测,以保证直流供电系统稳定、可靠的运行和优质供电。

1. 日常维护检查项目

(1)机房环境温、湿度

直流供电系统的机房温度范围要求通常在5～30 ℃之间,相对湿度范围要求通常在20%～85%之间。机房环境温、湿度超过范围,应相应地采取降温或加温、除湿或加湿等必要措施,保证直流供电系统工作在适宜的温、湿度环境中。

(2)机房清洁度

通过目测或手摸的方式对粉尘易于堆积的地方进行检查,定期对机房地面、机架表面、地槽、窗台门面、维护操作台椅等进行除尘清洁。

机房门窗应密闭,管道槽管应封堵,进出机房应及时关门,并更换机房专用鞋具或套鞋套,以保证机房清洁。

(3)机房通风

直流供电系统的机房内有大量的发热器件,并且有大量的橡胶辅材,部分直流供电系统的机房还有蓄电池组。在正常工作期间有大量的有害气体或腐蚀性、易燃易爆性气体蓄积,因此直流供电系统机房应在合适的天气下定期开启门窗或换气设施进行通风换气。

(4)整流模块的散热系统的清洁

整流模块在正常工作的过程中,内部会散发出大量的热量,整流电路中大量的电子元器件必须工作在温度适宜的条件下,内部温度过高势必影响整流模块的工作稳定性和寿命。一般情况下,整流模块是通过强制风冷的方式将内部产生的多余的热量排出。

为了保证整流模块内部产生的多余的热量能及时的排出机箱,整流模块机壳均为镂空的通风散热,为了防止粉尘进入电路内部积聚发生短路现象,一般在散热风道进风口设置了粉尘滤网隔离灰尘进入。

要做到定期检查整流模块内部的散热风道与积尘情况,及时清理积尘,经常清洗散热风道口的滤网,避免通风散热效果,检查散热风扇的工作状况,保证整流模块的散热系统工作在良好的状态。

(5)噪声

直流供电系统在正常的工作状态下,噪声一般符合小于50 dB 的指标要求,在日常维护工作过程中,应经常耳闻或用声级计检查交流输入回路、整流器散热风扇、整流器变压器、整流器滤波器等部位有无异常声音。异常的声响往往是故障的前期征兆。例如以下情况。

①交流输入总开关异响,是交流输入总开关内部机械器件松动、内外部连接点接触不良等故障的表征。

②整流器散热风扇异响,通常是散热风扇积尘过后、散热风扇轴承磨损、散热风扇安装偏离水平或垂直、散热风扇固定螺丝松动等现象的表征。

③整流模块内部异响,通常是整流模块滤波电路异常、功率开关管工作异常、整流变压器异常等现象的表征。

④监控模块内部异常,通常是检测电路中继电器工作异常、检测回路监测线松动、检测回路供电异常等现象的表征。

(6)直流供电系统的交流输入总开关、整流模块各分路保护开关的检查

应经常检查直流供电系统的交流输入总开关、整流模块各分路保护开关的工作状态,检查有无异常温升或热变形、异响、接点发黑、接点附近电缆老化或纹裂等异常现象。应及时发现问题,及时作出相应的处理。

(7)检查直流供电系统各部件机架工作状态指示灯和显示参数是否正常

经常检查整流器交流输入配电屏、整流器机架、直流配电屏的工作状态指示灯是否正常,发现异常应及时检修或调整。

(8)直流保护熔丝(断路器)配置检查

直流供电系统各分路保护熔丝是为了防止各直流配电分路的负载由于异常情况发生短路、过流的时候,及时熔断分断,保护分路负载意外事故不会进一步扩大,并且避免分路的意外事故不会影响整个直流供电系统的供电安全。

为了保证直流分路保护熔丝在负载发生异常情况的时候能及时熔断保护,此直流分路保护熔丝的容量选择应与负载的大小和配电电缆的大小相匹配,并且要求上级保护熔丝必须大于下级保护熔丝。

一般情况下,直流保护熔丝的额定电流值应不大于设计负载电流或实际最大负载电流的2倍。各专业机房直流配电总配电保护熔丝的额定电流应不大于最大负载电流的1.5倍。

2. 日常维护检测项目

(1)直流供电系统的交流输入电压、频率、电流检测

应定期检测直流供电系统整流模块输入端的市电/油机的交流输入电压、频率和电流参数值。一般情况下,整流器的交流输入电压允许的变化范围为187~242 V(单相输入)或323~418 V(三相输入),整流器的交流输入频率允许的变化范围为(50±2)Hz(此部分指标可参照铁路通信维护规则执行)。

检测整流器的输入电流值应不大于整流器交流输入总开关的额定保护电流值。

(2)交流输入防雷器件检测

定期检查整流器交流输入端防雷器件的工作状态,检查防雷器件接地连接是否良好,确定防雷部件无变色、变形、开裂等异常现象。定期通过避雷器检测仪表检测避雷器是否失效等。

(3)检测直流供电系统的交流输入、直流输出的电压、电流显示值

定期检查整流器的交流输入电压、电流、频率和整流器直流输出的电压、电流显示数值与实际测量数值之间的差异,显示值与测量值之间差异大于一定范围时,应及时对显示值进行校准,保证显示值与实际值之间的吻合性。

(4)检测各整流模块之间的均流情况

一套开关电源系统至少需要两个以上开关整流模块并联工作,大型的系统甚至多大数十个以上的整流模块并联工作,这就要求并联工作的整流模块能够共同平均分担负荷电流,即均分负载电流。均分负载电流的作用是使系统中每个整流模块有效地输出功率,使系统中各模块处于最佳工作状态,以保证电源系统的稳定、可靠、高效地工作。

负载均分性能一般以不平衡度指标来衡量,不平衡度越小,其均分性能越好,即各模块实际输出电流值距系统要求值的偏高点和离散性越小越好。各整流模块之间的输出电流不平衡度应低于5%。当出现整流模块之间输出电流分配严重不均衡时,可以通过调整整流器输出电压高低将各整流模块输出电流调整均衡。

(5)检测直流供电系统的监控模块的通信

经常检查直流供电系统的监控模块的通信,检查告警历史记录中是否在历史记录出现某一单元短时间内多次出现通信中断的告警记录。发现异常及时检修,保证系统内各单元与监控单元通信正常。

(6)各类参数设定的符合性检测

随着负载的扩容、实际负荷的变化,结合上次设定参数的记录(参数表),对监控模块中的各种参数设定做符合性检查,对实际情况变化或不符合既定要求的参数重新设定,并对重新设定的前后参数值作详细记录。

(7)监控模块管理功能的检测核对

直流供电系统的监控模块提供的监测、计算、存储和蓄电池组自动管理功能是维护作业的辅助智能功能,应经常查询并确认各项告警历史记录,检查蓄电池组自动管理功能的可靠,经常模拟各种告警,检查监控模块记录的告警信息,模拟交流下电,上电后系统进入自动均充、转浮充充电的充电过程,确保监控模块管理功能的完好无误。

(8)告警功能的检测核对

直流供电系统的监控模块提供了监测、报警的自动告警功能,发生故障、异常时,监控模块必须发出声或光告警,提醒维护人员及时检修。日常维护过程中定时对直流供电系统的告警监测功能进行模拟试验,在现场通过模拟或调整告警设定阀值的各种方式,对可试验项进行抽样检查,如交流停电、防雷器损坏、直流配电熔丝断、直流输出电压低、直流输出电压高等。及时发现问题,及时进行检修。

(9)直流输出杂音指标的检测

直流供电系统的整流器在整流输出直流电的过程中,会不可避免地在直流电上叠加上部分交流成分,如交变纹波、衡重杂音、峰—峰值杂音。程控交换机对输入直流电内叠加的这部分交流成分的大小有严格规定,避免这部分交流成分影响程控交换机的正常工作和通信质量。

定期应通过杂音计、示波器检测直流供电系统输出的直流电质量,检查直流输出,衡重杂音应不大于2 mV,峰—峰值杂音不大于200 mV。

(10)各类保护地导线的电流检测

定期检查直流供电系统的机架保护地线、走线架(槽)保护地线、各类功能模块保护地线上是否存在串流导流的现象,及时发现问题,及时查检,及时排除。

(11)内部连接的可靠性、安全性检测

直流供电系统是由多部件、多功能机柜连接而成,各连接部位由于工程施工的原因、热胀冷缩不平衡原因,常出现松动、异常发热的现象,甚至出现断路、短路的重大事故。各连接部件之间的连接紧固、可靠将直接影响着直流供电系统的可靠性、稳定性和安全性。

在日常维护工作中,经常检查直流供电系统内部的电缆布线与固定良好,无松动;检查电缆是否被金属件挤压变形;连接电缆无局部过热和老化现象;各信号检测点紧固、可靠。

(12)各节点压降与温升检测

直流供电系统的直流配电回路是由多段连接而成的,各段之间的连接点由于连接紧固程度会产生一定的压降和温升。各节电的压降过大会影响缩小直流供电系统输出直流电压可工作的电压范围。各节点的温升会影响整个直流供电系统的供电安全性和可靠性。

一般情况下,通过1 000 A以下直流电流的节点压降,每百安培小于或等于5 mV;1 000 A以上的,每百安培小于或等于3 mV。直流供电系统的节点温升一般不宜超过40 ℃。

在日常维护过程中,应经常用万用表检查各节点两端电缆或母线之间的压降,根据流过节点的电流核算节点压降的合理性;经常用点温计或红外测温仪测量节点温升。测量结果必须满足温升限制和压降限制的双重标准。

(13)直流配电电缆全程压降检测

按满足负载电压要求而选取的直流放电回路的导线。对于-48 V直流供电系统,其全程供电回路的压降不应大于3.2 V。

(14)铁路通信维护规则中规定的高频开关电源设备维护项目和周期

铁路通信维护规则中规定的高频开关电源设备维护项目和周期见表3—12。

表3—12　铁路通信维规中规定的高频开关电源设备维护项目和周期

周期	项目与内容	备　注
日	运行情况及告警巡视检查	无人值守机房可通过监控系统巡视
月	1. 表面清扫检查	
	2. 历史告警检查	
	3. 时间检查校对	
	4. 输出电压、电流记录	
	5. 转换开关及指示灯检查,标签核对检查	
季	1. 风扇及滤网的清洁检查	
	2. 交流主备倒换试验	
	3. 交流停电告警试验	
年	1. 均浮充限流试验	避雷装置检查在雨季应每月进行一次,遭到雷击后要及时更换
	2. 均浮充均流检查、调整	
	3. 直流负载电流测试及熔丝检查	
	4. 直流馈电线电压降测试	
	5. 输出杂音电压测试	
	6. 直流工作地线、保护地线检查及接地电阻测量	
	7. 强度检查、配线整理及电缆架(沟)清扫	
	8. 系统参数检查核对	
	9. 防雷保护单元检查(更换)	
	10. 全部告警试验	结合容量试验测试直流输出欠压告警

第六节　常见直流供电系统及其维护

一、艾默生公司 NetSure 801 系列直流供电系统

NetSure 801 系列电源系统是艾默生网络能源公司集多年开发和网上运行经验推出的新一代高可靠、高性能的大容量通信电源系统(如图3—30所示)。该电源系统由交流配电柜、直流配电柜、整流柜、整流模块、监控模块和附件组成。系统可以平滑扩容至6 000 A。该电源系统适用于市话网大中型交换局、长途局、一级传输干线、移动交换局、移动汇接局。

图 3—30　NetSure 801 系列电源系统

（一）系统组成和结构

1. 整流模块

整流模块 R48-5800A 的外观如图 3—31 所示，其外形主要由面板、机箱、拉手等部分组成。

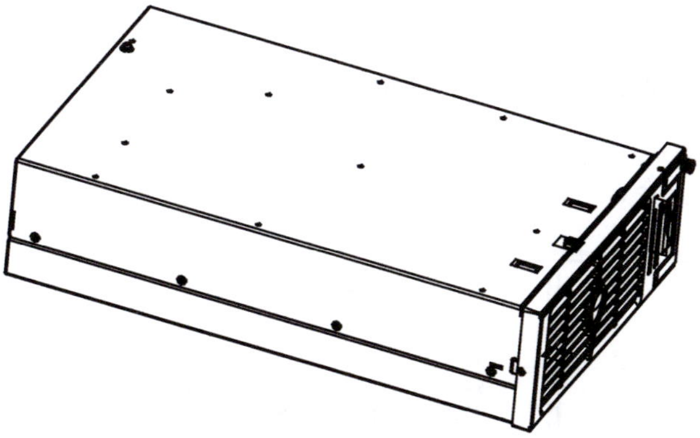

图 3—31　R48-5800A 模块外观图

整流模块的前面板有指示灯、滑动开关和把手。整流模块的后面有交流输入插座、直流输出插座、通信接口。整流模块的前面板如图 3—32 所示，指示灯说明见表 3—13。

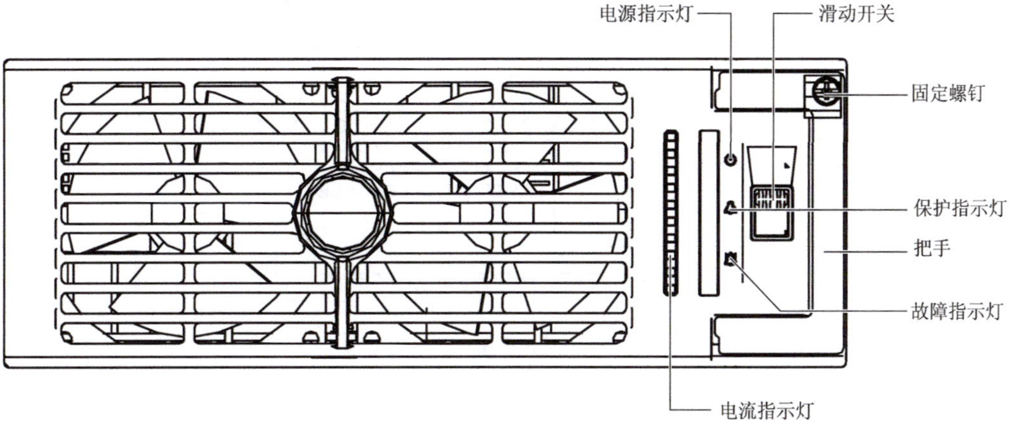

图 3—32　整流模块前视图

表 3—13　整流模块指示灯说明

指示标识	正常状态	异常状态	异常原因
电源指示灯(绿色)	亮	灭	无输入电源和输出电源
		闪烁	后台监控对模块进行操作
保护指示灯(黄色)	灭	亮	交流输入过欠压,模块 PFC 输出过欠压,过温,模块不均流
		闪烁	模块通信中断
故障指示灯(红色)	灭	亮	输出过压,输出熔丝断开,模块地址冲突
		闪烁	模块风扇故障
电流指示灯	亮		指示输出电流,每个指示灯代表 10 A 输出电流。如果整流模块处于限流状态(输出电流大于 100 A),第十个指示灯将闪亮。如果整流模块输出电流小于 2 A,指示灯都不亮

2. 监控模块

监控模块 M810G 的前面板外形、后面板外形如图 3—33 所示。

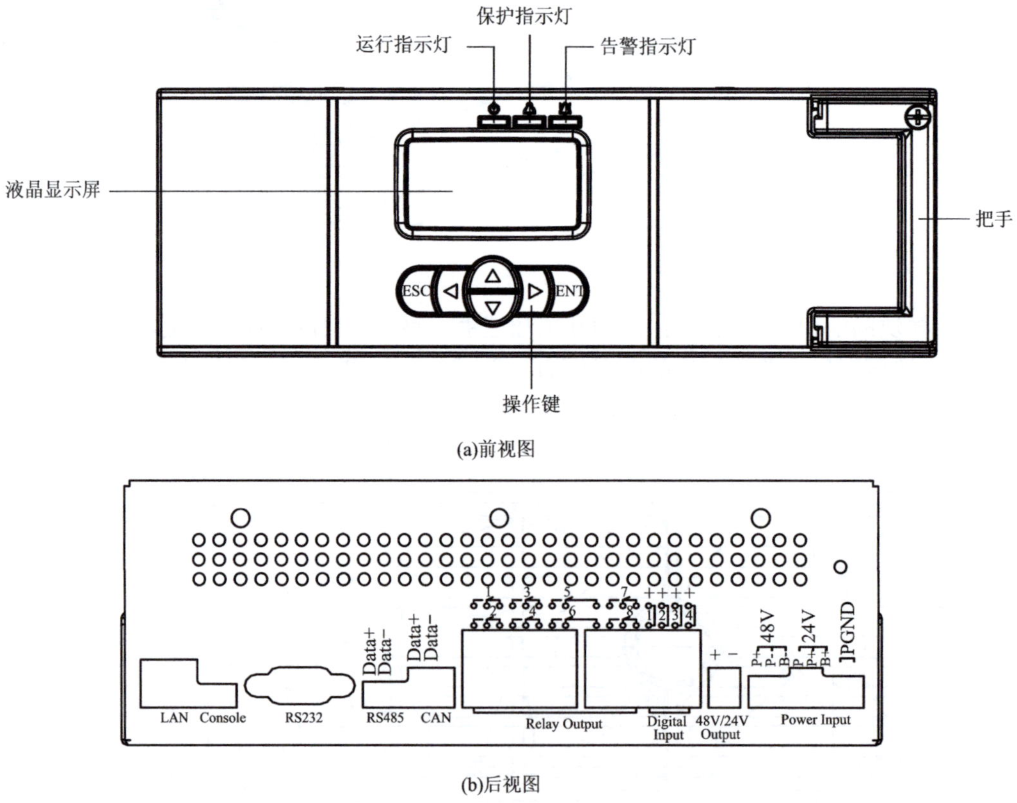

图 3—33　监控模块结构示意图

前面板包括:背光显示屏、操作键、指示灯、把手等。

后面板包括:通信接口、输出干接点和电源接口。M810G 后面板端子说明见表 3—14。

表 3—14　M810G 后面板端子说明

丝印	说　明	要　求
Relay Output	继电器输出	负载电压小于等于 60 V,负载电流小于等于 400 mA
48V/24V Output	MODEM 供电口	对于 48 V 系统,输出电压为 48 V,负载电流小于等于 200 mA
Digital Input	数字量输入	高电平的输入范围为 19 ~ 60 V,低电平的输入范围为 0 ~ 1.5 V

3. 交流配电柜

交流配电柜有 PD380/400AFH-6/X1、PD380/400AFH-6/XF、PD380/630AFH-6/X1 和 PD380/630AFH-6/XF 四种型号,外观均相同,如图 3—34 所示。

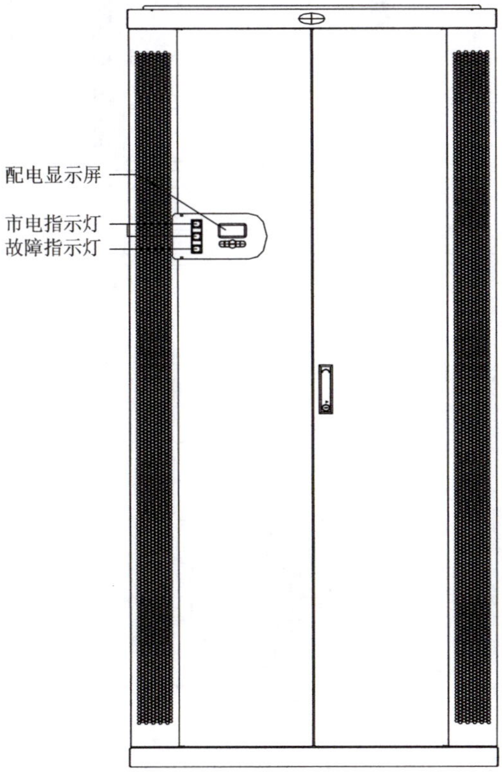

图 3—34　交流配电柜外观示意图

PD380/400AFH-6/X1 交流配电柜的内部结构如图 3—35 所示。

PD380/630AFH-6/X1 交流配电柜的内部结构如图 3—36 所示。

4. 直流配电柜

直流配电柜有 PD48/1600DF-6/X1、PD48/1600DF-6/XF、PD48/2500DF-6/X1 和 PD48/2500DF-6/XF 四种型号,外观均相同,如图 3—37 所示。

PD48/1600DF-6/X1 直流配电柜的内部结构如图 3—38 所示。

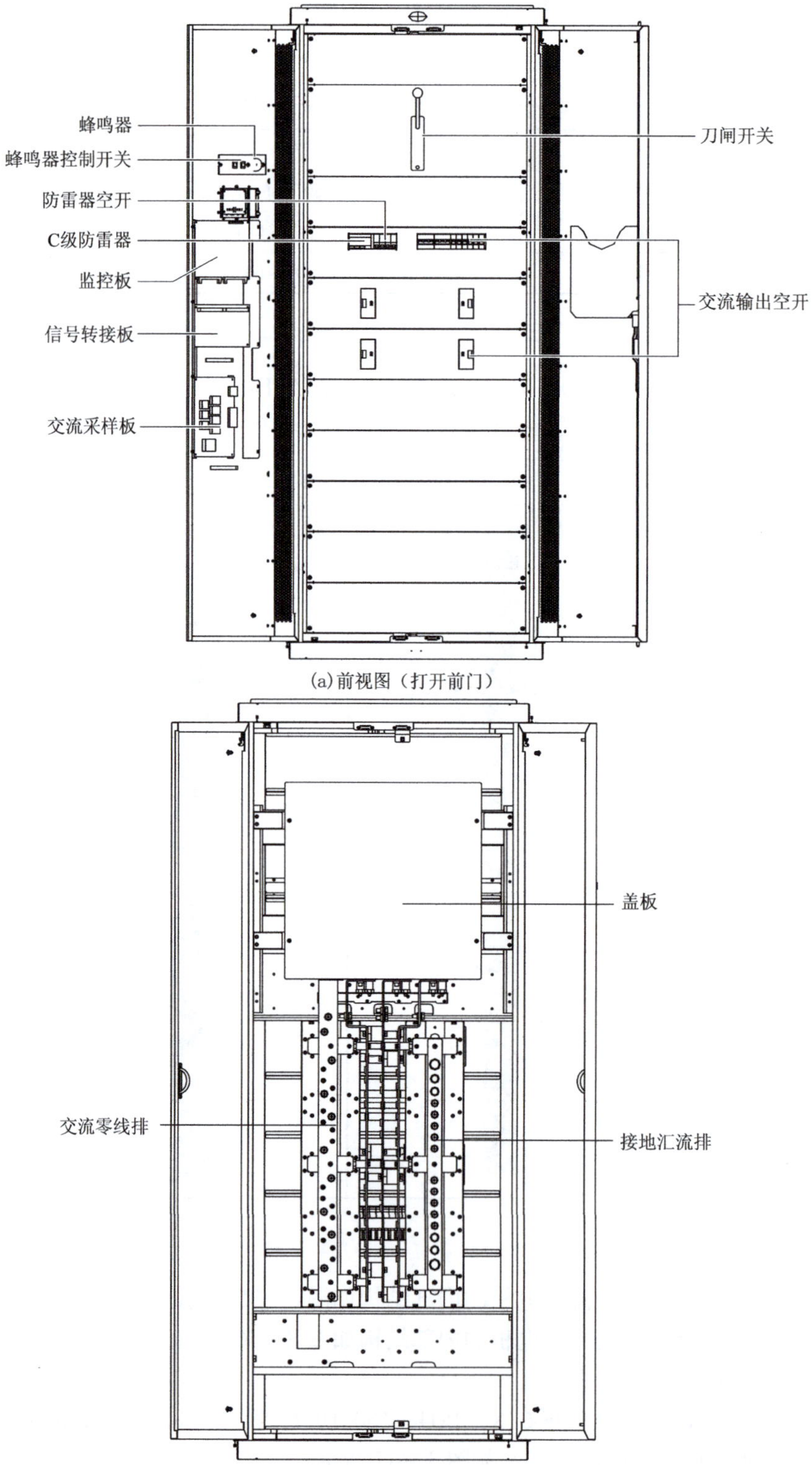

图 3—35　PD380/400AFH-6/X1 交流配电柜结构示意图

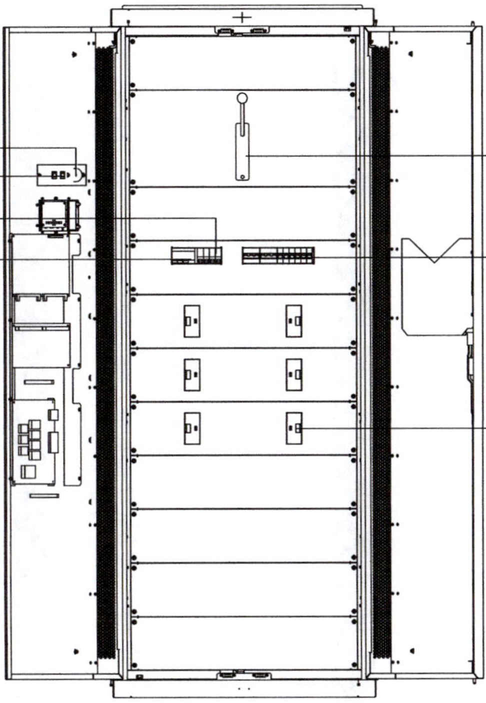

(a)前视图（打开前门）

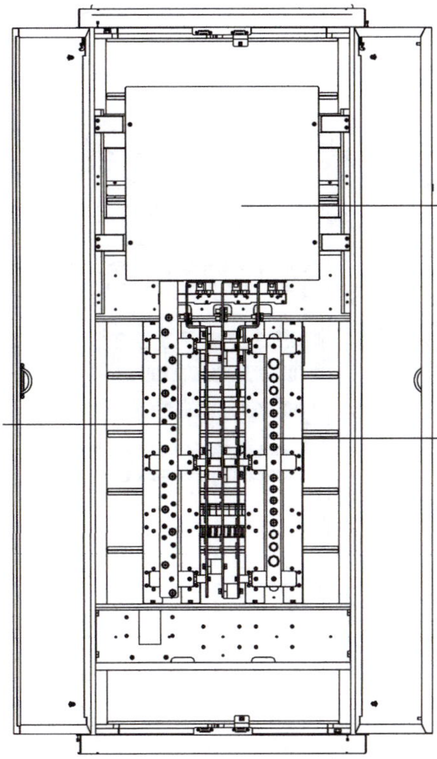

(b)后视图（打开后门）

图 3—36　PD380/630AFII-6/X1 交流配电柜结构示意图

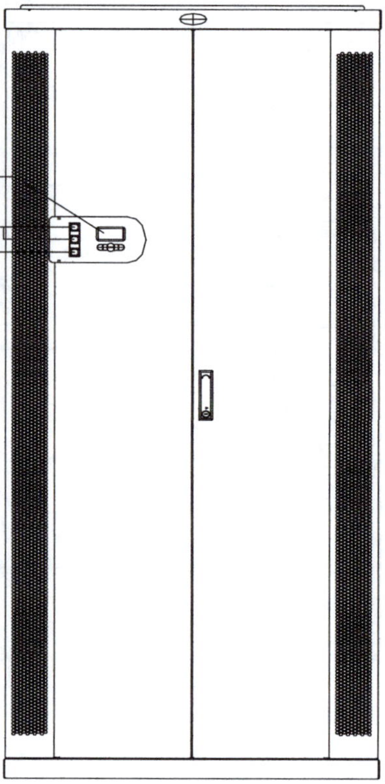

图 3—37　直流配电柜外观示意图

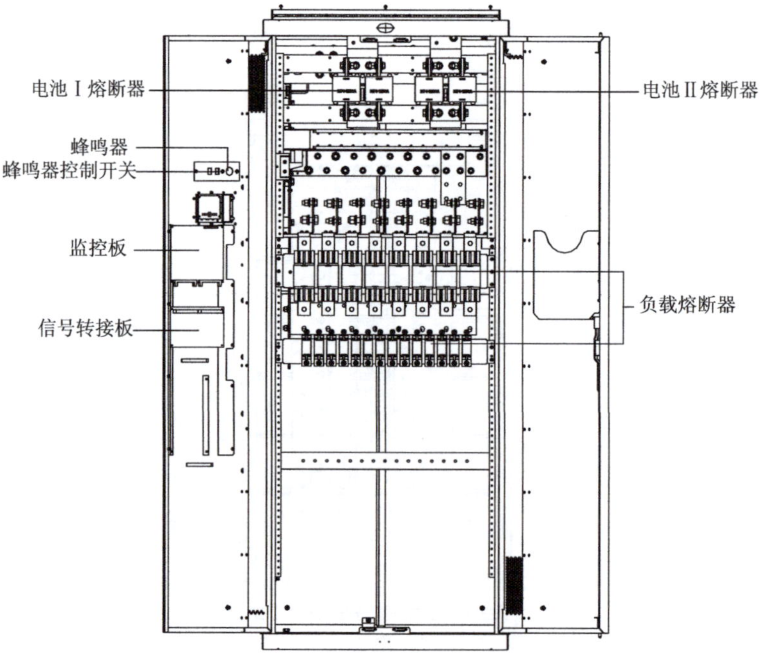

(a)前视图（打开前门）

图　3—38

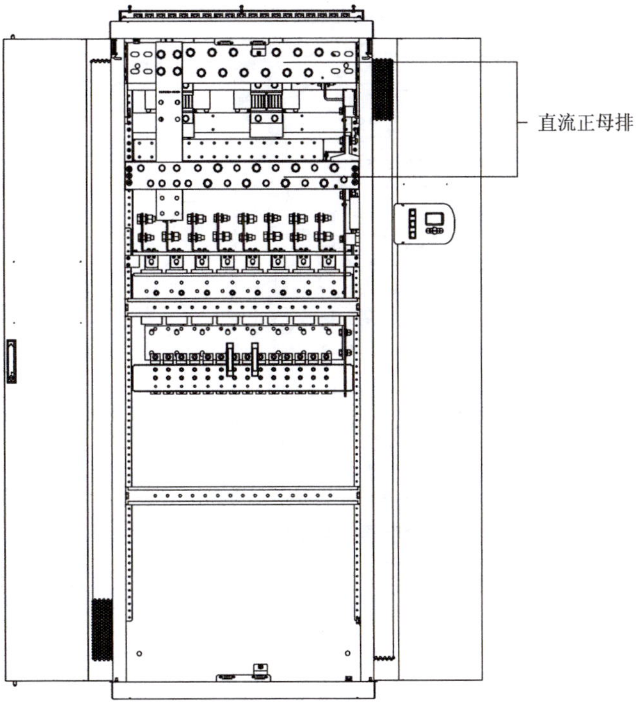

(b)后视图（打开前门，去掉后门）

图 3—38　PD48/1600DF-6/X1 直流配电柜结构示意图

PD48/2500DF-6/X1 直流配电柜的内部结构如图 3—39 所示。

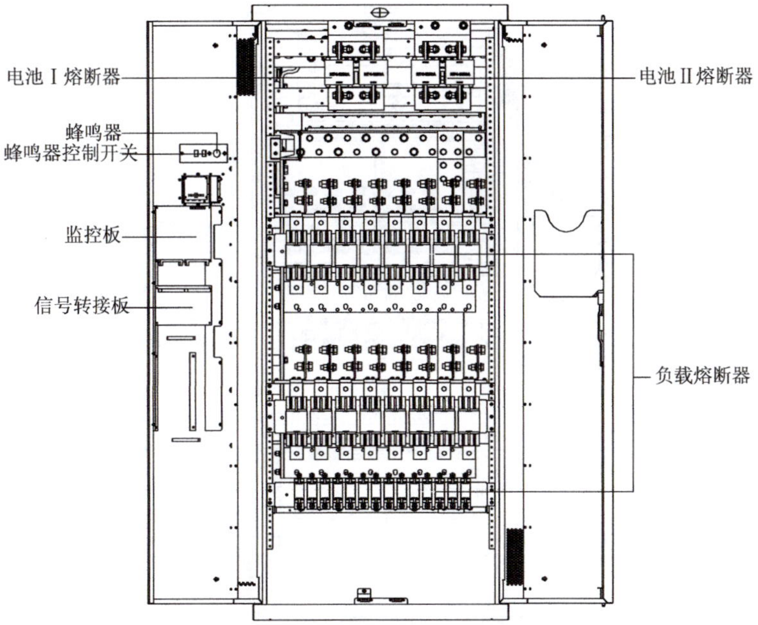

(a)前视图（打开前门）

图　3—39

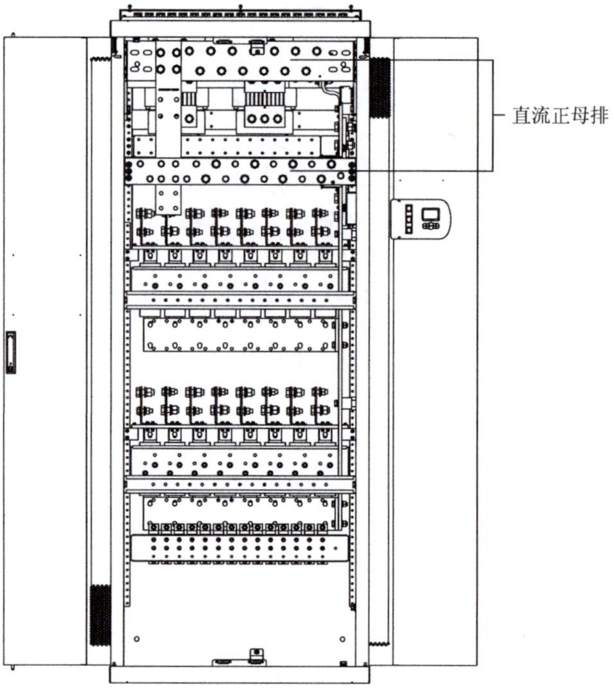

(b)后视图（打开前门，去掉后门）

图 3—39　PD48/2500DF-6/X1 直流配电柜结构示意图

5. 交直流合一柜

交直流合一柜 PD48/1200BF－6/X1 的外观与交流配电柜一致，结构如图 3—40 所示。

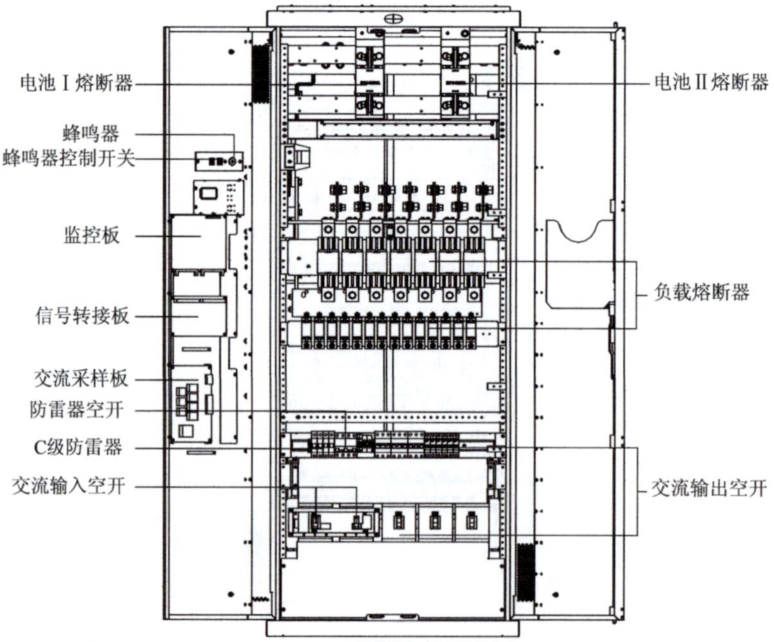

(a)前视图（打开前门）

图　3—40

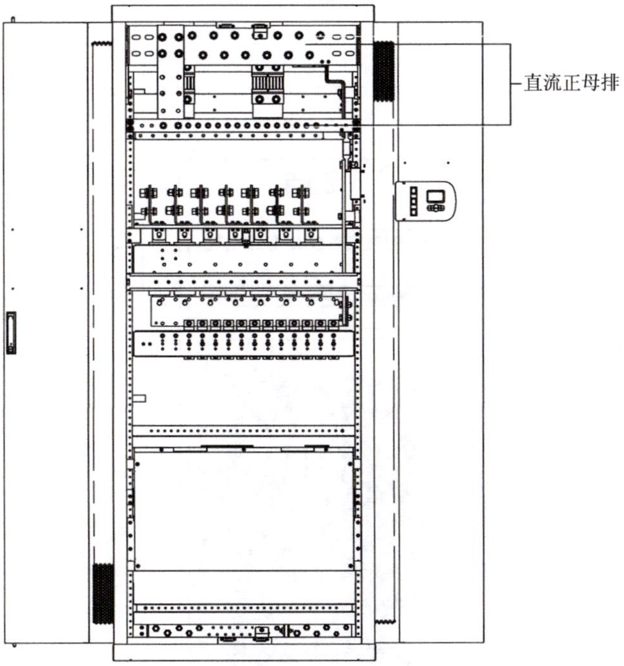

(b)后视图（打开前门，去掉后门）

图 3—40　PD48/1200BF-6/X1 交直流合一柜结构示意图

6. 整流柜

整流柜 Rack1000-6 的结构如图 3—41 所示,整流柜 Rack2000-6 的结构如图 3—42 所示。

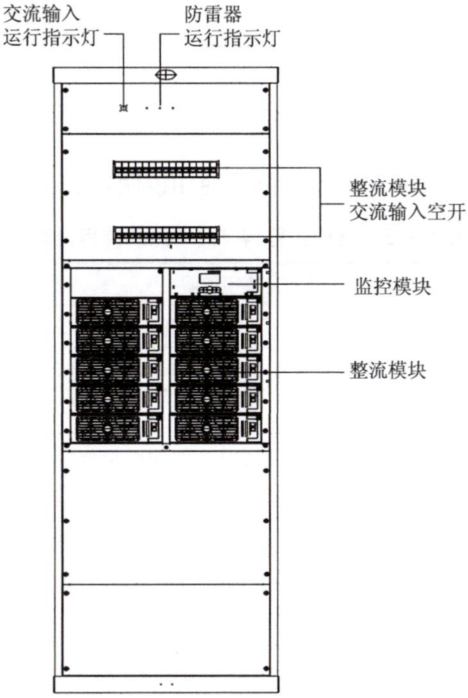

图 3—41　Rack1000-6 整流柜结构示意图

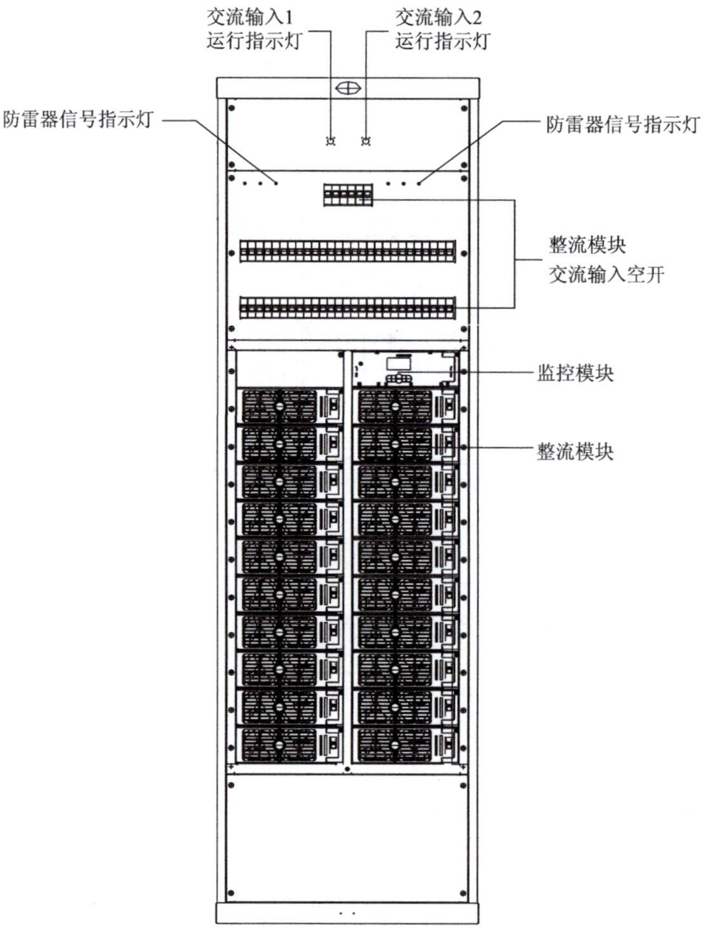

图 3—42　Rack2000-6 整流柜结构示意图

配电柜和整流柜各器件代号、名称、功能及使用说明见表 3—15。

表 3—15　器件代号、名称、功能及使用说明表

名　称	功能及使用说明	适用机柜
电源指示灯	第一路市电有电时 HL1 发光，第二路市电有电时，HL2 发光	交流柜、交直流合一柜
	交流输入 1 有电时 HL1 发光，交流输入 2 有电时，HL2 发光	整流柜、交直流合一柜
	母排有直流电时发光	直流柜、交直流合一柜
故障指示灯	当配电柜正常工作时，指示灯熄灭。当配电柜故障时，故障灯发光	交流柜、直流柜、交直流合一柜
JYG-12864J9G(R)-YS6L2-VB 显示屏	显示交流配电柜的输入电压、电流、频率、工作路号、防雷器状态、输出空开状态（交直流合一柜无）等状态信息及各告警内容	交流柜、交直流合一柜
	显示直流配电柜的母排电压，负载总电流，电池电压，电池电流，负载熔丝状态及告警信息	直流柜、交直流合一柜

续上表

名　称	功能及使用说明	适用机柜
监控板 A6V6FU11	检测交流输入电压、主开关状态、输出空开状态、防雷器状态等信息,控制主开关位置,控制油机启动信号的输出,当交流配电柜出现故障时发出声光报警,同时发送信息给交流配电柜显示屏及后台监控模块	交流柜、交直流合一柜
	检测直流配电柜的母排电压,负载总电流,电池电压,电池电流,负载熔丝状态等,当直流配电柜出现故障时发出声光报警,同时发送信息给直流配电柜显示屏及后台监控模块	直流柜、交直流合一柜
信号转接板 A2V6FX1	转接交流配电柜监控板的输入输出信号	交流柜、交直流合一柜
	转接直流配电柜监控板的输入输出信号	直流柜、交直流合一柜
交流采样板 A6V6FA1	采样两路输入交流三相相电压及工作路 B 相电流	交流柜、交直流合一柜
蜂鸣器	配电柜正常工作时不鸣叫,交流配电柜故障时鸣叫	交流柜、直流柜、交直流合一柜
蜂鸣器控制开关	K1 有两个位置:故障告警和故障消音; K2 有两个位置:蜂鸣器开和蜂鸣器关; 正常工作时,K1 置于"故障告警"位置,K2 置于"蜂鸣器开"位置; 交流配电柜故障时,蜂鸣器鸣叫,若需消音,可将 K1 置于"故障消音"位置,当故障消除后,蜂鸣器又会鸣叫,再将 K1 置于"故障告警"位置,蜂鸣器鸣叫声消除; K2 是蜂鸣器开关,当 K2 置于"蜂鸣器开"位置时,蜂鸣器鸣叫受监控板控制,当 K2 置于"蜂鸣器关"时,蜂鸣器不再鸣叫,也不受监控板控制	交流柜、直流柜、交直流合一柜
C 级防雷器	泄放雷击电流,防雷器正常工作时窗口呈绿色,故障时窗口变为红色,此时需更换防雷器	交流柜、交直流合一柜
防雷空开	用于保护防雷器,正常工作时防雷空开应闭合。当防雷空开跳开,应检查防雷器是否损坏。若防雷器损坏,应及时更换,并合上防雷空开;若防雷器无损坏,应及时合上防雷空开	交流柜、交直流合一柜
刀闸开关或空气断路器	用于两路电源的切换,有两个位置"市电Ⅰ"和"市电Ⅱ"用于在两路市电输入之间切换	交流柜、交直流合一柜
输出空开	按照用户要求选配	交流柜、交直流合一柜
输出熔丝	按照用户要求选配	直流柜、交直流合一柜

(二)常见故障处理

1. 监控模块故障处理

监控模块故障影响直流供电安全时,只需关掉监控模块即可。

2. 整流模块故障处理

(1)故障现象及处理方法

整流模块常见故障表现有:电源指示灯(绿色)灭、保护指示灯(黄色)亮、保护指示灯(黄色)闪亮,故障指示灯(红色)亮,故障指示灯(红色)闪亮。指示灯位置如图 3—43 所示。

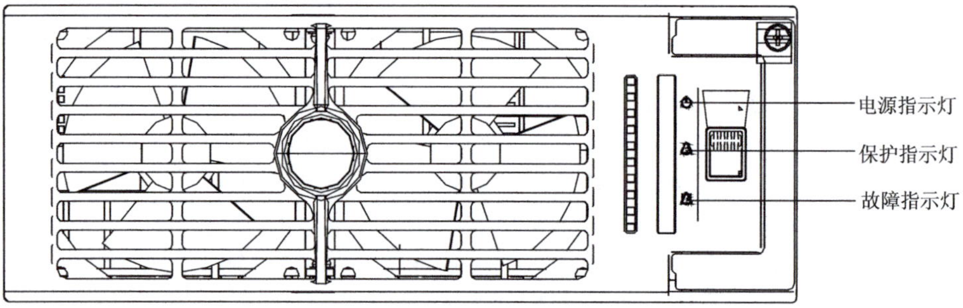

图 3—43　整流模块指示灯示意图

整流模块异常时，将异常模块与正常模块更换位置，如果异常模块仍不能正常工作，按照表 3—16 方法进行故障处理。

表 3—16　整流模块故障处理方法

<table>
<tr><th>异常现象</th><th>相关监控告警</th><th colspan="2">异常原因</th><th>处理建议</th></tr>
<tr><td>电源指示灯灭（绿色）</td><td>无告警</td><td colspan="2">无输入输出电压</td><td>确保有输入输出电压</td></tr>
<tr><td rowspan="7">保护指示灯亮（黄色）</td><td rowspan="4">模块温度过高</td><td rowspan="4">模块发生过热保护。主要原因有：</td><td>风扇受阻</td><td>将阻碍风扇运行的物体移走</td></tr>
<tr><td>风道不畅通：进风口或出风口有阻碍物</td><td>移走进风口或出风口的阻碍物</td></tr>
<tr><td>环境温度过高或有发热源离模块进风口太近</td><td>降低环境温度或移走发热源</td></tr>
<tr><td>整流模块没有完全插入插框中</td><td>重新插入整流模块</td></tr>
<tr><td rowspan="3">模块保护</td><td colspan="2">模块不均流</td><td>检查模块通信是否正常，如果通信不正常，继续检查通信线连接是否正常，如果通信正常而且仍有异常，更换故障模块</td></tr>
<tr><td colspan="2">PFC 输出过压保护</td><td>将异常模块与正常模块更换位置，如果异常模块仍不能正常工作，更换该模块</td></tr>
<tr><td colspan="2">交流输入电压超出正常范围</td><td>确保交流输入电压处于正常范围</td></tr>
<tr><td>保护指示灯闪亮（黄色）</td><td>模块通信中断</td><td colspan="2">模块通信中断</td><td>检查通信线是否正常连接</td></tr>
<tr><td>故障指示灯亮（红色）</td><td>模块故障</td><td colspan="2">模块过压</td><td>拔出模块重新启动，如果继续发生过压保护，更换模块</td></tr>
<tr><td>故障指示灯闪亮（红色）</td><td>模块风扇故障</td><td colspan="2">风扇故障</td><td>更换新风扇</td></tr>
</table>

(2)故障原因

①模块内部短路

模块内部短路时能自动退出系统。

②部分模块损坏

部分模块损坏后,如果剩余的完好模块能满足负载供电要求,则只需关闭损坏模块的交流输入空开即可。

③模块输出过压

如果单个模块过压,一般情况下不会造成所有模块过压保护。如果电源系统由于某种原因造成所有模块过压保护锁死,一般情况下系统不能自动恢复。

处理方法为:关掉所有模块的交流输入空开,并将模块拔出断电,此时系统电压应在56.4 V以下。然后逐一插入模块,打开模块交流输入空开,并观察模块输出电流。当打开某一模块交流输入空开时,发现该模块输出电流明显比其他模块输出电流大。如果系统电压高于56.4 V,则判断输出电流大的模块故障,更换此模块。如果发现所有模块现象相同,则应关掉监控与整流模块后,重启整流模块。

3. 更换整流模块

整流模块故障后,请按如下步骤更换:

(1)检查新整流模块,看是否有明显的运输损坏。

(2)松开整流模块面板上的固定螺钉,如图3—44所示。

(3)将整流模块的滑动开关拨到上面。

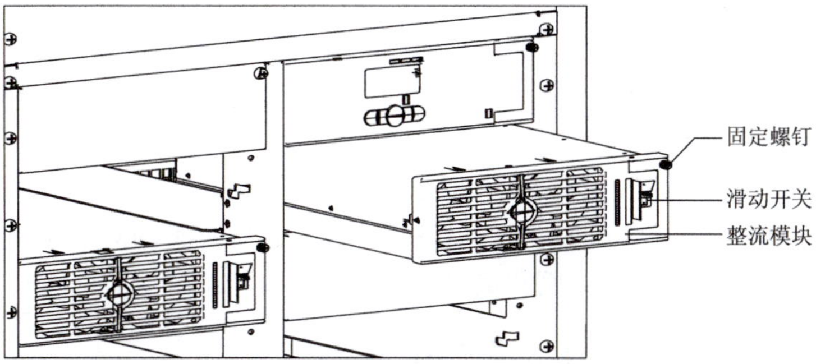

图3—44　更换整流模块

(4)抓住故障整流模块的把手将模块往外拉,即可将模块抽出机架。此时请尽量小心,刚刚退出工作的模块外壳表面温度还很高,注意抓紧模块以免跌落损坏。

(5)将新整流模块的滑动开关拨到上面,抓住新整流模块把手,缓慢将模块推进机柜(不要完全推入)。

(6)继续推入整流模块,直到模块的面板与整流机柜的面板接触为止,确保输入、输出插座连接良好。将滑动开关拨到下面。

(7)拧紧把手上的螺钉,将模块固定在机柜上。

(8)模块运行指示灯经过短时延迟后会亮,风扇运转。检查新的整流模块工作是否正常。包括:监控模块是否能识别新整流模块;是否和其他整流模块均流;当重新拔出该整流模块时，观察监控模块上是否有相应告警。若各项检验都正确，则新整流模块运行正常。

4. 应急处理

为了维持电源系统的直流供电不中断，需要对威胁直流供电的故障采取一些应急处理措施。

电源系统可能出现的造成直流输出中断的故障主要包括：交流配电电路不可恢复性损坏；直流负载或直流配电发生短路；监控模块失控造成关机；直流输出过压造成模块封锁等。

(1)交流配电应急处理

当交流配电故障，引起模块交流供电中断时，可将交流市电直接引入整流模块输入开关。

(2)直流配电应急处理

①负载局部短路

将损坏负载对应的支路熔断器分离。应急处理后应更换熔芯。其他原因更换熔芯时应确认熔芯所在的负载回路是否允许在断电的情况下进行更换。

②配电短路

故障发生后一般按以下步骤进行处理：切断交流供电；将电池强制从系统中分离；利用电池或整流模块直接给负载供电。

(3)停电

交流停电是电源系统运行中最常见的情况，在停电时间不长时，直流供电由电池负担，如果停电原因不明或时间过长，就需要启动油机发电。建议油机发电机启动至少5 min后，再切换给电源系统供电，以减小油机启动过渡过程可能对电源设备造成的影响。

(4)灾变事故

灾变事故包括雷击、水浸、地震、火灾等灾害造成的通信设备故障。对可能严重影响通信安全的灾害应以预防为主。同时，通信局站应有应付这些灾害的对策和相应的人力和物力，通信局站应有紧急状态管理条例和重大事故抢修规程。

二、中兴公司ZXDU58 S151直流供电系统的维护

中兴公司ZXDU58 S151直流供电系统主要应用于室内环境中，可为移动通信基站、室内覆盖站、传输、微波、地面卫星站等通信设备提供稳定的直流电源。

(1)交流输入采用三相五线制(L1/L2/L3/N/PE)，额定交流输入相电压为220 V。

(2)直流输出额定电压为 −48 V，−42 ~ −58 V连续可调。

(3)在满配置6个ZXD1500(30 A)整流器的情况下，系统满容量达180 A。

(4)采用一体化机柜，内置3层电池仓，集交流配电、直流配电、整流、监控和蓄电池于一体。

(一)系统组成和结构

ZXDU58 S151系统由交流配电单元、直流配电单元、监控单元、ZXD1500整流器和蓄电池组成。系统的总体结构布局如图3—45所示，一层电池仓安装一组蓄电池(4×12 V)。

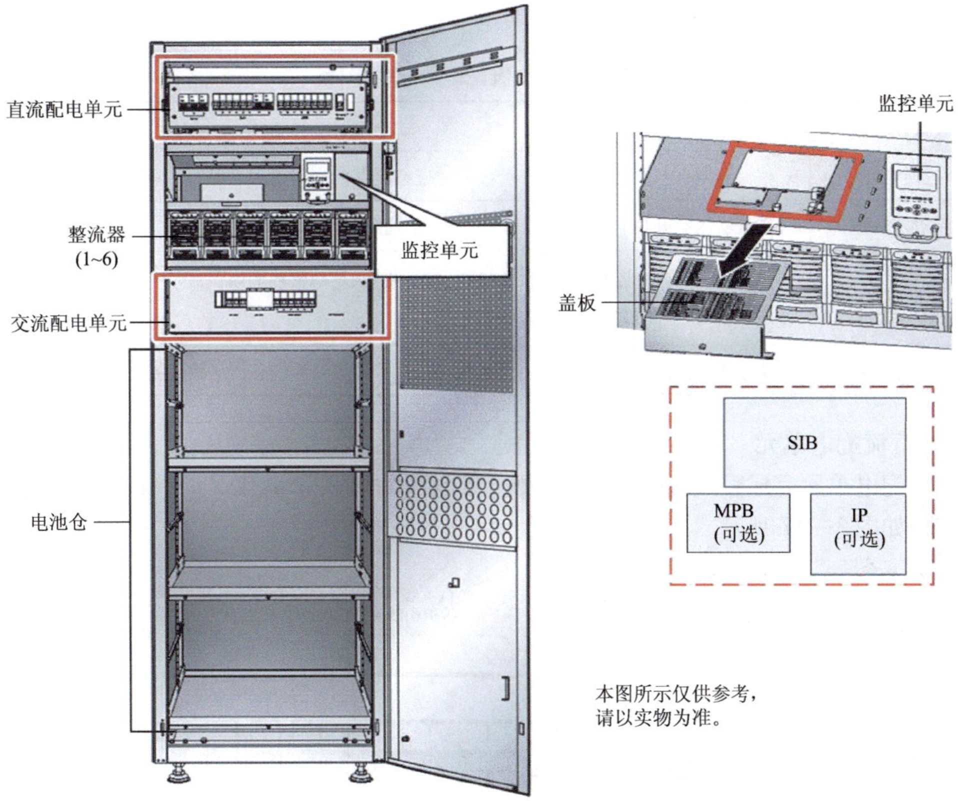

图 3—45　直流供电系统结构布局

1. 配电单元

(1)交流配电单元

交流配电单元完成交流电源的接入、防护与分配。交流配电单元的组件布局如图 3—46 所示。

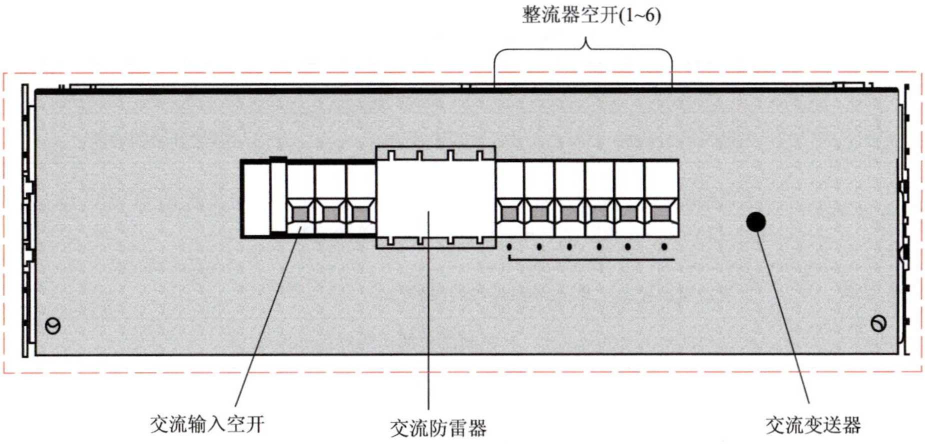

图 3—46　交流配电单元

交流配电单元的组件说明见表 3—17。

表 3—17　交流配电单元的组件

组件	说　明
整流器空开	整流器空开与整流器一一对应，控制对应整流器的交流输入电源的通断
交流输入空开	交流输入空开控制系统的交流输入电源的通断
交流防雷器	提供系统 C 级防雷保护，支持热插拔；正常状态时，防雷器的窗口显示为绿色或无色；当防雷器因为雷击损坏时，窗口显示为红色
交流变送器	交流变送器交流变送器采集交流电压值，并将采集到的信息传送给监控单元

(2)直流配电单元

直流配电单元完成直流输出电源的分配、蓄电池的接入和负载保护。直流配电单元的组件布局如图 3—47 所示。

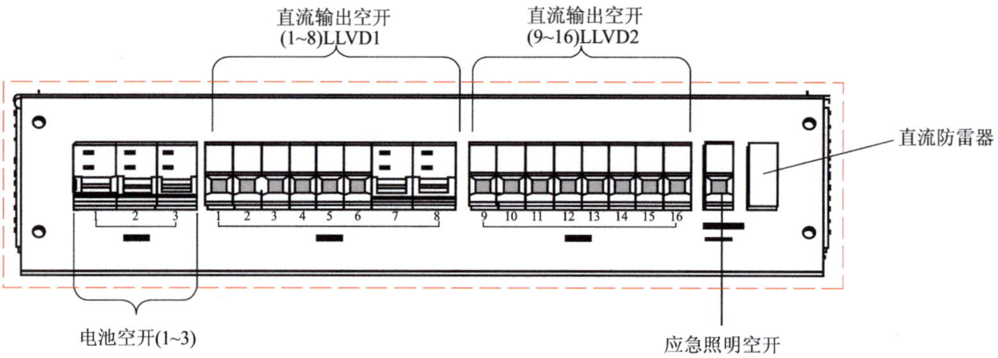

图 3—47　直流配电单元

直流配电单元的组件说明见表 3—18。

表 3—18　直流配电单元的组件

组件	说　明
电池空开	电池输入分路的负极端采用空开的连接方式，电池空开控制电池分路的通断
直流输出空开	直流输出分路的负极端采用空开的连接方式，分为一次下电负载组(LLVD1)和二次下电负载组(LLVD2)；直流输出空开控制直流输出分路的通断
直流防雷器	直流防雷器使监控单元得到有效的保护
应急照明空开	应急照明空开为可选配件，其控制应急照明分路的通断

2. 监控单元

监控单元进行系统运行信息和故障信息的采集、上报，并进行电池管理和系统运行管理。监控单元的外形结构如图 3—48 所示。

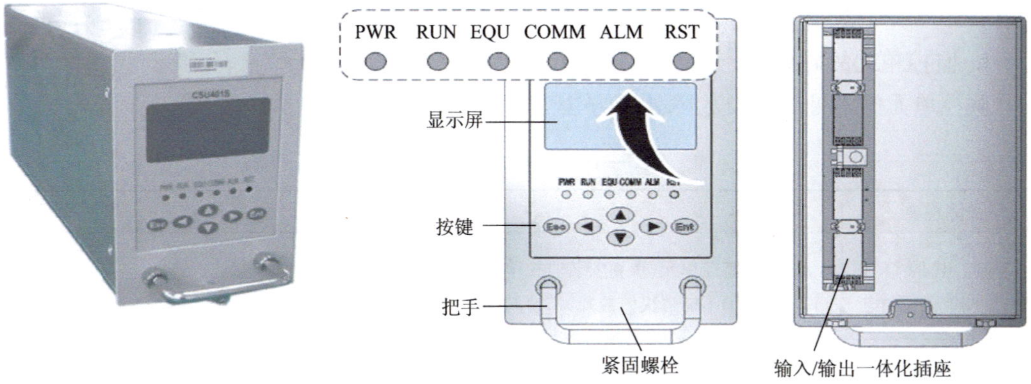

图 3—48　监控单元

PWR:电源指示灯;RUN:运行指示灯;EQU:均充指示灯;COMM:通信指示灯;ALM:告警指示灯;RST:复位开关。

3. ZXD1500 整流器

ZXD1500 整流器实现 AC/DC 转换,其电气特性如下。

(1)交流输入方式:单相三线制(L/N/PE)。

(2)交流输入电压:额定电压为 220 V,可波动范围为 80 ~ 300 V。

(3)额定输出电流:30 A。

(4)直流输出电压:额定输出 48V,42 ~ 58 V 连续可调。

ZXD1500 整流器的外形结构如图 3—49 所示。

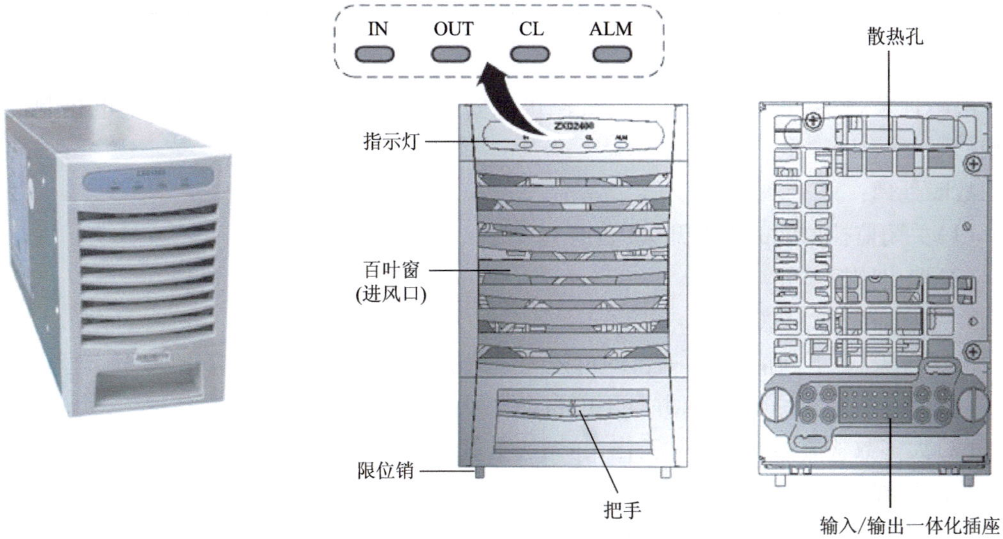

图 3—49　ZXD1500 整流器

IN:输入指示灯;OUT:输出指示灯;CL:限流指示灯;ALM:告警指示灯。

(二)常见故障处理

1. 监控单元故障处理

监控单元的常见故障及故障处理方法见表3—19。

表3—19 监控单元故障处理

故障现象	处理方法
PWR电源灯不亮,监控单元不通电	1. 取出监控单元,重新安装监控单元 2. 如果仍不能解决该故障,需要与技术支持人员取得联系
RUN运行灯不闪烁,监控单元不运行	1. 按下监控单元的复位开关(RST)复位监控单元 2. 如果仍不能解决该故障,需要与技术支持人员取得联系
屏幕显示混乱	1. 按下监控单元的复位开关(RST),以复位监控单元 2. 如果仍不能解决该故障,需要与技术支持人员取得联系
与监控后台通信中断	1. 检查串口波速、设备地址是否配置正确;若配置错误,请正确配置 2. 重新连接与后台监控中心的通信线 3. 如果仍不能解决该故障,需要与技术支持人员取得联系
电池温度检测不正常	1. 重新连接电池温度检测线 2. 如果仍不能解决该故障,需要与技术支持人员取得联系
干接点输入检测不正常	1. 重新连接输入干接点与信号接口板(SIB板)之间的连线 2. 如果仍不能解决该故障,需要与技术支持人员取得联系

2. 监控单元故障应急处理

故障现象:监控单元故障且影响直流供电安全,例如发生均浮充混乱、下电控制混乱现象。

故障处理:

(1)关闭监控单元的电源开关(若有)。

(2)取出监控单元。

3. 整流器故障应急处理

故障现象:有下列情况之一者,均可视为整流器重大故障,需要做应急处理。

(1)所有整流器过压保护,并且不能自动恢复。

(2)大多数整流器不能正常工作,并无法给负载供电。

故障处理:

(1)在确保电池组能正常供电的情况下,将所有整流器下电——拨出所有的整流器或者断开所有的整流器空开。

(2)逐个安装整流器或逐一闭合整流器空开。当因为某一整流器上电而造成系统再次出现过压保护时,取出该整流器。

(3)重新给无故障的整流器上电,以恢复整流器的正常运行。

4. 更换有故障的系统组件

(1)在线更换监控单元

当监控单元损坏,应及时更换监控单元。系统脱离监控单元,蓄电池将一直维持在浮充状态。

监控单元支持热插拔,系统运行中可带电更换监控单元。拔出监控单元的操作过程如图 3—50 所示。

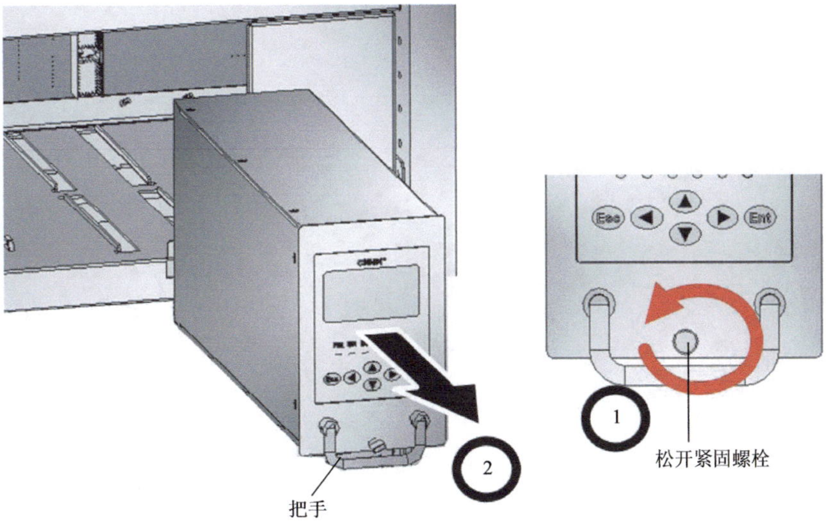

图 3—50　拔出监控单元

步骤如下。

①从机柜内拔出故障的监控单元,操作时动作需缓慢。

②安装新的监控单元。

安装监控单元后,监控单元自动开机。经过自检和初始化,监控单元显示如图 3—51 所示的主菜单界面。

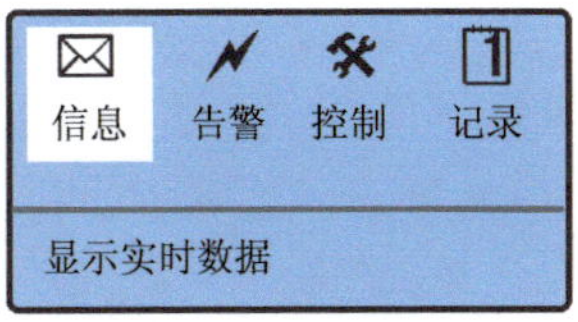

图 3—51　监控单元显示

③为新的监控单元配置参数,配置要求参见安装说明中的"通过监控单元配置参数"章节。

(2)在线更换整流器

当整流器损坏,应及时更换。拔出整流器的操作过程如图 3—52 所示。

注意:减少整流器会降低系统的带载能力,请谨慎操作!

步骤如下。

①断开目标整流器对应的整流器空开。

②从机柜内拔出目标整流器,操作方法如下。

a. 抓住把手将整流器往上提,直至限位销松开。

b. 抓住把手缓慢拉出整流器。注意整流器内部电路有大电容,不可直接触摸整流器后面的接口,否则有烫伤和被电击的危险!

③将新的整流器缓慢插入之前的槽位内,均匀用力推到底,直至限位销被卡住。

④闭合对应的整流器空开，以启动该整流器。

⑤观察该整流器的指示灯。IN 灯和 OUT 亮，说明整流器工作正常。

⑥如果整流器未能上电（IN 灯灭），请重新插装该整流器，或者换一个安装槽重新安装。

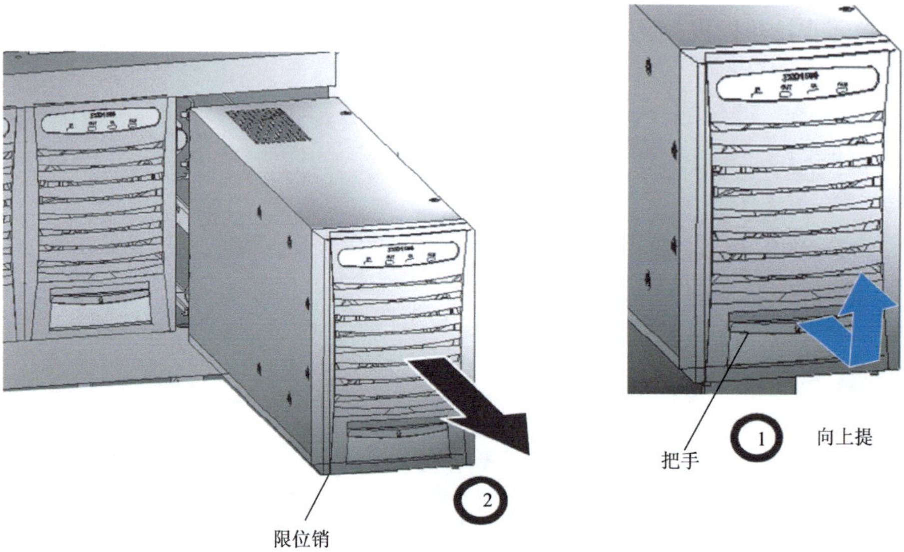

图 3—52　拔出整流器

（3）在线更换交流防雷器

正常状态时，交流防雷器的窗口显示为绿色或无色。当交流防雷器因为雷击损坏时，窗口显示为红色。当发现防雷器有损坏，应及时更换。如图 3—53 所示为交流防雷器的外形示意图。

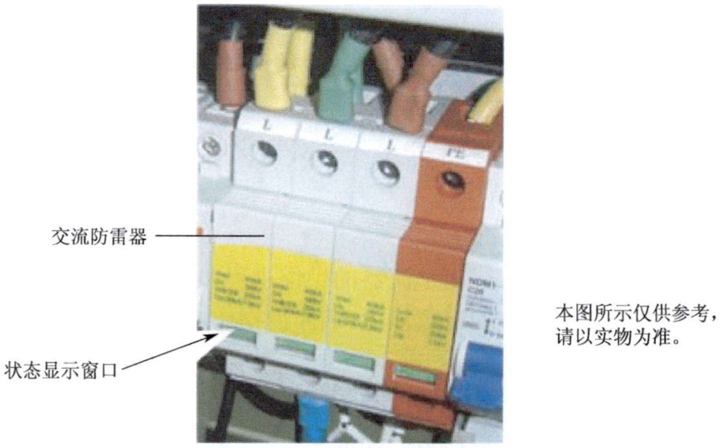

图 3—53　交流防雷器

步骤如下。

①拔出有损坏的交流防雷器。

②在原位置处安装新的、同型号的交流防雷器。

第四章　油机发电机组

随着通信技术的发展,通信方式的现代化,大量通信设备都需要高质量的、稳定可靠的供电电源。为了保证通信设备的可靠运行,除了提高通信设备自身的可靠性以外,还要求设备运行的环境得到保证,包括交流供电电源的保障以及机房空调的正常工作。

正常情况下,由电力部门提供的市电是设备运行和机房空调的动力来源,但市电有例行检修和事故停电的可能性,此期间必须依靠通信部门自己的发电设备来进行动力供给。因此,油机发电机组是通信电源系统的重要组成部分,其任务是保证通信设备安全、可靠地运行,向通信电源设备和机房空调提供优质电源,确保通信的畅通。

第一节　概　　述

一、发动机的基本类型

将某一种能量转变为机械能而驱动别的机械做功的机器,称为发动机或动力装置。按照能量转变的不同形式,发动机可分为:热力、风力、水力、太阳能及原子核裂变等动力装置。热力发动机是将燃料的化学能通过燃烧释放出热能,再通过机器本身将热能转变为机械能而输出的机器(简称热机)。

热机又分为外燃机和内燃机两大类。燃料在发动机作功场所(如气缸)外部燃烧的热机称为外燃机,如蒸汽机、蒸汽轮机等。燃料在发动机作功场所内部燃烧而释放工质的内能,由工质的内能直接转变为机械能的热机称为内燃机。其中以所用燃料不同又分为柴油机、汽油机、煤油机。

柴油机是内燃机的一种类型,是现代广泛应用的发动机之一。它是将柴油喷射到汽缸内与空气混合燃烧将热能转变为机械能的热能发动机。

二、柴油机发电机组的用途

在通信企业中,柴油发电机组主要是作为备用的交流电源,能在市电停电后迅速提供稳定的、符合要求的交流电源。

为保证通信设备和其他设备工作,对机组的要求是:随时能启动,及时供电,运行安全可靠,供电电压和频率满足通信设备和其他设备的要求。

三、柴油发电机组的种类及功能

(一)按安装方式分类

在通信企业中配置的柴油发电机组输出电压均为230/400 V,按安装方式分为移动和固定两类。

1. 固定发电机组

固定发电机组分为室内和室外集装箱安装两种方式。

室内安装要求有单独的油机房，柴油发电机组及其附属设备都安装在油机房中，要求机房面积充裕，进、出风通畅，便于采取降噪处理，有利于维护。这种安装方式适用于所有的通信局站。

室外集装箱安装方式在没有固定机房安装设备的情况下可采用，机组的容量一般不大，机组的散热及消噪声不便，成本较高。由于受机组使用环境的要求，在寒冷地区不宜使用。

2. 移动发电机组

移动发电机组主要适用于通信基站、微波站以及光缆中继站等通信局站，容量不大，使用机动灵活，取代固定油机可降低整个工程的投资。移动发电机组主要分为拖车式、便携式以及汽车台架方式 3 种。其中，便携式容量较小，大多采用汽油发电机组。

(二)按控制方式分类

随着微机技术的进步，柴油发电机组的控制系统也在不断的发展，按照控制方式柴油发电机组分为基本型机组，自启动机组和微机控制自动化机组三类。

1. 基本型机组

基本型机组由柴油机、封闭式水箱、油箱、消声器、同步交流发电机、励磁电压装置、控制屏(箱)、联轴器和底盘等组成，机组具有电压和转速调节功能。

2. 自启动机组

自启动机组在基本油机功能的基础上增加了自动控制系统。当市电停电时，油机能实现自动启动、开关转换、加载、停机等功能，能自动进行故障保护并发出声光告警。

3. 微机控制自动化机组

该机组由柴油机、同步发电机、燃油自动补给系统、机油自动补给系统、冷却水自动补给及自动控制屏组成，除了具有自动启动、加载、停机等功能外，配置有完善的故障告警和保护装置，并能够通过通信接口纳入监控系统，实现遥控、遥信和遥测，实现机组无人值守。

四、机组的名称和型号的编制规则

柴油发电机主要由柴油机和发电机组成，为了便于维护和选型，重点介绍柴油机部分的国家标准。

1. 油机的型号

根据国家标准规定，内燃机型号主要由四项组成，如图 4—1 所示。

其中，内燃机的名称是按照所采用的主要燃料来命名，如柴油机、汽油机、煤气机。

型号举例：

12V135 柴油机：12 缸、V 形排列、四冲程、气缸直径为 135 mm，水冷、通用型柴油机。

目前尽管国家有标准，但有些厂家并未完全按标准执行，再加上进口柴油机型较杂，其编制规则和我国标准不一致，因此，实际工作中，还应以产品说明书规定为准。

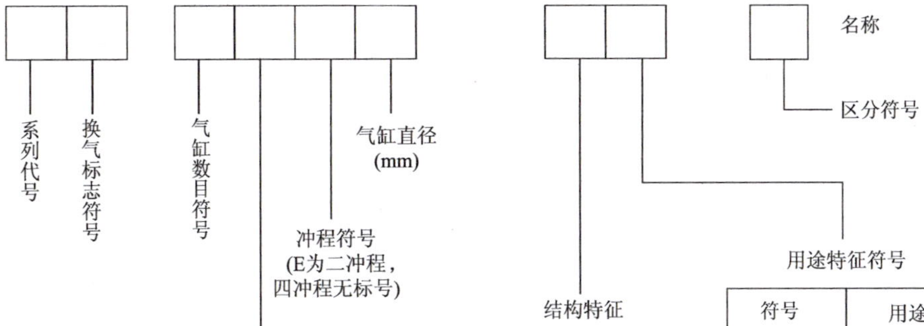

气缸排型式符号

符号	含义
无符号	直列式单缸卧式
V	V型
P	平卧式

结构特征

符号	结构特征
无符号	水冷
F	风冷
Z	增压

用途特征符号

符号	用途
无符号	通用型
T	拖拉机
M	摩托车
D	发电机组
Q	车用

图 4—1　内燃机型号组成

以卡特彼勒发动机的型号 3412C 为例，其含义如图 4—2 所示。

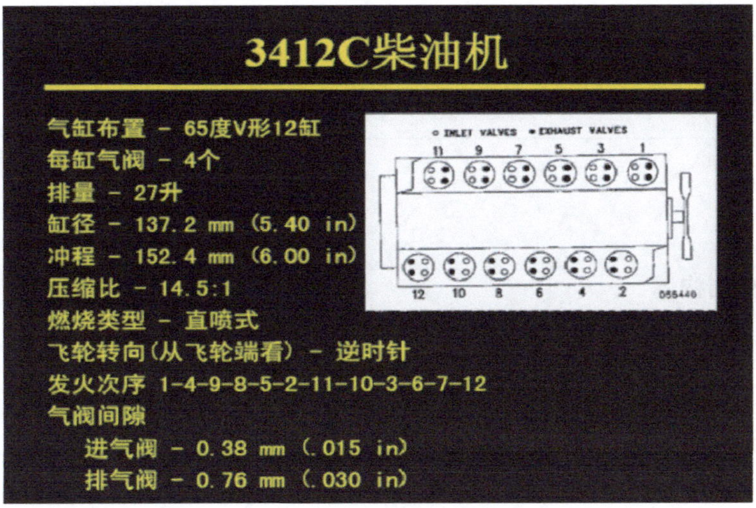

图 4—2　卡特彼勒 3412C 发动机的型号

发动机缸径代号 137.2 mm(5.40 英寸)、12 发动机缸数、C 发动机改进号。

2. 气缸编号规则

根据国家标准规定，对气缸的编号作出以下规定：

(1) 内燃机气缸编号采用连续的顺序号表示。

(2)直立式(或称直列式)气缸编号从曲轴的自由端开始为第一缸,依次向功率输出端编号。

(3)V 型内燃机先分左右两侧,左右列由自由端来区分,气缸编号从右列自由端处为第一缸依次向功率输出编号,右列排完后,再从左列自由端向功率输出端编号。

举例,如图 4—3 所示。

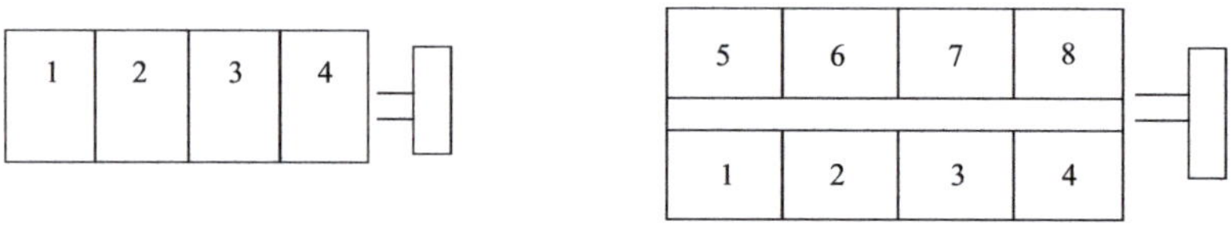

图 4—3　国家标准气缸编号规定

3. 发电机的型号规定

根据国家标准 GB 2819—81 对发电机型号作以下规定,如图 4—4 所示。

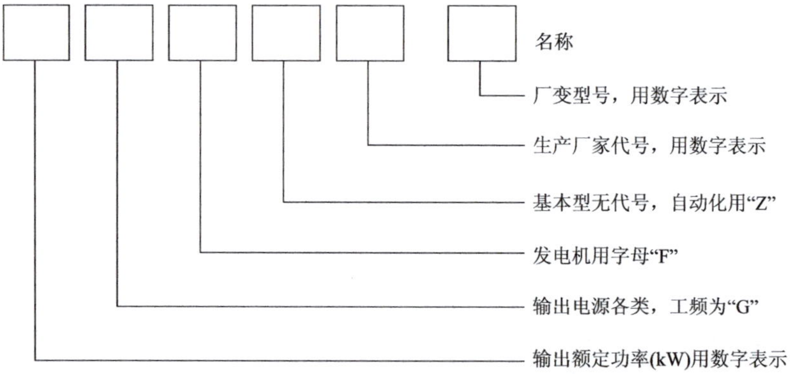

图 4—4　国标发电机型号规定

五、机组的结构

现代柴油发动机组由现代柴油发电机组由柴油机、三相交流无刷同步发电机、控制箱(屏)、散热水箱、联轴器、燃油箱、消声器及公共底座等组件刚性整体。除功率较大的机组的控制屏、燃油箱单独安装设计,其他的主要部件均装置在型钢焊接而成的公共底座上,便于移动和安装。

柴油机的飞轮壳与发电机前端的轴向采用凸肩定位直接连接构成一体,并采用圆柱形的弹性联轴器由飞轮直接驱动发电机旋转。这种联结方式由螺钉固定在一起,使两者联结成一刚体,保证了柴油机的曲轴与发电机转子的同心度在规定允许范围内。

为了减小机组的振动,在柴油机、发电机、水箱和电气控制箱等主要组件与公共底架的连接处,通常均装有减振器或橡皮减振垫。

卡特彼勒 3412 机组图如图 4—5 所示。

图 4—5 卡特彼勒 3412 机组图

第二节 内燃机的构造和原理

一、柴油发动机的总体结构

欲得到热能，必须提供一定数量的燃料，送进燃烧室与空气充分混合燃烧产生热量，因此，必须有燃料系统。它包括柴油箱、输油泵、滤油器、喷油泵和喷油嘴等零部件。

为了将得到的热能转变为机械能，需要通过曲轴连杆机构来完成。此机构主要由汽缸体、曲轴箱、汽缸盖、活塞、活塞销、连杆、曲轴和飞轮等零件构成。当燃料在燃烧室内着火燃烧时，由于燃气的膨胀作用在活塞顶部产生压力，推动活塞作直线的往复运动，借助连杆转变曲轴旋转力矩、使曲轴带动工作机械(负荷)作功。

对于一台设备要连续实现热能转变为机械能，还必须配备一套配汽机构来保证定期吸入新鲜空气，排出燃烧后的废气。此机构由进气门、排气门、凸轮轴及驱动零件组成。

为了减少柴油机的摩擦损失，保证各零部件的正常温度，柴油机必须有润滑系统和冷却系统。润滑系统应由机油泵、机油滤清器和润滑油组成。冷却系统应由水泵、散热器、节温器、风扇和水套组成。

为了使柴油机能迅速启动，还需配置启动装置，对柴油机启动进行控制。根据不同的启动方法，启动装置配备的零部件，通常采用电动马达或气动马达启动，对于大功率的机组，则采用压缩空气启动。

柴油机的总体结构一般包括上述几大系统，但由于汽缸数，汽缸排列方式和冷却方式等不同，因此，各种机型在结构上略有差别。本章以卡特彼勒 3400 系列为主进行介绍。

二、柴油机的原理

(一)内燃机的常用专业名词

1. 工作循环

内燃机(绝大部分为往复活塞式内燃机)的热能和机械能转换一般是通过活塞在气缸内连续进行进气、压缩、作功、排气等往复循环完成。每进行这样一个循环称为一个工作循环。

2. 上止点和下止点

当活塞在气缸内移动时，活塞顶在气缸中的最高位置称为上止点(或称上死点)。

活塞顶在气缸内的最低位置称为下止点(或称为下死点)。如图4—6所示。

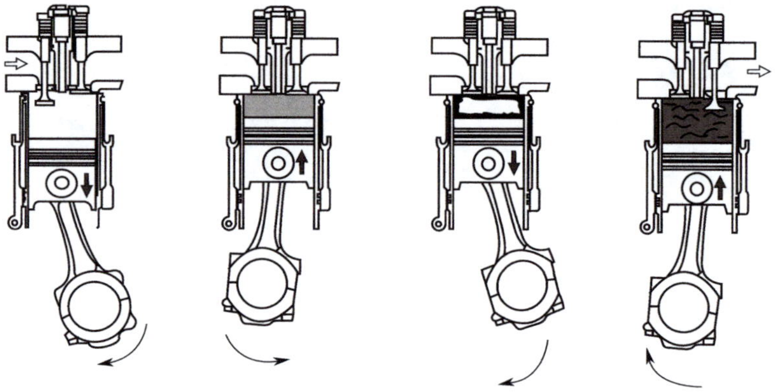

图4—6　单缸四冲程内燃机位置图

3. 活塞冲程

上下止点之间的最小直线距离称为活塞冲程(或称行程)，通常用 S 表示。

对于气缸中心线通过曲轴旋转轴心的内燃机 $S=2R$，R 为曲轴中心到曲连杆轴颈中心的最小直线距离，即为曲柄的旋转半径。

4. 工作容积

活塞从下止点到上止点所扫过的气缸容积，称为气缸的工作容积(或称活塞排量)，用 V_h 表示。多缸内燃机各气缸工作容积之和，称为内燃机工作容积(或称内燃机排量)，用 V_L 表示。

$$V_L=\frac{\pi D^2}{4\times 10^6}\cdot s\cdot i=V_h\cdot i\quad (\mathrm{L}) \tag{4—1}$$

式中　D——气缸直径，mm；

s——活塞冲程，mm；

i——气缸数。

5. 压缩比

$$V_a=V_c+V_h \tag{4—2}$$

式中　V_a——气缸最大容积；

V_c——气缸最小容积(或称为燃烧容积)；

V_h——气缸工作容积。

压缩比即为气缸最大容积和气缸最小容积之比，用 ε 表示。

通常柴油机 $\varepsilon=16\sim22$，汽油机 $\varepsilon=6\sim9$。

压缩比越大，表明活塞运动时，气体被压缩得越厉害，压缩末期的压力和温度就越高，内燃机的效率也就越高，但过高则内燃机的机械负荷就越大，可靠性下降，就汽油机而言，爆燃的倾向越明显。

（二）四冲程柴油机的工作原理

在热力过程中，只有在“工质”膨胀过程才具有做功能力，而要求发动机能连续不断地产生机械功，就必须使工质反复进行膨胀。因此，必须设法使工质重新恢复到初始状态，然后，再进行膨胀。因此，柴油机必须经过进气、压缩、膨胀、排气四个热力过程后，才能恢复到起始状态，使柴油机连续不断地产生机械功，故上述四个热力过程称为一个工作循环。

若柴油机活塞走完四个冲程完成一个工作循环，称该机为四冲程柴油机。如果活塞走完二个冲程完成一个工作循环的柴油机称为二冲程柴油机。目前，柴油机发电机组配置的柴油机都是四冲程机。

现以图 4—7 说明四冲程柴油机的工作过程。

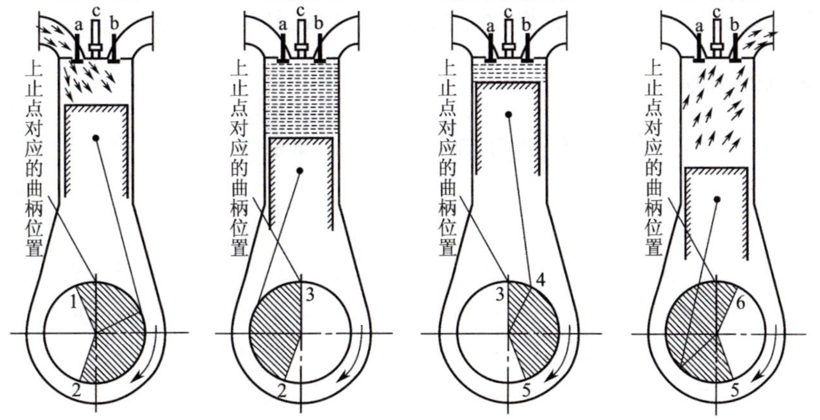

图 4—7　四冲程柴油机工作过程

1. 进气冲程

活塞由上止点至下止点，这时进气门 a 打开，排气门 b 关闭，活塞向下移动，气缸内的压力低于大气压，气缸外的空气就经过进气门被吸入气缸内，活塞到达下止点时，活塞上方充满了空气。进气门一般在活塞到达上止点前即提前打开（曲柄位于点 1），活塞到下止点后延迟关闭（曲柄位于点 2）。曲轴转角 $\angle \Phi_{1-2}$（图中阴影线所占的角度）为进气冲程。

2. 压缩冲程

活塞由下止点移向上止点，进气门和排气门均关闭（曲柄到达位置 2），此时进入压缩冲程，一直到活塞到达上止点（曲柄到达点 3）为止，该冲程中气缸里吸进的空气被压缩，压缩冲程完成后，缸内空气压强可达到 3 000 ~ 6 000 kPa，温度达到 600 ~ 700 ℃甚至更高，远超柴油的自燃温度。曲轴转角 $\angle \Phi_{2-3}$ 为压缩冲程。

3. 燃烧和膨胀冲程

压缩冲程结束后，活塞即将到达上止点，进、排气门仍然关闭，气缸顶部的喷油嘴 c 开始向气缸内喷射柴油，并被高温气体点燃，气缸内的温度和压力迅速上升，温度高达 1 400 ~ 1 800 ℃或更高，压力提高到 6 000 ~ 9 000 kPa。高温高压的燃气膨胀推动活塞下行，带动曲轴旋转做功。汽缸容积的不断增大使压力下降，在上止点后的某一时刻（曲柄位于点 4）

燃烧基本结束，膨胀一直到排气阀 b 开启时结束。与进气门相同，排气门 b 是在活塞到达下止点前提早开启，曲轴转角$\angle \Phi_{3-4-5}$为燃烧和膨胀冲程。

4. 排气冲程

在膨胀冲程末期，活塞由下止点至上止点，进气门 a 仍处于关闭状态，排气门 b 打开，把工作后产生的废气从气缸中排出。排气门一直延迟到活塞到达上止点后（曲柄位于点 6）才关闭，排气过程用曲轴转角$\angle \Phi_{5-6}$表示。

经过以上四个冲程，完成了柴油机的一个工作循环。

上述为单缸四冲程柴油机的一个过程，曲轴旋转两周，活塞上下运行两次，在第三冲程做功，而其他三个冲程由曲轴带动活塞移动。因此柴油机需要在曲轴上安装一个沉重的飞轮，利用飞轮的惯性来带动活塞完成其他三个动作，曲轴转速不均匀。

因此，功率较大的柴油机采用多个气缸的结构，以达到平稳的运行效果。

三、内燃机的构造

柴油机主要由气缸、曲轴连杆机构、配气机构、供油系统、润滑系统和冷却系统等部分组成。

（一）气　缸

气缸是柴油机的主体。主要由气缸盖、气缸体、曲轴箱等组成，是柴油机的骨架，是各机构工作的基础。气缸承受发动机的各种负荷，机体要具有足够的刚度和强度。气缸体是气缸的主体，曲轴箱分上下两部分，用于密封气缸上部，构成燃烧室。为保证气缸盖的密封性，在缸盖与缸体之间加装气缸垫，气缸垫对于防止漏气、漏油和漏水具有重要作用。

卡特彼勒 3406 气缸体和气缸盖如图 4—8 所示。

图 4—8　卡特彼勒 3406 气缸体和气缸盖

（二）曲轴连杆机构

曲轴连杆机构是油机的重要组成部分，它由活塞、连杆和曲轴飞轮等部件组成，其结构如下图所示。它的作用是将燃烧时产生的热能转化为机械能，并将活塞在气缸内的上下往返直线运动变为曲轴的圆周运动，以带动其他机械作功。

1. 活塞

活塞与气缸组成工作室，通过销与连杆向曲轴传递机械能。油机在工作时，活塞承受很高的温度和很大的压力，而且运动速度极快，惯性很大。因此活塞必须具有良好的机械强度和导热性能。为了使活塞与气缸之间紧密接触，活塞的上部还装有活塞环。活塞环有气环和油环两种，气环的作用是防止气缸漏气，油环的作用是防止机油窜入燃烧室。如图 4—9 所示。

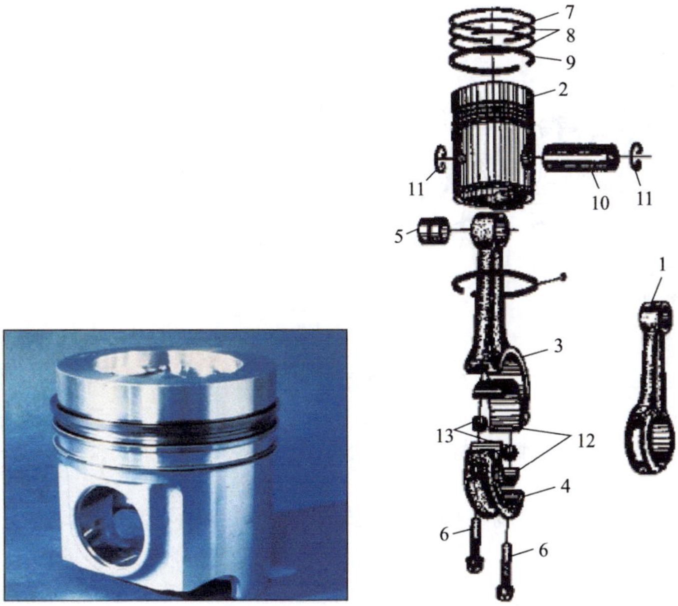

图 4—9　6135 型柴油机活塞、连杆组件

1—连杆总成；2—活塞；3—连杆；4—连杆盖；5—活塞销轴衬(连杆衬套)；6—连接螺钉；7—多孔镀铬压缩环；8—压缩环；9—油环；10—活塞销；11—活塞销卡环；12—连杆轴瓦；13—定位套筒

2. 连杆

连杆将活塞与曲轴连接起来，从而将活塞承受的压力传给曲轴，并通过曲轴把活塞的往返直线运动转化为圆周运动。在工作时，连杆小头随活塞做往复运动，连杆大头随曲轴的连杆曲颈转动，整个连杆绕活塞销摆动。连杆所承受的气体压力与活塞的惯性是剧烈变化的，具有冲击性的载荷，因此连杆要有足够的强度和刚度。如图 4—10 所示。

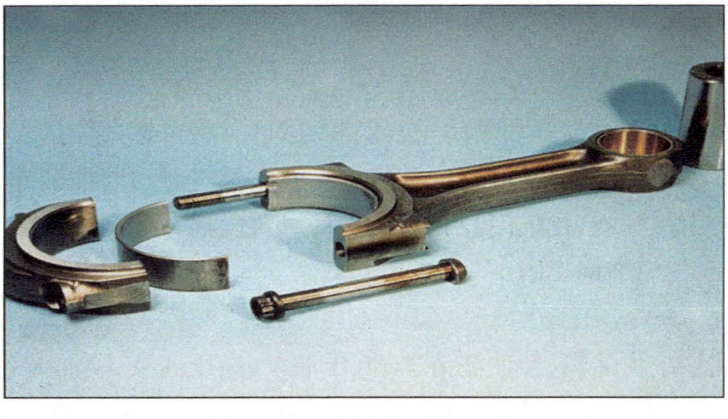

图 4—10　柴油机连杆组件

3. 曲轴和飞轮

曲轴是柴油发电机的主要机件之一，其组件及外形如图 4—11 和 4—12 所示。一般使用的柴油机是多缸的，要连续承受作功冲程从活塞经连杆传来的力，同时还要通过连杆推动各缸活塞进行吸气、压缩和排气，并驱动其他配气机构和辅助装置。

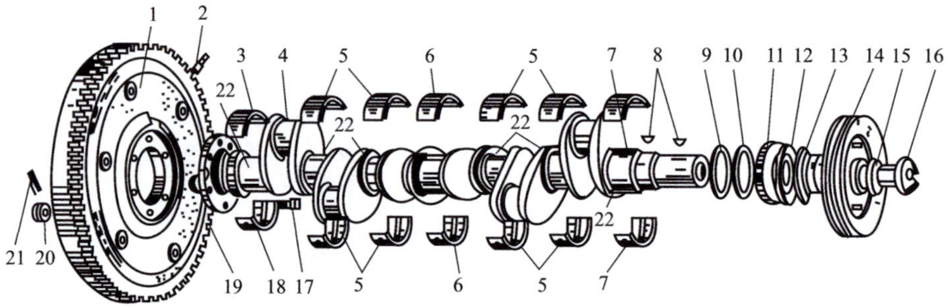

图 4—11　柴油机曲轴和飞轮

1—飞轮；2—滑脂嘴；3、5、6、7、18—主轴承；4—连杆轴颈；8—半圆键；9—后止推垫圈；10—前止推垫圈；11—正时齿轮；12—挡油圈；13—曲轴油封；14—皮带盘；15—启动爪销紧垫圈；16—启动爪；17—曲轴螺钉；19—飞轮齿圈；20—螺母；21—开口销；22—主轴颈

多缸柴油机的曲轴是一根调整旋转的长轴，在它的一端安装有飞轮，飞轮的作用是保证曲轴的转速均匀。

卡特彼勒 3406 曲轴如图 4—12 所示。

图 4—12　卡特彼勒 3406 柴油机曲轴

（三）配气机构

配气机构的作用是适时打开和关闭进气门和排气门，将可燃气体送入气缸，并将燃烧后的废气排出。配气机构应保证进气充分、排气干净，进、排气时间要准确，同时具有良好的密封性能。配气机构由进气门、排气门、凸轮轴、推杆、挺杆、摇臂等部件组成。

卡特彼勒 3406 气门结构如图 4—13 所示。

（四）供油系统

柴油机的供油系统由油箱、柴油滤清器、低压油泵、高压油泵、喷油嘴等部分组成。柴油从油箱中流出，经粗滤器过滤，低压油泵升压，又经过细滤器进一步过滤、高压油泵升压后，通过高压油管送到喷油嘴，并在适当的时机将柴油以雾状喷入气缸压燃。

图 4—13 卡特彼勒 3406 柴油机气门结构

（五）润滑系统

油机工作时，各部分机件在运动中将产生摩擦阻力。为减轻机件磨损，延长使用寿命，必须采用润滑油润滑。

润滑油包括机油和黄油两种，黄油一般仅在启动电机、发电机等的轴承中使用，而大多数的运动机件使用机油润滑。润滑系统通常由机油泵、输油管道、油底壳、机油滤清器、机油冷却器以及安全保护装置等部分组成。

油底的机油经过粗滤网和吸油管被吸入机油泵，机油泵的作用是提高机油压力。机油泵将机油压入机油滤清器，机油滤清器可过滤掉机油中的杂质，以减轻机件磨损。机油进入滤清器后分为两部分，一部分经过精滤器过滤后回到油底壳，另一部分经粗滤器过滤后送到机油冷却器冷却，冷却后的机油源源不断地送到需要润滑的机件上。

（六）冷却系统

油机在工作时，温度很高，将使机件膨胀变形，摩擦力增大。此外，机油也可能因温度过高而变稀，从而降低润滑效果。为了避免温度过高，油机中通常装有冷却系统，以保证油机在适宜的温度运行。柴油机的冷却方式有水冷和风冷两种，绝大部分柴油机采用水冷方式。

风冷方式以空气作为冷却介质，由风扇和导风罩等组成，具有结构简单，维护方便的特点，但冷却效果差，噪声大。水冷方式以水作为冷却介质，冷却系统包括水套、散热器、水管和水泵等，冷却水通过水泵加压后在冷却系统中循环。循环的途径为：水箱→下水管→水泵→气缸水套→气缸盖水塔→节温器→上水管→水箱。节温器可以自动调节进入散热器水量，以便油机始终在适宜的温度下运行。

卡特彼勒 3406 机组冷却系统如图 4—14 所示。

（七）启动系统

柴油机由静止状态转为运转状态，必须靠外力帮助推动曲轴转动，才能使柴油机自行发火燃烧而连续不断循环转动，因此这一过程为启动。

柴油机启动系统的工作性能主要是指能迅速、方便和可靠地启动，低温条件下能否顺利启动，启动后能否很快过渡到正常运转，启动磨损占柴油机总磨损量的百分数以及启动所消耗功率等。这些性能对柴油机工作的可靠性、使用方便性、耐久性和燃料经济性等有很大影响。在启动系统中，除了供给启动动力的装置外，对于不同用途的柴油机，还有一些保证可靠启动的辅助装置。

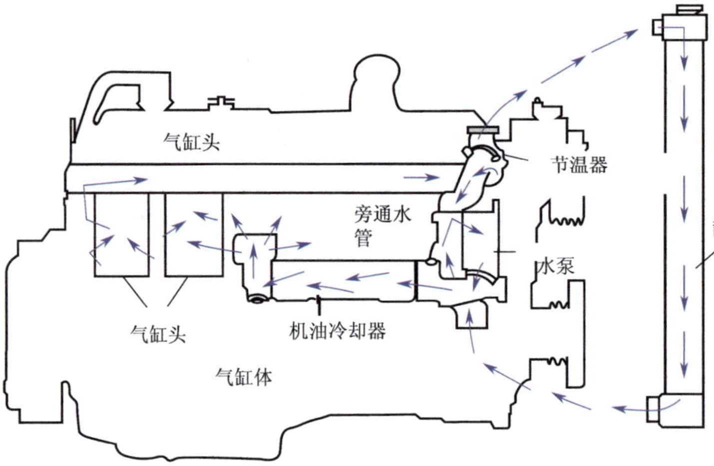

图 4—14　卡特彼勒 3406 柴油机冷却系统

启动方法有人力启动、电动机启动、压缩空气启动和辅助汽油机启动，常见的是电动机启动。电启动系统主要由蓄电池、发电机及调节器、启动电动机、预热器、照明设备、各种仪表和信号装置组成。

四、卡特彼勒 3400 系列发动机

(一)主 机 体

1. 机体、气缸套和气缸盖

卡特彼勒发动机机体左侧的气缸与右侧的气缸成 65°排列，每个主轴承盖由两个螺栓紧固在机体上。气缸套可以拆卸以备更换。机体的上表面是气缸套凸缘座。发动机冷却环绕气缸套流动以冷却气缸。三个 O 形密封圈套在气缸套的底部，使机体与气缸套之间密封。每个气缸套顶部的填料带使气缸套与机体之间形成密封。气缸盖与机体之间装有钢垫。用一个敷有橡胶层的薄密封垫装在钢垫与机体之间以密封水和油。用一个厚的金属和石棉密封垫，装在钢垫和缸盖之间以密封燃烧气体、水和油。发动机上两侧各有一个单体铸造的气缸盖。每个气缸有四个垂直的气门（两个进气门、两个排气门），气门的开启是由具有气门推杆的气门系统控制。用来安装直接喷射的连接套或预燃室的开口位于四个气门之间。一系列的孔（通道）是用来安装进气门和排气门的。

2. 活塞、活塞环和连杆

铝制的活塞上有三个活塞环：两个气环，一个油环。所有的环都布置在活塞销孔以上部位。两个气环是梯形环，带有一定锥度。活塞环座是一个铸铁环带，它是铸在活塞上的。活塞环在也具有一定锥度的活塞环槽中的运动，有助于防止由于碳的过量沉积引起的活塞环卡住。油环是标准型（传统型）的。机油可通过油环槽的孔返回到曲轴箱。

直接喷射式发动机的活塞顶部表面，设计成心脏形（特殊形），这样有助于有效地燃烧。活塞销由装在活塞孔环槽中的卡环固定。预燃室式发动机的活塞顶部中心有一个钢

制热塞。连杆从大头到小头有一定的锥度，这使连杆与活塞在受力量大的部位强度最大，在机体主腹板上装有机油喷雾管，这样使机油可以直接冷却并润滑活塞组件和气缸壁。

3. 曲轴

曲轴将气缸内的燃烧力转变为可利用的驱动机器的旋转扭矩。爆发的燃烧压力作用在曲轴上能引起曲轴的振动，曲轴前部的减振器可使这一振动减少。曲轴的前端有一个齿轮，用来驱动正时齿轮和机油泵。为了更换方便和减少保养费用，在曲轴的两端装有唇状自紧油封和耐磨衬套。压力机油通过曲轴油道，向所有轴承表面提供润滑。曲轴由五个主轴承支承。中间主轴承两侧的止推板控制着曲轴的轴向间隙。

4. 凸轮轴

发动机有一根凸轮轴，在其前端驱动。五个轴承支承着这根凸轮轴。它转动时，每个凸轮（凸轮的凸角）（通过气门系统组件）驱动每个气缸上的两个排气门或两个进气门。凸轮轴齿轮与曲轴齿轮必须正时。各个凸轮（凸轮的凸角）与凸轮轴齿轮一定的相对位置使每个气缸的气门按正确的开启或关闭。凸轮轴后端的齿轮用来驱动平衡齿轮，利用平衡齿轮来降低由曲轴的不平衡引起的振动。如图 4—15 所示。

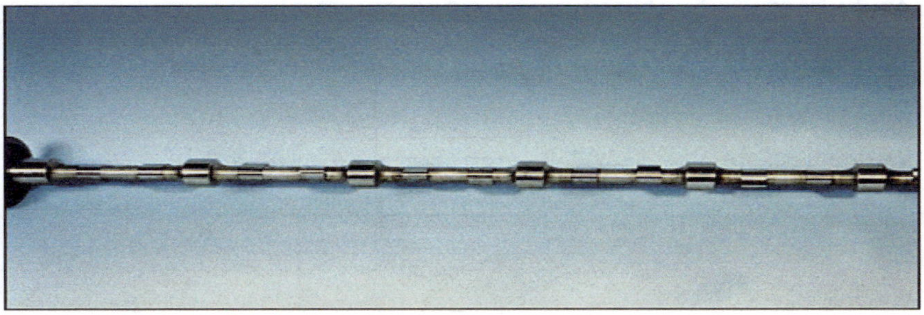

图 4—15　凸轮轴

（二）配气机构与进排气系统

配气机构的作用是按柴油机的工作循环和着火顺序，定时地启闭各缸的进排气门，以保证新鲜空气适时充入气缸，并将燃烧后的废气即时排出气缸。进排气系统的部件控制着供燃烧用空气的质量和数量。如图 4—16 所示，压气机叶轮(5)将经过空气滤清器的清洁空气吸入空气进气口(4)，压气机叶轮的旋转使空气压缩，并使它通过管道到后冷器(2)。在压缩的空气进入进气歧管（机体上的通道）之前，后冷器降低了空气的温度，冷却后的压缩空气经过进气歧管进入到气缸盖中的进气室内。从进气室到气缸的气流由进气门控制。

每一个气缸有两个进气门和两个排气门。当活塞处于进气行程向下移动时，进气门打开。冷却后的压缩空气从空气室进入到气缸。进气门关闭，活塞处于行程开始向下移动。当活塞临近压缩行程的上止点时，燃油喷入气缸上方的预燃室中。燃油与空气混合，燃烧开始。燃烧的压力推动活塞向下完成作功行程。当活塞再向上移动时，它处于排气行程。排气门打开，废气通过排气口被推入排气歧管(1)。活塞做完了排气行程后，排气门关闭。工作循环（进气、压缩、作功、排气）又重新开始。

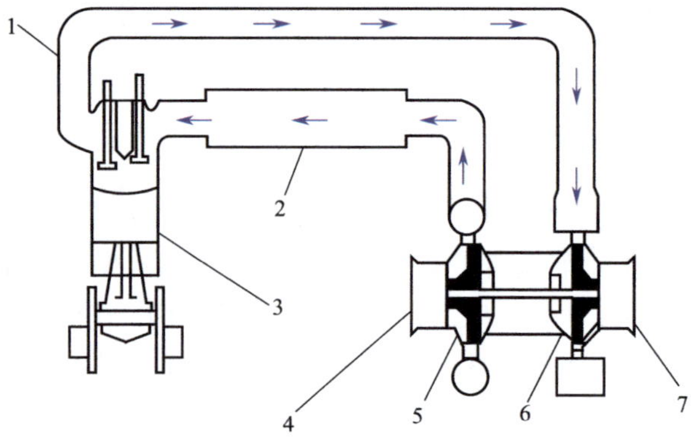

图 4—16　进气与排气系统

1—排气歧管;2—后冷器;3—发动机气缸;4—进气口;
5—压气机叶轮;6—涡轮机涡轮;7—排气口

从排气歧管出来的废气进入涡轮增压器的涡轮机一侧,使涡轮机涡轮(6)转动。涡轮机涡轮与驱动压气机叶轮(5)的轴相连接。废气从排气口(7)排出,进入排气消声器。

1. 各部件的功能

如图 4—17 所示。

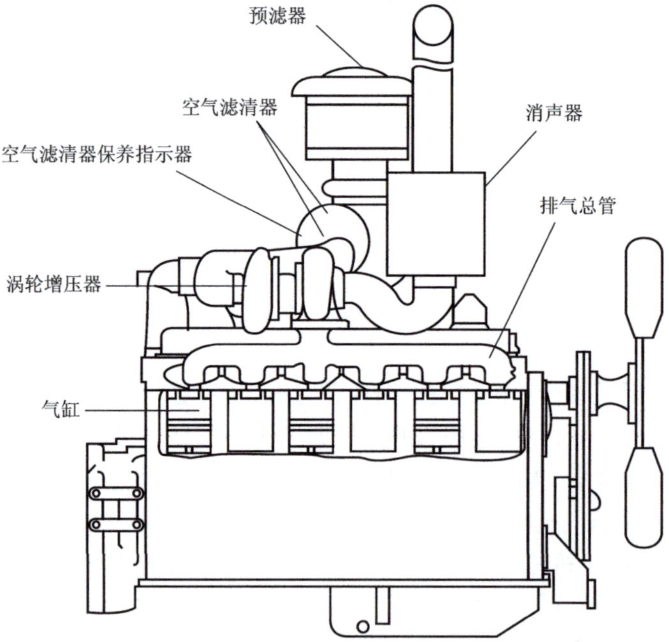

图 4—17　柴油机各部分功能

预滤器:过滤掉进气中较大的脏物和碎片。

空气滤清器:防止进气中的污染物和灰尘进入发动机。

空气滤清器保养指示器:指示进气经过空气滤清器的阻力,用它可以精确地确定更换空气滤清器的时间,每台发动机都应该有一个。

涡轮增压器:利用排气的能量带动涡轮,涡轮又带动压气轮压缩进气,将更多的进气压入气缸中以燃烧更多的燃油,增加发动机的功率输出。如图 4—18 所示。

图 4—18　涡轮增压器

后冷器:后冷器用来冷却经涡轮增压器压缩后,还没进入气缸的进气。这样可以增加进气的密度,因此更多的进气能被压入气缸。卡特彼勒中冷器(后冷器)如图 4—19 所示。

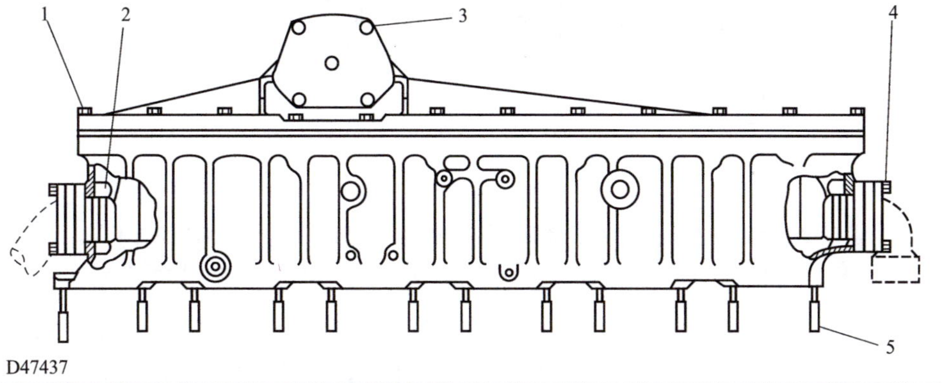

图 4—19　卡特彼勒中冷器

1—中冷器;2—中冷器进水;3—中冷器出水;4—空气进口

进气和排气总管:进气和排气总管直接与气缸头连接。进气总管把从空气滤清器或涡轮增压器来的干净空气分配进各个气缸;而排气总管从各个气缸收集排气,并把排气引向涡轮增压器或消声器。

消声器:用来降低排气引起的噪声水平。

2. 柴油机的增压系统

柴油机输出功率的大小,取决于进入气缸的燃油和空气的数量及热能的有效利用率。由此可知要提高柴油机的输出功率,最经济最有效的办法是增加进入气缸的空气量,在柴油机气缸容积保持不变的条件下,增加进入汽缸的空气密度是提高柴油机输出功率的主要手段。然而,空气密度与温度成反比,因此,增加进气压力,降低进气温度都能提高进气密度,卡特彼勒柴油机采用涡轮增压器来提高压力,采用后冷器降低气体温度。

（三）燃油系统

燃油系统是柴油机的重要组成部分，它的性能直接影响柴油机的动力性、经济性、噪声及废气排放等性能。如图 4—20 所示为燃油供给系统的布置图。

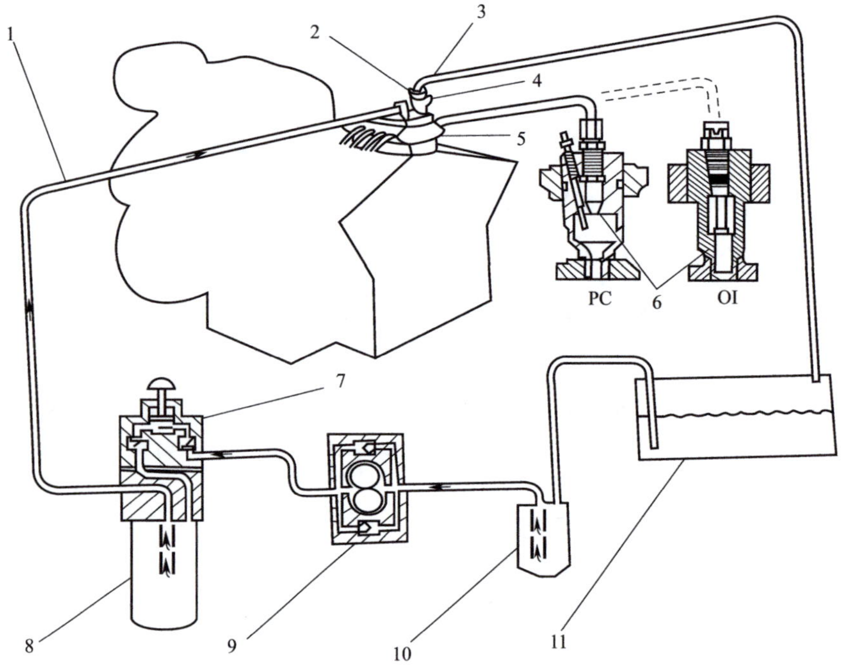

图 4—20　燃油系统简图

1—进油管；2—带有节流孔的管接头；3—回油管；4—压力测量位置；5—喷油泵壳体；6—喷油阀；7—手油泵；8—燃油细滤器；9—燃油输油泵；10—燃油粗滤器；11—燃油箱

卡特发动机具有压力型燃油系统。每一个气缸有一个喷油泵和一个喷油阀。喷油泵在发动机顶部的喷油泵壳体（5）内，喷油阀（6）装在气门罩盖底下的预燃室中，对于直接喷射式发动机来说则装在连接套内。

输油泵（9）将燃油箱（11）内的燃油经燃油粗滤器（10）泵出，然后通过燃油细滤器（8）将燃油输送到喷油泵壳体中的油道内。

喷油泵壳体中的油道为喷油泵提供燃油。

油道内的部分燃油不断地通过与油道连接的回油管接头内的节流孔，经回油管流回油箱。节流孔控制油道内的压力与回到油箱里的油量。不断回到油箱内的油带走了系统内的空气。

喷油泵为发动机及时地提供燃油。喷油泵将高压燃油泵入喷油阀。当喷油阀内的油压达到一定值时，油阀打开，将燃油喷入预燃室或气缸内（直接喷射式发动机）。

输油泵（9）有一个旁通阀和一个安全阀。旁通阀使得输油泵能将油通过输油泵来输送。安全阀控制着最大油压。当油压过高时，安全阀打开，一些油流回到油泵进油端。

当燃油进油端有空气时，使用手油泵（7），操作手油泵为系统充注燃油。这样可迫使空气回到油箱内。

高压油管内的空气，可以采用放松气门罩盖座上的管接头螺母（一次一个）的方法来排除。预燃室式发动机用手油泵来排除空气。直接喷射式发动机用启动马达来转动发动机，直到从放松的螺母内流出的燃油不带气泡为止。空气排尽后将螺母拧紧。

1. 各部件的功能（见图4—21）

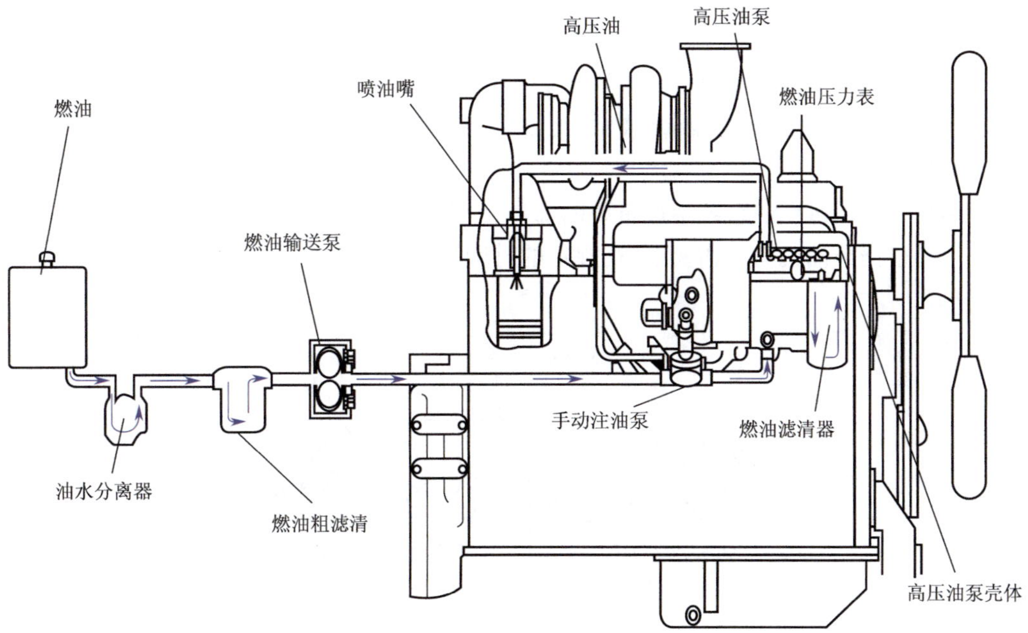

图4—21　燃油系统结构

各部件的功能如下。

（1）燃油箱：储存燃油，沉淀燃油中的水和杂质。

（2）燃油输送泵：维持从燃油箱到发动机燃油系统有恒定的低压燃油流动。注意，燃油输送泵与高压油泵有很大的区别。

（3）高压油泵壳体：除了那些带有泵喷嘴的发动机，其他的发动机都带有一个高压油泵壳体，用来安装各个高压油泵（一个气缸对应一个高压油泵）。

（4）高压油泵：一个气缸对应有一个高压油泵。它不像产生低压燃油的输送泵，高压油泵在高压下工作。喷射压力可达2 800～20 000PSI（19 290～137 800 kPa）。各个高压油泵计量正确的燃油数量、并在高压下泵送到高压油管和喷油嘴。

（5）泵喷嘴：泵喷嘴其实是把一个高压油泵和一个喷油嘴结合成一个部件。使用了泵喷嘴后，省去了高压油泵和喷油嘴之间的高压油管，这样就可以采用更高的喷射压力。

（6）燃油滤清器：燃油首先经过一个粗滤清器，然后再经过一个细滤清器过滤。干净的燃油对于高压油泵来说非常关键，高压油泵中某些零件之间的间隙只有千分之几英寸，非常细小的脏物都会导致损坏。

（7）油水分离器：油水分离器用来防止由被水污染后的燃油引起的锈蚀。所有3208（3412）发动机都带有油水分离器。注意：油水分离器不是所有发动机上的标准设备，应该在使用含水燃油的发动机上安装油水分离器。

(8)燃油压力表:燃油压力表用来测量在细滤清器之后的燃油压力。

(9)高压油管:在高压油泵和喷油嘴之间的管路。在预燃式和直喷式发动机上,高压油管用来输送高压燃油。而泵喷嘴则把高压油泵包含在喷油器之中,所以它们不需要高压油管。

(10)调速器:根据发动机油门控制手柄的位置,使发动机在不同的工况下都有稳定的转速。

2. 重要部件(喷油泵、调速器)的工作过程

(1)喷油泵

喷油泵是柴油机燃油系统中最重要的部件,它起着类似于人体中的心脏的作用。喷油泵的作用是根据柴油机的工作要求,在规定的时刻将定量的柴油以一定的高压送往喷油器。如图4—22所示。

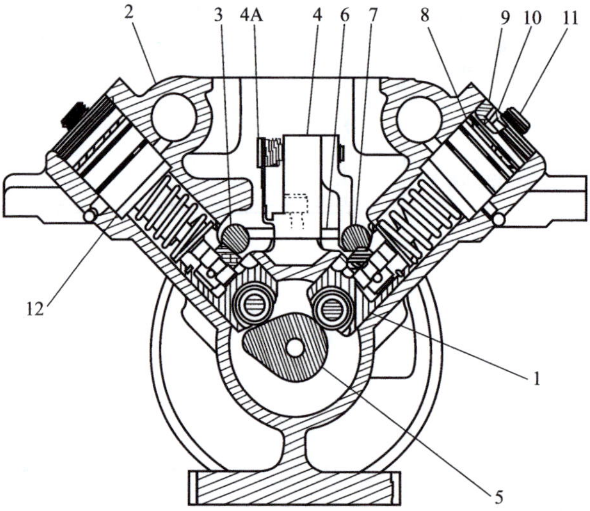

图4—22　喷油泵结构图

1—挺柱;2—泵体;3—左侧油门齿条;4—控制杆;5—凸轮轴;6—连接杆;7—右侧油门齿条;8—柱塞;9—单向阀;10、11—出油阀;12—密封圈

①紧凑壳体喷油泵工作原理

喷油原理:柴油机工作时,带动凸轮转动,凸轮推动滚轮挺柱向上运动,滚轮挺柱又推动泵油柱塞向上运动。

当柱塞处于下止点时,输油泵以低压向油泵油腔输送燃油,燃油从油腔流入柱塞以上空间,并完全充满其中。由于凸轮轴迫使柱塞向上移动,逐渐把进油孔遮盖起来,将油孔关闭,此时,喷油开始。柱塞继续向上运动将持续喷油,直到螺旋斜槽的下边沿打回油孔为止,喷油便终止。此时,即使柱塞继续上升,并在回到下止点以前走完凸轮的全升程也不喷油。

由此可知,燃油泵的柱塞向上移动,从开始喷油到终止这段时间,油泵形成高压并打开喷油嘴,将燃油喷入汽缸。油量控制原理:由于每个油泵的柱塞的底部装有扇形齿套,而油门齿杆与所有扇形齿套相啮合,因此,移动油门齿杆即可进入同步调节。当油门齿杆移动

时,各油泵柱塞就旋转使螺旋斜槽的不同区域与进油孔和回油孔对准。油门齿杆接在调速器上,调速器根据柴油机的转速与负荷把泵油柱塞旋到不同位置的几种工作状态。

a. 断油位置。在此位置,柱塞上的直槽与进油孔正好对准。当凸轮轴推动柱塞向上运动时,虽然柱塞上部充满输油泵压送来的燃油,但是,由于油孔是打开的,建立不起喷油压力,即使柱塞按凸轮的全升程上下运动,不会产生喷油现象。

b. 怠速位置。移动调速器上操纵杆,柱塞将转到运行位置,当油孔被关闭时,燃油只作短促的喷射,直到螺旋斜槽的下边沿打开回油孔为止。这样可以给低速空车与高速空车提供足够的燃油。

c. 满负荷位置。当柴油机需要更多的燃油时,调速器即把柱塞转到全油量位置,喷油将延续较长的时间,使供油量增加。这个位置是为额定供油量设计的。

d. 变速变负荷位置。当柱塞不是处于上述转速与负荷情况时,调速器会把柱塞置于怠速供油与全供油之间的某一位置上,利用加油踏板操纵这个位置。同理,柴油机启动时,柱塞也做相位旋转,使得进油孔与螺旋槽的最长部分对准,使喷油得以最长的持续时间,提供更多燃油,以利启动。

②滑套油量调节式喷油泵

这种喷油泵是卡特彼勒公司的新产品。滑套油量调节式喷油泵应用于四缸和六缸型式的直列式结构及八缸油泵的 V 型结构。每缸有一副柱塞和套筒,它们由一个调速器控制。

滑套油量调节式喷油泵与其他卡特彼勒油泵不同之处,即不用柴油机的润滑油来润滑柱塞、套筒、凸轮轴、滚轮挺柱及相关零件,而是用柴油来润滑,所有的油泵内部零件都沉浸在柴油中。

燃油从主油箱流到燃油滤清器,然后流到输油泵,使燃油压力提高到 206 kPa。燃油流向柱塞,它可以自由地流入柱塞上部空间,即所谓充油。当凸轮轴把泵油柱塞推升到足够高时,进油孔关闭,随着柱塞上移,油压上升打开出油阀,燃油被喷入汽缸。此时不仅进油孔会关闭,而且回油孔也关闭。由于滑套套装在柱塞上,并与调速器相连接,只有这个滑套遮盖回油孔,燃油才会喷射。然而,当柱塞上移到足够高度时,回油孔将升到控制滑套上面去,因而所有高压燃油会自动回到壳体中。

由此可见,每次行程喷入的油量是靠控制滑套的位移来改变的,下面就几种不同状态来分析。

a. 启动位置

在启动位置时,控制滑套会移到远离下止点的位置上。在回油孔未打开前,喷油将延续最长时间,提供最大的供油量。

b. 低速惰转位置

当柴油机在低速惰转下运行时,控制滑套位于紧靠下止点的位置上,此位置柱塞喷油行程非常短,很快回油孔就打开,喷油停止,喷入的油量,适应低速惰转的需要。

c. 满负荷位置

当柴油机在满负荷情况下运行时,此时控制滑套移向远离下止点的位置,喷油延续时间比低速惰转长,而比启动时短,以适应满负荷低运转的需要。

d. 断油停车位置

柴油机需要停车时,操纵杠杆移向断油停车位置。此时,控制滑套处于它的最低位置,即柱塞向上运动时,回油孔便打开,就不喷油了。

(2)喷油器

喷油器是柴油机供给系中最主要的部件之一。喷油器的作用是将喷油泵送来的高油压柴油以雾状颗粒喷入燃烧室中,与燃烧室中的空气相混合形成良好的可燃混合气。喷油器还必须保证燃油以一定的压力和射程喷入燃油室中,在规定的停止喷油的时刻,应能迅速地切断燃油的供给,不发生燃油滴漏的现象。结构如图 4—23 所示。

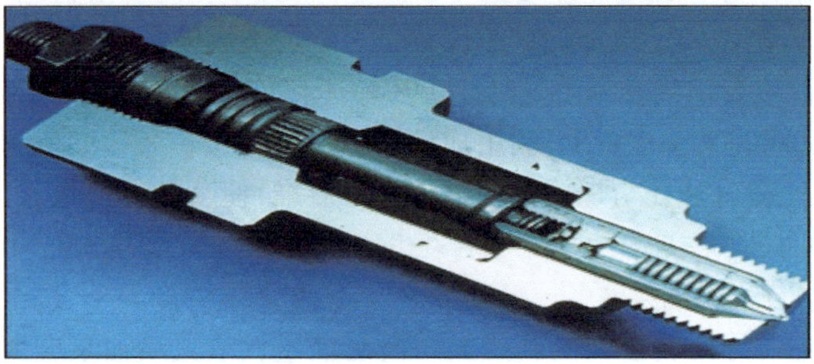

图 4—23　喷油器结构

柴油机一般采用闭式喷油器。在不喷油时,其喷孔被针阀关闭。闭式喷油器的主要类型有轴针式和孔式两类。轴针式喷油器多用于涡流室和预燃室柴油机,孔式喷油器则主要用于直喷式柴油机中。

(3)调速器

调速器的作用是在柴油机工作转速范围内,能随着柴油机外界负荷的变化而自动调节供油量,以保证柴油机转速的基本稳定。

对于柴油机而言,改变供油量只需转动喷油泵的柱塞即可。随着供油量加大,柴油机的功率和转矩都相应增大,反之则减少。

按照调速器调节机构的不同,可分为机械式、液力式、气动式和电子调速器。卡特彼勒紧凑壳体油泵上的调速器是液压机械调速器,如图 4—24 所示。它与油门齿杆直接相连接,以控制泵油柱塞转动,调整喷油量的增减。这种调速器由于采用柴油机的润滑油压力,因此,它的重量和尺寸比其他机械调速器小得多。

液压调速器的工作过程如下。

①柴油机启动:外部操纵杆在启动位置,操纵杆在调速弹簧施加最大压力,调速弹簧推动油门齿杆向前推到最大油量位置。调速器飞锤不张,处于收敛状态。

②柴油机运转:柴油机启动后,随着转速增加,飞锤离心率增大,逐渐向外张开,压缩调速弹簧,使润滑调节阀向后拉动,此时,柴油机滑油在压力作用下,进入调速器,环绕滑套运动,迫使活塞向后移动,把油门齿杆向后拉,减少供油量,柴油机逐渐减速,减速时由于主弹簧压力的作用,飞锤向内收拢,使滑油调节阀向前推动,滑油压力迂回作用在活塞的大端,并将它推向油泵前方,其结果使供油量增加,柴油机加速,直到弹簧的弹力与滑油压力平衡时,柴油机稳定在某一转速下运行。

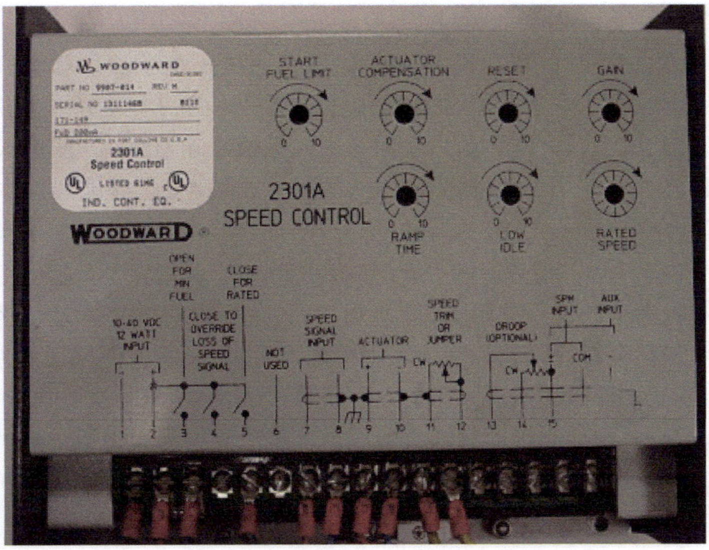

图 4—24　卡特彼勒 2301A 电子调速控制器面板

调速器内有个断油轴，是一种机械断油方式，此轴与联轴节连接，当转动断油轴时，把油门齿杆拉到供油为零的位置，柴油机即停车。

卡特彼勒 EP-3G 机械液压调整原理如图 4—25 所示。

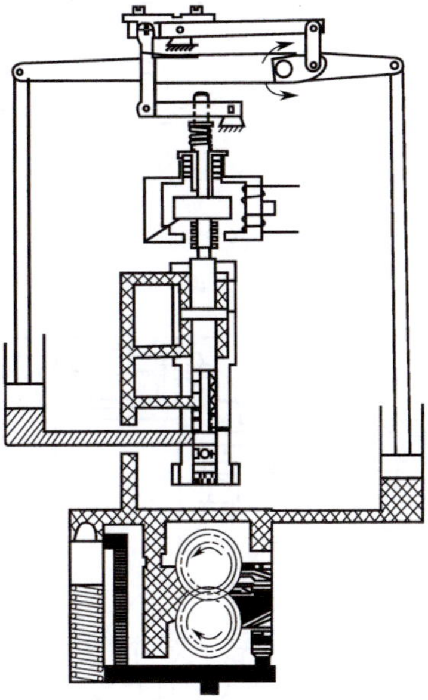

图 4—25　卡特彼勒 EP-3G 机械液压调速原理

由于环保对排放的要求越来越严格，卡特彼勒公司开发了 ACERT 技术来进一步满足欧三标准排放要求。通过改进燃油系统、电控系统、采用变气门技术、后处理和进气系统等一系列技术（ACERT），使得机组具有更好的可靠性、耐久性、工作性能、燃油效率、降低噪声，降低运行成本。

(四)润滑系统

如图4—26所示,发动机热时(正常运转),机油通过一个吸油盘总成和管子从油底壳(6)被吸入油泵(5)。通过一个管子,油泵把油输送到机体的一个油道内。旁通阀体的法兰盘在油道的另一端。机油通过阀体的一个油腔进入机油冷却器(3)。从冷却器中出来的机油通过软管总成(图4—27中5)回到旁通阀体的另一个油腔,然后进入机体右侧的主油道内。发动机冷车时(启动状态),由于高黏度的冷却油经冷却器(3)和滤清器(7)时受到阻力,使旁通阀(2和4)打开。当旁通阀打开时,机油直接流过阀体的通道进入主油管。

当机油温热时,旁通阀的压差降低,旁通阀关闭,这使得机油正常地流经冷却器(3)和机油滤清器(7)。当机油在冷却器和滤清器中受到阻力时,旁通阀也打开。旁通阀的这种作用防止了冷却器或滤清器因堵塞而阻碍向发动机提供润滑油。在发动机机油泵(5)上也有一个旁通阀。这个旁通阀控制机油泵的机油压力。机油泵能为润滑系统提供的油量超出需求量。当机油超出需求量时,油压升高,旁通阀打开。那些不需要的可以重新回到油泵的进油管道。

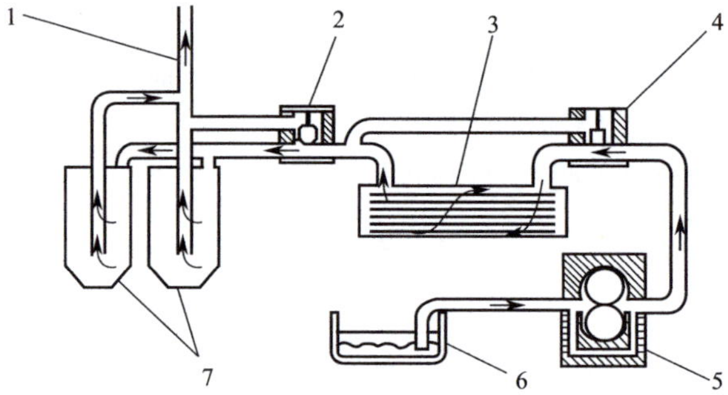

图4—26 机油流动简图

1—至机油主轴道;2—滤清器旁通阀;3—发动机机油冷却器;
4—冷却器旁通阀;5—机油泵;6—油底壳;7—机油滤清器

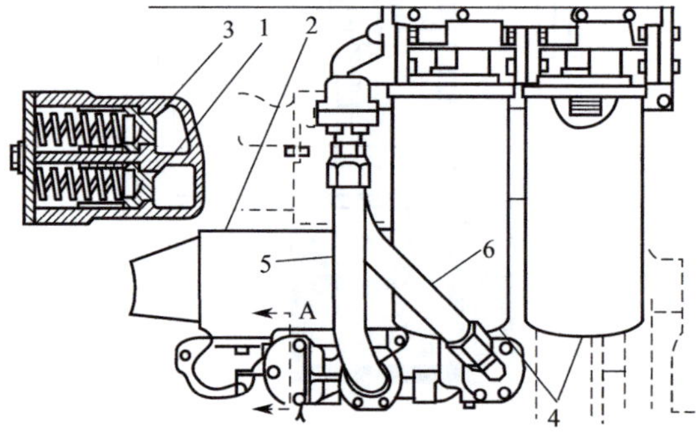

图4—27 机油管路及滤清器

1—滤清器旁通阀;2—机油冷却器;3—冷却器;
4—机油滤清器;5—软管总成;6—软管总成

1. 润滑方式

发动机机油输送到运动零件摩擦表面的方式有压力式、激溅式和复合式三种润滑方式。

(1)压力式润滑:将机油通过机油泵加压,再送入摩擦表面,这种方式可靠,主要适用于负荷比较大的摩擦表面,如主轴承、连杆轴承等。

(2)激溅式润滑:利用轴承间隙挤出的机油或连杆大端击起油底壳中机油,飞溅到摩擦表面进行润滑,这种方式可靠性较压力润滑差,但可以到达压力润滑不易到达而且负荷并不十分大的摩擦表面,如气缸壁、挺柱等。

(3)复合式润滑:复合式润滑同时采用压力润滑和激溅润滑的供油方式,分别对发动机各摩擦表面的润滑。卡特彼勒发动机采用这种润滑方式。不但工作可靠,而且可使润滑系统结构简化。

2. 各部件的功能

(1)润滑系统由油底壳,机油泵,机油冷却器,机油滤清器,涡轮增压器的供油和回油管路以及体内的机油油道等组成。如图4—28所示。运行原理如图4—29所示。

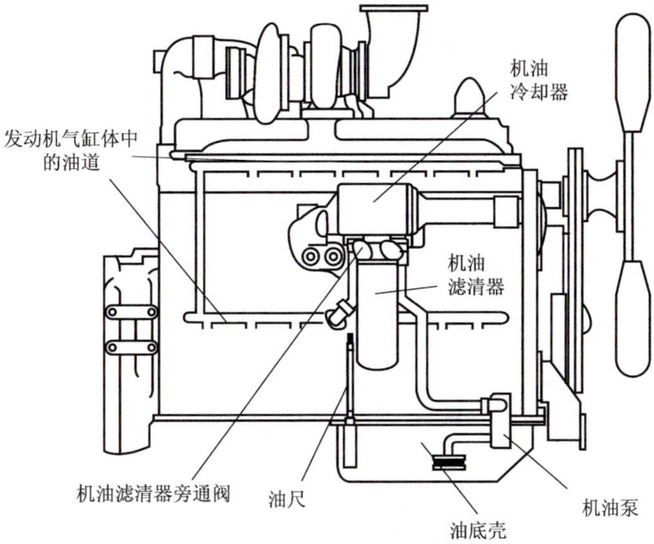

图4—28　润滑系统示意图

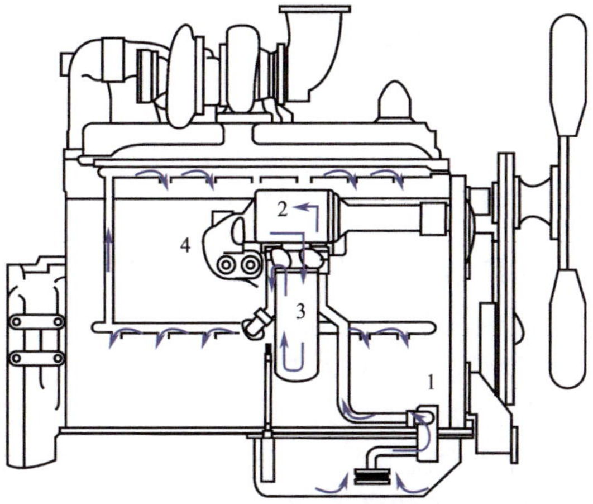

图4—29　润滑系统运行原理

1—机油泵;2—机油冷却器;3—机油滤清器;4—气缸体中的润滑油道

各部件的功能如下。

①机油泵:只要发动机一运转,就使润滑油在发动机的润滑系统中连续不断地流动。

②机油冷却器:冷却液流经机油冷却器,使润滑油中的热量传递到冷却液中。这样可以降低润滑油的温度,保持润滑油的特性。

③机油滤清器:通过过滤出能损坏发动机零部件的金属颗粒和碎片来清洁润滑油。

④机油滤清器旁通阀:由于机油粗滤器和主油道串联,一旦粗滤器堵塞则主油道内机油相对减少,当堵塞严重时,摩擦面的润滑得不到保证会引起烧瓦,为此,机油粗滤器并联旁通阀,当机油粗滤器堵塞时,机油粗滤器进油口压力上升,出油口压力下降,二者压力差达到一定值时,旁通阀开启,直接沟通,以防止主油道缸油。

⑤油尺:用来检查曲轴箱中的机油量(机油油位)。

⑥机油压力表:指出发动机在运转时,润滑系统中的压力。

⑦油底壳:用螺栓固定在发动机的底部,作为发动机润滑油的油箱。

⑧机油加注管:用来加注润滑油。

(五)冷却系统

冷却系统结构如图4—30所示。

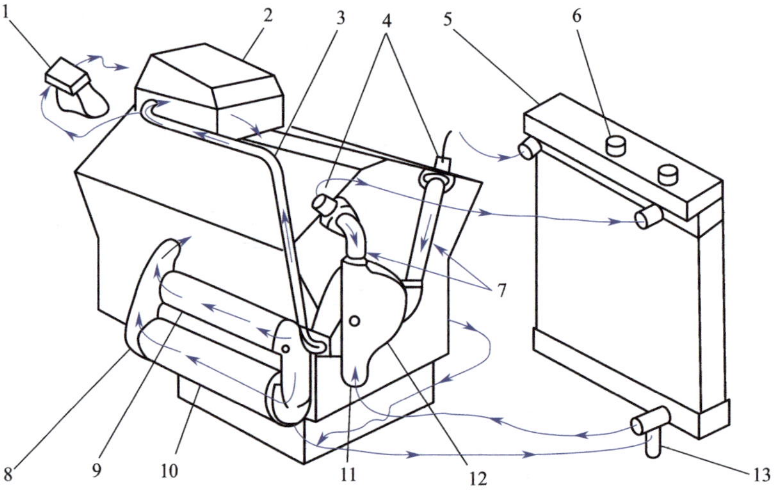

图4—30　冷却系统结构简图

1—压气机;2—后冷器;3—管路;4—出水管路;5—散热器;6—安全阀;7—旁通管;8—管;9—发动机机油冷却器;10—变矩器机油冷却器;11—冷却水泵进水口;12—冷却水泵;13—排放阀

当冷却液节温器全部关闭时,出水管路(4)到散热器(5)没有冷却液流过。所有来自机体的冷却液通过旁通管(7)直接流入冷却水泵(12)。当冷却液节温器全部打开时,来自机体的一小部分冷却液通过旁通管(7)流入冷却水泵(12)。大部分冷却液通过出水管路(4)流入散热器(5)。冷却液从散热器流出,通过一个软管。流入冷却水泵进水口(11)。

冷却水泵使冷却液向三个方向流出。一部分经管路(3)流到后冷却器(2),然后进入机体的后顶部,一部分经发动机机油冷却器(9)流入机体的侧面,其余一部分经变矩器机油冷却器(10)和管(8),然后与从发动机机油冷却器出来的一部分冷却液一起流入机体的侧面。

压气机(1)的冷却液是通过管总成来自后冷却器。它通过管总成回到发动机气缸盖。冷却液通过气缸盖和机体内的水道流入气缸盖前部的节温器壳体。冷却系统有一个排放阀(13)用来排放机体,散热器和冷却器中的冷却液,排放阀位于散热器出口弯头的底部。

冷却系统配有一个安全阀(6),位于散热器顶部。其用途是防止冷却液压力大时损坏冷却系统。

1. 冷却方式

柴油机的冷却方式有风冷和水冷两大类。

①风冷却方式

这种冷却方式是以空气作冷却介质,将柴油机受热部件的热量带走。其优点是结构简单维护方式、故障较少、启动容易,但冷却效果较差,且不均匀,目前一般用于小型柴油机上。

②水冷却方式

这种方式是以水作为冷却介质,将柴油机受热零件的热量带走,这种方式的优点是便于调节冷却强度易保证柴油机工作在适宜温度下,并且冷却均匀,但故障较多,在冬季又会出现启动困难和冷却水冷冻事故。

为保证柴油机工作温度适宜,冷却系统冷却强度应该可以调节,其途径有:调节冷却水的循环路线和调节流经散热水箱的风量。

a. 冷却水循环路线:这种方式由冷却系统中的节温器来完成,根据冷却水温度高低控制冷却水进行大循环或者小循环。如图4—31所示。

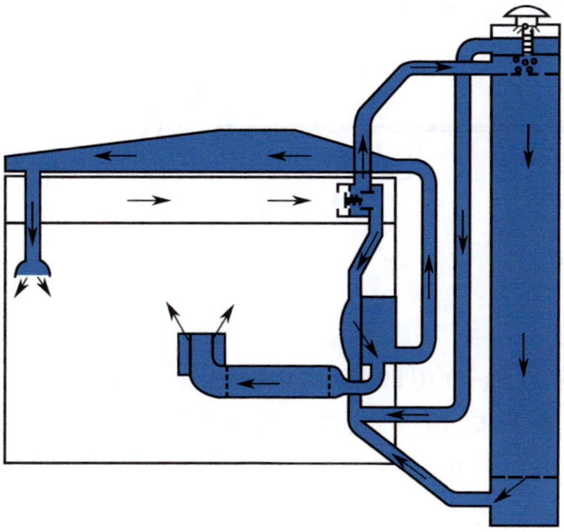

图4—31　水冷循环示意图

b. 大循环时冷却水流过散热水箱,冷却效果好,小循环冷却水由节温器直接到水泵,冷却效果相对较差,这样控制了大小循环即控制了机体温度。

③风量调节:主要调节流经散热水箱的空气流量,方法之一是按不同工况和环境温度开启或关闭散热水箱的百叶窗;方法之二是按机温高低改变风扇的转速。

2. 各部件的功能

①水泵:当发动机运转时,水泵使冷却液持续不断地在冷却系统中流动。

②散热器：散热器把冷却液中的热量散发出来，降低冷却液的温度。

③冷却液：冷却液是水、防冻液（乙二醇）和防锈剂的混合物。为了发动机正确的冷却，冷却液的各成分必须维持在正确的比例。

④节温器：节温器在发动机运转时帮助发动机暖机，维持正确的冷却液和发动机的温度。并根据感知冷却水温度的高低来自动变更冷却水的循环路线，以达到自动调节冷却强度的目的。

⑤水温表：水温表指示出冷却液的温度，正常的冷却液温度一般在 88 ~ 99 ℃（190 ~ 210 °F）。

⑥风扇：风扇使流经散热器的空气量增加，使冷却液中的热量散发出来，降低冷却液的温度。风扇一般是由曲轴上的皮带轮通过皮带驱动的。

⑦机油冷却器：机油冷却器的作用是维持正确的发动机润滑油的温度。

冷却系统结构如图 4—32 所示。

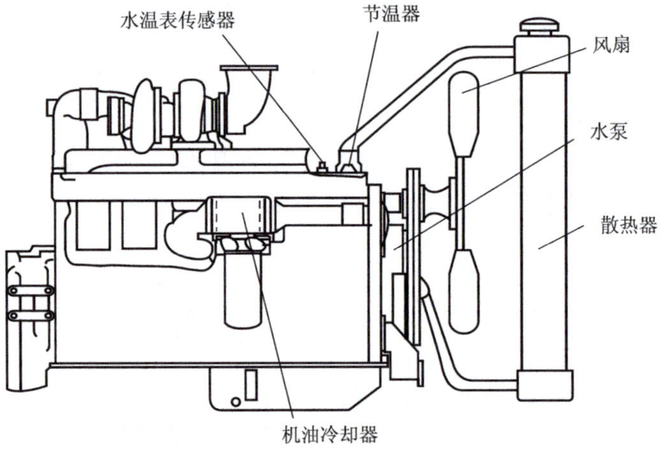

图 4—32　冷却系统结构示意图

（六）电气系统

电气系统有三个独立回路：充电回路、启动回路、低电流回路。系统中的某些元件被几个回路共用。蓄电池组、断路器、电流表、接到蓄电池的电缆和导线，这些普通元件在每个回路中都有。当发动机运转时，充电回路就在工作，一台交流发电机向充电回路供电。回路中的电压调节器控制输出电压，以使蓄电池保持全充电状态。

启动回路只有在启动开关接通时才工作。预燃室式柴油发动机的启动系统回路中每个气缸都有一个预热塞。预燃室里的预热塞是个小型的加热器。低温启动发动机时，预热塞有助于燃油的点燃。低电流回路和充电回路共同连接到电流表的同一侧。启动回路和电流表的另一侧连接。油机电气系统组成如图 4—33 所示。

交流发电机：它是一种三相、自整流充电装置，产生电能、给电池充电。在交流发电机中有一个电压调节器。它根据蓄电池和电气系统中的其他元件的需要情况来控制交流发电机的输出。

启动电机：由电池中的电能驱动，用来启动发动机飞轮，使发动机达到启动所需要的转速。启动电机有一个电磁线圈。当启动开关接通时,来自电气系统的电流通过电磁线圈,电磁力使启动电机小齿轮移动与发动机飞轮齿圈上的齿相啮合。启动电机小齿轮在电磁线圈将蓄电池和启动电机之间的回路接通之前与齿相啮合。启动开关切断后,启动电机小齿轮就地往回移动,与飞轮齿圈上脱离啮合。

预热塞:预热燃烧室中的空气,以使发动机容易启动。只用在预燃式发动机中。

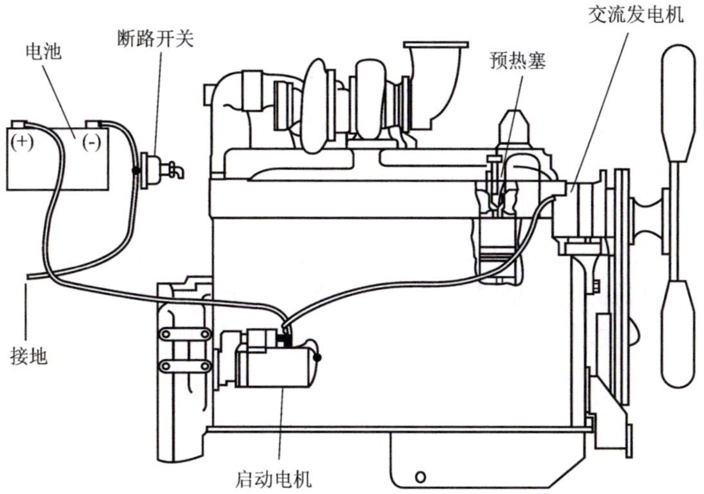

图 4—33　油机电气系统组成示意图

第三节　发电机原理

柴油发电机组中发电机将旋转的机械能转换为电能。交流电机分为异步电机与同步电机柴油发电机组中的发电机大多采用无刷交流同步发电机。

一、无刷同步发电机的结构

同步发电机的基本型式为旋转电枢(即三相绕组在转子上)和旋转磁极式两种型式,如图 4—34 所示。这两类同步发电机虽然结构上有所不同,但基本原理是相同的,即磁场与导线的相对运动,切割磁力线,导线产生感应电势。

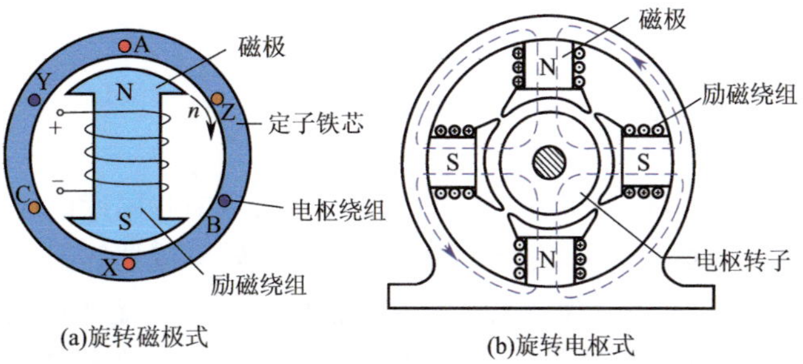

图 4—34　油机电气系统组成示意图

旋转电枢式发电机的磁场是固定的，而电枢则由原动机拖运旋转，三相交流电流通过滑环和电刷的引接输送到负载。这类发电机的优点是铁芯硅钢片的利用率较高，而且定子是机座可作磁轭，以节约钢材。其缺点是输出的容量受到限制，电压也不能太高，这是因为：

(1)电枢绕组的电流是通过滑环和电刷的连接引到外电路的，如果输出的电流过大，会引起滑环与电刷之间产生过大的火花；若输出电压过大，则滑环和电刷的绝缘不易解决，因此电压一般不超过 500 V。

(2)由于电枢所占的空间有限，若绕组匝数过多和绝缘层过厚，制作困难，限制电压增高和容量增大。

(3)当电枢转速较高时，由于离心力的作用和振动增大，容易造成电枢损坏，因此，限制发电机的运行。

(4)这类发电机结构较复杂，造价也较贵。

基于上述原因，用这类发电机供电已很少采用，通常在无刷发电机中作交流励磁机用。

旋转磁极式发电机的电枢是固定的，而磁极则是旋转的，电枢绕组均匀分布在整个铁芯槽内，这类同步发电机，按其磁极的形状，又可分为凸极式和隐极式两种，凸极式发电机有明显的磁极，在磁极铁芯上套有集中磁极绕组。它的气隙是不均匀的，极弧下气隙小，而极间部分气隙较大。

隐极式发电机没有明显的磁极，磁极绕组分散嵌在转子铁芯槽内。由于它的转子制成圆柱形，因此，其气隙是均匀的。

旋转磁极式发电机有较多的空间位置来嵌放电枢绕组和绝缘材料。电枢绕组输出交流电流可直接送往负载，其机械强度和绝缘条件均比较好，可靠性也较高。如图 4—35 所示。

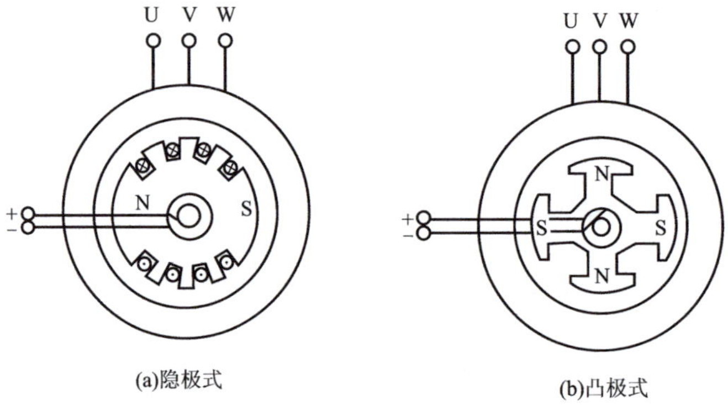

图 4—35 旋转磁极式两种磁极形状

二、交流发电机组的组成

柴油发电机按照供电电压等级分为高压、低压两种，目前我国通信局站的发电机组都选用低压交流发电机组，主要由定子、交流励磁机、转子、旋转整流器等组成。转子安装在转轴上，有转子磁极和励磁绕组，主要为发电机工作提供励磁磁场。定子由机座、定子铁芯及定子绕组组成，机座是发电机的整体机架，转子通过支撑轴承安装在机座上，使整个发电机构成一个整体。

发电机在柴油机旋转的带动下，转子产生的磁场随之转动，磁场的磁力线垂直切割定子电枢绕组，交变的磁场的在定子绕组中感应出电势，通过机座上的接线盒将电能引出。同时，在定子和转子上还分别装有交流励磁机定子和转子，交流励磁机的定子为励磁绕组，其铁芯中埋设有永久磁铁，转子为电枢绕组。柴油机带动发电机开始旋转时，交流励磁机定子励磁绕组产生旋转磁场，使励磁机转子的电枢绕组产生交流电流，经过旋转整流器变为直流电流，为发电机转子上的励磁绕组提供励磁电流。

励磁系统是同步发电机的重要组成部分，为保证发电机安全可靠的运行，发电机的励磁系统应满足以下要求：

（1）当发电机在允许的负载范围内运行时，励磁系统应能够提供相应的励磁电流，保证发电机输出额定电压值。

（2）当发电机内部发生短路时，为防止短路电流过大损伤发电机绕组，励磁系统应能够快速灭磁。且励磁系统本身应安全可靠，运行方便，便于维护。

三、同步发电机的额定值

1. 额定容量 S_H

指发电机在额定运行情况和额定功率因素时，输出视在功率，即 $S_H = U_H I_H$，单位为 kVA。

2. 额定电压 U_H

指同步发电机在正常运行时，定子三相绕组线电压，单位为 V 或 kV。

3. 额定电流 I_H

是指同步发电机在额定运行时，定子绕组的线电流，单位为 A 或 kA。

4. 额定功率因素 $\cos\Phi_H$

指同步发电机额定运行时，每相定子绕组电压与电流之间相位角的余弦函数，通常中小型发电机为 0.8（滞后）。

5. 额定励磁电压 U_{fH}

是指当励磁绕组内励磁电流达到额定值，发电机额定运行到稳定温度时，在励磁绕组线端或滑环之间的电压，单位为 V，中小型同步发电机的励磁电压一般都小于 100 V。

6. 额定励磁电流 I_{fH}

是指同步发电机在额定运行时的励磁电流，单位为 A。

7. 额定频率 f_H

指发电机额定运行时频率，用 Hz 表示，我国规定的工业频率为 50 Hz。

四、同步发电机的工作原理

同步发电机所谓“同步”，就是指发电机转子由柴油机（或称发动机）拖动旋转后，在定子（电枢）和转子（磁极）之间的气隙里使产生一个旋转磁场，这个旋转的磁场是发电机主磁场，又称为转子磁场，当主磁场切割定子三相绕组的线圈时，就会产生三相感应电势，接通负载后，负载电流流过电枢绕组后又在发电机的气隙里产生一个旋转的磁场，此磁场称为电枢磁场。电枢磁场和主磁场以同一转速旋转，二者之间保持同步，称为同步发电机。且满足：

$$f = \frac{pn}{60} \tag{4—3}$$

式中，p 为发电机极对数，n 为转/分。

同步发电机励磁系统向同步发电机励磁绕组供给直流励磁电流的整个线路和整套装置，叫同步发电机励磁系统，这是同步发电机必不可少的重要组成部分。其主要作用有以下几个方面：

(1)在正常运行条件下为同步发电机提供励磁电流，对发电机进行强行励磁，以提高运行的稳定性。

(2)当外部线路发生短路故障、发电机端电压严重下降时，对发电机进行强行励磁，以提高运行的稳定性。

(3)当发电突然甩负荷时，实行强行减磁以限制发电机端电压过度增高。

获得直流励磁电流的方法称为同步发电机的励磁方式。同步发电机按其励磁方式有他励和自励两种类型。他励式同步发电机的励磁电流，由单独电源供电。自励式同步发电机的励磁电流，是同步发电机本身的定子交流电，通过静止的整流元件供给，由于采用静止的整流元件，因此，提高了同步发电机运行的可靠性，使维护管理也较简便。

自励同步发电机的自励起压原理如图 4—36 所示。由于发电机铁芯磁滞现象，在转子磁极上存有剩磁。当柴油机启动，拖动发电机的转子转动后，发电机定子绕组切割磁力线将感生剩磁电压 U_S，此电压加在自励回路上，经整流器整流，在发电机励磁绕组中产生励磁电流 I_U，此电流产生的磁通与剩磁方向一致，加强了磁极的主磁场，在发电机定子绕组中感应出电压 U_{01}，U_{01} 通过自励回路在励磁绕组中又产生电流 I_{12}，I_{12} 又感应电压 U_{02}，如此反复循环，构成正反馈，发电机的空载电压逐渐提高，最后达到交点 A 稳定，得到发电机空载额定电压 U_{fo}。

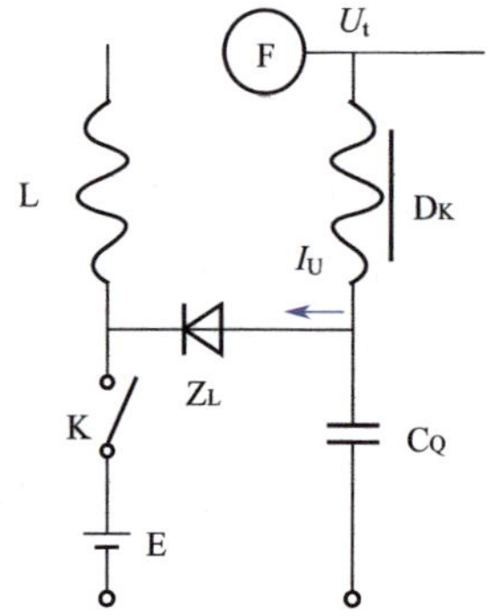

图 4—36　自励同步发电机起压原理

从以上分析得知，自励同步发电机要达到正常自励起压应满足两个条件：其一，铁芯必须要有剩磁，励磁绕组要有足够大的剩磁电压 U_S，而且励磁电流产生的磁通应与剩磁方向一致；其二，自励回路必须应有适当的回路阻抗，才能使励磁特性与空载特性配合恰当，正好相交在正常空载额定电压 U_{fo}处。

同步发电机建立正常空载电压 U_{fo}之后，若向负载供电，由于同步发电机的负载大多数是电感性负载，在电感性负载下，随着负载电流 I_f 的增大，电枢反应的去磁作用和内部阻抗压降增大及负载的功率因素 $\cos\phi$ 减小，此时，发电机的端电压必然会降低，故必须采取恒压措施，保证其端电压稳定。同步发电机既然是负载电流 I_f 的变化引起发电机端电压 U_f 的变化，因而也可利用负载电流 I_f 进行复式励磁来调整电压。

无励磁的整台发电机由两台同步发电机组合而成，主发电机制成旋转磁极式，副发电机（即励磁机）制成旋转电枢式，将主发电机的磁极与副发电机的电枢装在同一个转轴上，励磁机电枢的交流输出直接接至同轴旋转的硅整流器上，经整流后的直流励磁电流直接接至主发电机的同轴旋转的磁极励磁绕组上，由于彼此处于相对静止状态，整个电路用固定连接线进行连接，不需要电刷滑环等部件，故称为无刷励磁。

主发电机 F 和交流励磁机 AG 都是三相同步发电机，其基本原理是一样的。但它们的结构有所不同，主发电机是旋转磁极式结构，其定子为三相交流电枢，转子是直流励磁绕组；交流励磁机则是旋转电枢式结构，其定子为直流励磁绕组，转子是三相交流电枢，两者电路连接如图 4—37 所示。

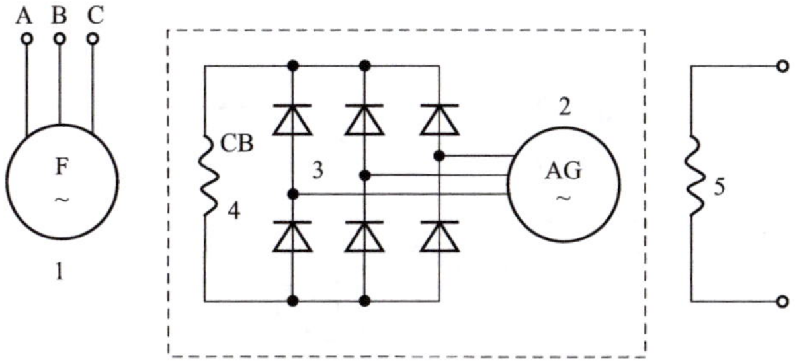

图 4—37　交流励磁机结构

五、同步发电机恒压励磁系统

（一）相复励的实现

大部分的复励是直接利用发电机磁极的剩磁进行自励起压，并对发电机负载电流大小以及负载电流和电压之间的相位关系进行复励，来动态调节发电机的励磁电流，以调整发电机的端电压，故称为相复励自励恒压励磁系统。由于这种励磁方式考虑到负载的电枢反应，因而电压变化和调整同时进行，所以调整非常迅速，动态性能很好。

（二）无刷相复励的实现

如图 4—38 所示，主发电机为旋转磁极式同步发电机，而励磁交流电机为旋转电枢式，励磁交流电机的励激磁电流由相复励系统经过整流提供。SCR 和 R 完成对励磁交流机磁极绕组的交流励磁。中间不存在任何电刷，从而实现无刷励磁。

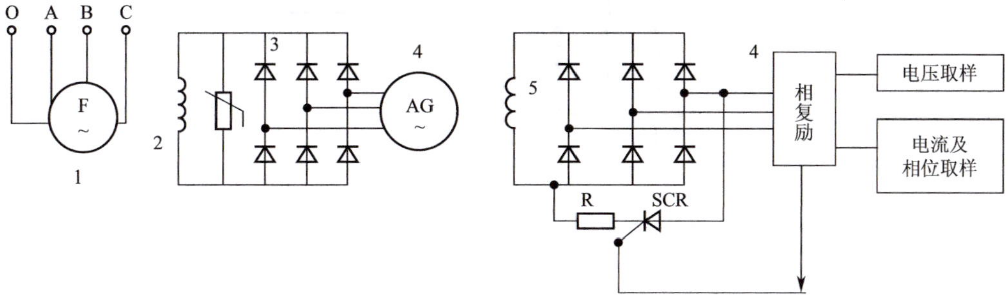

图 4—38　无刷相复励的实现

当发电机电压升高时，相复励系统对通过控组件使 SCR 提前导通而分流较多，励磁交流发电机励磁减弱，这样其旋转电枢输出电压下降，主发电机励磁电流减小，主发电机电压下降，反之亦然。

六、卡特彼勒 SR4B 发电机原理

1. SR4B 自励式发电机原理图(如图 4—39 所示)

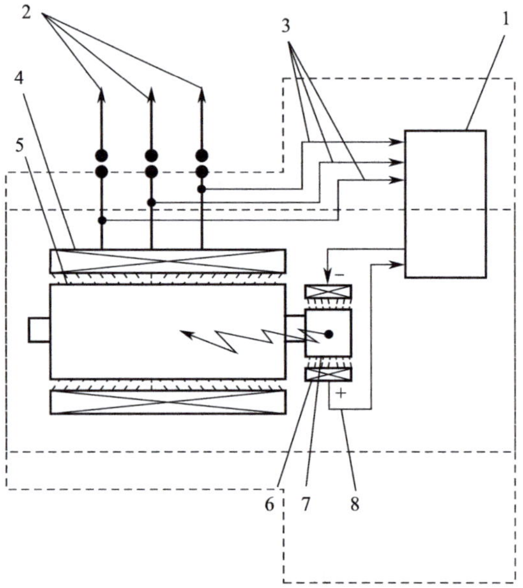

图 4—39　SR4B 自励式发电机原理

1—自动调压器;2—三相输出线;3—三相电压感应及供线;4—主定子绕组;5—主转子绕组;6—励磁定子绕组;7—励磁转子绕组;8—直流励磁供电线

2. SR4B 永磁式发电机原理图(如图 4—40 所示)

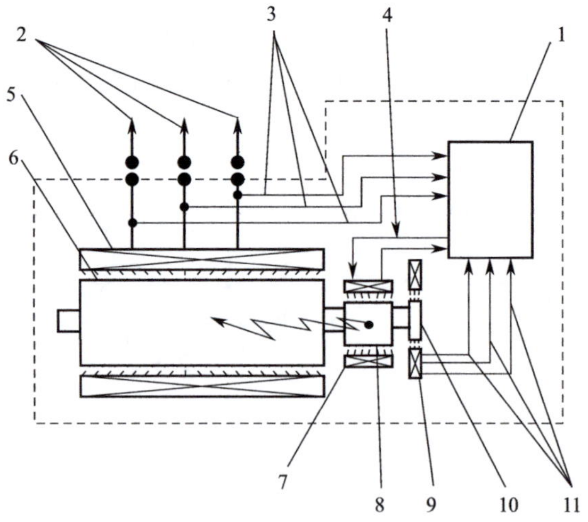

图 4—40　SR4B 永磁式发电机原理

1—自动调压器;2—三相输出线;3—三相电压感应线;4—直流励磁供电线;5—主定子绕组;6—主转子绕组;7—励磁机定子绕组;8—励磁机转子绕组;9—永磁机定子;10—永久磁铁;11—自动调压器供电

3. 永磁式发电机线路图(如图4—41所示)

CR_1 ~ CR_6 为整流二极管;CR_7 为双向稳压二极管;L_1 为励磁机磁场线圈(定子);L_2 为励磁机电枢(转子);L_3 为主磁场线圈(转子);L_4 为主电枢(定子);L_5 为先导励磁机电枢;PM为永久磁铁;R_5 为电阻(27 000 Ω);RFA为旋转磁场总成;TR_1 为可选用电压降变压器;T_0、T_1、T_2、T_3、T_7、T_8、T_9 为发电机接线端。

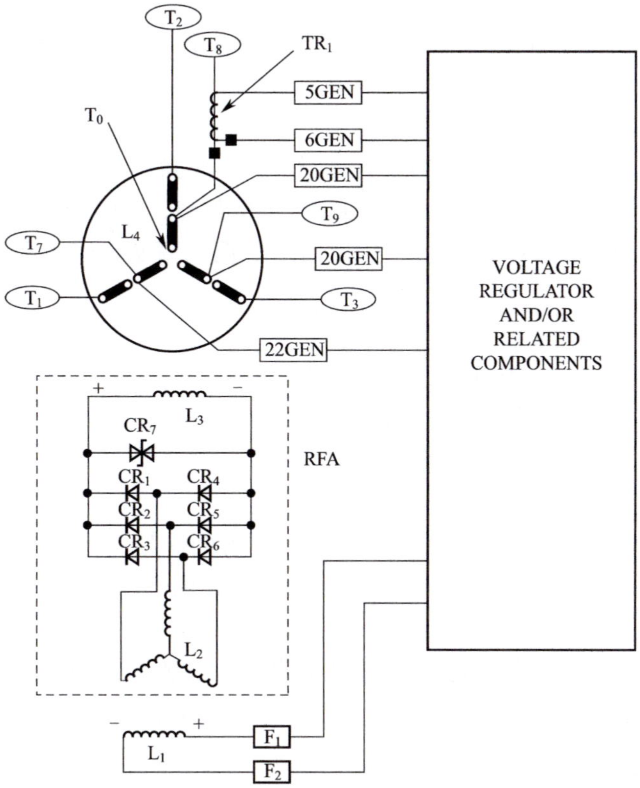

图4—41　永磁式发电机线路

第四节　发电机组控制原理

柴油发电机组的自动控制系统由发电机控制屏、ATS转换屏和自动控制屏组成。发电机控制屏主要负责机组电压、电流、功率、转速、油压等运行参数的检测,对发动机进行控制和保护,并将机组的运行状况上报至自动控制屏。ATS转换屏为市电、油机电负荷自动切换屏,内装有自动控制电路,实现负荷在市电/机组间的自动切换。市电停电后,自动将负荷切换至油机侧,市电恢复后,自动把市电切换至市电侧。自动控制屏根据市电与油机的运行状态,对柴油发电机组及其配电进行控制向相关设备发出控制信号。控制屏还具有RS232等串行接口,可方便地纳入集中监控系统。

通信企业所采用的自动化柴油发电机组,可以作为常规交流电源和备用交流电源使用。当市电供电发生异常情况时,既可自动投入运行,在市电供电恢复正常时,又可以自动停机。

为保证机组能正常启动和运行，机组设置有故障自动处理功能，包括：三次自动启动失败、超速、低油压、高水温、自发电异常等故障处理，另外还有冷却水自动加热装置（适用于水冷式内燃机）、自动加油、补水以及启动用蓄电池自动补充装置。机组还具有主备用双机自动切换，以及完善的遥信、遥控等远程监控功能。

一、系统的组成

一套完善的自动化机组，包括柴油机和发电机两个最主要的部分外，以及一些外围设备，具体如下。

1. 柴油机

自动化机组的柴油机要求：启动性能好、运行可靠、无漏水、漏油现象。风冷柴油机由于采用风冷，无须冷却水而不会发生漏水，穴蚀以及冰冻故障，并无须冷却水自动补给装置，而且冷机启动性较好，运行较为可靠，特别适用于缺水、高山高寒地区使用。但大功率柴油机仍采用水冷较多。

2. 发电机

自动化机组发电机为三相同步发电机，要求体积小、无火花、电磁干扰小、励磁性好，一般为无刷同步发电机，励磁系统采用相复励结构，这种结构波形畸变小，调压精度高，调压灵敏度高，运行可靠，不易引起供电系统的电磁振荡。

3. 自动控制装置

自动控制装置一般安装在自动控制屏上，是自动化机组控制核心，实现对机组的功能操作、信号监测、故障信号判别、故障自动处理、多台机组并机运行等功能。

4. 附属设备

为确保柴油发电机组正常运行，还应有柴油自动补给装置、机油自动补给装置、冷却水自动补给装置（针对水冷柴油机）启动蓄电池自动补充电装置等。

二、自动控制屏的主要功能

（一）柴油机的自动控制

1. 启动系统

柴油机的启动一般为电启动方式（采用蓄电池），启动系统包括：蓄电池、启动接触器、启动电动机、启动按钮及相关控制电路。

2. 充电系统

当柴油机在运行时，通过柴油机自带的充电发电机对蓄电池充电，充电系统一般包括充电发电机、励磁调节器、充电电流及相关控制电路。

3. 仪表系统

仪表配置根据柴油机机型不同有所不同，但一般设有转速表、油压表、油温表、水温表和充电电流表。

4. 自动加热装置

在自动化机组的柴油机上一般加装冷却水自动加热装置，使在机组备机状态时，使柴油机处于热机状态，以便机组在市电失电时，15 s 内启动机组并带负载工作。

5. 保护装置

柴油机一般有以下几种保护装置:机油压力传感器、冷却液温度传感器、转速传感器等装置。

6. 柴油机转速的自动调节

柴油机转速一般通过调速器自动调节,调速器一般分电子式、机械式和液压式三种。调速器由转速检测、控制及执行器三部分组成,调速系统是一个闭环系统。

当柴油机转速因负载的增加而下降时,调速器通过执行器加大油门,使转速回升;反之,当柴油机转速因负载的减小而升高时,执行器减小油门,使转速下调,保证柴油机在额定转速下运行。

(二)发电机的自动控制

1. 电压的自动调节

发电机电压的自动调节是通过自动电压调节器(AVR)来实现的,当电机输出端电压升高时,通过 AVR 减小发电机的励磁电流,使电压下降;反之,当电机输出端电压降低时,通过 AVR 增加发电机的励磁电流,使电压回升,保证电压稳定性。

2. 空载电压的调节

当发电机空载时,通过 AVR 调节相关电位器,可使输出电压在一定范围内调整,一般为额定电压的 95% ~105% 。

3. 电机的保护

过载保护:加装电流互感器及电流继电器来实现,分过载短延时、过载长延时两种。

短路保护:通过主开关的电磁脱扣特性来实现,当负载端短路时,主开关自动跳闸,

防潮加热:通过加装防潮加热器来实现,当机组在备机状态时,加热器工作,以防因环境潮湿引起电机绝缘降低。

三、机组保护装置

对于通信部门电力系统的基本要求是:保证安全可靠地供电;保证交流电能的质量;经济运行,降低成本。

在电力供电系统中各种继电保护装置,就是为了实现第一个基本要求而装置的。通信部门自备电站电力系统在供电过程中出现过载、欠压、过压、短路等运行不正常和故障时,通过继电保护装置来进行保护。

1. 继电保护装置的作用

在自备电站供电系统中装设的继电保护是不可缺少的保护装置。它的作用是:

当电气设备发生故障或由故障造成危害时,继电保护装置将自动地、迅速地切除发生故障的电气设备,以保证安全。如果电气设备出现不正常情况时,继电保护装置自动切除不正常运行的电气设备,并立即发出报警信号,告知值机人员及时进行处理,以防止事故的发生和扩大。

2. 对继电保护装置的要求

继电保护装置是确保安全用电,保护电气设备而装设的,因此,对它的要求是:

(1)动作要迅速。当供电系统发生故障时,继电保护装置动作时间应短,迅速切除故

障，以减轻被保护设备的损坏程度，阻止故障的蔓延。对于电气元件，如果短路电流通过时，产生的热量与短路电流的平方和电流流过的时间成正比，因此，保护装置切除得越快，产生的热量就越小，设备就不易损坏。

(2)灵敏度要高。灵敏度是指保护装置对起保护范围内的故障或工作状态不正常的反应能力。灵敏度越高，故障发觉和切除就越早，从而对系统和设备的破坏就越小。

(3)可靠性要高。可靠性是指装置本身应能可靠低工作。在正常运行或不属于它保护范围的故障，不应误动作。而属于它保护范围内的故障，不应拒绝动作。因此，保护装置的可靠性很重要，否则，它本身就可能是产生和扩大事故的根源。

3. 继电保护的基本原理

继电保护装置是一种能自动判断和处理故障的自动化装置。由于电力供电系统中发生故障或不正常运行时，总是伴随有电流、电压、频率、功率及电压与电流相位角度等物理量的变化，因此，电力供电系统各种继电保护，就是利用在发生各种故障或不正常运行时，出现的现象，作为自动控制的信号，自动判断故障，然后，进行保护。由于各种故障和不正常运行情况，其产生的原因均不相同，因此，各种继电保护电路的原理也不同。例如电流保护，是根据电流大小的不同分为过载和短路自动跳闸保护；欠压保护，当电压下降到低电压调定值时，自动跳闸保护；对于功率倒流，则有反应功率方向改变的逆功率跳闸保护。

4. 自动空气断路器保护

自动空气断路器是低压自动开关器件，通常用于交流电压 500 V 以下的电路中。它正常运行时，作为接通或分断主电路之用；在不正常运行时，用来对主电路进行过载、短路和欠压保护，自动切断电路。

在自备电站，自动空气断路主要用在柴油发电机组控制屏中，作为柴油发电机组三相交流电源输出的控制开关，常用于低压配电屏中作为低压三相交流电源的输出开关。

断路器结构如图 4—42 所示。

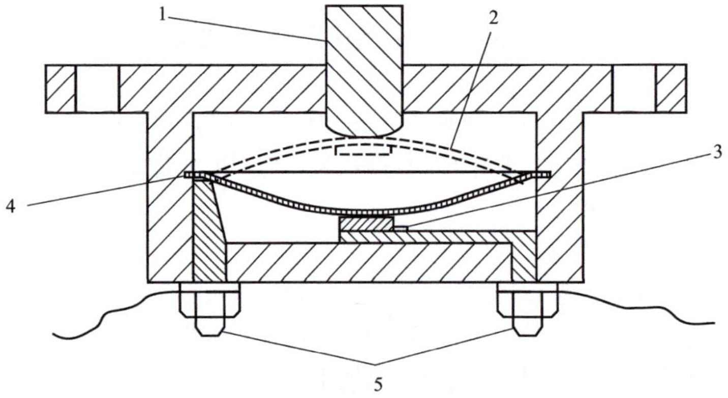

图 4—42　断路器简图

1—复位按钮；2—断开位置的圆盘；3—触点；4—圆盘；5—蓄电池回路接线柱

卡特彼勒启动系统中的断路器是一个安全开关。如果电气系统中的电流增大到超过断路器的额定值时，断路器将蓄电池回路切断。带有接触点的热敏金属圆片使电路通过断路器构成回路。如果电气系统中的电流过大,大的电流使金属圆片加热,金属受热发生变形,从而断开了触点,切断电路。断开的断路器在冷却后可以重新复位,按下复位按钮使触点闭合,断路器复位。

四、卡特彼勒发电机的控制面板及关停保护

卡特彼勒发电机组控制面板为 EMCP Ⅱ 控制面板,它的控制面板设置在发电机调压器壳顶部。控制面板由一个带有指示器、电表和控制开关的主面板组成(如图 4—43 所示)。为配合用户的需要和要求,控制面板可以装备选用的模块。右侧是空白区,或装一个警告模块,或一个同步模块。

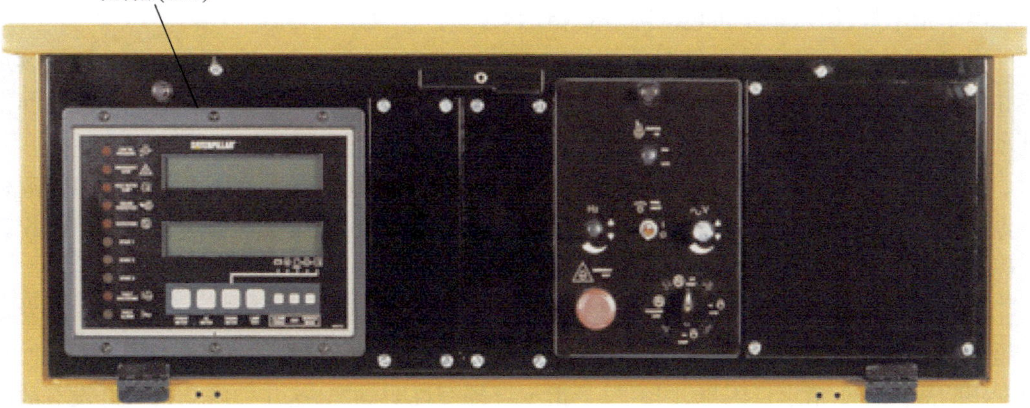

图 4—43　卡特彼勒发电机的控制面板

控制面板左侧装有发电机组控制器(GSC)。这是系统主要部件。GSC 显示发电机的输出、故障情况和发动机主要参数,它的主要功能为:提供发电机交流输出的信息;控制发动机的启动和停机;显示发动机的工作情况,发电机的输出情况,故障代码和 GSC 编程信息;监视系统中有没有故障并具有可编程的特性以满足特殊的配套要求和客户需求。

(一)GSC 工作模式

GSC 工作模式共 4 种:正常模式、故障报警模式、故障停机模式、维修模式。

1. 正常模式

所有故障停机指示灯、故障报警指示灯都不亮,"SERV"没有在显示屏上显示。在正常模式时 GSC 的功能:发动机启动、发电机组重要参数的监视、给操作者显示重要的发电机组参数、故障侦测、发动机停机 。

2. 故障报警模式

故障报警指示灯正在闪烁, GSC 会自动进入故障报警模式以警告操作者当前发电机组中存在报警故障。当按下 ALARM CODE 键时,故障报警的代码会在显示屏上显示。

3. 故障停机模式

特定故障停机指示灯或故障停机指示灯正在闪烁 GSC 会自动进入故障停机模式,使发

动机停机，并防止发动机再次启动，同时警告操作者当前发电机组中存在停机故障。

如果只有故障停机指示灯在闪烁时，显示屏上会立即显示故障代码，此故障代码精确地描述了导致这次故障停机的原因。

4. 维修模式

当按 SERVICE MODE 键时进入维修模式。进入维修模式后，在显示屏上显示“SERV”，通过维修模式能帮助排除发电机组的可自诊断故障，满足特殊的应用要求及检验、校准和调整发电机组的功能

注意：当发动机控制开关（ECS）处于自动（AUTO）位置时，不能进入维修模式。

（二）GSC 故障指示灯

在 GSC 前面有八个故障指示灯（1～8），用于显示和说明出现的故障，前面七个是红色故障停车指示灯，第八个是黄色故障警告指示灯。

当 GSC 检测到属于警告情况的故障时，黄色故障警告指示灯（8）闪烁，发动机继续运转和启动。故障警告指示灯伴随警告故障代码，当按警告代码键时会在上部数显屏上显示。

当 GSC 检测到一个停车情况的故障，红色故障停车指示灯（7）闪烁，发动机如正运转便停车并且不允许启动，在故障停车指示灯闪烁同时在上部数显屏上立刻显示故障代码。

六个停车指示灯专用的停车情况是：机油压力低（1），紧急停车（2），水温高（3），发动机超速（4），冷却液液面低（5）和发动机摇车过度（6），当 GSC 检测到这些情况中的一种，相应专用的故障停车指示灯闪烁，因为每个指示灯都有说明标牌，这几种停车指示灯没有故障代码。每种检测到的专门故障所需条件及每种检测的专门故障如下。

1. 机油压力低。低机油压力有两个调定值。一个是发动机怠速运转，另一个是发动机在额定转速运转，低机油压力停车调定点由编程输入 GSC。条件：发动机机油压力低于低机油压力停车调定。结果：机油压力低指示灯闪烁，发动机停车并不允许启动。

2. 紧急停车。条件：操作者按压仪表板上的紧急停车按钮 ESPB。结果：紧急停车指示灯闪烁，发动机停车并不允许启动。

3. 水温高。高水温停车调定值由编程输入 GSC。条件：发动机冷却液温度上升于高水温停车调定值。结果：水温高指示灯闪烁，发动机停车并不允许启动。

4. 发动机超速。发动机超速调定值由编程输入 GSC。条件：发动机转速超过发动机超速调定值。结果：发动机超速指示灯闪烁，发动机停车并不允许启动。

5. 冷却液液面低。条件：发动机冷却液面低于冷却液损耗传感器探头（选用件）。结果：发动机冷却液液面指示灯闪烁，发动机停车并不允许启动。该功能要求安装选用的冷却液液面传感器。

6. 摇车过度。总循环摇车时间调定值由编程输入 GSC。条件：在编程调定内发动机不能启动。结果：摇车过度指示灯闪烁，发动机不允许启动。

注：在出现以下故障时 GSC 可以由编程超越停车：机油压力低，水温高，冷却液液面低。当这些故障经超越后，这些故障按警告情况处理，相应的专用停车指示灯是连续点亮（不是闪烁），并且发动机继续运转和启动（不是停车）。专用的停车指示灯连续点亮说明停车调

定值已超过，但 GSC 被编程或超过停车情况，把故障处理成警告情况。

（三）控制开关的操作

控制面板的状态由启动、停发动机控制开关（ECS）操作来确定。在自动位置（时钟 3 点），只要远程触发接触器在闭合位置，发动机会自动启动，发动机在编程的预热循环内，会加速到额定转速，一旦机油压力传感器有足够的油压时，发动机会加速到额定转速。在触发接触器打开且经可调冷却时间后，发动机会关停。

当 ESC 在手动运转位置（时钟 6 点），只要 ESC 留在这位置，发动机可启动和运转。当 ESC 处在停止位置（时钟 9 点），经过一段延迟冷却时间，燃油电磁线圈使发动机停车。当 ESC 处在断开/复位位置（时钟 12 点），故障灯复位并且发动机立即关停。

（四）发电机关停装置

发电机的关停装置利用传感装置中的促动开关元件来对机组进行保护。关停装置对下列各项的临界状态进行设定：工作温度、工作压力、工作级别和工作转速。特定的关停装置在发电机启动前，需要复位。

进气关断装置：进气关断装置位于发电机顶部。进气关断装置是进气系统的一部分。线圈被激活时，线圈机械地关闭至发动机的进气。只能由超速开关或紧急停车按钮（ESPB）来激活线圈。在发动机重新启动前，必须将发动机机组操纵机构（GSC）和进气关断装置复位。在发动机重新启动前，必须查明关停的原因。

燃油关断装置：燃油关断线圈位于发动机上或位于燃油喷油泵上燃油关断线圈激活时，线圈移动燃油齿条活通过调速器移动齿条。

机械式关停系统（如有配备）可提供低油压和高水温的保护。启动发动机时，拉关停缸拉钮并固定在位。这样，一旦发动机运转，油压会保持拉钮在伸出位置。

如果传感到了低油压和高水温，拉钮会松放。然后调速器壳内的柱塞会将燃油齿条固定在“断油”位置。冷却液温度开关位于缸盖上。冷却液高温时会关闭冷却液温度开关。一旦冷却液温度开关关闭，警报器或燃油关断装置被激活。发动机重新启动前，发电机组操纵机构（GSC）要复位。如果冷却液液面降至最低液面以下，冷却液液面传感器使警报器通电或使发动机关停。冷却液液面传感器通电时，可避免发动机过热或可能的损坏。必须给散热器添加冷却液，以便复位。发动机重新启动前，发电机组操纵机构（GSC）必须复位。

发动机油压：油压开关连到电气系统，油压开关检测轴承油槽中的油压。如果达不到油压，燃油关停线圈会关闭发动机。如果发动机运行时失去油压，燃油关断线圈通电，关闭发动机。发动机重新启动前，发电机组操纵机构（GSC）必须复位。

发动机分级油压装置：发动机分级油压装置具有可调节转速的设定，在规定的转速范围内当油压太低时可保护发动机免受损坏。这种选择需要两个油压开关。一个油压开关为高压值。当发动机转速高于设定转速时，必须保持油压。保持油压要高于油压开关的高额定值。第一个油压开关为低压值。当发动机转速低于设定转速时，必须保持油压。保持油压要高于油压开关的低额定值。

超速关停装置：磁性测速头传感通过飞轮齿圈上的齿来测速。电子超速开关调定在发动机额定转速的 118% 。如果发动机转速增加超过了超速调定值，磁性测速头会检测出超速,并向电子超速开关发出信号,电子超速开关激活进气关断线圈(如有配备)和燃油关断线圈。发动机重新启动前,须将关断装置复位。进气关断操纵杆必须手动复位,该杆在进气罩的顶部。发动机重新启动前,必须查明引起超速的原因。

卡特彼勒发电机组 EMCP3.3 控制器如图 4—44 所示。

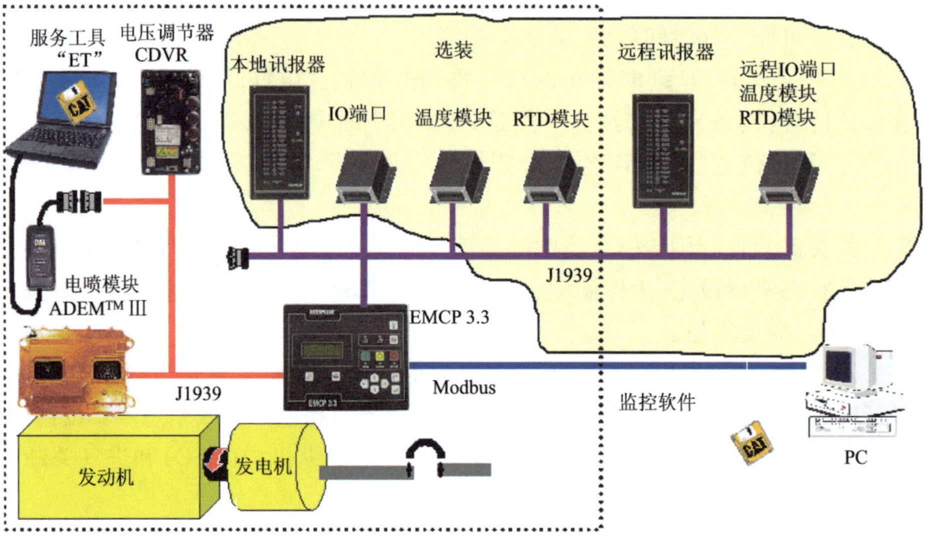

图 4—44　卡特彼勒发电机组 EMCP3.3 控制器

第五节　柴油发电机组的使用和维护

一、柴油发电机组运行的条件

通常市电停电是柴油发电机组投入运行的条件,另外长期不停电时,机组还应定期试机,以防止柴油机相关零件生锈和发电机绕组受潮,因而定期试机是运行机组的另一条件。

二、启动前的检查

其目的是确保机组安全、顺序启动,并保证操作人员的人身安全。

检查内容包括:油、水、电检查及一般检查和杂物清除等,其中油的检查包含机油量检查,其方法是通过油底壳上的油标尺来完成,发现机油不符要求应加同标号适量机油;另外油的检查是指柴油量的检查,通常是在上一次运行之后加足,因而通常柴油量是符合要求的。

水的检查是指对冷却水的检查,其方法是打开散热水箱上的水箱盖来检查,若水不足应加适量软水即可,通常是通过对地面上是否有漏水痕迹来粗略判断。当然风冷式柴油机不存在冷却水量的检查。

电的检查是粗略判断启动蓄电池电能是否充足,若不充足应尽量改善启动条件予以弥补，其方法是观察直流电压表和照明灯的明亮程度，根据蓄电池的知识，这种判断是不完全准确的，但进行第一次启动操作后电力机务人员应该知道启动蓄电池电能是否充足。

一般检查是指在启动前、检查各开关、仪表是否在正常位置，各表面螺栓有否松动，可调节活动部位是否灵活等。杂物的清除等是指在启动前机组上不能放置任何工具和擦布等物品，以免伤人和损坏设备。

三、启动条件的改善

其目的通过改变影响启动成功的因素，以期提高启动的成功率，具体操作应视机型而定，主要有下列方法。

1. 预供机油

中大型柴油机可以在启动前使用预供机油泵，将机油在启动前就供给相关摩擦表面，以期减小阻力提高启动时的运转速度；小型柴油机可以通过盘车来使机油泵泵油，同样也有明显效果。

2. 预热装置

预热装置可分为进气预热、炽热点火和冷却水预热。进气预热是将进气部分燃烧，以提高进气温度达到改善燃烧的目的；炽热点火是指在气缸内设置电热丝，接通电源后较高温度的电热丝对柴油自燃有利，这两种均由启动用蓄电池供电。

冷却水预热是由交流电供电，因而这种装置在停电前就已经投入工作，是通过电热丝对气缸套内冷却水加热，其温度由温控器控制在 30～50 ℃范围内。这种装置的缺点是耗电量较大。

四、电启动操作

电启动操作是指启动操作过程，在启动操作中应充分发挥人的主观能动性、正确操作、从而确保操作成功，同时也应避免给设备和人员造成伤害。

在电启动操作时，应该注意下列问题：

1. 每次启动时间加以限制

一方面保护启动蓄电池，防止过放电；另一方面保护启动电动机，防止损坏。

2. 每两次启动之间应留有间隔时间

当第一次启动不成功，应该给启动蓄电池一个恢复时间，以消除启动蓄电池内的浓差极化，再进行第二次启动。否则启动蓄电池放电不充分。

3. 总的启动次数加以限制

一方面防止蓄电池过放电而损坏电池，另一方面为排除故障后给再启动留有一定的电池容量。

4. 在启动过程中一旦出现异常声音、气味、仪表指示不正常应立即停止启动操作，以防事态扩大

在启动操作时，操作人员应随时判断是否启动成功，启动成功的依据视柴油机转速变化或有否爆破声。一旦启动成功，即可停止一切启动操作。

五、柴油机怠速暖机和调整

柴油机启动成功后其转速是设定在怠速(约 300 ~ 500 r/min)并运行 5 min 左右,以提高柴油机工作温度。怠速结束后将柴油机转速调整为 1 500 r/min,并将发电机的输出电压调整至 400 V(线电压)。

六、供　　电

此时柴油发电机可以向负荷供电,应该注意的是在负荷切换时,油机电开关和市电开关不允许关联运行,瞬间并联也绝不允许,因此在开关操作时,市电开关断开以后才能合上油机电开关,即先分后合。为保证供电质量,油机电开关合闸后,应检查自发电的电压、频率和电流。

七、监测和故障处理

为保证机组和用电设备的安全,对柴油发电机组的运行参数予以监测,包括柴油机上的机油压力,机油温度、冷却水温度、转速,以及发电机上的三相电流、三相电压、频率等。

机组一旦出现可能损坏机组和用电设备的故障时,应作相关处理,如有下列情形之一者应立即卸载停机检查故障:

1. 低油压;
2. 高水温;
3. 超转速;
4. 异常响声。

八、市电恢复以后的停机

当市电恢复通过适当延时(一般延时数分钟)确定,即可进行停机操作:

1. 先将负荷从自发电上撤出,并切换至市电,在切换时同样也应保证开关的先分后合。
2. 将柴油机转速由额定转速(1 500 r/min)降至怠速,并运行 5 min 左右以冷机,防止突然停机后机体局部过热。
3. 切断油路即可停机。

九、后期处理

为保证机组下一次能正常运行,应该视情况而进行加油、加水的工作。但启动蓄电池补充电千万要正常进行。

十、柴油发电机组的维护保养

为使柴油机保持正常运行,延长使用时间,除了按操作规程进行正常操作外,还必须定期对柴油机各部件进行的检查、调整和清洗,按照柴油机组的使用说明和技术规范进行保养,为柴油机的正常运转提供良好的保障维护。

检查燃油箱内的存油量,燃油喷射系统各机件及油管接头是否完好。检查油底壳内机油的高度。

清洁柴油机、水泵、发电机及其他附属设备表面油污，检查连接部分螺栓是否松动。

定期旋松燃油滤清器底部放油螺塞，放出杂质。

检查冷却水箱水位，检查喷油泵及调速器内机油的油量。

检查传送皮带时应注意其运行状况，尤其注意机油压力、排烟以及运转时的响声，观察有无异常。

检查启动电池的状况是否正常。

第六节　发电机组的选型

一、性能要求

1. 输出电压要求：额定电压 230/400 V（负载电压 AC 220/380 V，三相四线制）；稳态电压调整率≤±1%；瞬态电压调整率≤±20%；恢复时间≤1 s；波动率≤0.5%；线电压波形正弦性畸变率≤5%。

2. 输出频率：额定频率 50 Hz；稳态频率调整率≤3%；瞬态频率调整率≤±7%；恢复时间≤3 s；波动率≤0.5%。

3. 额定功率因数：0.8（滞后）；额定转速：1 500 r/min。

4. 启动方式：24 V 或 12 V 电启动，自动与手动两套操作，机组本身具有应急手动启动与停机装置。

5. 噪声：250 kW 及以下，≤102 dB；250 kW 以上，≤110 dB。

6. 励磁方式：无刷励磁。

7. 机组空载电压的调整范围为额定电压的±5%；机组应采取良好的减震措施，满载运行时其最大振幅≤0.5 mm。

8. 额定工作情况下机组燃油、机油消耗率：与柴油发电机的额定功率相关，见本节的表 4—1、表 4—2。机组应能使用国内生产的燃油和机油。

9. MTBF：柴油发电机组的平均无故障间隔时间（使用十年内或累计时间超过大修期）应能达到 3 000 h 或更长。

二、功能要求

1. 机组应有低温启动措施，在环境温度 −5 ℃时，机组应能在 5 min 内顺利启动；机组应具有外置启动电池充电设备。

2. 机组启动成功后，应能在 3 min 内带额定负载运行。机组应具有手动启动、手动投入、手动撤出、手动停机等功能。

3. 当机组发生启动不成功或运行中发生故障而停机，应能送出故障告警信号。

4. 当机组出现下列故障时，运行中的发电机组应自动保护停机：发电机电压异常（过高、过低）；发电机缺相；机油油压低；转速高；转速低；三次启动失败；引擎温度高（对风冷机组）；水温过高（对水冷机组）；发电机过载；机组负载端发生短路时保护装置应能迅速动作；

飞车应立即停车，不能依靠切断燃油停机。

5. 对于欠电压、机油温度过高、燃油油位低等方面的保护装置可按需要选设。

6. 机组应放置可移动的灯，机组控制屏各监视仪表表面的照度应不低于 20 lx。

7. 设备应具有防潮措施。

8. 机组应具有自动计时功能。

9. 设备应有抑制无线电干扰措施，满足有关标准要求。

第七节　柴油发电机组的测试

由于线路检修、灾难性气候以及突发性事故等原因的存在，市电的不中断供电往往难以实现。为了减少交流停电时间，柴油发电机组（以下简称油机）便成为一种不可缺少的备用电源设备。随着电源技术的发展，油机供电的自动化程度越来越高，从市电监测、油机启动、油机供电到市电恢复后负载电源的切换、油机冷却、油机停机的整个过程均可实现自动化操作，实现市电停电后以最快的速度恢复交流供电。为了增加油机供电的可靠性，重要的枢纽机房配置两台油机，实行主备切换或并机供电模式，减轻了后备电池的供电压力，为机房实现集中监控、无人值守创造了条件。配置油机后，还必须切实做好其日常维护和保养工作，才能保证在需要使用时油机能够正常地启动，并可靠地向通信设备输送符合指标要求的交流电源。油机的日常维护保养除了定期检查冷却水、机油、燃油和启动电池外，对电气特性的检测是必不可少的。另外，油机的正常启动和工作，除了与油机本身有关，还与油机运行环境的温度、湿度、气压等因素有关，因此测试油机时往往需要记录环境的温度、湿度和气压。

一、油机电气性能的测试

油机的电气性能包括额定参数（如额定电压、额定频率、额定功率等）、整定特性（如电压整定范围、频率整定范围等）、稳态特性（电压不平衡度、电压波形正弦畸变率、稳态电压偏差、电压调制、频率降、稳态频率带等）、瞬态特性（瞬态电压偏差、电压恢复时间、瞬态频率偏差、频率恢复时间等）以及绝缘电阻等等。对通信专用的柴油发电机组，其性能指标应满足《通信用低压柴油发电机组》（YD/T 502—2020）的要求。

1. 额定电压和额定频率的整定

稳压稳频输出是对油机的最基本要求，但由于油机的容量有限，其输出电压和频率随着负载的变化而变化。即使油机负载保持不变，其输出电压和频率也会出现波动现象。输出电压或频率出现变化时，油机通过内部的 AVR 电路进行负反馈控制实现稳压输出，通过机械调速或电子调速电路实现油机稳频输出。

油机的额定电压是指在额定频率和额定输出时发电机端子处的线电压。额定电压是为保证良好的运行性能和输出特性，由制造厂给定的电压，用符号 U_r 表示（U_r 是 ISO 标准中使用的符号，在 IEC 标准中采用 U_N 表示）。油机的额定频率是指油机的标定频率值。在柴油发电机组的机身铭牌上，标注着机组的额定电压、额定频率（转速）、容量、功率、功率因数等等。根据铭牌参数，可以通过调整机组的输出电压和频率，使其在额定输出时输出电压和频率为额定值。由于各品牌油机的稳压稳频性能不同，油机在实际使用中可能会出现空载时的电压和频率远高于满载时的值，或者出现轻载时的电压、频率低于额定电压和额定频率。因此油机的额定电压和额定频率需要结合油机的调压、调速特性以及实际的使用条件进行恰当的调整，调整时需要同时兼顾油机轻载和满载时的输出电压和频率，调整后的电压和频率称为整定电压 U_s 和整定频率 f_s。如果油机稳压稳频性能不佳，可能需要多次反复调整才能达到满意的效果。

2. 相对电压整定范围

油机的输出电压可以通过电压整定电位器进行调整。对于空载与额定输出之间的所有功率值（可以取额定输出的 5%、25%、50%、75%、100% 等），在规定的功率因数和额定频率条件下，当油机处于稳定工作状态时，调节电压整定电位器到两个极限，测量油机输出电压的最大值 U_{s_1up} 和最小值 U_{s_2do}，两者之差与油机额定电压的比值称为油机的相对电压整定范围 δU_s。

$$\delta U_s = \frac{U_{s_1up} - U_{s_2do}}{U_\tau} \times 100\% \tag{4—4}$$

3. 稳态电压偏差

即使负载保持不变，油机的输出电压也会在一定的范围波动。对于空载与额定输出之间的所有功率值（可以取额定输出的 5%、25%、50%、75%、100% 等），在规定的功率因数和额定频率条件下，当油机处于稳定工作状态时，测量并记录油机输出电压的最大值 $U_{s_{t_s}max}$ 和最小值 $U_{s_{t_s}min}$，两者之差的一半与额定电压的比值称为油机的稳态电压偏差 δU_{st}（旧称为1/2稳态电压调整率）。

$$\delta U_{st} = \pm \frac{U_{s_{t_s}max} - U_{s_{t_s}min}}{2U_\tau} \times 100\% \tag{4—5}$$

4. 电压调制

当油机恒定地运行于某一稳态电压下时，由于受调节器或负载影响，其实际输出电压可能会有规律地在该稳态电压上下波动，波动频率低于油机输出频率（如 10 Hz），其波形看起来就好像是被一个低频波动信号调幅后的电压信号（如图 4—45 所示）。可以用该准周期变化电压的峰值之差与平均峰值电压的比值来度量这种变化特性，称为电压调制（旧称电压波动率）。

$$U_{mod,s} = 2 \times \frac{U_{mod,s,max} - U_{mod,s,min}}{U_{mod,s,max} + U_{mod,s,min}} \times 100\% \tag{4—6}$$

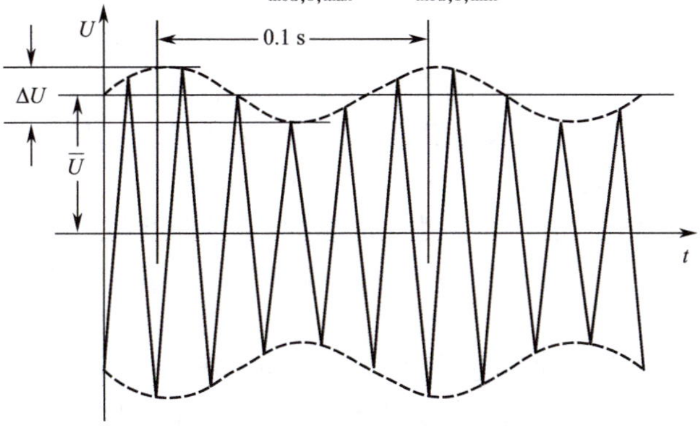

图 4—45　幅值 △U 和 10 Hz 频率的正弦电压调制波形

5. 相对频率整定范围

油机在空载输出时，调节转速调整电位器，测量油机输出频率的最大值$f_{i,max}$和最小值$f_{i,min}$，两者之差与油机额定频率的比值称为油机的相对频率整定范围δf_s。

$$\delta f_s = \frac{f_{i,max} - f_{i,min}}{f_\tau} \times 100\% \tag{4—7}$$

6. 频率降

启动油机并整定至额定工作状态（额定频率f_τ），然后卸除全部负载，测量油机的空载输出频率$f_{i,\tau}$（额定空载频率），其与额定频率f_τ之间的频率差与额定频率的比值称为油机的频率降δf_{st}（旧称稳态频率调整率）。油机的频率降可以反映初油机空载频率和额定频率的差值的大小，从而得出油机的稳频性能。

$$\delta f_{st} = \frac{f_{i,\tau} - f_\tau}{f_\tau} \times 100\% \tag{4—8}$$

7. 稳态频率带

在负载不变的状况下，油机的输出频率会围绕某一平均值波动，其包络线宽度f，即最大输出频率$f_{st,max}$和最小输出频率$f_{st,min}$之差除以额定频率称为油机的稳态频率带β_f（旧称频率波动率）。

$$\beta_f = \frac{f}{f_\tau} \times 100\% = \frac{f_{st,max} - f_{st,min}}{f_\tau} \times 100\% \tag{4—9}$$

8. 瞬态电压（频率）偏差及电压（频率）恢复时间

瞬变特性是指油机的输出负载突然改变时，其输出电压、频率的动态变化范围和动态变化趋于稳定的时间。负载的突然改变包括突加负载和突减负载两种情况。

突加负载量的大小对于不带涡轮增压的油机，通常取100%额定负载，对于带涡轮增压的油机则应根据发动机的制动平均有效压力（BMEP）来确定，通常参照厂家技术规定；突减负载采用100%额定负载。

通常衡量油机瞬变特性的瞬态响应指标有瞬态电压偏差（旧称瞬态电压调整率）、电压恢复时间、瞬态频率偏差（旧称瞬态频率调整率）、频率恢复时间等。瞬变特性的测试需要使用存储示波器来记录瞬变过程油机的输出电压波形，测试中需要两个人相互配合，其过程可以分成以下几步。

（1）准备好示波器，选择油机输出的任意一相电压输入示波器。电压信号的采样点应选择在输出负载开关的上桩头（保证当负载开关断开时仍能够采到油机输出电压）。

（2）将示波器水平扫描速率调整为250 ms/div，示波器屏幕水平方向共10格，一屏波形可以记录2.5 s时长的输出特性。如果瞬变响应时间超出2.5 s，则需将水平扫描速率调整为500 ms/div，此时一屏波形可以记录5 s时长的输出特性。

（3）当示波器扫描线出现在屏幕左边第一格时，迅速断开（或合上）负载开关。同时注意观察示波器扫描线，等扫描线接近示波器屏幕右端时，按RUN/STOP键，瞬态过程的输出波形被记录下来。

（4）电压瞬态响应参数的读取：适当调整SEC/DIV开关，对示波器存储下来的波形进行水平方向的拓展。移动水平测量光标，读出负载变化前后油机输出电压的最大值$U_{dyn,max}$（或最小值$U_{dyn,min}$），并将该峰值电压转换成有效值；将读数光标转换成垂直状态，并将第一条光标定位在负载突变的开始时刻，另一条光标定位在输出电压到达并稳定在稳态恢复电压 U_{rec} 容差带 ΔU 内的时刻，读出两条光标之间的时间即为电压瞬态响应稳定时间，突加负载时，电压恢复时间用符号 $t_{U,in}$，突减负载时则用 $t_{U,de}$ 表示（如图 4—46 所示）。除了另有规定外，稳态电压容差带一般应取：

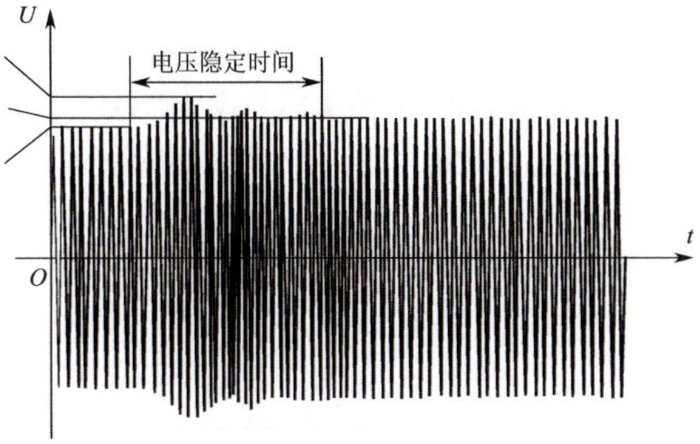

(a)突减负载瞬态响应波形

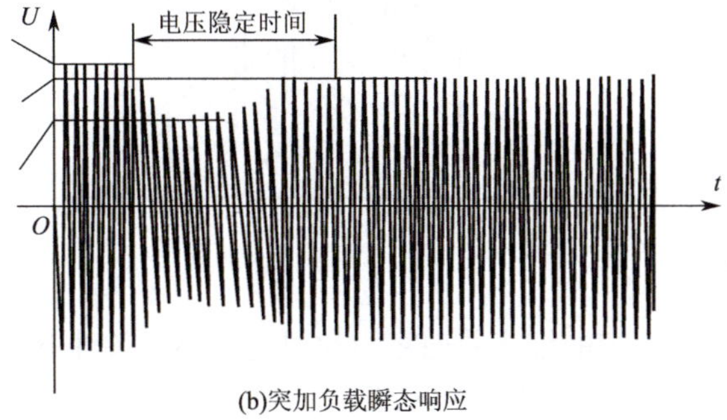

(b)突加负载瞬态响应

图 4—46　油机负载突变时的瞬态响应波形

$$\Delta U = 2 \times \delta U_{st} \times U_{\tau}/100 \qquad (4\text{—}10)$$

突加负载瞬态电压偏差 δU_{dyn}^{-}

$$\delta U_{dyn}^{-} = \frac{U_{dyn,min} - U_{\tau}}{U_{\tau}} \times 100\% \qquad (4\text{—}11)$$

突减负载瞬态电压偏差 δU_{dyn}^{+}

$$\delta U_{dyn}^{+} = \frac{U_{dyn,max} - U_{\tau}}{U_{\tau}} \times 100\% \qquad (4\text{—}12)$$

(5)频率瞬态响应参数的读取：适当调整 SEC/DIV 开关，对示波器存储下来的波形进行水平方向的拓展。左右移动存储下来的瞬态波形，通过垂直测量光标，找出油机动态响应过程的最大输出频率 $f_{d,max}$（或最小输出频率 $f_{d,min}$）；再将第一条光标定位在负载切换的开始时刻，另一条光标定位在输出频率到达并保持在稳定频率 f_{rec} 的容差带 Δf（±1 Hz）内的时刻，读出两条光标之间的时间即为频率瞬态响应稳定时间。突加负载时，频率恢复时间用符号 $t_{f,in}$，突减负载时用 $t_{f,de}$ 表示。

突加负载瞬态频率偏差 δf_{dyn}^{-}：

$$\delta f_{\mathrm{dyn}}^{-}=\frac{f_{\mathrm{d,min}}-f_{\tau}}{f_{\tau}}\times 100\% \tag{4—13}$$

突减负载瞬态电压偏差 $\delta f_{\mathrm{dyn}}^{+}$：

$$\delta f_{\mathrm{dyn}}^{+}=\frac{f_{\mathrm{d,max}}-f_{\tau}}{f_{\tau}}\times 100\% \tag{4—14}$$

(6)按以上步骤重复瞬态响应操作三次，分别记录每次操作的最高(最低)电压、最大(最小)频率、电压稳定时间、频率稳定时间，按上述公式计算各瞬态响应指标，取最大值(如瞬态电压偏差取三次 $\delta f_{\mathrm{dyn}}^{-}$ 和 $\delta f_{\mathrm{dyn}}^{+}$ 中的最大值)作为各指标的测试结果。

9. 输出功率

常见的油机输出功率参数有持续功率、基本功率和限时运行功率。持续功率是指油机在规定的维修周期之间和规定的环境条件下供电时数不受限制的允许输出功率。如图 4—47 所示。

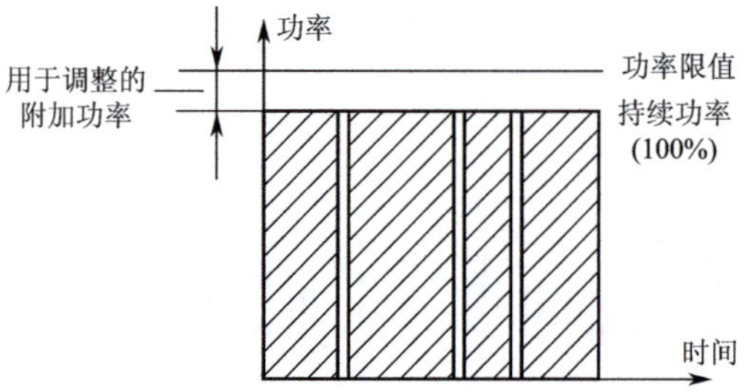

图 4—47　持续功率图解

基本功率是指油机在规定的维修周期之间和规定的环境条件下每年可能运行的某一可变功率序列内允许的最大功率，如图 4—48 所示。在这种情况下，油机在 24 h 内允许的平均输出功率应不大于其基本功率的某一百分数，通常为 80% 基本功率。

需要说明的是，在计算实际的平均输出功率时，小于 30% 基本功率的功率应按 30% 计，停机时间不计。它用于限定在市电中断时提供应急的最大功率，因此又称为备用功率或后备功率(Standby Power Rating)。通信用柴油发电机组的额定功率就是这个概念。

限时运行功率是指油机在规定的维修周期之间和规定的环境条件下连续运行不超过 300 h，每年不超过 500 h 的最大允许功率(如图 4—49 所示)。

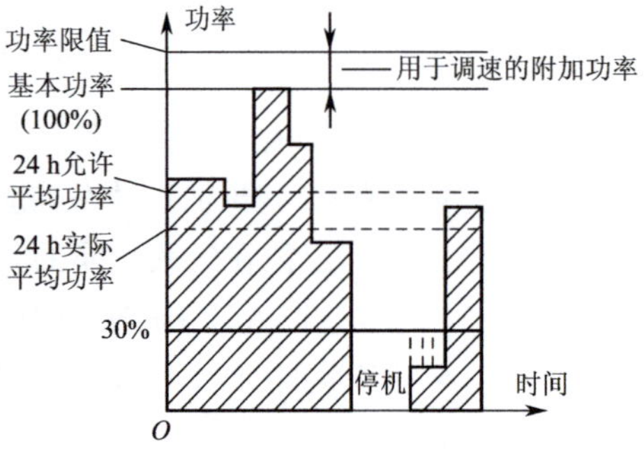

图 4—48　基本功率图解

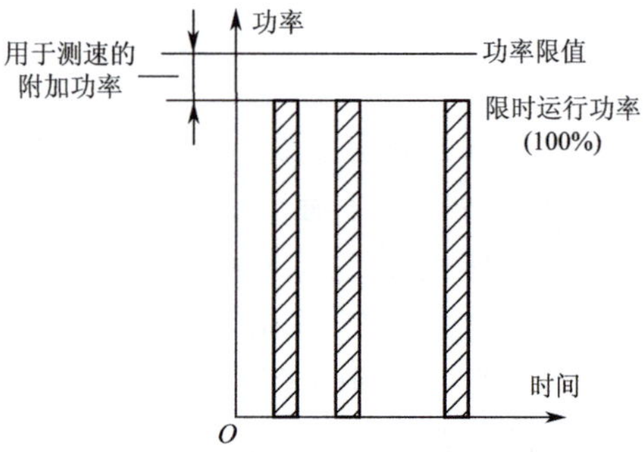

图 4—49　限时运行功率图解

对于以上每一种功率定义，油机都必须能够提供一个附加功率，以供负载突变时调速用，其值通常为额定功率的10%。附加功率一般不用于向电气耗电装置供电。

每一台油机都可能存在这三种不同意义的额定功率，基本功率和限时运行功率一般大于持续功率。但是，一台油机往往是为特定的应用而设计的。针对不同用途设计的机组其对零部件的机械、电气特性的要求可能存在一定的差异。因而为后备用电而设计的发电机组并不一定适用于持续供电。值得注意的是，不同的制造厂对发电机组额定功率往往有着不同的定义，在功率选择和商务谈判中尤其应弄清楚所述发电机组额定功率的真正意义。

油机输出功率的测试方法在此不作详述。需要注意的是：

(1)测试油机输出功率时，有条件的情况下最好采用功率因数为0.8的非线性负载。如果采用电阻性负载，则油机的负载不能长期超出其标定输出功率。

(2)测试前，需要检查油机的进出风道是否畅通。在测试过程中，需要注意油机的输出电压、频率、水温、油压、排气管温度（烟管不发红）、机组声音、油机排出废气的颜色、机房温升等等。

(3)如果测试过程中油机输出线电压低于323 V、频率低于48 Hz，或者出现其他明显的异常情况时，说明油机不能继续带载，应立即切除负载。同时检查油机的工作条件是否满足，特别是对于有些油机房在实施降噪声工程中增加了排烟消声器的，更应认真检查机房的进风量是否足够，排气阻力是否过大等。进风量的检查可以在油机带载（大于60%额定负载）时用气压计测量油机房的气压，机房内负压值（机房内气压小于外界气压时的内外气压差）应小于670 Pa。没有气压计时也可以采用半开机房大门的办法，观察大门是否被进风气流快速地吸合（或打开），若是，则可判断机房进风量不足。

10. 空载电压不平衡度

在油机空载、输出额定电压的情况下测量三个线电压值，其电压不平衡度应小于1%。电压不平衡度的计算方法参见本章第一节的相关内容。

11. 空载线电压正弦畸变率

在油机空载、输出额定电压的情况下用谐波分析仪测量线电压的正弦畸变率（THD-F%），该值应小于5%。为了更好地了解机组输出三次谐波的含量，还可以进一步测量相电压的正弦畸变率。

12. 三相不平衡负载下的线电压偏差

在实际应用中，油机各相的负载往往是不平衡的。为了了解油机带三相不平衡负载的能力，可以在油机的三相输出分别加上25%额定负载，然后在其中任何一相再加上25%额定负载，要求油机要能够正常工作。记录此时的三个线电压值，求得不平衡负载下各线电压相对平均线电压的偏差，要求其中最大线电压偏差δU_C不大于平均线电压值的5%。

$$\delta U_C = \mathrm{MAX}\left[\ |U_{AB} - \bar{U}_{线}|,|U_{BC} - \bar{U}_{线}|,|U_{CA} - \bar{U}_{线}|\ \right] \tag{4—15}$$

式中，$\bar{U}_{线}$为平均线电压值，$\bar{U}_{线} = \dfrac{U_{AB} + U_{BC} + U_{CA}}{3}$。

13. 绝缘电阻

在油机处于冷态（运行前）和热态（运行后）时，打开控制箱（定子接线端子），分别用绝缘电阻测试仪(直流 500 V 挡)测量油机定子线圈对地的绝缘电阻。其绝缘电阻值应大于32 MΩ。测量绝缘电阻时,应将控制回路脱离供电主回路,否则可能由于控制电路、信号采样电路的影响使测出的绝缘电阻为零,甚至由于绝缘测试时的高电压造成控制电路损坏。

二、油机其他性能和功能的测试

(一)常温启动性能

即使在市电正常供电的情况下,油机也需要定期进行启动性能的检测,以免出现市电停电时油机却不能正常启动。油机启动性能检测一般以十五天为周期。

常温冷态下进行油机启动性能检测时,要求按以下步骤进行:

(1)检查油机有无"四漏"现象,即漏油、漏水、漏气及电池漏液等现象。

(2)检查启动电池电压、机油液位、燃油液位、冷却水位是否正常,输油管路是否畅通。进出风道是否畅通等。

(3)如果一切正常,则采用机组的启动装置,按使用说明书规定的方法启动油机。

(4)如果启动成功,则检查油机输出电压、频率、水温、油压及排烟状况等是否正常。检查油机控制屏上各仪表指示是否正常。

(5)启动如果失败,则间隔 2 min 后重新启动(全自动机组会在预设时间内自动重新启动)。如果第二次启动失败,重新检查(2)步的内容。第三次启动时可以将万用表接在电池两端,在启动的同时观察电池电压是否过低(24 V 电池低于 18 V,12 V 电池低于 9 V)。如果连续三次启动失败,则停止启动。油机启动失败的原因有很多,如油路不通、启动电池电力不足、启动电磁阀不能正常吸合、柴油滤清器阻塞、油管进气等等,需要认真检查,排除故障。

(二)机组噪声

在油机空载和带额定负载状态下,用声级计分别测量油机后侧、左侧和右侧各处的噪声大小。声级计离油机水平距离 1 m,垂直高度约 1.2 m。对于静音型机组,可以分别测量静音罩打开和关闭时油机的噪声,两者对比可以反映出静音罩的隔声效果。对于已经投用的油机,则还应在油机室外 1 m 处分别测量各点噪声,测出的噪声值应符合当地环保部门的要求。

(三)相　　序

在油机输出电缆接入低配设备时需严格保证油机与市电相序的一致性,否则在油机供电时会造成部分设备由于错相保护而不能正常工作。第一次安装检测无误,且没有对市电或油机的供电电路进行改动时,日常维护不需要再进行相序的检测。

相序检测可以采用相序测试仪在低压配电屏油机接入端检测,也可以在发电机组的输出端检查,检查结果应与机组输出标志相符。但如果与市电对应的相序不符,则需进行相应的调整,保证市电与油机相序的一致性。

(四)保护功能

油机的保护功能主要有:高水温保护、低油压保护、过速保护、过压保护、输出短路保护、缺相保护等等。油机保护功能的模拟测试建议在厂家技术人员的配合下进行。

过速保护：启动机组，稳定后缓慢调整转速，当油机转速超出过速保护设定值时机组应发出声、光报警信号并停机。或者在机组额定转速工作状态下，调整油机过速告警值低于实际转速，机组同样应该发出声、光报警信号并停机。

高水温保护：人为地将水温探头放在已准备好的高温水中，或将水温传感器输出短路，机组应发出声、光报警信号并停机。

低油压保护：机组在正常运行状态下，人为地使机油压力降低到技术条件规定的保护点，或使油压传感器输出短路，机组应发出声、光报警信号并停机。

（五）自动化机组自动启动和自动停机的可靠性

（1）在自动化机组系统中，人为中断电网供电，观察机组是否能自动启动及升速、建压、合闸供电。

（2）人为地恢复电网供电，观察机组能否按规定停机并自动转换为市电供电。

（3）当有备用机组时，人为地使第一台机组启动失败或故障停机，观察另一台备用机组能否启动。该项试验重复进行三次。

（4）检查自动化机组手动控制的可靠性：手动启动和停机、手动调频和调压、手动供电和停电。

（六）燃油消耗率和润滑油消耗率

为了衡量油机的工作效率，其燃油消耗率和润滑油（机油）消耗率是非常重要的指标，它们分别被定义为机组输出每度（kWh）电能所需消耗的燃油或润滑油质量（g）。不同品牌、不同功率的油机，其燃油消耗率和润滑油消耗率各不相同。表4—1、表4—2、表4—3分别列出了不同功率油机燃油消耗率和润滑油消耗率的指标要求，机组在额定工况下运行时的燃油和润滑油消耗率不应大于该指标要求。

表4—1　柴油发电机组的燃油消耗率

机组的额定功率（kW）	$12<P\leqslant40$	$40<P\leqslant75$	$75<P\leqslant120$	$120<P\leqslant250$	$250<P\leqslant600$	$600<P\leqslant1\,500$	$1\,500<P\leqslant3\,150$
燃油消耗率（g/kWh）	310	290	280	270	260	250	240

表4—2　柴油发电机组的润滑油消耗率

机组的额定功率（kW）	$12<P\leqslant40$	$P>40$
润滑油消耗率（g/kWh）	3.5	3

表4—3　柴油发电机组主要性能指标要求

<table>
<tr><th colspan="3">性能参数</th><th>符号</th><th>单位</th><th>运行极限值</th></tr>
<tr><td rowspan="3">并联运行</td><td rowspan="2">有功功率分配</td><td>80%～100%标定定额之间</td><td rowspan="2">ΔP</td><td rowspan="2">%</td><td>$\leqslant\pm5$</td></tr>
<tr><td>20%～80%标定定额之间</td><td>$\leqslant\pm10$</td></tr>
<tr><td colspan="2">无功功率分配
20%～100%标定定额之间</td><td>ΔQ</td><td>%</td><td>$\leqslant\pm10$</td></tr>
</table>

续上表

性能参数			符号	单位	运行极限值
其他	绝缘电阻		R	MΩ	≥2
	噪声	≤250 kW	Lp	dB A 计权	≤102
		>250 kW			≤108

注:1. 对于涡轮增压发动机的发电机组,按厂家技术规定。

2. 除非另有规定,用于计算电压恢复时间的容差带应等于 2 × 稳态电压偏差 × 额定电压/100。机组并联运行,该值应为 0.5。

(七)环境噪声相关标准要求

各类地区的噪声标准见表 4—4。

表 4—4　各类地区噪声标准

地区类别	昼间噪声标准(dB)	夜间噪声标准(dB)	地区类别说明
0	50	40	0 类标准适用于疗养区、高级别墅区、高级宾馆区等特别需要安静的区域。位于城郊和乡村的这一类区域分别按严于 0 类标准 5 dB 执行
1	55	45	1 类标准适用于以居住、文教机关为主的区域。乡村居住环境可参照执行该类标准
2	60	50	2 类标准适用于居住、商业、工业混杂区
3	65	55	3 类标准适用于工业区
4	70	55	4 类标准适用于城市中的交通干线道路两侧区域,穿越城区的内河航道两侧区域。穿越城区的铁路主、次干线两侧区域的背景噪声(指不通过列车时的噪声水平)限值也执行该类标准

注:1. 本表噪声测量方法按照有关标准执行,标准值为等效连续 A 声级,用 LAeq 表示,单位为 dB。

2. 测量仪器精度为 2 型以上的积分式声级计及环境噪声自动监测仪器。测量点选在工作建筑物外,离任意建筑物距离不小于 1 m,距地面垂直距离不小于 1.2 m。

3. 测量应在无雨、无雪、微风(风速小于 5.5 m/s)的天气条件下进行。在油机室外进行噪声测量时需考虑周围环境背景噪声(本底噪声)的影响。如果背景噪声与油机噪声比较接近,则测出的噪声实际为两者的叠加值;只有背景噪声小于油机噪声 10 dB 以上时才可以被忽略。

第八节　柴油发电机组的常见故障处理

一、判断故障的原则和方法

柴油机的故障原因是多方面造成的,在实际操作中,充分发挥操作人员的主观能动性,通过看、听、摸、嗅等感觉,来发现柴油机的异常表现,从而发现问题、解决问题、消除故障。

判断柴油机故障的一般原则是：结合结构、联系原理、弄清现象、结合实际、从简到繁、由表及里、按系分段、查找原因。在排除时，可采用局部停止法、比较法、试擦法等来判断。

1. 柴油机运转时的异常现象

柴油机长期运转后，发生了故障，通常会遇到下列几种现象。

(1)运转时声音异常：柴油机运转时发出不正常的敲击声、放炮声、吹嘘声、排气声、周期性的摩擦声等。

(2)运转异常：柴油机不易启动、工作时出现剧烈震动，拖不动负载，转速不稳定等。

(3)外观异常：柴油机排气管冒白烟、黑烟、蓝烟，各系统出现漏油、漏水、漏气等。

(4)温度异常：机油温度或冷却水温度过高，轴承过热等。

(5)气味异常：柴油机运行时，发出臭味、焦味、烟味等气味。

柴油机运行时，发现上述异常现象后，必须进行仔细的调查，根据故障现象，分析判断找出故障的部位和原因，有时一种故障可能有好几种异常现象，例如高压油泵磨损后，既可表现启动困难，也可表现输出功率不足，还可表现低速运转不稳定等现象。有时一种异常现象，可能有几种故障造成的。因此，柴油机运行时出现异常现象，必须认真查清产生异常现象的原因，这就要求维护人员善于作分析推理判断，透过现象抓实质，找出发生故障的原因和部位，将故障排除。

2. 柴油机故障的分析检查方法

(1)根据异常的声响来判别故障的部位

用一把通心改锥或用一根半米长一端磨尖的细铁条，进行"听针判断"，一端贴耳，另一端触及各检查部位表面，可较清晰地监听到异常声响产生的部位，声响的大小和性质。不同部位发出声响往往是不同的，例如主轴承间隙过大发生冲击是沉闷的，气门与活塞碰击声是清脆的，若飞轮键槽配合松动发出"喷！喷！"撞击声等等，因此，根据不同声响，来判断故障的部位。

(2)用局部停止法来判断

经故障分析后，若怀疑故障是由某一汽缸引起的，可停止该缸工作，观察故障现象是否消失，从而确定故障原因和部位。例如柴油机冒黑烟，分析为某缸喷油嘴喷孔堵塞，可对该缸停止供油，若黑烟消失，说明判断正确。

(3)用比较法来判断

根据故障分析，怀疑故障可能是由于某一零、部件所造成的，可将该零件(或部件)更换一只新件，然后开机运行比较柴油机前后工作情况是否有变化，从而找出故障原因。

(4)用试探法来判断

根据分析故障原因一时难以判断，可用改变局部范围内的技术状态，观察柴油机工作性能是否有影响，以此来判别故障的原因。例如柴油机发不出规定的功率，怀疑某缸压缩冲程压力不足，是汽缸与活塞间隙较大密封不严造成的，此时将缸盖打开向汽缸注入少量机油，以改善密封状况，然后重新装好缸盖，开机试验压力增大，输出功率增加，说明分析是正确的。

柴油机经长时间使用后，其故障现象很多，由于柴油机各种型号不同，国产的和进口的其结构和使用环境不同，故障原因也有所不同，因此，在处理问题时，对具体问题应根据不同情况作具体分析。正确分析和判断柴油机故障的原因，是一项细致的工作，不应在未弄清故障原因之前就乱拆一通，这样不但不能消除故障，而且可能在重装拆开的零部件时，达不到技术要求造成新的故障。

二、柴油机常见故障及排除方法（以卡特彼勒柴油机为例）

柴油发电机的常见故障见表4—5。

表4—5　故障排除索引

项目	故　障	项目	故　障
1	启动开关接通时发动机曲轴不转	17	气门间隙过小或没有间隙
2	发动机不启动	18	发动机过早磨损
3	发动机着火不良或运转不平稳	19	机油中有冷却液
4	低转速时发动机失速	20	冒黑烟或灰烟太多
5	发动机转速突然变化	21	冒白烟或蓝烟太多
6	发动机功率不足	22	发动机机油压力低
7	振动太厉害	23	发动机消耗润滑油太多
8	燃烧噪声高	24	发动机冷却液温度过高
9	配气机构噪声（咔哒声）	25	启动电机不转
10	冷却系统中有机油	26	交流发电机不充电
11	发动机的机械声（敲击声）	27	交流发电机充电率低或不正常
12	燃油消耗量太高	28	交流发电机充电电压太高
13	配气机构噪声大	29	交流发电机有噪声
14	气门间隙太大	30	排气温度太高
15	气门旋转压盘或弹簧锁瓣松动	31	齿条停供线圈不能停止发动机
16	废气中排出机油		

1. 启动开关接通时发动机曲轴不转

故障排查见表4—6。

表4—6　发动机曲轴不转故障排查

故障原因	排除方法
蓄电池输出电压低	参考表4—5第25项有关内容
接线或开关有故障	参考表4—5第25项有关内容
启动电机电磁线圈发生故障	参考表4—5第25项有关内容
启动电机发生故障	参考表4—5第25项有关内容
发动机内部问题阻碍曲轴旋转	在分离驱动装置后，如果曲轴不能转动，卸下燃油喷油嘴，检查曲轴转动时的气缸内的流体，如果不是气缸内流体的问题，则必须拆开发动机检查其他内部故障。可能是轴瓦抱轴，活塞卡缸，气缸中安装的活塞不对等

2. 发动机不启动

故障排查见表4—7。

表4—7　发动机不启动故障排查

故障原因	排除方法
启动转速太低	适当延长自动按钮时间
燃油滤清器脏污	安装新的燃油滤清器
输油管破裂或阻塞	清洗输油管，必要时安装新的输油管
输油泵问题	在启动转速时，来自输油泵的最小燃油压力必须是35 kPa，如果燃油压力小于此值，更换燃油滤清器滤芯，检查燃油系统中的空气。如果燃油压力还低，则更换安新输油泵
不往气缸供油	往燃油箱中加注燃油。向燃油系统充油（排除空气或劣质燃油）
燃油质量不好	放掉油箱中的燃油，安装一个新的燃油滤清器滤芯，往燃油箱中加注清洁的优质燃油
喷油角度不正确	调整喷油角度

3. 发动机着火不良或运转不平稳

故障排查见表4—8。

表4—8　发动机着火不良或运转不平稳故障排查

故障原因	排除方法
燃油压力低	查明燃油箱中确有燃油，在油箱和输油管之间，查找燃油管漏油和损坏的弯头。查找燃油系统里的空气，发生阻塞、粘结或旁通阀的故障。检查燃油压力，在满负荷的转速时，输油泵的出口压力是230～35 kPa（33～5磅/平方英寸），如果燃油压力低于140 kPa（20磅/平方英寸），安装一个新的滤清器滤芯，如果燃油压力还低，安装新输油泵
燃油系统中有空气	找出燃油系统漏气故障，并排除。如果燃油系统中进入空气，通常发生在输油泵的进油端
高压油管漏洞或破裂	在喷油泵和喷油阀之间安装一个新的高压油管
气门间隙不正确	根据维修手册“气门间隙”相关要求进行调整
喷油阀或喷油泵故障	以着火最不好，运转最不平稳的转速运转发动机，然后松开每个气缸上喷油阀上的高压油管螺母，每次拧松一个，找到松开高压油管螺母而不改变发动机运转情况的气缸。检查那个气缸的喷油泵和喷油阀，在需要的部位安装新零件
喷油角度不正确	调整喷油角度
推杆弯曲或折断	必须更换推杆

4. 低转速时发动机失速

故障排查见表4—9。

表 4—9　低转速时发动机失速故障排查

故障原因	排除方法
燃油压力低	查明燃油箱中确有燃油,在油箱和输油管之间,查找燃油管漏油和损坏的弯头。查找燃油系统里的空气,发生阻塞、黏结或旁通阀的故障。检查燃油压力,在满负荷的转速时,输油泵的出口压力是 230 ~ 35 kPa(33 ~ 5 磅/平方英寸),如果燃油压力低于 140 kPa(20 磅/平方英寸),安装一个新的滤清器滤芯,如果燃油压力还低,安装新输油泵
调整器外部连接杆调整不正确	调节调速器连接杆
低速空转转速太低	调整调速器使低速空转速与维修手册中“燃油调整及有关资料卡片”所规定值相同
喷油阀有故障	安装一个新的喷油阀
发动机附属设备问题	检查发动机附属设备有否损伤和调整是否正确。如有必要,分离附属设备,试验发动机
喷油泵有故障	如果需要,安装新的零件

5. 发动机转速突然变化

故障排查见表 4—10。

表 4—10　机转速突然变化故障排查

故障原因	排除方法
调速器或喷油泵有故障	查找损坏和折断的弹簧、连接杆或其他零件。卸掉调速器,检查燃油齿条的自由行程,确保喷油泵安装正确。检查调速器弹簧工作是否正常。安装新的零件,以替换故障的零件

6. 发动机功率不足

故障排查见表 4—11。

表 4—11　发动机功率不足故障排查

故障原因	排除方法
燃油质量不好	放掉油箱中的燃油,安装一个新的燃油滤清器滤芯,往燃油箱中加注清洁的优质燃油
燃油压力低	查明燃油箱中确有燃油,在油箱和输油管之间,查找燃油管漏油和损坏的弯头。查找燃油系统里的空气,发生阻塞、粘结或旁通阀的故障。检查燃油压力,在满负荷的转速时,输油泵的出口压力是 230 ~ 35 kPa(33 ~ 5 磅/平方英寸),如果燃油压力低于 140 kPa(20 磅/平方英寸),安装新的滤清器滤芯,如果燃油压力还低,安装新输油泵
进气系统漏气	检查进气管的压力,查找空气滤清器发生阻塞的部位
调速器连接杆问题	调整调速器连接杆,使其能达到全行程。安装新的零件,以替换故障零件
气门间隙不正确	根据维修手册中“气门间隙”一节,进行调整
喷油阀或喷油泵故障	以着火最不好,运转最不平稳的转速运转发动机,然后松开每个气缸上喷油阀上的高压油管螺母,每次拧松一个,找到松开高压油管螺母而不改变发动机运转情况的气缸。检查那个气缸的喷油泵和喷油阀,在需要的部位安装新零件
喷油角度不正确	调整喷油角度
齿条调整的油量太少	参照维修手册中“燃油调整和有关资料”卡片
涡轮增压器积炭	检查涡轮增压器,如有必要进行修理

7. 振动太厉害

故障排查见表 4—12。

表 4—12　发动机振动严重故障排查

故障原因	排除方法
固定皮带轮或减振器的螺栓或螺母松动	拧紧螺栓或螺母
皮带轮或减振器发生故障	安装一个新的皮带轮或减震器
发动机支架松动、磨损或发生故障	拧紧所有固定螺栓，如有必要安装新的部件
发动机着火不良或运转不平稳	参考表 4—5 第 3 项有关内容
风扇叶片不平稳	放松或卸掉风扇皮带，以原来产生振动的转速，短时间内运转发动机，如果振动消失，更换风扇总成

8. 燃烧噪声高

故障排查见表 4—13。

表 4—13　燃烧噪声高故障排查

故障原因	排除方法
燃油质量不好	放掉油箱中的燃油，安装一个新的滤清器滤芯，往油箱里加注清洁的优质燃油
喷油阀有故障	安装新的喷油阀
喷油泵有故障	安装新的喷油泵
喷油角度不正确	调整喷油嘴角度

9. 配气机构噪声（咔哒声）

故障排查见表 4—14。

表 4—14　配气机构噪声故障排查

故障原因	排除方法
气门弹簧锁瓣或气门挺柱的滚轮损坏	在需要的地方安装新的零件，锁瓣损坏能引起气门滑落到气缸里，这将造成很大损坏
润滑油不足	检查气门室的润滑油，在发动机高转速时，流入气门的润滑油的流量应该很大，但在低转速时，润滑油的流量较小，润滑油道必须干净，尤其是送到气缸盖的润滑油更应该干净
气门过桥损坏	更换气门过桥，根据需要进行调整
气门间隙太大	根据维修手册中“气门间隙”一节调整气门间隙

10. 冷却系统中有机油

故障排查见表4—15。

表4—15 冷却系统中有机油故障排查

故障原因	排除方法
机油冷却器芯子损坏	安装新的机油冷却器芯子
密封间隔垫损坏	安装新的密封间隔垫
气缸垫损坏	检查气缸套凸出量,更换气缸垫

11. 发动机的机械声(敲击声)

故障排查见表4—16。

表4—16 发动机的机械声故障排查

故障原因	排除方法
连杆轴瓦有故障	检查曲轴连杆轴瓦和连杆轴颈表面,在需要的地方,装上新的零件
正时齿轮损坏在	需要的地方安装新的零件
曲轴损坏	更换曲轴
附件有故障	修理或安装新的附件

12. 燃油消耗量太高

故障排查见表4—17。

表4—17 燃油消耗量高故障排查

故障原因	排除方法
燃油系统漏油	燃油消耗量变化很大,可能是漏油的结果,发动机里面漏油,将引起发动机机油压力降低和发动机内机油油面增高,应更换漏油的部件
燃油和燃烧噪声(敲击声)	参考表4—5第3项有关内容
喷油角度不正确	调整喷油嘴角度

13. 配气机构噪声大

故障排查见表4—18。

表4—18 配气机构噪声大故障排查

故障原因	排除方法
气门弹簧损坏	更换损坏的零件
凸轮轴损坏	更换损坏的零件,彻底清洗发动机
气门挺柱损坏	更换凸轮轴和气门挺柱,查找不能自由运动的气门,正确调整气门间隙
气门过桥损坏	更换气门过桥,根据需要进行调整

14. 气门间隙太大

故障排查见表4—19。

表 4—19　气门间隙大故障排查

故障原因	排除方法
润滑油不足	检查气门室的润滑油，在发动机高转速时，流入气门的润滑油的流量应该很大，但在低转速时，润滑油的流量较小，润滑油道必须干净，尤其是送到气缸盖的润滑油更应该干净
与过桥上接触的摇臂接触端面磨损	如果磨损过大，装上新的摇臂，正确调整气门间隙
气门过桥磨损	更换气门过桥，根据需要进行调整
气门杆端磨损	如果是磨损过大，则安装新的气门，正确调整气门间隙
推杆磨损	如果磨损过大，则安装新的推杆，正确调整气门间隙
气门挺柱磨损	如果磨损过大，则安装新的气门挺柱，正确调整气门间隙
气门挺柱磨损或损坏	安装新的气门挺柱，检查凸轮轴的磨损情况，检查气门是否运动自如或气门杆是否弯曲，彻底清洗发动机，正确调整气门间隙
凸轮轴上的凸轮磨损	检查气门间隙，检查气门是否运动自如，气门杆是否弯曲。安装一根新的凸轮轴，安装新的气门挺柱，正确调整气门间隙

15. 气门旋转压盘或弹簧锁瓣松动

故障排查见表 4—20。

表 4—20　气门旋转压盘或弹簧锁瓣松动故障排查

故障原因	排除方法
锁瓣损坏	锁瓣损坏可以引起气门滑落到气缸里，将造成很大损坏
气门弹簧折断	安装新的气门弹簧
气门折断	更换气门和其他损坏的零件

16. 废气中排出机油

故障排查见表 4—21。

表 4—21　废气中排出机油故障排查

故障原因	排除方法
气门室中机油太多	查看摇臂两端，每个轴端一定要有油堵
气门导管磨损	需要修复气缸盖
活塞环磨损	检查活塞环，如果需要，安装新的零件

17. 气门间隙过小或没有间隙

故障排查见表 4—22。

表 4—22　气门间隙过小或没有间隙故障排查

故障原因	排除方法
气门座或气门接触表面	需要修复气缸盖，根据产品维修手册相关要求进行调整

18. 发动机过早磨损

故障排查见表 4—23。

表 4—23　发动机过早磨损故障排查

故障原因	排除方法
机油脏	放掉脏的机油，安装一个新的机油滤清器滤芯。往发动机里加入清洁的机油
进气系统漏气	检查所有的垫片和连接处，如果发现漏气则进行修理
燃油漏到机油里	这将引起燃油消耗增高和发动机机油压力降低。如果发现漏油，进行修理，在需要的地方，安装新的零件
机油冷却芯子损坏	安装新的机油冷却的芯子
气缸垫损坏	检查气缸套凸出量，安装一个新的气缸垫，根据说明书技术要求，拧紧固定气缸的螺栓
气缸盖破裂或有缺陷	安装一个新的气缸盖
机体破裂或有缺陷	安装一个新的机体
气缸套密封失效	更换密封圈

19. 机油中有冷却液

放掉曲轴箱内机油并重新加注清洁的机油。安装新的机油滤清器滤芯。

20. 冒黑烟或灰烟太多

故障排查见表 4—24。

表 4—24　冒黑烟或灰烟太多故障排查

故障原因	排除方法
供给燃烧的空气不足	检查空气滤清器有无堵塞
喷油阀不好	安装新的喷油阀
喷油角度不正确	调整喷油角度
燃油比例控制失效	进行调整或安装新的燃油比例控制器

21. 冒白烟或蓝烟太多

故障排查见表 4—25。

表 4—25　冒白烟或蓝烟太多故障排查

故障原因	排除方法
发动机中机油太多	放掉过量的机油，查找过量的机油由何处流入，往发动机里加入容量正确的机油
发动机着火不良或运转不平衡	参考表 4—5 第 3 项有关内容
燃油喷油角度不正确	调整喷油角度
气门导管磨损	需要修复气缸盖
活塞环磨损	安装新的活塞环
涡轮增压器油封失效	检查机油进油管，如有必要，修理涡轮增压器
燃烧系统中有冷却液	检查气缸盖的裂纹

22. 发动机机油压力低

故障排查见表 4—26。

表 4—26 发动机机油压力低故障排查

故障原因	排除方法
机油滤清器或机油冷却器脏污	检查滤清器旁通阀的工作,如果需要,安装新的机油滤清器滤芯。洗净或安装新的机油冷却器芯子,从发动机内放掉脏油,往发动机内加注清洁的机油
气门摇臂轴和摇臂之间的间隙太大	检查气门室润滑油,如有必要,安装新的零件
机油泵吸入管发生故障	需要更换机油
压力调节阀没关闭	清洗阀和阀体,如有必要,安装新的零件
机油泵发生故障	修理或更换机油泵
曲轴与轴瓦之间的间隙太大	检查机油滤清器工作是否正常,如有必要安装新的零件
凸轮轴和凸轮轴轴承之间的间隙太大	如有必要安装新的曲轴轴瓦和凸轮轴轴承
机油压力表失灵	安装新的压力表
中间齿轮轴承间隙太大	检查轴承,如有必要更换轴承

23. 发动机消耗润滑油太多

故障排查见表 4—27。

表 4—27 发动机消耗润滑油太多故障排查

故障原因	排除方法
发动机中机油太多	放掉过量的机油,查找过量的机油由何处流入,向发动机里加注容量正确的机油
漏机油	查找所有漏机油的部位,如果需要,进行修理
机油温度过高	检查机油冷却器的工作,如有必要,安装新的零件,清洗机油冷却器的芯子
气门室里机油油量太多	查看摇臂轴两端,每个轴端一定要有一个油堵
气门导管磨损	需要修复气缸盖
活塞环和气缸套磨损	检查,如果需要,安装新的零件
涡轮增压器的油封失效	检查机油进油管,如有必要,修复涡轮增压器

24. 发动机冷却液温度过高

故障排查见表 4—28。

表 4—28 发动机冷却液温度过高故障排查

故障原因	排除方法
冷却液流过散热器芯时受到阻塞	清洗并冲洗散热器
气流通过散热器受到阻塞	清除所有的影响气流的阻塞物
风扇转速低	检查风扇皮带的磨损或松动
冷却系统冷却液不足	向冷却系统中添加冷却液
压力安全阀有故障	检查压力安全阀的工作情况,如有必要装上一个新的压力安全阀
冷却液中有可燃气体	找出可燃气体进入冷却系统的部位,如果需要进行修理

续上表

故障原因	排除方法
节温器或水温表有故障	检查节温器工作是否正常，检查水温表工作情况，如有必要安装新的零件
水泵发生故障	如有必要修理水泵
发动机负荷太大	降低发动机的负荷
喷油角度不正确	调整喷油角度
变矩器或变速器工作不正常，引起冷却液温度升高	纠正变矩器或变速器运转温度过高

25. 启动电机不转

故障排查见表 4—29。

表 4—29　启动电机不转故障排查

故障原因	排除方法
蓄电池输出功率低	检查蓄电池的状况，对蓄电池充电，如有必要，更换蓄电池
线路或开关发生故障	进行修理，必要时更换零件
启动马达线圈发生故障	安装一个新的电磁线圈
启动马达有故障	修理或更换启动电机

26. 交流发电机不充电

故障排查见表 4—30。

表 4—30　交流发电机不充电故障排查

故障原因	排除方法
发电机驱动皮带松弛	调整，使驱动皮带达到适宜的进度
充电或接地回路或蓄电池接头有故障	检查所有的电缆和接头，擦净和拧紧所有的接头，更换有故障的零件
转子（磁场绕组）发生故障	安装一个新的转子

27. 交流发电机充电率低或不正常

故障排查见表 4—31。

表 4—31　交流发电机充电率低或不正常故障排查

故障原因	排除方法
发电机驱动皮带松弛	调整，使驱动皮带达到适宜的进度
充电或接地回路或蓄电池接头有故障	检查所有的电缆和接头，擦净和拧紧所有的接头，更换有故障的零件
交流发电机调节器发生故障	调整或更换发电机调节器
整流器二极管发生故障	更换发生故障的整流器二极管
转子（磁场绕组）发生故障	安装一个新的转子

28. 交流发电机充电电压太高

故障排查见表4—32。

表4—32　交流发电机充电电压太高故障排查

故障原因	排除方法
交流发电机或交流发电机的调节器接头松动	拧紧交流发电机或调节器的所有接头
交流发电机调节器发生故障	调整或更换发电机调节器

29. 交流发电机有噪声

故障排查见表4—33。

表4—33　交流发电机有噪声故障排查

故障原因	排除方法
交流发电机驱动皮带磨损或有缺陷	安装一根新的交流放电机驱动皮带
交流发电机驱动皮带松动	检查固定皮带轮的键槽，如果键槽磨损，安装一个新的皮带轮，并拧紧皮带轮螺母
交流发电机驱动皮带和皮带轮不成一直线	调整驱动皮带和皮带轮，使他们对准成一直线
交流发电机轴承磨损	装上新的交流发电机轴承
电枢或转子轴弯曲	换用新件
交流发电机整流器短路	更换二极管组件

30. 排气温度太高

故障排查见表4—34。

表4—34　排气温度太高故障排查

故障原因	排除方法
空气进气系统漏气	检查空气进气管的压力，查找空气滤清器有否堵塞，消除漏气
排气系统漏气	找出排气系统漏气的原因，如有必要进行修理
进气系统或排气系统发生阻塞	清除阻塞
喷油角度不正确	调整喷油角度

31. 齿条停供线圈不能停止发动机

故障排查见表4—35。

表4—35　齿条停供线圈不能停止发动机故障排查

故障原因	排除方法
电气接线不正确	正确连接接头和导线
铁芯轴的调整不正确	正确地调整铁芯轴
铁芯轴有毛病	将完好的铁芯轴装入电磁线圈
铁芯行程不足	调整铁芯轴，必要时更换电磁线圈
电磁线圈损坏	更换电磁线圈

三、无刷发电机常见故障及排除方法

故障排查见表4—36。

表4—36　无刷发电机故障排除索引

项目	故　障	项目	故　障
1	电压表无指示	5	励磁机励磁
2	不能发电	6	稳态电压调整率差
3	空载电压太低	7	振动大
4	低转速时发动机失速	8	过热

1. 电压表无指示

故障排查见表4—37。

表4—37　电压表无指示故障排查

故障原因	排除方法
电机不发电	按表4—36项目2有关内容处理
电压表电路不通	检查接线与熔丝，必要时换新品
电压表损坏	换新品

2. 不能发电

故障排查见表4—38。

表4—38　不能发电故障排查

故障原因	排除方法
接线错误	按线路图检查，往往发生在更换励磁绕组后因接线错误造成，应检查并纠正
硅整流元件击穿短路，正反向均导通	检查整流元件正反向电阻，替换损坏元件
主发电机励磁绕组断线	检测主发电机励磁绕组，电阻为无限大，应接通励磁线路
主发电机或励磁机各绕组有严重短路	电枢绕组短路，一般有明显过热，励磁绕组短路，可用其直流绕组来判定，更换损坏的绕组
永久磁铁失磁，不能建压	一般发生在发电机或励磁机故障短路后，应将永久磁铁重新充磁

3. 空载电压太低

故障排查见表4—39。

表4—39　空载电压太低故障排查

故障原因	排除方法
励磁机励磁绕组断线	检查励磁机励磁绕组电阻应为无限大，更换断线线圈或接通线圈回路
主发电机励磁绕组严重短路	励磁机励磁绕组电阻很大，主发电机励磁绕组有严重发热，振动增大，励磁绕组直流电阻比正常值小许多，更换短路线圈

续上表

故障原因	排除方法
自动电压调节器故障	额定转速下，测自动电压调节器输出直流电流值是否与电机的出厂空载特性相等，检修自动电压调节器

4. 空载电压太高

故障排查见表 4—40。

表 4—40 空载电压太高故障排查

故障原因	排除方法
自动电压调节器失控	空载励磁机励磁电流太大，检修自动电压调节器
整定电压太高	重新整定电压

5. 励磁机励磁

故障排查见表 4—41。

表 4—41 励磁机励磁故障排查

故障原因	排除方法
整流元件中有一个或两个元件断路正反都不通	用万用表检查，替换损坏元件
主发电机或励磁机励磁绕组部分短路	测量每极线圈的直流电阻值，更换有短路故障的线圈

6. 稳态电压调整率差

故障排查见表 4—42。

表 4—42 稳态电压调整率差故障排查

故障原因	排除方法
自动电压调节器有故障	检查并排除故障
柴油机及调速器故障	检查并排除故障

7. 振动大

故障排查见表 4—43。

表 4—43 振动大故障排查

故障原因	排除方法
与原动机对接不好	检查并校正对接，各螺栓紧固后保证发电机与原动机轴线对直并同心
转子动平衡不好	发生在转子重绕后，应找正动平衡
主发电机励磁绕组部分短路	测每极直流电阻，找出短路，更换线圈
轴承损坏	一般有轴承盖过热现象，更换轴承
原动机有故障	检查原动机

8. 过热

故障排查见表 4—44。

表 4—44　发电机过热故障排查

故障原因	排除方法
发电机过载	使负载电压电流不超过规定值
负载功率因数太低	调整负载使励磁电流不超过额定值
转速太低	调转速至额定值
发电机某绕组有部分短路	找出短路，纠正或更换线圈
通风道阻塞	排除障碍物，拆开电机，彻底吹清各风道

第九节　小型发电机组的介绍

在 2008 年初的冰雪自然灾害和 5·12 汶川大地震期间，灾区普遍出现大面积、长时间的频繁停电，严重影响了通信设备的正常供电，使通信设备的可靠运行遭受了重大冲击。为了确保通信设备的正常运行，需要采用小型油机来解决通信设备断电的情况下的应急供电，因此小型油机的日常维护和保养就变得非常重要。下面介绍小型汽油机的保养和故障处理。

一、发电机保养内容

（一）日常保养

1. 检查空气滤清器。
2. 在启动发动之前，检查机油液位并另注机油至高位标线以下位置。
3. 检查“操作前的检查”中所述的所有部位。

（二）50 h 保养（每星期）

1. 清洁和清洗空气滤清器滤芯，如在多尘的环境中使用，应增加保养次数。
2. 更换发动机油（在运转了第一个 25 h 后，必须进行初次机油更换）。
3. 检查火花塞，必要时应予以清洁和调整。
4. 检查和清洁燃油断油阀。

（三）100 h 保养

1. 更换火花塞。
2. 更换空气滤清器滤芯。
3. 清除气缸盖、气门和活塞上的积炭。
4. 检查和更换碳刷。

（四）3 年保养

1. 检查控制板各部分。
2. 检查转子和定子。
3. 更换发动机安装橡胶垫。
4. 大修发动机。
5. 更换燃油管路。

二、保养方法

(一)机油的更换

每 50 h 更换一次机油(对于新发动机,在第一个 25 h 后应更换机油)。

1. 在发动机尚热时拆下放油螺塞和注油口盖来排出机油。

2. 重新装上放油螺塞,向发动机加注机油直至达注油口盖的高位处。

用新的及高质量的润滑油加至规定的数量。如果使用污秽和已变质的机油或机油数量不足,则会引起发动机损伤而大大缩短它的使用寿命。

(二)空气滤清器的维护

使空气滤清器保持正常的条件是极为重要的。因安装不正确,维护不正确或不良的滤芯会使灰尘进入而导致发动机损伤和磨损。务必始终保持滤芯清洁。

1. 取下空气滤清器,用煤油清洗并晾干。

2. 用清洁的机油润湿滤芯后,用手用力挤压它。

3. 最后,将滤芯放入壳体内并装好。

(三)清洁和调整火花塞

1. 如果火花塞被积炭沾污,请用火花塞清洁器和钢丝刷将积炭清除。

2. 将电极间隙调整 0.7 ~0.8 mm 。

(四)清洗燃油粗滤器

燃油粗滤器用于滤去燃油中的灰尘和水。

1. 拆下粗滤器盖,倒掉水和灰尘。

2. 用汽油清洗滤网和粗滤器盖。

3. 将盖拧到本体上并予拧紧,应确保不漏燃油。

三、故障排除

1. 当发动机不能启动时

故障排查见表 4—45。

表 4—45　发动机不能启动故障排查

故障原因	排除方法
检查阻风门杆是否位于它的正确位置	将阻风门杆置于“CLOSE”位置
检查燃油开关是否已打开	如关闭着,请打开燃油开关
检查发动机是否没有被连接到用电设备	如果已连接,请关断被连接设备上的电源开关并拔出电源插头
检查火花塞盖是否松出	如松出,请将火花塞盖推回到规定位置
检查火花塞是否污秽	拆下火花塞,擦干净电极

2. 当电源插座无电输出时

故障排查见表 4—46。

表 4—46 电源插座无电输出

故障原因	排除方法
检查电路断路器或无熔丝断路器是否在"ON"位置	在确认电气设备的总功率在容许的极限值范围内及用电设备无故障后,将电路断路器置于"ON"位置,如果断路器仍动作,请就近与维修店联系
检查交流和直流端子的连接是否松动	必要时紧固连接部分
检查是否在用电设备已连接到发电机的状态下试图进行发动机的启动	关断用电设备上的开关并从电源插座脱开电缆,在发电机正常启动后再连接

第五章　蓄电池

蓄电池是通信电源系统中不可缺少的后备电源，一旦外部供电发生中断，蓄电池是给通信设备供电的最后一种能源。蓄电池也是通信电源系统中容易出现问题且问题不易被提前发现的薄弱环节，蓄电池的产品质量及其运用维护质量直接关系着通信系统的安全性和可靠性。

第一节　概　　述

电能可由多种形式的能量变化而来，其中把化学能转换成电能的装置叫做化学电池，一般简称为电池，电池有原电池和蓄电池之分。放电后不能用充电的方式使内部活性物质再生的叫原电池，也称为一次性电池；放电后可以用充电的方式使内部活性物质再生，把电能储存为化学能，需要放电时再次把化学能转换为电能的电池，叫做蓄电池，也称为二次电池。

蓄电池分为酸性蓄电池（即铅酸蓄电池）和碱性蓄电池两大类。铅酸蓄电池是采用稀硫酸做电解液，用二氧化铅和绒状铅分别做为电池的正极和负极的一种酸性蓄电池。

一、铅酸蓄电池的发展

1859 年，法国学者 Plante 发明了铅酸蓄电池。

1881 年，Faure 研制成功涂膏式极板。

1881 年，SWAN 发明了板栅代替铅片。

1881 年，Sellon 研制了 Pb-Sb 板栅合金，并沿用至今。

1882 年，查依伯（Ttibe）和格拉斯通（Gladstone）提出了电极反应的“双极硫酸盐化”理论。

1890 年，Phillipart 和 Woodward 发明了管式电极。

1935 年，哈灵（Haring）制成了 Pb-Ca 板栅合金。

1938 年，A. Dassler 提出了气体复合原理，为密封铅酸蓄电池奠定了理论基础。

1949 年，Lander 首次用 X 射线衍射法研究 Pb 电极的腐蚀产物，进入了现代铅酸蓄电池理论研制新阶段。

1957 年，德国阳光公司（Sonnenschein）发明了能变性 SiO_2 凝胶的胶体密封铅酸电池。

1971 年，美国 Gates 公司发明了吸液式超细玻璃隔板（Absorbent Glass Mat），即 AGM 技术，从实践上解决了氧的复合问题。因而使铅酸电池实现了密封而不漏液的梦想，这是铅酸蓄电池发展历史的一个里程碑。

20 世纪 70 年代末期，美国 GNB 公司、英国 Chloride 公司、日本 YUASA 株式会社等先后申请了吸收式密封铅酸蓄电池技术专利。

20 世纪 80 年代，欧洲电信部门数据通信网络启用分散式供电方案，要求基础电源设备与通信设备同装一室，刺激了密封铅酸蓄电池的发展。

我国 VRLA 电池的研制和生产始于 20 世纪 80 年代末，到 1996 年已有大小厂家 400 多家，具有较大规模的有 40 多家。

二、铅酸蓄电池在通信电源系统中的作用

(1)后备电源，包括直流供电系统和 UPS 系统。在市电异常或整流器不工作的情况下，由蓄电池单独为通信负载提供安全、稳定、可靠的电力保障，确保通信设备的正常运行，即起到荷电备用作用。如图 5—1(a)所示。

(2)平滑滤波。在市电正常时，与整流器并联运行。由于对低频谐波电压呈现极小电阻，蓄电池对整流器的输出纹波电压具有旁路功能，起到了平滑滤波的作用。如图 5—1(b)所示。

(3)调节系统电压。

(4)动力设备的启动电源。

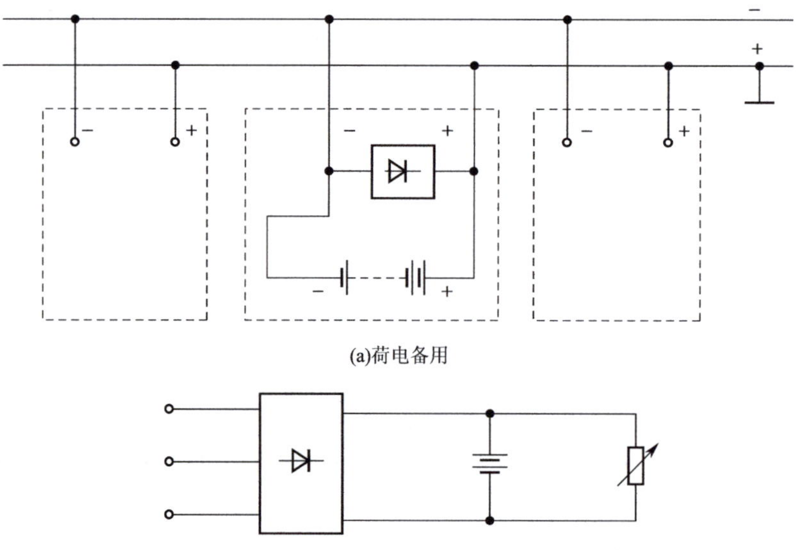

(a)荷电备用

(b)平滑滤波

图 5—1　蓄电池在通信电源系统中的应用

三、通信电源系统中所用铅酸蓄电池的类型

通信电源系统中所用铅酸蓄电池的类型有两种：

(1)固定型防酸隔爆式铅酸蓄电池(GF 电池)；

(2)固定型阀控式密封铅酸蓄电池(VRLA 电池，Valve Regulated Lead-Acid)。

VRLA 电池与 GF 电池相比，具有许多优点。它采用密封制作，无需补酸加水，勿需初充电，自放电小，在使用过程中较少会产生酸雾，安全性好，且电池结构紧凑，容量高，放置方便(竖放、卧放)，占地面积小，适应分散式供电方式的需求，可与通信设备同处一室甚至放在

设备内部，已在通信电源系统中得到广泛使用。

虽然应用同样的氧复合原理，但由于采用不同的固定电解液技术和不同氧复合通道技术，因此 VRLA 电池分为两大类型，即 AGM 技术和 GEL 技术（胶体），故又称为 AGM 电池和胶体电池。

AGM 采用超细玻璃纤维隔膜的贫液式电池。主要产品有：美国 GNB 公司的 ABSOLYTE 系列，美国圣帝公司的 C&D 系列，深圳华达公司的 GFM 系列，双登集团富思特公司的 GFM 系列等。

GEL 采用胶体电解液的胶体式电池。主要产品有：德国阳光公司的 Dryfit A 系列，意大利非凡（FLAMN）SMG 系列，Hawker 公司的 OPZV 系列，双登集团富思特公司的 GFMJ 系列等。

3. 新型高能卷绕式电池

新型高能卷式电池是 VRLA 领域中具有代表性的最新尖端科技产品，它是适应通信、动力等行业快速发展的高要求应运而生的。由于国际上对通信后备电源也提出了更高的技术要求，在第五届 ALABC 成员会议上，公布了美国即将实施的通信电池的技术标准的要求：

（1）电池的使用温度范围为：$-40 \sim 80$ ℃；

（2）非常高的可靠性；

（3）长寿命（>20 年）；

（4）少维护；

（5）安全性好；

（6）低价格。

这就对 VRLA 电池提出了新的考验和挑战。目前通信用的普通阴极吸收式阀控电池由于其结构和材料上的限制，其浮充使用寿命一般在 $8 \sim 10$ 年，使用温度范围为 $-15 \sim 45$ ℃，显然已不能满足通信系统发展的要求。在结构和材料上都有重大突破的卷式电池应运而生。国际上卷式电池的权威研究机构是国际先进铅酸电池联合会（ALABC），它与普通的阴极吸收式阀控电池在结构上有明显的不同。该电池采用电池单元螺旋卷绕技术，即将正极板、固体酸和负极板紧紧地螺旋卷绕成卷。正负极板采用厚度只有 0.3 mm 的超薄高耐蚀合金，经精确计算硫酸固体化后被玻璃棉网所吸附。卷式电池结构精简，只需 30 个零件，而传统的阀控电池有 120 个零件。组成卷式电池的外壳是一种 V2 或 V0 级的聚丙烯阻燃型材料，熔点可高达 $166 \sim 188$ ℃，整个电池为密封结构。由于使用该种特殊结构，卷式电池具有寿命长、自放电小、能抗高温和高寒、抗震晃和冲击能力强、完全免维护等显著优点。卷式电池与传统的阴极吸收式阀控电池相比具有无可比拟的优势，是一种适合于通信行业发展需求的高新技术产品，具有良好的经济效益和社会效益，在通信后备电源领域具有广阔的应用前景。

四、蓄电池在通信供电中的常用术语和符号

1. 充电、放电

充电：蓄电池从其他直流电源获得电能叫做充电。

放电：蓄电池对外电路输出电能叫做放电。

2. 电压

电动势:当外电路断开,即没有电流通过电池时,在正、负极间量得的电位差,叫电池的电动势或电池的开路电压。VRLA 电池的单体开路电压一般为 2.11 ~2.14 V/单格,出厂后大于 2.10 V/单格算正常。

端电压:当外电路闭合,有电流通过电池时,电池正负极间的电位差,叫做电池的电压或端电压。

工作电压:指电池接通负荷在放电过程中显示的电压,又称为负荷(载)电压或放电电压。

终止电压:指电池放电时电压下降到某个值而停止或下降到不宜再继续放电的最低工作电压,称终止电压。通常,VRLA 电池 10 小时率放电单体终止电压为 1.8 V/单格;3 小时率蓄电池放电单体终止电压为 1.8 V/单格;1 小时率蓄电池放电单体终止电压为 1.75 V/单格。

3. 容量

电池在一定放电条件下所能给出的电量称为电池的容量,符号为 C,单位为安培小时,简称安时(Ah)。

电池容量分为理论容量、额定容量和实际容量。

理论容量:理论容量是活性物质的容量按法拉第定律计算而得的最高理论值。

额定容量:也称保证容量,是指国家或有关部门的颁布的标准,规定在 25 ℃环境下,电池以 10 小时率电流放电至终止电压时所能达到的最低限度容量,用符号 C_{10} 表示(10 小时率容量);C_3 为 3 小时率额定容量,数值是 0.75 C_{10};C_1 为 1 小时率额定容量,其值等于 $0.55C_{10}$。

实际容量:是指电池在一定温度下,以非标称电流连续放电所能输出的电量,等于放电电流与放电时间的乘积,单位为 Ah,其值小于理论容量。

$$C(\mathrm{Ah}) = I_{放} \times t_{放}$$

式中,$I_{放}$ 为放电电流(A);$t_{放}$ 为放电时间(h)。

4. 放电率

指电池放电的速率,通常用额定容量(C_{10})的倍数来表示。

10 小时率放电电流 I_{10},数值为 0.1 C_{10} A。

3 小时率放电电流 I_3,数值为 $0.25C_{10}$ A,$2.5I_{10}$ A。

1 小时率放电电流 I_1,数值为 $0.55C_{10}$ A,$5.5I_{10}$ A。

5. 放电制度

指放电时电池的放电速率,放电形式,终止电压和环境温度等。

6. 效率

电量效率:输出电量与输入电量之比叫做电池的电量效率,也叫做安时效率。

$$电量效率(\%) = (C_{放}/C_{充}) \times 100\% = (I_{放} \times t_{放})/(I_{充} \times t_{充}) \times 100\%$$

式中,$C_{放}$ 和 $C_{充}$ 分别是放电和充电容量(Ah)。

电能效率:输出电能与输入电能之比叫做电池的电能效率,也叫做瓦时效率。

$$电能效率(\%) = (U_{放} \times C_{放})/(U_{充} \times C_{充}) \times 100\%$$

式中,$U_{放}$ 和 $U_{充}$ 分别是平均放电和充电电压(V)。

7. 自放电率

蓄电池在不工作时，由于内部作用而自己放电的现象，叫自放电，而自放电造成的电池容量损耗，叫做电池的自放电率。

$$自放电率(\%) = (C_1 - C_2)/C_1 \times 100\%$$

式中，C_1 为搁置前放电容量(Ah)；C_2 为搁置后放电容量(Ah)。

8. 电池使用寿命

电池使用寿命与使用条件有关，按使用条件不同，可分为浮充使用寿命和循环使用寿命。当电池在 25 ℃环境下，以 10 小时率电流放电至终止电压时所能达到的容量低于额定容量的 80% 时，视为电池寿命终止。

浮充使用寿命：指电池作为供电系统的后备电源使用，在交流电正常情况下处于浮充状态，当交流电供电中断以后，才放电工作且放电时间一般较长。浮充使用寿命一般以年为单位。

循环使用寿命：指电池使用期间，电池以放电及充电循环进行，电池放电一定深度后，再进行充电，充足电以后再放电工作。电池的循环寿命与放电深度(DOD)有关，一般可分为 80% DOD 与 100% DOD。循环寿命以循环次数表示。

第二节　阀控式密封铅酸蓄电池的结构及工作原理

一、电池结构

阀控密封铅酸蓄电池主要由正负极极群、电解液、多孔性隔膜、电池槽盖、安全阀和极柱端子等零部件组成。如图 5—2 所示。

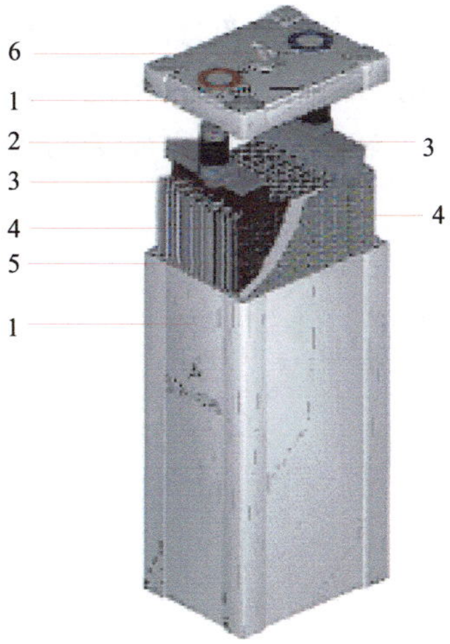

图 5—2　VRLA 电池的组成

1—电池槽、盖；2—端极柱；3—汇流排；4—正负极群；5—隔膜；6—安全阀

(一)正负极极群

正负极极群是由单片正极板(或单片负极板)用隔膜逐一包裹后紧密装配压入槽内，再

将正极板(或负极板)分别用汇流排焊接组合而成。AGM 隔膜可采用 U 形包覆法,也可采用 S 形包覆法,如图 5—3 所示。

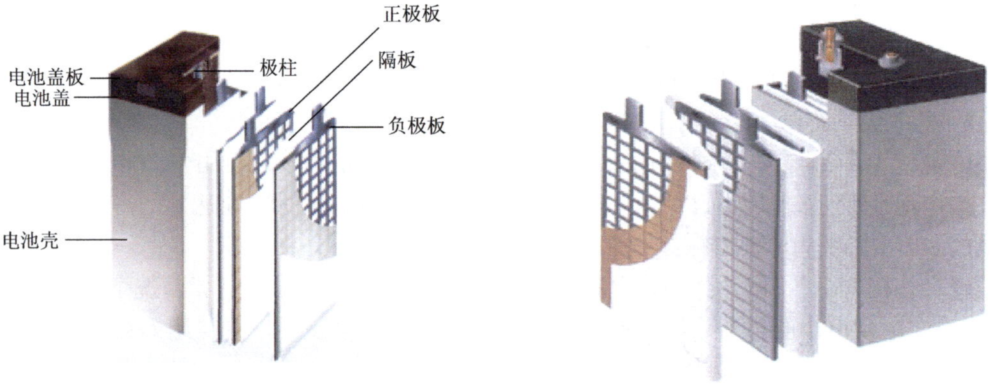

图 5—3　正、负极板用隔膜包裹

为保证 AGM 隔膜与正负极板表面有良好接触,使极板能充分接触电解液,极板群采用紧装配方式,但这也使得电池内部的导热性差,热容量小。单片极板包括板栅和铅膏两部分。

1. 板栅

板栅用于支撑铅膏和传导、汇集电流。板栅材料多采用特殊的铅钙锡铝多元合金,其基本要求是导电性好,力学性能好(抗冲击、硬度、韧性、拉伸),正极板耐腐蚀性能好且对负极析氢催化作用小,而负极板有较高的析氢过电位(减少充电过程中的气体析出量)。

板栅结构和厚度根据电池的不同应用而有所不同。如图 5—4 所示,右侧图中板栅为直线性栅格结构,由若干水平筋条和垂直筋条构成栅状,电流由极耳流至垂直筋条并传向铅膏,极耳靠近中心位置,以利于电流的均匀分布,此种结构板栅在需要以较小电流进行长时间深放电的通信蓄电池中广泛应用,又由于通信用电池要求有较长的浮充使用寿命,因而板栅为厚板。而 UPS 电池则使用厚度较薄且呈放射状结构的板栅,在极耳附近内阻极小,以提高其短时间大电流放电性能。

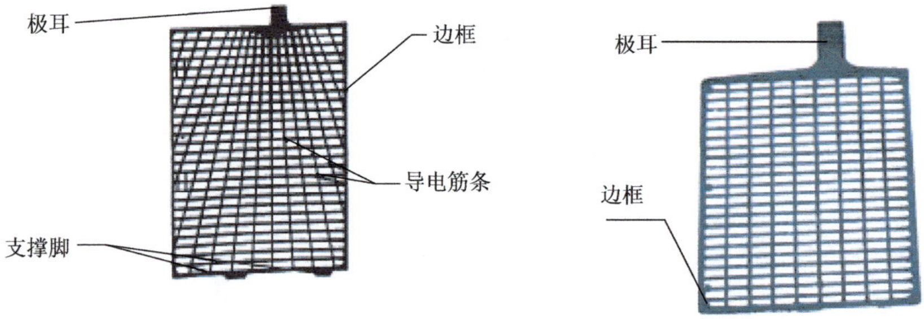

图 5—4　不同形状的板栅

2. 铅膏

正极铅膏由多孔性活性物质 PbO_2 和添加剂混合制成,负极铅膏则由绒状活性物质 Pb 和添加剂混合制成。铅膏的配制和添加剂的使用同样由于使用场合的不同而有所不同,通信用蓄电池使用长寿命铅膏配方，以延长其充放电循环次数；UPS 电池则侧重于电池的大电流放电能力，通过使用大功率铅膏配方、提高铅膏孔隙和孔率来实现，但其循环寿命短、不适于小电流深放电情况。

为防止充电时负极析出氢气并使氧气在负极复合，VRLA 电池的负极活性物质相对于正极活性物质过量（正、负极板的容量比一般为 1∶1.1～1∶1.2），即负极容量过剩于正极容量。

（二）隔膜

普通铅蓄电池的隔膜，其作用限于防止正负极板短路，和阻挡正极溶解的有害物质窜向负极。而 VRLA 电池的隔膜除具有上述作用外，还有下列特殊功能，即储存 70% 左右的电解液，以及提供氧自正极扩散至负极的通道。

AGM 电池隔膜材料普遍采用超细玻璃纤维（AGM），由多层粗细纤维交织搭配而成，具有吸液力强、孔隙率高，以及弹性持久、内阻低等优点。

AGM 隔膜通常具有 93% 以上的孔隙率，但为了给正极析出的氧提供向负极的通道，隔膜中需保持有 10% 的孔隙不被电解液占有，即电池需采用贫液式设计。

在不同应用场合电池使用的隔膜也有所不同，通常电信级电池中优选采用的是长寿命型隔膜，隔膜的装配厚度一般大于 1.2 mm；而在 UPS 级电池中，采用的则是高孔率大孔径隔膜，装配厚度仅 0.8 mm 左右，以提高大电流放电的能力，但此种结构在小电流深放电情况下，易出现铅枝搭桥而导致电池寿命终止。

（三）电解液

电解液的作用是浸润正负极中活性物质，并形成导电粒子，且在有电流状态参与电极反应。

AGM 电池使用纯的硫酸水溶液作电解液，由于采用贫液式设计，其电解液浓度较大，通常通信用蓄电池取 1.28～1.30 g/cm^3，UPS 蓄电池则多在 1.30 g/cm^3 以上。电池内部无游离的电解液，除了极板内部吸有一部分电解液外，大部分存在于玻璃纤维隔膜之中。

（四）安全阀

VRLA 电池的单向安全排气阀，具有自我开启和再闭合功能，以及通过滤酸片过滤酸雾、防爆的功能，是保持蓄电池气密性和液密性，防止外部空气进入蓄电池内部和内部酸雾排出，但又不允许蓄电池内气压超过预定值的装置。

当电池内压力比电池外压力高于开阀压力值时，阀门能自动打开，并把电池内的多余气体排出，防止因电池内压力过高而引起电池的鼓胀甚至爆裂；当电池内压力因排气而下降至闭阀值时它又自动关闭，防止水分蒸发和外界空气扩散到电池内。

（五）电池槽、盖及端极柱

电池槽、盖用于盛装正负极群、隔板、电解液及附件。VRLA 电池的槽壳、槽盖目前普遍采用 ABS 和 PP 等材料，二者均为超强阻燃材料，硬度大，热变形温度高，但 ABS 的氧气保持量优于 PP，而 PP（聚丙烯）的水蒸气渗透率小于 ABS。端极柱采用内嵌式大直径铜芯，使其电阻最小化，以达到电池引线馈电电压最小化。

电池槽、盖之间以及极柱与电池盖之间均需采用特殊的密封结构和工艺，以杜绝电解液或气体发生泄漏。

二、铅酸蓄电池的工作原理

(一)电池的充放电反应

$$(+)PbO_2 + 3H^+ + HSO_4^- + 2e \overset{放}{\underset{充}{\longleftrightarrow}} PbSO_4 + 2H_2O \quad (5—1)$$

$$(-)Pb + HSO_4^- \overset{放}{\underset{充}{\longleftrightarrow}} PbSO_4 + H^+ + 2e \quad (5—2)$$

电池总反应:$Pb + 2H_2SO_4 + PbO_2 \overset{放}{\underset{充}{\longleftrightarrow}} PbSO_4 + 2H_2O + PbSO_4$ (5—3)

双硫酸盐理论:铅蓄电池在放电时,正极活性物质二氧化铅(PbO_2)和负极活性物质海绵状铅与硫酸溶液发生作用,均变成硫酸铅($PbSO_4$)而将化学能转换成电能向负载供电;而充电时,两个电极上的($PbSO_4$)又分别恢复为原来的物质铅(Pb)和二氧化铅(PbO_2),而且这种转化过程是可逆的。这样的放电与充电循环进行,可重复多次,直到寿命终止。

(二)电池内部气体产生的原因

A. 过充电

$$(+)H_2O \rightarrow 1/2O_2\uparrow + 2H^+ + 2e \quad (5—4)$$

$$(-)2H^+ + 2e \rightarrow H_2\uparrow \quad (5—5)$$

$$H_2O = H_2\uparrow + 1/2O_2\uparrow \quad (5—6)$$

B. 正极板栅腐蚀:

$$Pb(板栅合金) + HSO_4^- \rightarrow PbSO_4 + H^+ + 2e \quad (5—7)$$

$$2H^+ + 2e \rightarrow H_2\uparrow \quad (5—8)$$

C. 自放电:

负极自放电

$$Pb(板栅合金) + HSO_4^- \rightarrow PbSO_4 + H^+ + 2e \quad (5—9)$$

$$2H^+ + 2e \rightarrow H_2\uparrow \quad (5—10)$$

正极自放电

$$PbO_2 + 2H^+ + H_2SO_4 + 2e \rightarrow PbSO_4 + 2H_2O \quad (5—11)$$

$$H_2O \rightarrow 1/2O_2\uparrow + 2H^+ + 2e \quad (5—12)$$

(三)VRLA电池的氧复合原理(氧循环原理或阴极吸收原理)

电池在充电过程中,正极除了有 $PbSO_4$ 转变为 PbO_2 的反应以外,还有氧析出反应,特别是电池的充电后期,当电池容量充电到80%时,氧的析出反应更为剧烈。两极的反应如下:(如图5—5所示)

$$(+)2PbSO_4 + 2H_2O - 2e \rightarrow PbO_2 + HSO_4^- + 3H^+ \quad (5—13)$$

$$H_2O - 2e \rightarrow 2H^+ + 1/2O_2\uparrow \quad (5—14)$$

$$(-)PbSO_4 + H^+ + 2e \rightarrow Pb + HSO_4^- \quad (5—15)$$

$$2H^+ + 2e \rightarrow H_2\uparrow \quad (5—16)$$

对于浮充使用的VRLA电池,即使浮充电流很小,但在长期浮充状态下,浮充电流除了用于将电池自放电生成的 $PbSO_4$ 转为正负极活性物质以外,不可避免的会有一部分用于水的电解,而使正极析出氧气,负极析出氢气。

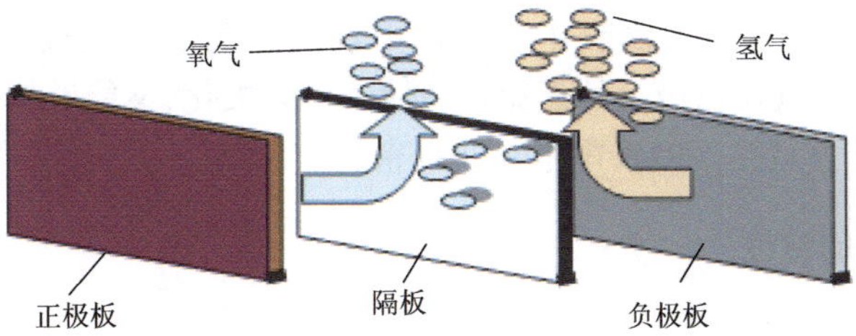

图 5—5 富液式电池充电后期电极反应

氧和氢气的产生使电池内部失水，电解液密度发生变化，也使电池难以密封。从铅酸蓄电池诞生以来，人们一直都在寻求电池的密封，以减少对电池的维护。

VRLA 电池的出现，实现了电池的密封，电池密封的关键技术是氧在电池内部的再复合实现氧的循环，以及电池内部没有流动的电解液。AGM 电池通过采用 AGM 隔板吸收电解液和提供氧气扩散通道，以及负极活性物质过量、负极板栅为高氢过电位材料等方式，来实现电池的密封。

氧的复合原理如图 5—6 所示。

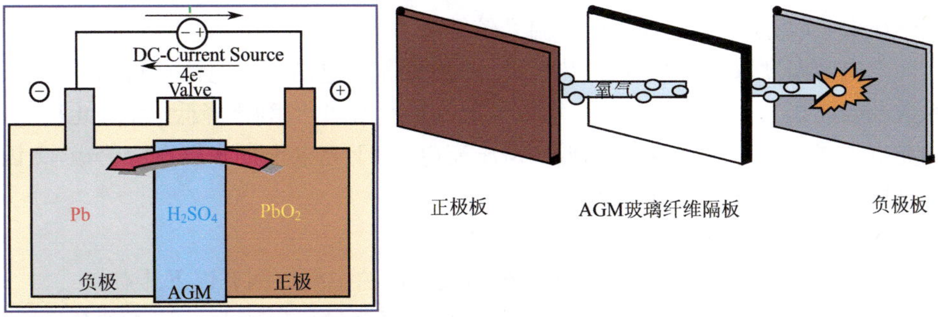

图 5—6 密封原理示意图

从图可以看出，正极充电过程中因电解水析出的氧气将以极高速度经过 AGM 隔板的孔隙迅速扩散到负极，与负极活性物质海绵状铅发生反应生成氧化铅（PbO），负极表面的 PbO 遇到电解液 H_2SO_4发生化学反应生成 $PbSO_4$ 和 H_2O 。

$$Pb+1/2O_2 \rightarrow PbO \tag{5—17}$$

$$PbO+H_2SO_4 \rightarrow PbSO_4+H_2O \tag{5—18}$$

其中 $PbSO_4$再充电而重新转变为海绵状 Pb：

$$H^++PbSO_4+2e \rightarrow Pb+HSO_4^- \tag{5—19}$$

充电时扩散到负极表面的 O_2也会直接参与电化学反应还原成水，生成的 H_2O 又回到电解液：

$$2H^++1/2O_2+2e \rightarrow H_2O \tag{5—20}$$

中和结果：$H_2O \rightarrow 1/2O_2 \rightarrow H_2O$，此反应实现了氧的循环，没有水的损失及氧的积蓄。

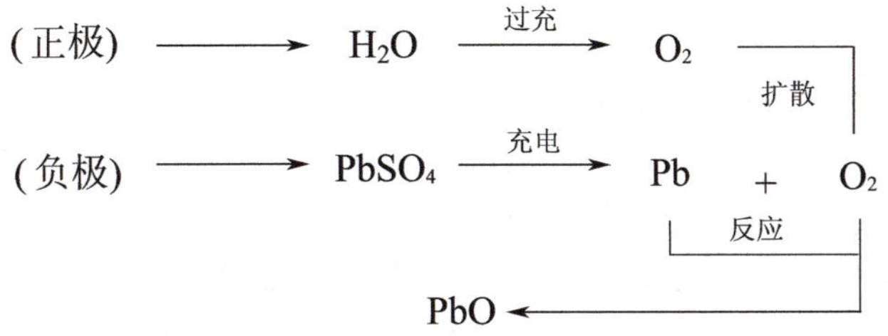

(5—21)

另一方面，由于负极容量过剩和本身氢过电位的提高使得负极析氢通常要在充电到90% 时才开始，再加上氧在负极上的还原作用使负极去极化，又能够抑制氢气的产生，使电池内部呈负压状态。这就是 VRLA 电池可实现密封的原因。

三、VRLA 电池的特性

（一）温　升

1. 充放电过程放热或吸热现象

电池放电或充电时产生的放热或吸热反应的原因，其一是电池内产生的焦耳热，由电池内存在的内阻（包括电解液的电阻和极板的电阻等）在通过电流后产生；其二是电化反应的放热或吸热。

当充电电流流过蓄电池的内阻时，内阻上将不断产生热量 $Q=0.24I^2Rt$。由于内阻产生的热量与电流的平方成正比，所以充电电流增加时，蓄电池的温升迅速升高。应当注意，在充电过程中，蓄电池内的电化学反应释放热量。这部分热量和内阻产生的热量均使蓄电池的温度升高。在放电过程中，蓄电池内的电化学反应吸收热量，这样，内阻产生的热量就会被电化学反应吸收，所以蓄电池放电时温升较低。

实际上电池温度取决于放热量、热容量、散热量和充电制度。电池材料热容量大、电池散热系数及表面积大、环境温度低等，均使电池放热量增加，有利于降低电池充电时的温升；电池的充电方式也尤为重要，若采用低压恒压充电，由于充电末期水解反应仍极小，因此放出的热量比恒流充电方式下明显减小。

2. AGM 电池温度高于传统铅酸电池的主要原因

在实际工作中，AGM 电池温度高于传统铅酸电池的主要原因有以下几点：

（1）VRLA 电池内部存在氧循环，氧气与负极的复合过程生成 PbO 属于放热反应，使之增加了一个热量来源。

（2）AGM 电池内部无流动的电解液，加之采用紧密装配，使电池热量难以散发。

3. 过充电时析出的热量

VRLA 电池以一定的充电方法补足电池容量后的持续充电称为过充电。在过充电中，蓄电池起了水的电解槽作用，从而产生焦耳热。

4. 温度对电池使用容量的影响

同容量系列电池，以相同放电速率，在一定环境温度范围内放电时，使用容量随温度升高而增加，随温度降低而减小，其原因有以下几点：

（1）电池电动势与工作温度的关系

电池电动势温度系数为正值，所以在较高的工作温度下放电，可获得较大电量。

（2）低温对负极活性物质利用率的影响

通常，负极活性物质利用率随着温度升高而提高。电池在放电过程中，两电极上活性物质逐渐形成 $PbSO_4$，由于低温工作条件下负极板上海绵状铅极易变成小尺寸的晶粒，使活性物质中微孔变窄，小孔内部电解液变稀，从而发生冻结，且温度愈低小孔堵塞现象愈严重，导致活性物质利用率降低。若电池处于大电流、高浓度、低温恶劣条件下放电，负极活性物质中小孔将更严重地被堵塞，海绵状铅可能变成致密 $PbSO_4$ 层，使电池终止放电，此现象即为负极板钝化。

(3)高温对电池容量的影响

在环境温度 10 ~ 45 ℃范围内，铅蓄电池容量随温度升高而增加。但若在环境温度45 ~ 50 ℃条件下放电，则电池容量明显减小。因为正极活性物质结构遭到破坏，变成大孔的孔洞相分割的粒子聚合体，这种物质若放电转变为 $PbSO_4$，其颗粒间就会形成电气绝缘，因此电池容量反而减小。

(4)温度对电池内阻的影响

电池放电工作温度在 0 ~ 30 ℃范围内时，由于电解液的导电性较好，同时电解液中 H^+ 和 SO_4^{2-} 向活性物质扩散速度也较高，不仅改善了浓差极化的影响，又使电极反应速度提高，进一步改善了电化学极化的影响，所以蓄电池放电量增多。

当环境温度降至 0 ℃以下，温度每降低 1 ℃，内阻约增大 15% 左右，因为硫酸溶液黏度变大，所以增加了硫酸溶液的电阻，从而加重了电极极化影响，蓄电池放电量明显减小。如图 5—7 所示。

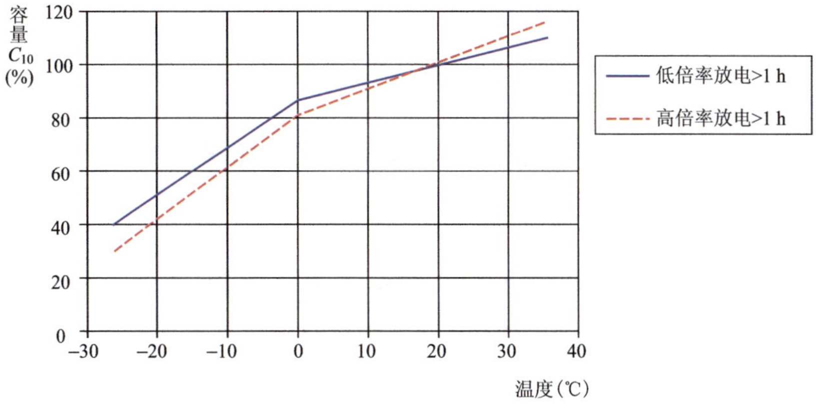

图 5—7　电池放电容量与环境温度关系

(5)环境温度和电池容量关系的计算式

依据我国标准，阀控式密封铅蓄电池放电时，若温度不是标准温度(25 ℃)，则需将实测电量换算成标准温度的实际电量 C_e，即

$$C_e = \frac{C_r}{1 + k(t - 25)} \tag{5—22}$$

式中　C_r——非标准温度下电池放电量；

t——放电的环境温度；

k——温度系数，10 小时率容量试验时，$k = 0.006/℃$；3 小时率容量试验时，$k = 0.008/℃$；1 小时率容量试验时，$k = 0.01/℃$。

5. 温度对电池使用寿命的影响

环境温度升高，使电池内活性物质反应加剧，浮充电流加大，加速正极的氧气发生速率，加快板栅合金腐蚀速度，长期处于这一环境中的电池板栅可因之而变形甚至穿孔损坏，易使活性物质附着减弱而脱落，最后阻碍电极反应；其次使电池水分散失，加大电解液浓度；还可能导致电池发生热失控等。温度与电池寿命的关系如图 5—8 所示。

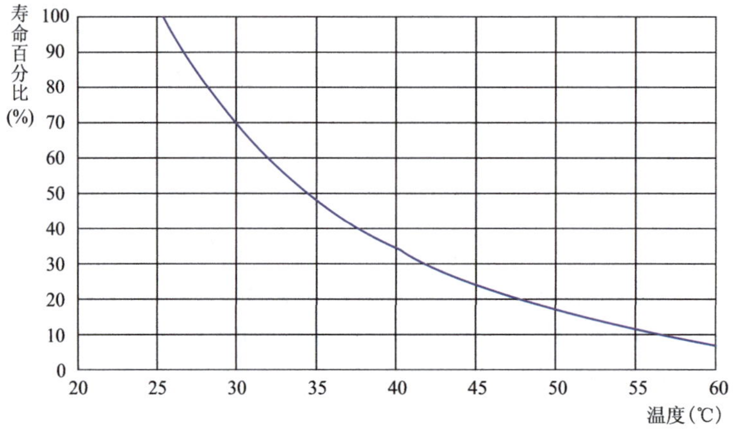

图 5—8　高温环境对蓄电池寿命的影响

（二）自 放 电

1. 自放电的产生

由于蓄电池是荷电出厂，存储期间正负极板上活性物质小孔内吸满电解液，便可产生多种附加电极反应，形成电池自放电，造成容量损耗。

负极自放电反应：

$$Pb + H_2SO_4^{\ -} \rightarrow PbSO_4 + H^+ + 2e \tag{5—23}$$

$$2H^+ + 2e \rightarrow H_2 \uparrow \tag{5—24}$$

正极自放电反应：

$$PbO_2 + 2H^+ + H_2SO_4 + 2e \rightarrow PbSO_4 + 2H_2O \tag{5—25}$$

$$H_2O \rightarrow 1/2O_2 \uparrow + 2H^+ + 2e \tag{5—26}$$

2. 影响自放电速率的因素

（1）板栅材料的自放电性能

AGM 电池由于采用特殊的铅钙多元合金制作板栅，析氢过电位高，自放电小。

（2）杂质对自放电的影响

电池活性物质添加剂、隔板、电解液中的有害杂质含量偏高，是使电池自放电高的重要原因。

当有害杂质进入电解液后，纷纷扩散在正负极周围（或被极板吸附），极板上部分活性物质便与被接触的杂质（如铁、锰、氯等）构成腐蚀电池，产生自放电。

（3）温度对自放电速度的影响

自放电速率与温度有关。由于正极板自放电反应速度随温度增高而变大明显，不仅存在析氧反应，高温下还存在正极板栅腐蚀的反应，因此蓄电池应在较低温度下储存，浮充工作温度也不宜太高。如图 5—9 所示。

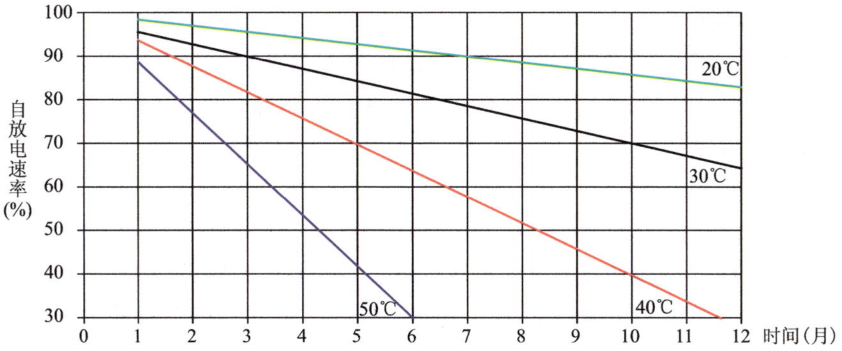

图 5—9 库存电池容量与温度的关系

(4)电解液浓度对自放电的影响

由试验资料报道,存储在 10 ℃下的试验用 VRLA 电池自放电速度随电解液密度增加而增加,且正极板受电解液密度影响最大。

总之,VRLA 电池在储存和工作期间都存在自放电现象,根据环境温度不同,AGM 电池最长储存时间如下:20 ℃不超过 6 个月,30 ℃不超过 3 个月,40 ℃不超过 1.5 个月。

(三)浮充工作特性

1. 全浮充工作方式

在通信电源系统中,蓄电池作为后备电源,以浮充工作方式与整流器并联向负载供电。全浮充工作方式下的蓄电池,充放电循环次数少,自放电和深放电的容量又能及时补足,活性物质利用率高,使用寿命长。

2. 浮充电流

(1)浮充电流设定的依据

浮充电流应足以补偿蓄电池由于自放电而损失的电量,应确保维护氧循环所需要的电流,并保证在相对较短的时间内使放过电的电池充足电,以备下一次放电。同时该值的选择应使蓄电池因过充电而造成的损坏达到最低程度。

(2)浮充电压与浮充电流的关系

VRLA 电池由于负极具有去极化作用,其浮充电压只表征正极的极化。浮充工作时,VRLA 电池负极电位近似于开路平衡电极电位,因而浮充电流值仅与正极电位和温度有关,浮充电流密度将随着正极电位升高而急剧变大,即浮充电流随浮充电压的增大而增加。

(3)浮充电流与温度的关系

在同一浮充电压下,浮充电流随温度的升高而增大。若进行温度换算可得出:

同一浮充电压下,环境温度自 25 ℃每升或降 1 ℃,每个电池端电压随之减或增 3 ~ 4 mV方可保持浮充电流不变。

(4)电池新旧程度的影响

浮充电流随电池使用年限的增长而加大,其原因是多方面的,诸如正极板栅腐蚀变严重,电池各组成部分有害杂质增多,使用环境变差等等,都导致电池循环寿命后期浮充电流变大。

(5)浮充工作中的电压波动

VRLA 电池投入浮充工作后,初期电压波动比较大,中后期趋于稳定。这是由于随着时间的增长,电池内氧循环复合逐渐进入稳定的状态,所以监测电池浮充电压,在新电池浮充运行一段时间后才有意义。

3. 浮充电压的选择

(1)选择浮充电压的原则

各种类型的 VRLA 电池的浮充电压不尽相同。在理论上要求浮充电压产生的电流是以达到补偿自放电电量及电池单放电用量,和维持氧循环需要,而实际工作还应考虑下列因素:

①电池结构状态;

②正极板栅腐蚀速率;

③电池内气体的排放;

④通信设备对浮充系统基础电压的要求。

(2)依据自放电速率计算浮充电流值

设定 AGM 电池每昼夜自放电反应不超过 1%,则其补充的电流在 25 ℃时为:

$$I_{补} = \frac{I \times C_{10}}{24 \times 100} = 0.000\,42C_{10} \quad (\text{A}) \tag{5—27}$$

式(5—27)仅满足了自放电补偿电量的需要,实际工作中还应考虑氧循环的需要。由于材料、结构及制作方式等的不同,不同类型的电池自放电及析气程度均有所不同,因此即使是在同一浮充电压下其浮充电流大小也并不相同。

(3)浮充电压与正极板栅腐蚀速度的关系

VRLA 电池正极比传统式电池的正极使用条件恶劣,在相同浮充电压条件下,正极腐蚀更为严重,而正极腐蚀意味着电池失水,使电池寿命缩短。经过正极腐蚀模型研究发现,以 Pb 为主体的各种板栅材料,在充电过程都具有一定的腐蚀现象,其腐蚀速度随浮充电压的升高而增加,在浮充电压超过 2.30 V/只之后,板栅腐蚀现象加剧。

(4)电池内气体的泄放

VRLA 电池失水速率虽然极小,但存在下列问题:氧气在负极上的复合率并非 100%,故电池内总有微量的氧气盈余;充电末期微量的析氢不可避免,总有些氢气向正极扩散,且不能被正极吸收或复合,而只能引起电池内压。

若将电池浮充电压提高,由于增大的浮充电流用于产生更多的盈余气体,便对氧在负极的复合造成阻力,使氧循环机能削弱,则电池内的氢氧气体进一步增多,气压升高,最终通过安全阀排放出去,造成电池失水。氧再化合电流在浮充电压值为 2.25 V/只时达到最大,之后随浮充电压的升高而变小。

(5)通信设备对全浮充制电压的要求

综上所述,在通信电源系统中,VRLA 电池浮充电压选择必须考虑上述诸多因素。与常规铅酸电池相比,VRLA 电池受电压或温度变化引起电流变化的敏感度极大,所以必须慎重选择其浮充电应,可根据制造厂家推荐的电压值来设定,并随环境温度和电池组新旧程度及时调整。

实际使用中,一般要求电池室温度控制在 25 ℃,浮充电压 2.25 V/只,浮充电流在

45 mA/100 Ah左右。由于有些 VRLA 电池运行在没有空调的环境中，当环境温度偏离25 ℃时，VRLA 电池需要温度补偿，可按照厂家提供的温度与相应浮充电压的关系进行调整。温度补偿示意如图 5—10 所示。

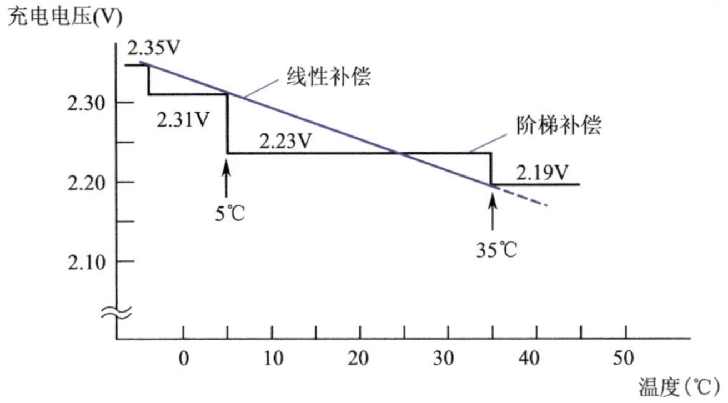

图 5—10 浮充电压温度补偿示意图

浮充电压的温度补偿通常以 25 ℃为基准，温度每升高 1 ℃，每只 2 V 单体电池浮充电压降低 3 mV，T ℃下的 2 V 单体电池浮充电压计算公式为：

$$U_{T\,℃} = U_{25\,℃} - (T - 25) \times 0.003 \tag{5—28}$$

需要指出的是蓄电池浮充电压温度补偿范围一般限制在 3 ~ 38 ℃之间。超出这一范围时，浮充电压不再继续升高或降低。

（四）充电方法及特性分析

1. 充电方法

通信用 VRLA 电池通常分为浮充充电和均衡充电两种。

（1）浮充充电

整流器在对负载供电的同时以连续小电流对蓄电池进行浮充充电，以补充蓄电池自放电，使蓄电池保持在完全充电状态。浮充电压通常为 2. 20 ~ 2. 27 V/只。当蓄电池放电时间很短、放电深度较浅时，可在浮充状态下充足电，否则就需要均衡充电。

（2）均衡充电

蓄电池组在运行过程中，有时会发生各单体蓄电池间容量、端电压等不均衡的情况，为防止这种不均衡扩展成为落后电池，通常采用提高整流器输出电压的方法来定期补足蓄电池容量，称为均衡充电。均衡充电的电压值通常设定为 2. 30 ~ 2. 35 V/只（25 ℃），最大充电电流≤0. 25 C_{10} A（通常充电电流被限制在 0. 10C_{10} A 左右），充电结束后整流器自动将输出电压降为浮充电压，从而继续保持浮充状态。

通常在下列情况下需对 VRLA 电池组进行均衡充电：

①电池系统安装完毕，对电池进行补充充电；

②全浮充运行 3 个月以上；

③搁置不用时间超过 3 个月；

④浮充运行过程中有 2 只及以上电池电压低于 2. 18 V。

均衡充电时间不宜过长，因为均衡充电电压已属高压，若充电时间过长，不仅 VRLA 电池内盈余气体增多,影响氧再化合速率,而且使板栅腐蚀速度增加,从而损坏电池。

2. 充电特性曲线分析

如图5—11所示为GFM-500在放电深度100%后用0.1C_{10} A的电流,限压2.35 V(25 ℃)充电特性曲线;如图5—12所示为100%和50%放电深度后用0.1C_{10} A的电流,限压在2.25 V(25 ℃)进行充电的特性曲线。

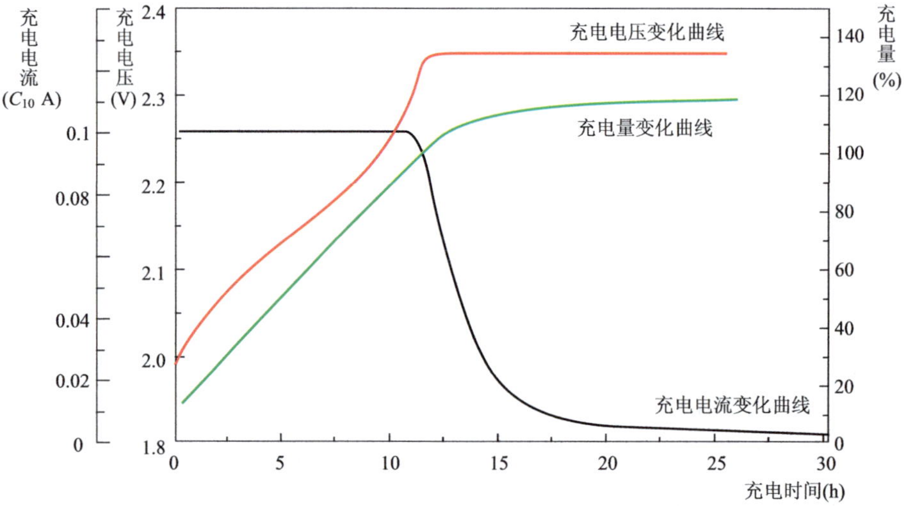

图5—11 电池在100%放电后用0.1C_{10} A电流,限压2.35 V(25 ℃)的充电特性曲线

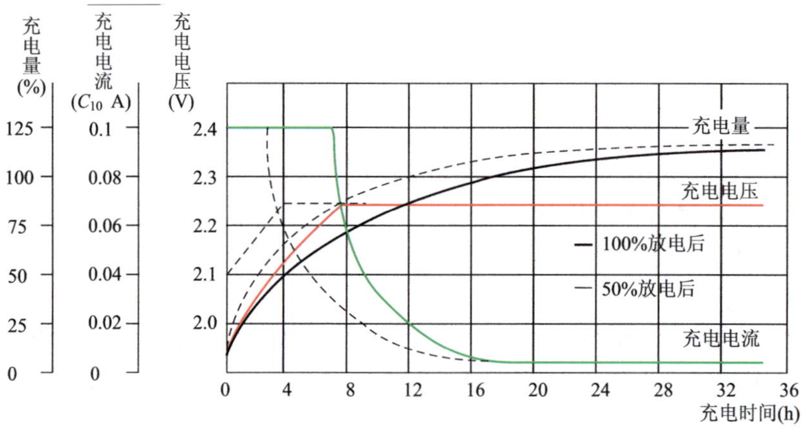

图5—12 电池在100%、50%放电后用0.1C_{10} A电流,限压2.25 V(25 ℃)的充电特性曲线

(1)在充电前期,电池电流恒定不变,即利用整流器的限流特性保持充电电流在0.1 C_{10},充入电量可达70% ~80% ,而电池电压则几乎呈直线状上升,其原因是:随着充电的进行,正负极活性物质不断恢复,提高了电池电动势,但由于极化作用的存在而使正极电势向正方向提高,负极电势向负方向增加;直到整流器从稳流工作方式转变为稳压工作方式,电池端电压才被限制到设定点。

(2)在充电中后期,电池端电压达到稳压值后,充电电流按指数规律衰减。这是由于充电作用面积的减小,使电极真实电流密度成倍增加,从而产生严重的浓差极化和电化学极化作用的结果。

(3)充电至后期,浓差极化作用变小,而电化学极化作用更为严重,使电池电流缓慢地衰减。

(4)到充电终了,充入电池的电流绝大部分用于维持氧循环,仅极小的电流用于恢复活性物质,所以充电电流稳定不变。

充电效率与多种因素有关,如限流值、恒压值、电池内阻以及电池结构等。在允许条件下,较大的初始充电电流、较高的充电电压,都可使充电提前结束。

可见,充电时必须认真选择以下三个参数:恒压充电电压(即均充电压设定值)、初始电流(即蓄电池的充电限流值)和充电时间。不同蓄电池的充电电压值和限流值由制造厂家规定,充电电压和充电方法随电池用途不同可以不同。

通常,在恒压充电情况下充电后期的充电电流连续 3 h 不变,或充入电量已达放出电量的 1.2 倍以上时,可认为电池已完全充足电。

(五)放电工作特性

当外部电源停电,整流器不工作时,后备电池就要对负荷放电,其放电速率随负荷而定。为了分析长期使用后电池的损坏程度或为了估算市电停电期间电池放电的持续时间,需要测试其容量。

推断电池放电容量应从如下几个方面考虑:一是放电量,即全部放电还是部分放电;二是放电速率,即以 10 小时率还是以高放电率或是低放电率放电;三是放电电池是所有的电池,还是任意抽样选一个电池或最小容量的电池。

各种放电小时率下的放电方法如下。

1. 标称小时率下的放电

按我国通信用 VRLA 电池标准规定,将完全充电后的电池,静置 1 ~24 h 使电池表面温度为(25 ±5) ℃,固定型电池以 $0.1C_{10}$ A 电流放电至 1.8 V/只,移动型电池以 $0.05\ C_{10}$ A 电流放电到 1.75 V/ 只,称为标准小时率下的放电。

VRLA 电池不同倍率标称放电曲线如图 5—13 所示。

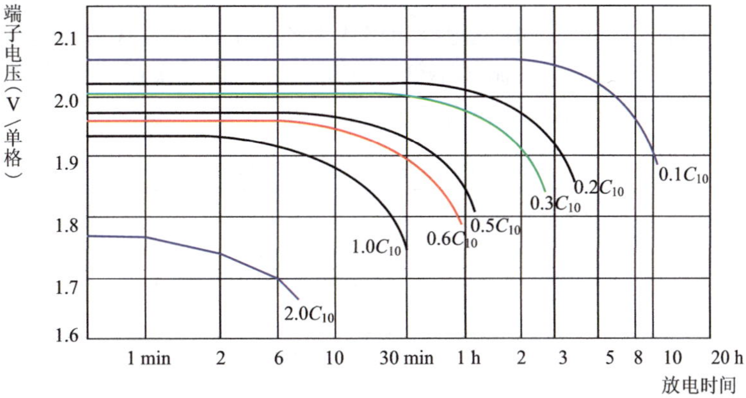

图 5—13 GFM 型 VRLA 电池不同倍率放电特性曲线

放电过程端电压随时间的增加而跌落。从图中 10 小时率放电曲线($0.1C_{10}$)可以看出,在电池放电初期(0 ~2 h 内),端电压变化很小,放电中后期,端电压降低速率明显增大,在放电至 8 h 以后,端电压陡降,直至 1.8 V/只放电终止。

端电压的改变主要是由于电池浓差极化和电化学极化作用等因素的影响。在放电前期，电解液浓度高，在一定程度扩散速度可等于电极反应和电迁移的综合速度，同时负极活性物质相对于正极过剩，因而负极电化学极化影响几乎不存在，正极电化学极化作用也很小，所以两电极电势趋向稳定不变；放电后期，电极表面附近电液浓度降到了最小值，电解溶液的浓度也减小到最低值，扩散速度明显减小，加之正极反应面积已经很小，真实电流密度陡增，所以电化学极化作用相当严重，电池端电压便迅速降低。

如果放电时间达到 10 h 以上，就说明电池容量达到或超过厂家的标准容量；反之，说明电池容量不足。

2. 高放电率下的放电特性

图 5—13 同时给出了 VRLA 电池的高倍率放电曲线，高倍率放电时，端电压的变化速率比 10 小时率放电时大得多。其原因是在大电流放电时，隔板中的电解液来不及向电极表面特别是正极表面扩散，使浓差极化增大，并且放电电流越大，浓差极化越大，端电压下降越快。

3. 冲击放电

冲击放电是为了检测电池在某一放电终止电压下，放电初期或后期允许有多大的放电电流，或 1 小时率允许的放电电量。

4. 核对性放电

在通信电源维护制度中，规定了蓄电池组要定期向实际通信设备进行单独放电，以考察其荷电程度、发现落后电池，从而保证供电系统可靠性，这种放电制度称为核对性放电。

由于通信电源系统直流负荷与 UPS 负荷几乎恒定不变，因此不存在选择负荷的大小情况，只要人为中断整流器的工作，使蓄电池组单独向通信设备供电，让实际负荷需要的电量全部由蓄电池组承担，通常放出蓄电池 30% ~40% 的容量即可终止放电。

四、AGM 电池主要技术指标

1. 容量

蓄电池以环境温度 25 ℃、单体放电终止电压 1.8 V 条件下的 10 小时率额定容量表示。

蓄电池 10 小时率容量第一次循环不低于 $0.95C_{10}$，在第三次循环应达到 C_{10}；3 小时率和 1 小时率的容量应分别在第四次和第五次以前达到，见表 5—1。

表 5—1　电池容量应达到的数值

放电率(h)	电池容量的百分数(Ah%)	放电电流倍数	终止电压(V)
0.5	35	7	1.7
1	50	5.5	1.75
3	75	2.5	1.8
8	94	1.18	1.8
10	100	1	1.8
20	110	0.55	1.8

2. 容量保存率

蓄电池达到完全充电并在(25 ±2)℃环境中静置 28 天之后,其容量保存率不低于 96%,即蓄电池的自放电损失小于或等于 0.14%/天。

3. 气密性

蓄电池承受 50 kPa 的正压或负压,不破裂、不开胶,压力释放后壳体无残余变形。

4. 大电流放电

蓄电池经完全充电后,在环境温度为(25 ±5)℃时,以 $30I_{10}$(A)放电 3 min,极柱、内部汇流排等导电部位不熔断,其外观不得出现异常。

5. 密封反应效率

蓄电池密封反应效率不低于 95%。

6. 防酸雾性能

蓄电池在正常的工作过程中无酸雾逸出。

7. 安全阀要求

安全阀应具有自动开启和自动关闭的功能,其开阀压力应为 10 ~ 35 kPa,闭阀压力为 3 ~ 30 kPa。开闭阀压力应较接近,以减少气体排放和水的损失。

8. 耐过充电能力

指完全充电后的蓄电池能承受过充电的能力。将完全充电后的蓄电池以 $0.3I_{10}$(A)电流再充电 160 h 并静置 1 h 后,其外观无明显变形和渗液。

9. 蓄电池充电管理

(1)蓄电池在使用前一般应进行补充充电,最大充电电流不大于 $2.5I_{10}$(A),最大补充充电电压不大于 2.35 V/单体。

(2)蓄电池浮充电单体电压为:2.23 ~ 2.27 V(25 ℃)。

(3)蓄电池均衡充电单体电压为:2.30 ~ 2.35 V(25 ℃)。

10. 蓄电池端电压的均衡性

(1)由若干个单体组成一体的组合蓄电池,在环境温度为 25 ℃ ±5 ℃时,在完全充电状态下静置 24 h,其各电池间的开路电压最高与最低差值应不大于 20 mV(2 V)、50 mV(6 V)、100 mV(12 V)。

(2)在环境温度为(25 ±5)℃时,完全充电的蓄电池进入浮充状态 24 h 后,各蓄电池之间的端电压差不大于 90 mV(蓄电池组由不多于 24 只的 2 V 蓄电池组成时)、240 mV(6 V)、480 mV(12 V)。

(3)蓄电池放电时(10 小时率),各蓄电池之间的端电压差不大于 0.2 V(2 V)、0.35 V(6 V)、0.6 V(12 V)。

11. 电池间连接电压降

蓄电池按 1 小时率电流放电时,在两只电池极柱根部测量的电池之间的连接电压降小于或等于 10 mV。

12. 防爆性能

蓄电池在充电过程中遇有明火,内部不引燃、引爆。

13. 蓄电池使用寿命

在25 ℃正常使用充足电的条件下，通常通信用AGM电池的设计浮充使用寿命应达10年以上，在80% DOD且及时补充足电条件下循环使用，设计寿命应达到1 200次以上。

有关标准中对蓄电池寿命的规定见表5—2。

表5—2 蓄电池寿命

	过充寿命(20～30 ℃)	高温加速浮充寿命	循环耐久性
2 V	不少于240天	不少于8次	不少于400次
6 V、12 V	不少于180天	不少于6次	不少于300次

注：1. 过充电寿命试验中，每30天折合寿命1年。
2. 高温加速浮充寿命中，每次折合寿命1年。

五、VRLA电池使用与维护

（一）运行环境

1. VRLA电池的使用环境

VRLA电池使用环境温度范围为－15～＋45 ℃，但为使其保持良好的性能，宜控制在5～30 ℃范围内使用，最佳环境温度在15～25 ℃，如果温度过高，建议安装空调设备。应避开完全密闭场所，室内要求具有良好的通风，便于空气流通散热，并保证室内氢气浓度小于0.8%。

应避开热源和阳光直射场所；避开大量放射性、红外线紫外线辐射、有机溶剂气体和腐蚀气体的环境中；避开潮湿、可能进水场所；应避开多粉尘场所。

2. VLRA电池对开关电源的要求

VRLA电池要求开关电源有稳定的直流输出，特别是交流波纹电流要小；有智能电池管理模块，能实现自动温度补偿、充放电控制、均衡充电控制、低压脱离等功能。

常用VRLA电池对开关电源的参数设置要求见表5—3。

表5—3 常用VRLA电池对开关电源的参数设置要求

技术参数	规范值	GNB	南都	华达	双登	灯塔
浮充电压(V/节)	2.23～2.28	2.25	2.23	2.25	2.25	2.25
均充电压(V/节)	2.30～2.35	基站2.30 其他2.35	2.35	2.35	2.35	2.35
充电限流(C_{10})	0.1	0.1/基站 0.06～0.08	0.1	0.125～0.2	0.1～0.15	0.1～0.15
高压告警值	57	57	57.6	58	58	57

续上表

技术参数	规范值	GNB	南都	华达	双登	灯塔
低压告警值	45，高于 LVDS 脱离电压	45.6	46	45.6	46	45
温度补偿系数（mV/节）	3 mV/cell	基站 5，其他 5.5	3	3	3	4
电池温度过高（℃）	35	35	35	35	35	35
LVDS 脱离电压（V）	44	44	44	44	44.5	44
LVDS 复位电压（V）	47	47	47	47	48	47
均充周期	720 h	1 年	90 天	基站半年，中心机房 1 年	电力稳定地区 6 个月，否则 2～3 个月	电力稳定地区 3 个月，否则 2 个月
周期均充时间（h）	1～10	12	10	12	10～15	10
复电均充起始条件	放出 20%以上容量	20	20	5	0	20
浮充转均充条件（mA/Ah）	小于 50	50	50	30	50	50
停电均充时间（h）	1～10	10	10	12	10～15	10
退出均充条件（mA/Ah）	5	10	5	10	5	5
继续均充时间（h）	3	3	3	3	3	3
充电容量倍数	不小于 1.2 倍	1.2	1.2	1	1.2	1.2

（二）周期性维护

铁路通信用阀控式密封铅酸蓄电池的维护项目及周期见《铁路有线通信维护暂行规则》。

中国移动《电源空调设备周期性维护检测计划》中蓄电池的维护项目见表 5—4。

表 5—4　阀控式密封铅酸(VRLA)蓄电池维护项目和周期

周期	项目	标　准	维　护
月	检测单体电池端电压和极柱温度	经过浮充、均充电 3 个月以上,并连续浮充24 h 后,电池组中各单体电池最大电压偏差小于 90 mV(2 V),240 mV(6 V),480 mV(12 V)。在完全浮充状态下,负极柱上,测得的温度不高于环境温度 3 ℃	如果出现较大的电压偏差,可进行几个回合的充放电过程进行调节 注:极柱温度为中国移动公司维规测试项目
	检查各电池连接条	连接条、电缆连接紧固,无氧化、腐蚀现象	拧紧松动的螺栓、螺母,连接处如有锈蚀现象,则先除去锈斑,然后涂抹导电膏
	检查电池安全阀、极柱	安全阀密闭正常,安全阀、极柱无酸雾溢出,和漏液痕迹	根据需要更换电池
	检查电池壳体	电池壳体表面光洁,无变形、开裂,无鼓胀及漏酸漏液现象	外观异常先确认其原因,若影响正常使用则更换电池
	电池表面及电池室清洁	保证电池表面及工作环境的干燥、清洁	可用干净的水(或肥皂水)浸湿软布清洁电池壳、盖、面板和连接线,不能用干布或掸子等,以免产生静电而成为引火或爆炸的原因,禁止使用香蕉水、汽油、酒精等有机溶剂清洗,以免腐蚀电池盖及其他部件
季度	直流供电切换	关断交流供电或调低开关电源的浮充电压后,蓄电池应能正常供电,一般放电10 min左右即可	观察电池放电以及充电限流、均充浮充切换是否正常,纠正可能偏差; 此项为中国移动公司维规测试项目
	电池组均衡充电	通常高频开关电源已设置为自动均充方式,并设置了均充周期	
年	检查直流供电回路压降	蓄电池容量测试放电时,用 4 位半数字万用表测量:①蓄电池的输出端至直流配电屏的输入端;②直流配电屏的输入端到直流配电屏的输出端,要求压降≤0.5 V;③直流配电屏的输出端到用电设备的输入端。三部分压降之和小于或等于 3 V	如果供电回路压降超标,检查连接处是否松动,或更换、加粗供电电缆 注:此项为中国移动维规测试项目,铁路维规将此项目列入高频开关电源检修项目表中
	测量蓄电池间连接压降	蓄电池容量测试放电时,用 4 位半数字万用表测量,蓄电池间连接电压小于或等于 10 mV(折算成 1 小时放电率电流下)	如果连接条压降超标,检查连接处是否松动,或更换、加粗连接条
	机房蓄电池组(含 UPS 蓄电池组)30% 核对性容量试验	电池容量必须超过额定容量的 80%	2 V 电池投入运行的前 5 年,12 V 电池投入运行的前 2 年进行此试验。如果容量不足的电池数量小于 25%,则更换单体电池,否则更换整组电池
	蓄电池组的全容量试验(含 UPS 蓄电池组)	电池容量必须超过额定容量的 80%	2 V 电池投入运行第 6 年起,12 V 电池投入运行第 3 年进行此试验。如果容量不足的电池数量小于 25%,则更换单体电池,否则更换整组电池

（三）容量测试

蓄电池的两个主要指标，一个是端电压，另一个就是电池容量。整组电池的容量是以状况最差的那个单体电池的容量值为准，而不是以平均值或额定值（初始值）为准，当电池容量下降到原来的80%以下时，电池便进入急剧的衰退状况，衰退期很短，这时整个系统已存在极大的事故隐患。而实践证明，VRLA电池端电压与放电能力无相关性，测量浮充电压并不能找出落后单体电池，因此想要准确知道VRLA电池的健康状况，只有对电池进行容量试验。此外，如果电池组长期处于浮充状态，其内部成分易固化，致电池内阻增大、容量下降，所以从保持电池特性角度讲，对电池进行适度的放电也是有益的。

电池容量的检测方式可用离线式和在线式。

1. 离线式全容量测试

适用于新电池测试、多组电池并联使用的场合。

（1）具体步骤

①将充满电的蓄电池组脱离直流系统并静置1～24 h。

②开始放电前检查开关电源、交流供电、后备柴油发电机组是否正常。

③测量蓄电池组的总电压、单体电池电压及周围环境温度，接好负载箱。如果采用蓄电池容量测试仪进行电池容量测量，则应正确连接仪器，设置各项放电控制参数。

④接通负载开始放电，记录放电开始时间。放电时应尽量控制放电电流使之保持平稳。

⑤放电期间应持续测量蓄电池组的总电压、各单体电压和放电电流，测量时间间隔为：10小时放电率每隔1 h记录一次、3小时放电率每隔0.5 h记录一次、1小时放电率每隔10 min记录一次。

⑥采用蓄电池容量测试仪进行测试时，测试仪能够自动记录放电时间、放电电流、电池电压等参数。此时操作人员需要用钳形表与万用表测量放电电流和电池电压，并与测试仪进行比较，以判断该测试仪的测量精度。

⑦通过多次测量，找出电压最低的两只电池作为标示电池。标示电池应作为重点观察对象。

⑧放电接近末期时要随时测量蓄电池组总电压和单体电池电压，特别是标示电池的端电压。一旦有电池端电压达到放电终止电压，则立即终止放电，记录放电终止时间。

⑨放电结束后，要对蓄电池组充电，充入电量应是放电电量的1.2倍。

⑩根据测量数据进行蓄电池组容量的核算。

（2）电池容量的核算公式

实测容量：
$$C_r = I \times h \tag{5—29}$$

额定容量：
$$C_e = \frac{C_r}{\eta[1 + k(t - 25)]} \tag{5—30}$$

式中　t——放电时的环境温度；

K——温度系数，10小时率放电时$K = 0.006/℃$，3小时放电率时$K = 0.008/℃$，1小时放电率时$K = 0.01/℃$；

η——蓄电池有效放电容量。

由于放电电流可控，且为深度放电，因此数据准确，但其操作较为复杂，充电难度较大。

2. 在线式核对性容量测试

在实际操作中，对于性能比较接近的电池组一般采用在线式核对性容量测试，只放出电池的部分容量(30% ~40%)。

在掌握市电安全运行情况下，对发电机组及整流器检测良好后，调低整流器的浮充电压至46 V，由蓄电池单独供电，通常为使电压变化明显，蓄电池需要以5小时放电率以上大电流放电，在实际负载未达到此要求时，可加入假负载。实际操作中，一般是按3小时放电率的放电电流进行1小时放电。

当放电容量已达电池额定容量的30% ~40%，或者整组电池中有一只电池端电压已到达三分之一放电容量的电压值时，电池放电结束。将各单体电池端电压与产品说明书提供的3小时放电率标准放电曲线(或电池端电压参数表)进行对比，若曲线下降斜度与原始曲线基本接近，说明该电池的容量基本不变，如果电池放电曲线斜率明显比标准曲线陡，即放电终止时电池端电压明显低于标准参数，则说明电池容量明显变小。

此方法操作方便，安全性相对较高，但整组电池的实际容量只能靠维护人员的维护经验进行估测，或通过蓄电池容量测试仪进行估测，误差相对较大。

需要指出，上述蓄电池的容量试验方法，是日常维护中常用的方法，但无论哪种方法，在容量测试期间通信安全都会受到一定的威胁。因此在做容量试验时要注意防止市电中断，备用发电组处于良好状态。

(四)运行期常见问题

VRLA电池在使用中会出现一系列问题，使电池性能逐渐退化，直至不能使用。其中一些是由于电池本身质量的原因，另一些则是由于电池使用环境恶劣和电池维护管理不当引起的。

1. 正极板

(1)正极板栅腐蚀和变形

板栅腐蚀是VRLA电池失效的重要原因，无论是在开路状态，还是在浮充状态或是充放电状态，板栅都存在被腐蚀的现象。

正极板栅腐蚀与板栅厚度和耐腐蚀性、过充放电程度、温度高低等因素有关。在过充放电和高温运行状态下，正极由于析氧反应加速，水被消耗，电解液浓度增加，导致正极附近酸度增高，板栅腐蚀加速，如果电池使用不当，长期处于过充放电状态或高温环境，那么很快电池容量就会降低，最后失效。正极板栅在遭受腐蚀的同时还产生变形，使尺寸线性增大、活性物质与板栅剥离，严重时甚至会导致个别筋条断裂，最终使整个电池损坏。

(2)正极板活性物质软化脱落

正极板活性物质软化、脱落直接影响到正极板容量和寿命，它随充放电循环次数的增多、板栅腐蚀变形程度以及大电流充放电的增多而加大。如图5—14所示。

2. 负极板

(1)负极硫酸盐化

VRLA电池失效的另一个主要原因之一就是负极硫酸盐化，并伴随容量的损失。蓄电池在正常工作中，负极板上$PbSO_4$颗粒小，充电时很容易恢复为绒状铅，但若使用不当，负极板上会生成难以还原的粗大硫酸铅结晶，使极板中参加电化学反应的活性物质减少，电池内阻增大，电池容量大大降低，这种现象就称为硫酸盐化。它表现为电池浮充电压高，充电过程中电压上升快，而放电过程中电压降低很快，与其他正常电池相比容量明显降低。如图 5—15所示。

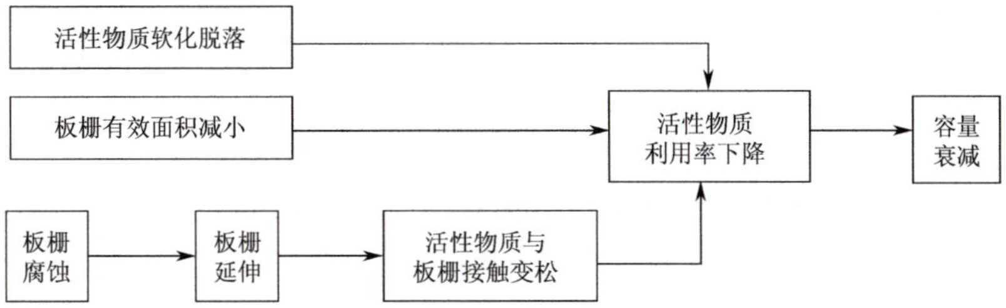

图 5—14　电池容量衰减原因分析

图 5—15　VRLA 电池负极硫酸盐化现象

负极板硫酸盐化原因很多，主要原因如下：

①蓄电池长期处于放电状态或放电后不及时充电长期搁置。

在这种情况下，活性物质中没有受到电化学还原的硫酸铅晶体的量很大，这些硫酸铅晶体会重结晶而使颗粒变大，生成不可逆硫酸铅。

②长期充电不足表现为整组电池的浮充电压长期偏低产生落后电池。

③部分荷电状态下的循环运行使负极产生严重硫酸盐化，电池寿命大大缩短。在交流供电状况比较恶劣的偏远站，电池损坏的原因，就属于此类。

④经常进行深度放电（电池电压放电至 1. 75 ~ 1. 80 V）（放电过量或小电流深放电），偏远地区经常停电，电池深度放电，使没有来得及还原的硫酸铅在活性物质中积累到相当的数量。

⑤在较高的温度下储存铅蓄电池，加速了硫酸铅重结晶及自放电的过程，促进了极板的硫酸盐化。

⑥以不完全充电状态反复进行充电，使电解液出现层化（即电池槽上、下部隔板内电解液饱和度高低不一），则负极下部易产生硫酸盐化。

⑦电池搁置时间较长，长期不使用而未定期充电。

（2）负极板钝化

在蓄电池放电过程中，电极反应有时会发生停止，这种现象称为电极钝化，负极很容易发生钝化。

在高电流密度或低温、或高电解液浓度下放电时，由于负极表面溶液 Pb^{++} 饱和度过高，在极板表面形成小孔隙的 $PbSO_4$ 致密层，则内层绒状态层被覆盖，导致使用容量大为降低，电池因放不出电而失效。

3. 铅枝搭桥

深放电之后或长期搁置未定期充电的电池，其吸附式隔板中易出现铅绒或弥散型 $PbSO_4$ 沉淀，导致正负极板微短路，称为铅枝搭桥或铅枝短路。如图 5—16 所示。

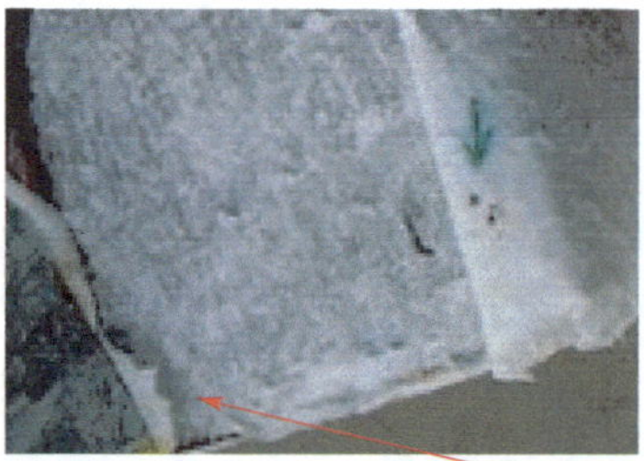

图 5—16　VRLA 电池铅枝搭桥现象

电池放电时，H_2SO_4 密度逐渐降低，Pb^{2+} 浓度逐渐增加。当 AGM 电池进入过放电时，隔板孔隙中 H_2SO_4 分子会全部被消耗，呈现中性，使隔板内电解液游离 Pb^{2+} 猛增并沉积为 $PbSO_4$，随着充放电次数的增多，隔板内积累的 $PbSO_4$ 愈来愈多。沉积于隔板的 $PbSO_4$ 具有一定导电性，使电池发生微短路，且充电过程中还有部分 $PbSO_4$ 会转变为绒状铅，加深微短路的影响，使电池在浮充运行时的端电压比正常电池浮充电压明显偏低（电池电压小于 2.1 V），放电容量比正常电池小。另外由于各个电池吸附隔板内电解液沉积的 $PbSO_4$ 数量不一，因而微短路深度有所差别，进一步扩大了浮充电池组中电池间端电压的差别。

4. 失水

VRLA 电池失水是影响 VRLA 电池寿命的主要因素之一。

VRLA 电池失水途径有以下几点。

（1）正极板栅腐蚀反应消耗

正极板栅的腐蚀而产生的水的转移是影响电池容量的主要因素之一，板栅合金腐蚀的微电池反应为：

$$Pb + HSO_4^- \rightarrow PbSO_4 + H^+ + 2e \tag{5—31}$$

$$H_2O \rightarrow 1/2O_2 \uparrow + 2H^+ + 2e \tag{5—32}$$

（2）安全阀失效或频繁开启

安全阀的其中一个作用是当电池中产生过量气体时安全阀打开，及时排气。当安全阀失效时，有可能在电池内压很低时就开启，或开启了闭不上，就容易造成气体和水分严重损失，失水过多造成失效。

(3)通过电池槽、盖渗漏

①电池槽与盖、引出极柱根部有泄露。

②通过蓄电池容器而使水蒸发渗透。容器渗水和透氧取决于材料的性质和厚度,

电池周围大气的相对湿度也有影响,常用电池槽材料如 ABS、PP、PVC 等水蒸气和氧气的渗透率都不一样。

(4)氧复合导致无效失水

氧循环效率低,或者电池使用环境温度增高而未及时调整浮充电压,或充电电压过高、充电电流过大、过充电时,都会产生大量盈余气体,造成电池内压升高,通过安全阀频频排气,造成明显失水现象。

5. 热失控

电池热量的产生如前所述:充电过程电池内的电化学反应释放热量;氧气在负极的复合反应为放热反应,使负极周围积累热量;电流流过具有一定阻值的导体时,放出热量遵循焦耳楞次定律 $Q=0.24\times I^2\times R\times t$。

热失控是指蓄电池在恒压充电时没有及时调整充电电压,充电电流和电池温度发生一种累积性的相互增强作用,此时电池的温度上升,失水速度加大,隔膜内电解液很快干涸,电池内阻上升进而产生更多的热,最终使电池损坏;另一方面,在电池温升时电池的壳体会有变软的趋势,当温升到一定的程度,达到 3 kPa 压力(电池内部的正常压力)可以使壳体变形的临界温度点时,电池壳体会在瞬间永久变形鼓胀,如果这个过程发生的时间非常迅速,那么对电池壳体的冲击会比较大,可能使电池壳体开裂。

AGM 电池由于采用贫液式紧装配设计,隔板中必须保持 10% 的孔隙不准电解液进入,因此电池内部的导热性差、热容量小,同时电解液比重较高要求浮充电压相对较高,所以较易引起热失控现象。

引起 AGM 电池发生热失控的主要原因:电池在高温环境下运行、电池之间安装间隙过小,或充电后期(或浮充状态)电压设置过高、充电电流过大、过充电,或在电压电流均正常情况下,整流设备直流输出稳定性不够、受外电网波动或内部元器件发热影响而出现纹波电流,以及整组电池均一性不够、个别电池严重故障(短路、反极)导致其他电池充电电压过高等等。

6. 电池反极

蓄电池在多个串联使用中,如果有某个电池容量降低,甚至完全丧失容量的话,那么在放电过程中,它就会很快放完自己的容量。这时这个失去容量的蓄电池不但不放电,还因为它的端电压比其他电池的端电压低而被反充电,以致使它的极板的正负极性逆转。这种障碍从测量总电压时就可以发现。若有一个电池极性逆转时,不仅失去该蓄电池的 2 V 电压,而且还要增加 2 V 以上的反向电压,总共降低电压 4 V 以上。

反极障碍的主要原因大多是由于过量放电后充电不足,或是初充电没有充足而造成极板硫化,或者极板间有短路故障存在等引起的。

7. 早期容量损失(Premature Capacity Loss)

VLRA 电池的早期容量损失(PCL)是指电池初期进行容量循环时,每经过一次充放电循环,容量下降明显,严重时容量下降达 5% 以上。在实际使用时可以发现电池在使用较短

时间(远远低于设计寿命),电池容量已下降至 80% 额定容量以下,而解剖后发现电池内部板栅活性物质、隔板表面仍完好,这种现象就是早期容量损失。

最新的研究认为早期容量损失有三种模式,分为快速容量损失(PCL-1),较慢的容量损失(PCL-2)和负极影响的一般容量损失(PCL-3),如图 5—17 所示。

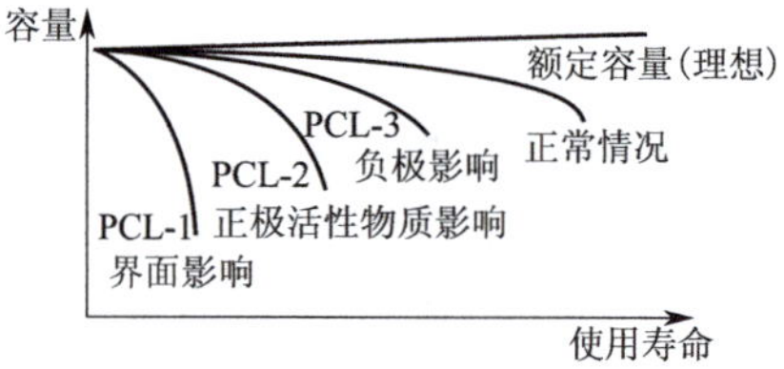

图 5—17　早期容量损失的三种现象

PCL-1 是指正极板栅/活性物质的界面影响,表现为电池在最初 10 ~ 15 次循环内,电池的容量急剧下降,它是由正极板栅与活性物质界面非导电层的形成引起的,板栅活性物质界面的这层不导电和低导电层产生了高电阻,该电阻层在充放电时发热,并使板栅附近的正极活性物质膨胀失去了活性,因而正极容量迅速下降,电池的充电接受能力很差。

PCL-2 是正极活性物质 PbO_2 的影响,在深充放电下,PbO_2 颗粒膨胀,颗粒间导电性变差、连接变坏。放电越深越快,活性物质的膨胀趋势越大,导致了 PbO_2 软化,失去放电能力容量下降,这种现象在高倍率放电和过充电时更为严重。

PCL-3 是负极的影响,VLRA 电池如果长期使负极充电不足,会导致负极底部 1/3 处硫酸盐化,这种现象一般在 200 ~ 250 次循环时发生,负极膨胀剂的杂质和膨胀剂的失效会使 PCL-3 更加严重。

8. 电池鼓胀变形

(1)电池组中个别电池发生鼓胀变形

主要原因有

①电池质量问题,包括电池内阻、密封反应效率等,例如制造原因导致电池内阻不一致,而整组电池的电压受限制,则分布在各个电池的电压不一样,可能产生单个电池过充。

②安全阀失控,使电池内部压力过高,当内部压力超过一定限度时蓄电池有发生破裂的危险。

(2)整组电池出现鼓胀

可认为电池已发生热失控。

9. 引出极柱温升与电池密封

(1)极柱温升

由于电池对交流电阻抗很小,所以即使电压变动很小,电池载流体上都会产生明显的交流电流。当整流器输出脉动电压较大,或在某些非线性负荷场合下供电(如 UPS 系统中逆变器等)时,都会产生叠加在浮充电流上的交流电流,使电池温度增高,并加速正极板栅腐蚀,结果使电池提早损坏。尤其是周期性的交变电流,因为存在充放电循环,对电池破坏作用更大。根据国际电气与电子工程协会(IEEE)对电池中交流纹波干扰电流值的限制性规定,应保证电池在完全浮充状态下,负极柱上测得的温度不高于环境温度 3 ℃。

(2)电池漏液爬酸

VRLA 电池的关键是密封,如电池漏液则不能与通信机房同一室,必须进行更换。电池易漏部位主要在电池槽盖之间密封处、安全阀处、极柱端子密封处。

①现象

极柱、安全阀周围有白色晶体,严重时有硫酸液滴;极柱铜芯、连接条与端子接触部位发绿腐蚀,周围出现电解液;电池槽盖间、电池阀体有电解液渗出。

②引起原因

机械损伤:外力造成壳体、密封部位裂纹。

制造原因:灌酸时酸液溅出,造成假漏液(电池表面存在残留电解液,由于出厂时装封较及时,内部存有一定的水蒸气,从而在电池表面形成比较稀薄的硫酸膜,与极柱中的铅发生反应形成白色结晶体覆盖在极柱周围。或者水蒸气凝结在金属铅的表面使之发生氧化);注液量过多(使电池处于富液状态,则 O_2 再复合的气体通道受阻,O_2 增多,内部压力增大,超过开启压力,安全阀开启,O_2 带着酸雾放出,多次开启,酸雾在安全阀周围结成酸液);密封不严,密封材料、安全阀耐老化性差。

使用原因:电池严重过放过充,蓄电池寿命终止后继续使用,不同型号电池混用,极柱腐蚀穿透(由于酸性条件下 O_2 腐蚀所致,使 H_2SO_4 沿着腐蚀通道在内部气压作用下,流到端子表面产生漏液,也叫爬酸或渗漏,正极腐蚀速度大于负极)。

③处理措施

先将漏液处擦净,然后涂抹少许的凡士林油,经过一段时间后若依然存在漏液现象,属电池漏液,应进行更换:若没有则应为假漏液。

10. 电压的偏差

(1)VRLA 电池在浮充运行初期存在浮充电压不均匀的现象。这是由于制造过程的各个环节中所用配件和材料的质量、数量以及含量的误差累积所致,误差影响到电池内部的硫酸饱和度,于是直接影响电池浮充时氧气的再化合,从而使浮充时电池过电位不同,则电池浮充电压也就不一样。刚启用的同组 VRLA 电池中,浮充电压最高与最低差值有时可达 180 mV 左右。但在经过 3 ~6 个月的浮充运行后,因硫酸饱和度高的电池氧气复合效率差而使饱和度有所下降,则浮充电压将趋于均匀,正常情况下电压偏差应在标准范围以内。

(2)浮充运行 6 个月后,电池组中个别电池电压异常

电池电压小于 2.1 V,电池存在内部短路可能,电池内部有渗透短路“铅枝搭桥”;电池电压大于 2.5 V,电池存在内部断路(开路)可能,主要原因有电池内部极群或串联连接存在虚焊,负极板极耳、汇流排产生泥状硫酸盐化等。

(五)电池的报废及更换标准

根据维护规程规定:当某组电池容量小于额定容量的 80% 时,该组电池可以申请报废处理。实际上,进口电池的使用寿命一般可以达到 8 ~10 年,国产电池在正常使用情况下可达 4 ~8 年,UPS 电池可达 3 ~5 年。

为了充分发挥整组电池的经济效益,电池的报废一般按照以下原则进行:

当机房单体电池容量小于 80% 的数量超过 25% 时,整组电池申请报废。否则,用相同品牌、相同型号的电池更换容量不足的电池。

六、胶体(Gel)电池

(一)胶体电池概述

胶体阀控式电池进入工业电池领域,已至少有20年以上的经验。由德国阳光公司开发成功的胶体电池技术起初只用于小型电池,并以"Dryfit"命名。阳光公司将胶体技术用于工业电池领域始于20世纪70年代末和80年代初。20世纪80年代中期之后,德国的几大蓄电池公司,以至于英国、意大利等国的大的蓄电池公司纷纷绕开阳光公司尚未到期的专利开发各自的胶体电池技术。目前,在欧洲,用于备用电源的胶体电池技术很普及。

(二)胶体电池特点

1. 胶体电池的结构特点

内阻较大,采用触变性 SiO_2 胶体吸收电解液并充满在隔膜中及正负极之间,不流动、无漏液、无酸液分层现象,电解液的量比AGM式电池要多20% ,与富液式电池相当,电解液密度比AGM电池低,非紧装配结构,管式正极板,因此深放电的恢复特性较好、散热性好、自放电小且寿命较长。它以贯穿于正负极板之间的凝胶微裂纹作为 O_2 的复合通道,如图5—18所示。在使用初期由于胶体未能形成大量微裂纹,氧的复合效率较低,安全阀会经常打开排放酸雾,需使用排风装置。但运行数月之后随着胶体的逐渐收缩,凝胶中的裂缝会越来越多,氧气的复合效率就会逐渐提高到95%以上。

与AGM电池相比,主要结构区别见表5—5。

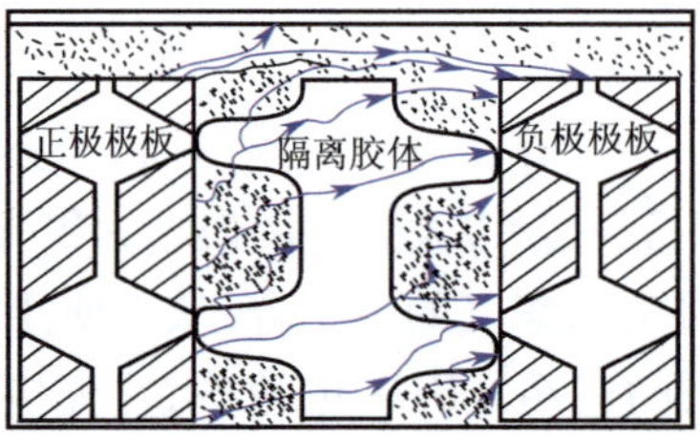

图5—18 Gel技术的氧复合示意图

表5—5 AGM电池与胶体电池的主要结构差别

比较项目	胶体电池	AGM电池
技术发明情况	1957年由德国阳光公司发明并申请专利,专利号1194015,该技术曾于20世纪80年代末和90年代初转让数次,包括美国Johnson control、East penn等大公司	该技术专利权属于美国GatesRubber公司,专利号3862861,围绕该技术的专利所有权国际上曾争论多年,直至20世纪90年代初才基本了结
电解液固定方式	电解液由气体二氧化硅和硫酸及多种添加剂以胶体形式固定,注入时为液态,可充满电池内的所有空间	电解液被吸附在多孔的玻璃棉隔板内,而且必须是不饱和状态
电解液量	与富液电池相同,电解液量比后者多15% ~20%	贫液式设计

续上表

比较项目	胶体电池	AGM 电池
电解液比重	与富液式相同，平均 1.24 g/cm^3	比富液式胶体电池电解液比重高，平均 1.28～1.31 g/cm^3，对极板腐蚀较重，电池寿命相对较短
正极板结构	可制成管式（更有效地防止活性物质脱落）或涂膏式	只能制成涂膏式
板删合金	铅钙锡无锑多元合金，管式正极板管芯可采用高压压铸工艺生产，板栅结晶细密，耐腐蚀性好，电池使用寿命长	有的公司采用含镉含锑合金，锑可以改进极板强度，延长电池的循环寿命，但电池的自放电率较高，镉合金的循环回收，对环境污染严重
装配方式	非紧装配结构，槽中空间较大，热容量大，散热性好，不会产生热量积累现象	紧装配结构，热容量小，散热性差，易发生热失控

2. 胶体电池的运行特性

（1）放电特性

如图 5—19 所示是 2 V 胶体 600～1 200 Ah/单体不同容量的电池在 20 ℃环境下，不同的终止电压，不同的小时放电率恒流放电特性。图中纵坐标为放电容量，以额定容量倍率 C_{10}% 表示，横坐标是单片 100 Ah 正极板的放电电流值，以（A）表示（但整个电池的放电电流值需乘以正极板的片数），五条曲线分别表示不同的放电终止电压，十条放射线分别表示不同的放电时间率。

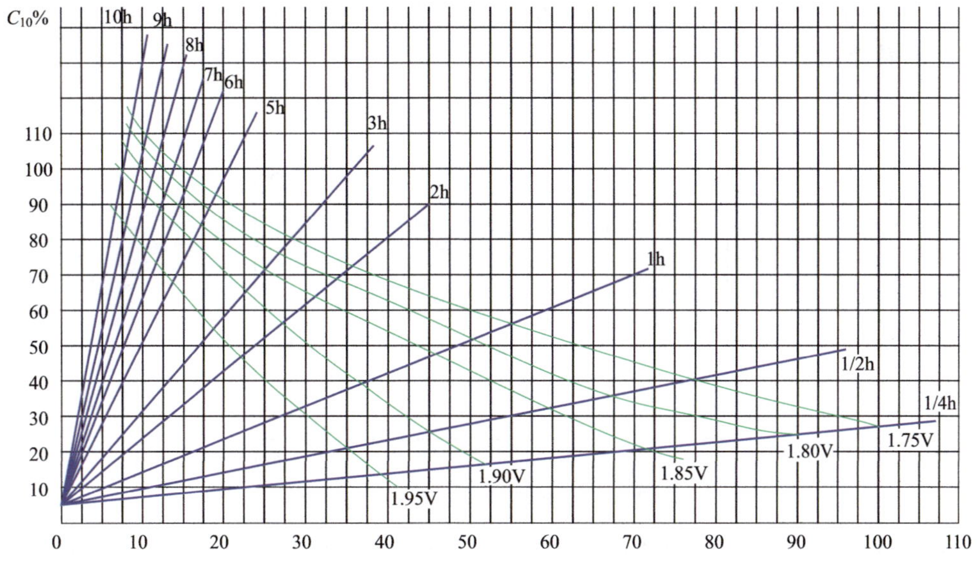

图 5—19　2 V 600～1 200 Ah 胶体电池的放电特性

图中 600～1 200 Ah 都由 100 Ah 正极板组成。1 200 Ah 电池有 12 片正极板。以 1 200 Ah为例，如 3 h 放电：当放电终止电压为 1.80 V 时，电池可以用 300 A 连续放电，可放出 75% 的容量 900 Ah；当终止电压为 1.90 V 时，电池用 258 A 连续放电，可放出 63% 的容量 756 Ah。

(2)充电特性

胶体电池的有效充电方法是恒流充电至某一电压值后再用小电流恒流充电，或采用恒压限流充电。

①恒流限压充电制度

如图 5—20 所示。

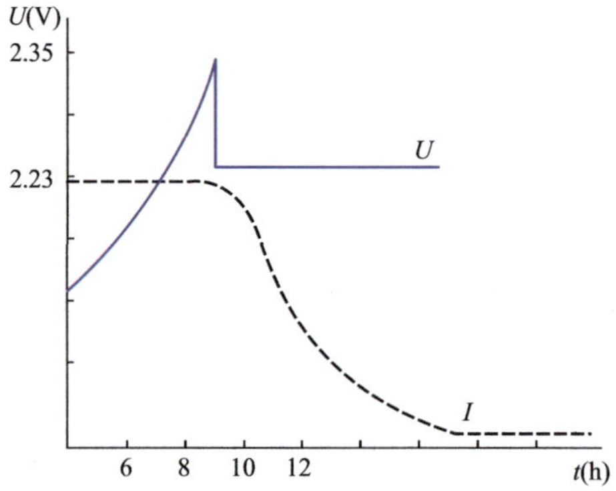

图 5—20　胶体电池恒流限压充电特性曲线

充电电流在 1.0～2.5I_{10}(A)，当电池端电压达到 2.35 V(25 ℃)时转入浮充工作状态。要求充入的电量是放出电量的 1.2～1.3 倍。

②恒压限流充电制度

如图 5—21 所示。恒压充电电压为 2.35 V(25 ℃)，充电电流≤2.5I_{10}(A)，当充电电流<0.1I_{10}时转浮充工作。

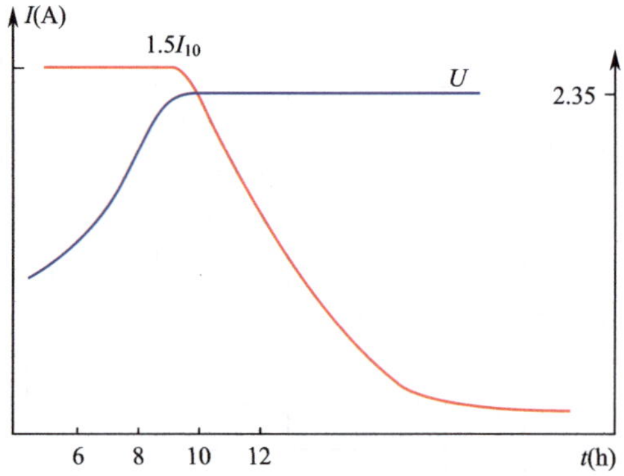

图 5—21　胶体电池恒压限流充电特性曲线

当放电深度达 100% 时，两种充电方法在上述条件下，约 10 h 可充入放出电量的 90% 以上。

与 AGM 电池相同，精确的充电制度是保证电池优秀性能和运行寿命的前提，充电电压应能够根据环境温度自动调节。

(3)与 AGM 电池的主要区别

胶体电池与 AGM 电池的主要区别见表 5—6。

表 5—6　AGM 电池与胶体电池的主要性能差别

比较项目	胶体电池	AGM 电池
自放电	由于选用的材料纯度高，电解液比重低，电池的自放电率极低，常温下（20 ℃）约为每天 0.05% ~ 0.06%，在 20 ℃时放置 2 年，自放电率小于 40%	每月 3% ~5%，存放期超过 6 个月，必须补充充电
氧再化合效率	使用初期再化合效率低，因此初期需排风装置，但运行数月后胶体中氧穿透裂隙增多，再化合效率可达 95% 以上	氧的穿透是直接通过隔膜中的空隙，开始时再化合效率就较高
浮充性能	由于电解液比重低，浮充电压相对也比较低（2.23 V/只），另外胶体的散热性也远优于玻璃棉，绝无热失控事故，浮充寿命长	浮充电压相对较高，浮充电流大，快速的氧再化合反应，产生大量的热，玻璃纤维隔板的热消散能力差，热失控故障时有发生
充电接受能力	深放电恢复能力：以 55% 的 C_{10} A 放电后，以 2.3 V 恒压 1.0I_{10} 限流充 9 h 容量 > 95%，再充 1 h 容量 > 100%	同容量电池做平行试验，在充电时间达 13 h 后，容量≥95%
电解液的层化	硫酸被胶体均匀地固化分布，绝无浓度层化问题，极板各部分反应均匀，电池可竖直或水平任意放置	玻璃纤维的毛细性能无法完全克服电解液的层化问题，电池的高度受限制，因而大容量高尺寸的电池只能水平放置
温度特性	高低温特性均较好	低温易使负极钝化，高温易发生热失控
失水	富液式设计，电解液密度低，板栅合金腐蚀速度低，即使在高温及过充电情况下，也不易出现干涸现象，电池投入运行的第 1 年，水损耗 4% ~5%，随后逐年减少，后续的水损耗只有 2%	贫液式设计，电池容量对电解液量极为敏感，电池失水 10%，容量将降低 20%，损失 25% 水分，电池寿命终止
循环性能和深放电恢复能力	特殊的含磷酸胶体和含锡正极板合金，内部短路极少发生，电池的循环性能和深放电恢复能力优越	由于玻璃隔板微孔孔径较大，深放电时电解液比重降低，硫酸铅溶解度增大，沉积在微孔中的活性物质会形成枝晶短路，进而导致电池寿命终止
气体释出	按照厂家规定的浮充电压进行浮充，两种电池的气体释放量基本相等	
气密性	承受 30 kPa 的正压（或负压）维持 5 s 以上而不破裂、不开胶，压力释放后壳体不变形	承受 50 kPa 的正压或负压
容量	10 小时率容量在首次循环应不低于 C_{10}；蓄电池经过前 5 次 C_{10} 容量循环后，C_5、C_3 和 C_1 容量均应在第 1 次试验达到规定要求。（2 V 系列 C_8 容量项，12 V 系列 C_{20} 容量项作为参考项）	10 小时率容量第 1 次循环不低于 0.95C_{10}，在第 3 次循环应达到 C_{10}；3 小时率和 1 小时率的容量应分别在第 4 次和第 5 次以前达到
循环耐久性	浮充寿命 2 V≥12 年，12 V≥4 年；循环寿命 2 V 单体不低于 1 000 次，12 V 不低于 400 次	浮充寿命 6 ~8 年（25 ℃）

第三节　蓄电池组的测试

在通信电源系统中,蓄电池组是直流供电系统的重要组成部分。一旦交流供电中断或开关电源设备出现故障时,就必须依靠蓄电池组向直流用电设备提供电能,保证直流用电设备的不间断供电,从而保证通信网络的正常运行。在交流正常供电时,蓄电池组通过开关电源充电(均充或浮充)来储备电能。此外,蓄电池组与整流模块并联运行可以起到平滑滤波的作用,能降低直流系统的杂音电压,改善整流器的供电质量。

目前通信企业在用的蓄电池组根据结构原理可以分成防酸隔爆式和阀控密封式。防酸隔爆式蓄电池由于其体积大、对环境污染严重、维护工作量大等原因,逐渐被阀控式密封蓄电池取代。从单体电压上来看,主要有 2 V、6 V、12 V 三种。2 V 电池主要用于 -48 V 或 -24 V直流系统,6 V 与 12 V 蓄电池主要用作 UPS 的后备电池。本节主要介绍 2 V 阀控式密封蓄电池组的有关测试要求。

一、蓄电池组常规技术性能指标的测试

(一)电池外观的检查

用目测法检查蓄电池的外观有无漏液、变形、裂纹、污迹,极柱和连接条有无腐蚀,螺母是否松动等等。

(二)电池端电压及偏差

电池端电压的均匀性,可以反映电池组内电池的质量差异,特别是对已经投入运行一段时间的蓄电池组其判断效果更为准确。新电池在投入使用时一般其端电压会有较大的偏差,造成端电压偏差的因素很多,如内部结构、生产工艺、出厂前充电效果等等。新电池投入使用一段时间,甚至需要几个回合的充放电过程才能使端电压趋于均衡。电池端电压的均匀性有两个指标,一个为静态,另一个为动态,使用中(平时处于浮充状态)的电池端电压一般作动态指标。

若干个单体电池组成的一组蓄电池组,经过浮充、均充电工作三个月后各单体电池开路电压最高与最低的差值应不大于 20 mV(2 V 电池)、50 mV(6 V 电池)、100 mV(12 V 电池)。蓄电池组处于浮充状态时,各单体电池电压之差应不大于 90 mV(2 V 电池)、240 mV(6 V 电池)、480 mV(12 V 电池)。

蓄电池端电压均匀性的判断也可以参照以下标准:蓄电池组在浮充状态下,测量各单体电池的端电压,求得一组电池的平均值,则每只电池的端电压与平均值之差应不大于 ±50 mV。端电压的测量应该从单体电池极柱的根部用四位半数字电压表来测量。有些品牌的蓄电池在平时浮充使用时电压表表笔无法接触极柱根部来测量其端电压,只能在极柱的螺钉上测量,这将会带来测量误差。在测量时需要考虑电池的充电电流,如果浮充电流很小,则测量误差可以忽略。

【举例】有四节电池其端电压分别为2.17 V、2.18 V、2.16 V、2.25 V，其平均电压为：

$$(2.17+2.18+2.16+2.25)\div 4 = 2.19(\text{V})$$

其最大偏差值为2.25－2.19＝60(mV)＞50 mV(不合格)。

但若以每个电池间的最大差值不大于90 mV为标准时，则2.25－2.16＝90(mV)就为合格值。这表明以平均电压差值不大于±50 mV为高标准。

(三)标示电池

蓄电池组容量的多少，决定于整组电池中容量最小的那只单体电池，也就是以电池组中最先到达放电终止电压的那只电池为基准。因此对蓄电池组容量的检测总是着重对其中容量最小的蓄电池进行监测。这些有代表性的单体电池称为标示电池。

标示电池的选定应在电池放电的终了时，找出单体端电压最低的1～2个电池为代表。需要注意的是，标示电池经选出后并不一定是固定不变的，过一定时间后应重新确认。如果端电压在连续三次放电循环中测试均是最低的，就可判为该组中的落后电池。电池组中有明显落后的单体电池时应对电池组进行均衡充电。

当电池组处于浮充状态时，标示电池电压在整组电池中不一定是最低的，甚至是最高的。反过来说，端电压最低的电池其容量不一定是最小的，如果一只电池端电压超出平均电压很多，如达到2.5 V以上时，很可能该电池已经失水过多，电解液浓度过高，该电池的容量往往不足。

(四)电池极柱压降

1. 极柱压降的产生及影响

蓄电池组由多只单体电池串联组成，电池间的连接条和极柱的连接处均有接触电阻存在。由于接触电阻的存在，在电池充电和放电过程中连接条上将会产生压降，该压降称为极柱压降。接触电阻越大，充放电时产生的压降越大，结果造成受电端电压下降而影响通信设备的正常工作；此外还会造成连接条发热，产生能耗，严重时甚至使连接条发红，电池壳体熔化，乃至发生火灾。因此需要在电池安装完成以及平时维护中对蓄电池组的极柱压降进行定期的测量。

蓄电池组按1小时率电流放电时，整组电池每个极柱压降都应小于10 mV。在实际直流系统中，如果蓄电池的放电电流不满足1小时率时，必须将测得的极柱压降折算成1小时率的极柱压降，再与指标要求进行比较。

极柱压降过大，可能是极柱连接螺栓松动，或者连接条截面过小所致，当极柱压降不能满足要求时，需根据实际情况进行调整，或拧紧电池连接条螺栓。

2. 极柱压降的测量

极柱压降的测量需要使用直流钳形表、四位半数字万用表，极柱压降必须在相邻两只电池极柱的根部测量。具体测量步骤如下：

(1)调低整流器输出电压或关掉整流器交流输入，使蓄电池组向负载放电。

(2)过几分钟，待电池端电压稳定后测得放电电流及每两只电池间的极柱压降，如图5—22所示。

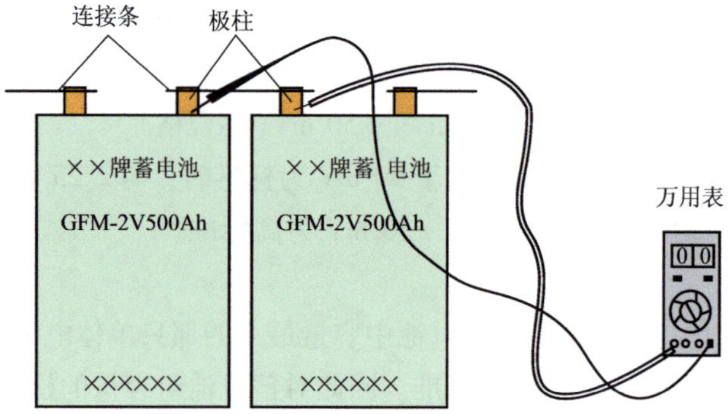

图 5—22　电池极柱压降的测量

（3）将测得的极柱压降折算成 1 小时率的极柱压降，然后再与指标要求进行比较。

【举例】有一组 48 V 500 Ah 的蓄电池组，在对实际负载放电时的电流为 125 A 时，测量每两只电池根部间的连接压降，其最大的一组为 5 mV 。试分析极柱压降是否满足要求？

根据 1 小时率放电电流 $I_1 = 5.5 \times I_{10} = 5.5 \times 50 = 275$（A），求得 1 小时率放电时的极柱压降为：

$$\Delta U = \frac{I_1}{I_L} \times 5 = \frac{275}{125} \times 5 = 11(\text{mV})$$

因为 $\Delta U = 11\ \text{mV} > 10\ \text{mV}$，所以极柱压降不合格。

（五）浮充与均充电压、电流

阀控式密封蓄电池对均充电压及均充电流要求较严格，使用时应严格按产品说明书的要求执行。对于一些产品说明书要求不清楚的情况，可以按照一般要求控制电池充电电压及充电电流。

蓄电池在放电后需要进行电能的回充，电能回充时一般需要经过先恒流后恒压的过程，该过程称为均充。均充开始时，充电电流很大，此时通过开关电源调低输出电压使蓄电池处于恒流充电状态。蓄电池的均充电流一般限制在 $0.10C_{10}$ 至 $0.20\ C_{10}$，单体电池均充电压限制在 2.30 ~ 2.35 V。不同的电池其充电限流和均充电压可能会略有差异。对于 500 Ah 容量的蓄电池，均充电流限制在 50 ~ 100 A。随着充电过程进行，电池电压上升，充电电流减少，开关电源逐步提高输出电压，以保证蓄电池恒流充电。如果对充电电流不作限制，当充电电流过大时，由于充电过程会产生电解水的效应，电池内部析出的氧气量增多，并使气体再结合效率降低，在极板表面产生微量氢气上升至顶部，阻碍了整个氧循环，最终气体向上部扩散，直至从安全阀中逸出，从而造成电池失水，引起容量的下降。除了放电后需要均充充电外，蓄电池还需要进行周期性的均充，其均充周期及每次均充持续时间应根据电池厂家的提供的要求进行。

均充有两种控制方式，一种是当蓄电池的充电电流小于 50 mA/Ah 以后，开关电源调高输出电压，使蓄电池真正处于均充状态。如果充电电流小于 $0.1I_{10}$，则继续进行 1 h 的均充，累计总均衡充电时间不超过 10 h。均充结束后蓄电池转入浮充状态。如中达开关电源采用的便是这种控制方式。另一种控制方式是蓄电池充入电量是放出电量的 1.2 倍时转入浮充充电。

对蓄电池进行浮充主要是为了促进氧气循环，同时补偿由于蓄电池内部自放电而造成的容量损耗。蓄电池组每个单体的浮充电压应控制在 2.23 ~ 2.27 V。蓄电池的浮充电流也是一个不能疏忽的问题。若浮充电压过高，长时间的大电流浮充（实际已是充电），将会造成过充电，与大电流的充电危害相同，使蓄电池内盈余气体增多逸出后失水，而且使板栅腐蚀速度加快，容量减少。若浮充电压过低，造成浮充电流太小时，蓄电池因长期得不到完成氧循环所需的电能量，极板产生硫化，无法还原，并因自放电的因素，使蓄电池容量减少。

【举例】一组 48 V 500 Ah 的电池，放电电流为 150 A，共进行 3 h 放电，而转为充电时的限定电流为 75 A，则均充时间约为：$H=\frac{150\times 3\times 1.2}{75}=7.2(\mathrm{h})$

（六）电池室环境对电池的影响

由于蓄电池充放电过程实际是电化学反应的过程，周围环境的温度对其影响非常明显。不同的温度条件下它的内阻及端电压将发生变化，在相同浮充电压条件下其浮充电流不同。

【举例】一组电池浮充电压均为 2.25 V，

（1）环境温度为 20 ~ 22 ℃时，浮充电流约 34 mA/100 Ah；

（2）环境温度为 34 ~ 36 ℃时，浮充电流约 105 mA/100 Ah；

（3）环境温度为 40 ~ 45 ℃时，浮充电流约 300 mA/100 Ah。

温度越高，浮充电流越大。电池室温度一般要求控制在 25 ℃，浮充电压为 2.25 V，浮充电流在 45 mA/100 Ah 左右。为了能控制这一电流值，在不同温度时开关电源应能自动调整浮充电压，即要求开关电源具有输出电压的自动温度补偿功能。

环境温度每升高 1 ℃，单体电池浮充电压降低 3 mV；反之，环境温度每降低 1 ℃，单体电池浮充电压要升高 3 mV。需要指出的是蓄电池浮充电压温度补偿范围一般限制在 3 ~ 38 ℃之间。超出这一范围时，浮充电压不再继续升高或降低。

另外，由于阀控式密封蓄电池排气阀的打开与关闭决定于电池壳体内外的气压差。如果电池所使用的地区气压较低，则充电时容易造成电池排气阀在电池内部压力还比较低时便自动打开，从而引起电池失水，容量下降。因此，当本地区气压较低时（如高海拔地区），蓄电池组应降低容量使用。

二、蓄电池组容量测试

在蓄电池组的所有技术指标中，最根本的指标为电池容量。对常规指标的测试其最终目的是为了直接或间接地监测电池容量、维持电池容量。蓄电池维护规程中规定，如果电池容量小于额定容量的 80% 时，该蓄电池可以申请报废。否则当蓄电池容量不足，且维护人员对该蓄电池的性能没有明确了解时，一旦交流停电就很容易造成直流供电中断，引起通信事故。

蓄电池组容量的测试，对于防酸隔爆式蓄电池可通过观察电池极板、测量电解液比重及液位的高低来估算其容量；对于阀控式密封蓄电池，除了测量电池端电压外，目前只能通过放电试验才能知道它的容量大小。虽然有厂家推荐使用电导仪测量电导来推算电池容量，但由于实践中证明该法误差较大并且不稳定,在此不作推荐。

蓄电池组容量的检测方式根据其是否与直流系统脱离可以分成离线式和在线式;根据放电时放出容量的多少,可以分成全放电法、核对性容量试验法、单节电池(标示电池)核对性容量试验法。根据直流供电的实际情况两者可以灵活组合,得到离线式全容量测试、离线式核对性容量测试、在线式全容量测试、在线式核对性容量测试等方法。

蓄电池组容量的测量最常用的仪器和仪表是直流钳形表、四位半数字万用表、时钟、温度计和恒流放电负载箱等等。仪表精度应不低于0.5级。如果进行标示电池核对性容量试验,则需要单体电池充电器。最近几年国内外许多厂家推出了各式各样的蓄电池容量测试仪,它们大多配置有测试所需的整套装备,包括负载箱、电流钳、单体电压采集器、容量测试监测仪以及相应的电池容量分析软件等。蓄电池容量测试仪可以保证电池恒流放电,同时可以通过设定放电时间、电池组总电压下限、单体电池电压下限、放电总容量等参数来保证电池放电的安全性。配合容量分析软件,可以提供放电时各单体电池的电压特性比较曲线、放电电流曲线、总电压曲线、单体与平均电压曲线、单体电池容量预估图等等。尽管进行核对性容量试验时,蓄电池容量测试仪最后提供的单体电池容量分析结果并非十分精确,但该仪器对电池容量的测试可以提供很大的便利和帮助。

(一)离线式全容量测试

离线式全容量测试一般适用于新安装的蓄电池组,并且直流系统尚未带载重要的设备,即使交流停电,也不会造成太大的影响。全容量放电试验是蓄电池容量最准确的一种测试方法。当需要进行全容量放电试验时,应该事先根据产品说明书的要求,对蓄电池组进行必要的均充或一定时间的浮充。

离线式全容量测试的具体步骤如下:

1. 将充满的蓄电池组脱离供电系统并静置1~24 h。

2. 开始放电前检查开关电源、交流供电、后备柴油发电机组是否正常。

3. 测量蓄电池组的总电压、单体电池电压及周围环境温度,接好负载箱。如果采用蓄电池容量测试仪进行电池容量测量,则应正确连接仪器,设置各项放电控制参数。

4. 接通负载,让蓄电池开始放电,记录放电开始时间。放电时应尽量控制放电电流使之保持平稳。

5. 放电期间应持续测量蓄电池组的总电压、各单体电池电压和放电电流,测量时间间隔为:10小时放电率每隔1 h记录一次、3小时放电率每隔0.5 h记录一次、1小时放电率每隔10 min记录一次。

6. 采用蓄电池容量测试仪进行测试时,测试仪能够自动记录放电时间、放电电流、电池电压等参数。此时操作人员需要用钳形表与万用表测量放电电流和电池电压,并与测试仪进行比较,以判断该测试仪的测量精度。

7. 通过多次测量,找出电压最低的两只电池作为标示电池。标示电池应作为重点观察对象。

8. 放电接近末期时要随时测量蓄电池组总电压和单体电池电压,特别是标示电池的端电压。一旦有电池端电压达到放电终止电压(放电终止电压见表5—7),则立即终止放电,记录放电终止时间。

表 5—7 蓄电池放电率与放电容量

放电率(h)	电池有效放电容量 η(%)		放电电流(A)	终止电压(V)
	防酸隔爆式	阀控密封式		
1	51.4	55.0	$5.140I_{10}$	1.75
2	61.1	61.0	$3.055\ I_{10}$	1.80
3	75.0	75.0	$2.500\ I_{10}$	1.80
4	80.0	79.0	$2.000\ I_{10}$	1.80
5	83.3	83.3	$1.660\ I_{10}$	1.80
6	87.6	87.6	$1.460\ I_{10}$	1.80
7	91.7	91.7	$1.310\ I_{10}$	1.80
8	94.4	94.4	$1.180\ I_{10}$	1.8(1.84)[注]
9	97.4	97.4	$1.080\ I_{10}$	1.8(1.84)[注]
10	100	100	$1.000\ I_{10}$	1.8(1.85)[注]
20	110	110	$0.550I_{10}$	1.8(1.86)[注]

注:括号中的电压为第六次循环后至电池保证寿命期间进行容量测试时应达到的终止电压。

9. 放电结束后,让蓄电池组静置 20 min,总电压一般可以回升到 48 V 以上。

10. 调整直流系统输出电压,使直流系统与蓄电池组电压偏差在 1 V 以内,将该组电池重新接入直流系统。

11. 根据电池要求,正确设置开关电源参数,对电池组进行均充。待充电完成后再进行第二组电池容量的测试。

12. 根据测量数据进行蓄电池组容量的核算。

如果放电电流较为平稳,则放电电流乘以放电时间即为蓄电池组的实测容量。

$$C_r = I \times t \tag{5—33}$$

式中 C_r——蓄电池组测试容量,Ah;

I——蓄电池组放电电流,A;

t——蓄电池组总放电时间,为结束时间减去开始时间,h。

如果每次测试时放电电流有较大波动,为减少电池容量的计算误差,应改用式(5—34)计算蓄电池组的实测容量:

$$C_r = \sum_n I_n \times t_n \tag{5—34}$$

式中 C_r——蓄电池组测试容量,Ah;

I_n——各次测量得到的蓄电池组放电电流,A;

t_n——测量时间间隔,h。

最后根据蓄电池放电率及放电时的环境温度,将实测容量按下式换算成 25℃ 时的容量:

$$C_e = \frac{C_r}{\eta[1 + k(t - 25)]} \tag{5—35}$$

式中 C_e——蓄电池组额定容量；

C_r——试验温度下的电池实测容量；

t——放电时的环境温度；

k——温度系数，10 小时率放电时 $K=0.006/℃$，3 小时率放电时 $K=0.008/℃$，1 小时率放电时 $K=0.01/℃$；

η——不同温度下蓄电池有效放电容量，见表 5—8。

表 5—8 环境温度对蓄电池放电容量的影响

温度(℃)	−40	−30	−20	−10	0	10	20	30	40	50
蓄电池组有效容量(%)	12	28	43	57	72	85	96	103	105	105

【举例】一蓄电池组额定容量为 500 Ah，按全放电法测电池容量，测得实际放电时电流为 73 A，此时电池室温度为 20 ℃，当放电 5 h 55 min 时，测得一组电池中最低一只电池（标示电池）端电压为 1.8 V，立即停止放电，恢复整流器供电，并核算该电池组的容量。

实测放电容量：

$$C_r = I\times t = 73\times(5+55/60) = 432\ (\text{Ah}) \tag{5—36}$$

查表可得电池组进行的是 6 小时率的放电，有效放电容量 $\eta=87.6\%$，环境温度为 20 ℃，则：

$$C_e = \frac{C_r}{\eta[1+k(t-25)]} = \frac{432}{0.876[1+0.008\times(20-25)]} = 514\ (\text{Ah}) \tag{5—37}$$

注意：蓄电池组离线式全容量测试准确性较高，但是安全性较差。在线式容量放电试验虽然安全性较高，但是在多组电池同时进行放电时，如果各组电池的性能差异较大，则相互间放电电流会有较大的差别。对于性能较差的一组电池，其放电电流小于其他电池组。又由于各组电池并联工作，相互间总电压相同，因此该电池组虽然性能较差，但是单体电池电压的变化相对而言比较均匀，这造成了落后电池不容易被发现。当然最后可以通过各组电池的放电电流大小以及实际放出的容量来判断该组电池的性能好坏，但误差较大。

为了准确地找出标示电池并测量电池组容量，对在线使用的蓄电池组进行离线式容量测量时，以下几点需要引起高度重视：

(1) 如果只有一组蓄电池，在离线测量时一旦交流供电中断，会立即造成通信设备停电事故。因此这种情况下只能采用在线式核对性容量试验，不允许进行离线测试。

(2) 如果有两组以上蓄电池并联工作时，可以将其中一组电池脱离直流系统进行容量测试，其余电池仍然在线工作。这样即使交流停电，可以由在线工作的电池来保证通信设备的供电，以免网络瘫痪。但在电池组数较少，特别是一共只有两组蓄电池时，还应当注意以下几点：

① 一旦交流停电，此时负载电流将全部由其余的在线蓄电池组承担，因此进行离线测量时必须首先测量负载电流，并判断各电池组连接电缆、熔丝能否承受该负载电流。能承受多长时间，该时间段内油机能否成功启动等等。

② 进行 1/3 容量核对性试验时，放电结束电池终止电压可以达到 48 V（单体电池电压

为 2.0 V）。停止放电后应先将该电池组放置一段时间，使总电压上升到 50 V；待电池电压稳定后，通过调低整流器输出电压与蓄电池组电压偏差小于 1 V 时，再将该组蓄电池重新接入直流系统。

（二）核对性容量测试

在实际操作中，对于性能比较接近的电池组一般采用在线式核对性容量测试。核对性容量测试通常按 3 小时率的放电电流进行 1 h 放电，即放出电池总容量的三分之一左右。电池放电结束时，将各单体电池端电压与产品说明书提供的 3 小时率标准放电曲线（或电池端电压参数表）进行对比，若曲线下降斜度与原始曲线基本接近，说明该电池的容量基本不变，如果电池放电曲线斜率明显比标准曲线陡，即放电终止时电池端电压明显低于标准参数，则说明电池容量变化明显。但整组电池的实际容量只能靠维护人员的维护经验进行估测，或通过蓄电池容量测试仪进行估测，误差相对较大。

由于核对性容量测试只放出部分容量（一般为 30% ~40%），即使放电结束时交流停电，电池组仍然有 60% 以上的容量可供放电，因此较为安全。核对性容量试验要求对电池进行大电流（5 小时率以上）放电，不然电压变化缓慢，不易分辨，并要求有原始的放电电压变化曲线才能对容量进行核对。

测量方法与步骤：

1. 检查市电、油机、整流器是否安全、可靠。记录电池室温度。

2. 检查当前直流负载电流，如果负载电流过小，则接上直流负载箱并进行相应的设定，使总放电电流超过 5 小时率放电电流的要求。

3. 调低整流器输出电压为 46 V，由蓄电池组单独放电。记录放电开始时间。

4. 测量电池放电电流，核算放电电流倍数。

5. 测各单体蓄电池端电压，经过数次测量找出标示电池。

6. 当放电容量已达电池额定容量的 30% ~40%，或者整组电池中有一只电池（标示电池）端电压到达三分之一放电容量的电压值时，停止放电，恢复整流器供电并对电池组进行均充。记录放电终止时间。

7. 绘出放电电压曲线，与标准曲线进行比较，估算容量。

蓄电池组容量的估算非常复杂，影响容量估算准确度的因素很多，很难做到准确估算。进行放电试验时，简单的容量估算可以按照以下方式进行：首先根据放电电流，估算放电小时率 h，如果放电电流提供的数据不能准确对应，则在相邻的放电率参数间进行适当的调整。例如放电电流为 $2.3I_{10}$ 时，可以取放电小时率 h 为 3.5。其次是根据电池放电的终止电压，核查该电压在厂家提供的放电曲线中的放电时间 t_0（单位为 h），则：

$$C_\delta = \frac{C_r \times h}{t_0 \times \eta} \qquad (5—38)$$

式中　C_δ——电池组估测容量；

C_r——电池组至放电结束时的实测容量，按式计算；

h——电池放电小时率，如果放电电流不是标准的放电率，则按比例在相邻的放电率间调整；

η——该放电率下电池的有效放电容量；

如果放电试验时环境温度不是 25 ℃,则进行电池容量的折算。

【举例】某组蓄电池额定容量为1 000 Ah,原始3 小时率放电电压变化曲线(室温25 ℃)如图 5—23 所示。现作核对性部分容量(30%)放电试验。实际放电电流 250 A,放电时室内温度为 27 ℃。当放电 50 min 时,标示电池电压值为 2.00 V,停止放电恢复整流器供电,分析放电特性。

根据原始放电曲线,进行 3 小时率放电,如图 5—23 所示放电 1 h 端电压应该为 2.000 V,250 A 的放电电流刚好为 3 小时率放电。现在放电时间为 50 min 最低端电压即达到 2.000 V,因此可得 $h=3$,$t_0=1$ h,则:

$$C_r = I \times t = 250 \times \frac{50}{60} = 250 \times 0.833 = 208\ (\text{Ah}) \tag{5—39}$$

$$C_\delta = \frac{C_r \times h}{t_0 \times \eta} = \frac{208 \times 3}{1 \times 0.75} = 832\ (\text{Ah}) \tag{5—40}$$

$$C_{10} = \frac{C_\delta}{1 + k(t-25)} = \frac{832}{1 + 0.008 \times (27-25)} = 819\ (\text{Ah}) \tag{5—41}$$

通过估算,该蓄电池组容量 C_{10} 约为 819 Ah ,接近报废界限。

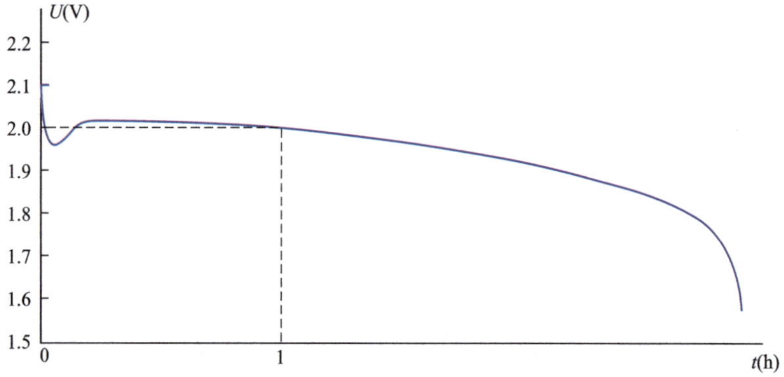

图 5—23 电池 3 小时率放电曲线

(三)标示电池核对性容量试验

最安全的电池容量测试方法是单个电池(标示电池)的放电检测,因为一组电池的容量大小决定于整组中容量最小的那只电池,即标示电池的容量。因此可以通过对标示电池单独进行容量检测来判断整组电池的容量。具体的测试可以用全容量试验或核对性容量试验。

由于测试是对单个电池进行放电,放电时,标示电池的端电压将从浮充时的 2.25 V 降低到放电结束时的 2.00 V,即降低 250 mV,而整个直流系统浮充电压不变,因此其他浮充电池的平均端电压约上升 10 mV/只,但浮充电流的变化只是 mA/Ah 级,测试误差可忽略不计。在标示电池充电时,其他电池的平均端电压约降低 10 mV/只,也不会影响 -48 V 的供电系统。值得注意的是,电池放电接近结束时如果交流供电中断,则电池组向负载供电的过程中可能造成标示电池过放电,从而造成该电池出现反极现象。

测量方法与步骤：

(1)检查市电、油机、整流器，保证交流供电安全、可靠。

(2)将单体电池负载箱接入标示电池两端，进行恒流定时放电。记录放电开始时间、放电电流及标示电池电压。

(3)待放电至规定端电压时，停止放电。用单体电池充电器对标示电池充电。

(4)分析所测数据并与原始值进行比较，方法同核对性容量试验。

第六章　新能源、新技术简介

节能减排,是一个全球问题。联合国人类环境会议提出口号——“只有一个地球”,警示我们保护人类唯一的家园:地球,免遭污染破坏。保护资源、保护环境、保护气候、保护生态,关系到整个人类和地球的命运。而人类必须要解决人口、资源、环境的可持续发展问题。

中国是一个通信大国,网络规模已跃居世界第一,全国通信局站已发展到上百万个。随着信息化的日益推广普及,网络新技术也在不断地演进和应用,尤其是高功率密度设备的大量应用,使得信息通信业能源消耗量也与日俱增。在通信行业推行节能减排、建设生态文明,把地球变为“绿色”,对建立节约型和环境友好型社会具有十分重要的战略意义和社会意义。它将会成为全人类共同努力奋斗的一个目标。

近几年,我国各大通信运营企业和设备制造企业都非常重视节能工作,将节能工作作为一项重要的长效工作来抓,积极主动采用新能源综合利用技术和多项有效节能技术,对通信电源设备和通信机房(局/站)环境等开展大量节能试点工作,目前已经取得了显著效果。为促进节能新技术推广、普及、应用,本章对以下新能源、新技术进行简单介绍。

第一节　太阳能供电系统

人类对太阳能的利用已有悠久历史。太阳能分布广泛,可自由利用,取之不尽,用之不竭,是人类最终可以依赖的能源。利用太阳辐射光和热,通过特定的半导体内会产生自由电荷,这些自由电荷定向移动和积累并产生电动势,可以向外电路提供电流,这就是“光伏发电”。它具有诸多优点,是今后可替代矿物燃料的战略性能源。

一、太阳能光伏发电基本原理

太阳能电池的基本原理是光生伏特效应,如图6—1所示,在太阳光照射下,光能被半导体吸收后,在导带和价带中产生非平衡载流子——电子和空穴。由于光照产生的非平衡载流子各向相反方向漂移,从而在内部构成自N区流向P区的光生电流,在PN结短路情况下构成短路电流密度;在开路情况下,PN结两端建立起光生电势差 V_0,即开路电压。如将PN结与外电路接通,只要光照不停止,就会不断地有

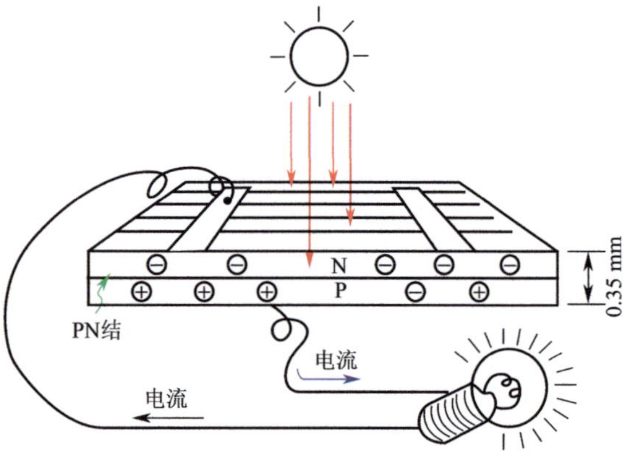

图6—1　太阳能电池的基本原理

电流流过电路。

二、太阳能光伏发电特性

太阳能是一种可再生能源。从太阳能获得电力,需通过太阳能电池进行光电转换来实现。它同以往其他电源发电原理完全不同,具有以下优点。

1. 无需燃料费用

太阳能既是一次能源,又是可再生能源。它资源丰富,既可免费使用,又无需运输,对环境无任何污染。理论计算太阳尚可维持数十亿年之久。光伏系统不需要燃料,从而免去了购买、运输和储存燃料的费用。

2. 无噪声污染

光伏系统运动部件很少,基本没有噪声。

3. 安装组件积木化

光伏发电系统便于用户根据自己的需要选择和调整发电系统的容量大小,安装灵活、方便。

4. 安全

光伏发电系统不使用易燃的燃料,只要设计合理和安装适当,系统具有很高的安全性。

5. 自主供电

离网运行的光伏发电系统具有供电的自主性和灵活性。也可减少由于公用电网故障带来的不良影响及危害。

6. 高海拔性能

在高海拔地区,随着日照的增强,光伏系统输出功率将增加,使用光伏发电非常有利。

7. 不足之处

(1)能量能流密度低。太阳光照射到地球的能量能流密度低,最大只有 1 kW/m^2,太阳能光伏发电要占用巨大面积满足日照长度和辐照度。

(2)日照不稳定。日照强度受各种因素(季节、地点、气候等)的影响,不能维持常量,系统获得的能源同四季、昼夜及阴晴等气象条件有关。

(3)系统效率较低。目前,太阳能电池的能量转换效率较低,蓄电池充放电时有能量损失,加之系统传输损耗等,使光伏发电系统的总体效率不高。

(4)初期投资高。一是太阳能电池生产成本高,二是为了保证夜间或某一时间用电,光伏发电系统需使用蓄电池储能;蓄电池组增加了系统成本、规模和维护工作量。因此,在设计时必须对光伏系统进行经济性评估和多种方案比较。

三、太阳能供电系统的组成与主要类型

(一)系统的组成

太阳能供电系统主要由太阳能电池组件(阵列)、控制器、蓄电池、逆变器、负载等组成。太阳能电池组件和蓄电池为电源系统;控制器和逆变器为控制保护系统;负载为系统终端。

1. 太阳能电源系统

(1)太阳能电池单元:由于技术和材料原因,目前单一电池的发电量十分有限(单一太

阳能电池是一只硅晶体二极管)，在实际使用中的太阳能电池都是由单一电池经串、并联组成电池组件(阵列)。

在硅系列太阳能电池中，单晶硅太阳能电池转换效率最高，技术也最为成熟。在大规模应用和工业生产中仍占据主导地位，但由于受单晶硅材料价格及相应繁琐的电池工艺影响，导致单晶硅成本价格居高不下，要想大幅度降低其成本是非常困难的。为了节省高质量材料，寻找单晶硅电池的替代产品，现在发展了薄膜太阳能电池，其中，预计多晶硅薄膜太阳能电池和非晶硅薄膜太阳能电池就是典型代表。

①多晶硅薄膜太阳能电池：通常是在厚度 350～450 μm 的高质量硅片上制成的，这种硅片从提拉或浇铸的硅锭上锯割而成。由于所使用的硅远比单晶硅少，又无效率衰退问题，并且有可能在廉价衬底材料上制备，其成本远低于单晶硅电池，而效率高于非晶硅薄膜电池，因此，预计多晶硅薄膜电池不久将会在太阳能电池市场上占据主导地位。

②非晶硅薄膜太阳能电池：由于非晶硅薄膜太阳能电池的成本低，便于大规模生产，普遍受到人们的重视并得到迅速发展。但同时由于它的稳定性不高，直接影响了它的实际应用。如果能进一步解决稳定性问题及提高转换率问题，那么，非晶硅薄膜太阳能电池无疑是太阳能电池的主要发展产品之一。

(2)电能储存单元：由于存在太阳辐射昼夜变化的季节性、随机性，光伏发电系统的输出功率和能量每时每刻都在波动，使得负载无法获得连续而稳定的电能供应。在太阳能发电系统中配置储能蓄电池来提高系统供电质量。其容量大小应按负载所需电量和预订的连续无日照时间来决定。

2. 控制保护系统

通常采用脉冲宽度调制技术即 PWM 控制方式，其主要功能使整个系统始终运行于最大功率点附近区域，以获得最高效率。太阳能电池阵列产生的是直流电，它有以下 3 种利用方式：

(1)直接同负载相连，为负载提供直流电能，此时负载为直流负载。

(2)将电能储存在蓄电池中，其作用是在有光照时将太阳能电池组件所供出的电能储存起来，到需要时再释放出来，作为独立供电系统的能量来源。

(3)通过逆变器向公共电网输送电能。逆变器：在很多场合，都需要提供 AC220 V 的交流电源。由于太阳能的直接输出一般是 DC12 V、DC24 V、DC48 V。为能向 AC220 V 的电器提供电能，需要将太阳能供电系统所供出的直流电能转换成交流电能，因此需要使用 DC/AC 逆变器。在某些场合，需要使用多种电压的负载时，也要用到 DC/DC 逆变器，如将 DC48 V的电能转换成 DC24 V 的电能。

但是，不管采用哪种应用方式都需要对整个发电系统的调节和控制，才能实现电能的可靠传输和有效利用。所以，控制保护系统是光伏发电系统不可缺少的部分。

(二)主要供电类型

太阳能光伏发电的一大优点就是光电阵列的模块化，可以根据需要组合成小到几瓦、几十瓦的小系统，大到几百千瓦甚至兆瓦级的发电站。从结构特征上看，太阳能光伏发电系统可以分为三种基本类型：独立运行、并网型和混合型光伏发电系统(并网型发电系统是指在有公共电网的地区，光伏发电系统一般与电网连接，即采用并网运行方式。本书不做介绍)。

1. 独立运行光伏发电系统

独立运行的光伏发电系统需要有蓄电池作为储能装置,其系统结构如图6—2所示。它主要用于无电网的边远地区及人口分散地区。其可靠性高、维护费用低以及资源丰富、分布广泛,在这些地区使用的光伏发电系统都属于独立运行系统。

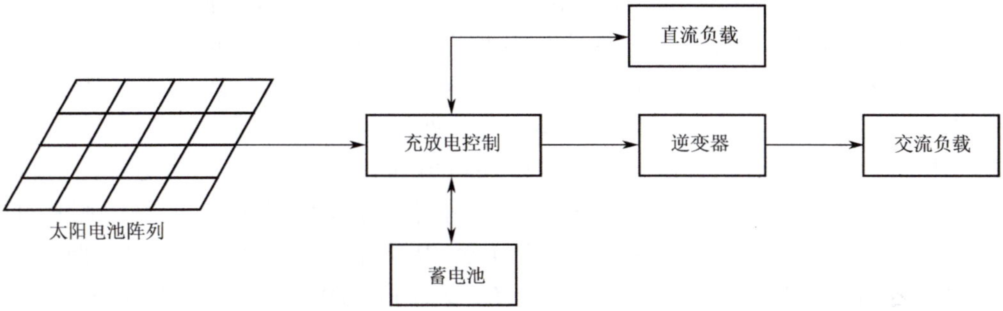

图6—2　独立运行的光伏发电系统框图

图6—2所示的独立运行系统可以有两种派生类型。一种是容量很小的小型光伏电源,由于容量较小,系统可省去逆变器,负载则需要选用直流负载,如直流灯等。另一种则是直接连接系统,即逆变器和蓄电池都省去不用,直接将光电阵列同负载连接,向负载供电。这要求负载同光电阵列的输出匹配相当好,或者负载对供电的稳定性和保证率没有什么要求。

2. 混合型光伏发电系统

混合型光伏发电系统如图6—3所示,即在系统中增加一台备用发电机组(在有供电线路时也可以采用市电)。当光电阵列发电不足或者蓄电池容量不足,所储存的电量已经耗尽时,可以启动备用发电机组。它既可用来直接给交流负载供电,又可通过一台整流器给蓄电池补充充电。

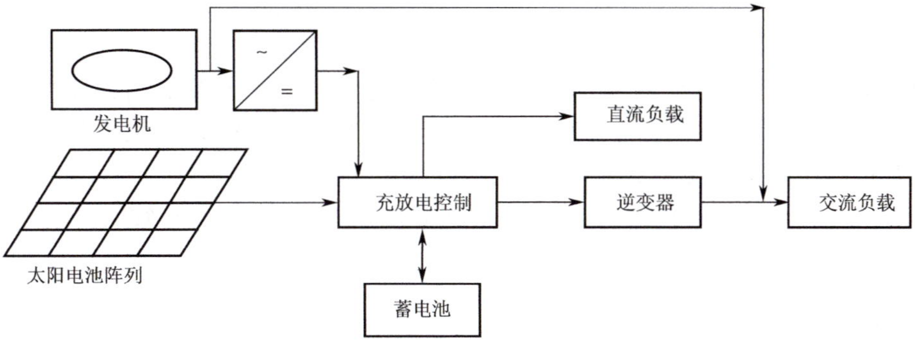

图6—3　混合运行光伏发电系统框图

在混合系统中,还可以由两种可再生能源发电技术构成混合系统。最常见的是风/光互补系统,这主要是因为风力资源和太阳光资源常常具有较好的互补特性。没有太阳的时候经常有风,没有风的时候常常有太阳。由于这种互补特性,风/光互补发电系统较之单一发电系统有着供电稳定性和保证率高的优点，系统的光电阵列容量和蓄电池容量也可以设计得低一些，使得整个系统的成本下降。

四、太阳能光伏发电技术发展趋势

（一）我国太阳能资源丰富

我国幅员广阔，有着十分丰富的太阳能资源。据估算，我国陆地表面每年接受的太阳辐射能约为 50 × 1 018 kJ，全国各地太阳年辐射总量达 335 ~ 837 kJ/(cm^2 · a)，中值为 586 kJ/(cm^2 · a)。从全国太阳年辐射总量的分布来看，西藏、青海、新疆、内蒙古南部、山西、陕西北部、河北、山东、辽宁、吉林西部、云南中部和西南部、广东东南部、福建东南部、海南岛东部和西部以及中国台湾的西南部等广大地区的太阳辐射总量很大。尤其是青藏高原地区最大，那里平均海拔高度在 4 000 m 以上，大气层薄而清洁，透明度好，纬度低，日照时间长。例如被人们称为“日光城”的拉萨市，1961 年至 1970 年的平均值，年平均日照时间为 3 005.7 h，相对日照为 68%，年平均晴天为 108.5 天，阴天为 98.8 天，年平均云量为 4.8，太阳总辐射为 816 kJ/(cm^2 · a)，比全国其他省区和同纬度的地区都高。全国以四川和贵州两省的太阳年辐射总量最小，其中尤以四川盆地为最，那里雨多、雾多，晴天较少。例如成都市，年平均日照时数仅为1 152.2 h，相对日照为 26%，年平均晴天为 24.7 天，阴天达 244.6 天，年平均云量高达 8.4。其他地区的太阳年辐射总量居中。

（二）实现人类历史上的能源变革，将成为今后能源开发的主要趋向

人们越来越认识到太阳能的重要价值。特别是在当前世界各国面临能源日益紧缺的情况下，光伏发电技术是太阳能利用技术中最具有发展前景的方式之一。它具有无污染、无噪声、安全可靠、故障率低、维护简便、容量可大可小、建设周期短等优点。既是今后可替代矿物燃料的战略性能源，又是目前边远地区能源供应的一种有效补充。随着矿物燃料的逐渐消耗，太阳能光伏发电技术将会越来越显示出其重要性和发展潜力。

第二节　风力供电系统

风力发电是一种可再生、干净的自然能源，它取之不尽，用之不竭，没有常规能源和核发电造成的环境污染问题。我国可开发利用的风能资源为 10 亿 kW 左右，风能资源丰富的地区主要集中在北部、西北和东北的草原、戈壁滩以及东部、东南部的沿海地带和岛屿上，新疆、内蒙至东北和东南沿海两大主风带有效风能密度大于 200 W/m^2，有效风力时间在 70% 以上。

一、风力发电系统的分类

风力发电技术为风能转变为电能的一种技术，按照风力发电系统电能供给方式可以分为：离网型风力发电系统和并网型风力发电系统两种。

离网型是指：20 kW 以下、独立运行并用蓄电池储能的小型风力发电机组。

并网型是指：常规电网风力发电机组，发电机组的额定功率一般比较大。运行方式是采用同步发电机或异步发电机作为风力发电机与电网并联运行，并网后的电压和频率完全取

决于电网，只有当风力发电机电压、频率与电网一致时才能并网。

二、离网型风力发电系统

通信用的风力发电系统都是离网型风力发电系统，其结构如图 6—4 所示。

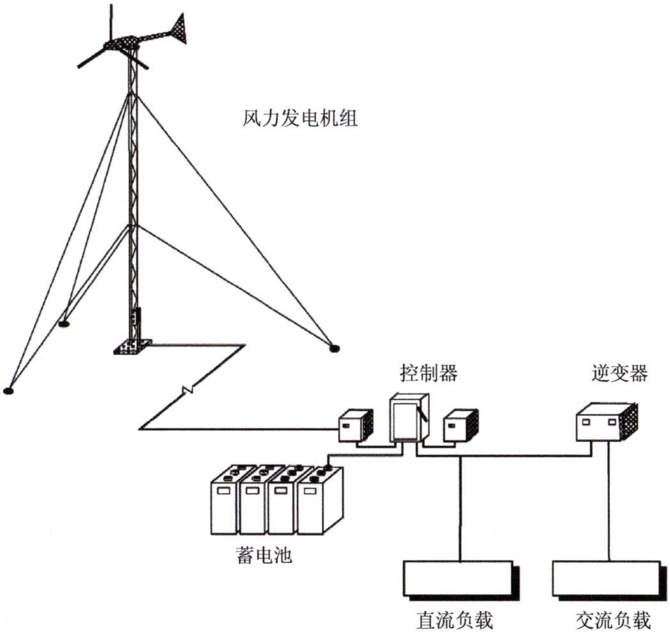

图 6—4　离网型风力发电系统框图

（一）离网型风力发电系统的基本组成

与公共电网不相连，可独立运行的风力发电机系统。离网型风力发电系统主要由以下 7 部分组成。

1. 风力发电机组（简称风电机组）

风力发电机组又包含两大部分：一是风力机及其辅助控制系统，它的功能是将风能转换为机械能；二是发电机及其辅助控制系统，它的功能是将机械能转换为电能。发电机及其辅助控制系统不仅直接影响这个转换过程的性能、效率和供电质量。而且也会影响到前一个转换过程的运行方式、效率和装置结构，因此，选用适合于风电转换用的运行可靠、效率高、控制及供电性能良好的发电机系统，是整个风力发电工作中的重要组成部分。

2. 耗能负载：持续大风时，用于消耗风电机组发出的多余电能。

3. 蓄电池组：由若干台蓄电池经串联组成的储存电能的装置。

4. 控制器：系统控制装置，主要功能是对蓄电池进行充电控制和过放电保护，同时对系统输入、输出功率起到调节与分配作用，以及系统赋予的其他监控功能。

5. 逆变器：将直流电转换为交流电的设备。

6. 直流负载：以直流电为动力的装置或设备。

7. 交流负载：以交流电为动力的装置或设备。

为了提高风力发电系统的供电可靠性,可设置油机发电机组作为备用电源和蓄电池组的应急充电电源。

(二)基本工作原理

通信行业主要采取 20 kW 以下风力发电机配以蓄电池储能的独立运行方式,如图 6—5 所示。

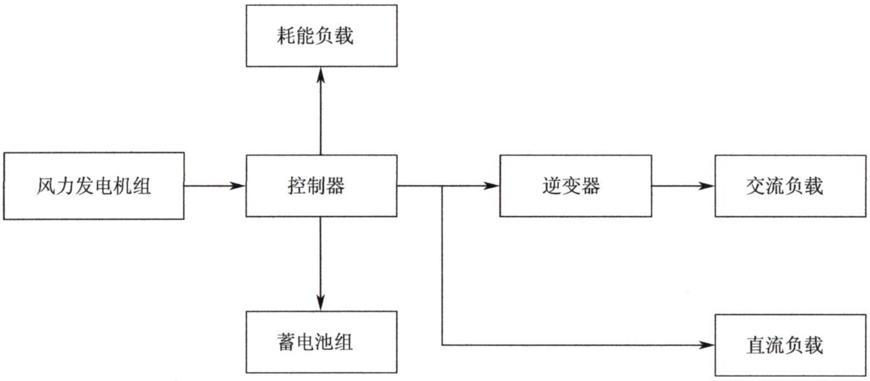

图 6—5　离网型风力发电系统组成框图

其基本工作原理:通过风力机将风能转化为机械能,从而带动发电机发电,然后经过整流器得到稳定的直流电供给直流负载,直流电再通过逆变器输出三相交流电,供给三相交流负载。风力发电机组独立运行是一种比较简单的运行方式,考虑风能的不稳定性和保证基本的供电需求,必须根据负载的要求采取相应的措施,达到供需平衡。

对于 1 kW 以下的微型机组一般不加增速器,直接由风力机带动发电机运转,一般采用低速交流永磁发电机;1 kW 以上的机组大多装有增速器,发电机则有交流永磁发电机、同步或异步自励发电机等。经整流后直接供电给直流负载,并将多余的电能向蓄电池充电。在需要交流供电的情况下,通过逆变器将直流电转换为交流电供给交流负载。风力机在额定风速以下变速运行,超过额定风速后限速运行。

对于容量较大的机组(如 20 kW 以上),由于所需的蓄电池容量大,投资高,经济上不是很理想,所以较少采用这种运行方式。

(三)风力发电的特性

1. 无需燃料费用:风力发电机以风为动力,不需要燃料,从而免去购买、运输和储存燃料的费用。

2. 初投资低、发电成本低:独立运行风力发电系统与同容量的光伏发电系统相比,不仅初期投资低,其发电成本也较低。

3. 投资规模灵活,实际占地面积小,土建、安装建设工期短。

4. 安全:风电系统不需要易燃的燃料,只要设计合理和安装适当,系统具有很高的安全性。

5. 非集中电网:小型分散的风力发电站可减少由于公用电网故障给用户带来的不良影响及危害。

6. 耐用、运行维护简单：目前风电机组技术成熟，可保证 1 300 h 以上首次无故障时间，运行寿命可达 15 年以上。完全可以在无人值守的情况下正常工作，只需定期进行必要的维护。

7. 发电方式多样化：风力发电既可并网运行，也可以和其他能源如柴油发电、太阳能发电、水利发电机组形成互补系统，还可以独立运行，因此对于解决边远地区的用电问题提供了现实可行性。

8. 不足之处如下。

(1)需要储能装置：为了保证系统供电的连续性和稳定性，风电系统需使用蓄电池储能，蓄电池组增加了系统成本、规模和维护工作量。

(2)需要定期维护、检修：风力发电机组旋转运动部件多，因此与太阳电池组件相比，风力发电机组定期维护、检修的工作量较大。

(3)系统效率较低：风力发电机的风能利用率较低，蓄电池充放电时有能量损失，加之系统传输损耗等，使风力发电系统的总体效率不高。

三、风力发电系统发展应用前景

(一)风力发电技术比较成熟

近 20 多年来对可商业运营的风力机研究，取得突破性的进展。可利用率从原来的 50% 提高到 98%，风能利用系数超了 40%。采用了计算机技术，实现风机自诊断功能，安全保护措施更加完善，并且实现了单机独立控制、多机群控和遥控，完全可以无人值守。

风电技术日趋成熟，产品质量可靠，可用率已达 95% 以上，主要零部件都是国际上最具有实力的企业生产的，机组设计寿命可达 20 年，基本上不需维修，只要定期维护就可以，已是一种安全可靠的能源。目前，百千瓦级风机已经商业化，投入批量生产，兆瓦级机组也正在小批量生产。

(二)风力发电具有经济性

据美国能源部 2000 年统计，世界风力与火力发电单位造价及发电成本见表 6—1。

表 6—1　风力、火力发电单位造价与成本

	发电单位造价	单位发电成本
风力发电	1 000 美元/kW	4 ~ 7 美分/kWh
火力发电	700 ~ 800 美元/kW	5 ~ 8 美分/kWh

在当时从发电单位造价和发电成本上看，风力发电可以和火力发电相竞争。但是，由于地球上煤炭储藏量日趋减少，开采日益困难，煤炭价格上涨，火力发电污染环境，脱硫、脱氮处理费用较高，从而使发电价格上涨。风力发电随着技术的不断提高，容量的增大，风力机的大规模生产，发电单位造价将会降到 800 美元/kW 以下或 600 美元/kW，单位发电成本降至 4 ~ 3 美分/kWh 时，风力发电也将成为最廉价的电源供电系统之一。

(三)全球有丰富的风能资源

据统计，全球风能潜力约为目前全球用电量的 5 倍。美国有 0.6% 的陆地面积安装风力发电机，可以满足美国目前电力需求的 20%。风能足以满足全部或大部分电力的国家。

如阿根廷、加拿大、智利、中国、俄罗斯、英国、埃及、印度、墨西哥、南非和突尼斯等国家，它们20%或更多的电力可以由风力发电供给。

(四)风力发电是实现人类可持续发展的需要

随着现代工业的飞速发展，人类对能源的需求明显增加，而地球上可利用的常规能源日趋匮乏。据专家预测，煤炭还可开采220余年，石油还可开采40余年；天然气只能用60余年等等。这种预测也许不准确，但常规能源必然是越用越少，总有一天要用尽。我们必须为将来考虑，开发利用新能源，实现能源的持续发展，从而保证经济的可持续发展和社会的不断进步，最终实现人口、资源、环境的协调发展。

从能源、电力市场看，世界能源、电力市场发展最快的已不再是石油、煤和天然气，风力、太阳能发电等可再生能源异军突起，以其无污染、可再生、技术成熟，备受世人青睐。因此，国际能源专家预言：21世纪是风力发电的世纪。可以说，绿色能源——风力发电将为人类最终解决能源问题带来新的希望。

第三节　太阳能/风力互补供电系统

一般来说，由两种或两种以上能源组成的供电系统，称为混合能源供电系统。

由于太阳能发电系统或风力发电系统均受到外部条件的影响，光靠独立的太阳能发电或风力发电系统经常会难以保障系统供电的连续性和稳定性，因此，在采用风力或光伏发电技术为通信局站供电时，往往采用风—光互补发电系统来进行相互补充，达到连续、稳定供电的目的。

通信用的混合发电供电系统中主要存在以下几种类型：光—风(或风—光)互补发电系统；光—柴油互补发电系统；风—柴油互补发电系统；风—光—柴油互补发电系统。

一、光—风供电系统的基本组成

风光互补供电系统，由风力发电机组、太阳电池阵列、控制器、支撑结构(塔架)、耗能负载、蓄电池组和逆变器以及负载等八部分组成，如图6—6所示。

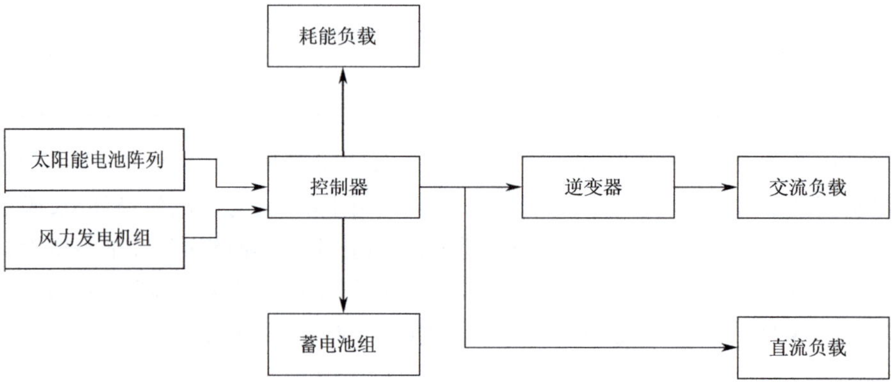

图6—6　风—光互补供电系统组成框图

(1)太阳电池阵列:指在金属支架上用导线连在一起的多个太阳电池组件的集合体,太阳电池方阵产生负载所需要的电压和电流。

(2)风力发电机组:与公共电网不相连、可独立运行的风力发电机系统。

(3)耗能负载:持续大风时,用于消耗机组发出的多余电能。

(4)蓄电池组:由若干台蓄电池经串联组成的储存电能的装置。

(5)控制器:系统控制装置,主要功能是对蓄电池进行充电控制和过放电保护,同时对系统输入输出功率起到调节与分配作用,以及系统赋予的其他监控功能。

(6)逆变器:将直流电转换为交流电的电力电子设备。

(7)直流负载:以直流电为动力的装置或设备。

(8)交流负载:以交流电为动力的装置或设备。

二、光—风互补技术的主要特点

光—风互补供电系统与独立运行供电系统相比,有以下几方面特点。

1. 系统可靠性

利用太阳能、风能的发电的特性,在合适的气象资源条件下,利用太阳能和风能相互补充可实现昼夜发电。更好地保证通信系统供电的连续性、稳定性和可靠性。

2. 配置灵活性

在太阳能、风能资源比较丰富且互补性好的情况下,对系统的部件配置、运行模式及负荷调度方法等进行优化设计和匹配后,基本上由风—光系统供电,减少或基本不用启动备用电源,如柴油发电机等。可获得较好的社会效益和经济效益,达到节约能源的效果。

3. 初期投资低

单位容量的系统初期投资和发电成本均低于独立的光伏发电系统。如果太阳能与风能资源互补性好,在保证同样供电的情况下,可减少储能蓄电池的容量。

4. 不足之处

太阳能/风能互补供电系统存在着两种发电单元,与单一发电方式相比,系统设计复杂,对系统控制和管理要求高,同时也会增加维护工作量。

三、应用条件及注意事项

采用太阳能—风力互补发电供电系统的目的是为了更高效率地利用可再生能源,实现太阳能与风力发电的互补。

(一)风能资源、太阳能资源丰富的地区

对于风能资源、太阳能资源均较为丰富的地区:可根据太阳能和风能资源的不同以及光伏与风力发电容量的配置不同来选择。

(1)太阳能资源非常丰富、风能资源仍可利用的地区,可选择:光伏—风力互补供电系统,光伏发电为主,风力发电为辅。

(2)风能资源非常丰富、太阳能资源仍可利用的地区,可选择:风力—光伏互补供电系统。风力发电为主,光伏发电为辅。例如:中国西北、华北、东北地区冬、春季节风力强,夏、

秋季节风力弱,但太阳辐射强,从资源的利用上恰好可以互补。

(二)市电资源缺乏的偏远山区、海岛等地区

对于市电资源缺乏的偏远山区、海岛等地区:

(1)太阳和风能虽然比较丰富,但互补性欠佳的地区,如个别月份太阳能和风能均不能满足负载要求。

(2)太阳能和风能互补性很好,但太阳能和风能资源总量仍感欠缺的地区。为了保障通信网络运行畅通、稳定,可选择:光伏—风力—柴油机互补供电系统(简称光—风—柴互补系统)。其结构如图 6—7 所示。

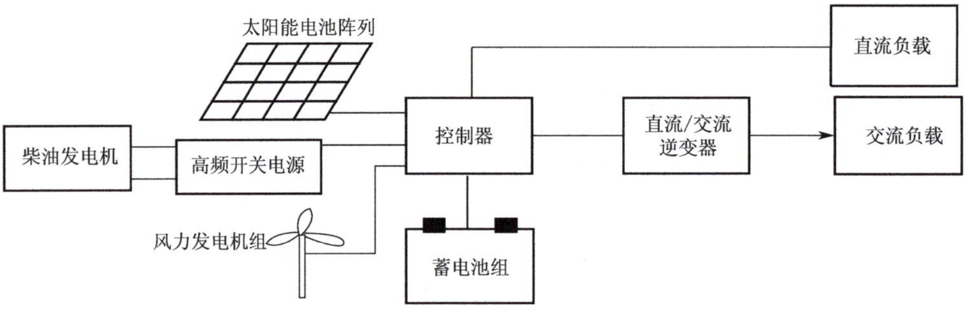

图 6—7　风—光—柴油混合供电系统组成框图

(三)应用时注意事项

(1)在进行选址设计之前,应汇集及测量当地风能资源、太阳能资源、其他天气及地理环境数据,包括每月的风速、风向数据、年风频数据、每年最长的持续无风时数、每年最大的风速及发生月份、韦布尔(Weble)分布系数等;全年太阳日照时数、在水平表面上全年每平方米面积上接收的太阳辐射能、在具有一定倾斜角度的太阳光电池组件表面上每天太阳辐射峰值时数及太阳辐射能等;当地在地理上的纬度、经度、海拔高度、最长连续阴雨天数、年最高气温及发生的月份、年最低气温及发生的月份等,了解当地是否适合采用风光互补供电系统。

(2)根据当地风能资源、太阳能资源,确定风力发电及太阳能发电所分担的供电份额,可参照 GB/T 26263—2010《通信用风能供电系统》和 GB/T 26264—2010《通信用太阳能电源系统》以及 YD/T 1669—2016《离网型通信用风/光互补供电系统》中相关规定合理配置风光互补供电系统。

(3)若采用风—光—柴油混合供电系统,应按有关规定配置供电系统设备。

第四节　高压直流供电系统

高压直流(HVDC)供电系统技术,从 1999 年在哥本哈根召开的 21 届国际电信能源会议上(INELEC),一直到 30 届每届国际电信能源会议上均安排与高压直流电源系统有关的专题研讨。由于 HVDC 系统的实施是一个涉及十分广泛的工作,不仅仅由电源专业即可以

解决的问题。近几年,各国的电源专家、研究与生产单位、处理器/服务器与网络设备生产企业、IT 运营商以及一些大学等,根据各自的需求以及要解决的实际问题开展了广泛的研究,进行了一些试点工程和多次联合召开高压直流供电的探讨,使得 HVDC 电源系统有了新的发展。

国际电信联盟(ITU)组织各国专家经过多次讨论论证,最终达成一致意见并确定 ICT 设备"受电端子"直流电压范围为:240 ~ 400 V;过渡期使用的高压直流供电系统电压范围为:192 ~ 288 V(标称电压:240 V)。于 2012 年正式颁布了 ITU-T L. 1200"Specification of DC power feeding system interface" 建议书。工业和信息化部于 2011 年发布了 YD/T 2378—2011《通信用 240 V 直流供电系统》行业标准。

标称电压为 336 V 高压直流供电系统,目前各国包括我国都还处于试运行阶段。本节将向大家介绍我国研究和中国电信试运营比较成功的标称电压为 240 V 高压直流供电系统技术。

一、研究 240 V 直流供电技术目的与思路

(一)研究目的

由于电信和信息技术相融合,需要在一个通信机房内装置电信和数据通信设备,使通信局站的规模容量显著增大,因此,对通信电源设备和系统提出了新的和更高的要求。而通信机房中最大的用电需求特点和存在的问题就是交流、直流混合供电(有的采用 -48 V 直流供电,也有采用交流单相 220 V 或三相 380 V 供电)。通信机房交、直流混合使用会带来以下问题:

(1)机房安全存在很大隐患;

(2)供电可靠性达不到期望值;

(3)增加机房基础设施的建设成本;

(4)机房维护管理和防掉电难度增大等。

尤其是使用交流电源 UPS 供电系统结构复杂存在着单点故障多、可靠性差、能耗高、维护扩容难度大、建设成本高、对电网和系统本身形成干扰等等问题始终没有地得到很好的改善。

解决通信供电系统中上述问题和隐患,为信息网络提供可靠稳定的供电系统,安全用电、节能降耗理念是研究高压直流供电系统技术的最终目标。

(二)研究思路

(1)根据国家供电体制,交流 220 V/380 V 不可能变动。而中国 IT 设备大量、长时间使用交流电源 220 V 也将是永恒主题。

(2)IT 设备的基本电源是 12 V、5 V、3 V,而不是其他值。

(3)在于采用创新应用技术,选择一种可以替代交流 UPS 的新的供电技术,但必须满足上述两个必要条件并且要具有可替换之优点(根据 TIX、SSI 两个标准规定:只要符合 TIX、SSI 两个标准的 IT 设备电源模块均具有兼容 240 V 直流电源能力)。

二、高压直流供电系统基本原理

高压直流供电系统由多个并联冗余整流器和蓄电池组组成。正常情况下，整流器将 380 V 交流电源变换成 240 V 或以上高压直流电源，再通过高压直流配电设备供给通信设备，同时给蓄电池组充电。当交流输入电源故障时，由蓄电池组放电为通信设备提供可靠的直流电源。高压直流整流模块原理示意图如图 6—8 所示。

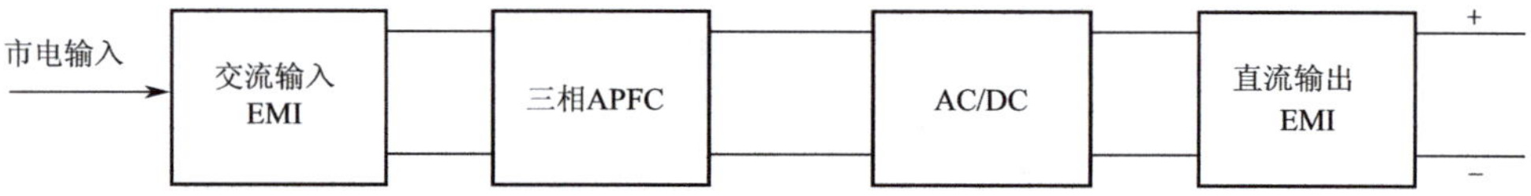

图 6—8　高压直流整流模块原理示意图

三、高压直流供电系统组成

系统主要由交流配电部分、高频开关整流模块、蓄电池组、直流配电部分、监控单元以及绝缘监察装置等组成。系统配置如图 6—9 所示。

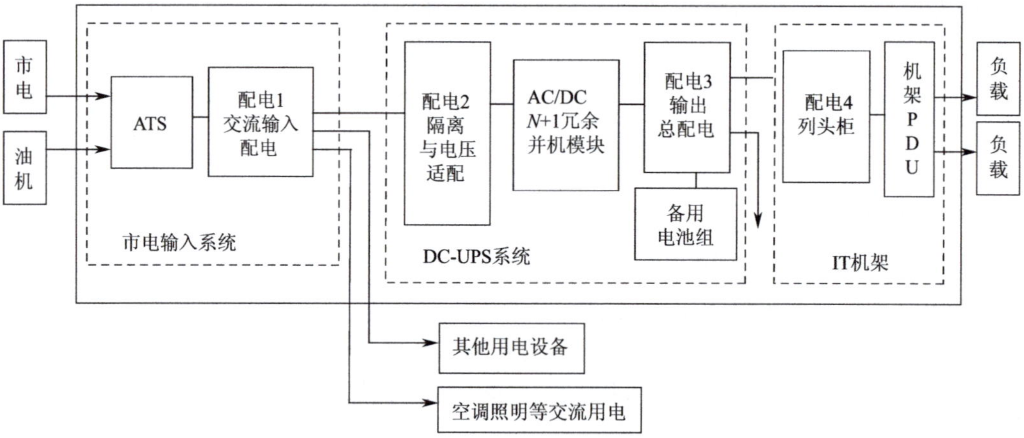

图 6—9　高压直流供电系统组成框图

从图 6—8 中可以看出该系统作为直流供电系统与 48 V 直流电源系统有很多结构上的类似之处。但是由于电压等级较高，也有一定的差异。所以，在 240 V 直流供电系统中对以下主要技术参数和设计内容做了规定。

（一）电压范围

系统输出电压范围：204 ~ 288 V，受电端子电压范围：192 ~ 288 V。

（二）蓄电池配置

根据系统容量大小，蓄电池单体电压可选 2 V、6 V、12 V。每个系统蓄电池组数至少 2 组，最多不宜超过 4 组。宜选用铅酸蓄电池数见表 6—2。

表 6—2　240 V 直流供电系统的蓄电池的配置

单体电压(V)	2	6	12
蓄电池个数(只)	120	40	20

(三)接地方式

(1)系统交流输入应与直流输出电气隔离。

(2)系统输出应与地、机架、外壳电气隔离。

(3)使用时,正、负极均不得接地,采用悬浮方式供电。

(4)系统应有明显标识标明该系统输出不能接地。

(5)系统应具备绝缘监察功能,在直流输出总配电屏中,应对总母排的绝缘状况进行在线监测,可对每个分路的绝缘状况进行监测。

(四)配电结构

系统配电可采用二级配电或三级配电结构。

对于分立系统直流输出二级配电结构,一般采用“直流系统总输出屏 + 电源列柜”为设备机架供电。如图 6—10 所示。

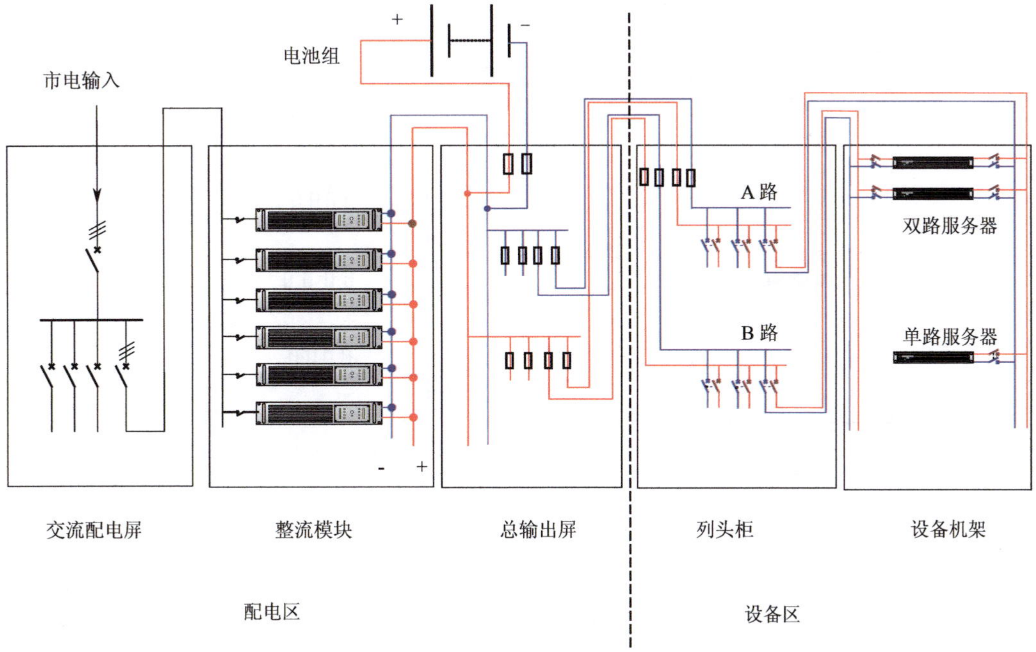

图 6—10　二级配电结构示意图

若系统容量较大或供电区域较大、设备较多,也可以采用“直流系统总输出屏 + 机房直流分配屏 + 电源列柜”的三级配电结构为设备机架供电。如图 6—11 所示。

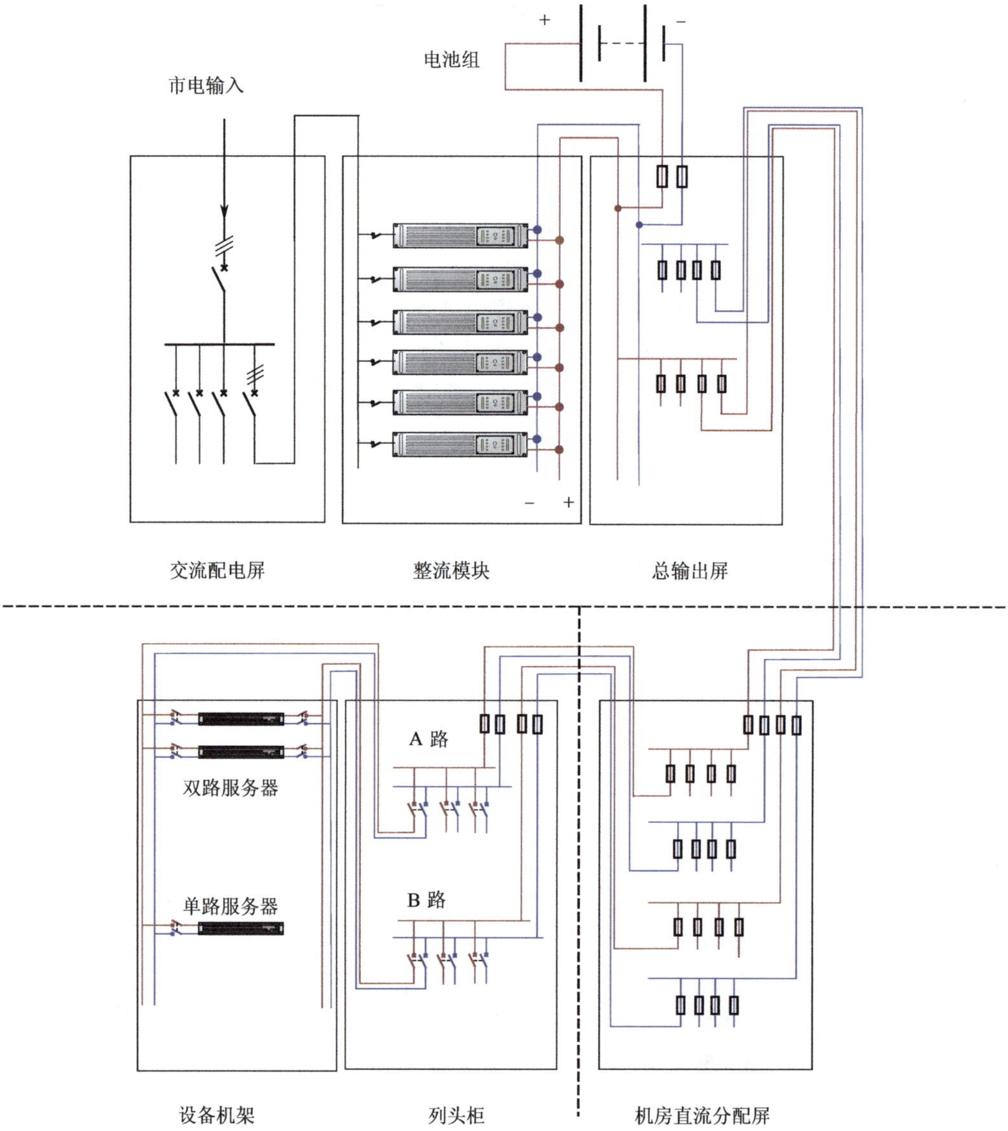

图 6—11　三级配电结构示意图

(五)绝缘监察功能

1. 系统发生接地故障或绝缘电阻低于告警值时,绝缘监察装置应可靠动作,绝缘电阻告警值见表 6—3。

表 6—3　绝缘电阻告警值

系统电压（V）	绝缘告警整定值范围（kΩ）
240	15 ~ 30

2. 绝缘监察装置应能测量出直流系统单极或两极绝缘下降和绝缘电阻数值,当低于整定值时应能发出告警信号。

3. 绝缘监察装置检测总母排绝缘时，应具有以下功能。

（1）实时在线检测直流系统的绝缘状况；

（2）显示并记录接地母排的极性、绝缘电阻值（测量误差不大于整定值的 15%）及发生时间；

（3）具有直流系统绝缘电阻限定值的设定功能；

（4）具有告警延时、信号解除功能（可选）；

（5）满足与电源监控系统或监控模块的通信要求，具有标准的通信接口和通信协议。

4. 绝缘监察：装置检测直流分支路绝缘时，应具有以下功能。

（1）实时或非实时巡检各直流分支路绝缘状况；

（2）显示并记录接地分支路编号、极性、绝缘电阻值（测量误差不大于整定值的 15%）及发生时间；

（3）具有告警延时、信号解除功能（可选）；

（4）满足与电源监控系统或监控模块的通信要求，具有标准的通信接口和通信协议。

5. 绝缘监察装置不工作或本身出现异常时，不应影响直流回路正常输出。

四、高压直流供电系统特性

（一）直流 240 V 供电技术具有兼容性

由于倡导兼容，直流 240 V 的技术应用极具生命力。

240 V 直流系统可在专用环境下使用，也可在通用环境下应用。例如：在中国电信全网采用 240 V 直流供电的 IT 负载设备中，基本涵盖了所有在网使用220 V交流输入的网络设备和 IT 设备，包含近 200 个规格型号的服务器、磁盘阵列、小型机、以太网交换机、路由交换机、普通 PC、传输、防火墙、光猫、光交换机等。同时收集汇总有几十个品牌 500 余个型号设备，其中可用 240 V 电源的型号设备，占总数 93%，只有少数型号设备不适宜 240 V 电源，只占总数 7%。这是因为不可用产品多为早期 IT 型号，在网使用数量已经很少了。

直流 240 V 供电系统的实际应用事例，证实了只要符合“ATX，SSI”标准的 IT 设备均具有兼容交直流双电源的工作潜能，同时也促进了 IT 设备用电潜能的提升与完善，使 IT 设备具有适应多环境、多种供电方式的真实能力。

（二）解决了混合供电安全性问题

目前机房存在着 DC－48 V 和 AC220 V 混合供电的情况，通过 240 V 直流供电系统代替交流 UPS 供电系统后，机房网络设备统一由直流供电，不存在交直流混合供电情况。

（三）提高了系统可靠性

由于在直流供电系统中蓄电池组直接连接到通信设备，不用再经过 DC/AC 逆变环节，大大提高了可靠性。具体说明如下。

在传统交流 UPS 供电系统中，当主能源故障后，备用能源（电池组）要经过交流 UPS 设备中的 DC/AC 变换环节才能向负载供电，因此备用能源的可靠性就得不到充分的发挥。如图 6—12 所示。

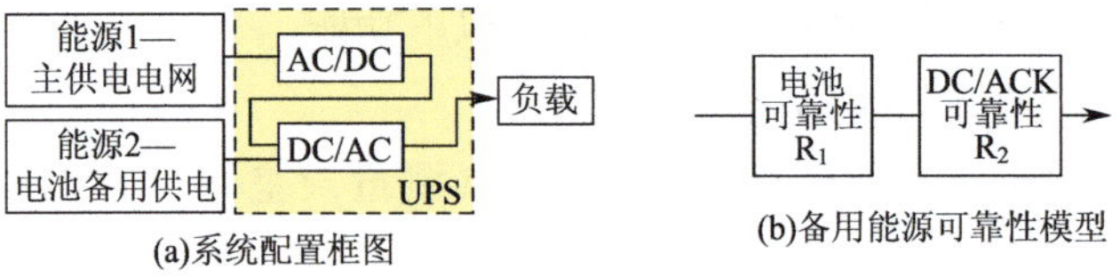

图 6—12　传统交流输出 UPS 及备用能源配置和可靠性模型

在 240 V 直流供电系统中，主能源（电网 +240 V 直流变换系统）是直接对负载供电的，当电网掉电或系统故障时，备用能源（电池组）是直接向负载供电的，并且可不间断地投入。如图 6—13 所示。

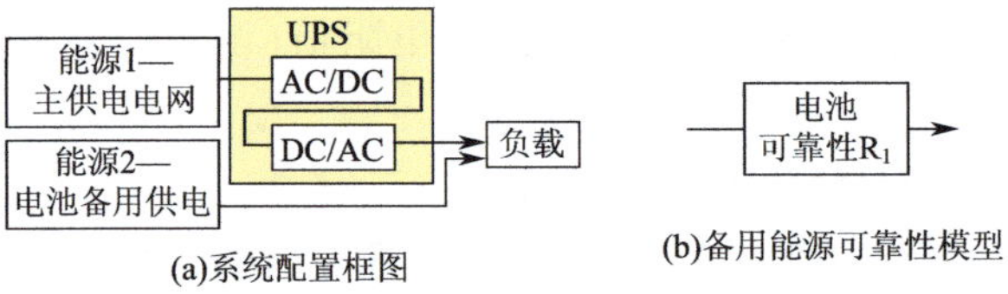

图 6—13　备用电池与直流供电系统形成并联冗余配置及可靠性模型

图 6—12 与图 6—13 相比，对系统的可靠性带来三点非常明显的变化：

（1）备用电池与市电 + UPS 供电系统形成冗余并机系统，备用电池从根本上隔离了市电和供电系统的故障，整个系统的可用性可提高 2 个 9 到 3 个 9。

（2）备用电池的可靠性得到了充分的发挥。

（3）电池供电时减少了一次能源转换，提高了后备时间。

（四）减少了机房建设成本

直流供电系统的应用，大大减少了机房建设成本，其模块化结构不再需要传统交流 UPS “1 +1”和“N +1”系统冗余配置，只需要模块冗余配置即可。

（五）与交流 UPS 系统相比降低能耗

（1）直流供电系统中省掉了逆变环节中的损耗，转换效率提高。

（2）避免了用电设备整流模块功率因数校正与谐波治理问题。

（3）在同等条件下，当采用的供电电压等级大于 240 V 时，在配电线路上功率损耗低于 220 V 交流供电。

（4）整流模块采用 N +1 冗余配置，相对于 1 +1 备份的交流 UPS 供电系统，负载率高，提高了系统效率。

（六）机房维护管理难度大幅降低

模块化供电结构方便维护人员维护和操作。

五、应用条件及注意事项

（一）应用条件

高压直流供电系统应用于可采用直流供电的通信设备，且电压等级应与通信设备的输入电压范围相匹配。

(二)应用时注意事项

1. 服务器电源母线电压与效率

目前使用的服务器电源有两大类,一类是传统无功率因数校正的硬开关技术的电源(ATX 和 SSI 制式),大多采用单端正激或半桥拓扑结构,其效率在 70% ~85% 之间。由于是硬开关技术,在输入电压低(输入电流大)和输入电压高时其开关损耗都较大,效率最大点都在额定 AC220 V,额定负载下。因此,高压直流的浮充应该在 275 V 较为合适,过高的母线电压不仅会效率降低,也会威胁到开关管的安全工作区,则最高直流电压不宜超过 350 V。

另一类是加有 APFC 高功率因数的电源,这类电源实际上是两级变换,第一级是 APFC BOOST 变换器,第二级是 DC/DC 变换器。由于 BOOST 变换器效率高与输入电压范围不是太大,可以考虑使用标称电压 240 V 或以上直流电压。

2. 绝缘监测仪在 HVDC 中的必要性

为了保证操作人员的人身安全和系统安全,HVDC 必须具有绝缘监测的功能,且应具备支路定位功能。

3. 电池回路应采用熔断器,直流配电回路宜采用直流空开或者熔断器。

六、直流 240 V 供电技术推广应用现状与前景

(一)我国直流 240 V 供电系统应用现状

在中国已有中国电信、中国移动、中国联通、阿里巴巴、腾讯(深圳)、南京日博、江苏广电、润迅(深圳)等几十个企业都采用 240 V 直流供电技术。截止到 2011 年底,中国通信行业 240 V 直流系统应用已达到 332 个,总供电容量达到 153 610 A,功率为 36 720 kW。相当于交流 UPS46 000 kVA 的供电能力(数据来源于部分设备供应商的供货记录)。

特别是中国电信从 2007 年开始至 2011 年 12 月底,全网用 240 V 直流电源系统数已达到 252 套,直流总容量超过 10 万 A,功率为 24 000 kW,相当于交流 UPS30 000 kVA 的供电能力。使用 240 V 直流电源的 IT 设备已超过 46 000 台。应用范围分布于 20 个省(区、市)74 个地区。江苏电信全网已使用 126 套 240 V 直流供电系统,试用的深度和广度在国内外尚属首次,引起了业内各界的关注。

(二)高压直流供电系统推广应用前景

1. 通过应用数据证实 240 V 高压直流供电技术

2007 年至 2011 年,中国通信行业提出 IT 设备用电兼容,可用交流电源,也可使用240 V 直流电源这一设想:

从 1 台 IT 设备 → 10 台 IT 设备 → 5 万台 IT 设备试用正常,证明可用;

从一个机房 → 10 个机房 → 几百个机房都采用,证明可行;

从一个企业 → 一个行业 → 众多场景都采用,证明可信。

2. 国内 240 V 直流供电设备已具整线供给能力

2007 年 10 月由中国电信盐城分公司开始试验 240 V 直流供电,到 2010 年 11 月中国电信以〔2010〕851 号文在全国其他省、市局开展试点至今几百套 240 V 直流供电设备在网上运行。高压直流供电技术、设备制造工艺技术,历经多次技术改进升级并趋于稳定,逐渐形

成规模。目前有杭州中恒电气、中兴通讯、艾默生、中达电通、北京动力源、深圳奥特迅、伊顿、南京中博、武汉鸿飞、广州珠江电信、深圳市金威源、长沙丰日等强大的设备制造企业，足以保证通信网络的建设需求。

3. 我国直流高压(240 V)供电技术标准正在循序渐进的建立与完善，强有力地支撑高压直流供电技术的推广应用

2009 年，中国通信标准化协会 CCSA 发布了 YDB 037—2009《通信用 240 V 直流供电系统技术要求》；

2010 年，中国电信〔2010〕851 号《关于印发通信用 240 V 直流供电系统节能试点技术指导意见(暂行)的通知》并于 2012 年正式发布中国电信企业标准；

2011 年，工业和信息化部发布了 YD/T 2378—2011《通信用 240 V 直流供电系统》。

中国通信行业标准以及中国电信 240 V 直流电源的企标的发布，相应的国家工程建设标准和配套的行业标准也在编制中，标志着中国通信行业全面应用 240 V 直流电源的技术标准基本完善。

在短短 5 年间，由交流供电转换为高压直流供电是通信供电体质的重大变革，正因为高压直流供电系统具有上述优势和创新点，中国的 240 V 供电技术应用获得了良好开局。它在技术应用研究的深度和试用广度方面，跃居 IT 设备使用高电压直流供电应用的世界第一。同时也推动了世界 IT 设备用电格局的创新研究，为通信局站将开创可靠稳定供电的新局面。

第五节　通信用磷酸铁锂电池技术

随着通信行业的不断发展，光网络、分布式站点、户外站点的建设日益增多，通信设备也在不断趋于集成化、密集化、小型化，在有限的空间内，传统的铅酸电池因占地面积大、环境温度要求高等原因，难以满足小型机房或机柜的要求，而磷酸铁锂电池由于体积小、高温性能好正好能解决以上问题。

一、锂电池概述

(一)定义与分类

锂是一种金属元素，其化学符号为 Li(其英文名为 Lithium)，是一种银白色、十分柔软、化学性能活泼的金属，在金属中是最轻的。它除了应用于原子能工业外，可制造特种合金、特种玻璃(电视机上用的荧光屏玻璃)及锂电池。在锂电池中它用作电池的正极。

锂电池(Lithium battery)是指电化学体系中含有锂(包括金属锂、锂合金和锂离子、锂聚合物)的电池。

锂电池大致可分为两类：锂金属电池和锂离子电池。

(1)锂金属电池通常是不可充电的，且内含金属态的锂。而不可充电的电池称为一次性电池，它只能将化学能一次性地转化为电能，不能将电能还原回化学能(或者还原性能极差)。不可充电的锂电池有多种，目前常用的有：锂—二氧化锰电池(Li-MnO_2)、锂—亚硫酰

氯电池（Li-$SOCl_2$）及锂和其他化合物电池。本文不作介绍。

（2）锂离子电池不含有金属态的锂，是可以充电的。而可充电的电池称为二次性电池（也称为蓄电池）。它能将电能转变成化学能储存起来，在使用时再将化学能转换成电能，它是可逆的。

（二）电池内部材料结构与性能

锂电池的性能主要取决于所用电池内部材料的结构和性能。这些电池内部材料包括负极材料、电解质、隔膜和正极材料等。其中正、负极材料的选择和质量直接决定锂离子电池的性能与价格。因此，廉价、高性能的正、负极材料的研究一直是锂离子电池行业发展的重点。

1. 锂电池正极材料

锂电池正极材料一般都是锂的氧化物。研究得比较多的有 $LiCoO_2$，$LiNiO_2$，$LiMn_2O_4$，$LiFePO_4$ 和钒的氧化物等。导电聚合物正极材料也引起了人们的极大兴趣。

（1）$LiCoO_2$ 锂钴电池

在目前商业化的锂离子电池中基本上选用层状结构的 $LiCoO_2$ 作为正极材料。其理论容量为 274 mAh/g，实际容量为 140 mAh/g 左右，也有报道实际容量已达 155 mAh/g。该正极材料的主要优点为：工作电压较高（平均工作电压为 3.7 V）、充放电电压平稳，适合大电流充放电，比能量高、循环性能好，电导率高，生产工艺简单、容易制备等。主要缺点为：价格昂贵，抗过充电性较差，循环性能有待进一步提高。

（2）$LiNiO_2$ 锂镍电池 / Li（NiCoMn）$_1O_2$ 锂钴镍电池

用于锂离子电池正极材料的 $LiNiO_2$ 具有与 $LiCoO_2$ 类似的层状结构。其理论容量为 274 mAh/g，实际容量已达 190 ~ 210 mAh/g。工作电压范围为 2.5 ~ 4.2 V。该正极材料的主要优点为：自放电率低，无污染，与多种电解质有着良好的相容性，与 $LiCoO_2$ 相比价格便宜等。主要缺点：$LiNiO_2$ 的制备条件非常苛刻，给商业化生产带来相当大的困难；$LiNiO_2$ 的热稳定性差，在同等条件下与 $LiCoO_2$ 和 $LiMn_2O_4$ 正极材料相比，$LiNiO_2$ 的热分解温度最低（200 ℃左右），且放热量最多，这对电池带来很大的安全隐患；$LiNiO_2$ 在充放电过程中容易发生结构变化，使电池的循环性能变差。这些缺点使得 $LiNiO_2$ 作为锂离子电池的正极材料还有一段相当长的路要走。目前对 $LiNiO_2$ 进行掺杂形成 Li（NiCoMn）$_1O_2$ 锂钴镍电池。

（3）$LiMn_2O_4$ 锂锰电池

用于锂离子电池正极材料的 $LiMn_2O_4$ 具有尖晶石结构。其理论容量为 148 mAh/g，实际容量为 90 ~ 120 mAh/g。工作电压范围为 3 ~ 4 V。该正极材料的主要优点为：锰资源丰富、价格便宜，安全性高，比较容易制备。缺点是理论容量不高；材料在电解质中会缓慢溶解，即与电解质的相容性不太好；在深度充放电的过程中，材料容易发生晶格畸变，造成电池容量迅速衰减，特别是在较高温度下使用时更是如此。为了克服以上缺点，近年新发展起来了一种层状结构的三价锰氧化物 $LiMnO_2$。该正极材料的理论容量为 286 mAh/g，实际容量为已达 200 mAh/g 左右。工作电压范围为 3 ~ 4.5V。虽然与尖晶石结构的 $LiMn_2O_4$ 相比，$LiMnO_2$ 在理论容量和实际容量两个方面都有较大幅度的提高，但仍然存在充放电过程中结构不稳定性问题。在充放电过程中晶体结构在层状结构与尖晶石结构之间反复变化，从而引起电极体积的反复膨胀和收缩，导致电池循环性能变坏。解决这些问题的办法是对 $LiMnO_2$ 进行掺杂和表面修饰。目前已经取得可喜进展。

(4) $LiFePO_4$ 磷酸铁锂电池

$LiFePO_4$ 是一种橄榄石晶体结构的聚阴离子磷酸盐，P－O 键非常强，材料热力学稳定，使用安全可靠，是当前最受关注的、研究最热门的锂离子电池正极材料之一。其理论容量为 170 mAh/g，在没有掺杂改性时其实际容量已高达 110 mAh/g。通过对 $LiFePO_4$ 进行表面修饰，其实际容量可高达 165 mAh/g，已经非常接近理论容量。工作电压范围为 3.4 V 左右。与以上介绍的正极材料相比，$LiFePO_4$ 具有高稳定性、更安全可靠、更环保并且价格低廉。$LiFePO_4$ 的主要缺点是理论容量不高，室温电导率低。基于以上原因，$LiFePO_4$ 在大型锂离子电池方面有非常好的应用前景。

2. 不同锂离子电池正极材料性能比较(见表 6—4)

表 6—4　锂离子电池主要正极材料性能比较

正极材料 / 性能指标	锂钴电池 $LiCoO_2$	锂钴镍电池 $Li(NiCoMn)_1O_2$	锂锰电池 $LiMn_2O_4$	磷酸铁锂电池 $LiFePO_4$
理论比容量(mAh/g)	274	278	148	170
实际比容量(mAh/g)	140 ~ 155	130 ~ 220	90 ~ 120	130 ~ 150
工作电压范围(V)	3.0 ~ 4.3	3.0 ~ 4.35	3.5 ~ 4.3	2.5 ~ 3.8
平台电压(V)	3.6 ~ 3.7	3.6 ~ 3.7	3.7 ~ 3.8	3.2 ~ 3.3
高温性能	一般	一般	差	好
循环寿命(次)	> 500	> 500	> 300	> 2 000
耐过充性	差	较好	好	优
安全性及环保要求	稳定性极差，非常不安全	稳定性极差，非常不安全	尚可接受	安全性最佳，符合环保要求
温度耐受性	高于 55 ℃或低于 －20 ℃则衰退	高于 55 ℃或低于 －20 ℃则衰退	高于 50 ℃则迅速衰退	极佳 －10 ~ 50 ℃可正常使用
毒性	有毒的钴	有毒的钴	无毒	无毒
长期使用成本	高	高	可接受	最经济
适用领域	数码类电池	数码类电池	动力电池	动力电池及通信用电池

3. 锂电池负极材料分类

(1) 碳负极材料：目前已经实际用于锂离子电池的负极材料基本上都是碳素材料，如人工石墨、天然石墨、中间相碳微球、石油焦、碳纤维、热解树脂碳等。

(2) 锡基负极材料：锡基负极材料可分为锡的氧化物和锡基复合氧化物两种。氧化物是指各种价态金属锡的氧化物。目前没有商业化产品。

(3)含锂过渡金属氮化物负极材料,目前也没有商业化产品。

(4)合金类负极材料:包括锡基合金、硅基合金、锗基合金、铝基合金、锑基合金、镁基合金和其他合金,目前没有商业化产品。

(5)纳米级负极材料:纳米碳管、纳米合金材料。

(6)纳米氧化物材料:目前诸多公司已经开始使用纳米氧化钛和纳米氧化硅添加在以前传统的石墨,锡氧化物,纳米碳管里面,极大地提高了锂电池的充放电量和充放电次数。

负极材料一般选用碳材料,目前的发展比较成熟。而正极材料的开发已经成为制约锂离子电池性能进一步提高、价格进一步降低的重要因素。在目前的商业化生产的锂离子电池中,正极材料的成本大约占整个电池成本的40%左右,正极材料价格的降低直接决定着锂离子电池价格的降低。

(三)锂电池发展过程

1970年代埃克森的M. S. Whittingham采用硫化钛作为正极材料,金属锂作为负极材料,制成首个锂电池。

1982年伊利诺伊理工大学(the Illinois Institute of Technology)的R. R. Agarwal和J. R. Selman发现锂离子具有嵌入石墨的特性,此过程是快速的,并且可逆。与此同时,采用金属锂制成的锂电池,其安全隐患备受关注,因此人们尝试利用锂离子嵌入石墨的特性制作充电电池。首个可用的锂离子石墨电极由贝尔实验室试制成功。

1983年M. Thackeray、J. Goodenough等人发现锰尖晶石是优良的正极材料,具有低价、稳定和优良的导电、导锂性能。其分解温度高,且氧化性远低于钴酸锂,即使出现短路、过充电,也能够避免燃烧、爆炸的危险。

1989年,A. Manthiram和J. Goodenough发现采用聚合阴离子的正极将产生更高的电压。

1991年索尼公司发布首个商用锂离子电池。随后,锂离子电池革新了消费电子产品的面貌。

1996年Padhi和Goodenough发现具有橄榄石结构的磷酸盐,如磷酸锂铁($LiFePO_4$),比传统的正极材料更具优越性,因此已成为当前主流的正极材料。

随着数码产品如手机、笔记本电脑等产品的广泛使用,锂离子电池以优异的性能在这类产品中得到广泛应用,并在近几年逐步向其他应用领域发展。

二、磷酸铁锂电池基本工作原理与特性

(一)磷酸铁锂电池内部结构

磷酸铁锂电池的宏观结构如图6—14所示,微观结构如图6—15所示。

图6—14左边是橄榄石结构的$LiFePO_4$作为电池的正极,由铝箔与电池正极连接。

图6—14中间是聚合物的隔膜,它把正极与负极隔开,但锂离子Li^+可以通过,而电子e^-不能通过。

图6—14右边是由碳(石墨)组成的电池负极,由铜箔与电池的负极连接。

电池的上下端之间是电池的电解液,电池由金属外壳密闭封装。

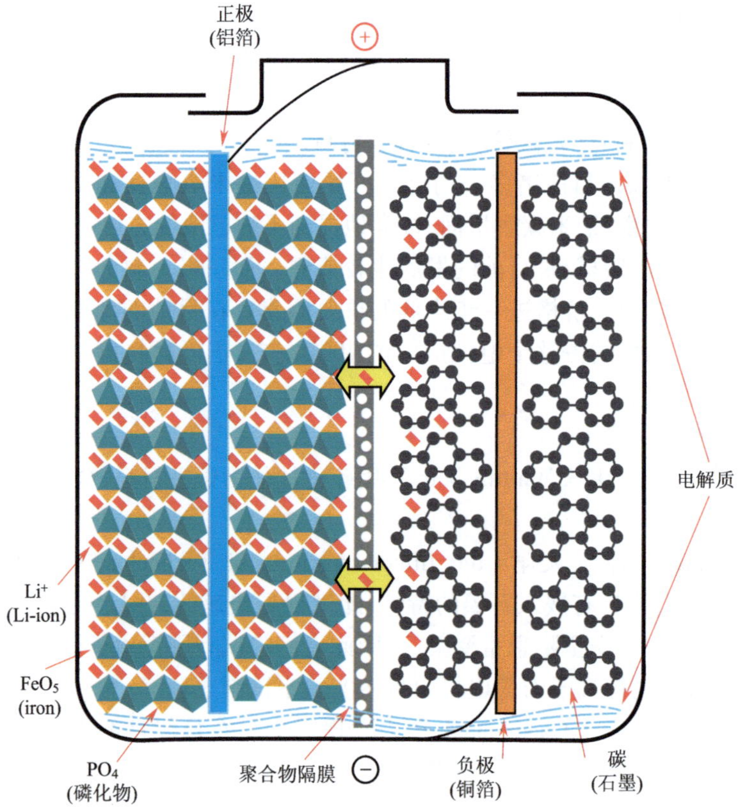

图 6—14　铁锂电池宏观结构示意图

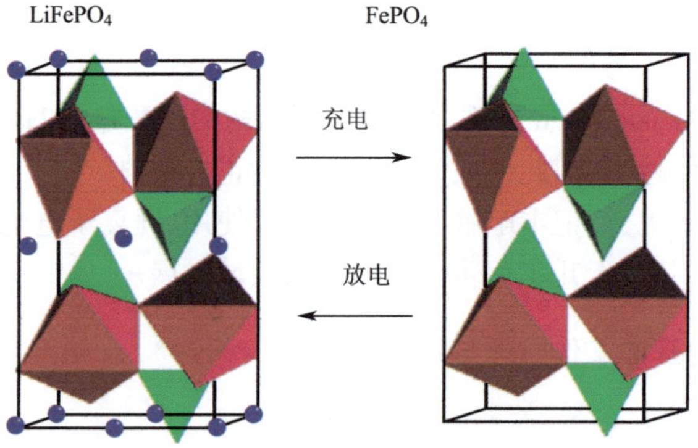

图 6—15　铁锂电池微观结构示意图

注：蓝色表示锂电子。

（二）磷酸铁锂电池的工作原理

磷酸铁锂锂离子电池在充电时，正极中的锂离子 Li^+ 从正极脱出，通过电解质与聚合物隔膜向负极迁移，嵌入负极中；反之在放电过程中，负极中的锂离子 Li^+ 从负极脱出，通过电解质和隔膜向正极迁移，重新嵌入正极中。如图 6—16 所示，锂离子电池就是因为锂离子在充放电时来回迁移而命名。

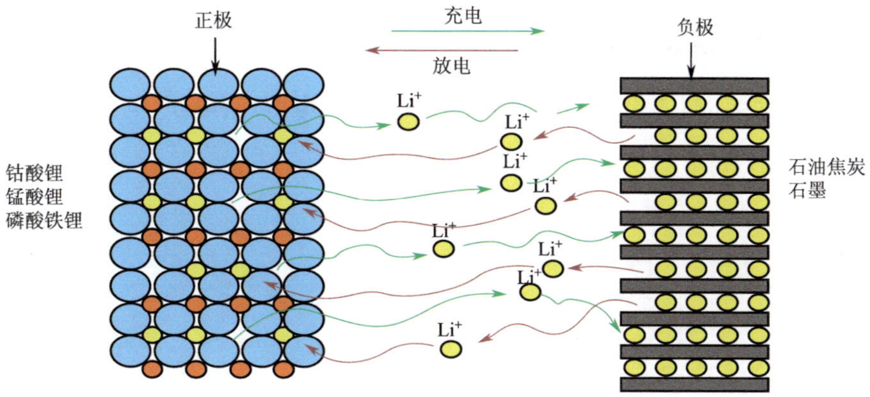

图 6—16　锂电池充、放电工作原理示意图

其反应方程式如下：

正极：$LiFePO_4 \underset{放}{\overset{充电}{\rightleftharpoons}} Li_{1-x}FePO_4 + xLi^+ + xe^-$

负极：$6C + xLi^+ + xe^- \underset{放}{\overset{充电}{\rightleftharpoons}} Li_xC_6$

总反应：$6C + LiFePO_4 \underset{放}{\overset{充电}{\rightleftharpoons}} Li_{1-x}FePO_4 + Li_xC_6$

（三）磷酸铁锂电池特性

磷酸铁锂聚合物锂离子电池采用凝胶态电解液，以橄榄石型磷酸亚铁锂和石墨为正、负极活性物质，经涂布、电芯制作、注液、化成等工序制作而成。由于采用凝胶态电解质，加以橄榄石型磷酸亚铁锂材料本身的安全性能，使得磷酸铁锂聚合物电池具有高安全性、超长寿命和良好的高温稳定性等特点。

不同正极材料组成的锂离子电池性能优缺点比较可见表 6—4。

铁锂电池与铅酸电池的优缺点比较见表 6—5。

表 6—5　铁锂电池与铅酸电池的优缺点比较

性能指标	铁锂电池(3.2 V)	铅酸电池(2 V)
大电流放电能力	好	实际容量随放电率增大而下降
深放电能力	好(98% 容量)	差(80% 容量)
循环寿命	1 000 ~ 2 000 次	300 ~ 400 次
质量比能量(Wh/kg)	100 ~ 130	30 ~ 50
体积比能量(Wh/L)	180 ~ 220	80 ~ 120
高温性能	好	一般
环　保	无污染	污染(铅)
产品一致性	差	较好
单体容量	小(50 Ah)	大(3 000 Ah)
投资	高	低

三、磷酸铁锂电池结构组成

铁锂离子电池结构主要包括以下部件:正极、负极、电解质、隔膜、电池壳。如图6—17所示。

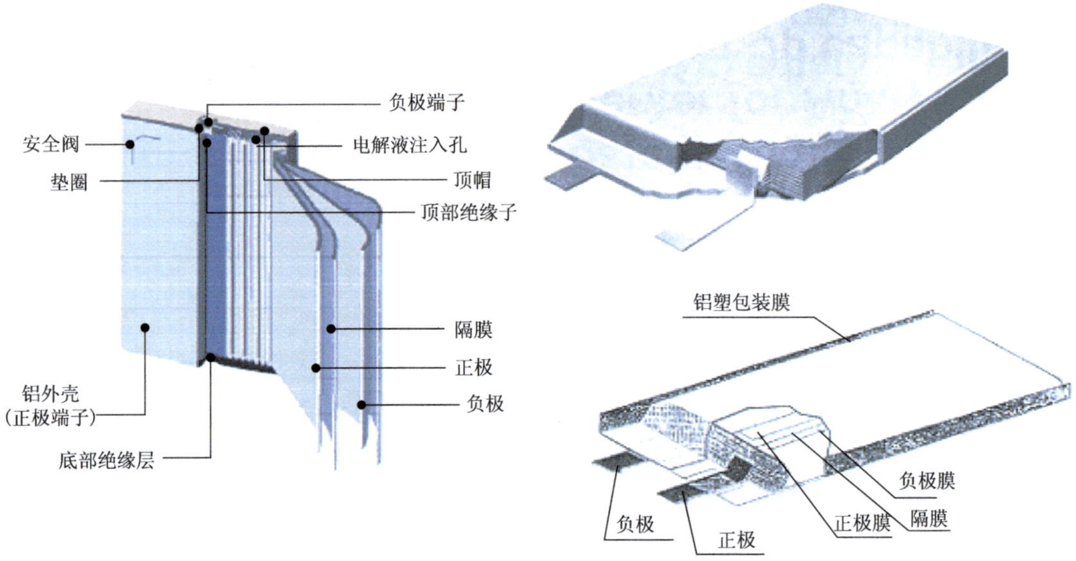

图6—17 铁锂电池结构示意图

铁锂电池的正极、负极材料如上所述,电解质主要有:有机溶剂电解质(液态)和聚合物电解质(固态、凝胶);隔膜主要有:PP、PE、PP/PE复合膜等;电池外壳形式目前主要有:圆柱形、方形和软包装三种。

四、电池组管理系统

(一)作　　用

电池管理系统(Battery Management System,BMS)是电池与充放电设备(电源)之间的门户,用以提高电池的利用率,防止电池出现过充电和过放电,延长电池的使用寿命,监控电池的状态,以期解决串并联使用问题、使用安全性、电池电量估算困难等问题。

任何电池的生产都不可避免地引入不一致因素,即使在先进的工艺和筛选流程都只能减小而无法避免电池的不一致性。锂电池虽然具备优异的性能,但是其安全性要低于铅酸电池,即使是磷酸铁锂是最安全的锂电池之一,也不例外。此外,锂电池价格也要普遍高于铅酸电池。因此,目前锂电池都采用BMS对锂电池进行保护,保障锂电池的安全运行,避免锂电池由于过充过放导致损坏甚至是安全事故,同时尽可能延续锂电池的寿命。

传统锂电池应用于小型消费电子产品中时,电池串数较少,因此BMS较为简单成熟,例如笔记本电脑或手机,往往都内置BMS。而随着电池串数和容量需求的不断增加,需要通过复杂的并联串联方式组成电池组进行充放电。BMS的复杂度也随之上升,可以说,电池数量越多,电压越高,容量越大,倍率越多,BMS就越复杂。

从国外磷酸铁锂的先进应用经验来看，无论是储能系统还是动力系统，BMS 都是必不可少的关键部件，BMS 技术已经成为锂电池应用的核心技术，BMS 基本原理虽然简单，BMS 的可靠性一直是最重要的指标。

（二）BMS 系统组成形式

模块化内置式：将 BMS 集成在电池组内，形成一个电池储能系统模块，对外只提供正负极连接端子，通过模块的串并联形成完整的储能系统。

BMS 外置式：只采用单一 BMS，并将 BMS 完全与电池组分离，独立使用或者集成在开关电源中。

BMS 分离式：将 BMS 分为主控单元和从控单元，主控单元外置，主要负责汇总电池信息进行处理，从控单元内置于电池，从控单元负责测量电池参数并上报主控单元，根据主控单元指令进行均衡。几种组织形式性能的比较见表 6—6。

表 6—6　几种 BMS 系统组成形式的比较

对比项	模块化内置式	BMS 分离式	外置式	说　明
精 度	精度高	精度高	精度低	BMS 内置在电池组，线损小，有利于电池测量和均衡
易用性	易安装维护	安装维护较难	安装维护难	BMS 内置使用时电池组与开关电源直联，安装简易。
可靠性	可靠性高	可靠性中	可靠性低	模块化内置式 BMS 能够分散系统故障点，提高系统可靠性
灵活性	易扩容	易扩容	难扩容	48 V 50 Ah 模块能够灵活并联
电 流	小	大	大	BMS 内置式受限于散热和体积要求，不能够支撑大电流应用
安全性	高	高	低	BMS 外置式采用大容量电池单体安全性低

（三）BMS 主要功能

1. BMS 系统架构及各部分的作用

BMS 全称电池管理系统，是典型的智能嵌入式系统，系统架构如图 6—18 所示。

中央控制单元（Center Management Unit）是电池管理系统的核心管理单元，它由中央处理器、外部存储器和板上的传感器组成，主要汇总电池单体的各种参数，判断电池组和系统运行的各种状态，处理并记录电池组和系统的各种告警和故障事件，统计并记录电池组合系统运行的各种数据，响应用户的操作，显示电池组的关键信息，与其他电池模块进行通信，远程监控并且将电池组的关键信息通过外部总线上报远程监控系统，并提供各种易维护的功能。

电池检测单元（Battery Monitor Unit）负责采集电池单体电压、温度等参数。

输入输出单元（I/O Unit）负责与外部进行信息交互，包括提供各种通信接口、显示器以及开关和控制按钮等。

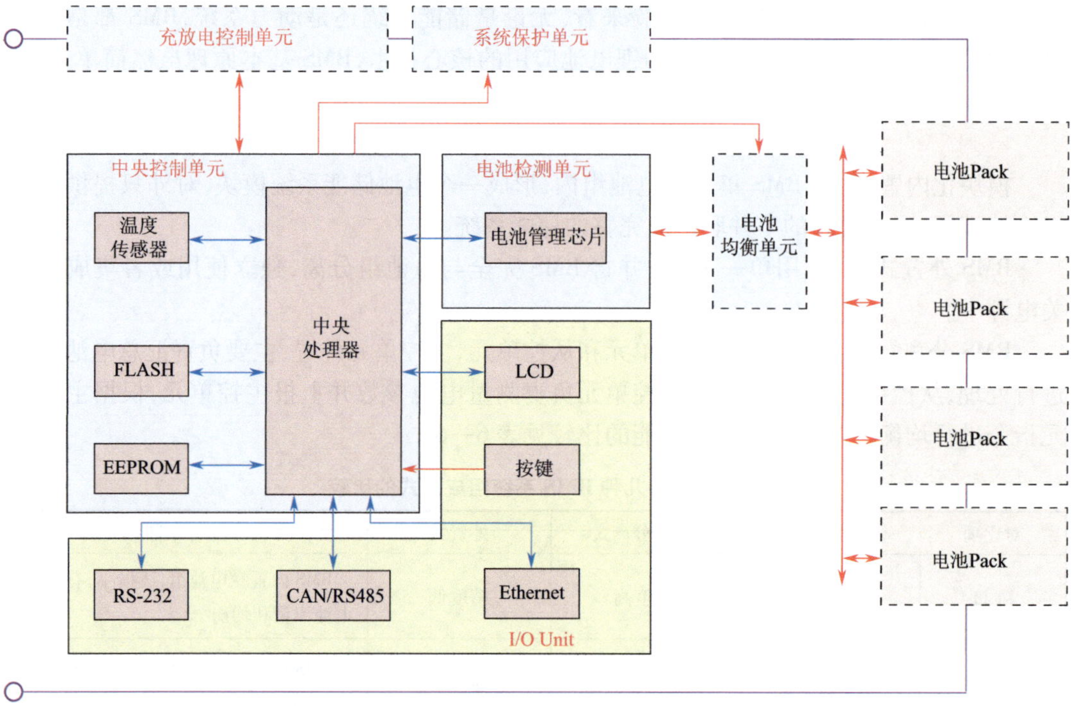

图 6—18　BMS 系统架构

充放电控制单元(Charge/Discharge Control Unit)负责管理电池的充放电,并检测充放电电流。

系统保护单元(System Protection Unit)负责接收主控单元的控制信号,实施保护动作,具有二级保护功能。

电池均衡单元(Cell Balance Unit)接受中央处理器的控制信号,实施均衡动作,调节电池一致性。

2. BMS 的主要功能

(1)测量功能。测量电池及电池组相关模拟量参数,包括电池电压、电池温度、电池组电压、充放电电流、系统环境温度、系统运行时间等。

(2)监测状态。监测和统计电池组的运行状态,包括充电状态、放电状态、待机状态、各种故障状态等。

(3)安全保护。对电池过充、过放、过温、过流、短路等状态进行保护,并具备防雷功能。

(4)均衡控制。对电池进行均衡,保证电池一致性。

(5)充电管理。内置充电管理,保证锂电池与传统开关电源或者外部整流模块的兼容性,同时最大限度延长锂电池寿命。

(6)配置管理。针对不同应用场景配置锂电池的各种配置参数。

(7)SOC 估算。对电池的剩余电量进行估算预测。

(8)通信。将电池的各种参数状态上传网管中心。

(9)易安装维护。保存电池运行的历史数据和故障日志;提供可视化界面或指示;支持热插拔。

五、磷酸铁锂蓄电池使用注意事项

由于铁锂电池的电芯始终处于密封状态，故无法通过外观进行状态检查，因此应经常通过动环境集中监控系统与BMS对电池组的总电压、电流、单芯电压、SOC、温度进行实时监测，并通过电池监测装置了解电池充放电曲线及性能，定期进行测量，发现故障及时处理。为防止电池可能发生泄漏、发热、爆炸，磷酸铁锂电池需注意以下预防措施：

(1)严禁将电池浸入海水或水中，保存不用时，应放置于阴凉干燥的环境中。

(2)禁止将电池在热高温源旁，如火、加热器等旁使用和留置。

(3)严禁颠倒正负极使用电池。

(4)严禁将电池直接插入电源插座。

(5)禁止将电池丢于火或加热器中。

(6)禁止用金属直接连接电池正负极短路。

(7)禁止将电池与金属，如发夹、项链等一起运输或储存。

(8)禁止敲击或抛掷、踩踏电池等。

(9)禁止直接焊接电池和用钉子或其他利器刺穿电池。

(10)禁止在高温下(炙热的阳光下或很热的汽车中)使用或放置电池，否则可能会引起电池过热、起火或功能失效、寿命减短。

(11)禁止在强静电和强磁场的地方使用，否则易破坏电池安全保护装置，带来不安全的隐患。

(12)如果电池发出异味，发热、变色、变形或使用、储存、充电过程中出现任何异常，立即将电池从装置或充电器中移离并停用。

(13)如果电极弄脏，使用前应用干布抹净，否则可能会导致接触不良功能失效。

(14)废弃之电池应用绝缘纸包住电极，以防起火、爆炸。

六、磷酸铁锂蓄电池在通信行业的应用场景

国家“十二五”战略规划中，新能源所属的磷酸铁锂锂离子电池已经被列为国家重点科技战略项目，在其产业化和普及后，利于降低锂离子电池成本，提高电池安全性，同时具有宽泛的使用温度范围、良好的深循环寿命、较高的能量密度、环保无污染等优点，均使磷酸铁锂电池成为小型机房的理想后备电源。

通信领域应用场景以及容量大小的参考值见表6—7。

表6—7　磷酸铁锂蓄电池在通信行业应用场景及容量参考值

序号	应用场景	站点类型	负载功率	电池容量(Ah)
1	普通基站	基站、交换站	48 V/20 ~ 50 A	200 ~ 1 000
2	新能源站点	太阳能基站	48 V/10 ~ 30 A	1 000 ~ 3 000
3	无空调室内站	室内分布站	48 V/5 ~ 20 A	50 ~ 300
4	无空调室站	边际站	48 V/5 ~ 20 A	50 ~ 300

续上表

序号	应用场景	站点类型	负载功率	电池容量(Ah)
5	小容量站点	RRU、直放站	48 V/2 ~ 10 A	10 ~ 100
		FTTB	48 V/1 ~ 5 A	10 ~ 100
		FTTC	48 V/2 ~ 10 A	10 ~ 100
6	小容量站点、末端供电应用场景	FTTO/FTTH	<12 V/1 A	3
		WLAN 交换机	<48 V/5 A	10 ~ 50
		WLAN AP	<12 V/5 A	20

第六节　燃料电池供电系统

20 世纪 70 年代以后，由于世界能源危机日益严重，再加上燃料电池在航空方面的成功应用，各国政府纷纷加大了对燃料电池研究的支持力度，众多公司和政府部门开始着力于解决燃料电池如何商业化的问题。1980 年至 1990 年加拿大巴拉德公司对燃料电池的研究有了重大的突破，使这种电池成功得到了商业化的应用。如今，随着不可再生的传统能源的日益枯竭，加上由于传统能源使用方式造成的环境污染问题日益严重，燃料电池在各个领域的商业化应用已经势在必行。

一、燃料电池分类

燃料电池是一种高效、环境友好的发电装置。它可以直接将储存在燃料与氧化剂中的化学能转化为电能。氢燃料电池的电极本身不含有活性物质，而只是个催化转换部件；氢燃料电池不是能量储存容器，而相当于能量转换装置。

燃料电池通常是根据电解质的类型来分类：

(1)以浓磷酸为电解质的是磷酸型燃料电池(PAFC)；

(2)以熔融金属—金属碳酸盐为电解质的熔融碳酸盐燃料电池(MCFC)；

(3)以固体氧化物为电解质的固体氧化物燃料电池(SOFC)；

(4)以氢氧化钾为电解质的碱性燃料电池(AFC)；

(5)以质子交换膜为电解质的质子交换膜燃料电池(PEMFC)。

人们有时也按照电池工作温度对燃料电池进行分类：即温度低于 100 ℃的是低温燃料电池，这一类包括碱性燃料电池、质子交换膜燃料电池；培根型碱性燃料电池和磷酸燃料电池属于工作温度在 100 ~ 300 ℃的中温燃料电池；工作温度在 600 ~ 1 000 ℃的高温燃料电池包括熔融碳酸盐燃料电池和固体氧化物燃料电池。各类燃料电池的优缺点见表 6—8。

表 6—8　各类燃料电池的优缺点

类　型	优　点	缺　点
质子交换膜燃料电池	室温快速启动、无电解液流失、水易排出、比功率和比能量高	易催化剂中毒，对气体的纯度要求高

续上表

类　型	优　点	缺　点
直接甲醇燃料电池	室温工作、启动快、空气作为氧化剂	效率低、寿命短、管理困难
固体氧化物燃料电池	作为燃料的甲烷或天然气来源广,空气作氧化剂	工作温度很高
碱性燃料电池	启动快、常温常压下工作	只能用纯氧做氧化剂,成本高
熔融碳酸盐燃料电池	作为燃料的甲烷或天然气来源广,空气作氧化剂	工作温度高
磷酸燃料电池	对 CO_2 不敏感,成本较低	启动慢

二、基本工作原理

燃料电池的基本原理即将燃烧反应分解为氧化与还原的半反应,燃料在阳极催化剂的作用下在阳极发生氧化反应,氧化剂在阴极催化剂作用下在阴极发生还原反应,电解质将阴极和阳极分隔开来,导电离子在电解质内迁移,电子通过外部电路做功并形成总的回路。

(一)单电池

以广泛应用的质子交换膜型氢燃料电池为例,质子交换膜型氢燃料电池使用氢气作为燃料,空气(氧气)作为氧化剂,铂/碳或铂—钌/碳为催化剂,带有气体流动通道的石墨或表面改性的金属板为双极板,目前多以全氟或部分氟化磺酸型固体聚合物为电解质,其工作原理如图 6—19 所示。

氢燃料电池的工作原理即电解水的逆过程。电化学反应在电极上发生反应式为:

阳极:$2H_2 \longrightarrow 4H^+ + 4e^-$

阴极:$O_2 + 4H^+ + 4e^- \longrightarrow 2H_2O$

总反应:$2H_2 + O_2 \longrightarrow 2H_2O$ + 热量

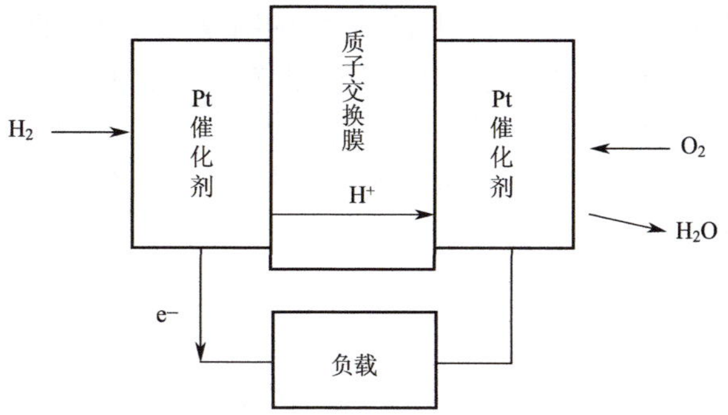

图 6—19　氢燃料电池的工作原理

氢燃料电池工作时,向阳极供给燃料(氢),向阴极供给氧化剂(空气);氢在阳极分解成正离子 H^+ 和电子 e^-;氢离子进入电解液中向阴极迁移,而电子则沿外部电路移向阴极;在阴极上,空气中的氧同电解液中的氢离子吸收电子并结合形成水。

(二)电 池 堆

氢氧燃料电池的单电池工作电压在0.6~0.9 V之间,将多个单电池串联起来形成电池堆以提高输出电压,输出电压等于单电池的工作电压乘以电池的串联数,其输出电流就等于电流密度与工作面积的乘积。电池堆的组装程序相当严格,密封是组装燃料电池的关键技术之一,其目的是确保阳极与阴极两侧的反应气体不会互窜或泄漏。

三、燃料电池供电系统的组成

就目前而言,应用于通信行业的燃料电池主要是质子交换膜燃料电池,固体氧化物燃料电池。

燃料电池供电系统主要由燃料、氧化剂供应系统,燃料电池系统,水、热管理,输出电管理等组成。以适用于通信基站用质子交换膜燃料电池供电系统为例,其结构如图6—20所示。

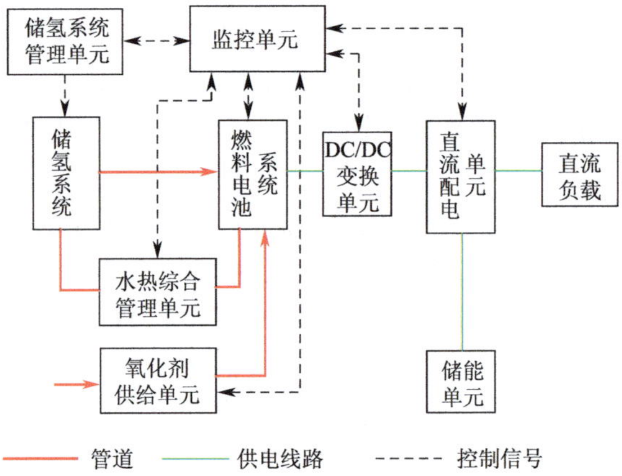

图6—20　通信用氢燃料电池供电系统框图

(一)燃料供应系统

质子交换膜燃料电池是以氢气为燃料的,氢气的制取已有成熟的工艺,氢气的储存和运输是当前的重点技术和工程问题。氢气目前主要以气态形式、液氢形式、可逆金属氢化物和不可逆金属氢化物的形式储存。在基站的应用中主要是以高压气瓶来储存氢气并在需要时提供氢气给燃料电池,另一种方式是利用现场反应的方式提供氢气包括碳氢化合物在现场重整制氢,金属与水反应制氢,氨裂解制氢。

(二)氧化剂供给系统

根据质子交换膜燃料电池应用场所的不同,氧化剂分为纯氧和空气。宇航和水下应用采用纯氧做氧化剂,纯氧通常是以液态氧的形式储存于高压气瓶中;地面小功率电池组,空气的供给是采用风机或风扇;地面大功率应用的PEMFC电池组均采用加压空气供气。

燃料电池的燃料和氧化剂是独立于电池本身之外的储罐中的,当它工作时,需要从外部储罐中持续供给燃料和氧化剂,因此存储能量的大小实际是由储罐中燃料和氧化剂的量决定的。

（三）燃料电池系统

燃料电池系统主要包括燃料电池堆和它的控制系统。它的控制系统主要分为：①电池系统的启动与停止；② 维持电池系统稳定运行的各操作参数的控制；③对电池运行状态的监测、判断、故障的预测、对预测故障的提前处理、维持系统的稳定运行、安全控制等。

（四）电的管理

考虑到用户的需求和 PEMFC 内阻大，对电机启动时功率脉冲适应能力差的因素，必须对电池电输出进行管理。对于交流用户的通信电源而言，需要将直流电变为一定频率的单向或三相交流电；为了适应电机启动时峰值功率的要求，可接一组其他的蓄电池；同时也加置一个功率和蓄电池匹配的 DC/DC，用燃料电池为蓄电池充电。

（五）水 管 理

由于质子交换膜必须有水存在才能传导质子的特性，所以需要膜保持一定的湿润。保持膜湿润的方式有两种，一种是通过对反应气体加湿的方式实现，另一种是用反应产生的水直接对膜进行加湿。在基站上使用的燃料电池系统采用第二种方式对膜进行加湿，这样系统结构简单，可靠性高。另一方面，电池在运行时生成的水会导致阴极氧传质速度的降低，进而引起浓差极化，降低电池性能，因此需要将大部分的生成水以气态形式排出电池。

（六）热 管 理

PEMFC 的电效率在 50% ~70%，为了保持电池组的工作温度恒定，其余 50% ~30% 化学能转化的废热必须排出。广泛采用的排热方法有：纯水冷却液或水与乙二醇混合冷却液循环排热法、空气冷却法。

四、燃料电池与传统铅酸电池相比的优缺点

1. 可靠性高

通信机房使用的铅酸蓄电池组是由多个电池串联起来的备电系统，当某个电池出现问题时，整组电池的可靠性和容量将大幅降低，而氢能电源只要燃料充足，输出电压和容量始终稳定平稳。

铅酸蓄电池在放电过程中电压呈下降趋势，到达临界电压时必须采取保护措施，并需要较长时间充电过程，而氢能电源无需充电，只要氢能供应充足，电压恒定和容量饱满。

铅酸蓄电池在寿命期内容量的下降呈加速趋势，例如原有 4 h 的备电时间可能会缩短至 2 h 以内，这就造成了备电时间的不可预知，而氢燃料电池电源在全生命周期内备用时间始终如一。

铅酸蓄电池对环境温度敏感，据统计，温度每升高 10 ℃，电池寿命会降低 50%，燃料电池对环境温度不敏感，可在 −30 ~ +50 ℃之间正常工作。

铅酸蓄电池在放电使用过程中没有剩余容量提示，而氢能电源是有明确提示的，使用者可清晰知道还有多少时间的供电保障，未雨绸缪，大大提高了系统运行的可靠性。

铅酸蓄电池组在市电正常时维护人员无法预先知道后备电源系统是否处于正常状态（例如电池连线松动，或被意外破坏），当市电突然停电时蓄电池组无法正常工作，造成通信系统运行瘫痪，而氢能电源本身是个智能化的系统，能够实时监控自身状态、参数、容量，故障时会通过远程监控系统及时报知维护人员。

2. 安全性好

铅酸蓄电池在运行过程中会不断排放氢气，而目前机房基本都是密闭的，易引发类似“贵州事件”的隐患，而氢能电源放置在室外，并且有多年成熟的氢能使用经验和标准的安全管理体系，此外还有完善的防泄漏、阻燃、防爆安全体系。

铅酸蓄电池在运行过程中会时常排放酸雾，会腐蚀主设备，造成安全运行隐患；氢能电源系统排放的是纯水，对环境无污染。

此外，燃料电池电源具有智能化报警系统和防盗方案。

3. 运营维护成本低

(1)氢能电源的运营维护成本要远低于铅酸蓄电池。氢能电源本身不需要空调环境，且放置在室外，可大幅降低基站空调的能耗。

(2)减少了开关电源充电配置，降低了总体成本及能耗。

(3)使用氢能电源无需配置柴油发电机。

(4)氢能电源在备用状态下接近零损耗，没有蓄电池的浮充损耗；没有蓄电池的周期性全充全放电的损耗。

4. 大量减少污染物和碳排放

据了解，目前每个宏基站使用约超过 1 t 的铅及 0. 3 m^3 硫酸液体，而氢能电源的生成物为水，不存在有害物质或温室气体的排放，且不含任何有害重金属，是真正环保的清洁能源，这也是现有各类电池和油机所不具备的特性。

5. 灾变应急能力强

氢能电源备电时间可根据需要灵活配置，可轻松将备电时间延长到 16 h、48 h、72 h 甚至更长，十分有利于应对各类紧急情况及重大灾害，确保通信设备不断电运行。

6. 设计和使用寿命长

铅酸蓄电池在经过反复充放电和深度放电后，使用性能和寿命会逐步下降，氢能电源无需充电，其本身的设计寿命就在 12 年，一套氢能电源系统相当于约 4 ~ 5 套铅酸蓄电池系统。

7. 可脱离电网独立运行

在保持氢能供应的情况下，氢能电源可 7 × 24 h 持续工作，整个基站可不需要电网供电。

8. 适用于各种新能源和旧能源

氢能电源系统无需改装就可与各类能源配套使用，如：氢气、煤气、天然气、沼气、甲醇、乙醇、太阳能、风能以及汽油，柴油等；以此为基础建立的通信基站具有特殊的能源战略意义和中国广大地域(城市、农村，边疆，海岛等)的适应性。

9. 重量轻，体积小

一个或多个模块的重量和体积远小于蓄电池组的重量和体积。选用传统氢瓶，体积较大，但选用新型氢能容器，体积大幅减小，总体积远小于铅酸电池系统。

五、氢燃料电池发电与传统热机发电相比的优势

传统的热机发电先将煤、石油、天然气等燃料进行燃烧，使化学能转换成热能，再利用热

能制造高温高压的水蒸气来推动涡轮机，使热能转变为机械能，带动转子切割磁力线发电，再将机械能转变为电能。这个过程包括了化学能、热能、机械能、电能这四种能量形态的转换，存在两大弊病。一是受卡诺循环及材料的限制，转换效率只有33% ~35%，大部分能量被白白地浪费掉了；二是产生大量的废水、废气、废渣、废热和噪声，对环境造成污染。

卡诺循环（Carnot cycle）是由法国工程师尼古拉·莱昂纳尔·萨迪·卡诺于1824年提出的，以分析热机的工作过程，卡诺循环包括四个步骤：等温膨胀，绝热膨胀，等温压缩，绝热压缩。即理想气体从状态1（P_1,V_1,T_1）等温膨胀到状态2（P_2,V_2,T_2），再从状态2绝热膨胀到状态3（P_3,V_3,T_3），此后，从状态3等温压缩到状态4（P_4,V_4,T_4），最后从状态4绝热压缩回到状态1。这种由两个等温过程和两个绝热过程所构成的循环成为卡诺循环。

氢燃料电池供电系统具有以下优势。

1. 能量转换效率高

氢燃料电池将燃料的化学能直接转化为电能，可以避免过多的能量形态转换环节的损失，不受卡诺循环的限制，能量转换效率高。实现热电联供，燃料的总利用率可高达90%以上。

2. 环境友好

燃料电池以富氢气体为燃料时，由于燃料电池具有高的能量转换效率，其二氧化碳的排放量比热机过程减少40%以上，这对缓解地球的温室效应是十分重要的。由于燃料电池的燃料气体在反应前必须脱除硫及其化合物，发电过程中没有燃烧，不排放氮的氧化物和硫的氧化物，减轻了对大气的污染。当燃料电池以纯氢为燃料时，它的化学反应产物仅为水，从根本上消除了氮的氧化物、硫的氧化物及二氧化碳等的排放；燃料电池供电系统没有转动部件，噪声低。

3. 性能优越

氢燃料电池供电系统在燃料供应充足时，在轻载或满载都可以保持高效率，且具有很强的过载能力。

氢燃料电池供电系统高低温适应性强，寿命长、可靠性高，易维护，运行维护费用较低。

4. 灵活性高

系统可由电池堆任意串并组合以形成各种容量，自由度很大，容量可小到只为手机供电、大到和目前的火力发电厂相比，非常灵活；可采用模块化的方式，方便扩容；可根据客户需求，灵活地安放在任何空间和场所，且无需附加设备。

5. 燃料来源丰富

我国在合成氨工业中氢的年回收量可达标14×10^8 m^3；在氯碱工业中有87×10^6 m^3的氢可供回收利用。在冶金工业、炼焦、发酵制酒厂及丁醇溶剂厂等生产过程中都有大量氢可回收。各类工业副产氢的可回收总量，估计可达15亿m^3以上。氢的来源是极为丰富的，氢气供给已是比较成熟的产业。

第七章　通信电源工程设计案例

通信电源的工程设计不仅仅是相关设计人员应掌握的技能,也是使用与维护工作者应该了解的重要知识。本章结合电源工程设计案例,讲述如何设计和计算电源系统的各个组成部分,包括系统的配置与优化原则、蓄电池容量计算方法、线路承担合理的载流量、确定各级配电级差保护以及熔断器和断路器的选取等内容,为通信电源的设计者提供了例证,也为使用及维护人员提供了更深层次的知识内容。

第一节　UPS 电源系统

一、UPS 功率配置

(一)UPS 稳态功率配置

一台 UPS 容量用输出视在功率用 S_{ups} 表示,输出功率因数用 λ_{ups} 表示,其 UPS 额定有功功率用 P_{ups} 表示,即:

$$P_{ups} = \lambda_{ups} S_{ups} \tag{7—1}$$

在实际应用中,UPS 设备给线性或各类非线性负载供电,负载的总功率因数 λ 常常是不确定的。

如果 $\lambda \geq \lambda_{ups}$,则 UPS 的有功功率限定在 P_{ups};

如果 $\lambda < \lambda_{ups}$,则 UPS 的有功功率限定在 λS_{ups}($< P_{ups}$)。

选择视在额定功率的 UPS 时必须考虑 UPS 实际提供给负载的有功功率,由以下四个步骤确定。

1. 负载有功功率和视在功率

UPS 供电系统中存在各类负载,其功率因数也不相同,负载总功率和 K 个负载功率关系见表 7—1。

表 7—1　负载总功率和 k 个负载功率关系统计表

负载	视在功率(kVA)	功率因数 $\lambda(\cos\varphi)$	有功功率(kW)	无功功率(kVar)
负载 1	S_1	λ_1	$P_1 = \lambda_1 S_1$	$Q_1 = P_1\sqrt{1-\lambda_1^2}$
负载 2	S_2	λ_2	$P_2 = \lambda_2 S_2$	$Q_2 = P_2\sqrt{1-\lambda_2^2}$
负载 3	S_3	λ_3	$P_3 = \lambda_3 S_3$	$Q_3 = P_3\sqrt{1-\lambda_3^2}$
负载 4	S_4	λ_4	$P_4 = \lambda_4 S_4$	$Q_4 = P_4\sqrt{1-\lambda_4^2}$
……	……	……	……	……

续上表

负载	视在功率(kVA)	功率因数 λ(cosφ)	有功功率(kW)	无功功率(kVar)
负载 k	S_k	λ_k	$P_k=\lambda_k S_k$	$Q_k=P_k\sqrt{1-\lambda_k^2}$
合计	S	λ	$P=\sum P_k$	$Q=\sum Q_k$

注:1. S 不是 $S_1+S_2+\cdots\cdots+S_k$ 的总和;

2. $P=\sum\lambda_k S_k$,有功功率可以直接相加。

通过各个负载有功功率及无功功率,计算出各个负载的总有功功率 P 和总无功功率 Q,可以计算出各个负载的总视在功率 S 及总功率因数 λ:

$$S=\sqrt{P^2+Q^2}\text{ 且 }\lambda=P/\sqrt{P^2+Q^2} \tag{7—2}$$

2. UPS 额定视在功率

在假设条件下,一台 UPS 额定视在功率是:

$$S_{\text{ups}}>S,S=\frac{P}{\lambda} \tag{7—3}$$

可以选择一台 S_{ups} 大于 S 的 UPS 主机。选取 UPS 额定功率较接近负载总功率 S,如果考虑后期扩容建设需要,则 UPS 应选择更大一级的额定功率。

3. UPS 额定有功功率

选取 UPS 额定功率满足负载总视在功率条件下,确保选取 UPS 额定有功功率是否满足负载总有功功率要求。

对已经选定额定功率 S_{ups} 的 UPS 提供的额定有功功率为:

$$P_{\text{ups}}=\lambda_{\text{ups}}S_{\text{ups}}$$

如果 $\lambda\geqslant\lambda_{\text{ups}}$,确认 $P_{\text{ups}}=\lambda_{\text{ups}}S_{\text{ups}}$ 是否大于 $P=\lambda S$,如果 $P_{\text{ups}}\geqslant P$,即选取 UPS 能够提供足够有功功率;如果 $P_{\text{ups}}\leqslant P$,则应选择更大一级 UPS 额定功率。

如果 $\lambda<\lambda_{\text{ups}}$,选取 UPS 能够提供足够有功功率,因为 $P_{\text{ups}}=\lambda_{\text{ups}}S_{\text{ups}}>\lambda S_{\text{ups}}$,即选择是正确的。

4. UPS 负载率

确保在假设条件下,当前及后期的 UPS 负载率为可接受水平。

负载率为:

$$L(\%)=\frac{S}{S_{\text{ups}}} \tag{7—4}$$

负载率 $L(\%)$ 必须满足后期负载扩容需要。

综上所述,UPS 容量的选取,其视在功率和有功功率均需满足所有负载运行要求且不过载。输出功率因数较高的 UPS 带功率因数较低的负载是一个浪费,输出功率因数较低的 UPS 带功率因数较高的负载时,UPS 不能满足负载对有功功率的要求,所以 UPS 额定输出功率因数与负载的功率因数接近时比较好。

【举例】假设 380 V 三相负载如下:

计算机系统:$S_1=4\times10$ kVA(四个相同 10 kVA 负载),负载功率因数 0.6,每个负载启动电流为 8 I_n,并持续 4 个周期(50 Hz,80 ms);

变频调速器：$S_2 = 20$ kVA，负载功率因数 0.7，每个负载启动电流为 4 I_n，并持续 5 个周期(50 Hz，100 ms)；

隔离变压器：$S_2 = 20$ kVA，负载功率因数 0.8，每个负载启动电流为 10 I_n，并持续 6 个周期(50 Hz，120 ms)。

(1)负载有功功率和视在功率

三个负载功率关系见表 7—2。

表 7—2　三个负载功率关系统计表

负载	视在功率(kVA)	功率因数 λ(cosφ)	有功功率(kW)	无功功率(kVar)
计算机系统	40	0.6	24	32
变频调速器	20	0.7	14	14.28
隔离变压器	20	0.8	16	12
合计	S	λ	$P = 54$ kW	$Q = 58.28$ kVar

(2)UPS 额定视在功率

$$S = \sqrt{P^2 + Q^2} = \sqrt{54^2 + 58.28^2} = 79.45(\text{kVA})$$

$$\text{且 } \lambda = P/\sqrt{P^2 + Q^2} = 54/\sqrt{54^2 + 58.28^2} \approx 0.68$$

考虑适量后期扩容，本期选取额定功率为 100 kVA UPS 或更大一级 UPS。

(3)UPS 额定有功功率

假设某厂家 UPS 额定功率因数为 0.8。

三个负载总功率因数 0.68 小于 100 kVA UPS 额定功率因数 0.8，100 kVA UPS 提供有功功率为 100 kVA ×0.68 = 68 kW > 54 kW。

(4)UPS 负载率

$$L(\%) = \frac{S}{S_{\text{ups}}} \times 100\% = \frac{79.4}{100} \times 100\% = 79.4\%$$

(5)UPS 额定电流

根据 $S_{\text{ups}} = \sqrt{3}UI$，得出 $I_n = \dfrac{S_{\text{ups}}}{\sqrt{3}U} = \dfrac{100\ 000}{\sqrt{3} \times 400} = 144(\text{A})$

(二)UPS 瞬态功率配置

UPS 具备过载能力及其过载持续时间。

UPS 系统中存在多个负载，必须知道每个负载存在启动电流及其持续时间。如果多个负载存在同时启动的可能，则需将所有负载启动电流相加。

选择 UPS 功率必须满足负载启动电流的需求。UPS 可以在几个周期内运行在限流方式，如果 UPS 限流方式仍不能应付启动电流的要求，则必须决定是否接受在发生瞬态情况下将负载切换到旁路供电，如果不能接受，必须增大 UPS 额定功率。

【举例】假设 380 V 三相负载如下：

计算机系统：$S_1 = 4 \times 10$ kVA(四个相同 10 kVA 负载)，负载功率因数 0.6，每个负载启动电流为 $8I_n$ 并持续 4 个周期(50 Hz，80 ms)；

变频调速器：$S_2=20$ kVA，负载功率因数0.7，每个负载启动电流为$4I_n$并持续5个周期(50 Hz，100 ms)；

隔离变压器：$S_3=20$ kVA，负载功率因数0.8，每个负载启动电流为10 I_n并持续6个周期(50 Hz，120 ms)。

根据公式$S=\sqrt{3}UI$计算三个三相负载额定电流。

(1)计算机系统：

$$I_n=\frac{S}{\sqrt{3}U}=\frac{10\ 000}{\sqrt{3}\times 400}=14.4(\mathrm{A})$$

每个计算机启动电流为$8I_n=8\times 14.4=115.2(\mathrm{A})$，并持续4个周期(80 ms)；

(2)变频调速器：

$$I_n=\frac{S}{\sqrt{3}U}=\frac{20\ 000}{\sqrt{3}\times 400}=28.8(\mathrm{A})$$

每个负载启动电流为$4I_n=4\times 28.8=115.2(\mathrm{A})$，并持续5个周期(100 ms)；

(3)隔离变压器：

$$I_n=\frac{S}{\sqrt{3}U}=\frac{20\ 000}{\sqrt{3}\times 400}=28.8(\mathrm{A})$$

每个负载启动电流为$10I_n=10\times 28.8=288(\mathrm{A})$，并持续6个周期(120 ms)；

假设一台100 kVA UPS过载能力如下：

-120%，即$1.2\times 144=173(\mathrm{A})$为10 min；

-150%，即$1.5\times 144=216(\mathrm{A})$为1 min。

以$2.33I_n$限流，即$2.33\times 144=335(\mathrm{A})$限流运行1 s。

四台计算机一台一台启动，UPS 120%过载能力足以承担(173 A - 10 min > 115.2 A - 80 ms)；如果同时启动，则启动电流$4\times 115.2=460.8(\mathrm{A})$，UPS将在80 ms内限流运行。

对于变频调速器(115.2 A - 100 ms)，UPS过载能力足以承担。

对于隔离变器(288 A - 120 ms)，UPS过载能力足以承担。

二、UPS冗余系统功率配置

在由几个容量相同的UPS单元组成冗余配置中，UPS单元均分负载。每个UPS单元的额定功率必须按照失去所有冗余度仍然能够继续为负载供电的原则计算。

(一)负载有功功率和视在功率

使用与单机UPS相同，参见表7—1，计算出负载总视在功率、总有功功率、功率因数。

(二)UPS单元额定视在功率

考虑$N+K$冗余度，即N个单元为负载供电，K个单元确保冗余。

UPS单元的容量必须按照整个系统没有冗余的情况下选择，即N个单元运行，K个单元停机。在这种情况下，假设负载的视在功率为S，则每个UPS单元必须具有的额定视在功率S_{ups}为：

$$S_{ups} > S/N \tag{7—5}$$

UPS额定功率选取正好大于S/N一级，如果考虑后期扩容建设需要，则UPS应选择更大一级的额定功率。

(三) UPS 单元额定有功功率

对已经选定额定功率 S_{ups} 的 UPS 提供的额定有功功率为：

$$P_{ups} = \lambda_{ups} S_{ups} \tag{7—6}$$

如果 $\lambda \geqslant \lambda_{ups}$，确认 $NP_{UPS} = N\lambda S_{ups}$ 是否大于 $P = \lambda S$，如果大于，即选取的 UPS 能够提供足够有功功率；否则，应选择更大一级 UPS 额定功率。

如果 $\lambda < \lambda_{ups}$，则选取 UPS 能够提供足够有功功率，因为 $NP_{ups} = N\lambda_{ups} S_{ups} > \lambda S$，即选择是正确的。

(四) UPS 负载率

在 UPS 冗余系统中，系统各个单元均分负载为：

$$\frac{S}{N + K} \tag{7—7}$$

因此，UPS 冗余系统中每个单元负载率为：

$$L(\%) = \frac{S}{(N + K)S_{ups}} \tag{7—8}$$

三、UPS 供电系统蓄电池容量计算

(一) 传统方法

在计算 UPS 电池总容量时，应根据 UPS 容量，按式(7—9)估算出蓄电池的计算放电电流 I，再根据式(7—13)计算出蓄电池总容量。

$$I = \frac{S\cos\varphi}{\mu V} \tag{7—9}$$

式中　S——UPS 视在功率，kVA；

$\cos\varphi$——UPS 输出功率因数；

I——蓄电池的计算放电电流，A；

μ——逆变器效率；

V——蓄电池放电时逆变器的输入电压，V。

可取放电电压的平均值

$$V_{ave} = \frac{(2.25 + 1.67)n}{2}$$

或取终止放电电压 $V = 1.67n$。

假设蓄电池浮充电压为 2.25 V/只，终止电压 1.67 V/只，n 为单体电池只数。如果蓄电池距 UPS 较远，应考虑蓄电池与 UPS 之间的电缆压降，V 应考虑在上述取值基础上加上压降值。

【举例】假设 UPS 额定输出功率 100 kVA，$\cos\varphi = 0.8$，逆变器工作电压范围 351 ~ 494 V，逆变器效率 0.92，工作温度 15 ℃，蓄电池放电时间 20 min(0.33 h)，计算蓄电池容量。

计算如下：

按逆变器最高工作电压(494 V)和蓄电池均充电压(2.35 V/只)计算电池只数 n，即：

$$n = \frac{494}{2.35} = 210$$

按逆变器最低工作电压(351 V)和蓄电池计算只数 $n(n = 210)$，计算蓄电池放电终止电

压 V_f，即：

$$V_f = \frac{351}{210} = 1.67(\text{V/只})$$

计算放电平均电压（蓄电池浮充电压为 2.25 V/只），放电平均电压 V_{ave} 为：

$$V_{ave} = \frac{(2.25 + 1.67) \times n}{2} = \frac{(2.25 + 1.67) \times 210}{2} = 423(\text{V})$$

计算蓄电池放电电流 I：

$$I = \frac{S\cos\varphi}{\mu V} = \frac{100 \times 1\,000 \times 0.8}{0.92 \times 423} = 205.5(\text{A})$$

计算蓄电池组总容量 Q：

$$Q \geqslant \frac{KIT}{\eta[1 + \alpha(t - 25)]} = \frac{1.25 \times 205.5 \times 0.33}{0.48 \times [1 + \alpha(15 - 25)]} = 196(\text{Ah})$$

蓄电池选择：

假设采用 12 V/100 Ah 蓄电池组，则蓄电池组组数为：$\frac{196}{100} = 1.96$ 组，故采取 2 组 12 V/100 Ah 蓄电池组并联。

（二）恒功率放电法

UPS 蓄电池负载（逆变器）为恒功率负载，蓄电池放电时，随着蓄电池输出电压逐渐下降，蓄电池输出电流逐渐增大。蓄电池电压下降至终止电压时，电流达到最大值。在整个放电过程中，蓄电池的输出功率是恒定的。考虑这种情况，蓄电池厂家提供蓄电池恒功率放电数据表。采用恒功率放电法，要求计算合理，准确确定蓄电池负载、放电时间和放电终止电压数据，容量选择比较准确、方便。

1. 工作电压范围与单体电池只数

蓄电池工作电压范围与 UPS 逆变器工作电压范围和蓄电池只数有关。在 UPS 逆变器工作电压范围确定情况下，要选择适当蓄电池只数，使单只蓄电池可以在厂家规定的最高充电电压充电，放电终止电压又不低于厂家规定的终止电压值，以便使蓄电池得到有效利用。

厂家恒功率放电数据表提供每只单体电池在规定时间内的输出功率数据。在选择单体电池时，应根据蓄电池组承担负载功率和单体电池只数，求出每只单体电池功率，然后按照要求的放电终止电压，查阅厂家提供恒功率放电数据表，选择能够提供此功率或大于此功率的单体电池。

2. 温度校正

蓄电池工作温度会影响蓄电池使用寿命和性能。25℃时蓄电池具备额定容量，温度下降时容量会减少，温度升高时容量会增加。在选择蓄电池容量时，应考虑温度校正系数。

3. 老化系数

UPS 蓄电池容量一般应按 UPS 带满载选择，并应保证蓄电池整个寿命期都能支持 UPS 满载。铅酸电池寿命终止的判断依据是其容量下降至额定容量的 80%，在选择蓄电池容量上，应考虑在蓄电池计算容量上增加 25%，即 1.25 老化系数。

4. 容量选择计算

（1）UPS 蓄电池承担有功功率

UPS 输出有功功率 P 等于视在功率 S_{ups} 乘以功率因数 λ_{ups}，再除以逆变器的效率 $\eta_{效率}$，即折合至逆变器直流输入端有功功率。

蓄电池承担的额定功率(逆变器输入端有功功率)为:

$$P = \frac{S_{ups}\lambda_{ups}}{\eta_{效率}} \quad (7—10)$$

(2)考虑老化和温度系数的蓄电池负载

考虑老化和温度系数,蓄电池承担的负载应调整为:

$$P = \frac{S_{ups}\lambda_{ups}}{\eta_{效率}} \times 老化系数 \times 温度系数 \quad (7—11)$$

(3)蓄电池与 UPS 之间电缆上压降

在确定蓄电池工作电压范围时,还要考虑蓄电池与 UPS 设备之间电缆上压降。

蓄电池组最低放电终止电压等于 UPS 逆变器允许最低工作电压加上电缆上压降。

单体电池最低电压 $V_{最低}$ 为:

$$V_{最低} = \frac{逆变器最低工作电压 + 电缆上压降}{单体电池只数} \quad (7—12)$$

如果单体电池最低电压 $V_{最低}$ 低于厂家规定的放电终止电压,应调整单体电池只数,重新计算。

【举例】假设 UPS 额定输出功率 100 kVA, $\lambda_{ups} = 0.8$,逆变器最低工作电压 351 V,整流器均衡充电电压 493 V,逆变器效率 $\eta_{效率} = 0.92$,工作温度 15℃,蓄电池放电时间 20 min (0.33 h),计算蓄电池容量(计算时不考虑至 UPS 设备的电缆压降)。

计算如下:

(a)计算蓄电池负载

考虑老化系数 1.25 和 15℃时温度校正系数 1.11,调整后的蓄电池负载功率 P 为:

$$P = \frac{S_{ups}\lambda_{ups}}{\eta_{效率}} \times 老化系数 \times 温度系数 = \frac{100\ 000 \times 0.8}{0.92} \times 1.25 \times 1.11 = 120\ 652.14(\mathrm{W})$$

(b)电池只数和放电终止电压

设蓄电池均充电压(2.35 V/只)

计算电池只数 n 为:

$$n = \frac{493}{2.35} = 209.7,取 210 只$$

放电终止电压 $V_{最低}$ 为:

$$V_{最低} = \frac{351}{210} = 1.67(\mathrm{V}/只)$$

(c)计算每只单体电池功率:

$$\frac{P}{n} = \frac{120\ 652.14}{210} = 574.53(\mathrm{W})$$

(d)计算蓄电池组数

根据每只单体电池的功率、放电时间 20 min 和放电终止电压,查蓄电池厂家恒功率放电数据表,选择电池容量。

现以双登蓄电池为例，根据双登蓄电池组技术数据表（见表7—3），可知：100 Ah 蓄电池放电时间20 min 和放电终止电压1.67 V/只，每个单体电池输出功率为209 W，则蓄电池组数为$\frac{574.53}{209}=2.74$组，取3组100 Ah 蓄电池并联。

表7—3　双登 GFM 系列阀控密封铅酸蓄电池恒功率放电数据表

型号	放电终止电压（V/只）	放电时间							
		3 min	5 min	10 min	15 min	20 min	30 min	60 min	90 min
GFM-100	1.80	231	216	197	181	168	145	115	88
	1.75	245	232	221	198	189	161	127	102
	1.70	261	252	241	219	205	182	136	113
	1.67	267	258	246	223	209	188	138	115
	1.65	270	261	249	226	212	191	140	116
GFM-200	1.80	465	440	392	367	335	291	225	182
	1.75	512	492	451	408	482	325	245	189
	1.70	572	541	493	450	413	358	256	196
	1.67	585	553	504	460	422	366	261	200
	1.65	591	559	510	465	427	370	264	202
GFM-300	1.80	731	697	625	574	533	462	365	284
	1.75	804	672	714	647	605	518	387	305
	1.70	901	853	785	716	654	568	402	311
	1.67	921	872	803	832	669	581	411	318
	1.65	932	882	812	740	676	587	415	321

第二节　高频开关电源系统

一、直流电源系统设备配置

（一）配置及选择原则

（1）交、直流配电屏的容量按远期负荷配置，其输出负荷分路可根据用电设备的需求而定。

（2）高频开关整流器的容量应能满足通信负荷和蓄电池组充电负荷二者之和，且整流模块配置的数量应采用 $N+1$ 冗余配置方式。

（3）蓄电池的容量应能满足规定的放电时间要求。

（4）直流供电系统电缆或母线的配置应满足直流供电回路全程最大允许压降的要求。

（二）整流器模块的配置

整流器模块数量应采用 $N+1$ 冗余方式配置，其中 N 只模块为主用，当 N 不大于10时，1只备用，当 N 大于10时，每10只备用一只。主用整流器的总容量应按负荷电流和电池均充电流（10小时率充电）之和确定。

二、蓄电池容量计算

蓄电池容量需根据规范要求的放电时间进行计算，每套直流系统配置的蓄电池宜多组并联，但最多并联组数不应超过 4 组。在给定了放电时间后，蓄电池的容量可依据下式计算：

$$Q \geqslant \frac{KIT}{\eta[1+\alpha(t-25)]} \tag{7—13}$$

式中　Q——蓄电池的额定容量；

K——安全系数，取 1.25；

I——负荷电流，A；

T——设备放电小时数，h；

α——电池温度系数，小时放电率 <1 时，α 取 0.01，$1\leqslant$ 小时放电率 $\leqslant 10$ 时，α 取 0.008，小时放电率 >10 时，α 取 0.006；

t——蓄电池所在地最低环境温度（所在地有采暖设备时，按 15℃ 考虑，无采暖设备时，按 5℃ 考虑）；

η——放电容量系数（见表 7—4）。

表 7—4　放电容量系数（η）

电池放电小时数(h)		0.5			1			2	3	4	6	8	10	≥20
放电终止电压(V)		1.65	1.7	.75	1.7	1.75	1.8	1.8	1.8	1.8	1.8	1.8	1.8	≥1.85
放电容量系数	防酸电池	0.38	0.35	0.3	0.53	0.5	0.4	0.61	0.75	0.79	0.88	0.94	1	1
	阀控电池	0.48	0.45	0.4	0.53	0.55	0.45	0.61	0.75	0.79	0.88	0.94	1	1

【举例】某通信机房，一类市电供电，新建一套 −48 V 直流电源，近期负荷最大电流为 1 000 A，要求放电小时数为 2 h，无供暖设备。则该直流系统所配置蓄电池（阀控铅酸蓄电池）的容量应该为：

一般取蓄电池的放电终止电压为 1.8 V，则蓄电池的放电容量系数查表“放电容量系数表”得 η 为 0.61。α 为 0.008，t 为 5。

将已知参数带入公式

$$Q \geqslant \frac{KIT}{\eta[1+\alpha(t-25)]}$$

得

$$Q \geqslant \frac{1.25\times 1\,000\times 2}{0.61\times[1+0.008\times(5-25)]}=4\,879(\text{Ah})$$

三、直流线路压降计算

对于 −48 V 电源系统的主设备，对应其电源输入端的允许范围为 −40 ~ −57 V，直流供电系统必须保证加在设备端的电压范围在上述要求之内，而直流供电回路是存在压降的（主要是电缆和端子上的压降），其中可以控制的主要是电缆上的压降，即控制电缆截面积来保证电压降处于合适的范围内。

根据我国通信行业标准 YD 5040—2005《通信电源设备安装设计规范》，对于 −48 V 电源的直流放电回路（即从蓄电池组两端到通信设备受电两端）的全程压降应不大于 3.2 V。我国通信行业标准 YD/T 1051—2010《通信局（站）电源系统总技术要求》中规定，直流配电屏内放电回路（即开关电源系统内从连接蓄电池组的两端到各直流输出分路两端）电压降应小于或等于 500 mV。因此，应先将允许全程压降减去 0.5 V，再适当分配蓄电池组至开关电源的导线允许压降（以不超过 0.5 V 为宜）和开关电源输出端至通信设备受电端的导线允许压降，然后计算确定相应直流导线的截面积。

导线截面限额选择在确定了压降之后可按下式计算：

$$S = \frac{IL}{\Delta U \nu} \tag{7—14}$$

式中　S——导体截面积（mm^2）；

I——流过导线的最大电流（A）；

L——导线长度（m）；

ΔU——导线上的允许压降（V）；

ν——导体的电导率（$m/(\Omega \cdot mm^2)$），铜为 57，铝为 34，是电阻率的倒数。

【举例】某局电力室，冬季有采暖设备，新建 −48 V 直流系统，配置 100 A 开关电源模块 15 块，−48 V/2 000 Ah 蓄电池两组，主设备机房新增一台直流头柜。经过现场勘查，电池组和直流屏之间的单程电缆距离为 13 m，直流屏和主设备机房本期新增直流头柜的单程距离为 40 m。主设备功耗 15 kW，工作电压范围为 −40 ~ −57 V。

要求：

（1）在现有配置的蓄电池容量下，按照后备时间不小于 2 h 的条件下，计算该直流系统能够输出的电流值是多少？

（2）在上述负荷下，该系统的开关电源模块应如何配置？

（3）为该系统的蓄电池及头柜选择合适的电缆。

计算如下：

（1）根据公式

$$Q \geqslant \frac{KIT}{\eta[1 + \alpha(t - 25)]}$$

得

$$I < \frac{Q \times \eta[1 + \alpha(t - 25)]}{KT}$$

带入各个参数得出 I 的最大值为 988 A，因此该直流系统所带直流负荷的最大电流为 988 A。

（2）步骤（1）中所计算电流为该套直流系统所带负荷的最大值，在市电正常时，该电流由整流模块整流后供给。在均充状态下，整流模块的输出电流除了要保证负荷用电外，还需要给蓄电池组充电，按照 10 小时率计算得电池组的均充电流为 400 A。因此，整流模块的最小输出电流应为两者之和：1 388 A。根据 YD/T 5040—2005《通信电源设备安装工程设计规范》要求($n+1$ 备份原则),该系统应至少配置 15 个整流模块。

(3)电缆选择

①蓄电池到直流屏

根据已知情况,由式(7—14)得蓄电池到直流柜段电缆的截面积 S 为:

$$S=\frac{988\times 26}{0.5\times 57}=901(\mathrm{mm}^2)$$

查电缆载流量与截面积对应表可得,常用的 ZA－RVV 型电缆在截面积为 901mm² 时,载流量约为 1 600 A,满足本设计要求。因此本设计中选用截面积为 240 mm² 的电缆 4 根并联。

②直流屏到头柜

在此假设头柜到主设备的最大压降为 1 V。因此从直流屏到头柜的压降为:

$$\Delta U=3.2-0.24-0.5-0.5-0.4-1=0.56(\mathrm{V})$$

因主设备功耗为 15 kW,即从直流系统的直流屏到头柜的最大电流为 15 kW/40 V = 375 A。

根据式(7—14)可得:

$$S=\frac{IL}{\Delta U\nu}=\frac{375\times 80}{0.56\times 57}=940(\mathrm{mm}^2)$$

同理,选择截面积为 240 mm² 的电缆 4 根并联。

该系统的压降图如图 7—1 所示。

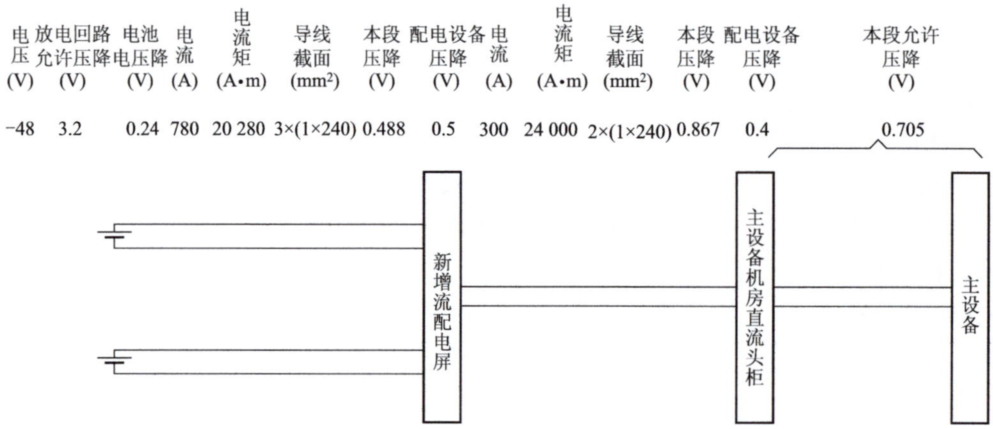

图 7—1　－48 V 直流供电系统压降分配示意图

如图 7—1 所示是该直流系统的全程压降图,电缆的截面积与电缆的载流量是一一对应的,电缆的截面积越大,载流量也随之增大。在工程设计中,某段电缆的选择需根据本段压降最大值及本段的电流选择电缆。由式(7—14)可知,特定的电流与电缆长度下,电缆在本段的压降与电缆的截面积成反比,而在实际工程中,由于购买电缆成本及走线架的限制,要限制电缆的截面积。因此,电缆的选择需考虑电缆的载流量及系统的压降两方面。

第三节　交、直流负荷开关及熔断器的选取

一、熔 断 器

熔断器是一种短路保护器，广泛用于配电系统和控制系统，主要针对线路和负载的短路保护或严重过载保护。熔断器的结构一般分为熔体座和熔体等部分，熔断器串联连接在被保护电路中，当电路电流超过一定值时，熔体因发热而熔断，使电路被切断，从而起到保护作用。熔体自身的发热热量与通过熔体电流的平方及持续通电时间成正比。如图 7—2 所示。

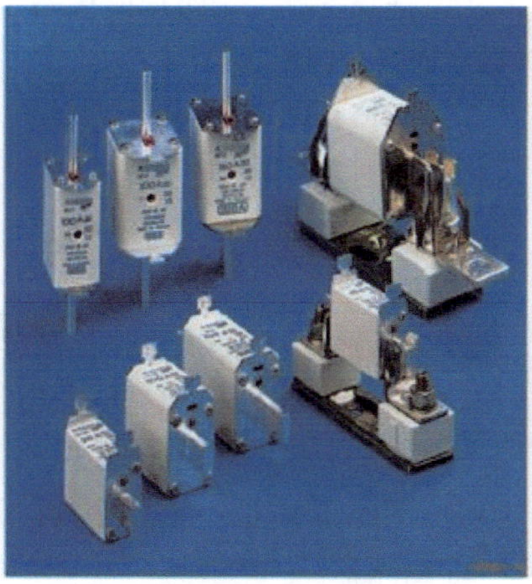

图 7—2　通信常用低压熔断器

二、断 路 器

低压断路器的主触点是靠手动操作或电动控制的。主触点闭合后，自由脱扣机构将主触点锁在合闸位置上。过电流脱扣器的线圈和热脱扣器的热元件与主电路串联，欠电压脱扣器的线圈和电源并联。当电路发生短路或严重过载时，过电流脱扣器的衔铁吸合，使自由脱扣机构动作，主触点断开主电路。当电路过载时，热脱扣器的热元件发热使双金属片上弯曲，推动自由脱扣机构动作。当电路欠电压时，欠电压脱扣器的衔铁释放，也使自由脱扣机构动作。分励脱扣器则作为远距离控制用，在正常工作时，其线圈是断电的，在需要远距离控制时，按下启动按钮，使线圈通电，衔铁带动自由脱扣机构动作，使主触点断开。如图 7—3 所示。

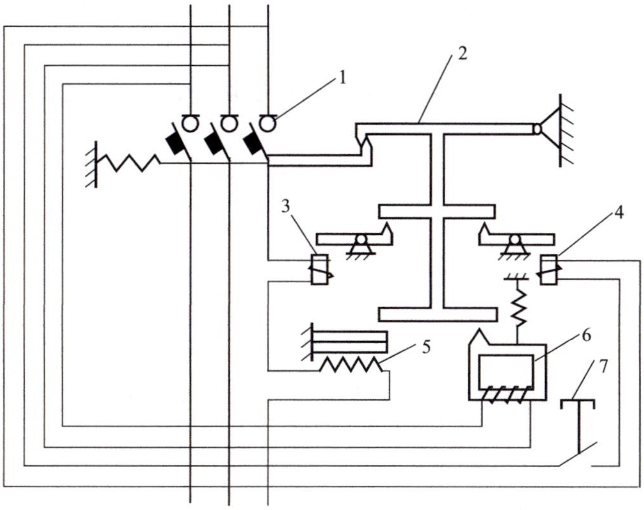

图 7—3　断路器的结构示意图

1—主触头；2—自由脱扣器；3—过电流脱扣器；4—分励脱扣器；5—热脱扣器；6—失压脱扣器；7—按钮

三、熔断器和断路器的区别

1. 熔断器

优点：

(1)选择性好。上级熔断体额定电流不小于下级额定电流值的1.6倍,上下级能够有选择地切断故障电流。

(2)限流特性好,分断能力高。

(3)相对尺寸小。

(4)价格便宜。

缺点：

(1)故障熔断后必须更换熔断体。

(2)保护功能单一,只有一段电流反时限特性,过载、短路和接地故障都用此保护。

(3)发生一相熔断时,其他两相带载运行,较为危险。

(4)不能实现遥控,需要和其他开关组合使用。

2. 断路器

优点：

(1)故障断开后,可以手操复位,不必更换元件,除非切断大短路电流时,需要维修。

(2)有反时限的长延时脱扣器和瞬时电流脱扣器两段保护功能,分别作为过载和短路的防护。

(3)带电操机构时,可实现遥控。

(4)选择型断路器除长延时、瞬时保护外还有短延时和接地故障保护功能;且有级联保护功能,具有更好的选择性动作性能。

(5)多具有电量测量、故障记录以及通信接口,集中监控等管理功能。

缺点：

(1)上下级非选择型断路器间,难以实现选择型切断,大故障电流时,上下级容易同时瞬时断开。

(2)小容量断路器的分断能力不够,需要选择高分断能力的开关。

(3)价格较高。

四、配电保护配置

为确保电气系统正常、经济运行以及将因非正常工作情况或故障引起的问题降至最低,需对交流、直流供电线路配置保护装置,保护装置主要有断路器和熔断器,要根据实际情况正确选择和整定保护装置。

1. 断路器一般选用条件

(1)断路器额定电压≥线路额定电压。

(2)断路器额定电流≥线路计算负荷电流。

(3)断路器极限通断能力≥线路中最大短路电流。

(4)线路末端单相对地短路电流不小于1.25倍自动开关瞬时(或短延时)脱扣整定电流。

(5)断路器欠电压脱扣器额定电压等于线路额定电压。

2. 断路器选用原则

(1)长延时动作电流整定值为导线允许载流量的0.8~1倍。

(2)3倍长延时动作电流整定值的可返回时间不小于线路中最大启动电流的电动机启动时间。

(3)短延时动作电流整定值不小于1.1×(线路计算负荷电流+1.35×电动机启动电流倍数×最大一台电动机的额定电流)。

(4)短延时时间按被保护对象的热稳定性校验。

(5)无短延时时,瞬时电流整定值不小于1.1×(线路计算负荷电流+1.35×电动机启动电流冲击系数×电动机启动电流倍数×最大一台电动机的额定电流),电动机启动电流冲击系数取1.7~2;如有短延时时,瞬时电流整定值不小于1.1倍的下级开关进线端计算短路电流值。

3. 与相邻电气保护特性配合要求

(1)长延时特性低于被保护对象的允许过载特性。

(2)短延时脱扣器与一次侧过电流保护继电器的配合级差,视不同保护继电器而定。

(3)过电流脱扣器保护特性低于一次侧熔断器的熔化特性。

(4)上一级断路器的保护特性与下一级断路器的保护特性不能相交。

(5)上一级断路器延时整定电流不小于1.2倍下一级自动开关短延时或瞬时整定电流。

(6)上一级自动开关瞬时整定电流不小于断路器延时通断能力,不小于1.1倍下一级断路器进线处短路电流。

(7)具有延时的断路器如带欠压脱扣器,则欠压脱扣器必须是延时的,延时时间不小于短路延时时间。

4. 断路器的选择性保护

(1)定义

当发生故障时(过载、短路等),由最靠近故障点的断路器脱扣断开故障,保障无故障回路的连续供电。

(2)分类

选择性保护可分为时间选择性保护、电流选择性保护、逻辑选择性保护和能量选择性保护等。

时间选择性保护:通过上级断路器比下级断路器延时动作来实现。

电流选择性保护:通过下级断路器的保护动作值小于上级断路器的动作值来实现。

逻辑选择性保护:通过上下级断路器之间的逻辑联锁来实现。

能量选择性保护:通过断路器采用能反映短路电流能量的脱扣器来实现。

国标GB 50054—95《低压配电设计规范》第4.1.2条规定:“配电线路采用的上下级保

护电器，其动作应具有选择性；各级之间应能协调配合”。配电上下级开关的电流选择性又分为绝对选择性、局部选择性、完全选择性和无选择性四种，以图 7—4 为例。

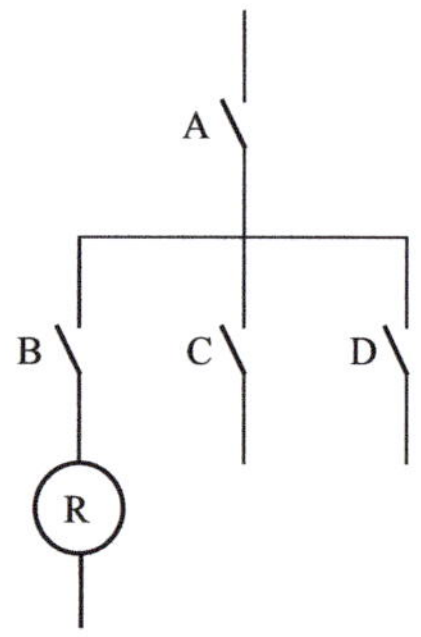

图 7—4　选择性保护示意图

输入开关 A，分别带输出开关 B、C、D，当输出开关 B 的负载 R 发生短路时，总是希望开关 B 跳闸保护，从而保证开关 C、D 所带负载的安全。

开关选择性的定义如下。

（1）绝对选择性：在任何情况下，不论是在最小短路电流还是在最大短路电流时，故障处上一级保护电器均独自分断。以图 7—5 为例，如果开关 A 和开关 B 之间体现出绝对选择性，则负载 R 发生任何形式的短路，都是开关 B 跳闸保护。

（2）局部选择性：在达到规定短路电流之前，故障处上一级保护电器均独自分断，超过规定短路电流值，则故障处上一级保护电器及其前一级保护电器均分断。以图 7—5 为例，如果开关 A 和开关 B 之间体现局部对选择性（假设为300 A），则负载 R 发生的短路，如果短路电流小于规定 300 A 选择性分断电流，则开关 B 跳闸保护；如果短路电流大于规定 300 A 选择性分断电流，则开关 B 和开关 A 均跳闸保护。

（3）完全选择性：具有局部选择性的保护特性，但保护范围内的最大短路电流不会超过规定的短路电流值。完全选择性其实属于局部选择性的一种特殊应用，是依靠设计与计算保证其短路电流不会超过上、下级开关的选择性分断电流。

（4）无选择性：无论短路电流的大小，出现短路时，上、下级开关均可能分断。

5. 直流配电保护电器选择

配电保护电器有断路器和熔断器两种，通常保护电器都是针对于交流线路的保护，但直流线路的短路特性不同于交流线路。

交流电流是正弦波，存在过零点，故障电流同样存在过零点，当交流线路发生故障时，保护电器可以在过零点切断故障电流，而直流线路没有过零点，当发生故障时故障电流较大，分断相对困难，因此存在专门针对直流系统设计的断路器，其分断、灭弧、触头等装置均根据直流特性设计。

熔断器在应用于直流线路时一般需降压使用，如额定电压为交流 1 000 V 的熔断器可用于直流 440 V 的系统。

通信用直流电源系统中直流配电屏和直流列头柜中均需考虑应用于直流环境下的保护电器。通常采用熔断器或熔断器和断路器组合使用的方式，如直流屏内电池开关容量较大，可采用熔断器，而列头柜内给主设备供电的分路可采用直流微型断路器。

【举例】如图 7—5 所示。

计算机系统：$S_1=4\times10$ kVA（四个相同 10 kVA 负载），负载功率因数 0.6，每个负载启动电流为 $8I_n$ 并持续 4 个周期（50 Hz，80 ms）；

变频调速器：$S_2=20$ kVA，负载功率因数 0.7，每个负载启动电流为 $4I_n$ 并持续 5 个周期（50 Hz，100 ms）；

隔离变压器：$S_2=20$ kVA，负载功率因数0.8，每个负载启动电流为$10I_n$并持续6个周期(50 Hz，120 ms)。

三个负载总功率为54 kW，总功率因数0.68，选用额定功率100 kVA UPS，其额定电流为144 A。

①CB1连续电流$I_{ups输入}$

考虑效率及UPS蓄电池充电功率(效率90%，充电功率为额定功率10%)，则：

$$I_{ups输入}=\frac{\dfrac{100\times(1+10\%)}{0.9}}{400\times\sqrt{3}}=173(A)$$

②CB2连续电流$I_{旁路}$

这是旁路提供的一个直接AC旁路电源，为负载提供连续电流，如果总负载确定，可以按照总负载计算。本示例确定总负载54 kW，功率因数为0.68，视在功率$S=54/0.68=79.4$ kVA，则：

$$I_{旁路}=\frac{79.4}{400\times\sqrt{3}}=114(A)$$

如果总负载不确定，考虑UPS系统后期扩容，即按照UPS主机额定容量计算，本期选用100 kVA UPS，则：

$$I_{旁路}=\frac{100}{400\times\sqrt{3}}=144(A)$$

③CB3连续电流$I_{ups输出}$

这是UPS主机的输出电流，$I_{ups输出}$的计算条件同CB2连续电流$I_{旁路}$。

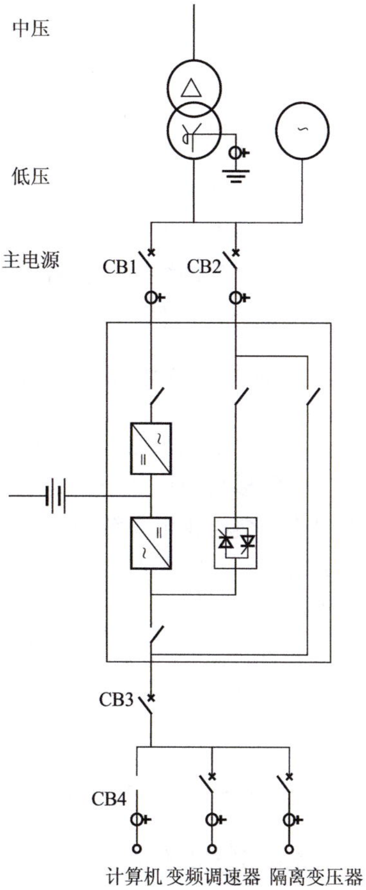

图7—5　举例

④CB4连续电流$I_{负载}$

额定电流是由最大负载确定，即4×10 kVA计算机系统，稳态电流为：

$$I_{负载}=\frac{40\,000}{400\times\sqrt{3}}=75(A)$$

通过以上计算过程，CB1、CB2、CB3、CB4参数见表7—5。

表7—5　CB1～CB4特性参数表

序号	开关	连续电流	备　注
1	CB1	>173 A，即200 A	
2	CB2	>144 A，即160 A	按照UPS主机额定容量计算
3	CB3	>144 A，即160 A	按照UPS主机额定容量计算
4	CB4	>57 A，即60 A	

第四节　移动通信基站电源设计案例

移动通信市场是近年发展最快,用户增长最迅猛、业务类型多样化最突出的市场。用户需要移动网络能提供覆盖更广、更畅通、更优质的服务。

电力是通信的基础,稳定、可靠、不间断地向通信设备供电,是通信畅通的基础、是保证移动通信各项网络设备正常、安全运行的关键。本书特以移动通信基站的电源设计为例来说明相关设计要素。

一、移动通信基站电源系统组成

移动通信基站电源系统由交流供电系统和直流供电系统组成。

一般移动通信基站交流供电系统由外市电、交流配电箱、市电油机转换箱、电能计量表等组成。交流供电系统向移动通信基站供用并分配安全、可靠、稳定的交流电源,保证基站开关电源、空调、照明等交流负荷正常运行。在基站周围没有低压外电电源情况下,需新建变压器。

基站的直流供电系统主要由组合式高频开关电源(架内含交流配电单元、高频开关整流模块、监控模块、直流配电单元)和阀控式铅酸蓄电池组等组成,承担将380 V/220 V电源整流为-48 V电源并给基站内通信设备供电。

二、移动通信基站电源系统的配置原则

基站交流电源的引入,其功率和交流引入线均按远期考虑,交流配电箱和组合电源架的机架容量也按远期考虑。

高频开关组合电源配置原则:高频开关组合电源满架容量按远期负荷配置,整流模块数量按近期负荷配置,按 $n+1$ 冗余方式确定,其中 n 只为主用。$n \leqslant 10$ 时,1只为备用;$n>10$ 时,每10只备用1只。其 n 个主用整流模块的总容量应按负荷电流和均充电流(10小时率充电电流)之和确定。

蓄电池配置原则:蓄电池配置按近期负荷考虑,并考虑一定发展负荷的需要进行配置。蓄电池容量按对于供电类别属于三类市电的通信基站,蓄电池容量按对基站设备放电供电2~4 h,传输设备放电供电20 h;对于供电类别属于四类市电的通信基站,蓄电池容量按对基站设备放电供电3~5 h,传输设备放电供电24 h。电池所在环境温度按5℃考虑。电池容量应根据有关规定计算。

电源线选择原则:机房内蓄电池放电回路的导线按允许电压降,并兼顾允许载流量选型;交流导线按允许载流量,并兼顾机械强度选型。交流导线采用非延燃电缆,接地导线采用多股铜芯电缆。交流中性线应采用与相线相等截面的导线。

三、移动通信基站电源系统配置

移动通信基站数量众多、分布区域广,从高山到平原、城市到农村以及特殊场合(火车站、汽车站、繁华商业区),基站耗电量根据站址分布区域不同,其耗电量会有所不同。下面

以一个 G、C、W 网共存的基站为例进行交直流供电系统配置设计及计算。

【示例】G、C、W 网共存的基站条件见表 7—6。

表 7—6　G、C、W 网共存的基站给定条件表

序号	名称	单位	数量	技术指标	备　注
1	GSM 设备	架	1	1.5 kW	
2	CDMA 设备	架	1	1.2 kW	
3	WCDMA 设备	架	1	1 kW	
4	传输设备	架	1	0.24 kW	
5	通信设备工作电压范围			-40 ~ -57 V	
6	开关电源效率			0.92	
7	开关电源功率因数			0.95	
8	空调	台	2	2.2 kVA	单机架功耗
9	照明			1 kVA	
10	市电电源类别			三类市电	
11	蓄电池对基站设备放电供电时间			4 h	
12	蓄电池对传输设备放电供电时间			20 h	
13	蓄电池的放电终止电压			1.8 V	
14	蓄电池内阻压降			0.24 V	
15	蓄电池组所在环境温度			5℃	
16	蓄电池组至开关电源电缆总长度	m	20		
17	开关电源至主设备电缆总长度	m	10		
18	开关电源至传输设备电缆总长度	m	10		

1. 直流供电系统配置及计算

直流供电系统的设备配置和导线选择主要是根据基站各种通信设备近远期的直流负荷调查统计，来配置开关电源、蓄电池组、交直流配电分路的容量和数量以及导线线径和规格型号的选择。

(1)设备负荷

基站主设备负荷：$I_{主设备}=\dfrac{(1.5+1.2+1)\times 1\ 000}{48}=77(\text{A})$

基站传输负荷：$I_{传输}=\dfrac{2.24\times 1\ 000}{48}=5(\text{A})$

(2)蓄电池组容量计算

根据蓄电池“放电容量系数表”，由式(7—13)计算蓄电池组容量 Q。

$$Q \geqslant \frac{K(I_{主设备}+I_{传输})T_1}{\eta_1[1+\alpha_1(t-t_0)]}+\frac{KI_{传输}T_2}{\eta_2[1+\alpha_2(t-t_0)]}$$
$$\geqslant \frac{1.25\times(77+5)\times 4}{0.79\times[1+0.008\times(5-25)]}+\frac{1.25\times 5\times(20-4)}{1\times[1+0.009(5-25)]}$$
$$\approx 618+113=731(\text{Ah})$$

考虑到近期内一定的发展余量,基站配置2组500 Ah蓄电池组。

(3)蓄电池均充时总电流$I_{总}$

$$I_{总}=I_{负载}+I_{均充}=\frac{(1.5+1.2+1+0.24)\times 1\,000}{2.35\times 24}+100=169.9(\text{A})$$

(4)整流模块数量N

整流模块数量按近期负荷配置并考虑$N+1$备份冗余,整流模块容量按50 A选取。

$$N=\frac{169.9}{5}+1\approx 5$$

本期应配置5块50 A整流模块。

(5)开关电源选取

开关电源满架容量按远期负荷配置,本期选取满架容量不小于400 A及整流模块容量为50 A的开关电源架。

(6)直流电力电缆的选取

基站的直流电缆主要由蓄电池组至开关电源、开关电源至主设备、开关电源至传输设备三部分组成。

根据通信行业标准YD/T 1051—2010《通信局(站)电源系统总技术要求》中规定,直流配电屏内放电回路(即开关电源系统内从连接蓄电池组的两端到各直流输出分路两端)电压降应小于或等于500 mV。因此,应先将允许全程压降减去0.5 V,再适当分配蓄电池组至开关电源的导线允许压降(以不超过0.5 V为宜)和开关电源输出端至通信设备受电端的导线允许压降,然后计算确定相应直流导线的截面积。

根据给定通信设备的工作电压范围及蓄电池组放电终止电压,得出全程压降应不大于3.2 V。

①计算配置2组500 Ah蓄电池组放电电流

根据式(7—13)得:

$$I\leqslant \frac{Q\times\eta[1+\alpha(t-25)]}{KT}$$
$$\leqslant \frac{1\,000\times 0.79\times[1+0.008\times(5-25)]}{1.25\times 4}$$
$$\leqslant 132.72(\text{A})$$

②计算蓄电池组至开关电源电缆线径

假设蓄电池组至开关电源为0.5 V且一组蓄电池组损坏的情况下,电缆采用单芯铜芯电缆。根据式(7—14)得:

$$S=\frac{IL}{\Delta U\nu}=\frac{132.71\times 20}{0.5\times 57}=93(\text{mm}^2)$$

选取单芯铜芯电缆截面积大于95 mm^2 电缆，根据电缆载流量，95 mm^2 单芯铜芯电缆载流量(272 A)满足要求，选用ZA-RVV 1×95 mm^2 电缆。

③计算开关电源至通信设备电缆线径的计算

已知全程压降应不大于3.2 V，蓄电池组内阻压降0.24 V，蓄电池组至开关电源为0.5 V，开关电源内部回路电压降为0.5 V，则开关电源至通信设备压降为1.96 V。

根据式(7—14)得：

$$S = \frac{IL}{\Delta U\nu} = \frac{\frac{1\ 500}{48} \times 10}{1.96 \times 57} = 2.79(\mathrm{mm}^2)$$

选取单芯铜芯电缆截面积大于2.79 mm^2 电缆，根据电缆载流量、敷设环境、敷设方式以及载流量修正，同时兼顾电缆机械强度，选用ZA-RVV 1×10 mm^2 电缆。

同理，计算开关电源至WCDMA设备、CDMA设备及传输设备电缆线径并选取合适电缆。

2. 交流供电系统配置及计算

交流供电系统的设备配置和导线选择主要是根据基站各种用电设备近远期的负荷调查统计，来配置交流配电设备以及导线线径和规格型号的选择。

(1)计算开关电源输入视在功率 $S_{开关电源输入}$、$I_{开关电源输入}$ 及输入线缆选择

$$S_{开关电源输入} = \frac{\frac{(负载功率 + 蓄电池均充功率)}{电源效率}}{功率因数}$$

$$= \frac{\frac{(1.5 + 1.2 + 1 + 0.24 + 100 \times 2.35 \times 24/1\ 000)}{0.92}}{0.95}$$

$$= 10.961(\mathrm{kVA})$$

$$I_{开关电源输入} = \frac{S_{开关电源输入}}{\sqrt{3}U} = \frac{10\ 961}{\sqrt{3} \times 400} = 15.8(\mathrm{A})$$

根据电缆载流量、敷设环境、敷设方式以及载流量修正，同时兼顾电缆机械强度，选用ZA-RVV 4×10 电缆。

(2)计算市电电源输入视在功率 $S_{市电}$、$I_{市电}$ 及输入线缆选择

市电电源输入视在功率为整机基站所有用电设备功率之和。

$$S_{市电} = S_{开关电源输入} + 空调 + 照明 = 10.961 + 2 \times 2 + 1 = 15.961(\mathrm{kVA})$$

$$I_{市电} = \frac{S_{市电}}{\sqrt{3}U} = \frac{15\ 961}{\sqrt{3} \times 400} = 23(\mathrm{A})$$

配置1架380 V/32 A交流配电箱。

根据电缆载流量、敷设环境、敷设方式以及载流量修正，同时兼顾电缆机械强度，选用ZA-RVV 4×16 mm^2 电缆。

以上计算是满足给定各种用电设备用电需求配置电源设备及电缆。

第八章　通信电源及机房环境监控系统

通信电源及机房环境监控系统简称动环监控系统，是通信行业重要的监控手段。随着通信网络的规模不断扩大，维护人员短缺的问题越来越突出，如何监控与维护好越来越多的无人机房及电源设备，确保机房与设备安全、电源系统运行稳定可靠，依靠通信电源及机房环境监控系统是一种必要且有效的手段。

第一节　通信电源及机房环境监控系统概述

一、通信电源及机房环境监控系统的作用

通信电源、空调等动力设备及机房环境是保障通信系统安全稳定运行的基础，动力设备的维护必须及时、可靠，以保障通信系统的正常运行，为用户提供高质量的通信服务。

随着通信网的规模不断扩大，通信局（站）和设备数量越来越多，传统的人工巡检维护方式已经无法满足全面、快速、高质量的维护需求。

通信电源及机房环境监控系统（以下简称“监控系统”）通过对监控范围内的电源系统、空调系统和系统内的各种设备以及机房环境进行遥信、遥测、遥控，可实时监测动力设备和机房环境状态，记录和处理监控数据，及时发现故障并通知维护人员处理，有效保障通信设施安全和通信网络的正常运营。

监控系统是实现电源、空调和机房环境的集中维护和优化管理的重要手段，是提高供电系统可靠性和实现机房无人值守或少人值守的必要条件。

二、电源及机房环境监控系统主要的监控对象和监控内容

（一）概　　述

监控系统的主要监控对象包括通信局（站）内所有的电源、空调等动力设备以及相关的机房环境参数，如低压配电设备、发电机组、交流不间断电源（UPS）、直流供电系统设备、空调设备、节能设备、机房环境等。

根据通信行业标准《通信局（站）电源、空调及环境集中监控管理系统》的要求，监控内容应包括遥测、遥信和遥控三部分。

遥测是指获取到远距离被监控对象的实时运行数据，如开关电源输出电压、电流；遥信是指获取到远距离被监控对象的实时告警及状态变化，如开关电源设备输出直流电压高、低告警，开关电源运行、停机状态；遥控是指对远距离被控对象进行运行状态的控制，以及运行参数的修改，如遥控开关电源开机/关机和均充/浮充等。

(二)主要的监控对象和监控内容

1. 低压配电设备

(1)进线柜

遥测:三相输入电压,三相输入电流,功率因数,频率;

遥信:开关状态,缺相、电压过高、电压过低告警,防雷器件故障;

遥控:开关分合闸。

(2)主要配电柜

遥测:各主要用电回路的三相电压,三相电流,功率因数,频率,有功功率、无功功率、有功电度、无功电度、谐波量;

遥信:开关状态;

遥控:开关分合闸。

2. 交流稳压器

遥测:三相输入电压,三相输入电流,三相输出电压,三相输出电流;

遥信:稳压器工作状态(正常/故障,工作/旁路),输入电压过高,输入电压过低,输入缺相,输入过流。

3. 柴油发电机组

遥测:三相输出电压,三相输出电流,输出频率/转速,水温(水冷),润滑油油压,润滑油油温,启动电池电压,输出功率,液(油)位;

遥信:工作状态(运行/停机),工作方式(自动/手动),主备用机组,自动转换开关(ATS)状态,三相电压过高/过低,过流,频率/转速高,水温高(水冷),皮带断裂(风冷),润滑油油温高,润滑油油压低,启动失败,过载,启动电池电压过高/过低,紧急停车,市电故障,充电器故障;

遥控:开/关机,紧急停车,选择主备用机组。

4. 燃气轮发电机组

遥测:三相输出电压,三相输出电流,输出频率/转速,排气温度,进气温度,润滑油油温,润滑油油压,启动电池电压,控制电池电压,输出功率;

遥信:工作状态(运行/停机),工作方式(自动/手动),主备用机组,自动转换开关(ATS)状态,三相电压过高/过低,过流,频率/转速高,排气温度高,润滑油温度高,润滑油油压低,燃油油位低,启动失败,过载,启动电池电压过高/过低,控制电池电压过高/过低,紧急停车,市电故障,充电器故障;

遥控:开/关机,紧急停车,选择主备用机组。

5. 交流不间断电源(UPS)

遥测:三相输入电压,直流输入电压,三相输出电压,三相输出电流,输出频率,标示蓄电池电压(可选),标示蓄电池温度;

遥信:同步/不同步状态,UPS/旁路供电,蓄电池放电电压低,市电故障,整流器故障,逆变器故障,旁路故障。

6. 逆变器

遥测:直流输入电压,交流输出电压,交流输出电流,输出频率;

遥信:直流输入电压过高/过低,输出电压过高/过低,输出过流,输出频率过高/过低。

7. 整流配电设备

(1)交流屏(或交流配电单元)

遥测:三相输入电压,三相输出电流,输入频率;

遥信:三相输入电压过高/过低,缺相,三相输出过流,频率过高/过低,熔丝故障,开关状态,防雷器件故障。

(2)整流器

遥测:整流器输出电压,每个整流模块输出电流;

遥信:每个整流模块工作状态(开/关机,均/浮充/测试,限流/不限流),故障/正常;

遥控:开/关机,均/浮充,测试。

(3)直流屏(或直流配电单元)

遥测:直流输出电压,总负载电流,主要分路电流,蓄电池充、放电电流;

遥信:直流输出电压过高/过低,蓄电池熔丝状态,主要分路熔丝/开关故障。

8. 直流—直流变换器

遥测:输入电压,输入电流,输出电压,输出电流;

遥信:输出过高/过低,输出过流。

9. 太阳能供电设备

遥测:方阵输出电压,电流;

遥信:方阵工作状态(投入/撤出),输出电压过高,过流;

遥控:方阵(投入/撤出)。

10. 风力发电设备

遥测:三相输出电压,三相输出电流;

遥信:风机开/关;

遥控:风机开/关。

11. 蓄电池组

遥测:蓄电池组总电压,每只蓄电池电压,标示电池温度,每组充、放电电流,单体电池内阻;

遥信:蓄电池组总电压过高/过低,每只蓄电池电压过高/过低,标示电池温度高,充电电流高。

12. 分散空调设备

遥测:空调主机工作电压,工作电流,送风温度,回风温度,送风湿度,回风湿度,压缩机吸气压力,压缩机排气压力;

遥信:开/关机,电压、电流过高/过低,回风温度过高/过低,回风湿度过高/过低,过滤器正常/堵塞,风机正常/故障,压缩机正常/故障;

遥控:空调开/关机,温度设定。

13. 集中空调设备

(1)冷冻系统

遥测:冷冻水进、出温度,冷却水进、出温度,冷冻机工作电流,冷冻水泵工作电流,冷却水泵工作电流;

遥信:冷冻机、冷冻水泵、冷却水泵、冷却塔风机工作状态和故障告警,冷却水塔(水池)液位低告警;

遥控:开/关冷冻机,开/关冷冻水泵,开/关冷却水泵,开/关冷却塔风机。

(2)空调系统

遥测:回风温度,回风湿度,送风温度,送风湿度;

遥信:风机工作状态,故障告警,过滤器堵塞告警;

遥控:开/关风机。

(3)配电柜

遥测:电源电压、电流;

遥信:电源电压过高/过低告警,工作电流过高,防雷器件故障(可选)。

14. 智能新风节能设备

遥测:室内外温度,室内外湿度,工作电压/电流;

遥信:新风系统进排风机工作状态(开机/关机),正常/故障(风机、控制器等);

遥控:开关机控制,设定开关机温度/湿度。

15. 智能热交换节能设备

遥测:室内外温度,工作电压/电流;

遥信:热交换系统进排风机工作状态(开机/关机),正常/故障(风机、控制器等);

遥控:开关机控制,设定开关机温度。

16. 蓄电池温控柜

遥测:柜内外温度,工作电压/电流;

遥信:温控柜工作状态(空调开机/关机,通风风机开/关机),正常/故障(控制器,空调,风机等);

遥控:开关机控制,设定开关机温度。

17. 防雷箱

遥测:雷击次数;

遥信:故障告警。

18. 环境

遥测:温度,湿度;

遥信:烟感,温感,湿度,水浸,红外,玻璃破碎,门窗告警,门开/关,防盗告警状态(空调室外机,电池,接地排,告警器);

遥控:门开/关,灯开关。

19. 门禁

遥测:刷卡记录,告警记录,开门记录;

遥信:门/开关状态;

遥控:开门,权限管理。

以上监控对象基本涵盖了目前通信行业使用的主要动力设备和机房环境参数。在监控系统项目实施中,可根据实际情况和维护要求确定合适的监控内容。

随着通信业务的发展和节能减排政策要求,电源设备的智能化程度不断提高,一些新型电源和节能设备也逐步得到应用，如高压直流供电设备、磷酸铁锂电池组、直流远供电源、列头柜、氢燃料电池供电系统等，这类设备可根据维护需要逐步纳入监控系统中。

第二节　通信电源及机房环境监控系统的组网

一、监控系统的网络结构

（一）监控系统网络的基本结构

监控系统采用逐级汇接的基本结构，从功能上可划分为地区监控中心（SC，Supervision Center）、区域监控中心（SS，Supervision Station）、监控单元（SU，Supervision Unit）和监控模块（SM，Supervision Module）；根据维护管理需要，还可建设省监控中心（PSC，Province Supervision Center）或更高级别监控中心（NSC，Nation Supervision Center）。

监控系统基本取消了区域监控中心或采用区域监控中心反牵的建设方式，系统结构图分别如图8—1和图8—2所示。当采用具有区域监控中心、逐级汇接的组网方式时，典型的监控系统结构图如图8—3所示。

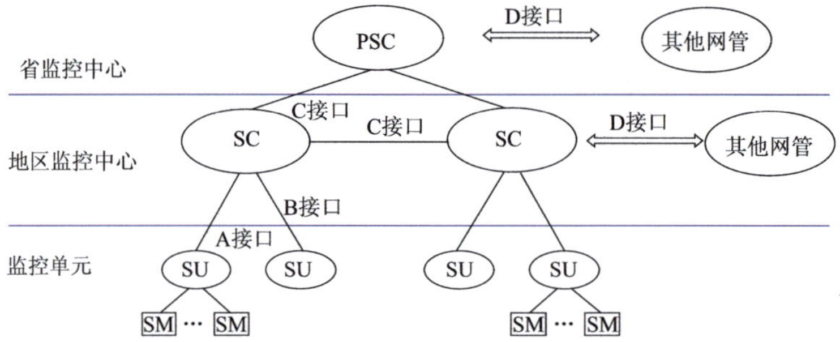

图8—1　监控系统结构图一（无区域监控中心模式）

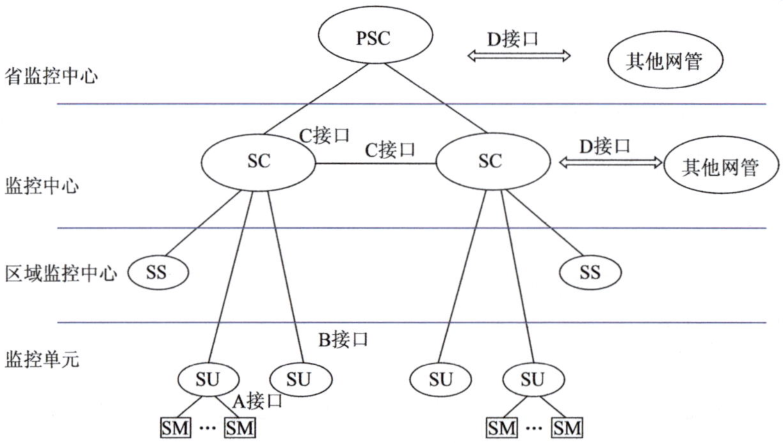

图8—2　监控系统结构图二（区域监控中心反牵模式）

监控模块(SM)面向具体的监控对象,完成数据采集和必要的控制功能。一般按照监控对象的类型划分有不同的监控模块,在一个监控系统中一般有多个监控模块。

监控单元(SU)一般完成一个物理位置相对独立的通信局(站)内所有的监控模块的管理工作,个别情况可兼管其他小局(站)的设备。

区域监控中心(SS)为满足本地县、区级的管理要求而设置的,负责辖区内各监控单元的管理。

地区监控中心(SC)为适应本地区集中监控、集中维护和集中管理的要求而设置。通信局(站)集中监控管理系统的建设应相对独立,归属本地网管的一个组成部分。

省监控中心(PSC)为满足省级管理而设立,通过开放的互联协议接入全省的监控中心 SC。

监控系统的组网结构不是一成不变的,可以根据不同的情况采取灵活的组网方式。

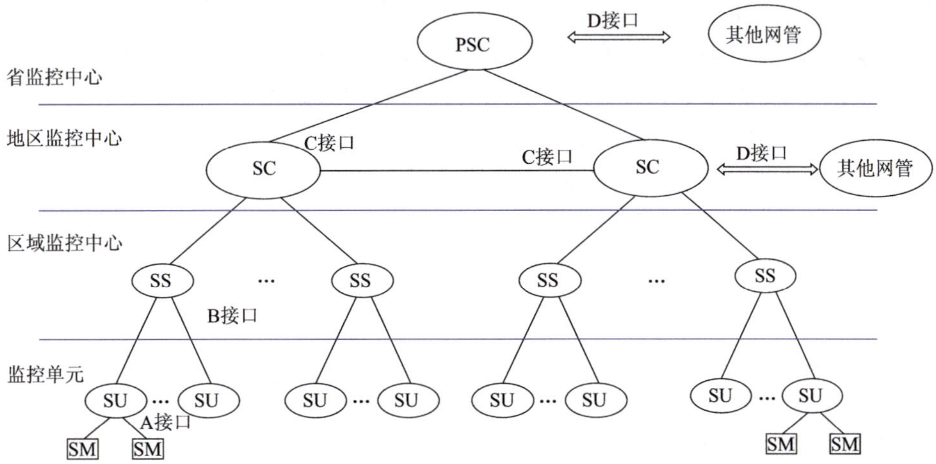

图 8—3　监控系统结构图三(有区域监控中心的逐级汇接模式)

(二)监控系统的接口

根据维护的不同需求,监控系统可以灵活地组织成各种类型的网络结构。为便于系统的互联互通,使监控系统的建设更加规范化、标准化,对于网络结构不同级别之间进行了接口的定义,如图 8—3 所示。

1. 监控模块与监控单元之间的接口定义为“前端智能设备协议”——A 接口。

2. 监控单元与上级管理单位之间的接口定义为“局数据接入协议”——B 接口。

3. 不同厂家监控系统之间互联的接口定义为“系统互联协议”——C 接口。

4. 监控中心与其他网管之间的接口定义为“告警协议”——D 接口。

以上四类接口中,A、C、D 三种接口都已经制定了详细的标准,相关内容可以参见 YD/T 1363《通信局(站)动力及环境集中监控管理系统》。

(三)监控中心的结构

区域监控中心、监控中心及省监控中心等各级监控中心的网络结构如图 8—4 所示,一般采用以太网进行组网,连接各监控设备。

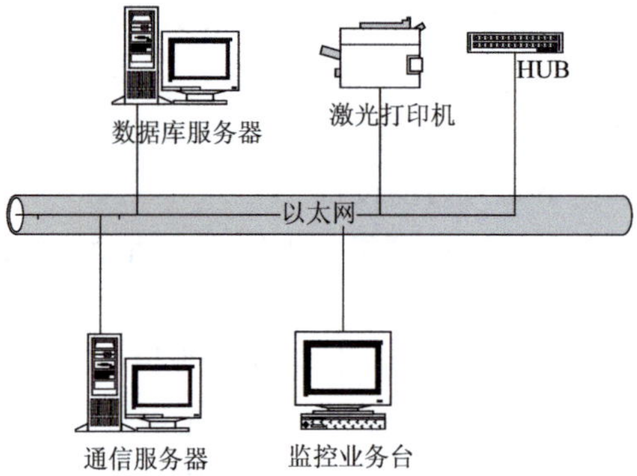

图 8—4　监控中心结构示意图

按照功能划分,监控中心一般由以下几种设备组成。

(1)通信服务器(或通信前置机):负责各类数据的处理、监控中心与监控单元的通信工作(包括采集信息、发送命令和接收告警等),将接收到的数据提供给监控主机显示,并将需要存储的数据发送到数据库服务器中存储。

(2)数据库服务器:主要负责各种监控历史数据的存储,供上层应用软件使用。

(3)监控业务台:供维护人员进行操作,用来进行告警显示、查询实时或历史数据、发送命令等,同时还向用户提供各种系统管理功能。

(4)Web 服务器:由于 B/S 结构具有维护简单、使用方便的特点,目前在监控系统也得到了广泛的应用。

监控中心的设备配置可根据监控系统的规模灵活地组合。规模大的网络可以多配置几台计算机用作维护终端,规模小的网络也可以只配置一台计算机具有上述各设备的功能。为增加系统的安全性,也可以配置两台互为主备用的数据库服务器。

早期的监控系统如果进行图像监控,还需要配置具有视频输入功能的显示器终端用于图像监控,同时采用磁带录像机进行图像的录制;而现在随着数字图像技术的发展,可方便地在计算机终端观看图像,并将相关信息保存在计算机硬盘中。

(四)监控单元(SU)的结构

从 SU 的结构来看,可以分为带有前置机和不带前置机两种类型。

1. 带有前置机

带有前置机的 SU 结构如图 8—5 所示,在各局(站)配置一台现场监控主机(前置机),作为一个整体(SU)对上位机的呼叫进行响应,对下层各监控模块(SM)进行监控,本身具有告警判断能力和监控数据的处理功能,缩短了系统对告警的响应时间。并且这种方式可以提供更便利的现场维护功能,如存储被监控设备的历史数据和历史告警等信息,在通信故障的情况下依然保持对设备的监视,在线路恢复或维护人员现场维护时,重新提取原始设备资料。通过系统配置的远程下载功能,极大地方便了监控系统自身的维护、功能的扩充和软件的升级。

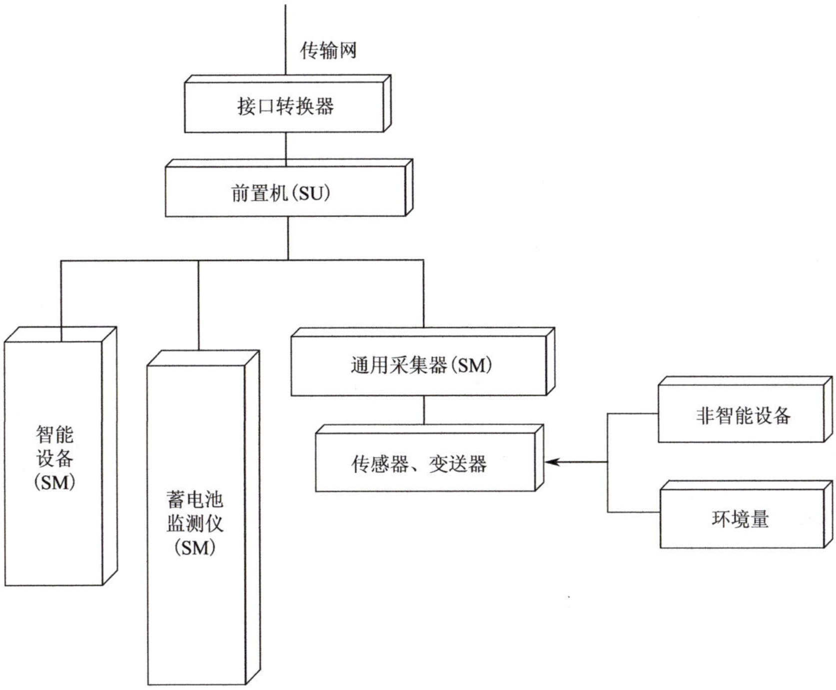

图 8—5　带前置机的监控单元结构

不同的监控厂家对于前置机的配置差别较大。早期部分监控系统采用的是一般的商用计算机,运行 Windows 系列操作系统,具有开发周期短、应用广泛的优点;目前,监控系统前置机多采用的是嵌入式系统,具有较高的系统稳定性,但开发与更新周期相对较长。

本方案广泛应用于不同规模通信局(站)的监控系统。

2. 不带前置机

根据组网方式的不同,不带前置机的监控方案可以分为总线结构和 TCP/IP 结构两种形式。

如图 8—6 所示为没有配置前置机的总线组网方案,各类监控设备构成独立的数据总线,通过接口转换设备连接至监控中心。在监控系统发展早期,各局(站)的监控模块(SM)以总线方式挂在接口转换器上。不同的监控站串在一条或多条总线上,接入监控中心。

监控中心向下轮巡各监控模块。这种方案建设成本低,组网简单,适用于规模较小、数量较少的通信局(站),目前工程中已基本不采用该组网方式。

随着 TCP/IP 技术的快速发展,基于 TCP/IP 组网的监控系统也可采用没有前置机的方案,如图 8—7 所示。

在通信局内部,各个监控模块 SM 通过 IP 口,接入监控广域网,直接接入监控中心,这样,监控系统就成为一个 TCP/IP 网络,可以将图像监控信息与数据监控信息同时传送,组网灵活。

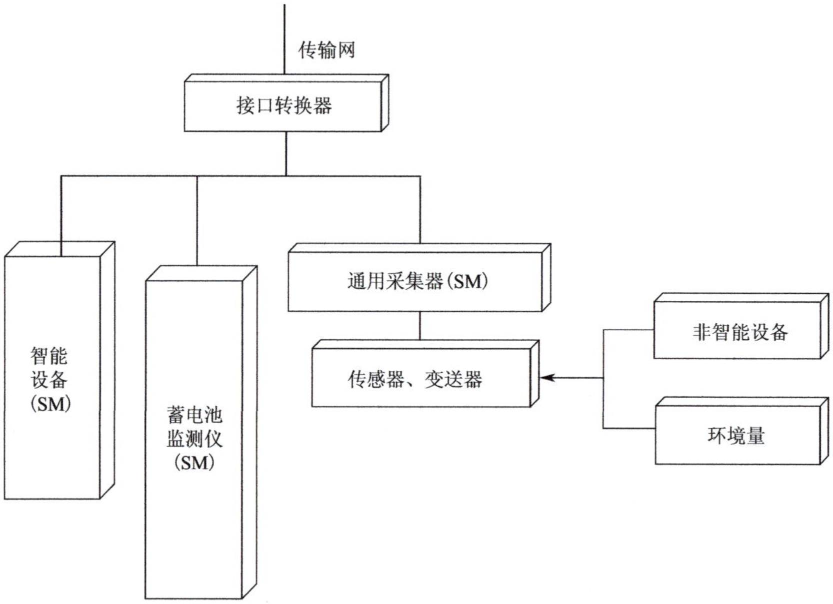

图 8—6　不带前置机的监控单元结构(总线组网)

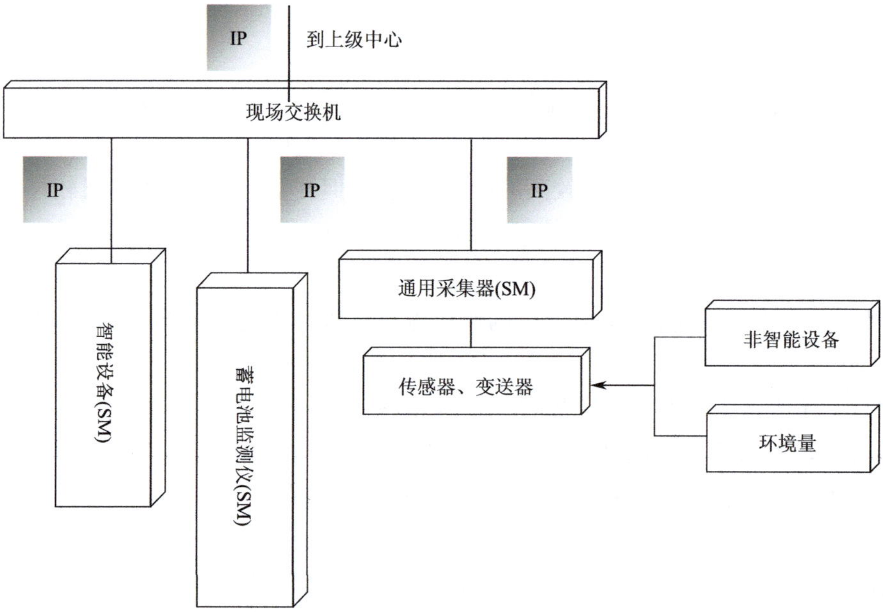

图 8—7　不带前置机的监控单元结构(IP 组网)

(五)铁路通信电源及机房环境监控系统的网络结构及接口

1. 网络结构图

依据铁路通信电源及机房技术条件(报批稿)中的描述,铁路通信电源及机房环境监控系统采用监控中心(SC)和监控站(SS)两级组网结构,监控中心通常设在车间等级的单位,同时监控中心通过北向接口,将告警、资源、性能等重要信息上传给通信综合网管,通信综合网管通常位于段或铁路局的网管中心。结构如图 8—8 所示。

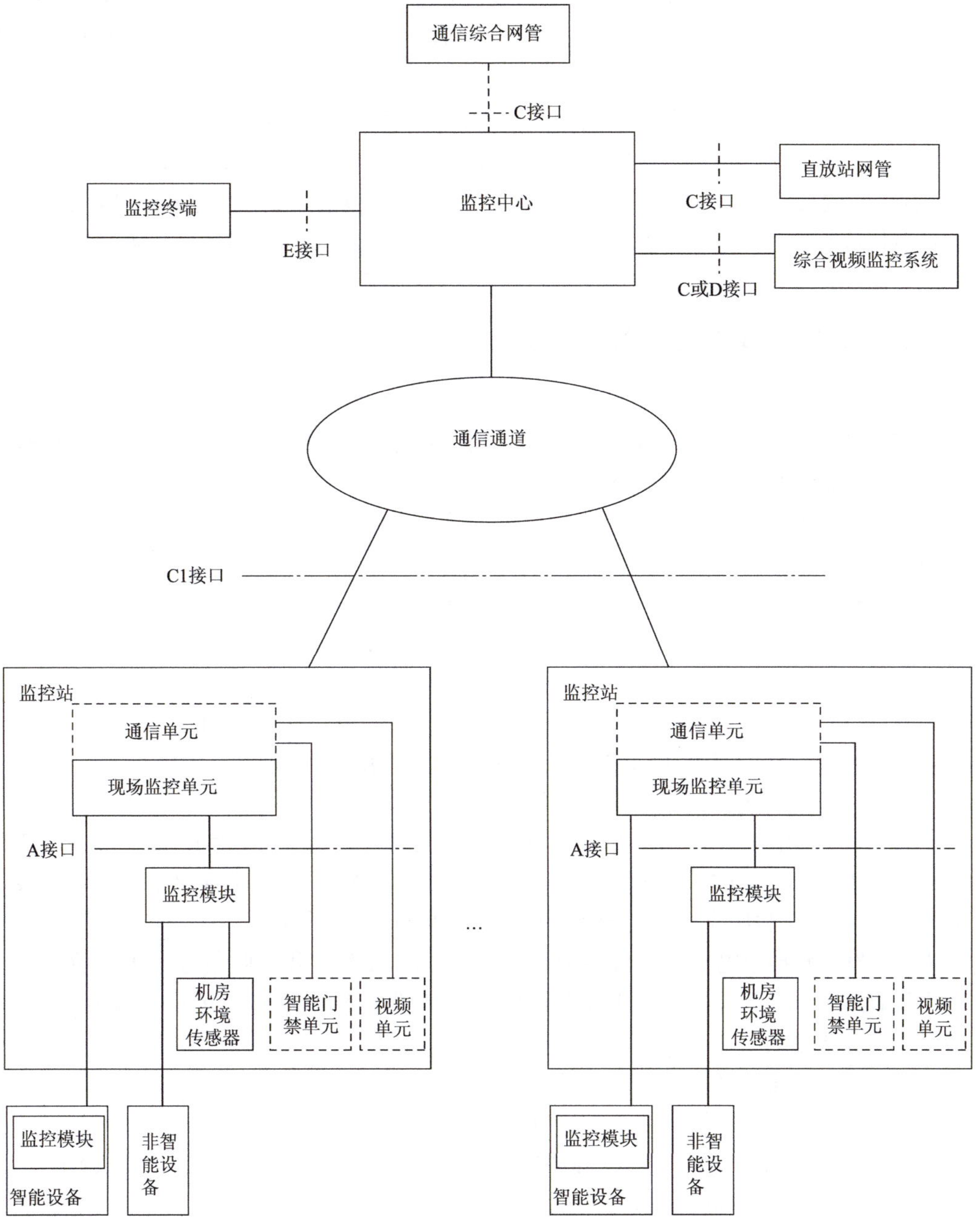

图 8—8 铁路通信电源及机房环境监控系统的网络结构图

2. 监控系统的接口

(1)监控模块与监控单元之间采用 RS485、以太网等接口,采用 A 接口通信协议。

(2)监控站的监控单元与监控中心之间采用以太网接口,采用 C1 接口通信协议。

(3)监控中心接入综合网管系统采用以太网接口,采用 C 接口通信协议。

(4)监控中心与直放站网管系统之间采用以太网接口,采用 C 接口通信协议。

(5)监控中心与综合视频监控系统之间采用以太网接口,采用 C 接口通信协议;当监控中心与综合视频监控系统之间仅传递告警信息时,采用以太网等接口,采用 D 接口通信协议。

(6)监控中心与监控终端之间采用以太网接口,采用 E 接口通信协议。

以上五类接口通信协议中,A、C、D 数据通信协议应符合 YD/T 1363.2—2014《通信局(站)电源、空调及环境集中监控管理系统　第 2 部分:互联协议》中的接口协议规定,C1 接口通信协议应符合《铁路通信电源及机房环境监控系统技术条件》对监控中心与监控站间的接口数据通信协议的规定,E 接口通信协议属不做规定。

二、电源及机房环境监控系统的传输方式

(一)监控模块(SM)与监控单元(SU)之间的传输方式

监控模块(SM)与监控单元(SU)都处于监控现场,距离较近,一般采用专用数据总线,物理接口与传输速率可以选择以下几种方式。

- V.11/RS422　　1.2 ~ 48 kbit/s;
- V.10/RS423　　1.2 ~ 48 kbit/s ;
- RS485　　1.2 ~ 48 kbit/s ;
- V.24/V.28/RS232-C　　1.2 ~ 19.2 kbit/s;
- G.703　　64 kbit/s　同向口;
- RJ45　　10 BASE-T, 10 BASE-5　10 Mbit/s。

在以上几种物理接口中,RS232 和 RS485/422 是应用最为普遍的。

1. 通过 RS232 传输

RS232 是美国电工协会 EIA 于 1960 年首先制定出来,1963 年改为 RS232-A,1965 年修改为 RS232-B,1969 年改为 RS232-C。另外 CCITT 也制定了类似的标准 CCITT V.24。CCITT V.24 除扩充和修改了一些功能特性外,与 RS232-C 基本兼容。

RS232 发送和接收电路采用公共地线,非平衡驱动,发送和接收信号电平定位:-3 ~ -15 V代表逻辑 1, +3 ~ +15 V 代表逻辑 0,数据传输速率为 57.6 kbit/s,传输距离 15 m,可供全双工异步通信。

从 RS232 的传输距离,可以知道 RS232 只能用在距离较近的设备之间通信,在比较大的机房内,设备之间距离较远,RS232 就不再适用了。而且 RS232 只允许点到点的通信,并不能实现总线式的拓扑结构,这些都限制了 RS232 在监控系统中的应用。

RS232 拓扑结构图如图 8—9 所示。

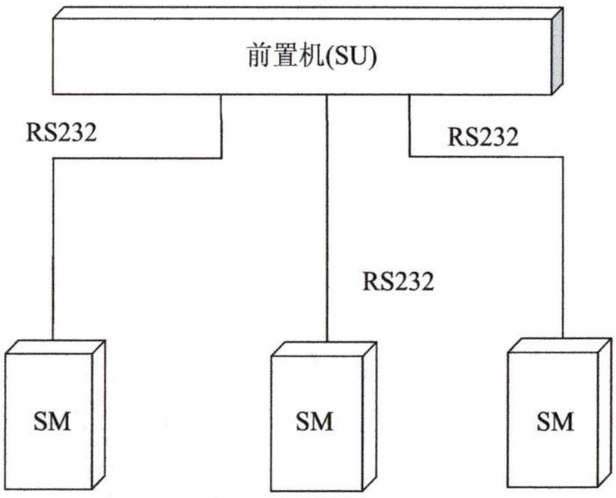

图 8—9　RS232 拓扑结构

2. 通过 RS485/RS422 传输

RS232 接口在监控系统中具有一定的应用范围,但是其传输速率低,传输距离近,采用不平衡电

路时由于存在共地而存在抗干扰能力低等缺点，不能完全满足数据通信的各种要求。为满足不同要求，美国电工协会（EIA）又颁布了 EIA RS449，EIA RS422，EIA RS485。

EIA RS422 规定了差分平衡电路接口，其通信速率和通信距离如下：

通信速率 10 Mbit/s，通信距离为 12 m；

通信速率 1 Mbit/s，通信距离为 120 m；

通信速率 100 kbit/s，通信距离为 1 200 m。（采用双绞线介质）

RS422 采用了平衡驱动，差分接收的方法，从根本上消除了信号地带来的干扰。

EIA RS485 的通信速率和通信距离与 RS422 基本相同。

在局（站）内的多个监控互联中，某一时刻只允许有一个发送器发送信号，其他设备处于侦听状态，其发送器靠使能端来控制，允许发送和禁止发送，否则会产生冲突。RS485/RS422 总线拓扑结构图如图 8—10 所示。

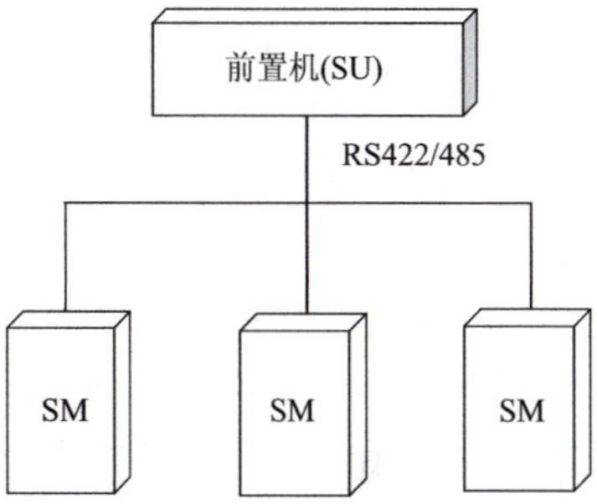

图 8—10　RS422/485 拓扑结构

3. 混合传输

局（站）内监控设备通常由前置机、通用采集器、蓄电池监测仪和智能电源设备等组成，这就需要根据监控模块（SM）的具体接口进行配置。通常的情况是，在一个 SU 内，使用 RS232、RS422/RS485 混合组网。如图 8—11 所示。

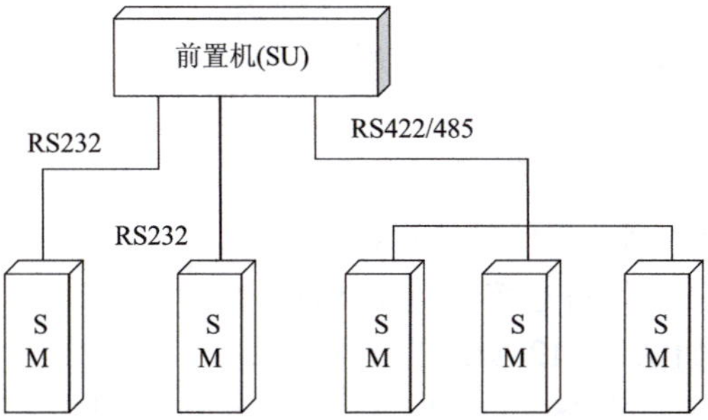

图 8—11　RS232、RS422/RS485 混合组网拓扑结构

（二）监控单元（SU）以上的传输方式

从物理位置而言，监控单元（SU）与各级监控中心不在同一个地方，根据监控单元（SU）所处通信局（站）规模的不同，可以为监控系统提供的传输资源差别很大。对于大型的通信局，监控单元（SU）到各级监控中心（SS 或 SC）传输资源十分丰富；对于基站、模块局等小型站点，传输资源相对有限；而对于光缆中继站，传输资源则相对匮乏。

因此，应根据不同的情况，利用原有的传输资源，在传输系统稳定、可靠、满足带宽需求的基础上，搭建起科学、合理的网络结构。

在实际监控工程中，一些局（站）可以同时提供多种传输资源，需要根据工程的要求选择。目前经常使用的主要有以下几种。

1. IP 网

在大型局(站)中,IP 网通常是很丰富的资源,所以在 SU 以上利用 IP 网进行组网是非常普遍和简单的。采用 IP 组网不用考虑增加什么传输设备,只要各级监控设备支持以太网接口,就可以进行通信。对于小型的通信站,IP 资源相对匮乏,以前很少使用 IP 组网,目前也有方案通过传输 E1/IP 的转换,实现 IP 组网,如对于基站的监控,基站传输可以提供 1 个 E1 电路,通过 E1/IP 的转换,同一个传输环上的多个基站共享一条 2M 传输带宽,节省了传输资源,丰富了监控内容,甚至实现了图像的监控。随着 3G 业务的发展,基站的传输资源日趋丰富,也可以直接提供 IP 接口供监控系统使用。IP 组网代表了今后监控发展的方向。

但 IP 传输组网也存在技术上的问题,如可能会出现广播风暴和资源冲突,在稳定性和可靠性方面较专线传输差。

2. 2M 或 2M 抽取时隙

2M 传输资源在通信领域是非常丰富的,采用 2M 作为传输资源在监控系统中应用十分普遍。组网时,可以把 2M 作为一个通道来使用,也可以用抽取时隙的设备使用 32 个时隙中的其中一个或几个时隙,或者对多个 2M 绑定使用。在大型通信局之间,监控系统一般采用一个或多个 2M,而对于小型通信站,如基站,1 个基站占用 1 个 2M 会占用大量的传输资源,可采用抽取时隙的方式。

抽取时隙方式是利用 BTS 与 BSC 之间 Abis 接口中现有 E1 PCM 电路中的空闲时隙,采用数字时隙分插复用技术来完成 SU 与 SC 之间的信息传输;根据 SU 接入的位置不同,又可以细分为前插方式和后插方式。

前插方式:指将具有时隙分插功能的 SU 直接接入 BTS 与 BSC 之间的 Abis 接口上,或者采用数字时隙分插复用设备接入,占用 Abis 接口中 1 个(或多个)空闲的 64 kbit/s 时隙传送监控数据;在 SC 侧,通过时隙抽取设备,将监控数据占用的时隙提取出来传送到 SC 主机,同时时隙抽取设备透传 BTS 和 BSC 之间主业务占用的时隙。如图 8—12 所示为前插方式结构图。这种方式的优点是对 BSC 和 BTS 设备均无特殊要求,只要 Abis 接口上有空闲时隙就可实现该连接方案,时隙提取的方式也比较灵活。但是,该方案直接在 Abis 接口上插入设备,增加了 BSC 至 BTS 的传输故障点,对移动网络的正常运行带来了潜在的危险。

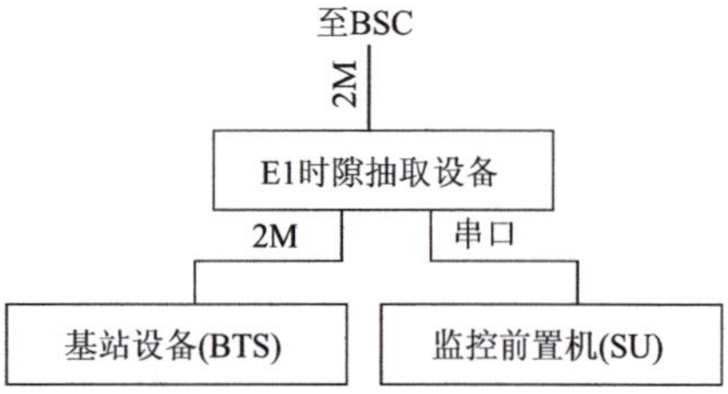

图 8—12　2M 抽时隙前插方式

后插方式:指在抽时隙组网时,将监控采集设备连接到 BTS 设备机柜上的后插端口。如图 8—13 所示为后插方式结构图。

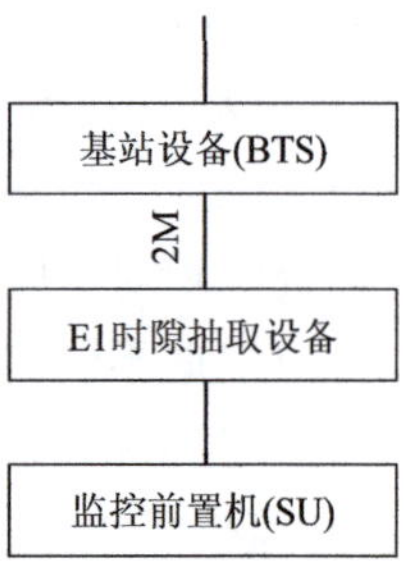

图 8—13　2M 抽时隙后插方式

抽时隙组网方式的缺点是监控系统数据的传输必须依赖基站主业务通道,对基站主业务的正常运行存在一定影响,还存在因 BSC 优化调整割接,而需要同时割接基站监控时隙抽取设备的缺点;在 BTS 设备一次下电后,监控的传输通道也会中断,无法进行监控;同时,生产网络的调整将影响监控网络的稳定性,监控系统日常维护工作量大。

3. 单向环形(链形)及双向保护环组网

上述2M抽取时隙的方式是利用BTS的空闲时隙,监控系统传输的可靠性依赖于BTS的工作状态,存在一定的问题。如果利用传输设备提供的E1传输进行监控系统的组网,多个基站共用一条E1传输,就避免了BTS对于监控系统可能产生的影响,提高了可靠性。根据传输系统的组网,多个基站共用E1组网时分为链形组网和双向保护环组网两种形式,如图8—14所示。

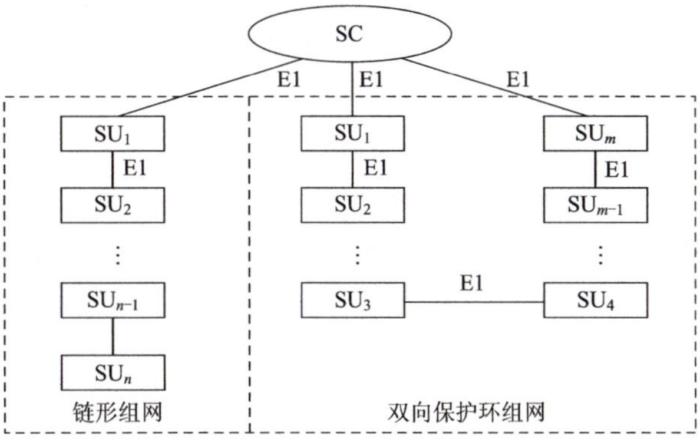

图8—14　链形和双向保护环组网结构

(1)链形组网

在基站监控系统中,利用传输设备提供的E1路由,实现单向环形(链形)组网;SU必须具备2组E1端口,分别对应上、下游方向的传输;对于每一个E1环,SC侧的接入设备需要提供1对E1端口。这种组网利用传输节点设备可以同时提供上下E1接口的功能,在一条E1链路上实现多个站点数据的传输,从而节省传输资源。存在的缺点是:当某节点SU功能失效时,将影响下游节点的监控;在增删基站的时候需要重做传输数据和监控系统的路由信息;无环路保护功能。

(2)双向保护环组网

近年来,对于基站监控系统又提出了2M双向保护环组网方式,依靠E1传输设备将SU以及SU中心接入设备组成一个物理上的环形网结构,利用SU的E1链路状态侦测及自愈倒换技术实现的一种自愈环组网。SU需要具有两组E1接口,并具有链路侦测及自动倒换功能;对于每一个E1环,SC侧的接入设备需要提供两对E1端口。在这种组网中,SU提供两个E1接口和多个异步串口,SU中心接入设备提供两个E1接口和与SC通信的IP接口。多个SU与一个SU中心接入设备,通过传输设备提供的E1链路串联起来,而且首尾相连。当SU检测到一侧链路故障时,可以自动启动环保护,将业务数据切换到另外一侧备用链路上,保证业务数据的正常传输。在传输调整,如并环、裂环、在一个环上插入基站或去掉基站时,不需要对SU设备和监控系统进行设置和配置调整,监控数据应能自动恢复正常传输。每个2M总线环具有接入多个基站的能力。

采用双向传输环方式组网,如果基站采用抽取时隙的方式,每个基站可使用的传输带宽是固定的,系统传输组网相对稳定、可靠;若链路中数据流采用IP方式,环上所有基站可使用的传输带宽是共享的,具有较大的灵活性。

4. 无线组网

在传输资源匮乏的地方可以考虑采用无线组网方式,利用 GPRS、CDMA 1X 或短信传输方式组网,作为有线传输方式的补充。

对于监控测点较少和传输数据量较小的系统,可以使用短信监控方式;数据量较大的可以采用 GPRS 和 CDMA 1X 组网。

5. 光缆或微波传输设备上的辅助通道

在部分长途光缆干线或数字微波干线的中继站上,不像其他的通信局(站)有那么多的传输手段,在这种情况下,只能利用光缆 SDH 或数字微波 SDH 设备上的辅助数据通道,该数据辅助通道速率一般为 64 kbit/s,物理接口标准一般为 V. 11、X. 15、X. 21 或 G. 703,所以在组网时应选用能与这些接口相适应的通信设备。

利用辅助通道传送监控数据,具有投资少、建设快等特点,但监控信息量相对其他传输方式要小,无法对图像进行监控。在没有其他传输资源可供利用的情况下,采用辅助通道传输是一种有效的手段。

6. 光纤传输

随着通信网络传输资源的发展,现在越来越多的站点具备光纤通道(或只能提供光纤通道),对于此种非电路接口的传输方式,可进行光电转换,以实现监控数据接入光纤传输通道,如使用光网桥(光传输转 IP)、光 MODEM(光传输转串口)等。

另外,当监控中心汇聚的 2M 传输电缆过多时,在监控中心采用光传输收敛的方式接入监控中心交换机,也是一种高效、便捷的手段。

第三节　通信电源及机房环境监控系统的功能

一、监控系统的功能结构

监控系统功能结构如图 8—15 所示。

监控系统的功能基本上分为三部分:数据采集和设备控制功能;运行和维护功能;管理功能。

(一)数据采集和设备控制

数据采集是监控系统最基本的功能要求,必须实时、准确;设备控制是为实现维护要求而立即改变系统运行状态的手段,应安全、可靠。

(二)运行和维护

运行和维护是基于数据采集和设备控制之上的系统核心功能,完成日常运行数据的监控、告警处理、规定的数据记录和相关的控制操作等。

(三)管理功能

管理功能主要包括以下方面:

1. 配置管理:配置管理提供收集、鉴别、控制来自下层数据和将数据提供给上级的一组功能。

2. 故障管理:故障管理提供对监控对象运行情况异常进行检测、报告和校正的一组功能。

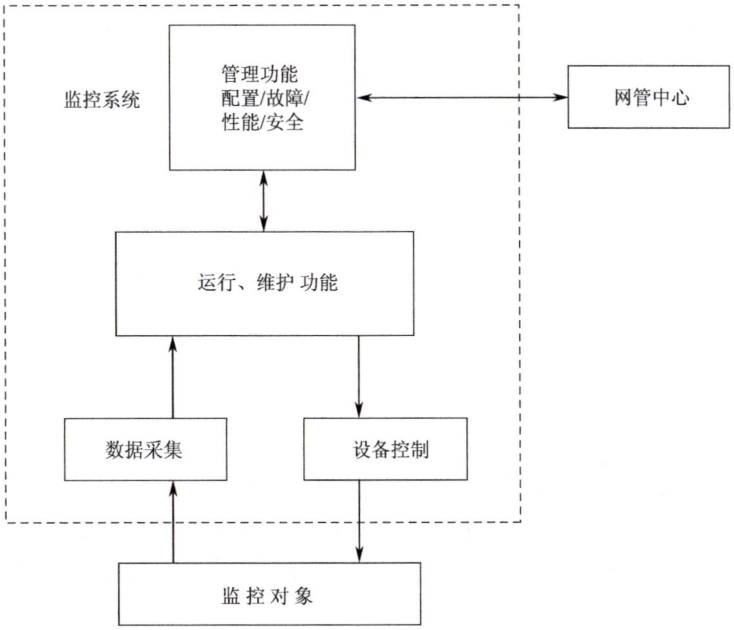

图 8—15　监控系统的功能结构

3. 性能管理:性能管理提供对监控对象的状态以及网络的有效性评估和报告的一组功能。

4. 安全管理:安全管理提供保证运行中的监控系统安全的一组功能。

二、监控系统的通用管理功能

通用管理功能包括配置管理、故障管理、性能管理、安全管理和系统支持功能等内容。

(一)配置管理

配置管理是通过对监控系统各项参数的设置从而保证系统稳定、正常运行和实现系统优化的重要功能。系统参数常常需要根据实际情况进行一些必要的调整,监控系统应能够为用户提供方便实用的配置管理功能。

1. 状态配置

管理状态:描述是否允许对监控对象施加管理操作;

运行状态:描述监控对象是否工作和所处的具体工作状态;

告警状态:描述监控对象的异常情况,用于指示存在的告警情况及告警级别。

2. 设备配置管理

监控对象配置、监控模块配置、监控单元配置、区域监控中心配置、监控中心配置。

3. 软件配置管理

(1)软件配置信息管理

监控系统软件本身的组成与配置信息;

数据处理的参数配置,如一个监控点信息从哪里获取和数据采样周期等;

通信端口的配置,如端口与模块数量、地址等;

各软件所对应相应功能的配置管理,如报表配置、告警上、下限设置等。

(2)软件版本管理

记录软件的历史使用情况,说明各次版本的功能增加和修改情况,反映软件在使用中的版本演进过程。

(3)配置数据同步

各级监控系统的配置数据要保持一致。当下级被监控对象及其监控内容或操作人员发生改变时,上级系统要随之改变对应的数据。通过事件通知功能,向上级系统报告配置改变情况。

(4)配置数据统计与打印

提供完善的统计手段,让用户统计关心的配置数据,对统计结果能够打印。

(二)故障管理

1. 故障信息采集

故障信息采集包括各类监控对象故障信息和监控系统自身各级软、硬件故障信息的实时采集,告警级别分类表管理和事件上报控制等功能。为了对故障信息统一管理,定义通用故障管理参数。为了支持告警级别动态定义,规定告警级别分类表管理功能。为了支持事件上报控制,规定事件前向鉴别器管理功能。

(1)通用故障管理参数

①告警级别

一级告警:已经或即将危及电源、空调系统及通信安全,应立即处理的告警。

二级告警:可能对电源或空调系统造成退服或运行性能下降,影响设备及通信安全,需要安排时间处理的告警。

三级告警:电源或空调系统中发生的设备部件故障但不影响设备整体运行性能的告警。

四级告警:电源系统或空调系统中设备发送的维护提示性告警信息定义为四级告警。

其中,一级告警以红色标识,二级告警以橙色标识,三级告警以黄色标识,四级告警以淡蓝色标识。

监控系统告警内容应能根据要求进行告警级别的调整。

②告警记录状态

新产生(newcome):未消除、未确认的告警;

已确认(acknowledged):未消除、但已确认的告警;

未确认(nonack):确认前已消除的告警;

已清除(cleared):已确认并消除的告警。

③告警类型

监控对象告警(SO alarm):超出各种正常工作点范围,或者处于非正常工作状态的告警;与软件或处理故障有关造成服务质量劣化等告警。

监控系统告警(prossessing error alarm):监控系统自身的各种故障告警;与通信状况相联系的告警。

④告警原因

监控对象故障。

监控系统自身故障。

(2)告警级别分类表管理

为了便于各级监控系统接收下级监控系统上报的告警/故障通知,并进行统计、分析,系统应提供故障告警级别分类表。为了方便用户和网络管理本身的灵活性需要,可以对监控对象的告警/故障动态分配告警级别。

告警级别分类表包括:

创建告警级别分类表;

删除告警级别分类表;

修改告警级别分类表属性,动态改变告警级别;

关联告警级别分类表和监控对象。

(3)事件上报控制

事件的上报控制是通过事件前向鉴别器(EFD,Event Forwarding Discriminator)实现的。可用于实现告警的过滤和屏蔽等功能,还可作为系统中各种操作记录的通知等管理。

EFD 可以控制哪些事件上报给哪些网络管理系统。

事件上报控制功能包括:

初始化事件上报控制(创建 EFD);

终止事件上报控制;

挂起事件上报控制;

恢复事件上报控制;

修改事件上报控制条件;

查询事件上报控制条件。

2. 故障信息处理

故障信息处理包括告警查询,告警确认、告警统计和分析、告警打印等功能。

(1)告警查询

监控系统能根据告警源、告警级别、状态、类型、产生时间等组合条件对告警信息进行查询。一条告警记录至少应包含以下内容(见表 8—1),并作为查询索引。

表 8—1　告警记录字段说明表

中文名称	说　明
告警的序列号	告警信息的流水号
告警源	告警发生的具体位置、设备
告警发生时间	告警开始时间
告警确认时间	告警被确认的时间
告警清除时间	告警结束时间
告警类型	告警类型
告警级别	告警严重程度
告警内容	告警具体内容
告警触发值	告警发生时刻的监控点数值
确认操作员	确认操作员用户名(可选)

(2)告警确认

监控系统具有告警确认的功能,对查询出的告警进行确认(确认由操作员进行)。

(3)告警信息同步

各级监控系统告警信息要保持一致。

(4)告警统计与分析

监控系统具有告警分析功能。系统以报表、图形等形式根据告警对象、告警类型、告警级别和告警产生的时间对告警进行分析比较。

(5)告警打印

打印告警查询结果和告警统计与分析结果。

3. 信息显示

故障信息显示包括告警显示方式和告警信息显示控制。

(1)信息显示方式

监控系统提供告警信息显示界面,实时显示收集的告警;根据告警信息,将故障定位到相关的监控对象,并显示到相应的拓扑图中。对于紧急的告警信息,可以设置告警提示,以声、光形式提示用户。

在告警显示窗口和拓扑图中以不同颜色显示不同级别的告警,见表8—2。

表8—2　告警级别对应显示颜色表(推荐)

告警级别	显示颜色
一级告警	红色
二级告警	橙色
三级告警	黄色
四级告警	淡蓝色
正常/清除	绿色

(2)告警信息显示控制

监控系统可控制告警信息的显示和提示,根据需要设置告警显示和提示的过滤条件,只有符合条件的告警信息才显示/提示给用户;监控系统能查询、修改、取消这些过滤条件,并具备多条件(逻辑与、逻辑或)设置功能。

告警门限值设定可根据现场情况由系统管理员设置。

根据用户要求,当告警发生时,通过指定通信方式,向相关人员发出告警信息;故障排除后,自动解除声光告警,并通过指定通信方式,向相关人员发出告警解除信息。

4. 故障反应时间

当告警发生,并反映到有人值守的监控中心(站)的时间,不能超过10 s,《铁路通信电源及机房环境监控系统技术条件》中对此要求为不超过4 s(拨号传输方式除外)。

(三)性能管理

1. 性能数据收集

监控系统收集各监控对象的性能数据(工作状态、运行参数等),监控中心(SC)、区域监控中心(SS)在正常情况下能显示其监控范围内的全部被监控对象工作状态、运行参数的画面。

性能数据收集的方式一般有两种：上级系统请求性能数据和下级系统主动上报性能数据。监控系统可以定义性能数据采集计划，设置性能数据采集任务的采集周期以及上报周期。

2. 性能数据存储

监控系统提供多种性能数据存储器（根据性能数据收集间隔，确定其容量）。从监控对象收集到的数据在监控系统性能数据库中保留一段时间，这个保留时间可由监控系统规定并修改。

监控系统能对存储的历史性能数据进行检索或删除。另外，监控系统将其性能数据库中的性能数据定期地备份到外围存储设备中加以保存，备份的性能数据用来制作性能报表或系统遭到破坏时用于系统恢复。

3. 性能分析和统计

监控系统以较为直观的形式对性能数据进行显示，并对收集的各性能数据进行分析，检测异常状态，从而判定电源、空调及环境的性能。

监控系统能定期提供被监控对象的性能数据报告，并产生规定的各种统计资料、图表、机历卡、交接班日志、派修工单等。报告可以采用图表或报表的格式，也能够打印。

4. 性能门限管理

当监控对象的性能下降到设定的门限值，系统会产生告警，以作相应处理。

系统管理员可以根据实际情况对性能门限值进行设置，也可以修改性能门限值。

（四）安全管理

1. 接入安全管理

监控系统具有相关的控制机制，对于监控对象的接入以及监控设备的接入进行安全管理。

2. 系统自身安全管理

用户级别的设置至少有三个层次：系统管理员；系统操作员；一般用户。

（1）权限分配

系统用户的权限分配采用两种方案：能力方案和访问控制列表方案。所谓能力方案，是指从网管用户角度，规定用户可以进行的操作（可读、可写）；所谓访问控制列表方案，是指从资源的角度，规定允许对特定监控对象进行操作（浏览、可控、配置参数）的用户，通常在监控系统中监控对象的基本单位是监控模块（代表相应的监控对象）级。监控系统应该综合使用这两种方式，赋予不同用户不同的操作权限（可写可读可控制、可读可控制、只读等），并有完善的密码（password）管理功能，以保证系统及数据的安全。

（2）用户管理

用户管理功能包括：增加用户；删除用户；查询用户属性；修改用户属性。

用户管理功能只能由授权的用户实施，无此权限的用户，可以查询自身的用户属性，修改自身的用户密码和描述信息。

①增加用户

增加用户时系统提供以下信息：用户名、用户密码、用户的描述信息（如用户的通信地址、用户单位等)、用户所在的用户组。

②删除用户

系统管理员可删除系统内已存在的用户。

③查询用户属性

用户可查询用户属性。用户属性包括:用户的描述信息(如用户的通信地址、用户单位等)、用户所在的用户组。

④修改用户属性

系统管理员可根据用户名称修改用户属性。可以修改的用户属性包括:用户的描述信息(如用户的通信地址、用户单位等)、用户所在的用户组。

(3)用户组管理

网管系统应具有用户组管理功能。用户组管理功能包括:创建用户组;删除用户组;查询用户组属性;修改用户组属性。此功能只能由授权的用户实施。

①创建用户组

管理系统可增加用户组。增加用户组时系统提供以下信息:用户组名、操作权限列表。

②删除用户组

监控系统可删除网管系统已存在的用户组。

③查询用户组属性

监控系统可根据用户组的名称查询用户组的权限信息。

④修改用户组属性

监控系统可根据用户组的名称修改用户组的权限。

(4)系统登录和操作控制

监控系统具有系统登录和操作控制功能。

①登录控制

系统具有对试图登录系统的用户进行鉴权的功能,只有名称和密码都正确的用户才允许登录到系统中,否则拒绝登录。若一用户连续多次被拒绝登录,系统能锁定该用户。

②操作控制

系统具有对用户实施的操作进行鉴权的功能,保证具有权限的用户才能实施相应的操作。

3. 系统日志管理

监控系统具有系统日志管理功能。系统日志管理包括系统访问日志管理和系统操作日志管理。

(1)系统访问日志管理

①系统访问日志记录

系统能将用户的登录信息(包括成功与不成功的登录)记录下来,以供查询。用户登录信息包括用户名称、登录终端标识、登录时间和退出时间。

②系统访问日志查询

监控系统能够查询系统访问日志。查询内容包括用户名称、登录终端标识、登录时间和退出时间。

(2)系统操作日志管理

①系统操作日志记录

系统能将用户的操作信息记录下来,以供查询。操作信息包括实施操作的用户、操作时间、操作名称、操作对象、操作结果。

②系统操作日志查询

监控系统能够查询系统操作日志。查询内容包括实施操作的用户、操作时间、操作对象、操作内容、操作结果。系统应具备模糊查询方式。

③系统操作日志备份

监控系统具有系统操作日志的备份功能。

4. 系统操作安全策略

监控系统是保障通信电源和机房空调等设备以及机房环境安全运行的维护手段,监控系统对监控对象的任何功能控制和参数调整都必须首先满足设备和环境系统的正常、安全工作条件,这就是监控系统的操作安全策略。

依据此安全策略,监控系统以明显的方式对影响系统正常运行和设备安全的不当操作进行提示。

(五)系统支持功能

1. 中文显示和操作界面

监控系统应具有良好的人机对话界面和汉字支持能力;故障告警应有明显清晰的可视可闻信号。

2. 数据备份与恢复

(1)数据备份

将系统数据以数据库文件备份到硬盘,或者其他外部设备。

(2)数据恢复

系统数据受到破坏后,应能从备份文件恢复数据。

3. 系统自身管理

监控系统应能对自身进行管理。提供管理界面,监视自身的进程运行状态;同时,监控系统内各级单元的连接状态,发现连接中断/恢复,并产生告警。

4. 系统校时

为避免监控系统内各级监控主机、数据库服务器以及前端硬件设备等的时钟不统一给系统记录和操作带来的混乱,系统应具备全网的自动和手动校时功能。

5. 智能性

根据保存的历史性能数据,对设备故障和性能数据进行统计和分析,提示设备的最佳运行状态和条件,帮助用户对一些现象、故障及设备操作、检修和处置做出决策。

6. 组态功能

根据监控系统的功能以及监控对象的调整和变化,要求系统软件应能够达到用户级的组态功能,分为界面组态、报表组态和监控点组态。界面组态使用户界面能够随着电源、空调和环境对象的变化而更新;报表组态使维护人员自由设计报表和曲线的格式、内容,作为系统标准报表和曲线的补充;监控点组态指维护人员根据实际需要灵活地对监控点进行命名、关联,以及增加、删除、修改等操作。

7. 资源管理功能

资源管理功能是系统的一项辅助管理功能。它将与监控系统相关的设备、人员、技术资料等内容归纳整理,进行统一管理。包括资产管理、备品与备件管理、人员管理和技术文档管理。

8. 节能功能

节能功能是系统的一项辅助功能,指监控系统通过对机房室内外环境量和电源、空调设备的监控,在保证通信系统正常工作环境和通信系统稳定运行的前提下,对机房环境和电源、空调设备的运行状态进行优化,达到减少用电量的目的。

9. 电池管理

通过对蓄电池运行参数的监测,估算电池放电时间及容量,帮助发现落后电池,并通过对开关电源的控制实现电池充放电测试管理。

10. 油机调度

在进行基站电池管理的基础上,综合考虑基站负荷、电池放电时间、剩余容量多方面的因素,形成移动油机调度计划,保证基站设备不间断运行、基站不退服的前提下,合理安排油机上站发电,有效降低油机调度次数、发电次数和发电时长,提高油发电的调度效率。

11. 系统帮助

监控系统应为用户提供在线中文帮助。提供详细的在线操作指南,指导用户完成相应的操作。同时,对用户可能遇到的问题,提供解答。

用户可以打印帮助信息,并能方便地在帮助信息中导航。

三、监控系统各级功能

(一)监控模块功能

1. 实时采集监控对象的运行参数和工作状态,收集故障告警信息,并送往监控单元(SU);根据实际情况对监控对象进行合理控制。

2. 实时接收和执行来自监控单元(SU)的监测和控制命令。

3. 具有容错功能,当发现上级监控系统控制命令错误或控制命令的结果可能导致设备本身及通信系统故障时,拒绝相关控制命令的执行,并上送控制命令错误信息。

4. 能够保存不少于500条历史数据和500条告警数据,以便通信故障恢复后,将通信中断期间的数据上报给上级监控系统。

(二)监控单元功能

1. 周期性地采集各监控模块(SM)传送来的各类信息,进行数据处理、存储、显示打印(无人值守的局(站)可不设显示打印设备,但应具备接入便携式计算机进行现场维护操作的功能),根据监控中心需求,向上级监控系统实时发送监控信息。

2. 随时接收并快速响应来自区域监控中心(SS)的监控命令。

3. 具备现场监控信息的可编程控制功能,通过监控模块(SM)对监控对象下达监测和控制命令,如根据环境温度控制空调及相关节能设备的开关。

4. 具有数据分析处理能力,根据配置条件对数据进行分析、处理后,把需要上报的告警和数据上报上级监控中心；根据上级监控中心配置，按设备和监控点上送监控数据。

5. 定时统计辖区内各个监测数据的最大值、最小值和平均值的功能，并将这些统计数据定时上传到区域监控中心（SS）。

6. 具有告警屏蔽功能，可按告警屏蔽条件、屏蔽时间段对告警进行屏蔽。

7. 具有远程软件升级和调试功能。

8. 具有保存告警信息及监测数据的统计值至少 1 天以上的能力。

9. 具有一定数量的通信接口，如 RS232-C、RS485 或 RS422、RJ45、E1 等，满足不同工程接入监控对象和上级监控系统的需求。

10. 采用 IP 组网时，支持静态 IP 和动态 IP 方式，监控单元 IP 地址发生变化时，能自适应，无需更改配置。

11. 对于采用智能门禁设备的局（站），能自动记录人员进、出时间，在读卡器和数字密码锁配合使用的场合，能同时记录员工的编码等信息，对于试图非法进入等告警应给出告警信息；对于正常刷卡进入时能够屏蔽红外、门碰等告警，在正常上班时间、通信局（站）有人值班等场合，具有抑制门禁告警信息的能力。

（三）区域监控中心功能

1. 当区域监控中心采用反牵终端方式建设时，由监控中心根据维护需求确定区域监控中心的监控对象和监控内容，并为区域监控中心确定相关的监控功能；当监控系统具有单独建设的区域监控中心时，区域监控中心通常具有以下功能：

2. 实时作业功能，能同时监视辖区内 SU 的工作状态并与 SC 保持通信，可透过监控单元（SU）对监控模块（SM）下达监测和控制命令。

3. 设定告警等级、用户权限。

4. 设定各个监控点性能门限值。

5. 电子地图浏览功能，实时监视各通信局（站）电源、空调及环境的工作状态，接收故障告警信息。

6. 告警过滤能力。

7. 根据需要，查询监控单元（SU）采集的各种监测数据和告警信息，并在屏幕上显示或打印输出。

8. 统计功能，能根据需求生成各种统计报表（Excel 或 Word 文档）及曲线图。

9. 数据管理和存储功能，告警数据、操作数据和监测数据应至少保存半年时间，具有进行手工或自动备份的功能。

10. 信息打印功能：

（1）出现告警立即打印；

（2）根据管理需要定时打印；

（3）屏幕复制打印；

（4）打印信息在显示屏幕上有提示。

11. 彩色图形显示方式：

可在指定的现场运行流程图上通过逐层扩展，最后将故障定位在某一设备上（如整流器等）。

12. 实时向监控中心(SC)转发紧急告警信息。必要时(如区域监控中心 SS 夜间无人值守),可设置成将所收到的全部告警信息转送到监控中心(SC)。

13. 接收监控中心(SC)定时下发的时钟校准命令。

14. 系统软件具备实现系统互联的 C 接口,发生告警时自动将告警信息传送到上一级监控中心。

(四)监控中心功能

1. 电子地图浏览功能,实时监视各通信局(站)电源、空调及环境的工作状态和运行参数,接收故障告警信息。

2. 设定告警等级、用户权限。

3. 在接管区域监控中心(SS)的控制权后,对于告警信息的处理与区域监控中心(SS)相同。

4. 对下级监控系统送上来的告警具备过滤能力。

5. 根据需要,查询区域监控中心(SS)和监控单元(SU)采集的各种监测数据和告警信息,并在屏幕显示或打印输出。

6. 实时监视各区域监控中心(SS)的工作状态。

7. 可透过区域监控中心(SS)对监控对象下达监测和控制命令。

8. 统计功能,能根据需求生成各种统计报表(Excel 或 Word 文档)及曲线图。

9. 数据管理和存储功能,告警数据、操作数据和监测数据应至少保存一年时间,具有数据进行手工或自动导入外存的功能。

10. 信息打印功能:

(1)出现告警立即打印;

(2)根据管理需要定时打印;

(3)屏幕复制打印;

(4)打印信息在显示屏幕上有提示。打印内容包括:

①告警报告;

②日、月、年告警和监测数据统计报表;

③全部监测参量;

④曲线图、直方图等。

11. 彩色图形显示方式

在指定的现场运行流程图上通过逐层扩展,最后将故障定位在某一设备上(如整流器等)。

12. 实时向上一级监控中心转发紧急告警信息和接受上一级监控中心所要求的监测数据信息。

13. 向区域监控中心定时下发时钟校准命令。

14. 监视设备或系统故障状态,可外接电子显示屏。

15. 系统软件具备实现系统互联的 C 接口和 D 接口,发生告警时自动将告警信息传送到其他网管系统或上一级监控中心。

（五）省监控中心功能

1. 实时监视各通信局（站）电源、空调及环境的工作状态和运行参数，接收故障告警信息。

2. 设定用户权限。

3. 在接管监控中心（SC）的控制权后，对于告警信息的处理与监控中心（SC）相同。

4. 根据需要，查询 SC 的各种监测数据和告警信息，并在屏幕显示或打印输出。

5. 实时监视各 SC 的工作状态。

6. 对监控对象下达监测和控制命令。

7. 统计功能，能根据需求生成各种统计报表（Excel 或 Word 文档）及曲线图。

8. 数据管理和存储功能，告警数据、操作数据和监测数据应至少保存一年时间，具有数据进行手工或自动导入外存的功能。

9. 信息打印功能。

10. 彩色图形显示方式。

11. 监视设备或系统故障状态，可外接电子显示屏。

12. 系统软件具备实现系统互联的 D 接口，发生告警时自动将告警信息传送到其他网管系统。

第四节　通信电源及机房环境监控系统的硬件和软件要求

一、监控系统硬件要求

（一）基本要求

1. 监控系统硬件应能在局方给出的基础电源条件下不间断地工作。

2. 监控系统硬件的测量精度要求为：直流电压≤0.5%，有功电度≤1%，其他电量≤2%；非电量一般≤5%；蓄电池 2 V 单体电压测量误差不大于 ±5 mV，6 V 单体电池电压测量误差不大于 ±10 mV，12 V 单体电池电压测量误差不大于 ±20 mV。

3. 监测机房环境使用的火警、安防等传感器和设备等应经过公安消防部门的认可。

（二）可靠性要求

1. 监控模块（SM）和监控单元（SU）的平均故障间隔时间（MTBF）应不低于 100 000 h；整个系统的平均故障间隔时间（MTBF）应不低于 20 000 h。

2. 监控系统的使用不应影响监控对象的正常工作；不应改变具有内部自动控制功能的设备的原有功能。

3. 监控系统的局部故障不应影响整个监控系统的正常工作；监控系统故障时不应影响监控对象的正常工作和控制功能。

4. 监控系统应具有自诊断和自恢复功能，对数据紊乱、通信干扰等可自动恢复；对软、硬件故障及通信中断等应能诊出故障并及时告警。

5. 监控系统应具有良好的电磁兼容性。监控对象处于任何工作状态下，监控系统应能正常工作；同时监控设备本身不应产生影响监控对象正常工作的电磁干扰。

6. 监控系统应能监控具有不同接地要求的多种设备，任何监控点的接入均不应破坏监控对象的接地系统。

7. 监控系统硬件应可靠接地，并具有抵抗和消除噪声干扰的能力。

8. 监控系统硬件设备应能适应安装现场温度、湿度及海拔等要求；应有可靠的抗雷击和过电压、过电流保护装置，系统防雷应满足 GB 50689—2011《通信局(站)防雷与接地工程设计规范》的要求。

9. 设备应具有足够的机械强度和刚度，其安装固定方式应具有防震和抗震能力。应保证设备经常规的运输、储存和安装后，不产生破损、变形。

(三)可扩充性要求

1. 系统硬件设备的总体结构应充分考虑安装、维护和扩充或调整的灵活性，应实现硬件模块化，以便适应网络规模的发展。

2. 系统硬件设备应尽可能采用国际上通用的计算机系统，要求设备采用专用部件的比例应尽可能低。

3. 构成系统的计算机，要求能通过增加少量部件(如存储器、硬磁盘等)来扩充系统的容量，而不是整机更换。

4. 构成系统的计算机有较强的外部通信能力，通信口的数量可根据需要扩充。

二、监控系统软件要求

(一)基本要求

1. 应采用分层的模块化结构，便于系统功能的扩充、使用和维护等。

2. 监控中心(SC)的计算机系统所采用的操作系统、数据库管理系统、网络通信协议和程序设计语言等应采用国际上通用的系统，便于监控网络的统一规划、管理。

(二)系统互联要求

1. 系统软件应提供符合本技术要求的 C 接口，以满足区域监控中心或监控中心之间，或不同监控系统之间互联；应提供符合本技术要求的 D 接口，以满足监控中心与上级网管之间的互联要求。

2. 系统应具有方便二次开发功能，即监控系统开放必要接口，使用户或第三方能将其满足 A 接口的监控模块接入现有监控系统。

(三)人机界面要求

系统应在以下几个层次提供人机界面，以便于维护管理操作。

1. 各监控单元(SU)应具有连接手提终端或 PC 的接口能力，通过该接口能够了解到监控模块(SM)所管辖范围的当前告警信息及设备运行状态。

2. 在监控中心(SC)和区域监控中心(SS)，应有较完善的管理功能，在该人机界面可对所辖区域内的设备进行全面地管理。

3. 对于常用的功能及操作，应提供菜单方式及命令方式两种，对于菜单方式，应有明确的在线提示或 Help 功能。

4. 监控中心(SC)和区域监控中心(SS)接收到的故障告警信息应给予醒目的图形用户界面提示(如高亮度或高反差色彩等)，并应给出可闻声响。

5. 汉字处理功能:系统应具有汉字处理功能,屏幕显示、人机对话的提示及报告、报表的打印要求采用汉字。

(四)安全性要求

1. 监控系统应具有较完善的安全防范措施,对所有操作人员按级别赋予不同的操作权限,并有完善的密码(Password)管理功能,以保证系统及数据的安全。

2. 监控系统应具有较强的容错能力,不能因为用户误操作而引起系统故障。

3. 监控系统的低层管理软件或硬件设备上应具有设置禁止远端遥控的功能。

4. 监控系统所在的计算机系统能够发现并抵制外来软件(病毒或非法用户)的攻击。

第五节　通信电源及机房环境监控系统的数据采集模块

监控系统的监控对象主要有两种:设备和机房环境。对于环境量,一般只能通过安装各类环境传感器来采集数据并进行监测。对于动力设备,基本上将其分为智能设备和非智能设备两种类型进行处理。

具有通信接口、可以通过该接口获取监控信息、对设备进行监控的设备称为智能设备。

没有通信接口,只能通过加装传感器或变送器来实施监控的设备称为非智能设备。

1. 智能设备的监控

智能设备的通信接口一般为 RS232 或 RS485/422,在监控系统接口分类中称之为 A 接口。

一般来说,只要监控单元(SU)使用与智能设备相同的通信协议和通信接口进行连接,就可以实现对智能设备的监控。

目前 A 接口通信协议已经在通信行业的动力设备中得到了广泛的使用。

2. 非智能设备和环境量的监控

对于非智能动力设备和机房环境量,如非智能设备的电压、电流,机房的温度、湿度等,都需要使用变送器或传感器进行信号的采集,将被测量信号转换为监控设备可以处理的标准电信号,然后将这些标准电信号接入现场监控模块(SM),实现对这些非智能设备和机房环境的监控。

(1)变送器

将各种形式的电量信号(如电压、电流等)转换为可被现场监控模块(SM)识别的标准电量信号(如 0 ~ 10 mA、4 ~ 20 mA、0 ~ 5 V、1 ~ 5 V 等)的器件。

(2)传感器

将各种非电量信号(如温度、湿度、烟雾、压力、位移等)转换为电量信号的器件。

一、常见的变送器和传感器

(一)三相交流电压变送器

将被测主回路中的三相交流电压转换成按线性比例输出的直流 4 ~ 20 mA 恒流环标准信号,在监控模块(SM)内通过精密电阻转换为 1 ~ 5V 的电压信号实现对被测回路电压的采集。如图 8—16 所示为某型号三相交流电压变送器的外观图。某三相电压变送器的电气参数见表 8—3。

图 8—16　某型号三相交流电压变送器的外观

表 8—3　某三相电压变送器的电气参数

测量范围	AC 0 ~ 450 V,(50 ± 10) Hz
输出参数	DC 4 ~ 20 mA
辅助电源	DC (24 ± 3.6) V
精度	± 0.5%

（二）电流变送器

电流变送器就是将被测主回路中的交/直流电流转换成按线性比例输出的直流 4 ~ 20 mA 恒流环标准信号，在监控模块（SM）内通过精密电阻转换为 1 ~ 5 V 的电压信号实现对被测回路电流的采集。如图 8—17 所示为某型号电流变送器的外观图，共有 4 个接线端子。某电流变送器的电气参数见表 8—4。

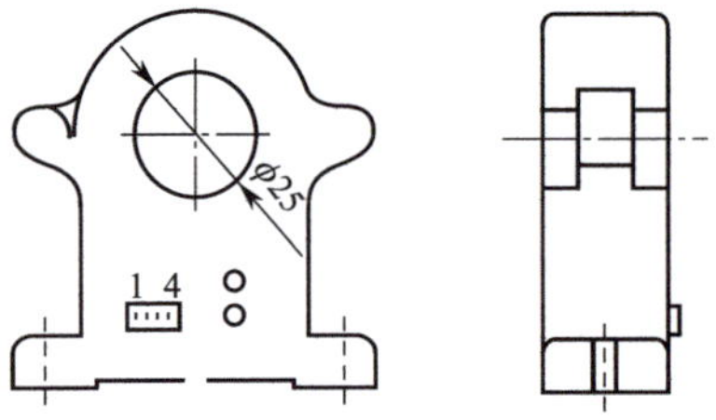

图 8—17　某型号电流变送器外观

表 8—4　某电流变送器的电气参数

测量范围	AC 0 ~ 50 A,(50 ± 10) Hz
输出参数	DC 4 ~ 20 mA
辅助电源	DC (24 ± 3.6) V
精度	± 1.0%

（三）温湿度传感器

装有湿敏和感温元件，能够用来测量温度和湿度，并直接接入监控模块（SM）的设备。如图 8—18 所示为某型号温湿度变送器的外观图，其电气参数见表 8—5。

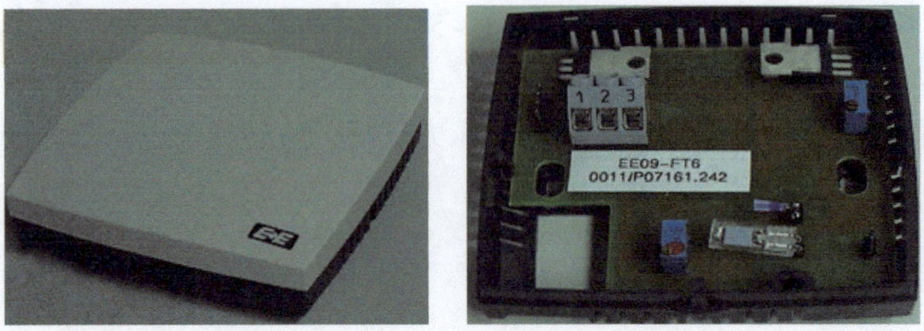

图 8—18　某型号温湿度传感器外观

表 8—5　某温湿度传感器电气参数

测量范围	湿度：0～100% RH，温度：0～50 ℃
输出参数	DC 4～20 mA
辅助电源	DC（24±3.6）V
精度	湿度：±3%，温度：±0.2 ℃

温湿度传感器应安装在房间内有代表性地方，避免安装在空气流动不畅的死角，避免安装在空调通风孔等温、湿度变化较快的地方。

（四）烟雾传感器

烟雾传感器就是将空气中的烟雾浓度变量转换成有一定对应关系的电信号并输出到监控模块（SM）装置中。烟雾传感器主要有光电式烟雾传感器和离子式烟雾传感器。

光电式烟雾传感器内有一个光学迷宫，安装有红外对管，无烟时红外接收管收不到红外发射管发出的红外光，当烟尘进入光学迷宫时，通过折射、反射，接收管接收到红外光，超过阈值时烟雾传感器动作。

离子烟雾报警器内外电离室里面有放射源镅 241 或铯 137，电离产生的正、负离子在电场的作用下各自向正负电极移动。在正常的情况下，内外电离室的电流、电压都是稳定的。如果有烟雾窜逃外电离室，干扰了带电粒子的正常运动，电流、电压就会有所改变，破坏了内外电离室之间的平衡，烟雾传感器动作。

离子烟雾传感器对微小的烟雾粒子的感应要灵敏一些，对各种烟雾能均衡响应；而光电式烟雾传感器对稍大的烟雾粒子的感应较灵敏。

目前监控系统常用的烟雾传感器为离子式烟雾传感器。

无烟时烟雾传感器可看作是一个常开触点，回路中无电流；当有烟进入时烟雾传感器时，回路中有电流。

无电流时，采集器采集到低电平，有电流时，采集器采集到高电平，所以烟雾传感器为高电平告警。

某型号烟雾传感器外观如图 8—19 所示，工作原理如图 8—20 所示。

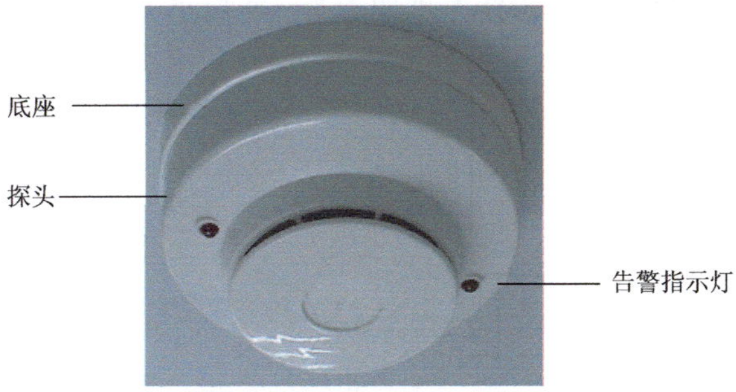

图 8—19　某型号烟雾传感器外观

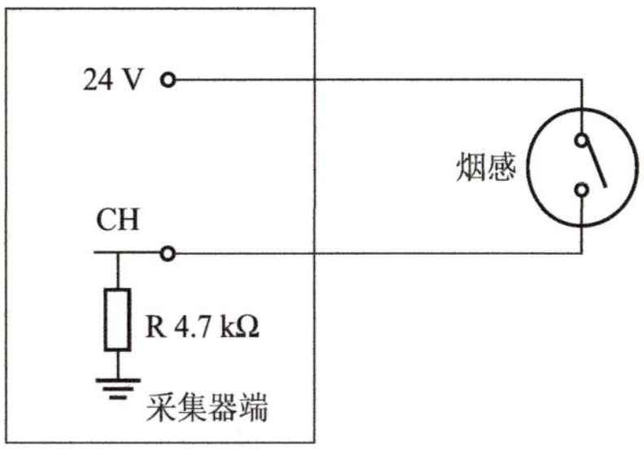

图 8—20　某型号烟雾传感器工作原理示意图

注意事项：应注意灰尘的影响，会使感应头灵敏度降低；避免拆卸，小心镅 241 或铯 137 对人体造成危害；烟雾传感器产生告警后，根据消防部门规定只能手工复位；烟雾传感器应定期清洁,如每年一次。

(五)红外微波双鉴传感器

不同的物体发出的红外光波段是有一定范围的,红外传感器接收不同物体发出的红外光,当出现入侵者时,由于其红外辐射量与背景墙体、家具等的巨大差异,从而引起红外传感器的告警。

微波探测则发出某一频率的微波,遇到固定物体时,发射出去的微波被反射回来,其频率是不变的;而当发射出去的微波遇到移动物体时,反射回来的微波频率就会发生变化,此时微波探测器就会发出告警信号。

在实际工程中如果只采用一种技术,对于猫、鼠等小动物,或者冷热气流、温度变化等,很容易引起传感器的误告警。红外、微波双鉴传感器也称为组合式传感器,是将微波传感技术和红外传感技术结合,"相与"后进行探测,触发报警,即两种传感器都探测到目标后才发出报警信号,从而大大提高了报警的可靠性,减少了误告警,在监控系统得到了广泛使用。某型号红外微波双鉴传感器外观如图 8—21 所示。

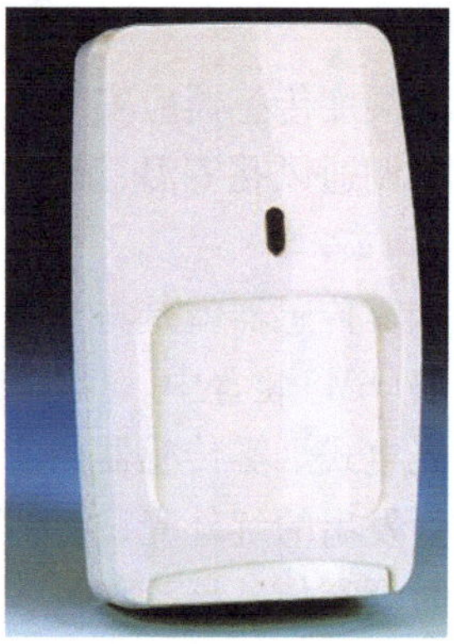

图 8—21 某型号红外微波双鉴传感器外观

(六)门磁开关

门磁开关是用来探测门、窗、抽屉等是否被非法打开或移动一种开关。门磁开关由磁簧管经引线连接、定型封装而成,当磁性物体接近时,引起开关动作,一般作为位置传感器使用。某型号门磁开关外观如图 8—22 所示。

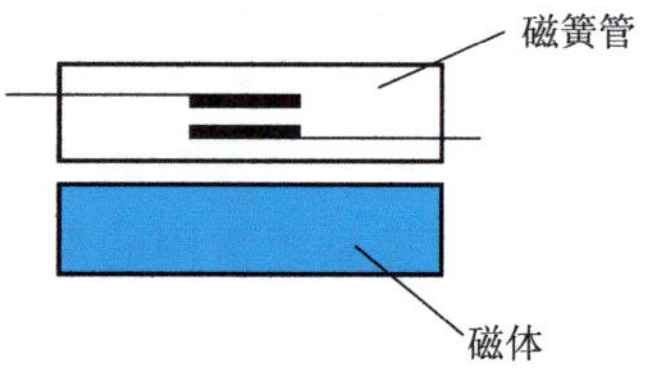

图 8—22 某型号门磁开关外观

(七)液位传感器

压强(P)与液位高度(H)的关系为:$H = P/\gamma$。通过测量液体压强而间接测量液体深度。

液位传感器安装位置如图 8—23 所示,液位传感器工作原理如图 8—24 所示。

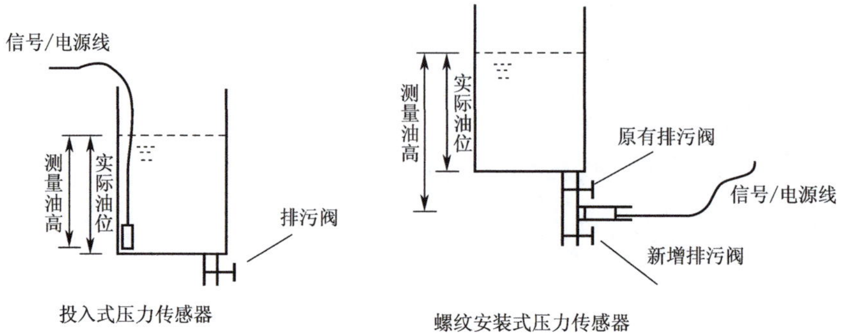

图 8—23 液位传感器安装位置示意图

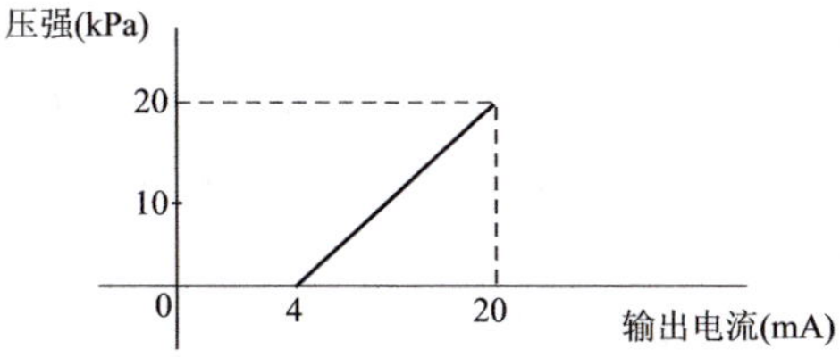

图 8—24　液位传感器工作原理

(八)液体泄漏探测器

液体泄漏探测器如图 8—25 所示。电极探测有液体存在时继电器动作,输出干接点闭合。

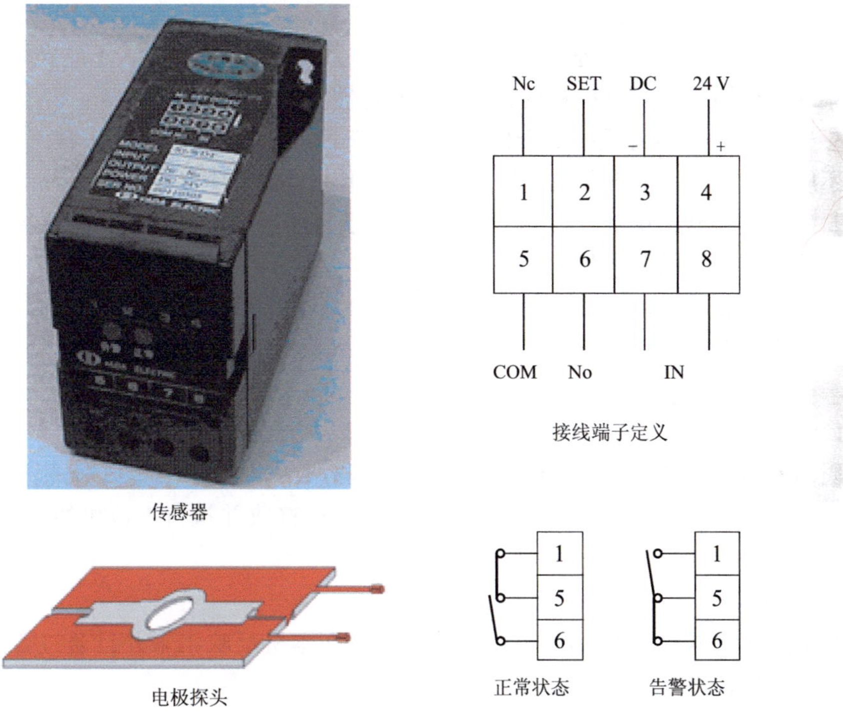

图 8—25　液体泄漏探测器示意图

二、通用采集器

在监控系统中,对非智能设备及机房环境量的监控,通常采用“通用采集器”来实现。一个通用采集器就是一个监控模块(SM)。通用采集器具有标准的智能接口和多路输入输出信号接口,智能接口用于和监控单元(SU)之间的通信,而多路输入输出接口可连接监控对象的模拟量和开关量。模拟量分为电量和非电量两种类型,电量包括非智能设备的交流电压、直流电压、交流电流、直流电流、频率、功率因数等,非电量包括非智能设备及环境量的转速、压力、温度、湿度等检测量;开关量包括开关量输入和开关量输出。

(一)通用采集器基本要求

1. 具有标准的智能接口 RS232 和 RS485(或 RS422),通信协议符合通信行业标准《通信局(站)电源、空调及环境集中监控管理系统》要求。

2. 硬件采用模块化结构,根据被监测对象的数量灵活配置使用。

3. 硬件应通用、互换性强、可靠性高,MBTF≥100 000 h;MTTR≤30 min。

4. 供电电源:DC 48 V(40~60 V);DC 24 V(20~30 V);AC 220 V(+10%~-15%)。

5. 通用采集器的采用不应影响被采集设备的正常工作;不应影响和改变被采集设备原有的机械和电气性能;采集线应有短路保护措施;通用采集器本身故障时不应影响被采集设备的正常工作。

6. 通用采集器应具有自诊断功能,对模拟量采集线的开路、短路等故障应能及时告警;对数据紊乱、通信干扰等可自动恢复;对于通用采集器采用模块化结构时,应能对模块的通信中断、各模块软硬件故障等诊出故障并及时告警。

7. 通用采集器应采用通信局(站)内的接地系统,监测点的接入不应破坏被采集设备的接地系统。通用采集器应具有良好的电磁兼容性。

8. 通信设备与电源系统处于任何工作状态下,通用采集器应能正常工作;同时通用采集器不应产生影响通信设备与电源系统正常工作的电磁干扰。

9. 至少能提供:16 路遥测量输入(AI),16 路遥信量输入(DI),8 路遥控量输出(DO),以及外部传感器的供电电源。

10. 能够保存不少于500 条历史数据和500 条告警数据,以便通信故障恢复后,将通信中断期间的数据上报给上级监控系统。

(二)通用采集器的管理功能

1. 性能管理

周期地检测非智能设备及环境量的各种监测点,实时上送采集数据,根据预先设定的各种告警门限,对发生的故障作出判断并通知上位机,接收并执行上位机的各种监控命令,完成对设备的控制。

2. 故障管理

对于监测数据超出告警门限的,迅速将故障在本机反映出来并且通过智能通信口将告警送至上位机;

对于电路故障,应能自诊断出故障并及时告警(电路故障指模拟量信号采集线开路、短路;通用采集器内部电路故障,模块通信故障等)。

3. 配置管理

通用采集器在安装调试阶段和正常使用阶段应能够根据用户的需要对所监测设备的参数和通用采集器自身的参数进行配置,以适应实际的维护要求。具体参数描述如下。

(1)通用采集器通道性质(模拟输入/开关输入/开关输出);

(2)模拟量监测点采样值与实际值的量化关系;

(3)模拟量监测点告警的上限、下限值;

(4)开关量监测点告警描述;

(5)通用采集器监测的设备地址;

(6)通用采集器监测的设备类型;

(7)通用采集器监测的内容代码;

(8)通用采集器监测的内容序号;

(9)通信端口的选择和设置(通用采集器地址、通信波特率、串口类型等)。

(三)通用采集器的主要技术指标

1. 直流电压测量精度优于0.5%;
2. 直流电流测量精度优于2%;
3. 交流电压测量精度优于1%;
4. 交流电流测量精度优于2%;
5. 温度测量精度优于1 ℃;
6. 频率测量精度优于1%;
7. 功率因数测量精度优于2%;
8. 其他非电量测量精度优于5%;
9. 告警准确率为100%;
10. 使用寿命15年以上;
11. 告警和实时数据反应时间不超过5 s。

三、蓄电池监测仪

蓄电池组是通信网络安全运行的最后一道防线,维护人员必须准确掌握其运行状态。蓄电池监测仪可实时采集蓄电池组总电压、单体电池电压(个别厂商还可以监测蓄电池的电导或内阻以及连接条的压降等)、充放电电流和标示电池温度,按照上位机命令或主动上送采集数据。蓄电池监测仪可根据预先设定的各种告警门限,对发生的故障作出判断并通知上位机。

蓄电池监测仪可根据使用场合和要求的不同,保存适当数量的历史数据和历史告警。

蓄电池监测仪可通过采集到的蓄电池组总电压和充放电电流,计算出蓄电池组容量状态(蓄电池剩余容量)。蓄电池监测仪可根据所测量的标示电池温度和环境温度的实际情况,建议当前的浮充和均充电压。

具有监测蓄电池电导或内阻的蓄电池监测仪,还可以预告蓄电池的寿命状态。

在监控系统中,蓄电池监测仪就是一个监控模块(SM)。

(一)蓄电池监测仪的一般要求

1. 既可以独立使用,也可以纳入集中监控系统。独立使用时,通过本机操作或外接PC机(远端MODEM后再接PC机)实现显示、打印功能。

2. 具有标准的智能接口RS232和RS485(或RS422),通信协议符合通信行业标准《通信局(站)电源、空调及环境集中监控管理系统》要求。

3. 监测仪硬件采用模块化结构,根据监测对象的数量灵活配置使用。一般情况下应能检测48 V蓄电池组1~4组。

4. 蓄电池监测仪应能检测每只蓄电池单体电压、电池组总电压、每组蓄电池充放电电流和每组至少两只标示电池温度。

5. 硬件应通用、互换性强、可靠性高,MBTF≥100 000 h;MTTR≤30 min。

6. 供电电源:DC 48 V(40~60 V);DC 24 V(20~30 V)。

7. 蓄电池监测仪的采用不应影响蓄电池组的正常工作；不应影响和改变蓄电池组原有的机械和电气性能；采集线应有短路保护措施；监测仪本身故障时不应影响蓄电池组的正常工作。

8. 蓄电池监测仪应具有自诊断功能，对模拟量采集线的开路、短路等故障应能及时告警；对数据紊乱、通信干扰等可自动恢复；对于蓄电池监测仪采用模块化结构时，应能对模块的通信中断、各模块软硬件故障等诊出故障并及时告警。

9. 蓄电池监测仪应采用通信局站内的接地系统，监测点的接入不应破坏蓄电池组的接地系统。

10. 监测仪应具有良好的电磁兼容性。通信设备与电源系统处于任何工作状态下，蓄电池监测仪应能正常工作；同时蓄电池监测仪不应产生影响通信设备与电源系统正常工作的电磁干扰。

（二）蓄电池监测仪的管理功能

1. 性能管理

周期地检测蓄电池组总电压、充放电电流、标示电池温度和每只单体电池的电压，计算并统计蓄电池安时量。蓄电池监测仪单独使用时，必须具有保存历史告警和历史数据（包括历史统计数据和充放电记录）的功能，供维护人员进行现场的查看和故障分析。纳入集中监控系统的蓄电池监测仪，可由监控单元及以上各监控级对历史告警和历史数据进行存储。

2. 故障管理

对电压、电流和温度超过告警门限的，迅速将故障在本机反映出来或通过智能通信口将告警送至上位机。

具备故障诊断及告警功能，对以下监控内容具有告警判断能力：

（1）电压超限（总电压或单体电压超过或低于设定值）；

（2）电流超限（充电电流或放电电流超过设定值）；

（3）温度超限（标示电池温度超过或低于设定值）；

（4）电池容量（容量低于设定值）；

（5）电路故障（信号采集线开路、短路；监测仪电路故障，通信故障等）。

3. 配置管理

对所监测的蓄电池组的参数配置和监测仪自身参数的配置。

4. 安全管理

对所监测蓄电池组的参数和监测仪自身的参数进行配置和修改时，应具有必要的口令确认过程。

（三）蓄电池监测仪的主要技术指标

1. 测量精度

（1）电压测量精度

单体电压：±5 mV；

总电压：±0.5%。

（2）电流测量

测量范围：可根据工程需求灵活配置；

测量精度：±2%。

(3)温度测量

测量范围：－10～＋45 ℃；

测量精度：±1 ℃。

(4)容量测量

测量范围：可根据工程需求灵活配置；

测量精度：±10%。

2. 数据存储

(1)历史告警的存储

蓄电池监测仪单独使用时，必须具有历史告警信息存储功能。

蓄电池监测仪的每一监测点对应一个采集通道，每个采集通道可存储不少于20条历史告警信息。

(2)历史数据的存储

蓄电池监测仪单独使用时，必须具有历史数据存储功能。

可存储每小时蓄电池单体电压、蓄电池组总电压、充放电电流和标示电池温度的最大值、最小值和平均值，存储时间不少于1天。

可保存不少于两次蓄电池组的完整充放电记录。在蓄电池充放电阶段，应能根据蓄电池电压变化自动调整所采集蓄电池总电压和单体电压的存储周期，完整记录蓄电池状态变化的全过程。

3. 实时性要求

告警和实时数据反应时间不应超过5 s。

(四)配置功能

蓄电池监测仪在安装调试阶段和正常使用阶段应能够根据用户的需要对以下参数进行重新设定，以适应实际的维护要求。

1. 蓄电池总电压上限、下限值；
2. 蓄电池单体电压上限、下限值；
3. 蓄电池单体电压偏离值上限、下限值；
4. 标示电池温度上限、下限值；
5. 蓄电池充电电流上限值；
6. 蓄电池放电电流上限值；
7. 均充电压范围(确认电池所处状态)；
8. 浮充电压范围(确认电池所处状态)；
9. 蓄电池容量下限值；
10. 蓄电池充放电记录阈值；
11. 充放电曲线的采样时间；
12. 通信端口的选择和设置(蓄电池监测仪地址、通信波特率、串口类型等)；
13. 蓄电池充电系数。

第六节　图像监控

通信电源及机房环境监控系统除了对于动力设备和环境量进行监控,根据维护的需求,部分监控系统还对机房的图像进行监控。

图像监控系统的现场监控设备主要包括摄像机及镜头、云台、控制器等设备,摄像机主要用于将光信号转变成为电信号(视频);镜头则对光圈和焦距进行调整,以达到清晰的成像效果;云台负责对摄像机进行上下左右的移动;控制器从上级获取命令,完成对云台和镜头的控制,并可以提供现场其他设备和摄像的联动接口。

根据图像组网和编码方式的不同,还可以配置画面分割器、视频切换矩阵、录像机以及不同的编码设备、解码设备、显示器等设备,这些设备需要根据不同的组网和系统要求进行灵活的配置。

一、模拟图像监控系统

如图 8—26 所示,模拟图像监控系统中摄像机的输出直接接入图像监控主机,监控主机一般为视频切换矩阵或画面分割器,在控制台的控制下,可以有选择性地将摄像机采集的图像输出到监视器或录像机。这种模式的图像监控系统一般应用在早期动环监控系统与监控中心同址的交换局,图像信号不需要经过压缩编码和解码的过程。

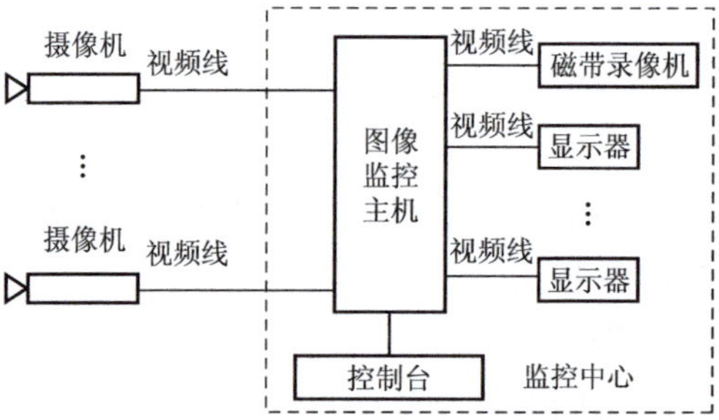

图 8—26　模拟图像监控系统结构图

由于模拟视频信号在视频电缆的传输时受到噪声干扰,距离一般不能超过 500 m,因此不能进行长距离的传输。

二、数字图像监控系统

为解决图像远距离传输的问题,针对动环监控系统一般都采用 2M 传输的状况,监控厂商开发了基于 2M 传输的数字图像,传输结构如图 8—27 所示,其编码方式一般是基于 H. 261 或 H. 263,一路 2M 只能有选择性地传送一路图像,占用 2M 电路中的多个 64k 时隙。同时,动环监控数据可以占用 1 ~ 2 个时隙,这样就完成了图像监控与动环监控数据的共同传输。

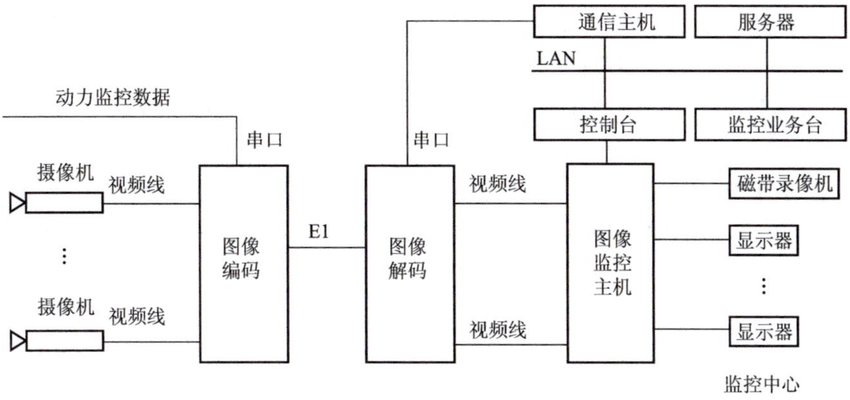

图 8—27　基于 2M 传输的图像监控系统结构图

但是,这种监控传输方式也存在许多问题,如不能同时传送多路图像,如果远端有多个摄像机,监控中心只能采用轮询方式进行监控,势必遗漏部分告警。

随着 TCP/IP 网络技术的不断发展,基于 TCP/IP 的图像传输已经得到了广泛应用,在动力环境监控中,该技术也正逐步替代早期的模拟图像监控技术和基于 2M 传输的图像监控技术,基于 TCP/IP 传输的图像监控系统网络结构如图 8—28 所示,图像编码方式一般为 MPEG4 或 H. 264。

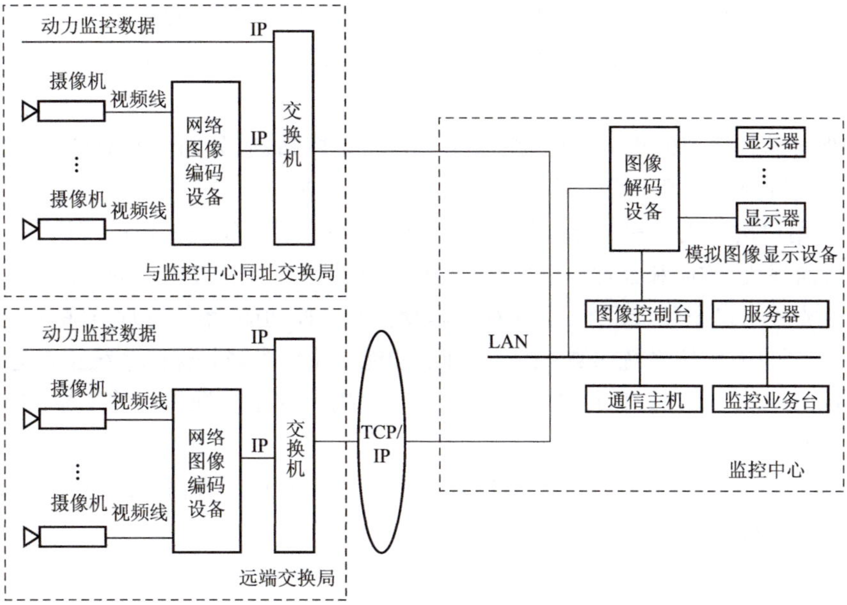

图 8—28　基于 TCP/IP 传输的图像监控系统

与模拟图像监控相比,基于 TCP/IP 传输的图像监控系统有以下特点。

(1)现场网络图像编码设备可以判断监控图像的变化并自动保存图像,节省存储空间;主动告知监控中心,不丢失现场告警信息。

(2)图像监控信息与动环监控数据通过 TCP/IP 传送,动态分配传输带宽。

(3)具有较高的图像压缩率,2M 传输带宽时在 CIF 格式下可传送两路图像。可根据传输情况调整图像质量,支持多路图像同时传送。

(4)可以通过 TCP/IP 网络上任一台授权的计算机终端观看图像监控信息,组网灵活方便。

(5)采用 TCL/IP 传输的图像不仅可以在计算机终端方便地观看图像信息,也可以在外加图像解码设备后,将数字图像信号转变为模拟信号,在一些需要视频输入的大屏幕显示终端显示。

第七节　通信电源及机房环境监控系统的维护管理

一、监控系统的安全管理

(一)安全机制

1. 应通过主机配置或网络配置实现系统的双机热备份或各主机之间互为备份的功能,确保监控中心系统安全运行。

2. 监控系统应有自诊断功能,随时了解系统内各部分的运行情况,做到对故障的及时反应。

3. 采用拨号方式连接时,连接监控主机用的号码资源不对外公开。

4. 监控系统应做到专网专用,严禁上网、下载其他程序和玩游戏程序。

5. 监控系统主机应安装防病毒软件,防病毒软件应随时更新,并定期查杀计算机病毒。

(二)用户权限

1. 为保证监控系统的正常运行,在监控中心和监控站,应分别按照对监控系统拥有的权限将维护人员分为一般用户、系统操作员和系统管理员。

2. 一般用户指完成正常例行业务的用户,能够登录系统,实现一般的查询和检索功能,定时打印所需报表,响应和处理一般告警;系统操作员除具有一般用户的权限以外,还能够通过自己的账号与口令登录系统,实现对具体设备的遥控功能;系统管理员除具有系统操作员的权利外,还具有配置系统参数、用户管理的职能。系统参数是保障系统正常运行的关键数据,必须由专人设置和管理;用户管理实现对一般用户和系统操作员的账号、密码和权限的分配与管理。

3. 所有登录密码均作机密处理,维护人员之间不许相互打听;系统管理员在必要时可以更改某账号的密码。

4. 不同的操作人员应有不同的密码,所有系统登录和遥控操作数据必须保存在不可修改的数据库内定期打印,作为安全记录。

5. 对于设备的遥控权,下级监控单位具有获得遥控的优先权。对关键设备进行遥控时,应该确认现场无人维修或调试设备;有人员在现场操作设备时,应该通知上级监控单位在监控主机上设置禁止远端遥控的功能,在人员撤离时,通知恢复。

6. 系统所有技术手册、安装手册、软件等资料做机密保管。

7. 人员须按接班内容逐项核实,利用动力及环境集中监控系统进行检查,查看当前告警、操作维护报表、交接班报表以及巡检设备运行的实时数据。

8. 严格执行操作规程，遵守人机命令管理规定，未经批准不做超越职责范围的操作。

二、监控系统维护

监控系统设备包括：各级监控中心服务器、监控主机和配套设备、传输设备、计算机监控网络、监控模块及前端采集设备。

1. 监控中心服务器、监控主机和配套设备应安装在环境良好的房间，室内应有防静电措施及空调。

2. 监控中心服务器、监控主机和配套设备应由不间断电源供电，交流电压的变化范围应在额定值的 -15% ~ +10% 内；直流电压的变化范围应在额定值的 -15% ~ +20% 内。

3. 定期检查并确保监控中心服务器、监控主机和配套设备、监控模块及前端采集设备有良好的接地和必要的防雷设施。对智能设备的监控要充分考虑到智能通信口与数据采集器之间的电气隔离及防雷措施。

4. 保持监控中心服务器、监控主机和配套设备的整齐和清洁。

5. 动力及环境集中监控系统作为通信电源的高级维护手段，其自身应有例行的常规巡检、维护操作和定期的对系统功能与性能指标的测试。

6. 分析每天的各种告警数据报表、历史数据报表和参数曲线，结合月、季的阶段汇总报表，了解设备运行情况，制订相应的设备维护计划。

7. 日常值班人员应对系统终端发出的各种声光告警，立即作出反应。对于一般告警，可以记录下来，进一步观察；对于紧急告警，应通知维护人员处理，如涉及设备停止运行或出现严重故障，影响电信网的正常运行，应立即通知维护人员抢修，并按规定及时上报。对于部分需现场确认恢复的告警信息，应由现场值守人员或专人（无人值守机房）确认恢复。

8. 每月对监控系统做好巡检记录：

（1）监控中心内设备，服务器、业务台、打印机、音箱和大型显示设备等运行是否正常；查看系统操作记录、操作系统和数据库日志，是否有违章操作和错误发生。

（2）前端采集设备的数据采集、处理以及上报数据是否正常。

（3）监控中心局域网和整个传输网络工作是否稳定和正常。

9. 监控系统的功能、性能指标每月抽查一次，每半年全面检测一次，抽查检测过程以不影响供电系统的正常工作为原则。

（1）每月抽查一次监控系统测点。

（2）重要测点通道可根据各地实际情况自行制定，重要测点通道可用率必须达 100% 。

10. 数据的管理与维护：

（1）每月备份上个月的历史数据，每年定期整理过期数据便于以后分析。

（2）系统配置参数必须备份，系统配置数据发生改变时，自身配置数据应重新备份，用于出现意外时恢复系统。

（3）系统操作记录数据，每季备份一次，以备查用。

（4）每月对统计的数据进行分析，整理出分析报告，并妥善保管。

11. 监控中心和监控站中主机的系统软件有正规授权，应用软件有自主版权，系统软件应有安装盘,在系统出现意外时能够重新安装恢复。具备完善的安装手册、用户手册与技术手册,整套软件和文档由专人保管。加强对系统专用软件的版本管理,每次的软件调整均应编制相应的软件版本编号和记录。

12. 每次监控工程扩建或改造完工后,必须及时更新整理一份完整的工程文档,并且要与前期工程文档相衔接。

13. 数据库内保存的历史数据在定期倒入外存储设备后,贴上标签妥善保管。

14. 历史数据保存的期限可根据实际情况自行确定,至少五年。

15. 动力监控系统的技术资料应收集齐全,集中妥善保管,技术资料应包括以下内容:

(1)线路敷设路由总图和布线端子图;

(2)机房设备平面图;

(3)变送器、传感器安装位置图;

(4)监控系统总图;

(5)各种智能设备及采集设备的通信协议;

(6)各种设备的使用说明书;

(7)技术文件(操作、维护手册,测试资料等);

(8)软件总体结构流程图;

(9)备品备件、工具仪表清单。

三、监控系统维护项目及维护周期

铁路通信电源及机房环境监控系统维护项目及维护周期参见表8—6。

表8—6　铁路通信电源及机房环境监控系统维护项目及周期

周期	维护项目	说　明
日	观察记录机房环境监控系统运行状况	查看告警内容、显示数据是否准确、数据传输有无中断,并记录有无误告警发生
月	1. 监控中心设备巡检	巡检网管设备(服务器、主机、业务台、打印机、音箱、大型显示设备等)的运行是否正常
	2. 查看操作记录	查看操作记录、操作系统和数据库记录是否有违规操作和错误发生
	3. 对统计的数据进行分析、整理出分析报告,并妥善保管	注:此项为中国联通公司的维护项目
	4. 做阶段汇总月报报表	
季	1. 抽查电源及机房环境监控系统的功能、性能指标	注:中国联通公司此项目的维护周期为月
	2. 抽查监控系统备用通道	抽查电源及机房环境监控系统备用传输通道是否良好
半年	对电源及机房环境监控系统被监控对象相关告警信息和日常数据进行备份	注:中国联通公司此项目的维护周期为月

续上表

周期	维护项目	说　明
年	1. 全面检测电源及机房环境监控系统的功能、性能指标	检测过程以不影响电源及机房环境监控系统的正常工作为原则，并应校对开关量的准确度和模拟量的精确度
	2. 整理全年的数据记录	
	3. 参数校对、调整及数据备份	进行系统配置参数校对、核实调整，并备份核实调整后的数据
	4. 检查设备接地和防雷	检查并确保监控中心服务器、监控主机和配套设备、监控模块及前端采集设备具有良好的接地和必要的防雷设施
	5. 检查电器隔离	检查智能设备的通信接口与数据采集器之间的电气隔离及防雷措施
	6. 做阶段汇总年报表	注：此项为中国联通公司的维护项目

电信运营企业监控系统维护项目及维护周期参见表8—7。

表8—7　电信运营企业监控系统维护项目及维护周期

序号	项　　目	周期
1	做好监控系统巡检记录	月
2	抽查监控系统的功能、性能指标	
3	备份上个月的历史数据	
4	对统计的数据进行分析、整理出分析报告，并妥善保管	
5	做阶段汇总月报报表	
6	备份系统操作记录数据	季
7	做阶段汇总年报表	年
8	全面抽查监控系统的功能、性能指标	
9	整理历史数据	
10	检查并确保监控中心服务器、监控主机和配套设备、监控模块及前端采集设备有良好的接地和必要的防雷设施	
11	检查智能通信口与数据采集器之间的电气隔离及防雷措施	

第九章　通信防雷与接地

雷击和电磁骚扰等各种原因产生的过电压，时常干扰和破坏通信系统，也给通信电源系统和设备带来灾害。雷击不但造成财产损失，甚至威胁作业人员的人身安全。因此，如何防止雷电过电压的产生，研究保护通信及电源设备免遭雷害已成为一个重要的课题。

第一节　雷电过电压防护技术原理

通信局（站）的设备和设施遭受雷害的原因，从雷的形式上分为直接雷或感应雷，从雷电作用形式上分为雷电流或雷电的高频电磁脉冲，从雷电危害的途径上分为直接雷或感应雷（感应雷又分为静电感应和电磁感应）通过各种线缆引入，以及地电位反击等原因造成。不论何种原因，雷电产生的过电压是损坏通信设备的直接原因。

一、雷电的形成

雷电的生成始于雷云的形成，是雷云的一种放电现象。对此，早在1752年，美国科学家本杰明·富兰克林就以举世闻名的“风筝实验”证明了雷电的电学本质。但对于雷云起电的原因和机理，至今仍有多种理论，具有代表性的就有水珠分裂学说、静电感应学说、水滴冻冰学说等，都从某些方面解释一定的雷云起电现象。但归根结底，俄国科学家罗蒙诺索夫道出了其根本原理：含水蒸气的气流运动是形成雷云的根本原因。

由于雷云中电荷分布的不均匀，在空中的各云团之间、云团对地之间的电场强度也各不相同。因此，只有对地场强最高、且积聚到一定强度的云团才会对地放电而形成云地闪电，即通常意义上的闪电；而绝大多数的雷云放电现象都发生在空中，形成云内闪电、云际闪电和云空闪电。

根据已有的实验数据表明，当雷云中某一电荷密集处的电场强度达到25～30 kV/cm时，就会向地表产生先导放电，并由于电荷中和而形成强大的放电电流，即雷击电流；并且，这样的放电一旦发生，往往都不会是单次的，而是在短暂的间隙后又产生连续闪击，但放电电流要小得多。因此，在综合整个云地放电过程后，国际上普遍将云地放电（建筑物遭受直接雷击）时的模拟雷击电流波形等效为图9—1，即通常所说的10/350 μs波形（IEC 61312标准），又称为直击雷电冲击电流模拟波形（试验波形）。

在雷云先导放电的过程中，雷电流在雷电通道周围空间建立强大的电磁场，交变的磁场会在周围金属物体上感应出过电压，又称为雷击感应过电压或感应雷。相对于直接雷而言，虽然感应雷在雷电能量上远小于直接雷，约为直接雷的1/20，但由于其近地面的影响范围和几率都相当大，因此，其实际危害远大于直接雷。对于感应雷冲击电流的模拟波形，普遍认同以8/20 μs波形（IEC61643标准）作为模拟测试波形。

关于8/20 μs、10/350 μs模拟雷电流冲击波如图9—1所示。

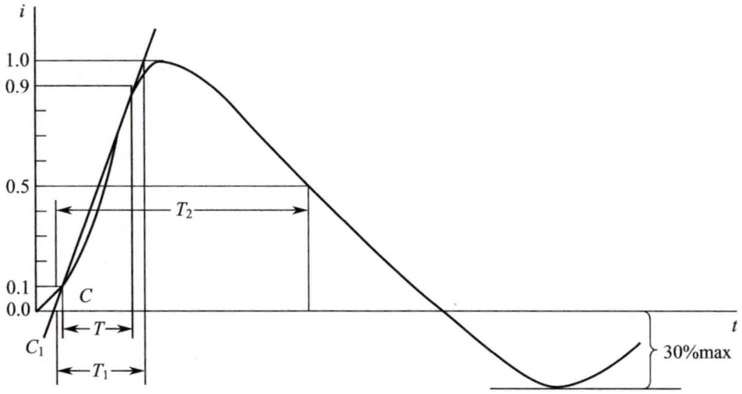

视在波前时间：$T_1=1.25\times T=8\ \mu s(\pm10\%)$

视在半峰值时间：$T_2=20\ \mu s(\pm10\%)$

视在波前时间：$T_1=1.25\times T=10\ \mu s(+100\%,-10\%)$

视在半峰值时间：$T_2=350\ \mu s(+50\%,-20\%)$

图 9—1　8/20 μs、10/350 μs 模拟雷电流冲击波

二、防雷的基本理论

1. 防雷的基本原则

防雷的基本途径就是提供一条使雷电(包括雷电电磁脉冲辐射)对地泄放的合理低阻抗路径，而不能让其随机性选择放电通道，其含义就是要控制雷电能量的泄放与转换，这也是防雷的基本原则。

2. 防雷的六种基本方法

(1)接闪(传导)，就是用避雷针、避雷网、避雷带、避雷线等装置，把闪电的强大电流传导到大地中去。

(2)均压连接(搭接)，通过把各种金属物用粗导线焊接起来，或把它们直接焊接起来，从而保证等电位。

(3)联合接地，就是将工作地、保护地和防雷地组成一个联合接地网。机房内各类接地线应从接地汇集线或接地网上分别引入。

(4)分流，就是在一切从室外来的导线(包括电力电源线、电话线或信号线、天线的馈线等)与接地装置或接地线之间并联一种适当的避雷器。

(5)屏蔽，就是用网、箔、壳或管子等导体把需要保护的对象包围起来，使闪电的电磁脉冲从空间入侵的通道全部截断。

(6)躲避，在雷雨来临时，关掉设备，拔掉一切电源插头，将天线的馈线连接到接地装置去。

以上方法是有机结合的，单独一项不会起到有效的防护作用。

三、雷电的防护分区

根据雷电电磁脉冲防护标准(IEC 1312-1)，将一个易遭雷击的区域，按照通信局(站)建筑物内外、通信机房及被保护设备所处环境的不同，进行被保护区域划分，这些被保护区域称为防雷区(LPZ,Lightning Protection Zones)。

防雷区以其交界处的电磁环境有明显改变作为划分不同防雷区的特征。防雷区宜按以下规定分区。

(1)$LPZ0_A$ 区:本区内的各物体都可能遭受直接雷击和导走全部雷电流,本区的雷电电磁场没有衰减。

(2)$LPZ0_B$ 区:本区内的各物体不可能遭受直接雷击,但本区内的雷电电磁场的量级与LPZ0A区一样。

(3)LPZ1区:本区内的各物体不可能遭受直接雷击,流经各导体的电流比 $LPZ0_B$ 区更小,本区内的雷电电磁场可能衰减(雷电电磁场与 $LPZ0_A$ 区、$LPZ0_B$ 区可能不一致),这取决于屏蔽措施。

(4)后续防雷区(LPZ2等):当需要进一步减小雷电流和电磁场时,应引入后续防雷区,并按照需要保护的系统所要求的环境选择后续防雷区的要求条件。

(5)在两个防雷区的界面上,应将所有通过界面的金属物做等电位连接,并宜采用屏蔽措施。

将需要保护的空间划分成不同防雷区的一般原则如图9—2所示。

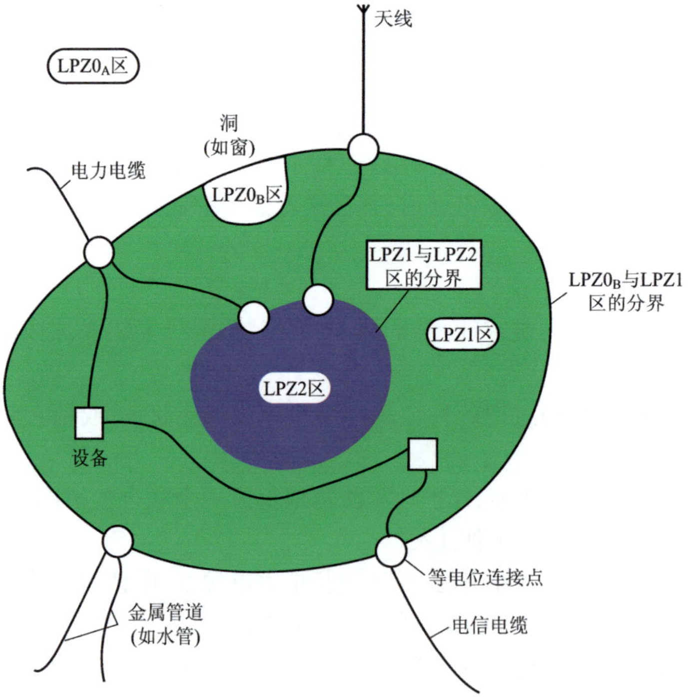

图9—2　将一个需要保护的空间划分为不同防雷区

四、建筑物等电位分区保护

等电位分区保护的原则是在不同防雷区的界面处用导体或浪涌保护器(对于电源或信息线缆,不能用导体连接时)作等电位连接。将一个建筑物划分为几个防雷区和做符合等电位连接的例子如图9—3所示。此处的所有电力线和信号线从同一处进入被保护空间

LPZ1 区，并在设于 $LPZ0_B$ 区与 LPZ1 区的等电位连接带 1 上做等电位连接，这些线路在 LPZ1 与 LPZ2 区界面处的等电位连接带 2 上再做等电位连接。将建筑物外的屏蔽连接到等电位连接带 1 上，建筑物内的屏蔽连接到等电位连接带 2 上。在需要保护的空间内，当采用屏蔽电缆时其屏蔽层应至少在两端并宜在交界处做等电位连接。

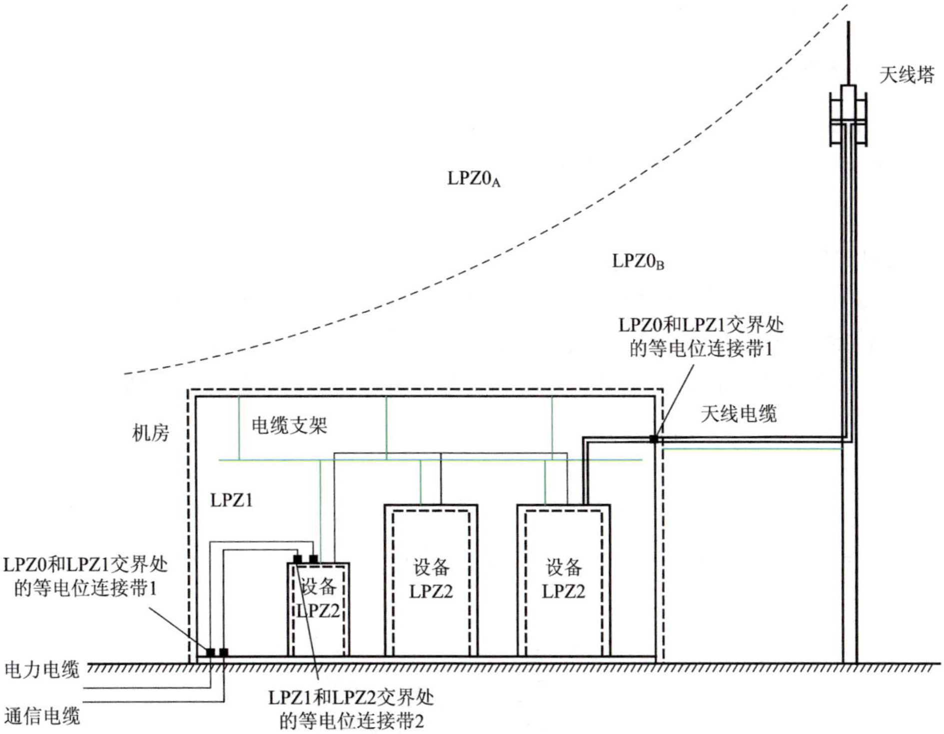

图 9—3　将一个建筑物划分为几个防雷区和做符合等电位连接的例子

第二节　接地概述

大地是一个良导体，电阻非常小，电容量非常大，拥有吸收无限电荷的能力，并且在吸收大量的电荷后能够保持电位不变。因此可以在物体遭受雷击时通过避雷装置将雷电流快速向大地中释放，还可以把大地作为电气系统的参考地，提供基准零电位，从而有了接地的概念。在日常生活中，各类建筑物、供电系统、通信系统、计算机网络以及各类用电设备均涉及接地的要求。

合理良好的接地系统可以保证建筑物及电气设备免遭雷击的损害，保证供电系统的正常工作，在用电设备发生漏电时保护人身的安全等等。对通信网络而言，接地系统同样起着非常重要的作用，各类通信局（站）均对接地电阻有着严格的要求。接地按其作用可以分为保护接地和功能性接地，前者有防雷接地、用电设备外壳接地、防电蚀接地和防静电接地等等，功能性接地有交流中性线接地、直流 -48 V 正极接地、逻辑接地、屏蔽接地、信号接地等。接地体通常采用钢筋网、镀锌角钢、镀锌扁铁或者钢管等材料。

通信大楼原先均采用分散接地系统，一个大楼内防雷接地、保护接地、工作接地等均相互独立。但分散接地系统中各独立地网距离都非常近，难免相互影响，也很难保证各地网接地电阻都非常小。为了保证大楼各层面内等电位的要求,同时尽量减小接地电阻,目前要求通信大楼采用联合接地系统,即利用大楼立柱中的主钢筋和各层面的钢筋网组成笼状的接地体,然后在大楼的四周采用钢管或角钢打一圈人工辅助接地,再将辅助接地与大楼桩基接地按要求进行多点连接,最后在大楼底层不同地方分别引出总接地汇集线,分别用作保护接地和工作接地。接地系统的接地电阻每年应定期测量,并保证接地电阻符合指标要求。

一、接地基本概念

在通信局站中,接地占有很重要的地位,它不仅关系到设备和维护人员的安全,同时还直接影响着通信的质量。因此,掌握理解接地的基本知识,正确选择和维护接地设备,具有很重要的意义。

1. 接地的概念

通信局站中接地装置或接地系统中所指的“地”,和一般所指的大地的“地”是同一个概念。所谓“接地”,就是为了工作或保护的目的,将电气设备或通信设备中的接地端子,通过接地装置与大地做良好的电气连接。并将该部位的电荷注入大地,达到降低危险电压和防止电磁干扰的目的。

2. 接地系统

所有接地体与接地引线组成的装置,称为接地装置,把接地装置通过接地线与设备的接地端子连接起来就构成了接地系统。如图 9—4 所示。

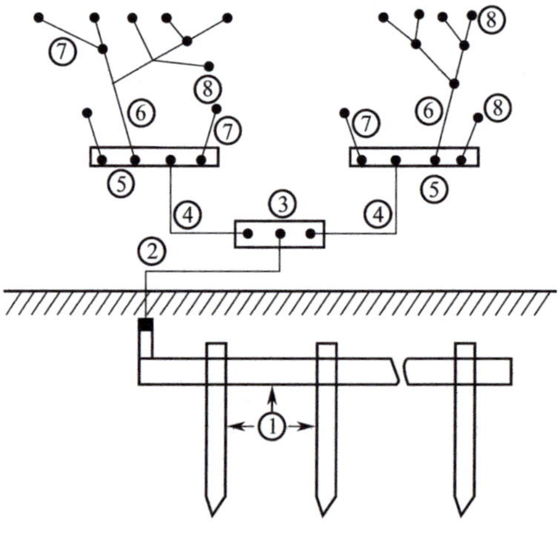

图 9—4　接地系统

3. 接地电阻

工频电流从接地体向周围大地散流时,土壤呈现的电阻值,即接地体对地电阻和接地引线电阻的总和,称为接地装置的接地电阻,用符号 R_e 表示,单位为欧姆(Ω)。接地电阻的数值,等于接地装置对地电压 U 与通过接地装置流入大地电流 I_e 的比值。用公式表示为:

$$R_e = \frac{U}{I_e} \tag{9—1}$$

接地装置的接地电阻,一般是由接地引线电阻,接地体本身电阻,接地体与土壤的接触电阻以及接地体周围呈现电流区域内的散流电阻四部分组成。

在上述决定接地电阻大小的四个因素中，接地引线一般是有相应截面的良导体，故其电阻值是很小的。而绝大部分的接地体采用钢管、角钢、扁钢或钢筋等金属材料，其电阻值也是很小的。接地体与土壤的接触电阻决定于土壤的湿度、松紧程度及接触面积的大小，土壤的湿度越高、接触越紧、接触面积越大，则接触电阻就小，反之，接触电阻就大。散流电阻则与土壤的电阻率有关，电流由接地体向土壤四周扩散时，愈靠近接地体，电流密度愈大，散流电流所遇到阻力愈大，呈现出的电阻值也愈大，也可以看出，它对接地电阻的影响最大。所以接地电阻主要由接触电阻和散流电阻构成，其中最主要是后者。

当接地体向大地释放电流时，电流呈半球状向外扩散，因此由接地体开始至大地深处将会产生一定的电位差，可以认为离开接地体 20 m 处以外电荷已被大地完全吸收，即可以认为该处为真正的“地”。所以在测试时，要求各辅助接地极间的距离在 20 m 以上。接地电阻值测试的准确性，与地阻测试仪辅助电极布置位置的恰当与否有直接关系。

当冲击电流或雷电流通过接地体向大地散流时，不再用工频接地电阻而是用冲击接地电阻来度量冲击接地的作用。冲击接地电阻 r_{ch} 等于接地体冲击电压的幅值与冲击电流幅值之比。冲击接地电阻 r_{ch} 与工频接地电阻 R_e 的关系是：

$$r_{ch}=\alpha R_e \tag{9—2}$$

式中，α 为冲击系数。α 的大小与大地电阻率 ρ 有关，它们的关系是：当大地电阻率 $\rho \leq 100\ \Omega \cdot m$ 时，$\alpha \approx 1$；$\rho \leq 500\ \Omega \cdot m$ 时，$\alpha \approx 0.667$；$\rho \leq 1\ 000\ \Omega \cdot m$ 时，$\alpha \approx 0.5$；$\rho > 1\ 000\ \Omega \cdot m$ 时，$\alpha \approx 0.333$。

4. 对地电压、接触电压、跨步电压

(1)接地的对地电压

电气设备的接地部分，如接地外壳、接地线或接地体等与大地之间的电位差，称为接地的对地电压 U_d（$U_d=I_d \times r_d$），如图 9—5 所示。

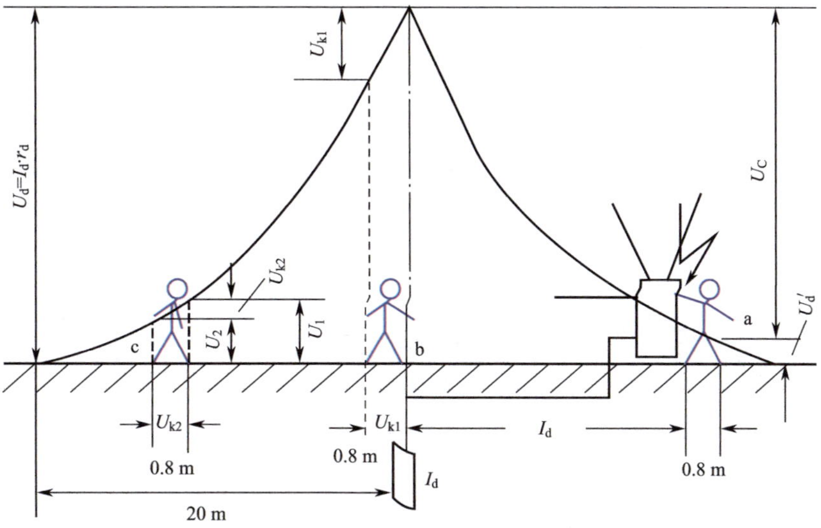

图 9—5　对地电压、接触电压和跨步电压

当有较强电流通过接地体注入大地时(如相线碰壳),电流通过接地体向周围土壤作半球形扩散,并在接地点周围地面产生一个相当大的电场,电场强度随着距离的增加迅速下降,试验资料表明,距离接地体 20 m 处,对地电压(该处与无穷远处大地的电位差)仅为最大对地电压的 2%,在实用上可以认为是零电位点,从接地体到零电位点之间的区域,称为该接地装置的接地电流扩散区,若用曲线表示接地体及其周围各点的对地电压,则呈典型的双曲线形状。

(2)接触电压

在接地电阻回路上,一个人同时触及的两点间所呈现的电位差,称为接触电压。显然人所在的位置离接地体处越近,接触电压越小;离接地体越远,则接触电压越大,在距离接地体处约 20 m 以外的地方,接触电压最大。在图 9—5 中位于 a 处的人,当设备外壳带电而人触及机壳时,所遭受的接触电压 U_c,等于电气设备外壳的对地电压 U_d 和脚所站位置的对地电压 U_d'之差,即 $U_c = U_d - U_d'$ 。

(3)跨步电压

在电场作用范围内(以接地点为圆心,20 m 为半径的圆周),人体如双脚分开站立,则施加于两脚的电位不同而导致两脚间存在电位差,此电位差便称为跨步电压 U_k。跨步电压的大小,随着与接地体或碰地处之间的距离而变化。距离接地体或碰地处越近,跨步电压越大,反之则小,在图 9—5 中,U_{k1} 大于 U_{k2}。

二、接地电阻的测量

测量接地电阻最初采用伏安法来实现。这种测试方法首先需要估测接地电阻的大小,恰当选择测试电压、测试导线截面,选择另一辅助接地,使被测接地、大地、辅助接地、测试电源之间形成回路(如图 9—6 所示)。测试通过接地体的电流和接地体引出端的对地电压,根据欧姆定理计算接地电阻。显然该测试方法实现起来非常麻烦、工作量大、准确性差,目前已不再采用。

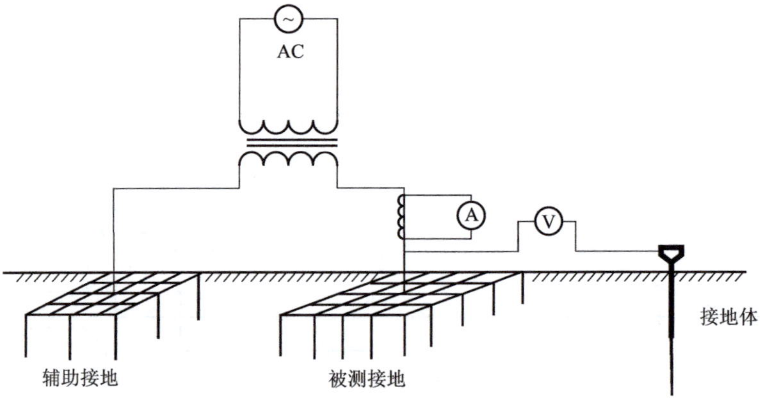

图 9—6　伏安法测量接地电阻

随着技术的发展,虽然接地电阻的测试原理仍然是古老的欧姆定理或者是桥路原理,但是测试仪表发生了巨大的变化。从 20 世纪六七十年代开始出现了手摇式接地电阻测试仪,如目前仍在普遍使用的国产 ZC-28、ZC-29 型接地电阻测试仪。

最近几年，国内开始引进数字式多功能接地电阻测试仪，如产于奥地利 LEMNORMA 公司的 GEOX 钳形接地电阻测试仪、产于意大利的 TERR 234 型接地电阻测试仪等。测试仪表和技术的发展，在减少测试人员工作量的同时提高了测试精度，增加了测试的可重复性。

1. 接地电阻测试仪的工作原理

常用的接地电阻测试仪有手摇式 ZC-29 型接地电阻测试仪、双钳口 GEOX 接地电阻测试仪以及单钳口接地电阻测试仪等等。实际测量中使用最普遍的是采用桥路法的国产手摇式 ZC-29 型接地电阻测试仪。该测试仪在使用时需要打两根辅助接地棒，其中一根为电流极，另一根为电压极，用于在仪表和接地体之间提供电压和电流回路。其基本工作原理如图 9—7 所示，通过手摇发电机 MG，产生约 110 Hz 的交流电流 I_1，该电流通过辅助电流极、大地、被测接地极、表内电流互感器的初级线圈流回手摇发电机。I_1 流经电流互感器初级线圈 L_1 的同时，在其次级线圈 L_2 上感应出电流 I_2，通过调节表内电位器 R_S 使辅助电压极的电位和被测接地体的电位相同，使得流过检流计的电流为零，然后根据电位器的阻值和电流互感器的变比 K，便可以求得接地电阻值。

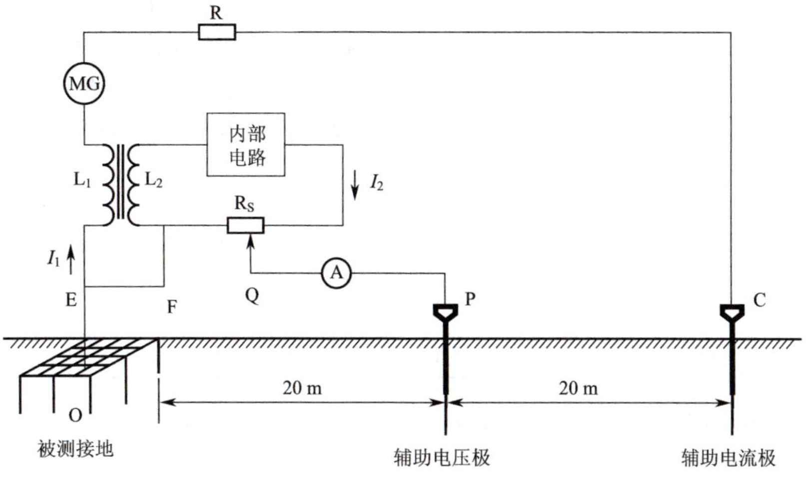

图 9—7　接地电阻测试仪工作原理简化图

已知，当 $V_{OE}=V_{QF}$时检流计的电流为零。接地电阻测试仪表盘（R_S）的刻度为 0 ~ 10，设读数为 N 时检流计指示零位，则有：

$$I_1 \times R_e = I_2 \times R_S \times N/10 \tag{9—3}$$

$$R_e = \frac{I_2}{I_1} \times R_S \times N/10 = K \times R_S \times N/10 \tag{9—4}$$

式中，K 为电流互感器的电流变比，ZC29B-1 型，$K=4$；ZC29B-2 型，$K=0.25$。

GEOX 双钳口接地电阻测试仪是一款多功能的测试仪表，除了测试接地电阻外，还可以测试土壤电阻率、交流接触电阻、直流电阻等等。GEOX 提供多种接地电阻的测试方式，如不带钳口三极或四极测试法、双钳口三极或四极测试法。不带钳口的测试方式其原理类同于手摇式接地电阻测试仪，需要提供两根辅助接地棒。采用双钳口的测试方式需要有另外一组独立的接地体以便为测试仪提供信号回路，测试仪的其中一个钳口用于提供测试电压信号，另外一个钳口用于检测接地体中流过的信号电流，根据两者的关系，得出接地电阻的大小。使用者可以根据当地的实际条件和测试需要进行灵活的选择。单钳口接地电阻测试仪在一个钳口中同时实现 GEOX 接地电阻测试仪的两个钳口的功能，仪表的测试原理与双钳口接地电阻测试仪基本相同。

2. 接地电阻的测试操作

测量接地电阻时，能否正确地选择辅助接地棒的布设位置对接地电阻测量值将会产生较大的影响。根据辅助接地棒的布设位置可以分成以下几种。

(1)直线布极法：该方法将两根辅助接地棒在接地体的同一侧成直线布设，要求电压辅助棒与电流辅助棒的距离、电流辅助棒与接地网边缘的垂直距离均不少于 20 m。

(2)三角形布极法：该方法将辅助电压棒、辅助电流棒以及接地网呈三角形布设，且要求两个辅助极与接地体边缘的垂直距离、两个接地体间的距离均不少于 20 m。

(3)两侧布极法：两根接地辅助棒布设在接地体的两侧，要求辅助接地棒与该侧接地体边缘的垂直距离均不小于 20 m。

接地电阻直接受大地电阻率的影响，大地电阻率越低，接地电阻就越小。而大地电阻率又受土壤所含水分、温度等因素的影响，这些因素随季节变化而变化。因此，全年中各月份测得的土壤电阻率是不同的，因而接地电阻也不同。通过季节修正系数 K，可以将接地电阻值换算至不同季节的值。表 9—1 给出了全国部分地区接地电阻的季节修正系数。

表 9—1　全国部分地区接地电阻季节修正系数

测量月份		1	2	3	4	5	6	7	8	9	10	11	12
修正系数 K	北京	1.08	1.00	0.96	1.35	1.42	1.42	1.42	1.93	1.80	1.60	1.42	1.35
	郑州	1.42	1.27	1.23	1.12	1.03	1.00	1.03	1.08	1.12	1.28	1.31	1.39
	广州	1.65	1.52	1.48	1.32	1.17	1.00	1.02	1.07	1.23	1.29	1.32	1.50

【举例】郑州某局在冬季 11 月份测得接地电阻值为 0.9 Ω，则 4 月份的接地电阻值为：

$$r_{d4} = r_{d11} \times \frac{K_4}{K_{11}} = 0.9 \times \frac{1.12}{1.31} = 0.77(\Omega) \tag{9—5}$$

3. 接地电阻测量的注意事项

(1)为了减少测量误差，要求接地电阻测试仪的抗干扰能力大于 20 dB，以防止土壤中的杂散电流或电磁感应引起的干扰。测试仪应具有大于500 kΩ 的输入阻抗，以减少因辅助极棒探针和土壤间接触电阻引起的测量误差。

(2)选择电流极棒和电压极棒的测量位置，应避开架空线路和地下金属管道走向，否则测得的接地电阻值将大大偏低。

(3)测试极棒应牢固可靠接地，防止松动或与土壤间有间隙。如果测量时仪表灵敏度过高，可以将辅助电极向上适当拉出；如果灵敏度过低，可以在辅助电极周围浇水，减少辅助电极的接触电阻。

(4)测量接地电阻的工作，不宜在雨天或雨后进行，以免测量不准确。

(5)处于野外或山区的通信局站，由于当地的土壤电阻率一般都比较高，测量地网接地电阻时,应使用两种不同测量信号频率的地阻仪分别测量,并将两个测量结果进行比较,以便确定接地电阻的大小。如果测量信号频率不恰当,可能会产生极化效应或大地的集肤效应,使测量结果不准或出现异常现象。

(6)如果测试现场地面具有一定坡度,则电流极棒和电压极棒距地网的距离以及极棒间的距离应是其斜坡上的距离在水平面上的投影。

(7)当接地体中有与测试仪表所产生的交流信号相同的干扰源时,也将影响测试的准确性,此时要求先将所接设备断开再进行测试。

(8)如果接地体周围全部是水泥地面,无法找到打辅助电极的位置,这时可以用大于25 cm×25 cm 的铁板作为辅助电极平铺在水泥地面上,然后在铁板下面倒些水,以减少接触电阻。两块铁板的布放位置与辅助接地极的要求相同。采用这种方法测量对测试结果没有明显的影响,因为根据前面所述的测量原理,辅助电压极与辅助电流极与大地之间的接触电阻的大小并不影响接地电阻的测量。

三、接地的分类和作用

通信电源接地系统,按带电性质可分为交流接地系统和直流接地系统两大类。按用途可分为工作接地系统、保护接地系统和防雷接地系统。而防雷接地系统中又可分为设备防雷和建筑防雷。

(一)交流接地系统

交流接地系统有中性点接地和电气设备的保护接地之分。如图 9—8 所示。

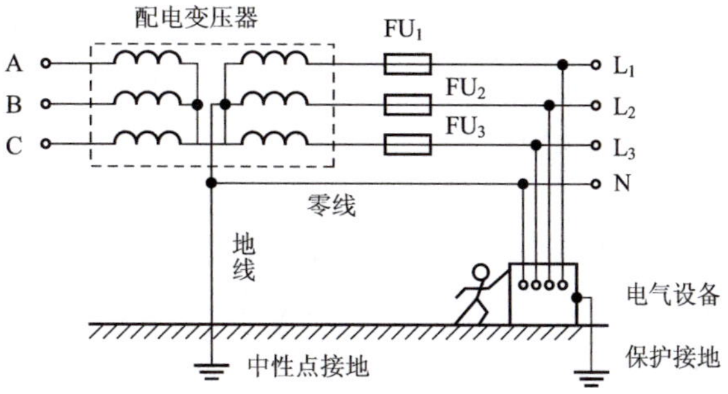

图 9—8　交流供电系统中的中性点接地和电气设备保护接地

1. 交流供电系统的中性点接地

在 TT 和 TN 供电系统的低压交流电网中,将三相电源中的中性点直接接地,如配电变压器次级线圈、交流发电机电枢绕组等中性点的接地。其作用是将三相交流负荷不平衡引起的中性线上的不平衡电流泄放于地,以及减小中性点电位的偏移,保证各相设备的正常运行。接地以后的中性线称为零线。交流供电系统中的中性点接地俗称交流工作地。

2. 电气设备的保护接地

将受电设备在正常情况下与带电部分绝缘的金属外壳与接地装置做良好的电气连接,来达到防止因设备绝缘损坏而遭受触电危险的目的。

3. 接地保护方式

根据我国《低压电网系统接地形式的分类、基本技术要求和选用导则》的规定,低压电网系统接地的保护方式可分为:接零系统(TN 系统)、接地系统(TT 系统)和不接地系统(IT 系统)三类。目前通信电源系统中的交流部分普遍采用 TN-S 接地保护方式。

TN-S 和 TN-C-S 系统中的 N 线必须与受电设备的外露导电部分和建筑物钢筋严格绝缘布放。

实际上,从电源直接接地点引出的 PE 线与受电设备外露导电部分相连时,通常必须进行重复接地。防止 PE 线断开时,断点后面发生碰壳的设备有外壳带电的危险,尤其在 N 线和 PE 线合一的三相四线制电源中。此重复接地用的接地装置即为保护接地,其复接方式如图 9—9 所示,显然(b)图所示比(a)图效果要好。

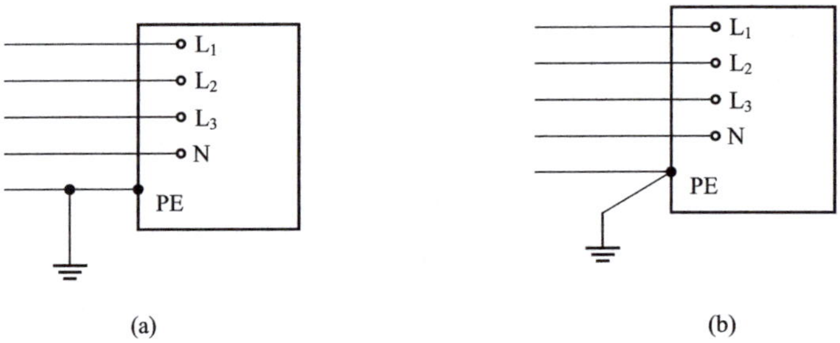

图 9—9　重复接地保护接线方式

在通信电源系统中需要进行重复接地保护的有:配电变电器,油机发电机组,交、直流电动机的金属外壳,整流器、配电屏与控制屏的框架,仪表用互感器二次线圈和铁芯,交流电力电缆接线盒,金属护套,穿线钢管等。

(二)防雷接地

在通信局(站)中,通常有两种防雷接地,一种是为保护建筑物或天线不受雷击而专设的避雷针防雷接地装置,这是由建筑部门设计安装的;另一种是为了防止雷击过电压对通信设备或电源设备的破坏需安装避雷器而埋设的防雷接地装置。如高压避雷器的下接线端汇接后接到接地装置。

(三)直流接地系统

按照性质和用途的不同,直流接地系统可分为工作接地和保护接地两种。工作接地用于保证通信设备和直流通信电源设备的正常工作;而保护接地则用于保护人身和设备的安全。

1. 直流工作接地

在通信电源的直流供电系统中,为了保证通信设备的正常运行、保障通信质量而设置的电池一极接地,称为直流工作接地,如 -48 V 电源的正极接地、+24 V 电源的负极接地等。

2. 直流工作接地的作用

(1)利用大地作良好的参考零电位,保证在各通信设备间甚至各局(站)间的参考电位没有差异,从而保证通信设备的正常工作。

(2)减少用户线路对地绝缘不良时引起的通信回路间的串音。

(3)利用大地构成通信信号回路或远距离供电回路。

3. 直流保护接地

在通信系统中,将直流设备的金属外壳和电缆金属护套等接地,叫做直流保护接地。

4. 直流保护地作用

(1)防止直流设备绝缘损坏时发生触电危险,保证维护人员的人身安全。

(2)减小设备和线路中的电磁感应,保持一个稳定的电位,达到屏蔽的目的,减小杂音的干扰，以及防止静电的发生。

通常情况下，直流的工作接地和保护接地是合二为一的，但随着通信设备向高频、高速处理方向发展，对设备的屏蔽、防静电要求越来越高，将会要求将两者分离。

直流接地需连接的有：蓄电池组的一极，通信设备的机架或总配线的铁架，通信电缆金属隔离层或通信线路保安器，通信机房防静电地面等。

至于直流电源通常采用正极接地的原因，主要是大规模集成电路所组成的通信设备的元器件的要求；也有减小由于电缆金属外壳或继电器线圈等绝缘不良，对电缆芯线、继电器线圈和其他电器造成的电蚀作用。

另外，在通信电源的接地系统中，还专门设置了用来检查、测试通信设备工作接地而埋设的辅助接地，称为测量接地。它平时与直流工作接地装置并联使用，当需要测量工作接地的接地电阻时，将其引线与地线系统脱离，这时测量接地代替工作接地运行。所以说，测量接地的要求与工作接地的要求是一样的。

四、联合接地系统

（一）分设接地系统

分设接地系统是指工作接地、保护接地、防雷接地等各种接地装置单独设置，并要求彼此相距 20 m。这种方式是我国 20 世纪 50 年代至 70 年代末通信局站所采用的传统接地方式，它存在如下缺点：

（1）侵入的雷击浪涌电流在这些分离的接地之间产生电位差，使装置设备产生过电压。

（2）由于外界电磁场干扰日趋增大，如强电进城、大功率发射台增多、电气化铁路的兴建，以及高频变流器件的应用等，使地下杂散电流发生串扰，其结果是增大了对通信和电源设备的电磁耦合影响。而现代通信设备由于集成化程度高，接收灵敏度高，因而提高了环境电磁兼容的标准。而分设接地系统显然无法满足通信的发展对防雷和提高了的电磁兼容标准的要求。

（3）接地装置数量过多，受场地限制而导致打入土壤的接地体过密排列，不能保证相互间所需的安全间隔，易造成接地系统间相互干扰。

（4）配线复杂，施工困难。在实际施工中由于走线架、建筑物内钢筋等导电体的存在，很难把各接地系统真正分开，达不到分设的目的。

（二）联合接地系统

联合接地系统与分设接地系统相反，它把原先分设的工作接地、保护接地、防雷接地等各种单设的接地装置合设成一个地网，而各种不同用途接地系统均接着统一的地网。目前，美国、日本、德国等国家在通信大楼均采用了联合接地的方式。我国在 20 世纪 90 年代就提出了通信局（站）采用联合接地的技术要求，在近期发布的 GB 50689—2011《通信局（站）防雷与接地工程设计规范》中也规定通信局（站）应采用联合接地。铁路系统在 2011 年制定的铁运〔2011〕144 号文《铁路通信设备雷电综合防护实施指导意见》中明确规定通信机房应采用共用接地方式，即建筑物防雷系统的接地装置、建筑物金属构件、低压配电保护线（PE）、防静电接地以及通信设备的工作接地、保护接地、防雷接地等连接在一起构成共用的接地系统。当条件具备时应接入铁路综合接地系统。其中“共用接地”方式与国标中的“联合接地"是相同的,"铁路综合接地系统"的解释详见本章第四节。

1. 联合接地示意图

联合接地系统由接地体、接地引入线、接地汇集线、接地线所组成,通信楼的联合接地方式如图 9—10 所示。

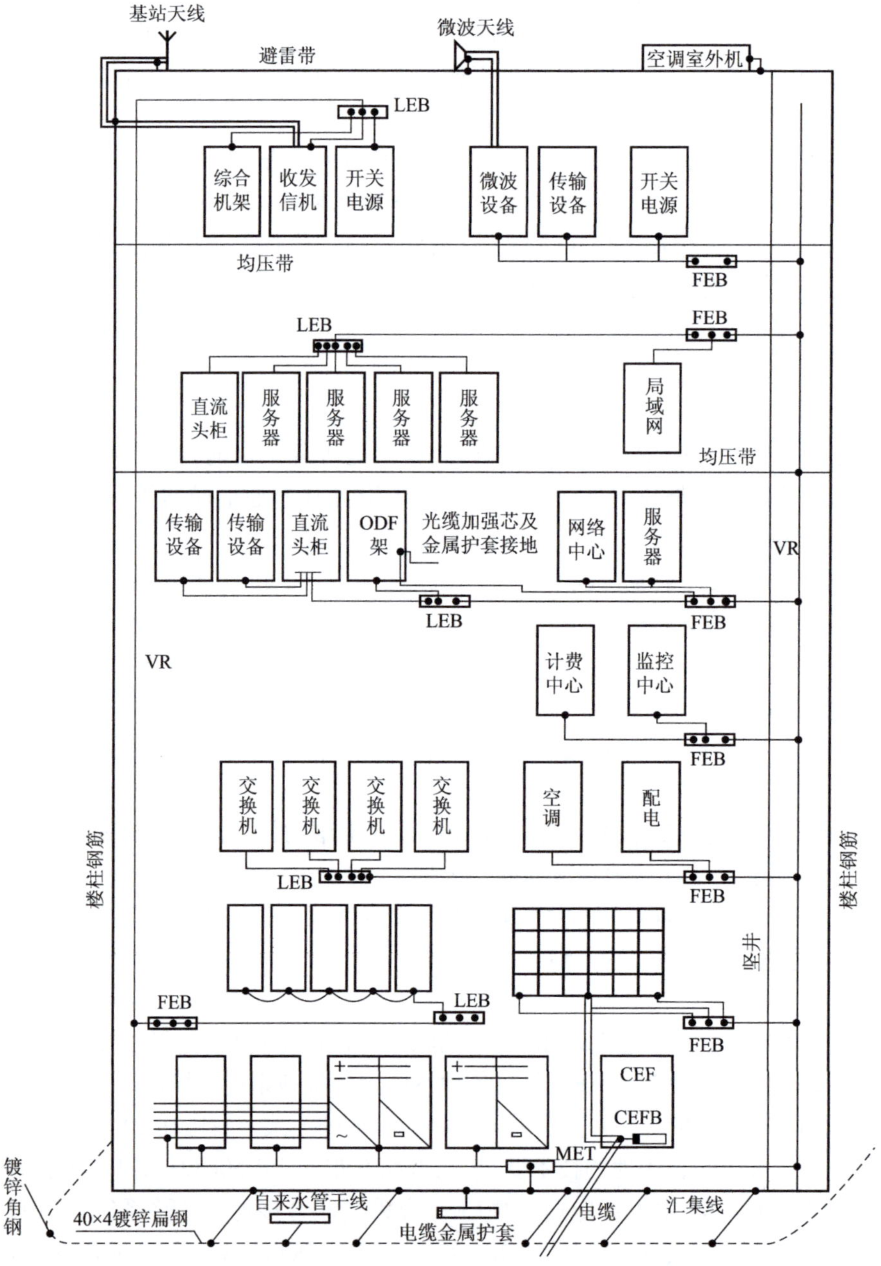

图 9—10　通信楼联合接地方式示意图

接地体是由数根镀锌钢管或角铁,环绕建筑物垂直打入土壤,构成垂直接地体(垂直电极）。然后用扁钢以水平状与钢管逐一焊接，使之组成水平接地体（水平电极）。两者构成环形接地网（称地网），采用联合接地方式的接地体，还包含建筑物基础部分混凝土内的钢筋。

接地汇集线是指通信大楼内分布设置，且与各机房接地线相连的接地干线。接地汇集线又分为垂直接地总汇集线和水平接地分汇集线两种，前者是垂直贯穿于建筑体各层楼的接地用主干线，后者是各层通信设备的接地线与就近水平接地进行分汇集的互连线。

接地引入线是接地体与总汇集线之间相连的连接线。

接地线是各层需要进行接地的设备，与水平接地分汇集线之间的连线。

2. 联合接地方式的优点

采用联合接地方式，在技术上使整个大楼内的所有接地系统联合组成低接地电阻值的均压网，具有下列优点：

（1）电位均衡，同层各地线系统电位大体相等，消除危及设备的电位差。

（2）公共接地母线为全局建立了基准零电位点。全局按一点接地原理而用一个接地系统，当发生地电位上升时，各处的地电位一起上升，在任何时候，基本上不存在电位差。

（3）消除了地线系统的干扰。通常依据各种不同电特性设计出多种地线系统。彼此间存在相互影响，而今采用一个接地系统之后，使地线系统做到了无干扰。

（4）电磁兼容性能变好。由于强、弱电，高频及低频电都等电位，又采用分屏蔽设备及分歧地线等方法，所以提高了电磁兼容性能。

（三）联合接地装置

理想的联合接地系统是在外界干扰影响时仍然处于等电位的状态，因此要求地网任意两点之间电位差小到近似为零。

1. 接地体地网

如图 9—11 所示为接地体地网示意图。

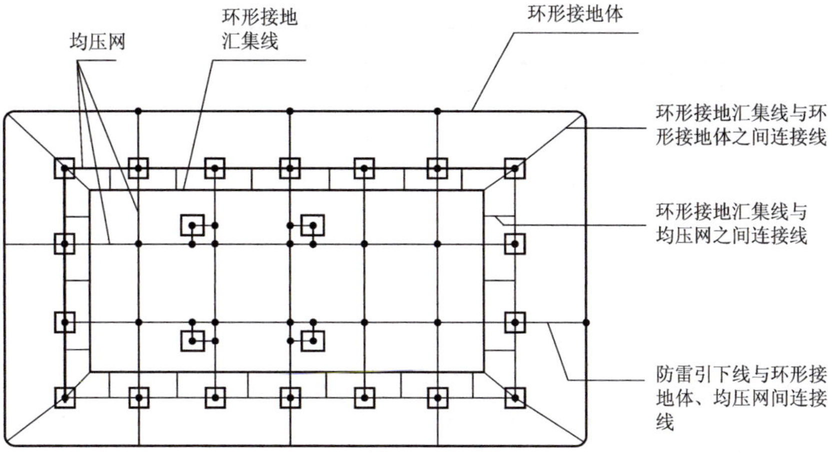

图 9—11　接地体地网示意图

接地总汇集线有接地汇集环与汇集排两种形式，前者安装于大楼底层，后者安装于电气室内，环形接地汇集线与水平环形均压带逐段相互连接，环形接地体又与均压网相连。构成均衡电位的连接体。再加上基础部分混凝土内的钢筋互相焊接成一个整体,组成低接地电阻的地网。

接地线网络有树干形接地地线网,多点接地地线网,一点接地地线网。一点接地地线网是由接地电极系统的一点,放射形接至各主干线,再连接各个用电设备系统。

2. 接地母线

在联合接地系统中,垂直接地总汇集线贯穿于电信大楼各层的接地用主干线,也可在建筑物底层安装环形汇集线,然后垂直引到各机房水平接地分汇集线上,这种垂直接地总汇集线称为接地母线。

3. 对通信大楼建筑的结构要求

要求建筑物混凝土内采用钢框架与钢筋互连,并连接联合地线焊接成法拉第"鼠笼罩"状的封闭体,才能使封闭导体的表面电位变化形成等位面(其内部场强为零),这样,各层接地点电位同时进行升高或降低的变化,使之不产生层间电位差,也避免了内部电磁场强度的变化。如图 9—12 所示。

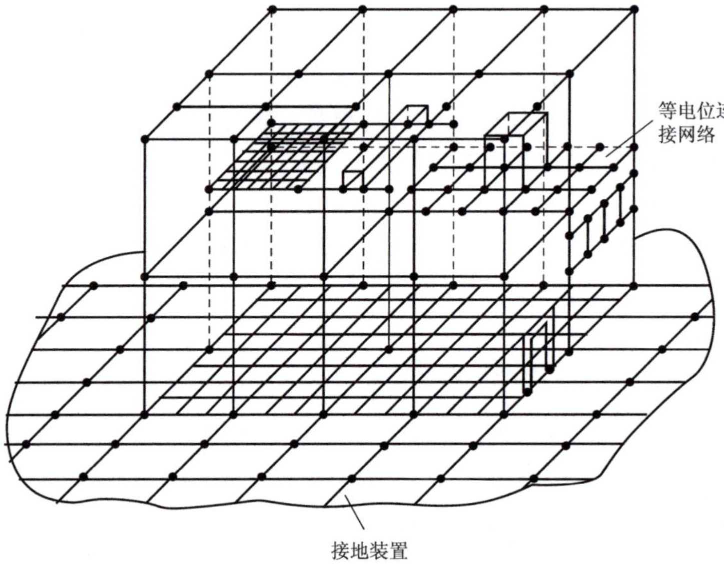

图 9—12　通信大楼钢骨架钢筋与联合地焊成"鼠笼罩"

五、对接地电阻的要求

接地装置的接地电阻大小,直接影响着通信质量的好坏及设备、人身的安全。一般来说,接地电阻愈小愈好,但接地电阻愈小,接地装置的造价就愈高。因此,要从保证设备正常运行和保障安全的要求出发,分别确定各种接地的最大允许接地电阻值。下面列举了一些通信行业标准中关于接地电阻的要求,铁路通信机房接地电阻的要求详见本章第四节。

(一)交流接地系统

1. 变压器中性点接地电阻

变压器中性点接地电阻值大小,主要根据配电变压器容量决定,当 $S \leqslant 100$ kVA 时,接

地电阻值 $R \leqslant 10\ \Omega$；当 $S > 100$ kVA 时，接地电阻 $R \leqslant 4\ \Omega$。

2. 保护接地

无论作为单独的接地保护还是与零线做重复接地保护，其接地电阻值应不大于 10 Ω。

3. 防雷接地

电力电缆与架空电力线接口处防雷接地的接地电阻值根据土壤电阻率的不同规定见表 9—2。

表 9—2　防雷接地电阻值

土壤电阻率(Ω·m)	接地电阻(Ω)
<100	<10
101～500	<15
500～1 000	<20

(二) 直流接地系统

1. 国内标准

综合电信楼、国际电信局、汇接局、万门以上程控交换局、2 000 路以上长话局接地电阻应小于 1 Ω；2 000 门以上 1 万门以下的程控交换局、2 000 路以下长话局接地电阻应小于 3 Ω。2 000 门以下程控交换局、光缆端站、微波枢纽站、移动通信站、地球站接地电阻应小于 5 Ω。

微波及光缆中继站、小地球站接地电阻应小于 10 Ω。微波无源中继站接地电阻应小于 20 Ω。

2. 几个国家的接地电阻值(见表 9—3)

表 9—3　国外电信局站对直流接地电阻的要求

国家与机型	接地电阻(Ω)
瑞典 AXE10	<4
荷兰 DX－220	<3
美国 5ESS	<5
法国 E10B	<1
比利时 S1240	
1～8 架	<10
9～30 架	<3
30 架以上	<1
日本 NTT	
10 000 线以上	<1
10 000 线以下	<2

第三节 雷电过电压防护器选型

雷电流在放电瞬间浪涌电流高达1～100 kA，其上升时间不到1 μs，其能量巨大，可损坏建筑物，中断通信，危害人身安全等。但因遭受直接雷击范围小，故在造成的破坏中不是主要的危险，而其间接危害则不容忽视。当代微电子设备的应用已十分普及，由于雷击浪涌电流的影响而使设备耐过压、耐过电流水平下降，并已在某些场合造成了雷电灾害。

防止雷害除了按设计规范采用避雷针，埋设接地装置外，还采用过电压抑制器件，即浪涌保护器，也称为防雷器或电涌保护器。安装浪涌保护器可在最短时间内将被保护的线路接入等电位系统中，使设备各端口等电位，同时将电路中因雷击而产生的大量脉冲能量泄放到大地，降低设备各端口的电位差，从而保护线路上的用电设备。

对系统设备而言，电源线路和通信线路是雷电袭击产生过电压并进行传导的两条主要通道，因此浪涌保护器分为电源系统浪涌保护器和通信系统浪涌保护器两种。

一、浪涌保护器

浪涌保护器(SPD，Surge Protective Devices)在通信局(站)是用于各类通信系统对各种雷电电流、操作过电压等进行保护的器件。

浪涌保护器的类型与使用场合如下。

1. 开关型(间隙型)SPD

安装在通信局(站)建筑物外，用于电源系统的SPD，可以疏导10/350 μs的模拟雷电冲击电流，在通信局(站)按照信息产业部标准和根据通信局(站)的具体的使用情况，一般不采用开关型(间隙型)或者间隙组合型SPD。

2. 限压型SPD

安装在防雷区建筑物内的SPD，可疏导8/20 μs的模拟雷电冲击电流。限压型SPD一般由氧化锌压敏电阻(MOV)或半导体放电管(SAD)等元器件组成，在通信局(站)推荐使用限压型SPD。

3. 混合型SPD

一般由MOV与滤波器、半导体放电管(SAD)与MOV等电路组成。

二、浪涌保护器的主要技术指标

浪涌保护器按用途分为有电源用SPD、信号线SPD、馈线用同轴型SPD、网络数据线用SPD等。

浪涌保护器的主要技术参数有：标称电压U_n、额定电压U_c(最大持续工作电压)、标称放电电流I_n、最大通流容量I_{max}、电压保护水平U_p、响应时间t_a、数据传输速率V_s、插入损耗AE、回波损耗AR。

当前使用较多的是电源用SPD。下面介绍低压配电系统用SPD的主要技术指标。

1. 最大持续工作电压

SPD在运行中能持久耐受的最大直流电压或工频电压有效值。

2. SPD 残压

雷电放电电流通过 SPD 时，其端子间呈现的电压峰值。

3. 标称导通电压

在施加恒定 1 mA 直流电流情况下 MOV 的启动电压。

4. SPD 的标称放电电流

用来划分 SPD 等级，具有 8/20 μs 模拟雷电波的冲击电流。

5. 最大通流容量

也称冲击通流容量，SPD 不发生实质性破坏，每线或单模块对地，通过规定次数、规定波形的最大限度的电流峰值。冲击通流容量一般大于标称放电电流的 2.5 倍。

6. 电压保护水平

表征 SPD 浪涌抑制能力的一个参数，它由制造商从规定的优选值系列中选取。SPD 的电压保护水平应小于被保护设备的耐压值。

三、移动通信系统中浪涌保护器的选型

以移动通信基站低压配电系统 SPD 的选型为例加以说明。

移动通信基站开关电源已经安装 C 级最大通流能力 40 kA 的 SPD，在总配电箱或总配电屏缺少多级保护中的第一级电源防雷箱，可采用箱型 SPD 保护。第一级电源防雷箱的使用，可按基站所处的环境划分为城市型、郊区型、山区型、高山站及易遭受雷击型四个档次。对各类基站第一级防雷箱的选择要求如下。

1. 城市型（闹市区、公共建筑物、专用机房、且雷暴日为中雷区的地区）

电源用 SPD 最大通流量：L-G 或 L-N、N-G 必须同时通过标称放电电流≥25 kA/线、冲击通流容量≥60 ~ 80 kA/线，8/20 μs 波形的检测。

最大持续工作相电压：不小于 385 V（指交流电有效值），对应的氧化锌标称导电电压（压敏电压）为 620 V 左右，残压在 1 600 V 左右（在 20 kA、8/20 μs 波形的条件下）；采用 3 +1 的保护模式。

2. 郊区（城市中高层孤立建筑物的楼顶机房、城郊、居民房、水塘旁以及无专用配电变压器供电的基站，且雷暴日为多雷区的地区）

电源用 SPD 最大通流量：L-G 或 L-N、N-G 必须同时通过标称放电电流≥35 ~ 40 kA/线、冲击通流容量≥80 ~ 100 kA/线、8/20 μs 波形的检测。

最大持续工作相电压：不小于 385 V（指交流电有效值），对应的氧化锌标称导电电压（压敏电压）为 620 V 左右，残压小于 1 600 V（在 20 kA、8/20 μs 波形的条件下）；采用 3 +1 的保护模式。

3. 山区型（中雷区以上有架空电源线引入的机房、丘陵、公路旁、农民房、水田中、易遭受雷击的机房，且雷暴日为多雷区的地区）

电源用 SPD 最大通流量：L-G 或 L-N、N-G 必须同时通过标称放电电流≥40 ~ 60 kA/线、冲击通流容量≥100 ~ 150 kA/线、8/20 μs 波形的检测。

最大持续工作相电压：不小于 385 V（指交流电有效值），对应的氧化锌标称导电电压

(压敏电压)为620 V左右,残压小于1 700 V(在20 kA、8/20 μs波形的条件下);采用3+1的保护模式。

4. 高山站及反复遭受雷击的基站

采用3+1的保护模式的两端口保护器混合型SPD,最大通流量:L-G或L-N、N-G必须同时通过标称放电电流≥40~60 kA/线、冲击通流容量≥100~150 kA/线、8/20 μs波形的检测。

最大持续工作相电压:不小于385 V(指交流电有效值),对应的氧化锌标称导电电压(压敏电压)为620 V左右,残压小于1 200 V(在40 kA、8/20 μs波形的条件下)。

在本节,中国移动针对城市、郊区、山区、高山站等典型应用场景,分别规定了移动基站第一级浪涌保护器的技术指标,包括最大持续工作电压、通流量、标称导通电压、残压以及保护模式等,对工程设计有明确的指导意义值得借鉴。但其技术指标并不完全适用于铁路通信防雷工程设计,浪涌保护器的选择原则与应用场景、安装位置、供电制式等多种因素密切相关,中国移动通信基站通常为TT供电制式,因此选用3+1保护模式的电源浪涌保护器,而铁路通信机房的供电制式为TN-S,或TN-C-S,因此选用四线对地保护模式(三相对地和零线对地之间加装SPD,详见本章第四节),这也符合GB 50689附录C的规定。另外,移动通信基站外部输入的交流电源稳定度不高,输入电压波动范围通常较大,因此选用的SPD最大持续工作相电压U_C不小于385 V,可以有效避免因电源电压长期超过SPD的U_C,而导致SPD模块发热、损坏,甚至引起火灾这样的事故。但SPD的U_C是与SPD的防护水平密切相关的,过高的U_C会导致SPD残压增大,从而降低对被保护设备的雷电防护效果。铁路通信机房尤其是高铁通信机房的电力稳定度很高,因此在一些地区可以适当降低SPD的最大持续工作电压,本书未介绍铁路通信用SPD的U_C值选用原则,相关标准正在制定中。

第四节　防雷与接地系统设计

本节中第一、二部分依据GB 50689—2011《通信局(站)防雷与接地工程设计规范》编写,适合移动通信系统;第三部分依据铁运〔2011〕144号文编写,适合铁路通信系统。

一、移动通信机房防雷与接地系统设计和工程规范

(一)机房的联合接地系统

1. 地网的组成

移动通信机房应按等电位的原理,将工作地、保护地和防雷地组成一个联合接地网。机房内各类接地线应从接地汇集线或接地网上分别引入。

移动通信机房的建筑防雷接地是大楼接地系统的一部分。地网应充分利用大楼基础的柱、梁内的钢筋作为地网的接地体,并加以扩展、互连成为机房的联合接地系统。对通信大楼院内设有铁塔或专有变压器的,且其地网外沿与机房地网外沿或铁塔地网与变压器地网外沿之间相距30 m以内时,彼此之间应每隔3~5 m相互焊接连通一次(至少有两处连通),以相互组成一个周边封闭的地网。

2. 接地汇集线

接地汇集线一般设计成环形或排状，材料为铜材，截面积不应小于 120 mm^2。机房内的接地汇集线可安装在墙面或走线架上，接地汇集线应与建筑钢筋保持绝缘。机房内的接地汇集线应从地网的中心多根就近引出。

3. 接地电阻值

移动通信大楼的接地电阻值不宜大于 1 Ω。

（二）接地系统与设备互连

1. 移动通信机房采用联合接地方式，机房的防雷地、保护地和工作地均接至地网均压网（以下简称均压网）。建筑物防雷装置中的雷电流应利用外围各房柱的外侧主钢筋和塔楼主钢筋（指对大楼顶有塔楼的机房）作为雷电流的引下线。大楼保护地和工作地可以在接地汇集线汇合接往均压网，也可以分别接往均压网。接地汇集线与雷电流引下线在地网的引接点相互距离应不小于 5 m，条件允许时，宜满足 10 ~15 m。为使机房的保护地、工作地以较短的途径与均压环相连，宜从远离雷电流引下处的均压环上多点引出，作为机房保护地、工作地的接地汇集线。

2. 机房的防雷地由建筑物柱内及楼面内的钢筋等组成，通过立柱地基与均压网相连。机房的走线架、槽道、上线柜、金属支撑物、安装机架导轨、机座及设备外壳等在电气上可靠连接组成机房的保护地。机房的工作地是指设备直流供电系统的回流导体。

3. 机房的走线架、槽道、上线柜、金属支撑物、安装机架导轨、机座及直接固定在地面的设备等，在安装时应与建筑物内，包括立柱、梁、地板内的钢筋绝缘。对竖井内安装垂直走线架等难以确保与建筑物内钢筋绝缘时，可在外部采取隔离措施，确保走线架等与建筑物内钢筋绝缘。

4. 大楼外侧的金属门窗宜与柱内钢筋相连；对于有封闭走廊的机房内侧金属门窗宜与机房的走线架、槽道、上线柜、金属支撑物等保护接地系统相连。

二、移动基站防雷与接地系统设计和工程规范

（一）一般规定

1. 移动通信基站天线应在接闪器（包括避雷针、避雷带等）的保护范围之内。

2. 移动通信基站应按均压、等电位的原理，将工作地、保护地和防雷地组成一个联合接地网。站内各类接地线应从接地汇集线或接地网上分别引入。

3. 机房地网的组成：应沿机房建筑物散水点外设环形接地装置，同时还应利用机房建筑物基础横竖梁内两根以上主钢筋，并辅以相同尺寸的钢筋组成网格不大于 3 m×3 m 的机房地网。当机房建筑物基础有地桩时，应将地桩内两根以上主钢筋与机房地网焊接连通。

4. 铁塔地网的组成：铁塔地网应采用 40 mm×4 mm 的热镀锌扁钢将铁塔地基四角塔脚内部金属构件焊接连通组成铁塔地网，并将铁塔地网延伸到塔基四脚外 1.5 m 远的范围，网格尺寸不应大于 3 m×3 m，其周边为封闭式；同时还要利用每个塔基地桩内的两根以上主钢筋作为铁塔地网的垂直接地体。

5. 变压器地网的组成：当电力变压器设置在机房内时，可共用机房及铁塔地网组成的联合地网；当电力变压器设置在机房外，且距机房地网边缘 30 m 以内时，变压器地网与机房

地网或铁塔地网之间，应每隔 3 ~ 5 m 相互焊接连通一次（至少有两处连通），以相互组成一个周边封闭的地网；当电力变压器距机房地网边缘大于 30 m 时，宜设独立地网，可以不与机房地网联通。

6. 机房接地引入线在地网中心部位就近引出与接地汇集线连通，对于新建基站不少于两根，且不能接于地网上同一点。同时应兼顾机房接地引入线与雷电流引下线在联合地网引接点的距离，应不小于 5 m，条件允许时，宜取 10 ~ 15 m。

7. 基站机房内供电设备的正常不带电部分均应作保护接地，严禁作接零保护；直流工作地应从接地汇集线上就近引接，接地线截面积应满足最大负荷要求，一般为 35 ~ 95 mm^2 的多股铜线。直流工作地严禁从交流配电屏直接引接。

8. 当地网的接地电阻值达不到要求时，可扩大地网的面积，即在地网外围增设 1 圈或 2 圈环形接地装置。环形接地装置由水平接地体和垂直接地体组成，水平接地体周边为封闭式，水平接地体与地网宜在同一平面上，环形接地装置与地网之间以及环形接地装置之间应每隔 3 ~ 5 m 相互焊接连通一次；也可在铁塔四角设置辐射式接地体，延伸接地体的长度宜限制在 10 ~ 30 m。环形接地装置的外形也可根据地形埋设。

9. 接地体的上端距地面应不小于 0.7 m（如地下有岩石，可根据地形决定埋深），在寒冷地区，接地体应埋在冻土层以下。

10. 地网在不同方向上至少设两个测试点，以便于测量，并有明显的测地点标志。

（二）接地系统设计要求与工程规范

1. 自建基站机房的接地系统

（1）落地塔

基站地网由机房地网、铁塔地网、变压器地网或者由机房地网、铁塔地网组成，地网的组成如图 9—13 所示。基站地网应充分利用机房建筑物的基础（含地桩）、铁塔基础内的主钢筋和地下其他金属设施作为接地体的一部分。当电力变压器设在机房楼内时，其地网可合用机房地网。

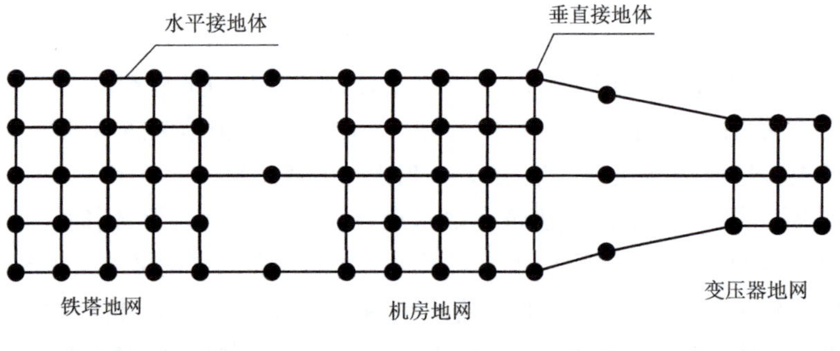

图 9—13 移动通信基站地网示意图

专用雷电流引下线应接至铁塔地网远离机房的一侧。机房内的接地引入线应接至机房环形接地装置远离铁塔的一侧。

当天线支撑体使用通信管塔（或杆塔）时，宜围绕管塔 3 m 远范围设置封闭环形（矩形）接地装置，并与通信管塔地基钢板四角焊接连通。通信管塔地网应与机房地网每隔 3 ~ 5 m

相互焊接连通一次(至少有两处连通)。机房内的接地引入线应接至机房环形接地装置远离管塔的一侧。

(2)屋顶塔

当铁塔设在自建基站的屋顶时,铁塔四脚应与楼顶避雷带就近不少于两处焊接连通,机房铁塔除利用建筑物框架结构建筑四角柱内的钢筋作为雷电流引下线外,避雷针应设置专用雷电流引下线。接地系统除利用建筑物自身的基础外,还需要环绕机房设置环形接地装置共同组成地网,环形接地装置的水平接地体每边长宜为 10 ~ 20 m,并在地网四角设置 20 m左右的水平接地体作为辐射式接地体(对变压器地网与机房地网相连的基站,辐射式接地体可视情况处理)。专用雷电流引下线应接至专设的避雷针接地体,避雷针接地体宜设在机房某侧环形接地装置向外延伸约 10 m 远处。而机房内的接地引入线应接至机房环形接地装置远离避雷针接地体方向的一侧。馈线接地排的接地引入线应就近接至机房环形接地装置上。

(3)塔中塔

塔中站是指基站机房为框架结构,包含在铁塔的四角之内。机房建筑物基础内的钢筋和铁塔地网应互连,并在铁塔四角外设环形接地装置,三者共同作为接地装置,接地网的面积应不小于 15 m×15 m。若大地电阻率大于 1 000 Ω · m 时,应在原地网的基础上增设附加辐射形接地体,即在地网的四个角向外辐射 20 m 左右的水平接地体(对变压器地网与机房地网相连的基站,辐射式接地体可视情况处理),在水平接地体终端附加垂直接地体。

避雷针接地体的设置以及专用雷电流引下线、馈线接地排的接地引入线和机房内的接地引入线在地网上的引接要求同于上面“屋顶塔”部分。

2. 对于利用非自建房作基站机房的接地系统

对于利用非自建房的建筑物作基站机房的,要了解原建筑物本身有无防雷设施和防雷设施的类型,对于原建筑物无防雷设施的,应设置确保原建筑物和基站共同安全的防雷接地系统。对于原建筑物有防雷设施的,应根据原建筑物防雷设施的类型,设置基站的防雷接地方式,以确保原建筑物和基站的共同安全。

建筑物防雷设施的类型可分两类:

一类是设专用雷电流引下线,其根数不应少于两根,间距不应大于 18 m ,以下简称专用雷电流引下线。

另一类是利用建筑物外围柱子钢筋混凝土中的钢筋作为接闪器的引下线,以下简称笼式避雷网。

(1)通信楼

对于用通信楼作基站机房,而铁塔设置在通信楼旁的情况,其铁塔地网应与通信楼地网在地下每隔 3 ~5 m 相互焊接连通一次(至少有两处连通),共同组成一个环绕机房四周封闭式的地网。若通信楼四周难以在地下敷设接地体时,可因地制宜走墙根或线槽过渡到可以入地区域再入地,从而形成沿通信楼房四周的封闭环形接地装置。

避雷针专用引下线应接至铁塔地网远离机房一侧。

对于天线支撑体设于通信楼屋顶的,避雷针专用引下线和天线支撑体应在不同方向与通信楼避雷带多处焊接连通。对通信楼的防雷设施采用专用雷电流引下线方式的,避雷针和天线支撑体（如使用拉线塔还应包括拉线在内）不能与除避雷带外的其他金属构件（包括建筑物内的钢筋）作电气连接。

对于通信楼的防雷设施采用笼式避雷网方式的，避雷针和天线支撑体（如使用拉线塔还应包括拉线在内）不能与楼顶非外围柱子中的钢筋作电气连接。

对基站机房设于通信楼顶层的，馈线接地排的接地应从通信楼避雷带就近引接；基站机房设于通信楼底层的，馈线接地排的接地应从地网就近引接。

基站机房的接地汇集线的引接可按以下顺序处理：

①接地汇集线首先应考虑直接从通信楼机房的接地汇集线上引接。

②当接地汇集线无法从通信楼机房的接地汇集线上引接时，按通信楼防雷设施类型处理。

a. 对通信楼的防雷设施采用专用雷电流引下线方式的，接地汇集线可就近从专用雷电流引下线接近地面处引接。

b. 对通信楼的防雷设施采用笼式避雷网方式的，基站机房设于通信楼顶层的，接地汇集线可从屋顶避雷带上引入，但其引接点应与避雷针专用雷电流引下线、天线支撑体在避雷带上连接点的距离应相隔 5 m 以上。对基站机房设于通信楼底层的，接地汇集线可就近从地网引接。

（2）办公楼、大型建筑、居民住宅

对于利用办公楼、大型建筑和居民住宅（以下通称商品房）作基站机房的，通常把天线支撑体设于屋顶（对于把天线支撑体设于商品房旁的防雷接地系统，可参见（1）通信楼有关部分），基站的防雷接地系统应根据商品房有无防雷设施和原有防雷设施的类型进行设置。下面分别加以说明。

①对无防雷设施的建筑物

对于使用无防雷设施的商品房作基站机房时，应新建一套确保原建筑物和基站共同安全的防雷设施。

通常应按专设雷电流引下线的方式设置防雷设施。即在原建筑物的屋顶四周设避雷带，并设专用雷电流引下线，其根数不应少于两根，间距不应大于 18 m，避雷带与专用雷电流引下线焊接连通。同时在不同方向上设置两个地网，若商品房地基有地梁时，则地网应与地梁内的钢筋焊接连通；若商品房地基无地梁或地网无法与商品房地梁内的钢筋相连，同时新设的两地网连接的距离在 30 m 以内时，应将两地网在地下焊接连通；而当两地网连接的距离超过 30 m 时，两地网无须连接。专用雷电流引下线应以最短的途径与地网相连，且离地面高度 2 m 以下部分应采用绝缘套管防护。

设于商品房屋顶的避雷针专用引下线和天线支撑体应在不同方向与避雷带多处焊接连通。同时，避雷针专用引下线和天线支撑体（如使用拉线塔还应包括拉线在内）不能与除避雷带外的其他金属构件（包括建筑物内的钢筋）作电气连接。馈线接地排的接地可从避雷带就近引接，基站机房的接地引入线应就近从专用雷电流引下线接近地面处引接。

②对设有专用雷电流引下线的建筑物

对本身有完善的防雷设施并设置专用雷电流引下线的建筑物，其避雷针专设引下线、天线支撑体与避雷带的连接、馈线接地排和机房内接地汇集线的接地引接方式同于 2（1）

部分。

③对设有笼式避雷网的建筑物

对采用笼式避雷网的建筑物,应将避雷针专设引下线和天线支撑体在避雷带或楼顶的避雷网预留接地端不同方向多次连接,同时应避免将避雷针专设引下线和天线支撑体(如使用拉线塔还应包括拉线在内)与建筑物非外围柱子中的钢筋有电气连接。

馈线接地排的接地可从避雷带就近引接,基站机房的接地引入线可从屋顶避雷带上引入,但其引接点应与避雷针专用雷电流引下线、天线支撑体在避雷带上连接点的距离应相隔5 m以上。

3. 馈线接地排

基站同轴电缆馈线在机房入口处应设馈线接地排,馈线接地排应采用截面积不小于100 mm × 10 mm的铜排,并采用40 mm × 4 mm的镀锌扁钢或不小于95 mm^2的多股铜导线就近与机房地网做可靠连接。

为防盗,馈线接地排也可以设置在馈线孔的室内侧,但必须确保馈线接地排与包括走线架在内的其他金属体绝缘,馈线接地排与地网的连接方式不变。

4. 接地汇集线

接地汇集线宜采用排状,在机架上方沿走线架布设,铜排截面积不应小于40 mm × 4 mm,铜排的两端(受条件所限,也可只设置一端)宜采用40 mm × 4 mm的镀锌扁钢或不小于95 mm^2的多股铜导线,沿墙体直接与室内接地引入线连接。

需要设置其他室内接地铜排时,宜采用100 mm × 10 mm的铜排,并应采用40 mm × 4 mm的镀锌扁钢或不小于95 mm^2的多股铜导线与接地汇集线直接连接,也可以根据需要通过接地引入线直接与地网相连。

接地汇集线和馈线接地排在地网上的引接点,应根据实际情况,尽量保持一定的距离。

5. 彩钢板机房的防雷接地

基站使用彩钢板机房时,防雷接地除按其他条款实施外,还应按照以下要求实施。

①当天线支撑体采用落地塔时,其接闪器(包括避雷针、避雷带)的雷电流专用引下线、塔身和其他通信管塔不能与彩钢板相连,并宜相隔一定距离。

②对建在屋顶的彩钢板房,其彩钢板宜与避雷带相连。同时发生雷击时,严禁人员出入机房。

③对包括走线架在内的机房内的保护地、工作地等,应与彩钢板隔离(包括与墙体连成一体的金属地面)。

④彩钢板房的墙体应与基站地网连成一体。

6. 静电地板的接地

机房内设有静电地板时,应在地板下围绕机房敷设闭合的环形接地线作为地板金属支架的接地引线排,其材料为截面积不小于16 mm^2的多股裸铜线。接地汇集线上应引出两条以上、截面积不小于50 mm^2的多股铜缆与静电地板支架引线排的相对两侧连通。

(三)引入机房线缆的雷电防护要求

1. 引入机房电力线缆的雷电防护

(1)基站的交流供电系统应采用三相五线制供电方式。

(2)移动通信基站宜设置专用电力变压器。变压器的机壳、低压侧的交流零线,以及与变压器相连的电力电缆的金属外护层,应就近接地。基站的交流供电系统应采用绝缘护套电缆穿钢管埋地、或采用金属铠装电缆埋地引入的方式,其埋地长度宜不小于 30 m(当变压器高压侧已采用埋地电力电缆时,低压侧电缆长度不限)。埋地的钢管或电力电缆的外护金属层两端应就近妥善接地,一端接变压器地网,另一端在进机房前可靠接地。

当变压器或电力线路终端杆与机房较近,电缆线地下埋设长度达不到 30 m 时,可将电缆环绕机房迂回埋设。

(3)当电力变压器设在站外时,对于地处年雷暴日大于 20 天、大地电阻率大于 100 Ω·m 的暴露地区的架空高压线路,宜在其上方架设避雷线,其长度不宜小于 500 m。电力线应在避雷线的 25°保护范围内。避雷线(除终端杆外)应每杆做一次接地。

为确保安全,宜在避雷线终端杆的前一杆上,增装一组氧化锌避雷器。若已建的架空高压电力线路防雷改造采用避雷线有困难时,可在架空高压电力线路终端杆、终端杆前第一、第三或第二、第四杆上各设一组氧化锌避雷器,同时在第三或第四杆增设一组高压熔丝。避雷线与避雷器的接地体宜设采用辐射形或环形。

(4)当变压器位于机房内时,其高压电缆应采用电力电缆埋地进入机房,电缆长度不宜小于 200 m。在架空高压电力线终端杆与铠装电缆的接头处,三相电力线应分别就近对地加装额定电压为 12.7 kV(系统额定电压 10 kV)或 7.6 kV(系统额定电压 6.6 kV)的交流无间隙氧化锌避雷器,对于建在郊区或山区的基站,避雷器应采用标称放电电流大于 20 kA 的交流无间隙氧化锌避雷器(强雷电避雷器)。

(5)电力电缆与架空电力线连接处三根相线应加装氧化锌避雷器,电缆两端金属外护层应就近接地。

(6)在山区,经常遭受直击雷侵入的低压架空电源线,可在架空电源线上方 1 m 处同杆架设避雷线,避雷线可以使用 ϕ8 mm 以上的钢绞线,每隔 3 ~ 5 杆做简易地网接地,避雷线垂度应与电源线一致,原电杆的绝缘子铁脚等金属不再做接地处理。

(7)基站供电变压器的高压侧相线应分别就近对地加装氧化锌避雷器,低压侧相线应分别对地加装无间隙氧化锌避雷器。

(8)对于受客观条件限制,电力线确实无法埋地进入机房,应在架空电力线上方架设避雷线,电力线在避雷线 25°保护范围内,避雷线长度不小于 500 m,避雷线(除终端杆外)应在 500 m 以内的每根电杆处作一次接地,其接地体宜布设成辐射形或环形。同时机房内必须加装第一级电源防雷箱,并充分考虑 SPD 防护等级。

(9)站内、外使用的电源配电箱不宜安装漏电保护开关,只安装断路开关。

2. 基站天馈线系统的雷电防护

(1)铁塔上架设的波导馈线、同轴电缆金属外护层应分别在上、下端及进入机房入口处外侧就近接地,当馈线及同轴电缆长度大于 60 m 时,其屏蔽层宜在塔的中间部位增加一个接地连接点;当馈线垂直部分长度小于 10 m 时,其屏蔽层宜在馈线上部和机房入口处就近接地。馈线接地线应接至馈线接地排,馈线接地线的走向应由天线朝机房方向。

(2)室外走线架始末两端均应作接地连接,在机房馈线口处的接地应单独引接地线至地网,不能与馈线接地排相连,也不能与馈线接地排合用接地线。

(3)对于水平敷设距离较长的波导馈线、同轴电缆,其金属外护层还应在水平拐角处就近接地。

(4)对在屋顶使用铁塔或通信管塔的机房,应将馈线接地排与屋顶塔或通信管塔的塔基或建筑物避雷带妥善连通,确保接地可靠。

(5)机房内的馈线避雷器的接地端子应就近引接到馈线接地排上。

(6)安装小微波的基站应将室内和室外单元可靠接地,内外单元之间的射频线的金属外护层应在上部、下部就近与铁塔或地网相连通,在进机房前应可靠接地,接地连接线应采用不小于 16 mm^2 的多股铜缆。

3. 引入机房通信线缆的雷电防护

(1)光缆

通信光缆对机房设备造成的雷害通常是由光缆的金属加强芯引起的。

①使用无金属光缆

对进入机房的光缆,从末端接头盒至机房的一段光缆改用无金属光缆,但对鼠害严重的地区慎用。

②光缆以埋地方式进入机房

对使用有金属加强芯的光缆,可将光缆敷设在金属管内或使用直埋光缆埋地进入机房,埋地长度宜不小于 30 m,一般可从线路终端杆开始埋设,埋地的金属管或直埋电缆的金属屏蔽层两端应就近可靠接地。

③光缆架空进入机房

a. 将光数混合架或光纤终端盒尽量设置在光缆进口处。

b. 对光缆金属加强芯的接地安装应作妥善处理。光缆安装时,应将光缆加强芯和光缆终端盒内专用的加强芯接地母排妥善连接,同时将加强芯接地母排直接与室外馈线接地排相连,布放的接地线宜不小于 35 mm^2,且宜短、直。若与馈线接地排距离较长(大于 2 m),也可与室内接地汇集线就近连接。此外,加强芯专用接地母排应与光缆终端盒体和机架内金属体进行电气隔离。

对于新建基站,宜在光数混合架下方专设接地母排,用于光缆加强芯的接地,该接地母排应就近与地网相连。

(2)市话线缆

市话线缆应采用具有金属护套或绝缘护套电缆穿钢管埋地引入,其长度不宜小于 30 m,埋地的市话电缆金属护套或钢管两端应就近可靠接地。市话电缆不应与电力电缆同槽或合用同一个钢管埋设。

当市话线缆不采用埋地方式引入机房时,对未设置保安单元的市话电缆空余线对应短路连接后就近与接地汇集线妥善连通。

4. 引入机房其他线缆的雷电防护

(1)基站铁塔上的航空警示灯及其他用电设备的电源线、智能天线的电调线等应采用有金属外皮的电缆或套护金属波纹管,电缆金属外护套或金属波纹管至少应在上下两端就近接地一次。

(2)太阳能电池的馈电线应采用金属护套电缆,其金属护套在机房入口处应就近接地或与建筑物的避雷带焊接。

（四）结构可靠性要求

1. 地网接地体之间的连接，应采用电焊或气焊连接，不宜采用螺钉连接或铆接；无法使用电焊或氧焊的，建议使用热熔焊接。

2. 接地引入线的铜质电缆与镀锌扁钢之间的连接，应通过过渡铜铁排连接，过渡排宜固定良好，如固定外墙时，其高度宜不低于2.5 m，固定螺栓紧固后与过渡排之间点焊。

3. 地网沟应在建筑物散水点以外开挖，地网沟距离建筑物地基1 m以上；当地网沟穿越围墙、地基、线缆沟或直埋电缆时，应对上述设施采取一定的加固或保护措施。

4. 接地体与埋地交流电缆、光缆、传输电缆交越或并行时，接地体与电缆之间的距离应不小于20 cm；与高压埋地电缆交越时，接地体与高压电缆之间宜满足50 cm的最小距离，并行时宜满足100 cm的最小距离。地网沟内不允许并排布放其他进出基站的电缆或信号线路，如不得已要布放的，线缆宜做穿管等屏蔽处理。

5. 地网接地体埋设在农田等经常开挖施工的地面下时，应深埋2 m以下，并在适当位置作明显的标识。

6. 垂直接地体使用机械钻孔深埋时，应距离基站建筑、铁塔、通信管塔等基础10 m以上，距离电力变压器15 m以上，距离架空高压线的垂直投影距离10 m以上。

7. 各级电源SPD必须安装在交流配电设备的交流输入端，宜采用凯文接线方式连接（将室内接地汇集线与接地引入线连接处断开，断开处的两端分别单独引线接至SPD的接地端）。SPD须通过相应容量的自动空气开关后接入供电线路。

（五）接地电阻

1. 基站的工频接地电阻一般控制在10 Ω之内、地网的等效半径应在10 m左右；当基站的土壤电阻率大于1 000 Ω · m时，可不对基站的工频接地电阻予以限制，但要求其地网的等效半径应不小于20 m，并在地网四角加以20～30 m辐射型接地体。

2. 地网环形接地装置的周边可以根据地形、地理状况决定其形状。

3. 不提倡使用降阻剂及高效接地棒之类的产品降低接地电阻。

三、铁路通信设备雷电综合防护

为规范铁路通信设备雷电防护工作，提高通信设备抗御雷电能力，减少或防止雷电损害，2011年铁道部组织编制了《铁路通信设备雷电综合防护实施指导意见》（铁运〔2011〕144号文）（以下简称《指导意见》）。《指导意见》明确了铁路通信设备雷电综合防护的原则、内外部防护的方法、浪涌保护器（SPD）的技术指标等。同时《指导意见》也强调，通信机房的雷电防护，应根据当地雷电活动情况和通信机房性质，选择合理的保护措施，防止过度保护造成不必要的浪费。

（一）建筑物综合防雷措施

通信机房（楼、站、机械室，以下均统称通信机房）应采用外部防雷和内部防雷措施进行综合防护，如图9—14所示。

其中：外部防护措施包括设置接闪器（避雷针、网、带）、引下线以及良好的接地装置；内部防护措施包括线缆屏蔽、等电位连接、合理布线、安装必要的浪涌保护器以及良好的接地装置。接地装置是内部和外部防护措施所共用的措施，良好的接地才能保证雷电流的有效泄放。

《指导意见》中明确通信机房接地应采用共用接地系统方式，即建筑物防雷系统的接地装置、建筑物金属构件、低压配电保护线（PE）、防静电接地以及通信设备的工作接地、保护接地、防雷接地等连接在一起构成共用的接地系统。当条件具备时应接入铁路综合接地系统。铁路综合接地系统的概念引自铁建设〔2007〕39 号文的 3.0.4 条，是指通过贯通地线将铁路沿线的牵引供电回流系统、电力供电系统、信号系统、通信及其他电子信息系统、建筑物、道床、站台、桥梁、隧道、声屏障等的接地装置连成一体构成的接地系统。贯通地线的接地电阻通常在 1Ω 以下。

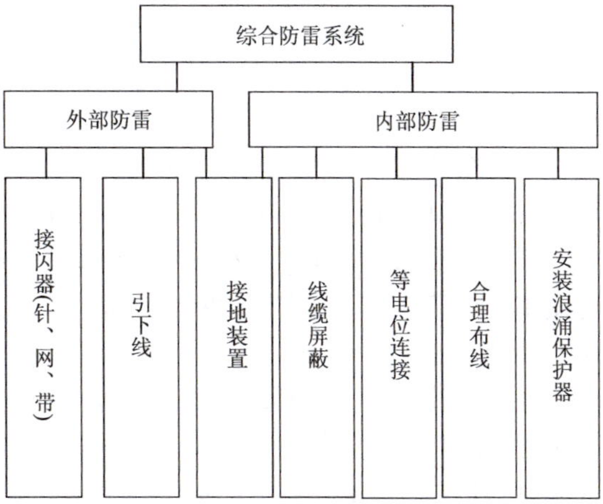

图 9—14　通信综合防雷系统示意图

通常，通信机房与其他专业机房的接地系统存在以下三种情况：

（1）许多中间站的通信机房邻近信号机房，或者在信号楼内部，而信号机房几年前就已经做过完善的内外部防雷措施，这种情况下，通信机房的接地系统应充分利用信号机房既有的雷电综合防护装置（避雷网、避雷带、引下线以及接地网）。通信机房在信号机房内部时，可与之共用；邻近信号机房时，通信机房应做好自己的避雷网、带和接地装置，再分别与信号机房相连，确保通信机房和信号机房等电位。

（2）当通信设备位于非通信机房（信号、信息、电力等机房）中时，应与该机房内其他系统共用接地装置，同时保证接地电阻值符合通信设计规定。

（3）当通信机房与其他专业机房不共地时，两者之间的数字通信电缆（端口）应进行光电隔离。

（二）通信机房避雷网、避雷带、引下线及机房地网的设置

1. 避雷网、避雷带的设置

通信机房直击雷防护采用避雷网、避雷带。

通常通信机房采用在顶部明装避雷网、带，主要是考虑到如采用暗敷，雷击时可能将接闪器外边的砖、石、水泥块击掉，坠落到地面发生事故，尤其是高层建筑物，接闪器应明敷。当采用暗敷时，用于接闪导线的施工应符合国家标准 GB 50204《混凝土结构工程施工质量验收规范》中的规定。明装避雷网由不大于 3 m×3 m 的方形网格构成，并将各端点与避雷带焊接连通。网格由不小于 40 mm×4 mm 的热镀锌扁钢交叉焊接构成，热镀锌钢材的镀层厚度为 20～60 μm。焊接部位必须进行防腐处理。明装避雷网应在其下面加绝缘支撑（绝缘支撑与避雷网固定连接），防止损坏屋顶防水层，并避免避雷网浸泡在水中。

避雷带采用不小于 $\phi 8$ mm 热镀锌圆钢沿屋顶周边设置一圈，避雷带转角处应为圆弧形，弯曲半径不小于 90 mm。距墙体高度 0.15 m，并用相同规格的热镀锌圆钢均匀设置避雷带支撑柱，支撑柱间距不大于 1 m。

2. 引下线的设置

引下线是避雷带与接地装置的连接线,是雷电流泄放入大地的通道。

对于砖混结构的建筑物,引下线应沿机房建筑物外墙均匀垂直敷设,数量不少于 4 根,宜保证每个外屋角设置一根,间距应不大于 18 m,安装应平直,并与其他电气线路距离大于 1 m。引下线的固定卡钉布置应均匀牢固,间距宜小于 2 m。

引下线应采用不小于 40 mm×4 mm 热镀锌扁钢,或不小于 ϕ8 mm 的热镀锌圆钢,上端与避雷带焊接连通,下端与地网焊接,焊接处的弯曲半径不小于 90 mm,焊接部位必须进行防腐处理。

建筑物外的引下线敷设在人员可停留或经过的地点时,应采用下列一种或多种方法防止接触电压和旁侧闪络电压对人员造成伤害:

(1)外露引下线在高 2.7 m 以下部分穿不小于 3 mm 厚的交联聚乙烯管,该管应能耐受 100 kV 冲击电压(1.2/50 μs 波形)。

(2)应设立阻止人员进入的护栏或警示牌。护栏与引下线水平距离不应小于 3 m。

当建筑物为钢筋混凝土结构或框架结构时,可利用建筑物内主筋作为自然引下线,此时引下线应与接地装置、避雷带焊接,并进行防腐处理。通信机房避雷网、带、引下线、地网整体防护如图 9—15 所示,实物图如图 9—16 所示。

对于通信箱式机房应按照 GB 50057 中规定,金属屋面的建筑物宜利用其屋面作为接闪器,并保证板间的连接是持久的电气贯通,钢板的厚度不小于 0.5 mm。具体防护措施在《铁路通信信号箱式机房技术条件(暂行)》(运基信号〔2009〕235 号文)的 5.6 章节中有详细规定。

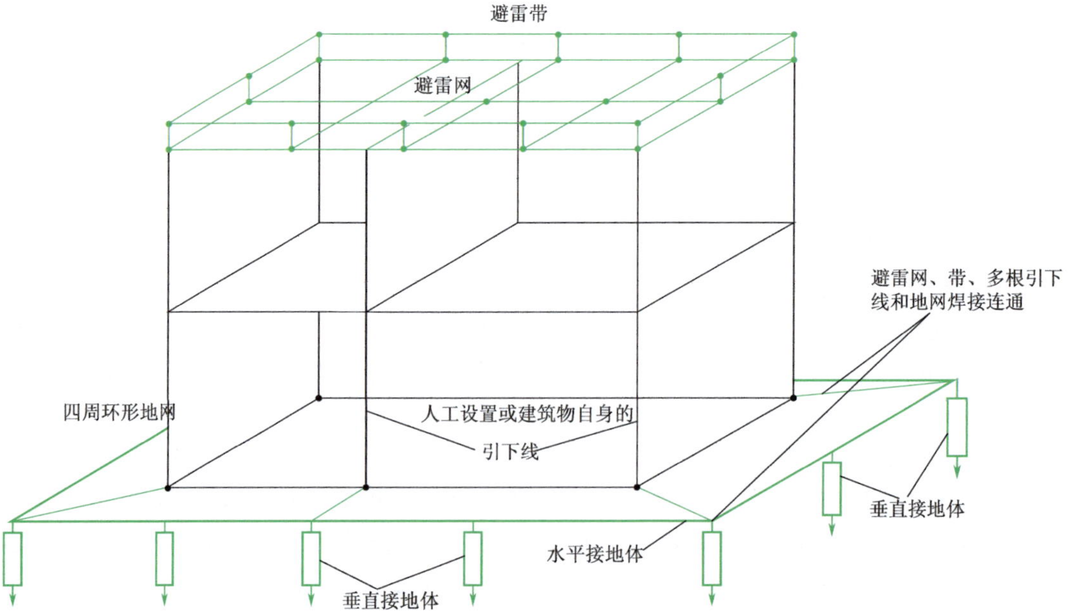

图 9—15 通信机房避雷网、带、引下线、地网整体防护示意图

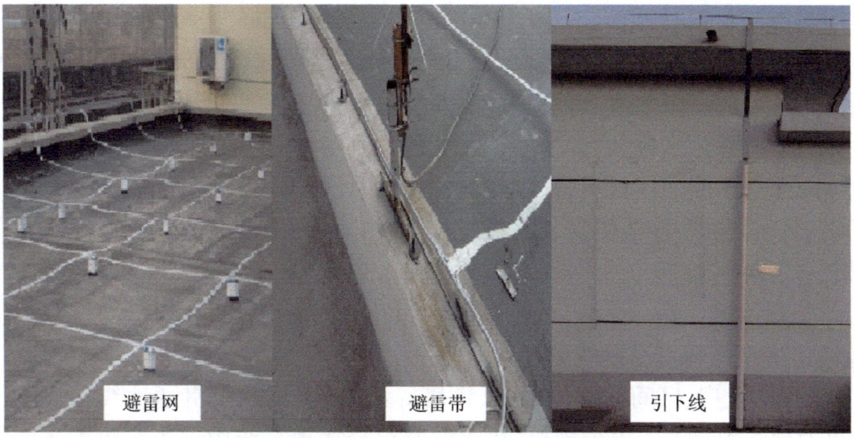

图 9—16　通信机房避雷网、带、引下线防护实物图

3. 通信机房地网的设置

通信机房地网由各类接地体、建筑物四周的环形接地装置、建筑物基础钢筋构成的接地体相互连接构成。

新建建筑物混凝土基础的钢筋必须焊接成基础接地网，网格宽度不大于 3 m，为了提高地网的接地性能，在建筑物四周应设置环形接地装置，环形接地装置在地下每隔 5～10 m 就近与建筑物基础接地网钢筋焊接一次，并必须与建筑物四脚的主筋焊接。

既有建筑物为钢筋混凝土基础的，当接地电阻值符合规定时，也可利用混凝土基础钢筋作为基础接地网。既有砖混结构建筑物应在其四周设环形接地装置。环形接地装置一般由水平接地体和垂直接地体组成，应沿建筑物散水外，环绕建筑物外墙闭合成环，受条件限制时可不环周敷设，但应尽可能沿建筑物周围设置，以便与地网连接的各种引线就近连接。

(1)水平接地体

水平接地体与建筑物外墙的间距不小于 1 m，埋深不小于 0.7 m，在寒冷地区，接地体应埋设在冻土层以下。

水平接地体可采用以下材料：

①镀层厚度大于 20～60 μm 的 40 mm×4 mm 热镀锌扁钢；

②镀层厚度大于 250 μm、直径大于 14 mm 的镀铜圆钢；

③不小于 50 mm^2 铜带或缠绕的电缆；

④与贯通地线材质相同。

避雷带引下线与水平接地体的连接点处应设垂直接地体，垂直接地体必须与水平接地体可靠焊接。接地电阻不满足要求时，可增设垂直接地体，其间距宜为垂直接地体长度的两倍，并均匀布置。

(2)垂直接地体

垂直接地体可采用热镀锌钢材(钢管、角钢、圆钢、扁钢)、铜材、镀铜钢材、石墨电极、或离子接地体等新型接地材料。

①采用热镀锌钢管时，钢管壁厚不小于 3.5 mm，长度宜为 2.5 m；

②采用热镀锌角钢时，角钢不小于 50 mm×50 mm×5 mm，长度宜为 2.5 m。

接地电阻难以达到要求时，可采取深埋接地体、设置外延接地体、换土、在接地体周围添加经环保部门认可的降阻剂或其他新技术、新材料等措施。

接地体难以避开污水排放和土壤腐蚀性强的地点时，垂直接地体应采用石墨接地体。水平接地体应选用耐腐蚀性材料，采用热镀锌扁钢时，镀层不宜小于 60 μm。

为了便于日后维护，接地体安装完毕，土壤回填后，在接地装置拐角及尽头处的地面上应设置清晰的走向标志。

(三)通信机房地网与贯通地线、变压器地网、铁塔地网的连接

1. 通信机房地网与贯通地线的连接

(1)各类通信机房、区间的通信电缆、铁塔等设施，当其距离贯通地线在 20 m 以内时，宜就近与贯通地线引接线等电位连接，接入铁路综合接地系统中。当距离大于 20 m 时，可不与贯通地线连接。

(2)贯通地线在通信机房建筑物一侧每隔 2～3 m 用 50 mm^2 的裸铜线与环形接地装置连接，两侧各连接两次。

(3)贯通地线与设备接地端子的连接线应采用 25 mm^2 的裸铜线焊接或压接，焊接时焊接长度不小于 100 mm，并套 150 mm 长热熔热缩带防护。

通信机房地网与贯通地线的连接如图 9—17 所示。

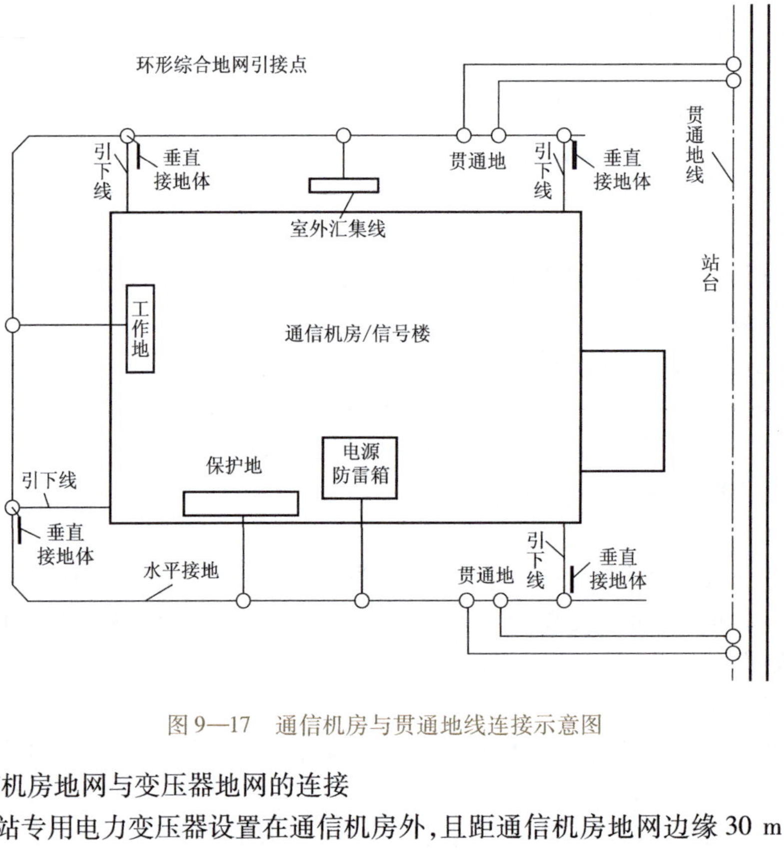

图 9—17　通信机房与贯通地线连接示意图

2. 通信机房地网与变压器地网的连接

通信基站专用电力变压器设置在通信机房外，且距通信机房地网边缘 30 m 以内时，电

力变压器的地网与通信机房地网应焊接连通(为提高等电位效果,连接点不宜少于两处);变压器距通信机房地网边缘大于30 m时,可不与地网连通。当变压器地网与机房主地网不连通时,对采用TN-S制供电方式的通信机房,变压器至通信机房配电室线路中的PE线应在通信机房入口处与主地网连通(参照YD 5098—2005中8.1.6条)。通信机房地网与变压器地网的连接如图9—18所示。

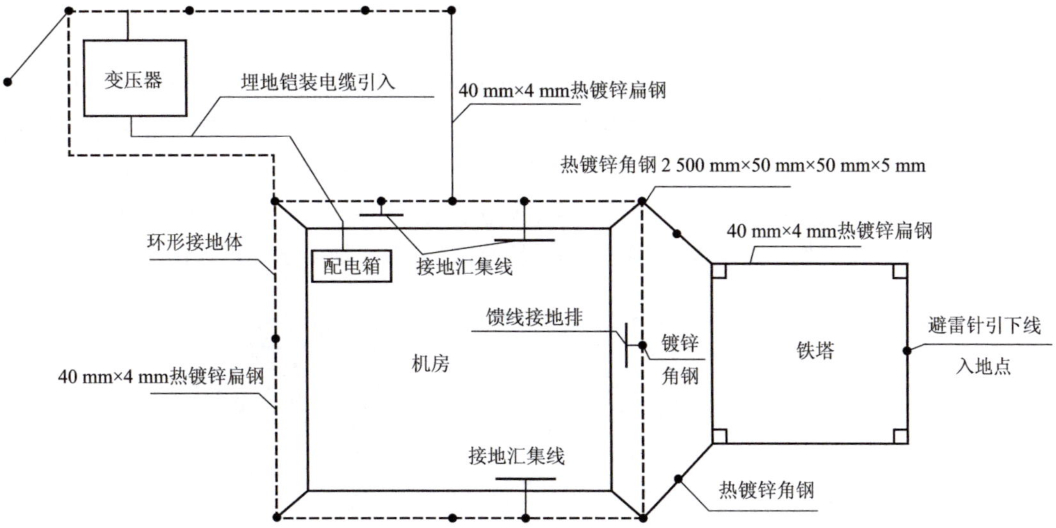

图9—18　变压器地网、铁塔地网与机房地网相连示意图

3. 通信铁塔的接地与防护

(1)铁塔地网

铁塔地网应采用40 mm×4 mm的热镀锌扁钢,将铁塔四个塔脚地基内的金属构件焊接连通,铁塔地网的网格尺寸应不大于3 m×3 m。

铁塔地网与机房地网边缘距离大于15 m时,铁塔地网与机房地网宜相互独立,分开设置。

铁塔地网与机房地网边缘距离在15 m以内时,应采用不少于两根40 mm×4 mm的热镀锌扁钢,在地下将铁塔地网与机房外环形接地体焊接连通。热镀锌扁钢上应均匀设置垂直接地体,间距宜为垂直接地体的长度的两倍,以利于雷电流的充分泄放。通信机房地网与铁塔地网的连接如图9—18所示。

机房被包围在铁塔四脚内时,铁塔地网与机房的基础地网应联为一体,机房外设环形接地体应在铁塔地网外敷设,并与铁塔地网多点焊接连通。机房被包围在铁塔四脚内时,机房顶可不再敷设避雷网、带。

当铁塔地网的接地电阻值达不到要求时,可敷设辅助地网,适当扩大地网的面积。即在地网外围增设1圈或2圈环形接地装置。环形接地装置由水平接地体和垂直接地体组成,水平接地体周边为封闭式,水平接地体与地网宜在同一平面上,环形接地装置与地网之间以及环形接地装置之间应每隔5 m相互焊接连通一次;也可在铁塔四角设置辐射式接地体,延伸接地体的长度宜限制在10～30 m。环形接地装置的周边可根据地形、地质状况决定其形状。

(2)铁塔直击雷防护

通信铁塔的避雷针应将机房和塔上通信设备置于其保护范围内,应使用40 mm×4 mm的热镀锌扁钢设置专门的铁塔避雷针雷电引下线,接入铁塔的地网。

铁塔位于建筑物屋顶时,铁塔四脚应利用建筑物柱内的钢筋作雷电引下线,或与楼(房)顶避雷带就近不少于两处焊接连通。

(3)馈线的室外防护

铁塔上架设的馈线及其他同轴电缆金属外护层应分别在天线处、离塔处以及机房入口处外侧就近接地(天线处、离塔处工艺做法为从馈线的地线卡子引出线就近接引至铁塔塔身,应确保接地卡子与天馈线连接处防水、防渗漏处理良好);当馈线及其他同轴电缆长度大于60 m时,宜在铁塔中部增加一个接地点,接地连接线应采用截面积不小于10 mm^2 的多股铜线。室外走线架始末两端均应接地。馈线屏蔽层室外接地防水处理如图9—19所示。

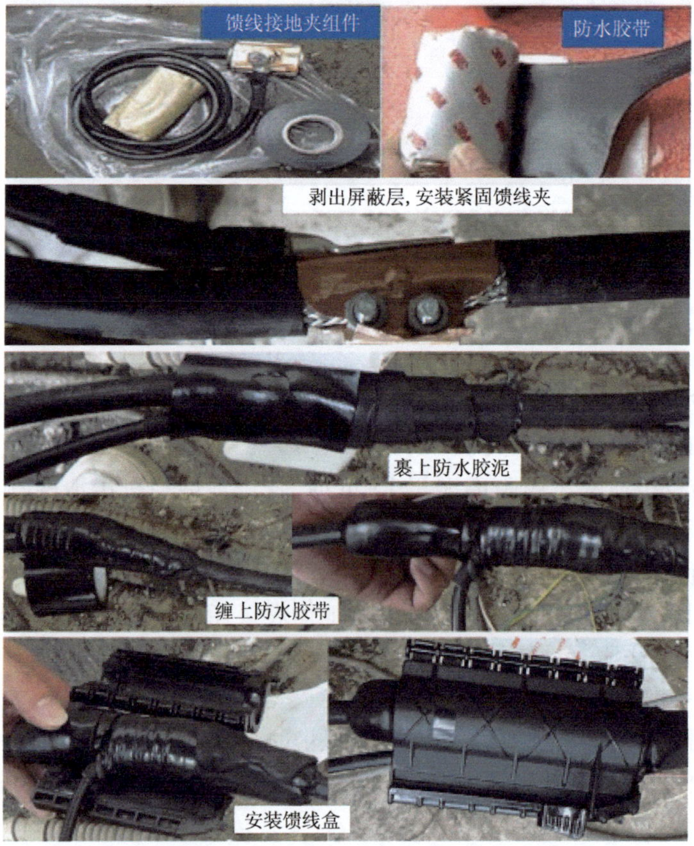

图9—19　馈线屏蔽层室外接地防水处理示意图

馈线及其他同轴电缆金属屏蔽层在机房馈线入口处接地时,应接入室外接地汇集线。

(4)馈线的室内防护

天馈传输系统应安装浪涌保护器防护,浪涌保护器宜安装在机房馈线入口处或收、发通信设备的射频电缆接口处。

具有多副天线的天馈传输系统，每根馈线应安装适配的天馈线浪涌保护器。

天馈线浪涌保护器接地端应采用截面积不小于 6 mm^2 的多股绝缘铜导线。馈线浪涌保护器接地线宜接入室外接地汇集线上。

(5)天馈线金属屏蔽网接地施工工艺要点

①无线电台天馈线一般采用 8/7 英寸馈线，直径：(16 ± 1) mm，内部金属屏蔽网较容易损坏，因此在剥缆时力度要轻。

②馈缆破皮不应太长，与馈线接地夹长度配套为宜。每根天馈线应单独用馈线夹接地。

③馈线夹应安装牢固、不应松动，接地引出线方向应一致。

④防水胶带应缠两层以上，并且方向相反。

⑤馈线夹接地线应就近与塔身金属构件连接，严禁与铁塔避雷针引线下连接。

⑥馈线夹接地线严禁在天馈线上缠绕，要求整齐、平直、弯曲度一致。

⑦天馈线进机房时的防水弯最小弯曲半径应大于馈线直径的 20 倍，防止馈线损坏。

(四)通信机房接地汇集线设置与等电位连接

1. 接地汇集线的设置要求

接地汇集线是用以完成等电位连接的金属带，也称为公共接地母线、等电位接地端子板、地线排、接地母板、接地汇流条等，所有接地线均从接地汇集线上引出。

接地汇集线宜采用截面积不小于 30 mm × 3 mm 的铜排，并用截面积不小于 50 mm^2 (2 × 25 mm^2 单点冗余连接)的有绝缘护套多股铜缆就近与通信机房地网作可靠连接。

新建建筑物施工时，应在机房四周室内、室外距地面 0.3 m 处预留与混凝土框架内主筋连接的接地汇集线各不少于 4 块。

既有建筑物新设环形接地装置时，接地汇集线应就近从室外环形接地装置引接。引接线的长度不宜超过 30 m。

通信机房的接地汇集线可分为设置于室内的工作接地汇集线、保护接地汇集线、电源防雷接地汇集线，以及设置于室外通信线路入口处的室外接地汇集线。其中，工作接地汇集线与保护接地汇集线宜合设，称为工作保护接地汇集线；电源防雷接地汇集线宜独立设置，受条件限制时，可与室外接地汇集线合设。通信机房接地汇集线示意图如图 9—20 所示。

电源防雷接地汇集线用于连接由室外引入的第一级交流电源浪涌保护器的 PE 线及防雷箱外壳。

工作保护接地汇集线用于连接直流电源系统的正极、机房内的设备机柜外壳(包括长途电缆配线柜)、室内电缆屏蔽层、防静电地板金属支架(或支架下的铜箔带)、室内电缆桥架等。

当工作汇集线和保护汇集线分设时，工作汇集线仅用于接直流电源系统的正极。

室外接地汇集线用于连接外部入室电缆(包括天馈线)的屏蔽层或保护钢管。根据现场条件，可设置在光电缆线路的引入口附近，安设于户外的室外接地汇集线应做防护箱体防护。

严禁在接地线中加装开关或熔断器。

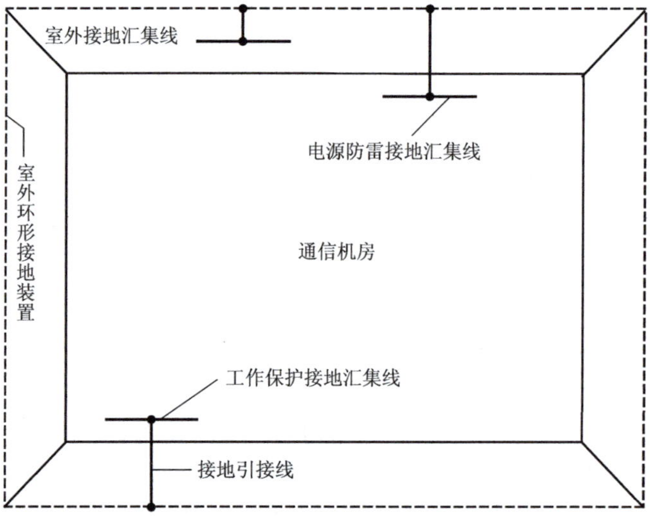

图 9—20　通信机房接地汇集线设置示意图

2. 室内等电位连接

(1)等电位连接的类型

等电位连接就是指建筑物和建筑物内系统(带电导体除外)的所有导电性物体互相连接起来,并与大地电位相等的连接。其作用是保证金属导体电气的连续导通性,并将预期可能加于其上的电流安全导走。

依据 GB 50689—2011《通信局(站)防雷与接地工程设计规范》的要求,通信机房室内接地系统的等电位连接结构可以采用网形、星形或二者混合形,如图 9—21 所示。网形连接的优点是等电位效果好,但抗干扰能力差,通常机房面积较大且设备抗干扰能力较强时,采用网形结构;星形连接是设备与接地汇集线间单点连接,优点是抗干扰能力好,但机房面积较大时,等电位效果较差。通常机房面积较小或设备对外界干扰敏感时应采用星形接地结构;若机房面积大,而部分设备抗干扰能力差时,可采用总体网形,局部星形的混合接地结构。

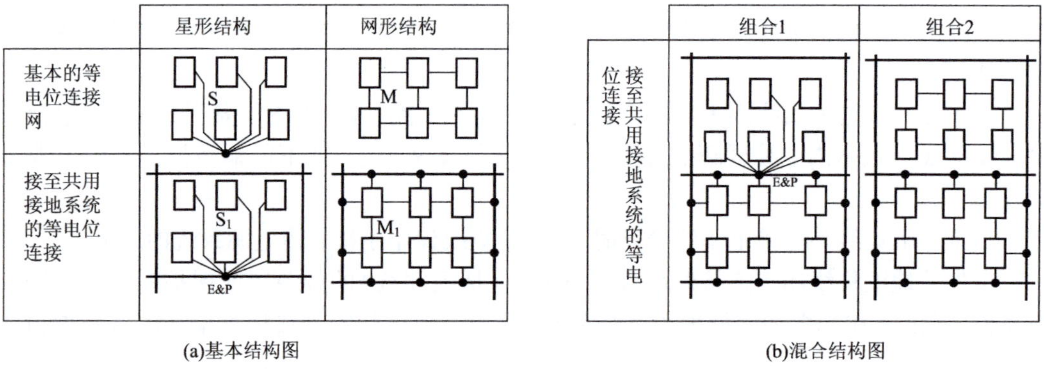

图 9—21　通信系统等电位连接结构示意图

(2)接地汇集线间的连接(通常适用于星形接地结构)

各室内接地汇集线与室外环形接地装置单点冗余连接,同时室内接地汇集线与室内各设备单点连接,各接地线间不宜闭合成环。

接地汇集线可相互连接成条状、环状或网格状,不得构成闭合回路。铜排间直接连接的接触部分长度不少于 60 mm,接触面打磨后用 3 个铜螺栓双螺帽连接。

接地汇集线、接地汇集线之间的连接线以及接地汇集线与室外环形接地装置的连接线必须与墙体及地面绝缘。

接地汇集线一般在距地面 200 ~ 300 mm(踢脚线上方)处设置;有防静电地板的机房,接地汇集线可在地板下方距地面 30 ~ 50 mm 处设置,距墙面宜为 100 ~ 150 mm;也可在地板下方设成条状或网格状。

机房面积较大或机柜设备较多时,可设置与地网单点冗余连接的总接地汇集线,同时分列或分区域设置分接地汇集线,分接地汇集线分别与总接地汇集线单点连接,也可相互连接后与总接地汇集线单点连接。两级接地汇集线间应采用截面积不小于 50 mm^2 的多股铜缆相连。

机房分布在几个楼层时,各楼层可设置总接地汇集线,总接地汇集线间应采用 50 ~ 95 mm^2的有绝缘外护套的多股铜缆焊接或加线鼻栓接。

对于高层通信楼,可在竖井内设置一根或多根垂直接地主干线。垂直接地主干线应采用截面积不小于 300 mm^2 的铜排。同时在各楼层设置总接地汇集线,与垂直接地主干线就近相连。

(3)列柜的连接

直线排列的机柜等电位连接有两种方式,即菊花链形连接(即串接)和分支连接,如图 9—22所示。一般说来,分支连接优于菊花链形连接,因为菊花链形连接时断开任一导体将导致其后所有机柜连接断开。链形或分支部位应采用截面积不小于 16 mm^2 的铜缆,干线应采用不小于 50 mm^2 的铜排(铜缆)。

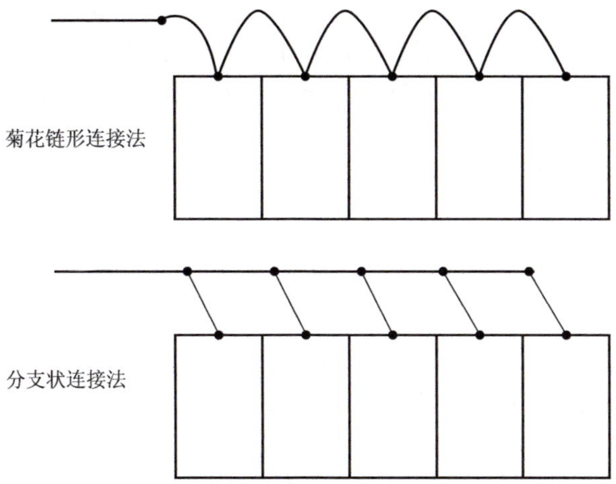

图 9—22　列柜的分支连接方式和菊花链形连接方式

(4)设备的连接

一般设备的接地线,应使用截面积不小于16 mm^2 的多股铜线。

数据服务器、环境监控系统、数据采集器等小型设备的接地线,应采用截面积不小于6 mm^2多股铜线连接到本机架的汇集线,然后用16 mm^2 的多股铜线就近连接到机房接地汇集线上。

(5)等电位连接应注意的要点

各接地汇集线与室外环形接地装置的连接线,在室外环形接地装置上的连接点之间的距离宜大于5 m。避雷带的引下线、铁塔在环形接地装置上的连接点与各接地汇集线在环形接地装置上的连接点间距应大于5 m。

建筑内所有不带电的自来水管、暖气管道等金属物体都必须与建筑物钢筋或环形接地装置做等电位连接。

直流电源系统机柜外壳与直流电源系统的正极母线不应在设备侧直接连通,不论保护接地汇集线与直流工作接地汇集线是否合设,直流电源系统机柜外壳与直流电源系统的正极母线均应分别接入接地汇集线。

第二级以下的电源浪涌保护器和通信线缆浪涌保护器的地线以及室内电缆屏蔽层宜就近与机柜的保护地线(排)连接。

(五)屏蔽及布线

在雷电放电的过程中会在周围空间中产生强烈的电磁辐射也称为雷电电磁脉冲。所产生的电场和磁场能够耦合到电气或电子系统中,产生破坏性的浪涌电流和浪涌电压。因此经常发生雷电虽然没有直接击中建筑物内的设备(甚至没有击中建筑物),但仍然可以通过电磁辐射等方式使设备受到损坏。防止雷电电磁脉冲的一个重要措施是屏蔽。

屏蔽措施包括建筑物屏蔽、机房屏蔽、设备屏蔽、线缆屏蔽和线缆合理布设措施,安装通信设备的机房应采取多种屏蔽措施,综合使用。

1. 建筑物屏蔽

建筑物的屏蔽宜利用建筑物的自然金属部件,如:金属框架、混凝土中的钢筋、金属墙面、金属屋顶等。这些部件应与防雷装置连接构成格栅型大空间屏蔽。当建筑物为砖混结构,不能构成完善屏蔽网格时,可以在建筑外部设置避雷网、避雷带和引下线、并与接地系统连接构成大空间屏蔽网格。

当建筑物的自然金属部件构成的大空间屏蔽不能满足机房内电子信息系统电磁环境要求时,应增加机房屏蔽措施。

2. 机房屏蔽

机房屏蔽通常是指在安装重要电子信息设备的机房内墙表面,用铁板(或在机房的墙壁中间夹有密集的金属网格)设置更为完善的室内法拉第笼屏蔽。铁路信号设备用房,包括计算机联锁、计算机监测、列控系统等大量以电子设备为主的机房,这些系统和设备耐过压能力有限,雷电高电压以及雷电电磁脉冲侵入所产生的电磁效应和热效应都会对系统和设备造成干扰和损坏。同时,铁路信号设备,与铁路行车安全联系紧密,需要采取全面的系统的防护措施。

电子信息系统设备机房宜选择在建筑物低层中心部位,其设备安装的位置应与相应的防护区的屏蔽层及结构柱留有一定的安全距离。

3. 设备屏蔽

设备屏蔽是指通信设备的箱、盒、柜等壳体应具有良好的电气贯通和电磁屏蔽性能，壳体内应设专用接地端子（板）。

4. 线缆的屏蔽及合理布设

（1）进出建筑物的电力线、通信线宜采用屏蔽电缆埋地敷设，电缆屏蔽层宜在两端及机房入（出）口处接地；采用非屏蔽电缆时，必须敷设在金属管或金属线槽内埋地引入，金属管或金属线槽应在机房入口处接地。电缆埋地长度应大于 15 m。

（2）电气化铁路区段，通信电缆进入通信机房前，屏蔽层应可靠断开，并做接地处理，使室内、外的金属护套及金属加强件彼此绝缘，以保证牵引电气化感应电流不进入通信机房影响设备及人身安全。电缆的备用余长不得环形盘绕，宜采用 S 形敷设。

（3）电气化铁路区段，长途通信电缆及光电综合缆线路，其金属护套应设专用的屏蔽地线。屏蔽地线间距不宜大于 4 km。

（4）地区及站场电缆与电气化铁路平行接近长度超过 2 km 时，其主干金属护套电缆（或平行接近段）两端应设屏蔽地线。

（5）电气化铁路区段直埋光缆不设屏蔽地线，但接头两侧的金属护套及金属加强件应相互绝缘，光缆引入通信机房室内宜换接室内光缆。当光缆引入中间站时，可用本缆直接引入，在进入通信机房前均应做绝缘接头，使室内、外的金属护套及金属加强件彼此绝缘。室外光缆的金属护套及金属加强件使用截面积不小于 16 mm^2 的多股绝缘铜线引到机房室外接地汇集线上。

（6）室外通信设备的金属箱、盒壳体（区间通话柱、室外交接箱等）必须接地。进出金属箱、盒的电源线、通信线宜采用屏蔽电缆或非屏蔽电缆穿钢管埋地敷设，屏蔽电缆的金属屏蔽层或钢管应接地。

（7）电源线与通信信号线、高频线与低频线、进线与出线必须分开敷设。室内信号传输线路与电力线路平行靠近敷设时，其间距及敷设方式应符合表 9—4 要求。条件不许可时，应采用屏蔽电缆，电缆护套和电缆屏蔽层应接地。

表 9—4　电力电缆与通信信号电缆接近距离

类别	与通信信号电缆接近的情况	最小净距(mm)
380 V 电力电缆 <2 kVA	与缆线平行敷设	130
	有一方在接地的金属线槽或钢管中	70
	双方都在各自的接地的金属线槽或钢管中	10
380 V 电力电缆 2～5 kVA	与缆线平行敷设	300
	有一方在接地的金属线槽或钢管中	150
	双方都在各自的接地的金属线槽或钢管中	80
380 V 电力电缆 >5 kVA	与缆线平行敷设	600
	有一方在接地的金属线槽或钢管中	300
	双方都在各自的接地的金属线槽或钢管中	150

（六）浪涌保护器的设置要求

浪涌保护器按保护对象分为电源浪涌保护器和通信线缆浪涌保护器两种。

1. 一般要求

浪涌保护器在正常工作条件下（非雷击保护时），并联应用时，在任何情况下不得成为短路状态；串联应用时，在任何情况下不得成为开路状态。

并联应用的浪涌保护器应能实现热插拔，通信线缆浪涌保护器应实现即插即用。

电源浪涌保护器处于劣化或损坏状态时，应有状态指示，并立即自动脱离电路且不得影响设备正常工作。

用于电源电路的浪涌保护器，应单独设置；并应在其前端安装熔丝或断路器进行后备过电流保护。

2. 电源浪涌保护器设置要求

（1）电源浪涌保护器的保护原理

电源浪涌保护器的保护原理如图 9—23 所示。

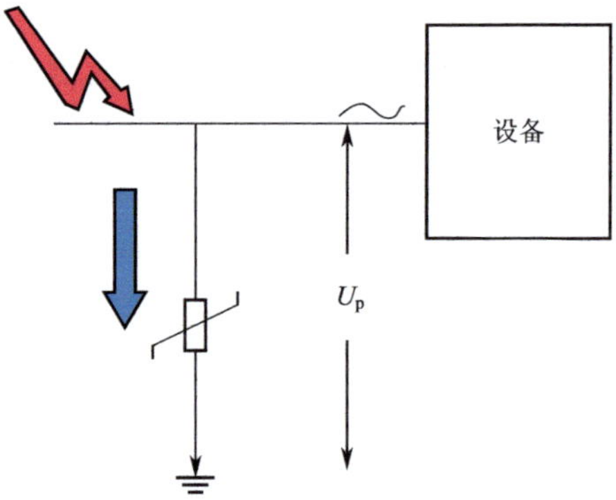

图 9—23　电源浪涌保护器保护原理示意图

当电网由于雷击出现瞬时脉冲电压时，SPD 在纳秒内导通，将脉冲电压短路于地泄放，后又恢复为高阻态，从而不影响用户设备的供电。

整个过程中 SPD 两端的电压最大值 U_p 应小于被保护设备的耐压水平。

（2）被保护设备的耐压等级

通信机房设备耐压等级见表 9—5。

表 9—5　建筑物内 220 V/380 V 配电系统中设备耐冲击电压额定值

设备位置	电源处的设备	配电线路和分支线路的设备	用电设备	需保护的电子信息设备
耐冲击电压类别	Ⅳ类	Ⅲ类	Ⅱ类	Ⅰ类
耐冲击电压额定值 U_w（kV）	6	4	2.5	1.5

Ⅰ类——含有电子电路的设备，如计算机、有电子程序控制的设备；

Ⅱ类——如通信用高频开关电源、UPS 设备；

Ⅲ类——如通信机房的配电柜，断路器，包括线路、母线、开关、插座等；

Ⅳ类——如电气计量仪表、一次线过电流保护设备、滤波器。

(3)电源浪涌保护器的设置位置

①电源浪涌保护器的设置应根据实际情况，可选择在变压器低压侧、低压配电室(柜)、楼内(层)配电室(井)、机房交流配电屏(箱)、开关电源交流屏、用电设备配电柜及精细用电设备端口，使用相应规格的 SPD，做分级保护。各级 SPD 的防护水平，应符合本级保护范围内被保护设备的绝缘水平。在使用分级保护时，各级浪涌保护器之间应保持必要的退耦距离，限压型 SPD 之间的线路长度不宜小于 5 m，否则应增设退耦的电感(或电阻)元件，产品中已有能量配合措施时，可不再接退耦元件。

②对于独立的通信机房的交流电源应设置两级或以上的浪涌保护器，设置地点如下：

第一级设在通信机房交流电源引入处(配电箱处)；

第二级设在高频开关电源、UPS 的交流输入侧；

必要时在精密用电设备的电源前设置第三级浪涌保护器。

③直流保护浪涌保护器可选择在直流配电柜、列头柜或用电设备端口处安装。

④对于直流集中供电或 UPS 集中供电的通信综合楼，在远端机房的(第一级)直流配电箱(柜)或 UPS 交流配电箱(柜)内，宜分别安装浪涌保护器。

(4)电源防雷箱要求

①室内第一级电源防雷应采用电源防雷箱形式，防雷箱的设置应符合防火防爆要求。电源防雷箱原则上应与电源箱分离，一方面可使箱内供电线路简单清晰便于维护，另一方面当浪涌保护器发生过热、着火等恶性事故时不会影响设备供电。

②防雷箱内电源浪涌保护器的引接线上，应串接断路装置。断路装置的作用一方面便于 SPD 维修；另一方面当 SPD 发生短路故障时，断路装置跳闸，起到保护供电线路作用，第三是当流过 SPD 的雷电流超过其最大通流量限值 I_{max} 时，断路装置跳开，保护 SPD。断路装置的标称电流不应大于前级供电线路断路装置的 1/1.6 倍，使上下级开关的保护动作具有选择性，保证防雷箱内的断路装置先于上级开关保护动作。

③电源防雷箱内应有独立的输入和输出接线端子，输入和输出接线端子与断路器接线端子间配线应采用凯文式接法，且配线长度小于 0.5 m。

④防雷箱应具有故障声光报警、雷电计数和状态显示(三相电源每一相线均应有状态显示)，具备接入铁路通信电源及机房环境监控系统的条件。具备遥信接口，应提供断路装置动作、浪涌保护器故障等报警信息(开关量，导通电阻小于或等于 1 Ω，开路电阻大于或等于1 MΩ)。

⑤防雷箱接地线必须与电源保护地线(PE)连接，并就近与接地汇集线连接。

(5)浪涌保护器的凯文式接法

为使加在被保护设备两端的最大电涌电压足够低，SPD 两端的引线应做到最短。引线长，则产生的电压大，可能时应采用凯文式接线，如图 9—24(b)所示。

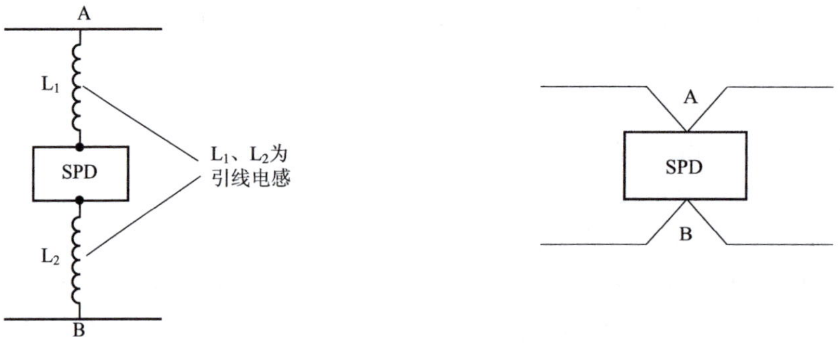

(a)普通接法　　(b)凯文式接法

图 9—24　浪涌保护器的接法

下面以图例说明采用普通并联式接线方式与采用凯文式接线方式时，SPD 对设备保护效果的不同，如图 9—25、图 9—26 所示。

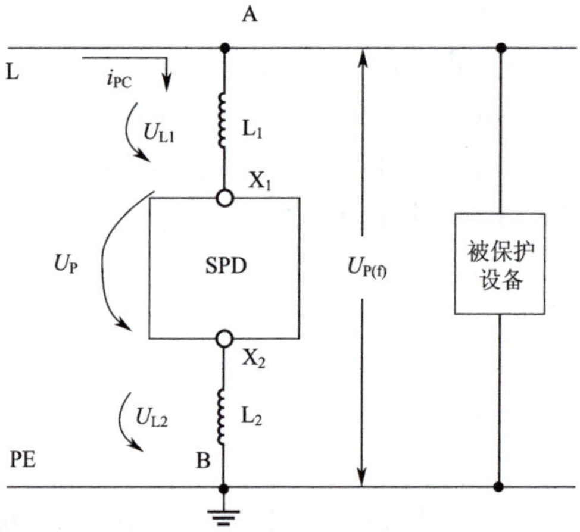

图 9—25　普通并联接法浪涌保护器两端连线上电感导致的电压降 U_{L1} 和 U_{L2} 对电压保护水平 U_p 影响的示例

图 9—25 中：

L_1，L_2——连接导体的电感；

U_{L1}，U_{L2}——由电涌电流的 di_{pc}/dt 感应出的电压降；

X_1，X_2——电涌保护器的接线端子；

i_{PC}——部分雷电流；

$U_{P(f)}$——有效电压保护水平（雷电流通过时，实际加在被保护设备上的电压）；

U_P——浪涌保护器/防雷箱标称的电压保护水平。

在图 9—25 中，A 点为交流配电箱，B 点为机房接地汇集线，被保护设备为高频开关电源。

假设 A 点到防雷箱的距离为 1 m，则 L_1 的电感量大约为 1 μH。

假设防雷箱到 B 点的距离为 5 m，则 L_2 的电感量大约为 5 μH。

开关电源交流输入侧得到的剩余电压为 L_1 的残压、L_2 的残压防雷箱的残压之和。

$$U_{P(f)} = U_{L1} + 防雷箱的残压(U_P) + U_{L2} \qquad (9—6)$$

假设通过防雷箱的雷电流为 20 kA。

防雷箱的残压 U_P 为 1 500 V

$$L_1\text{ 的残压} = L_1 \times di/dt = 1 \times 20/10 = 2(kV) \tag{9—7}$$

$$L_2\text{ 的残压} = L_2 \times di/dt = 5 \times 20/10 = 10(kV) \tag{9—8}$$

则最终开关电源交流输入侧得到的剩余电压为：

$$U_{P(f)} = 2 + 1.5 + 10 = 13.5(kV) \tag{9—9}$$

远远大于防雷箱的 1 500 V 残压，也远远超过开关电源 2 500 V 的耐压，结果失去了防雷的保护效果，导致开关电源会因雷击损坏。

注：di/dt 是雷电流陡度，即雷电流随时间上升（到最大幅值）的变化率。

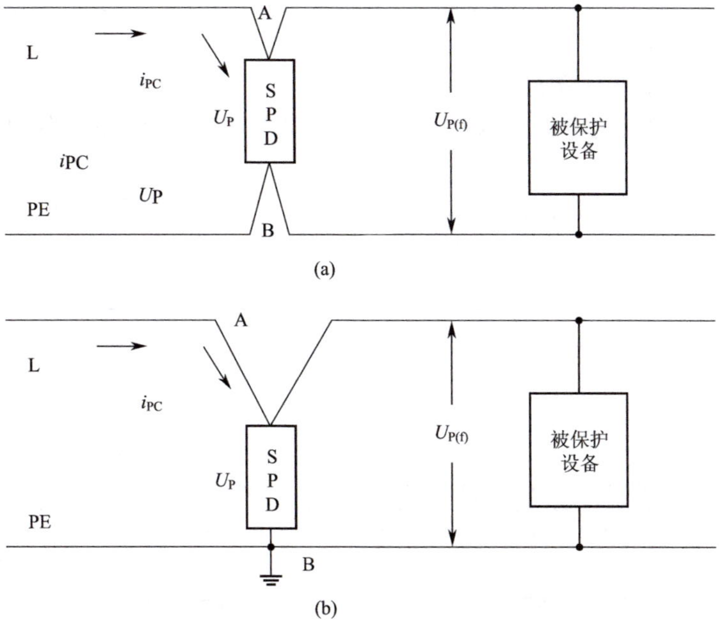

图 9—26　凯文接法浪涌保护器两端的引线被缩短，降低了引线上的压降

在图 9—26(a)中，采用凯文式接法后，虽然 A、B 两点到防雷箱的距离不变，但此时开关电源交流输入侧得到的剩余电压 $U_{P(f)}$ = 防雷箱的残压（U_P），也就是说把 L_1 和 L_2 的长度都变为 0 m。

假设通过防雷箱的雷电流仍为 20 kA，防雷箱的残压 U_P 为 1 500 V：

$$L_1\text{ 的残压} = L_1 \times di/dt = 0 \times 20/10 = 0(kV) \tag{9—10}$$

$$L_2\text{ 的残压} = L_2 \times di/dt = 0 \times 20/10 = 0(kV) \tag{9—11}$$

则最终开关电源交流输入侧得到的剩余电压 $U_{P(f)} = 1.5$ kV。

基本上等于防雷箱的 1 500 V 残压，也远小于开关电源 2 500 V 的耐压，防雷的保护效果很好，开关电源不会因雷击损坏。

在实际应用中，凯文接法的防雷箱通常采用图 9—26(b)所示的接线形式，将防雷箱安装在靠近机房接地汇集线的位置。

许多基站安装防雷箱后，雷击过后防雷箱也动作了（有雷击计数），但开关电源还会被雷击损坏,用户在厂家的误导下认为防雷箱容量太小,然后再加装大容量的防雷箱,实际改善效果并不明显。可以说,这与防雷箱的安装施工不规范有很大的关系。

当然,凯文式接线方法只是缩短 SPD 引线的一种较好的方法,如果有条件采用应尽可能采用,但是并不是所有地方都可以采用该方式,它最大的缺陷是在大容量的配电系统中由于母线线径很大(或采用铜排),而 SPD 的接线端子容量有限,无法作此种方式连接。另外,由于电源线要先到 SPD,再由 SPD 到配电设备或用电设备,不可避免地增加了两个接头,如果处理不得当,例如接触不良、接点氧化、松脱等,在电流较大时导致接点发热,轻者导致供电中断,严重的还会造成起火燃烧等恶性事故,这是有先例教训的。

另外,如果配电线不够长、室外无断路器、防雷箱无合适安装空间等,都会阻碍凯文式接线的实施。因此,凯文式接线方式并不是万能良药,还需要根据实际情况选择性地利用。

(6)电源浪涌保护器的防护模式

通信设备机房的交流电源应采用 TN-S 供电方式,电源浪涌保护器的防护模式规定如下:

①三相电源供电的通信机房,当供电线路为直埋电力电缆方式引入时,应采用 L-PE、N-PE 的四线对地防护方式。如图 9—27 所示。

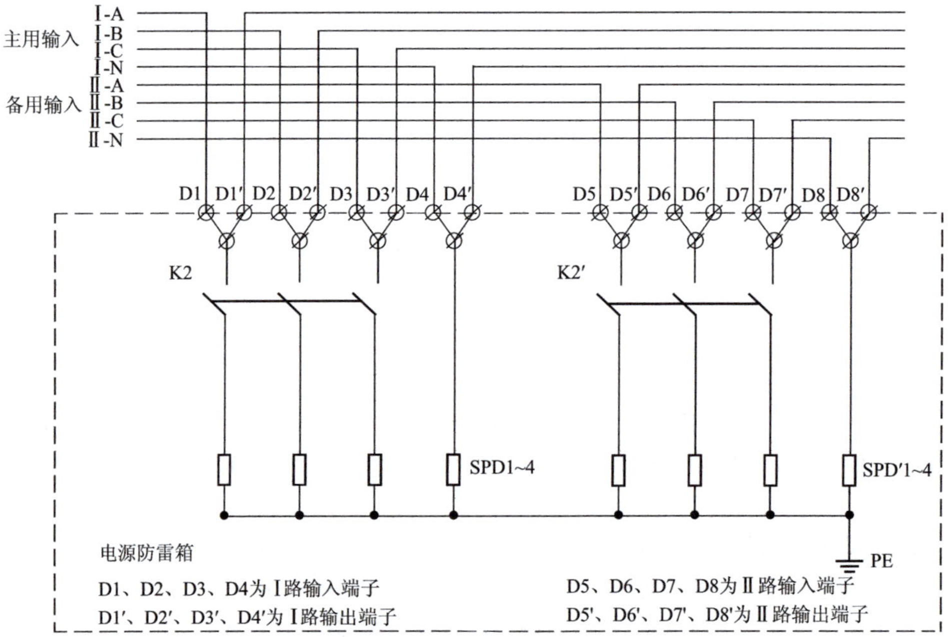

图 9—27　双路三相交流电源四线对地防护示意图

②三相电源供电的通信机房,当供电线路为架空电力电缆方式引入时,第一级电源浪涌保护器应采用 L-L、L-PE 和 N-PE 全模防护方式。第二级三相电源可采用四线对地防护方式。如图 9—28 所示。

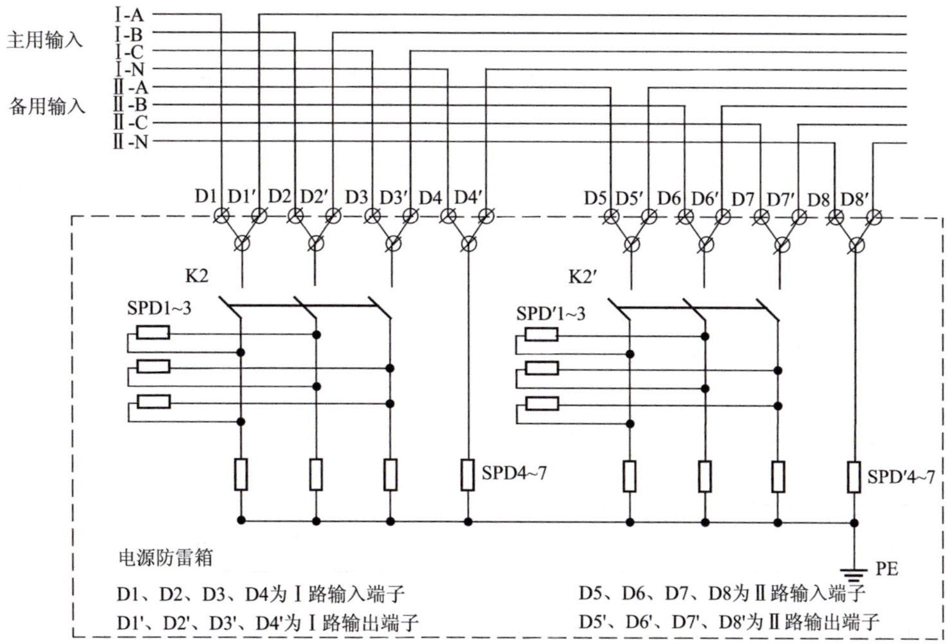

图 9—28　双路三相交流电源全模式防护示意图

③单相电源供电的通信机房，第一级电源浪涌保护器应采用 L-N、L-PE 和 N-PE 的单相全模防护模式。双路单相交流电源全模防护示意如图 9—29 所示。第二级单相电源可采用二线对地防护方式。

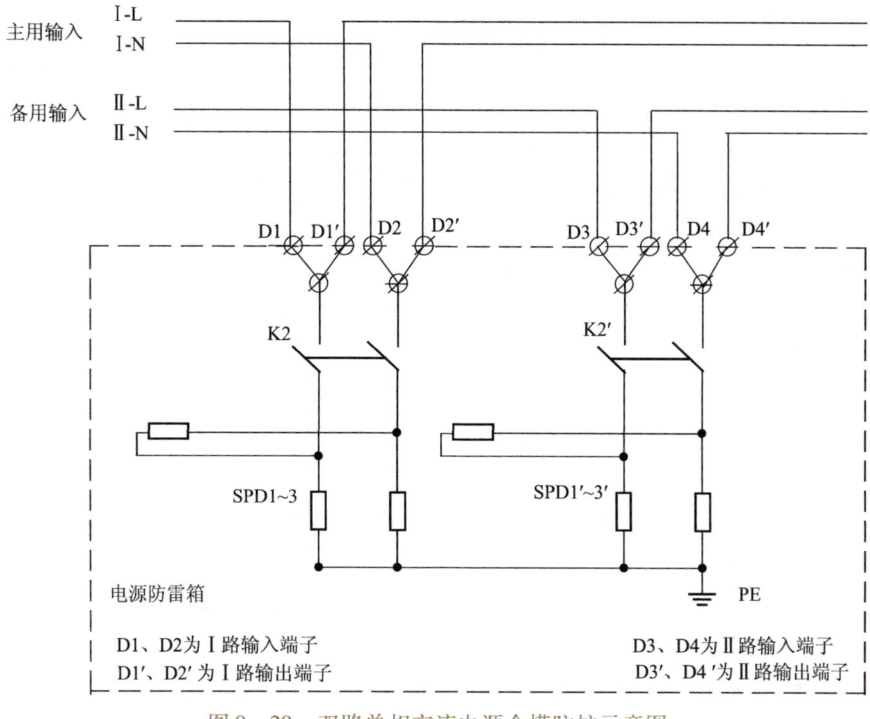

图 9—29　双路单相交流电源全模防护示意图

（7）室内电源浪涌保护器应按表9—6选取冲击通流容量和限制电压。

表9—6　室内电源浪涌保护器冲击通流容量和限制电压

交流电源浪涌保护器						直流电源浪涌保护器（工作电压 -48 V）	
室内第一级（交流输入总电源）		室内第二级（通信电源前）		精细用电设备电源前			
冲击通流容量 I_n	限制电压 U_B	冲击通流容量 I_n	限制电压 U_B	冲击通流容量 I_n	限制电压 U_B	冲击通流容量 I_n	限制电压 U_B
⩾40 kA	⩽1 000 V（用于相—地）	⩾20 kA	⩽1 000 V（用于相—地）	⩾10 kA	⩽700 V	⩾10 kA	500 V

1. 当供电线路为架空电力电缆方式引入时，室内第一级交流输入总电源SPD通流容量不小于40 kA，基础限制电压 U_B⩽1 500 V（用于相线—相线间）。
2. 电源防雷箱的功率应大于被保护设备总用电量的1.2倍。
3. 对接地电阻较高的通信机房，应适当提高电源一级SPD的保护等级、增加各个端口的保护措施等予以补偿。

注：U_B 为冲击通流量为3 kA时测得的限制电压，而对于额定通流量40 kA时的限制电压 U_{In} 为2 100 V（相—地）、2 800 V（相—相），额定通流量20 kA时的限制电压 U_{In} 为1 500 V（相—地），额定通流量10 kA时的限制电压 U_{In} 1 200 V（相—地）。

室外架空线路应在架空线两端引入处设置浪涌保护器。架空线供电的交流电源浪涌保护器，冲击通流容量不小于40 kA，基础限制电压 U_B⩽1 500 V。

2. 通信线缆浪涌保护器

（1）安装原则

①室内数据传输线长度在50 m以内时可不设置防雷器，50～100 m时，可在通信机房设备接口处设置浪涌保护器；大于100 m时，应在两端设备接口处设置浪涌保护器。

②根据通信机房实际雷害状况可选择在下列处所安装SPD：

a. 室外引入的PCM电缆、2 Mbit/s信号线和信号电缆、网络线、控制线，应在DDF架的相应端口安装SPD。

b. 不经过DDF架传输的综合通信楼内的网管系统，应对室外引入的网络线、控制线，两端加装SPD保护。

c. 环境监控和视频监控系统中，当室外的监控点不在联合地网范围内或摄像机远离监控中心时，可分别在信号（控制、视频）线路及电源线路两端安装SPD。

（2）通信线缆浪涌保护器的选用要求

各种通信线缆SPD应满足通道工作频率、传输介质、传输速率、传输带宽、工作电压、接口型式、特性阻抗等参数的要求，选用电压驻波比和插入损耗小的适配的SPD。各种通信线缆浪涌保护器的选用应符合以下条款要求：

①室内网络及监控浪涌保护器：包含RJ45、RS232，RS485，RS422等通信接口信号传输线浪涌保护器冲击通流容量不小于1.5 kA，限制电压不大于40 V，信号衰耗不大于0.5 dB。

②室内传输及接入信号浪涌保护器：包含2 Mbit/s口、专用时基信号接口等浪涌保护器冲击通流容量不小于1.5 kA，限制电压不大于30 V，信号衰耗不大于0.2 dB。

③馈线接口浪涌保护器:包括移动通信、小型微波、VSAT 地球站等浪涌保护器冲击通流容量不小于 5 kA,限制电压不大于 650 V,信号衰耗不大于 0.5 dB,驻波比小于 1.2。

④室内视频信号浪涌保护器:冲击通流容量不小于 1.5 kA,限制电压不大于 10 V,信号衰耗不大于 0.5 dB。

⑤音频信号浪涌保护器:有线电话及站场广播语音传输系统浪涌保护器冲击通流容量不小于 5 kA,限制电压不大于 650 V,信号衰耗不大于 0.5 dB。

⑥其他室内通信线缆浪涌保护器的通流量不小于 0.5 kA,室外进入室内的通信线缆浪涌保护器通流量不小于 5 kA,安装于室外的通信线缆浪涌保护器通流量不小于 10 kA,限制电压参照表 9—7 选取。

表 9—7　通信线缆浪涌保护器限制电压表

SPD 类别	设备工作电压 (V)	基础限制电压 U_B (测试波形 10/700 μs、幅值 1 kV)(V)			
		I_n (10 kA)	I_n (5 kA)	I_n (1.5 kA)	I_n (0.5 kA)
串联型 (非同轴)	5	—	≤10	≤10	≤10
	10	≤40	≤40	≤40	≤40
	12	≤40	≤40	≤40	≤40
	24	≤60	≤60	≤60	≤60
串联型 (非同轴)	48	≤100	≤100	≤100	—
	120	≤190	≤190	≤190	—
串联型 (同轴)	5	—	≤10	≤10	≤10
	24	≤500	≤60	—	—
	48	≤500	≤100	—	—

(七)施工工艺

1. 安装要求

(1)所有传输放电电流的导线必须阻燃且走最直接的路径,配线不留余长,减少方向变化,且这些导线的曲线半径不小于 200 mm。

(2)浪涌保护器接地线、与被保护设备端子相连的连接线截面积不小于 1.5 mm^2。

(3)并联型浪涌保护器与被保护设备端子的连接线长度不得大于 0.5 m。受条件限制时可适当延长,但严禁超过 1.5 m,也可采用凯文接法。接地线长度应不大于 1 m。

(4)通信线上设置的浪涌保护器,其接地线必须与被保护设备金属外壳连接,长度应不大于 200 mm,并就近与接地汇集线连接。

(5)室外的通信设备浪涌保护器接地端子应就近与接地体可靠连接。

(6)连接线应进行颜色区分:L1、L2、L3 相线——黄色、绿色、红色;N 零线——蓝色;PE 地线——黄绿双色。

(7)电源浪涌保护器的连接线及接地线截面积应符合表 9—8 要求,材料为阻燃塑料绝缘多股铜线。

表 9—8　电源浪涌保护器的连接线及接地线截面积要求

	铜线截面积 S(mm^2)		
配电电源线	$S \leqslant 16$	$16 < S \leqslant 70$	$S > 70$
引接线	S	16	16
接地线	S	$\geqslant 16$	35

注：当 $S \leqslant 16\ mm^2$ 时，要求第一级连接线和接地线截面积不小于 10 mm^2，第二级不小于 6 mm^2，第三级不小于 2.5 mm^2。

(8)各种浪涌保护器均应设置用途及去向标牌。各接地线与汇集线的连接处应有清晰的标识牌。

2. 连接工艺

(1)钢质接地体应采用焊接连接。圆钢与圆钢、圆钢与扁钢(角钢)的焊接长度必须大于圆钢直径的 6 倍;扁钢、角钢必须三面焊接,焊接长度必须大于宽边的两倍。焊点平滑无毛刺,并做防腐处理,防腐层应在焊点四周延伸 20 ~ 25 mm,埋入地下的焊点防腐层必须大于 5 mm。

(2)铜质接地体或铜质接地体与钢制接地体之间连接应采用放热焊接(又称为放热熔接),熔接接头应将被连接的导体完全包在接头里,要保证连接部位的金属完全熔化,并应连接牢固,连接部位应做防腐处理。如图 9—30 所示。

图 9—30　扁钢与铜缆的热熔焊接示意图

(3)室内的铜材与铜材间可用螺栓连接,连接时必须用双螺帽或栓接后施焊。

(4)电缆金属护套与接地汇集线连接时,连接线一端焊接在金属护套上,另一端做线鼻后用铜螺栓与汇集线栓接;也可用线卡箍在电缆金属护套上,连接线两端做线鼻后分别与线卡和接地汇集线栓接。

(5)室内多芯线缆在与汇集线或浪涌保护器连接时,必须通过接线端子或铜鼻连接牢固,防止雷电流通过时产生的线芯收缩造成连接松动。铜鼻和缆芯连接时,应使用液压钳紧固或浸锡处理。接线端子尺寸应与线径相吻合,接线端子与汇集线的接触部分应平整、紧固,无锈蚀、氧化,不同材料连接时应采用过渡接头。

(八)管理与维护

1. 铁路通信综合防雷系统的管理

(1)防雷装置投入使用后,应建立管理制度,对防雷装置的设计、安装、隐蔽工程图纸资料、年检测试记录等,均应及时归档,妥善保管。

(2)雷害发生后,应及时调查原因和雷害损失,会同设计、施工、维护等单位提出改进措施,并填写雷害记录表。

(3)铁路通信使用的浪涌保护器,应纳入产品强制认证管理,技术指标和应用要求必须符合相关检测标准。同种规格的防雷器,取得铁路信号防雷器认证资质的,可不重新认证。

(4)浪涌保护器的供应企业应提供产品质量保证承诺和服务承诺。浪涌保护器保修(质)期不少于5年。浪涌保护器的使用寿命不小于15年。

2. 铁路通信综合防雷系统的维护

通信雷电综合防护设施的维护项目、周期及标准见表9—9。

表9—9　通信雷电综合防护设施的维护项目、周期及标准

周期	项目与内容	标　准
月	1. 检查浪涌保护器的失效指示和断路开关状态	通常指示窗正常状态为绿色,异常状态为红色。断路开关应闭合
	2. 检查防雷箱的指示灯,检查并记录雷击计数	指示灯、计数器应指示正常
季	检查电源浪涌保护器模块发热状态	应无发热现象
年(雷雨季节前)	1. 避雷网(带)、引下线外观及连接质量检查处理	应连接牢固,没有脱焊、松动、锈蚀及损伤。锈蚀及损伤部位超过截面积三分之一时,应更换
	2. 室内、外各接地汇集线、接地线、等电位连接、地网引线之间的连接质量检查处理	应连接牢固,没有脱焊、松动、锈蚀及损伤
	3. 浪涌保护器的外观、连接质量检查处理	表面应平整、光洁、无裂痕及变形,紧固件应牢固,颜色应均匀无明显差异,标志、铭牌应完整清晰
	4. 测量地网接地电阻值	应符合《维规》要求
	5. 测量电源浪涌保护器的标称导通电压、漏电流	应符合下表要求

地网电阻要求见表9—10。

表9—10　地网电阻要求

序号	要　求
1	通信机房所在建筑物的地网接地电阻应小于或等于1 Ω
2	接入综合接地系统或贯通地线的通信机房,接地电阻小于或等于1 Ω
3	不具备接入综合接地系统或贯通地线条件的基站、区间中继设备和漏缆同轴电缆的接地电阻值应小于或等于4 Ω
4	与机房地网相连的铁塔接地电阻应小于或等于1 Ω,不与机房地网相连的铁塔、电杆单独设置防雷接地体时,接地电阻值应小于或等于10 Ω

续上表

序号	要　求
5	具备贯通地线的区段或电气化区段的长途电缆、地区电缆屏蔽地线的接地电阻值应小于或等于 1 Ω，其他长途电缆、地区电缆的防雷接地电阻值应小于或等于 4 Ω，困难地区应小于或等于 10 Ω

电源浪涌保护器的标称导通电压要求见表 9—11。

表 9—11　电源浪涌保护器的标称导通电压要求

仅含压敏电阻的 SPD	标称导通电压 U_n 即压敏电压 U_v，容许偏差为 ±10%
压敏电阻与放电管串联组合型 SPD	组合型 SPD 标称导通电压 U_n，容许偏差为 ±20%
	组合型 SPD 分开测试时，放电管的直流放电电压 U_G 容许偏差 ±20%
	压敏电阻的压敏电压 U_v，容许偏差 ±10%，漏电流应符合 14. 4. 6. 2

压敏电阻漏电流要求见表 9—12。

表 9—12　压敏电阻漏电流要求

压敏电阻名义等效直径(mm)	14	20	25	32	40	50
25 ℃下直流漏电流(μA)	≤15	≤20	≤25	≤35	≤40	≤40

通信线缆浪涌保护器通常只检查外观状态，不进行测试。

安装浪涌保护器的通信线路，如果被保护设备出现丢帧、信号衰减大或中断通信故障时，应先将通信线路中的浪涌保护器拆下，恢复线路与设备连接，若设备工作正常，可初步判断浪涌保护器故障，需要更换。

测试电缆芯线绝缘时，应拔除浪涌保护器，以免影响测试结果。

测试接地电阻，测试值大于规定值时，应检查接地装置和土壤条件，找出变化原因，并采取有效措施进行整改。

地线系统使用二十年以上的局站，即使接地电阻值满足要求，也应增设新的接地装置，新增的接地装置电阻值应满足要求，并与原有的接地系统相连接。

(九)铁路通信机房典型雷电防护参考图

1. 通信机械室等电位连接设置示意图(见图 9—31)

通信机房等电位接地汇集线的设置说明：

(1)在机房静电地板下采用不小于 3 mm×30 mm 铜排设工作保护接地汇集线，室内各机柜安全地线排分别用多股铜芯线连接到等电位汇集线上，各设备安全及工作地线就近接到工作保护接地汇集线上。工作保护接地汇集线用两根不小于 25 mm² 多股铜芯线连接到地网。

(2)在电源防雷箱附近采用不小于 3 mm×30 mm 的铜排设置室外接地汇集线，用两根不小于 25 mm² 多股铜芯线连接到地网。

(3)在通信机械室电缆引入处采用不小于 3 mm×30 mm 的铜排设置室外接地汇集线，电缆屏蔽层用 16 mm² 多股铜芯线连接到该接地汇集线上，用两根不小于 25 mm² 多股铜芯线连接到地网。

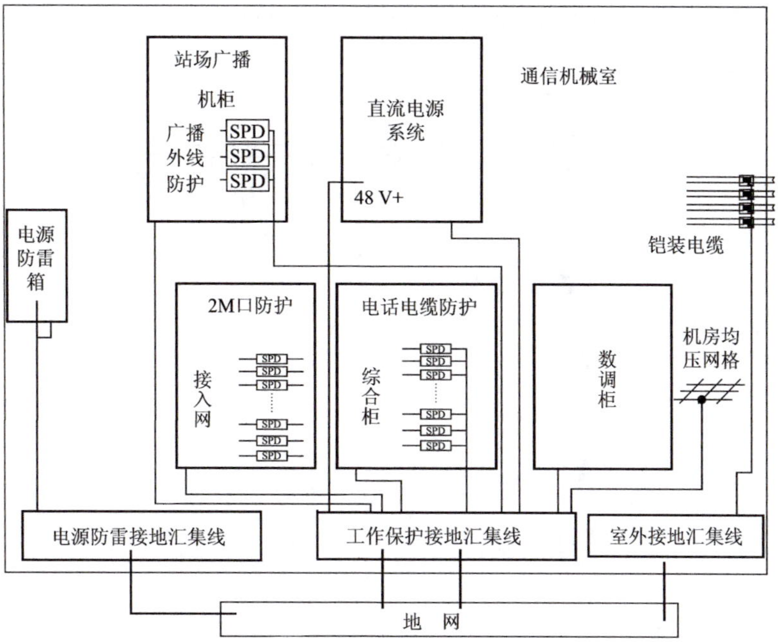

图 9—31　通信机械室等电位连接设置示意图

2. 车站运转室防护示意图(见图 9—32)

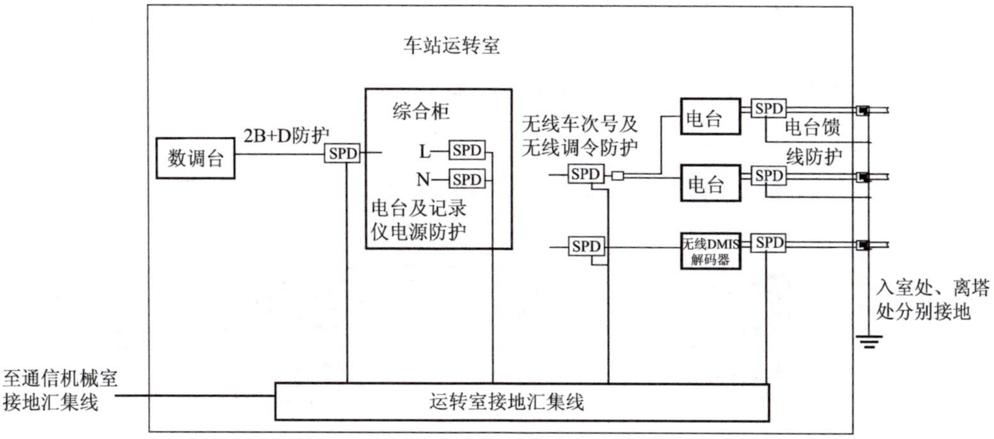

图 9—32　车站运转室防护示意图

运转室接地汇集线的设置说明：

(1)在运转室内安装不小于 3 mm×30 mm 铜排作为接地汇集线，运转室内通信设备保护地用 1 根多股铜芯线连接到该接地汇集线上，浪涌保护器的接地线宜就近连接到室外接地汇集线。

(2)接地汇集线用两根不小于 25 mm^2 多股铜芯线连接到通信机械室等电位汇集线上。

3. 无线列调车站电台天馈线防护示意图(见图9—33)

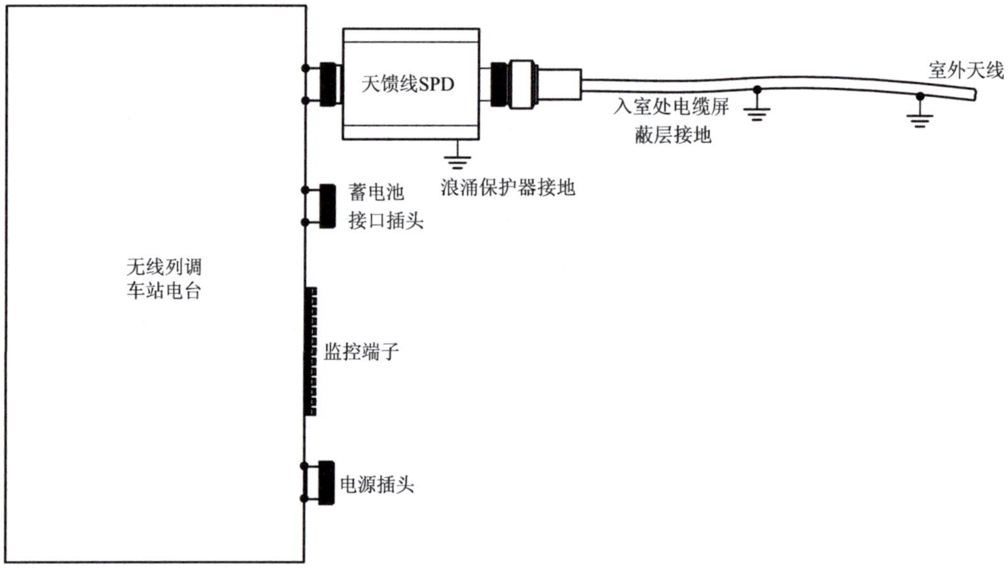

图9—33　无线列调车站电台天馈线防护示意图

工程说明:

(1)在无线柜的车站电台的天馈线法兰端子上串接一个天馈线浪涌保护器。

(2)天馈线浪涌保护器的接地线宜就近连接到室外接地汇集线上。

(3)电台天馈线应分别在进入室内处和离开无线铁塔处对馈线的屏蔽层进行接地。

4. 无线车次号解码器防护示意图(见图9—34)

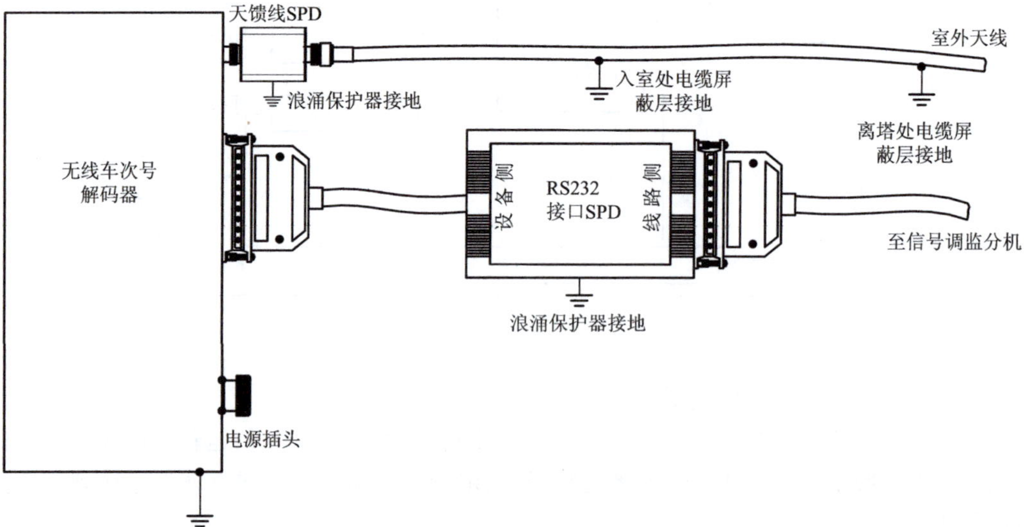

图9—34　无线车次号解码器防护示意图

工程说明:

(1)在无线柜的无线车次号数据接收解码器的天馈线法兰端子上串接一个天馈线浪涌

保护器。

（2）天馈线浪涌保护器的接地线宜就近连接到室外接地汇集线上。

（3）无线车次号天馈线应分别在进入室内外和离开无线铁塔处对馈线的屏蔽层进行接地；

（4）在无线柜的DMIS数据接收解码器的RS232接口上串接RS232接口浪涌保护器；（已采用光电隔离的线缆中不用加装SPD）。

（5）RS232接口浪涌保护器的接地线就近连接到接地汇流排上。

参考文献

[1] 中国铁路总公司. 铁路通信维护规则[M]. 北京:中国铁道出版社,2014.
[2] 漆逢吉.通信电源系统.北京:人民邮电出版社,2008.
[3] 李正家.通信电源技术手册.北京:人民邮电出版社,2009.
[4] 刘宝庆.现代通信电源技术及应用.北京:人民邮电出版社,2012.